U0104458

青城谭故

赵继性 编著

内蒙古人民出版社

图书在版编目(CIP) 数据

青城谭故/ 赵继性编著.—呼和浩特：内蒙古人民出版社，2020.1

ISBN 978-7-204-16144-7

Ⅰ.①青… Ⅱ.①赵… Ⅲ.①文化史–呼和浩特–文集 Ⅳ.①K292.61–53

中国版本图书馆 CIP 数据核字(2020)第 274423 号

青城谭故

作　　者	赵继性
责任编辑	李　鑫
封面设计	刘那日苏
出版发行	内蒙古人民出版社
地　　址	呼和浩特市新城区中山东路 8 号波士名人国际 B 座 5 层
印　　刷	内蒙古恩科赛美好印刷有限公司
开　　本	710mm×1000mm　1/16
印　　张	34.25
字　　数	600 千
版　　次	2021 年 3 月第 1 版
印　　次	2021 年 3 月第 1 次印刷
书　　号	ISBN 978-7-204-16144-7
定　　价	70.00 元

如发现印装质量问题,请与我社联系。联系电话：(0471)3946120

目　录

第三辑　旧业寻踪

第四辑　餐饮数珍

第五辑　杏林采薇

第六辑　文苑纪历

序

尚静波

    书桌上摆放着一部由 A4 纸打印出来的厚厚书稿，淡淡地散发着熟悉的墨香。一眼看去，那书稿首页"青城谭故"四个黑体字格外醒目，无疑，那便是书稿之名了。

    我没有急着翻看书稿内文，而是久久地凝视着那书稿之名，品味着其中的浓重文化气息和历史深度感；也想象着这精雅书名背后作者所付出的创作艰辛——我熟悉书稿的作者，熟悉他那花白的鬓发，熟悉他那眼镜片后深度近视的眼睛里流露出的和善的目光，也熟悉他略显迟缓的步态……这是一个一生都钟爱文史写作的古稀老人，他叫赵继性。

    我和赵继性先生的相识已记不起是何年何月了，但这相识缘于文史则是无疑的。记得那时，他已是颇有些名声的地方文史作家；而我则是出于对文史、特别是地方文史浓厚的兴趣，读过一些他写的此类文章，他笔下的青城旧物旧景、前尘往事都让我兴趣盎然、读有所获。阅读赵继性先生的文章，让我对青城的文化历史、过往风物有了更具象、更细致的认知。

    我曾先后受聘任呼和浩特市政协、内蒙古政协委员各两届，并一直在两级政协的文史资料委员会担任委员。这便使我有机会和当时在呼和浩特市政协机关工作的赵继性先生有了常能见面致意的机会，进而便有了我们二人的促膝长谈，这长谈却也多是与文史有关。后来，我编辑《呼和浩特文艺》，赵继性先生便成了我们刊物"青城往事""青城风情""梨园回眸"等几个栏目的重点作者，我们的交往便更多了起来。只是先生每每来编辑部，与我所谈也都与文史写作有关，几无谈及其他。可见,我和赵继性先生交往是一种很纯粹的雅交。

我读过赵继性先生的《我的文史情缘》一文,那是先生对自己从事文史写作经历的深情自述。从那自述中可以读出作为一个土生土长的老呼市人,他对生于斯、长于斯的这块热土的挚爱以及他对这座古老城市历史文化脉络的熟悉、珍惜以及强烈的传承意识。

赵继性先生的父亲早年间(清光绪三十二年)迫于生计而由山西忻县(今忻州市)"走西口"来到归化城(归绥旧城),并经同乡介绍作保得以进了大盛魁下属小号做了学徒,学徒期满后,做了正式店员,由此使先生这一支在此地落脚生根,成了归化城众多外来迁徙人口中的一员。这对赵继性先生的父亲来说,其实就是自谋生计、自力生存的移民生活的开始。我猜想,那日子虽然清苦,但已比在其忻县老家的日子好过得多。所以,老人在其后的岁月里对这座能让他安身立命并娶妻生子的塞外古城充满着感恩和热爱之情,并把这种感恩和热爱的情感融化在对继性先生的教诲之中。老人经常为继性先生讲述归化城的历史典故、轶闻传说,而这则成了其后继性先生喜爱甚至痴迷这座城市文史的发端。我甚至大胆地揣度,继性先生所写一系列文史作品中鲜明的平民视角或也源于此吧。的确,纵观继性先生洋洋洒洒数十万字的关于"青城"的文史资料,是鲜有对重大历史事件、重要历史人物的记述的。行行业业构成的平民社会常常被人忽略而不见经传,然而草根人物也是历史的参与者,没有这些人的历史是残缺的历史。继性先生放眼于此,记录于文字,这也是本书的一个亮点。

再者,呼和浩特作为一座中国历史文化古城,虽多有典籍对它的历史文化做了文字记载,但这些记载不足以让时隔久远的人们丝缕分明地看清它的全貌。时间总会有意或无意地遗落一些东西,这些遗落的东西如同一本书的章节,这些缺失会造成阅读的障碍和遗憾。

赵继性先生文章内容多为自行开掘,未见诸书刊,那些因岁月流逝而渐渐模糊的城市踪影,那些消逝在历史隧道中的民生民俗,那些已被时光尘埃遮掩了的历史事件的真貌,都在赵继性先生的笔下有了记述、有了补正。赵继性先生的这本《青城谭故》让这座城市的历史文化多了血肉,也有了温度,从而鲜活起来。

一座庙宇的往昔今生,一条街道的更改变迁,一个行业的兴衰起落,一个人物的命运浮沉……汇集起来,就是一座城市文明史,我们可以从中看到城市成长的身影和容貌,看到城市前进的姿态和履痕。赵继性先生的文章是历史画板上的青城文明脉络中不可缺少的那几笔。

众所周知,"亲历、亲见、亲闻"乃文史资料写作的原则,赵继性先生写作恪守原则,概无例外,但记忆有时会因模糊而变得不牢靠,赵继性先生为保证每一篇文章内容不失真实,便极注重写作前的调查或采访。久了,这也便成了他写作动笔前的"规定动作"。而这,却增加了他写作的艰辛。继性先生文史写作之艰辛是极少语人的,这一点,我也是在与他闲聊时,从他的只言片语中才感知到。譬如他在为订正某一史实去查阅资料时,他会不经意地说出"几个图书馆都去了",或者说到采访某人时说"去了十来回"。我总是在事后才感悟到他这片语只言中所饱含的艰辛:一个已过古稀的老人骑着自行车或是乘坐公交车甚或步行一处又一处奔波时,既有头顶骄阳之苦,又有冒着风雪之难,所为的只是想给后人留下一些可读可信的文史资料。而先生不会用电脑写作,依旧在稿纸上一笔一画地写,又写得字字工整,这其间是又少不了灯下的寂寞和艰辛的……

然而正是这种求真务实的精神,使他在文章写作时对模糊了的记忆和听闻的谬误做及时的修正,从而保证了文章内容的真实少误。而这也正是先生《青城谭故》一书的又一个亮点。

继性先生很谦虚,很是乐于向名师大家求教,如刘映元先生、贾勋先生、任贵先生等。先生也有不耻下问的治学精神,乐于和同行交流,他的文章往往在定稿前就已请多人阅正。而在成稿后,对文章内容再做增删或修正也是常有之事。记得有一次,我们刊物编发了他的一篇文稿,已送印刷厂排版,他却又极认真地要编辑改正文章中一个记忆有误的年月时间。原来,他自感记忆有些不准的年月时间,为此又向多人征询,直至确定为止。这严谨的写作态度令人肃然起敬。我在这"序"中写下以上这许多文字,自忖是应该的。因为,这些文字里应该显露出我之所以"肯"及"敢"为先生之书稿作序,实乃因我们共有着的文史情缘,也更因我对先生的敬佩之心。

对我们城市来说,将散轶的资料汇总结集乃至出版,确实是一件很值得去做的事情。这对整合、理顺城市的历史文化脉络,丰富、充实城市历史文化的资料宝库是意义重大的。继性先生的文集《青城谭故》在内蒙古人民出版社领导的重视和责任编辑的辛劳付出下得以面世,对其本人来说,确是心血结晶、辛劳有获的幸事,自当喜之,而我们则期待并相信《青城谭故》面世后,会在"存史、资政、团结、育人"上彰显作用。

自序——我的文史情缘

2019 年是中华人民共和国和中国人民政治协商会议成立 70 周年,也是中国人民政治协商会议文史工作开展 60 周年。在这喜庆的日子里,我不禁回想起自己与文史工作结下深厚情缘的往事。

我出生在呼和浩特市,读书、工作和退休后一直在这座古城,如今已七十有九。古城辽阔富饶的山川土地养育了我,古城悠久灿烂的历史文化吸引着我。从 1979 年起,我开始撰写文史资料。所投稿件在《人民日报·海外版》《绥远文献》(台湾绥远同乡会绥远文献社编印)《张家口文史》和《内蒙古日报》"草原春秋"专栏、《北方新报》"青城故事"专栏、内蒙古人民广播电台"可爱的内蒙古"节目,《内蒙古文史资料》《老年世界》《内蒙古史志》以及《呼和浩特晚报》、呼和浩特电台,《呼和浩特史料》《呼和浩特文史资料》等各级报刊电台刊载或播发的共 150 多篇。2001 年我从市政协机关退休后,仍对搜集整理文史资料情有独钟,乐此不疲。文史工作具有"存史、资政、团结、育人"的重要作用,具有"匡史书之误、补档案之缺、辅史学之证"的独特功能,自己能为文史工作尽一份绵薄之力,感到十分欣慰。

一

我最早接触文史知识,是幼年时听父亲用"三湾、四滩、一圪料、十八道半街"来概括归绥旧城早年街道名称的。九龙湾、胳膊湾、西河湾"三湾",马莲滩、后沙滩、苟家滩、孤魂滩"四滩",圪料街、小召半道街和其他十八道街的名称,深深地印在我的脑海里。父亲闲暇时，还领我到旧城的大街小巷游逛，给我讲这些街巷名称的由来和沿途店铺、古建筑的概况，激起我强烈的好奇心。

清光绪三十二年（1906年），父亲15岁时，因家境困难、生活所迫，从山西忻县（今忻州市）老家走西口来到归化城，开始住在旧城大召西夹道。他由同乡介绍作保，先是在归化城旅蒙商"三大号"之一大盛魁的小号天顺泰当"小小"（即学徒，亦称"住地方"）。当时大盛魁的经营范围很广，号称"上至绸缎、下至葱蒜"，天顺泰就是经营绸缎的小号之一。父亲除给掌柜的端好"三壶"（茶壶、酒壶、尿壶）外，也学了一些经营知识。学徒三年期满后，又到大盛魁另一个经营绸缎的小号崇盛林当店员。

现在回想起来，父亲没有多少文化，但很喜欢学习。他经过勤学苦练，能写一手好毛笔字，算盘也打得相当精准快捷，这是那时买卖人的"必修课"。受父亲的影响和熏陶，小时候我也拿毛笔描描写写，还学会了打算盘——那时候上小学还有写仿和珠算课程。父亲广闻博记，还能虚心求教，从掌柜的和老辈店员中了解了不少归化城的历史掌故和轶闻传说。回到家里，他又把他听到的，加上自己的理解讲给几个孩子，以开阔他们的眼界，懂得做人处事的道理。阿勒坦汗兴建大召和归化城的历史，康熙皇帝驻跸归化城留下的传说，大盛魁发家兴旺的过程，刘统勋私访归化城惩治贪官的故事，都是我小时候听父亲讲的，使我对呼和浩特这座塞外古城的历史产生了浓厚的兴趣。以后我年龄渐长，在中小学读书时经常有空就到旧城逛街，寻访古城的往事。当时，这只是出于少年人的好奇，出于作文时可以增加一些"佐料"。但"无心插柳柳成荫"，父亲的口述故事为我以后撰写有关旧城的文史资料，提供了清晰的线索和准确的路线图。

1958年我18岁时在呼和浩特市地毯厂参加工作，开始是机修工，以后"以工代干"搞计划统计，此间又在旧城职工联校读完业余高中。我会打算盘，计算那些枯燥复杂的统计数字毫不吃力。我写的字还算工整美观，又常被抽去出黑板报，宣传党的方针政策，采写厂子里的生产情况和好人好事，鼓舞大家的干劲。这都是宣传文化工作上的"小儿科"，但对我提高写作能力和采访技巧，还是大有益处的。

1966年"文革"开始后，厂子里规章制度被废除，生产受到严重影响，出现了建厂以来的首次亏损。从1970年起，生产有所恢复。我也从1971年起，在厂领导的鼓励和支持下，开始向报刊电台投稿，内容多为厂子里"抓革命、促生产"的情况。报纸上能发表一些"火柴盒""豆腐块"大小版面的文章,发表后还能收到一个笔记本或两本16开的稿纸。这些文章,虽然不算什么文史资料,也没有什么系统性,但对我个人来讲,可以说是文史资料工作的学步。

作者1959年和母亲合影

东风照相馆摄影师苏德亮为呼和浩特市地毯厂先进生产者金茂、刘凤英、云兰秀拍摄的参加摄影比赛的作品,不知获奖否。

二

　　1978年,党的十一届三中全会召开以后,全党工作重点转移到以经济建设为中心的轨道上来。我供职的呼和浩特市地毯厂也拨乱反正,生产经营得到迅速恢复和发展。1981年地毯厂又喜迁新址,从玉泉区南柴火市街23号迁到石羊桥东路6号,我先后担任厂生产科长、办公室主任。1980年我又光荣地加入中国共产党,当时在鲜红党旗下庄严宣誓的情景,至今难以忘怀。入党后,我工作和学习的劲头更足了。

　　在我们这个五千年文明薪火相传、绵延不绝的礼仪之邦，历来有"盛世修志"的文化传统。改革开放后不久，呼和浩特市同全国一样，掀起了编史修志的热潮。繁忙的工作之余，我查找了呼和浩特市制毯业的有关史料，访问了地毯厂不少在职和退休的老工人，对呼和浩特市地毯业的起源和发展演变，对呼和浩特市地毯厂的历史，有了较深入的了解。史载："归化地毯业，本地栽绒毯最著名，创始于清咸、同年间，宁夏人有来归化城避难者，始传此术。"清光绪十四年（1888年）山西人王俊正式创办大有恒地毯作坊，到民国初年地毯作坊发展到十几家。1937年10月，日本侵略者侵占归绥，实行皮毛管制，地毯作坊断了原料和销路，纷纷倒闭，工人失业过着流浪的生活。中华人民共和国成立后，呼和浩特市地毯业才得到恢复。1956年在对工商业进行社会主义改造的高潮中，呼和浩特市成立了毛纺生产合作社。1958年在市毛织三厂的基础上成立了呼和浩特市国营地毯厂——内蒙古自治区地毯行业中较大的一家全民所有制企业。其产品不仅有内蒙古西部地区传统的三蓝地毯，还有供出口的高级机（机纺毛纱）拉（拉绞编织）洗（成品水洗）地毯、汉宫地毯、艺术挂毯等。

　　呼和浩特市的地毯业同其他众多行业一样，就是这样紧紧地同祖国的兴衰荣辱联系在一起。从1979年起，我把了解到的这些情况陆续整理，写成《呼和浩特市地毯生产概况》一文，在1982年12月出版的《呼和浩特文史资料》第一辑刊载。

作者于1974年在"上海西郊公园天鹅湖艺术挂毯"前留影

　　此后，1983年1月出版的《呼和浩特史料》第1集，发表了我所写的3篇资料性文章。一是《旧城街道名称》，具体介绍呼和浩特市旧城"三湾、四滩、一圪料、十八道半街"的名称和方位；二是《解放前归绥的各种行社》，介绍中华人民共和国成立前归绥市旧城商业、工业、农业、街道和客籍同乡会社五种类型的行社；三是《旧城蒙药铺》，介绍旧城小召半道街的永合堂（俗称圪洞子药铺）、北门外的广源恒和永春堂这3家蒙药中药药铺的历史沿革和经营概况。同年6月出版的《呼和浩特史料》第2集，又刊载了我和大召九九喇嘛合写的《呼和浩特最早的喇嘛庙——大召》，全文约1.2万字，分为五个部分：(1)规模布局；(2)历史沿革；(3)文物珍品；(4)喇嘛职位、生活；(5)佛事活动。为写成此稿，我查阅参考了不少古代文献和今人历史著作，走访了大召许多喇嘛和内蒙古图书馆、市民委的领导、专家。遇有记载不详或记述矛盾之处，多方查证考证；遇有自己不懂的名词术语，四处虚心求教，真是"文章千古事，得失寸心知"。由于这是"文革"后第一篇比较系统地介绍大召的文章，《呼和浩特史料》发表后，自治区、呼和浩特市和玉泉区的文史刊物都予以转载。

这一期间我在报刊上发表的文章，都是署我的笔名。如上面所说《大召》一文我署的就是梁天喜，"梁"是我母亲的姓，"天喜"是我小时候的乳名。之所以不署自己的本名，是有顾虑的，单位工作这么忙，你还在报刊上发表作品拿稿费——虽然稿费很低，但自己也怕因此被戴上"不务正业""捞外快"等帽子。

还要提及的是，在这期间我去呼和浩特市政协送审《呼和浩特市地毯生产概况》一稿时，通过市政协文史办的同志，认识了被誉为内蒙古西部地区"活字典"的文史专家刘映元先生。我们一见如故，从此成了忘年交，我称他刘老师。后来找到了他的家门，又认识了他的夫人韩云琴老师（曾在市第九中学任教）。不论看稿或求教与否，每逢春节、中秋节必定去家看望。通过多次的交往，我有幸阅读了刘老师撰写的许多文史资料（包括"文革"前就在报刊上发表的和正在采写的），感到要向刘先生学习的方面很多。主要是学习他尊重历史、实事求是、坚持存真的治学精神，学习他不辞辛苦、"行万里路，读万卷书"的扎实作风。刘先生说过，"万万不能当爱伦堡嘲弄的'蹩足记者'，拿着本本当记录人"，"访问的艺术是如何引起采访对象的谈话兴趣，并能引导他顺着你提示的线索谈出你要求的内容"，"所写的文史资料既不能欺骗自己，更不能欺骗他人，要始终经得起历史和实践的检验"。这些话语，我记忆犹新，时刻响在耳边。

三

由于在呼和浩特市政协出版的《呼和浩特文史资料》第一辑、第二辑上发表了我撰写的4篇文史资料，1984年9月，组织上把我从地毯厂调到市政协文史办公室工作,不久调总务科任副科长。市委统战部工作的一位姓任的朋友得知这一消息后,对我说:"你咋不好好儿写你的文史资料! 你是个搞总务的料吗?"我说:"绝对不是这块料。但是,组织上要提拔,我总不能说就在文史办了,别提拔我吧!"他说:"倒也是这个理。"以后我又担任市政协提案学习法制委员会办公室主任、机关党委专职副书记。还想啰唆几句,我在政协工作了 17 年,直到退休也不是一位政协委员。其原因是做的都是政协机关的工作,提案学习法制是和政协委员联系的工作。但不久,专职搞机关党务又和政协工作分开了。工作岗位在变,职责任务在变,但我对文史工作的喜爱始终没有变过。

调入市政协后,在认真做好本职工作的同时,我用业余时间执笔(午夜 12 点前没睡过觉),为呼和浩特市地毯厂写出了第一部厂志(1888—1984 年)。为了把这一任务圆满完成,厂部选派辛丽亚作为与我的联络员。这年 11 月写出了篇目草稿,报市二轻工业局审核。编写过程中,采取由近到远、由内到外、由重点到一般、由局部到全局,专业人员与群众相结合的方法,收集到大量的资料。在厂工作多年的老同志,比如技术副厂长张仲美、尹文广,一些中华人民共和国成立前就在大有恒地毯作坊当过学徒的退休老工人,厂内有关职能部门和热心编志的同志,都积极提供各方面的资料。通过我和小辛分门别类地进行加工整理,经过厂党总支和市二轻局的具体领导和反复审阅,以及编纂小组的多次修改,于 1985 年 4 月完成了《厂志》初稿的编纂任务。1985 年 9 月呼和浩特市地方志编修办公室召开的全市基层志稿评议会评议认可了此稿,最后经市二轻局二轻工业志办公室审阅,于 1986 年 1 月定稿。我在市地毯厂工作 20 多年,能在调离后执笔写成这部 9 章 30 节近 7 万字的《呼和浩特市地毯厂志》,是我人生中很有意义的一件事情。

在市政协工作期间,我的业余时间,几乎都在搞文史工作。这些年来,接受过我采访的人有教师、医师、药师、记者、会计,文管所长、博物馆长、考古队长、戏曲曲艺艺术研究专家、演员,剧院、电影院、饭馆、茶馆的经理、堂倌、上灶师傅,喇嘛、和尚、道士,修表匠、铁匠、铜匠、制靴匠、毡匠、地毯匠、制斗匠、旋匠、酱园店员、制毛笔师傅、制酱牛肉师傅、栽扫帚师傅、捏面人儿师傅、修自行车师傅等,其中不少人已经仙逝作古。但无论是逝者、生者,还是他们的亲属、子女,都无私地帮助过我,提供了许多他们"亲历、亲见、亲闻"的宝贵史料,我由衷地感谢他们! 那时,我家住 21 平方米的平房,我的书籍资料、桌子竟占据很大地方,使屋内更加拥挤不堪。除了买煤、买粮、担水、倒垃圾的活儿外,其他家务全由老伴儿包揽,她身体还不大好,我感谢她几十年对我的大力支持。老伴儿开回来的中草药由我煎熬,记得有两次因为稿子要得急,我把中药放到火上就去写稿子,结果把药煎糊了,真对不起她。

我把采访的过程,当作向采访对象学习的过程,并力所能及地为他们服务,因而增进了相互间的了解并加深了友谊。1989年初,我采访呼和浩特市有名的铁匠铺"崔镜炉",在同崔镜老师傅攀谈中,了解到他急需查找一份1962年的资料。之后,我到市图书馆翻箱倒柜,认真查寻,终于查到1962年呼和浩特市总工会举办名匠传艺表演会,崔镜带着徒弟张林,掌钳抢锤表演打制"镜"字菜刀,受到同行称赞的报纸。后来,1989年4月13日的《呼和浩特晚报》载有我所写的《镜字菜刀闻名青城》,我将这份报纸送到他的铁匠铺时,崔师傅十分感谢,硬是送了我一把"镜"字菜刀,让我作纪念。

在采访过程中,我了解到革命战争年代中国共产党在这里领导各族人民开展反帝反封建斗争的许多史料,也了解到日本侵略者侵占归绥期间罄竹难书的法西斯统治和暴行,深切感受到我们今天的和平幸福生活来之不易,是无数革命先烈用鲜血和生命换来的。我在财神庙巷(因巷内建有财神庙而得名,1975年改称玉泉二巷,今天财神庙已修葺一新)采访时,这里的群众回忆道,早年财神庙是多家"行社"逢年过节红火的地方。1939年元月,大青山地区党组织派宁德青、贾恭、张克敏等来归绥工作,同在归绥进行地下工作的刘洪雄共同组建了绥蒙各界联合抗日救国会,以财神庙为活动基地,在各界各阶层爱国人士中秘密发展会员200多人。抗日救国会虽然存在的时间很短,但它所做的大量工作是大青山抗日武装斗争的一部分,对大青山抗日斗争做出了重要的贡献。刘洪雄等同志被日本侵略者杀害壮烈牺牲后,杨植霖同志写了一首寓意深远悼念战友的诗《向刘洪雄同志致敬》:"弹痕周身斗志高,深入虎穴擒鬼妖。万般酷刑无所惧,不辱使命立云霄。"我在玉泉井一带采访时还了解到,1938 年上半年,几乎每天早 6 点到 8 点,在玉泉井南总停着两辆日本侵略者的军车,他们是来抓人拉到麻花板兵营或新城东门外飞机场去当苦力。农历二月的一天,日伪军硬说庆春源茶馆窝藏了劳工,不由分说便要把茶馆里的人全部抓走,好说歹说只剩下一个保管看门,把人们拉到旧城北门里大厅巷的"劳工所",红不说黑不道搁了半天才让人们离开。原来是有两个日伪军到茶馆白吃白喝,嫌没招待好,以此报复。我把了解到的这些史料整理送报刊发表,用生动具体的事实教育后人,特别是年轻一代,要热爱祖国,勿忘国耻,振兴中华。

呼和浩特是我国的历史文化名城,草原文化和农耕文化在这里交汇融和,积聚了厚重的文化底蕴。但在中华人民共和国成立前,由于军阀混战,日本侵华,各种文化事业受到极大摧残。新中国成立以来,特别是改革开放 30 年来,各种文化事业欣欣向荣,异彩纷呈,不断满足人们的文化需求,也吸引着国内外众多的游客。树有根,水有源,我在采访一些文化界名人时,他们都异口同声地赞颂党和政府对文化事业的关切、关怀。我曾采访过很多艺人。1990 年,我在采访呼和浩特市晋剧团原副团长任翠凤时,她深情地回忆起 1950 年冬在北京参加中央文艺工作会议的盛况,回忆起 1952 年 9 月参加全国戏曲观摩大会时,毛主席赞誉演员是"高台教师",以及周总理亲切接见的情景。她一直珍藏着邓大姐赠送给她的周总理的照片。她动情地对我说:"周总理敬酒的场面,就像发生在昨天,我一辈子也忘不了!"1953 年,在自治区和呼和浩特市戏改工作组的指导下,任翠凤对自己多次主演的传统晋剧《秦香莲》修改重排,使这出老戏焕发出新的光彩,受到了观众的好评。此剧在参加 1955 年内蒙古自治区民族民间音乐舞蹈戏剧观摩演出大会会演中获得了作品一等奖(她是剧作者之一)、优秀演出奖、舞台美术奖,任翠凤本人荣获表演一等奖,唱腔灌制了唱片。我手头有一张市电台(后称广播电视台)记者、节目主持人张景植送给我的中华人民共和国成立初期大召前民众戏院《秦香莲》演出戏报复制缩印件。戏报用毛笔书写,繁体字,演出时间 9 月 28、29 日晚场,但具体年份不详。我向任翠凤求证,经她回忆,明确地告诉我这是 1954 年的戏报。这位呼和浩特市晋剧十大演员之一的杰出的表演艺术家,不幸于 2009 年病故,享年 83 岁。我还采访过呼和浩特市的马头琴研制大师、曾任呼市民族乐器厂技术副厂长的张纯华老人。他回忆起在乌兰夫同志的亲切关怀下,对传统马头琴进行创新的过程,回忆起 1984 年 6 月在北京受到乌兰夫同志(时任国家副主席)亲切接见的情景,他还记得乌兰夫当时说的话:"一个艺术家或是一种乐器,只有得到人民的承认和喜爱,才有生命力。"2009 年 12 月出版的《内蒙古文史资料》第 66 辑,刊登了我写的《马头琴研制大师——张纯华》这一文稿。张纯华先生不幸于 2012 年 6 月 18 日因病与世长辞,终年 91 岁。

我撰写的"玉泉井"一文,原载《呼和浩特史料》第 3 辑,1983 年 11 月出版。有一位赵梦兰女士回呼和浩特探亲,带回台湾一本《呼和浩特史料》第 3 辑。后来,杨令德先生之子杨性峨眉山出访台湾带回了转载有"玉泉井"的《绥远文献》第十九期。这些信息是杨性恺表兄袁禄印先生告诉我的。这是海峡两岸绥远籍人士关注本土风物,难忘乡愁共享文史资料的一个细节。

《倒座观音寺》一文,是我写给呼和浩特市对台湾事务办公室的对台湾广播稿,1988 年 12 月 27 日被《人民日报·海外版》第七版采用。

四

2001 年我退休后,除和老伴儿去公园活动外,大部分时间用来搞文史工作,并基本写成了《旧城大召市场及街巷轶事》一文,约 12 万字。这篇史料可说是"呼和浩特最早兴建的喇嘛庙——大召"的续集。

清朝期间,大召前就是归化城(归绥旧城)最红火热闹的地方之一,仿佛小说里宋朝东京汴梁城大相国寺一般。从大召山门到玉(御)泉井这一片广场上,布满了小商摊贩,出售的东西从稀奇古玩到粗笨日用杂物,样样俱全。小工艺制作和小杂耍摊儿,也应有尽有。后来,以大召为中心逐步向南、东、西发展,这里更加繁华热闹。展现在人们面前的是商号集中、店铺林立、五行八作齐全的景象,还有了剧院和电影院。人们管它叫"大召市场",亦有归化城"天桥"之称。在市场内还出现了大小 13 条巷子。此外,在大召山门以里与佛事无关,还确曾存在过小百货市场、席片儿戏园、马戏班儿、耍把式、俱乐部、文艺宣传队、工厂等。

大召市场及街道占地面积约 1.1 万平方米(有 6 条小巷是估算的),古庙大召占地面积是 2.9 万平方米,这是 1982 年由大召达喇嘛计计(赵耀升)和大召现住持九九父子用皮尺测量,由我记录的,大召和大召市场共占地约 4 万平方米。我粗略地统计了一下,除党政机关、学校、国营粮站、供销合作社和大召、玉泉井、费公祠、财神庙 4 处文物古迹外,大召市场有坐商 310 家、服务业 120 家、工厂作坊 8 家、医院诊所药铺 13 家、文化娱乐业 25 家,有小商贩 138 户。

随着时光的流逝,时代的变迁,如今不仅大召市场模样大变,一些街巷也早已不复存在,除了古稀耆老还依稀记得,一般都鲜为人知了。我从小生长在大召西夹道,以后虽然搬过两次家,但几十年都没离开过大召市场。但即使这样,自己不知道和不清楚的事情也确实不少。

为了使这段历史真实地再现,我从 1981 年开始,就走访耆老,参考书籍,查对档案,积累资料,但因工作紧张,精力有限,除了将部分史料写成文稿刊发外,其他大部分资料被束之高阁。如今退休在家,时间充足,我便将大召市场 1956 年前后的商铺作坊及街道轶事进行了系统的归纳整理,遗缺和不足之处又遍访求证,历经数载,终于基本写成。

五

2010 年,我荣获呼和浩特人民广播电台城市生活广播《印象青城》节目授予的突出贡献奖,获"召城文化研究促进小组专家组成员"称号。

2012 年,《呼和浩特文艺》"梨园回眸"专栏从第 1 期开始连载我撰写的呼和浩特市戏剧方面的文史资料,含晋剧十大演员和歌剧十大演员。2019 年仍在继续。

2016 年,呼市政协文史和学习委员会编《呼和浩特文史资料》第二十辑出版是拙著《青城谭故》专辑(48 万字),共七辑。

2017 年,《呼和浩特现当代文学史》出版,在第九编第九章第一节"其他作家的历史纪实文学"中,收录了赵继性的创作经历。

2019 年,由呼市图书馆组织实施的呼和浩特历史文化遗产长期保存的数字化工程,以呼市名人口述资料为基础(取名青城记忆人物),收录反映呼和浩特近百年发展变迁的图片、音频的各种文献。我参与了"召庙篇"的录制和采访工作。

(此文原载内蒙古政协文史资料委员会编:《内蒙古文史资料》第 67 辑,第 173—184 页,2010 年版。收入本书时有修改。)

第一辑　寺院揽总

塞上寺院知多少

呼和浩特地区是一个多民族的聚居地，也是一个多种宗教信仰的集中地，早年就有了宗教活动，到了宋、辽时期，已经建立起很多寺院，但由于战乱保存下来的甚少。明代以前亦是如此。迨至清代，战火逐渐平息，遂又兴起了建立寺院的高潮，尤其是到了清代的康熙、乾隆年间，随着清廷的"放垦"政策，大量的内地汉族人民和其他地区的少数民族人民进入本地区后定居生活，推动了宗教的发展。他们广建寺院，以满足精神上的需要。同时，清朝统治阶级为了加强边疆地区的统治和防卫，也利用宗教来麻痹和消弭人民的反抗意志，对宗教的活动采取了提倡和扶持的态度。自康熙中期到乾隆年间，这里建立寺院的活动达于鼎盛，考古学者孙利中先生曾做过统计，其间共建寺院 50 多座，比儒、释、道三教历代所建寺院总数的 60% 还多。康乾时期呼和浩特地区经济和文化最发达和昌盛。

据成书于清代咸丰九年（1859 年）春天的手抄本《古丰识略》（即以此书为基础于咸丰十一年成书的《归绥识略》的前身）记载，归化城当时是"农祀龙神，牧祀马神，祈嗣者祀子孙圣母，驱瘟者祀瘟神，至百工技艺亦祀其创始人……而以诸神祠附焉，其瓮城小祠与巷曲五道神，井、灶各庙以及乡村诸祠宇并四厅分置"。可见当时崇神、拜佛之盛况，也可以看出清朝时期呼和浩特地区的儒、释、道三教已完全被民间信仰所融合，发展成为一种顺从民意的"民间宗教"了。另外，各教派诸神佛集一庙供奉的现象也是屡见不鲜。

现将史志记载及我采访所得的呼和浩特地区寺院简介如下。

藏传佛教的召庙(喇嘛庙)

　　明朝永乐年间,西宁人宗喀巴对喇嘛教进行了一次宗教改革,创立了喇嘛教新的宗派。为了与红教区别而穿黄衣戴黄帽,因此被称为黄教。黄教传入呼和浩特地区,始于明代万历六年(1578年),俺答汗(今译阿勒坦汗)会见达赖三世琐南坚措于青海,许愿返回后用宝石金银装严释迦牟尼佛像,万历八年(1580年),建成了呼和浩特第一座召庙(即今天尚存的大召)。呼和浩特地区召庙兴建的高潮,与其说是清代乾隆时,不如说在康熙时更符合历史和实际情况。清朝统治者利用黄教为其阶级的民族的剥削、压迫的工具,是尽人皆知的事实。

　　康熙三十七年(1698年),康熙皇帝玄烨委任小召(崇福寺)的托音二世呼图克图为归化城(明廷赐名,当地蒙古族人民叫她"库库和屯",今译为呼和浩特,意思是青色的城)掌印扎萨克达喇嘛。于是归化城土默特二旗、乌拉特、茂明安、四子王部落、察哈尔八旗、昭乌达盟十一旗、科尔沁十旗等僧俗、封建主竞向托音二世贡献布施,作为修饰归化城召庙之用。

　　托音二世不仅扩建了小召、席力图召,修葺了大召,并添建了许多寺院。托音二世屡次向康熙帝请求"度牒",均蒙批准。于是,归化城不仅召庙林立,喇嘛的人数也空前增多。各召庙由于庙仓充盈,所以又分别建立自己的属庙,归化城出现了一个兴建召庙的高潮。后来,民间就有了"七大召、八小召,七十二个兔名召("兔名"亦作"绵绵""面面",极言其多)"的说法,因此还有个"召城"的称呼。对喇嘛人数也用"数上来的三千六,数不上的无其数"来形容。据《清实录》记载,康熙四十六年(1707年),归化城各召庙的黑徒(即召庙中所属的民户,黑徒除土著的蒙古人外,还有清帝授意科尔沁部拨给他们的满洲人)总计3580余口。又据

《绥远城驻防志》记载，归化城八大召（应为七大召）以外的广济寺，嘉庆四年（1799年）"该寺现有喇嘛一百二十三名，黑人五十二户，二百零九名"。这座召庙的黑徒，几乎超过喇嘛人数的一倍。另据嘉庆二十四年（1819年）对15座主要召庙（即七大召和八小召）人口普查统计，共计人口2151人，其中包括住持活佛（呼图克图）、扎萨克喇嘛、达喇嘛、德木齐、圪速贵（亦译格斯贵）、一般喇嘛、有妻喇嘛、徒丁。在徒丁中不包括妇女、儿童人数。

据《归化城厅志》记载，归化城的召庙数量是33座。关于大召和小召的标准，凡是按照清朝的制度，在召庙中既设置扎萨克喇嘛，又设置达喇嘛的就称作"大召"；仅设置达喇嘛的就称作"小召"。

一、七大召

无量寺（大召）

始建于明代万历七年（1579年）秋，次年建成。嘉庆二十四年（1819年），召中设扎萨克和达喇嘛各1人，圪速贵10人，一般喇嘛145人，有妻喇嘛5人，徒丁25人，共计187人。

乾隆十七年（1752年）十一月初三日，大召扎萨克喇嘛那旺噶尔丹被委任为归化城喇嘛印务处副扎萨克达喇嘛之职。印务处就设在大召东仓的东北隅。大召寺现住持、寺管会主任赵九九被选为呼和浩特市政协十二届副主席。

大召地址在今玉泉区大召前街正北端。

延寿寺（席力图召）

明朝末年只是一座小庙，隆庆、万历年间，召庙的主体建筑大约仅有今

作者与大召住持赵九九合影　王东亮摄

天席力图召西侧的古佛殿。到了清代康熙二十七年（1688年），有路过归化城的人士记载，该召庙外观已是"金碧夺目，广厦七楹"，已成为当时召庙中最引人注目的一座寺院了。清代嘉庆二十四年（1819年），席力图召设扎萨克喇嘛1人，达喇嘛2人，德木齐1人，圪速贵13人，一般喇嘛333人，徒丁294人，共计646人（含属庙人数）。席力图召地址在今玉泉区石头巷的正北端。

巧尔齐召是席力图召的属庙，位于旧城玉泉区西五十家街路北，巧尔齐召巷在路南。1925年，中共北方区委派吉雅泰在巧尔齐召内的18号院，建立了中国共产党绥远特别区工作委员会。该院是一小四合院儿，正房东屋为宿舍，西屋为办公室，南屋为伙房，是中国共产党在内蒙古地区活动最早的据点之一，1964年被列为内蒙古自治区重点文物保护单位。

中国共产党绥远工作委员会旧址（巧尔齐召西跨院）

崇福寺（巴甲召，俗称小召）

原为明朝末年土默特部顺义王俺答汗（阿勒坦汗）后裔俄木布洪台吉于天启三年（1623年）所建的小型召庙。据小召最后一位住持喇嘛、曾任喇嘛印务处速勒更达(相当于秘书长)、中华人民共和国成立后被聘为内蒙古政协委员、在内蒙古图书馆工作的王庆先生回忆(1982年,我和大召现住持九九喇嘛采访过已经81岁高龄的王庆先生),最早的小召规模很小,是阿勒坦汗的孙子的家庙。后来,清帝敕令扩建小召。扩建后,有七七四十九间大殿,共两层。前头有两个大佛殿。在东面还有十殿阎君、十大护法;西面楼上是护法,楼下的后殿是药王殿。再往前边还有好几排房。在现在小召小学校楼房(办公室、教室)的原建筑的殿顶上铺的是琉璃瓦,前头也有琉璃瓦牌楼,起名叫康熙行宫。小召前的跨街牌楼今天仍然屹立在街上。

作者在小召过街牌楼前留影　王东亮摄

　　当把小召的第二世(即托音呼图克图二世)请回召后,正赶上康熙西征噶尔丹驻跸小召。平定噶尔丹班师回京途经归化,仍旧驻跸小召。这里边还有席力图召的佛爷,就是今世活佛扎木苏的上几辈。他和康熙皇帝有过来往,同样受到了尊敬。另外,在小召有两通用蒙满汉藏四种文字镌刻的记功石碑。

　　康熙皇帝打了胜仗后,就把他用过的战刀、盔甲一起留在小召作纪念。那些东西一直保存到日伪时期,据说是旗政府的日本顾问下令拿走了。这些纪念品,在过去每年阴历的正月十五和六月十五念大经的时候,还要抬到小召前头,用木制架子支起来,叫作晾甲会。这时,各行各业的头脑以及商务会的会首们,都穿着长袍马褂排着长队,轮流地站在那儿,接应敬奉的香客和观赏的来宾。人们来了以后,烧香磕头。每一次整整红火热闹那么三天。这盔甲和战刀,白天黑夜都在那儿摆着,念完经就把它们收回,保存起来。

小召大殿和御碑亭

每年的冬季,一些活佛要到京城为清帝念《冬历经》。数九天皇帝洗脸时,就给他念《洗脸经》。念《洗脸经》的活佛大概有4个,一个是太佛爷(托音一世)、一个是席力图召的席力图活佛,还有宏庆召的宁宁活佛,另一个是太平召的(应该是班弟达召的咱雅班弟达活佛),都是够上格儿的。另外,还有小召的扎萨克喇嘛,虽然不是活佛,除前面那四位活佛外,只有他有资格赴京城念《冬历经》。每年冬季,托音二世活佛便领上小召的喇嘛,特意去一次京城,见到皇帝后念完《洗脸经》就返回归化城。据说皇帝的赏赐还不少。

小召的坐床喇嘛托音二世,法名阿旺罗桑丹比坚赞,与清室关系密切。他生于康熙十年(1671年),康熙十八年(1679年)迎回小召坐床后,同年二月就赴京城朝见皇帝。康熙三十年(1691年),清朝征召锡泊呼拉沁等部落时,因托音二世参与而顺利完成任务。因此,康熙皇帝玄烨把皇城中的罗刹天王寺拨给托音二世,作为其在京城的驻锡寺庙。

康熙三十四年(1695年),皇帝特派托音二世进入西藏探听情况。此次驻藏两个月,归来带着班禅额尔德尼的密信和收集到的情报面见皇帝禀报。

康熙三十五年(1696年),清军兵分三路反击噶尔丹,托音二世随皇帝出征,并为之出谋划策。他的宗教攻势和康熙帝的政治策略与费扬古大将军的军事进攻紧密配合,取得了昭莫多大捷。之后,托音二世便成为归化城喇嘛印务处的掌印扎萨克达喇嘛,所以玄烨两次出征往返便驻跸小召,并留纪念物品于该召庙。

从此,托音二世在蒙古王公、喇嘛中,威望空前提高。他首先扩建小召,资助布施者来自四面八方。仅蒙古各王公就布施 3000 两白银,康熙皇帝赐给檀木等各色饰物。扩建后的小召金碧夺目,规模宏伟。民间有"大召不大,小召不小"的说法。

康熙皇帝留给小召的甲胄等(今存内蒙古博物馆)

小召的过街牌楼,是小召整体建筑中一个不可或缺的部分,或者说是小召亮丽的门面。它是乾隆五十一年(1787 年)所建。它距康熙帝巡视归化城并驻跸小召的时间约晚了 91 年。著名作家、诗人、戏剧家贾勋先生说过,在我所见过的牌楼中,小召牌楼的造型及装饰美,足可为人称道,至少在内蒙古中西部地区,可叹为观止。

谈到归化城的街道名称,人们用"三湾、四滩、一圪料,十八道半街"来概括。

其中的半道街,就是指小召往南的街道而言。据耆老们相传,在小召牌楼修建之前曾发生过召前半道街被大火烧毁的事情。二百多年前的小召前街已是店铺林立,商贾如云,特别是几家实力雄厚的粮店,如广兴粮店等更是生意兴隆。就在康熙帝巡幸归化城走后不久,小召前的一半街道毁于大火。事后,人们传说有一位赤发老人肩挎笊篱沿街叫卖,而火发后再未见其踪影。从此,人们认为这位老人就是火神的化身,他谶语"早离"(笊篱的谐音)警示百姓,可惜人们凡胎肉眼还是执迷不悟,终于酿成"火烧半道街"的人间悲剧。之后,为了感谢火神"劫火弥天烧未尽"(还留下半道街)并祈祷平安,就把火烧的这一天定为"纪念日",并在每年的这一天即农历的正月二十五日夜晚,全街燃放烟花爆竹,藉以祭拜火神。贾勋先生儿时,也在"炮打城""鹅下蛋""猴尿尿"等大型的烟花中体验了这一荒诞的"传说"。时至今日,作为崇尚科学的一代新人,当然不会相信这无稽之谈了,因为他们知道,真正能够如小召牌楼横额上所书的"普照慧光"的,只有造福人民的社会主义。

小召的属庙有慈灯寺(五塔寺、新召),清代雍正五年(1727年)建;荟安寺(岱海庙、小召),乾隆三十八年(1773年)建;善缘寺(登奴素小召)。清嘉庆二十四年(1819年),小召设扎萨克喇嘛1人,达喇嘛3人,圪速贵8人,一般喇嘛135人,有妻喇嘛11人,徒丁162人,共计321人(含属庙人数)。

小召的地址就是今天的玉泉区小召小学校。在街道改造前,从小召往南一直到东、西五十家街交会处,便是小召前街。

崇寿寺(朋苏克召、朋顺召、西召)

始建于清代顺治十八年(1661年),康熙三十二年(1693年)增修后,奏请康熙帝赐名崇寿寺。对朋顺召有这样的记载:地初宏敞,殿宇甚壮丽,后为河水侵占,寺门北移,院有藏经塔一座。由于它建在扎达海河北岸,河水屡侵庙墙,而三次缩修,规模渐狭,但占地仍比前三大召为多,到了1934年,因殿宇颓废过甚,被地方驻军改修为兵营。

康熙帝为了控制已在蒙古地区发展的喇嘛势力和影响,进而控制整个蒙藏地区,于康熙二十四年(1685年)四月,决定在归化城设"掌印扎萨克达喇嘛"之职。首任归化城掌印扎萨克达喇嘛的就是朋顺召的伊拉古克三呼图克图(达赖五世的高徒,厄鲁特蒙古)。康熙二十九年(1690年),由于他支持噶尔丹被革职。

相传,"清圣祖(康熙)谒寺(指朋顺召)参拜时,呼图克图(活佛)不为礼,费将军(即费扬古)怒杀之。沙必纳罕(喇嘛)等复杀费,圣祖得免事,未见载籍"。(见《归绥县志》)就是说活佛正在依教规封斋持戒,闭关静坐,在这期间他用哈达封住嘴,不饮不食,不言不动不眠,不到斋满不和任何人接触。因此,康熙帝到召内时,活佛没露面,皇帝是懂得这种宗教规矩的,但费扬古认为这是有心与皇帝抗礼,犯下大不敬罪,把活佛杀了,因此引起喇嘛们暴动,费扬古被围自刎而亡。这段传说中的喇嘛暴动、费扬古自杀,虽然是附会无稽之谈,但杀活佛一事,父老们确都是深信不疑的。其实对于后者,民间更有离奇的演绎,说是康熙帝被众喇嘛追杀至旷野荒郊时,眼见四顾茫茫,无人救应。就在这危急万分之时,忽见天空风起云涌,惊雷乍现,当即便有一株株高大的榆树拔地而起,那连天的林莽,好像从天而降,挡住了喇嘛们的去路,康熙帝惊喜至极,遂隐身于林内,化险为夷。此后,"榆林救驾"的故事就流传塞上。贾勋先生说,很显然这至少与神化皇帝,取悦宸欢,宣扬个人迷信的忠君思想有关……

清嘉庆二十四年(1819年),朋顺召设扎萨克喇嘛1人,达喇嘛2人,圪速贵7人,一般喇嘛65人,有妻喇嘛2人,徒丁30人,共计108人(含属庙人数)。

朋顺召的地址,就是今天的呼和浩特市第七中学。

隆寿寺(乃莫齐召,亦称医师庙)

最早是达赖绰尔济所建的小庙。于康熙八年(1669年)扩建修饰整新。召中有藏经塔一座。

康熙三十四年(1695年),已故达赖绰尔济之徒恩克在归化城东门外百步建一召庙,取名隆福寺,又名迦兰召,俗称可兰召,仍归隆寿寺管辖,未设达喇嘛,就是它的属庙。

据清朝末年到过归化城的人士记载,按照圣旨绰尔济是乃莫齐召的扎萨克喇嘛。康熙三十四年(1695年),该召庙第二次重修,工竣后,皇帝赐名隆寿寺,这一匾额至今还悬挂在山门上方,是用蒙、满、汉三种文字书写。

嘉庆二十四年(1819年),乃莫齐召的住持活佛是温布扎木萨呼毕勒罕。设扎萨克和达喇嘛各1人,圪速贵4人,一般喇嘛43人,徒丁66人,共计116人(含属庙人数)。

乃莫齐召的地址,就是今天玉泉区通顺北街正北端。中华人民共和国成立后,召庙原址被棉针织厂、乐器社、玻璃纤维厂、煤炭供应站所占用,还住有居民。

重建后的乃莫齐召经堂 （见《印象青城》）

乃莫齐召内白塔 （见《印象青城》）

弘庆寺(拉布齐召、亦称弘庆召)

该召庙是由宁宁呼图克图一世以己之财兴建于康熙三年(1664年)。康熙六年(1667年),皇帝玄烨赐名宏庆寺。赏满文、蒙古文、汉文三体文合壁寺额。

清代顺治年间(1644—1661年),宁宁呼图克图一世奉命赴京城驻旃檀召掌印,皇上诰封宁宁呼图克图名号,奉诏晋觐。指派担任京师掌印扎萨克达喇嘛之职。于康熙三年(1664年)率众徒来归化城营住,所建召庙赐名后圆寂。宁宁呼图克图二世只坐床11年圆寂,三世坐床5年圆寂,四世和五世均未坐床,因患痘疾圆寂。此后再未寻认。

嘉庆二十四年(1819年),宏庆召住持活佛是宁宁呼图克图。设扎萨克和达喇嘛各1人,圪速贵5人,一般喇嘛26人,有妻喇嘛1人,徒丁14人,共计49人(含属庙人数)。

重修后的弘庆召 (见《印象青城》)

宏庆召的地址,就在今天玉泉区南柴火市街的中段路北,与著名汉传佛教的观音大寺隔街隔巷相望。中华人民共和国成立后的宏庆召,有玉泉区长和廊公安派出所从长和廊路东迁到这里,还有一家为人们加工米面的碾子坊,也住有不少居民。

1983年我到大召采访时,就有宏庆召的喇嘛侠力布(60多岁)在大召工作。还有一位宏庆召的喇嘛色楞道尔基(赵挨壮)在呼和浩特市民间歌剧团任演员,1959年和田全贵(副团长)、郝秀珍、乔玉莲(在电影《卖碗》一剧中扮演香兰)、张春溪(作曲)、张美莲、岳淑珍(干叶叶)、张奎等近30名演职员,支援包头市民间歌剧团调到包头市。这位色楞道尔基曾担任包头市民间歌剧团团长。

尊胜寺(班弟达召,俗称班定召)

明末清初,喀尔喀扎萨克图汗从西藏迎迓咱雅班弟达呼图克图。亦说是清康熙元年(1662年),达赖五世由西藏派其前往喀尔喀扎萨克图汗部。当时,由清廷将咱雅班弟达留住归化城,不使其前往喀尔喀。于是,遵旨在城东北哈拉赫沁沟吉尔格朗图山建寺,亦说是在原有小庙的基础上所建,距归化城百余里。清廷赐塑三世佛(即过去、现在、未来佛)所用檀香木,小乘经和大乘经,赐名尊胜寺,赏满文、蒙古文、汉文三体文字寺额悬之。康熙三十六年(1697年),由咱雅班弟达一世和诸弟子重修扩建召庙。而后,咱雅班弟达一世圆寂。

重建后的班定召

咱雅班弟达二世,转世于土默特旗。该二世于乾隆十七年(1752年)十一月初三被委任为归化城喇嘛印务处的掌印扎萨克达喇嘛之职。乾隆二十八年(1763年)圆寂。三世于乾隆三十六年(1771年)坐床。先后于当年(1771年)、乾隆四十年(1775年)、乾隆五十年(1785年)、乾隆五十二年(1787年)、乾隆五十七年(1792年)和嘉庆九年(1804年)6次赴京城朝觐。道光五年(1825年)圆寂。四世还未坐床即圆寂。五世于道光二十年(1840年)被迎回本寺习熟经文。于道光二十八年(1848年)、咸丰七年(1857年)、同治二年(1863年)三次赴京城朝拜皇帝,莅席洞礼诵经年班,祝佑圣上康宁。五世于同治十三年(1874年)圆寂。六世于光绪二十年(1894年)报理藩院,经金本巴瓶掣签奏转定,如勒楚克舍为咱雅班弟达的呼毕勒罕。遵旨,于当年迎回召庙习学经文。

嘉庆二十四年(1819年),尊胜寺的住持活佛是咱雅班弟达呼图克图。设置扎萨克和达喇嘛各1人,圪速贵5人,一般喇嘛41人,徒丁16人,共计65人。

据《内蒙古晨报》2016年4月18日载,尊胜寺从2004年起经过十余年的恢复重建,目前已完工并对外开放。该寺活佛是37岁的九眉昙空尖措。

二、八小召

庆缘寺(乌素图西召)

该召庙是由察哈尔佃齐呼图克图始建于明代万历三十四年(1606年)。由果蟒呼图克图住持,于清代乾隆四十七年(1782年)重修扩建。第二年(1783年)三月,乾隆皇帝赐名庆缘寺。

建寺之前察哈尔佃齐曾在西喇嘛洞坐禅修行多年。于万历三十四年(1606年)在乌素图的那尔苏太山阳,由蒙古希古尔达尔罕、拜拉达尔罕遴选蒙古匠人建成此召庙。正殿塑释迦牟尼为首的五大佛陀,八大观音菩萨,金刚手,哈音吉如瓦;右偏殿塑九尊无量寿佛;左偏殿塑观音菩萨白、绿二度母,达赖喇嘛和班禅格根佛像,还建有一座四大天王庙。从庆缘寺的结构可以看出明代蒙古民族建筑、雕刻、绘画等技艺的高度发展。

这位察哈尔佃齐还为修葺整饰山西五台山的五座佛寺、五座宝塔做出过贡献。清代顺治十五年(1658年),他奉旨携带积蓄30000余两白银赴五台山,在五座山头修整了五座寺院,五座宝塔,修造了罗睺寺,在该寺背后修造了莲花轮转寺,在罗睺寺前面修造了一座舍利塔,俗称大白塔。在塔中安放了数颗舍利。还修建了海兰岭上的道路和大桥。这一切都雕刻在罗睺寺的石碑之上。察哈尔佃齐呼图克图一世于康熙十年(1671年)春季圆寂,享年93岁。

庆缘寺大殿　（见《呼和浩特市文物古迹便览》）

　　察哈尔佃齐二世于康熙十九年（1680 年）坐床，康熙二十五年（1686 年）圆寂。

　　察哈尔佃齐三世于康熙三十三年（1694 年）坐床。康熙三十五年（1696 年）御驾亲征厄鲁特噶尔丹，驻跸归化城。幼小的三世由格隆巴雅斯呼朗活佛怀抱，在小召（崇福寺）的台阶上叩拜皇躬万安。皇上问询怀抱何物，启奏是先师之呼毕勒罕察哈尔佃齐。谕示乃高僧之呼毕勒罕，须精修经论。遂敕呼图克图封号。三世于乾隆四年（1739 年）圆寂。

　　察哈尔佃齐四世只坐床 1 年，于乾隆十一年（1746 年）秋圆寂。

　　察哈尔佃齐五世于乾隆二十一年（1756 年）坐床，乾隆三十五年（1770 年）赴京城恭请圣安。于乾隆四十七年（1782 年）春圆寂。

　　这一年（1782 年）从春到秋，将破损不堪的召庙修葺一新。乾隆四十八年（1783 年）春季，清廷赐该召庙汉名为庆缘寺。赏满、蒙、汉、藏四体文字合壁寺额以悬之。

　　察哈尔佃齐六世于乾隆五十四年（1789 年）坐床，先后于嘉庆六年（1801 年）、十二年（1807 年）、十四年（1809 年）、十九年（1814 年）四次赴京城苴席一年一度的年班或恭请圣安。嘉庆十六年（1811年），理藩院传旨允准察哈尔佃齐享乘绿色帏轿车。嘉庆二十四年（1819年）十一月，被清廷敕封补任归化城喇嘛印务处副扎萨克达喇嘛之职。亦说道光十二年（1832年），六世赴京城入洞礼诵经年班。亦说这一年正月十三日向理藩院发讣告圆寂，待考。

察哈尔佃齐七世于道光二十年（1840年）七月坐床，先后于道光二十八年（1848年）、同治元年（1862年）、同治三年（1864年）3次赴京城入洞礼年班，祝佑圣躬康豫。道光末年，七世被清廷委任为归化城喇嘛印务处掌印扎萨克达喇嘛，同治三年患病告假。于光绪五年（1879年）圆寂。

光绪十五年（1889年），只有13岁的察哈尔佃齐八世在召庙中攻读经书。1930年圆寂。此后，由于兵荒马乱，再没进行活佛转世的寻认。乌素图召从此没有呼图克图了。

1940年，由伪蒙疆政府任命乌素图召法禧寺的当家喇嘛、庆缘寺的达喇嘛三庆纳尔布为归绥喇嘛印务处的掌印扎萨克达喇嘛，一直到中华人民共和国成立后。1950年，喇嘛印务处解散。

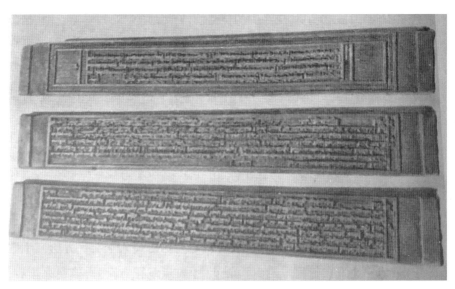

松巴堪布经卷雕版　（见《呼和浩特市文物古迹便览》）

在庆缘寺内曾保存着相传是第三世活佛年轻时去西藏拉萨学习佛法，学成返召时带回的其老师松巴堪布大法师所著经卷的版刻，其中包括经、律、论、医、算五种内容。这是我国从蒙古到西藏唯一的一幅版刻。因此,多少年来各地研究藏文典籍的学者们,经常托人汇款来请这部经卷,而请经代价也就成为乌素图召香灯购养费的主要来源之一,这是其他各召庙所没有的一个珍闻。非常遗憾的是,在"文革"中这部著经木版全部被焚毁。所幸的是内蒙古大学图书馆首任馆长伊锦文先生将这部长49厘米、宽7厘米,共计3455块的经卷雕版请人拓印了一份。现存内蒙古大学图书馆。

俗称的乌素图召建在乌素图村西,它是庆缘寺、长寿寺、法禧寺3座召庙的总称,因3召庙攒居1处,外人不知道它们各有其名,就统以村名作为召庙名称了。但3召庙原是1家,庆缘寺是总监,长寿、法禧是分院。所以合称乌素图召,也是名实相符的,3召庙依山傍水,其自然风景亦可算是归化城近郊首屈一指的地方,村民们所植杏、李等副业很是出名。旧志稿所列归化城郊八景中,就有"红杏遮村"一则,就是指这里。

庆缘寺的属庙有增福寺(里素召),是康熙三十五年(1696年)由属下弟子格隆巴雅斯呼朗所建,地址在归化城西南一百二十里的里素村。法禧寺在庆缘寺的东北,长寿寺在庆缘寺东,罗汉寺(是庙仓)在庆缘寺北。

嘉庆二十四年(1819年),庆缘寺的住持活佛是察哈尔佴齐呼图克图、格隆巴雅斯呼朗呼毕勒罕(驻增福寺)。达喇嘛1人,德木齐1人,圪速贵8人,一般喇嘛61人,有妻喇嘛2人,徒丁37人,共计112人(含属庙人数)。

内蒙古佛教协会主办的内蒙古佛教学校,成立于1987年。1991年,校址从包头市五当召迁入呼和浩特市乌素图召庆缘寺的佛爷府,招收两期学员30人。1994年招收3期学员30人。1998年招收四期学员30人。

乌素图召的喇嘛宝音达赖被聘为呼和浩特市政协第五、六两届委员,曾在市佛教协会工作。纳木吉勒赛登被聘为市政协第七、八两届委员。

灵照寺(灵召寺、美岱召)

顺义王俺答汗(阿勒坦汗)嫡孙大成台吉之妻玛沁夫人于明代万历三十四年(1606年)修建。地址在归化城西200余里(今属土默特右旗)。修通火车后,从美岱召车站下车,往西约八九里便是美岱召。

明代万历三年(1575年),俺答汗建成一座堡寨式大院,呈请明神宗朱翊钧赐名福化城,作为顺义王府。后来,大成比吉玛沁留住福化城王府。到万历三十四年(1606年),将福化城改建成佛庙叫作灵觉寺,作为王族的家庙。到了清代的康熙年间,又改名为敕建寿灵寺,以竖匾悬挂在经堂的前檐之下。相传,灵照寺是由迈达里呼图克图所起的召庙名。

清嘉庆二十四年(1819年),美岱召的住持活佛是罗布桑木罗木。达喇嘛1人,圪速贵4人,一般喇嘛36人,徒丁4人,共计46人(含属庙人数)。

美岱召围墙的正门楼　(见《呼和浩特文物古迹便览》)

广化寺(西喇嘛洞召)

最初是由博格达察罕喇嘛于明代万历年间所建。清代顺治十五年(1658年)和康熙五十九年(1720年),由吹萨嘎巴佃齐呼图克图三世和四世修葺扩建。乾隆四十八年(1783年),呈请乾隆皇帝赐汉名广化寺,位于归化城以西100里,毕克齐北的大青山里,即山涧喇嘛洞村。与东喇嘛洞召有别。

吹萨嘎巴佃齐呼图克图一世,早在明代万历初年,宗教在土默特还没有传播的时候,就以博格达察罕喇嘛拉希扎木苏称著,云游归化城西北山洞,苦行坐禅,普度众生。于明天启七年(1627年)圆寂。

清代顺治十五年（1658 年），扩建了岩洞下方的正殿。

二世和三世均转世于土默特。四世于康熙三十三年（1694 年）坐床。康熙三十五年（1696 年）入朝觐见祝佑圣躬康豫，康熙帝玄烨拉着他的手告诫，小呼图克图，尚须勤奋学习经论，并赐哈达、石榴。康熙五十八年（1719 年），把用自己财力兴建的旧寺迁至桃儿河源头，并扩建修葺。雍正二年（1724 年），经奏请赐封一名达喇嘛，40 名度牒喇嘛（一般喇嘛）。于乾隆二年（1737 年）圆寂，享年 52 岁，坐床 40 年。

西喇嘛洞召门前

（见《呼和浩特市文物古迹便览》）

五世于乾隆十一年（1746 年）奏请坐床。于乾隆四十三年（1778 年）冬赴京城朝觐圣上。乾隆四十八年（1783 年），皇上敕封五世为归化城喇嘛印务处掌印扎萨克达喇嘛。其间，又修葺和扩建了旧寺、佛像等，奏请赐汉名为广化寺，赏满、蒙、汉、藏四体文字寺额。在原有基础上召庙中圪速贵增至 2 名，达德木齐 2 名和 60 名度牒喇嘛。这一年，五世又赴京城朝拜皇帝。乾隆五十五年（1790 年）八月，值皇上八十万寿圣节，再次赴京叩拜皇帝并奉献礼品。皇上赏赐金刚杵柄金坠铃、绸缎、果品。五世于嘉庆二年（1797 年）四月圆寂，享年 58 岁，坐床 51 年。

六世于嘉庆六年（1801 年）坐床。曾赴西藏阿木多寺习学经典。道光三年（1823 年）春，皇帝降旨敕封六世为归化城喇嘛印务处副掌印扎萨克达喇嘛。六世曾四次赴京城，叩谢龙恩、入洞礼诵经年班，祝佑圣躬万安。道光十二年（1832 年），理藩院传圣旨，赐其乘坐绿色帏轿车。六世于道光十七年（1837 年）六月十四圆寂，享年 39 岁，坐床 36 年。

七世于道光二十三年（1843 年）腊月十一迎回召庙中坐床，8 岁习学经文。

先后于咸丰八年(1858 年)、同治二年(1863 年)、同治八年(1869 年)三次赴京城入洞礼年班，祝佑圣上万安。七世于光绪六年(1880 年)圆寂，享年 45 岁，坐床 37 年。

八世于光绪十三年(1887 年)坐床。

嘉庆二十四年(1819 年)，西喇嘛洞召的住持活佛是吹萨嘎巴佃齐呼图克图，达喇嘛 1 人，德木齐 2 人，圪速贵 9 人，一般喇嘛 242 人，徒丁 27 人，共计 282 人(含属庙人数)。

慈寿寺

是由察罕佃齐呼图克图一世于清代顺治十二年(1655 年)所建。康熙三十五年(1696 年)，由四世重修扩建。同年，由康熙帝玄烨赐汉名慈寿寺，位于归化城西约 60 里的大青山南麓。

察罕佃齐一世，就是在广化寺中提到的博格达察罕喇嘛的门徒察罕乌巴什(后跟随内齐托音呼图克图一世为徒)。其二世转世于土默特，三世转世于茂明安旗。

四世于康熙三十一年(1692 年)夏坐床。于康熙三十五年(1696 年)重修扩建召庙，清廷赐塑造瓦其尔达喇、长寿佛、翁尼克巴兹亚三世佛所用的檀香树 3 棵，并赐汉名慈寿寺及满、蒙、汉、藏 4 体文字合壁的寺额。

康熙三十六年(1697 年)，圣上驾临归化城，四世亲迎觐见，奉献哈达祝佑圣躬康豫。皇上勉励其勤学经艺，赏赐哈达，并赐察罕佃齐呼图克图封号。四世于雍正六年(1728 年)圆寂。坐床 36 年。

五世于乾隆十三年(1748 年)坐床，乾隆十五年(1750 年)圆寂。

六世于乾隆二十五年(1760 年)坐床。先后 8 次赴京城祝佑圣躬安康，奉献佛像等，入洞礼唪经年班，参加驱魔禳灾古里穆法会，并在旃檀寺、雍和宫、察罕希古尔台寺唪诵古如穆经、药王经等。在紫光阁、圆明园赐御晏。还赏赐貂皮、绸缎、布匹、哈达、琥珀、念珠、瓦其哈尔铃、荷包、鼻烟壶等。

乾隆五十四年(1789 年)仲夏初九，皇帝敕封察罕佃齐六世为归化城喇嘛印务处副掌印扎萨克达喇嘛。嘉庆元年(1796 年)仲春，敕封六世为掌印扎萨克达喇嘛。嘉庆十三年(1808 年)，由于六世在席力图召和巧尔齐召的诉讼中态度不明朗被革职。

察罕佃齐六世于嘉庆二十四年(1819 年)圆寂。坐床 59 年。

七世于道光四年(1824年)六月二十四坐床。道光十六年(1836年)七世已18岁,因患痘疾不得入朝觐见,只好派遣本召庙圪速贵萨日布巴勒丹、曹依布赫、贡楚克扎木苏等赴京城恭请圣安。道光二十年(1840年)、道光二十五年(1845年)两次赴京入洞礼年班。咸丰元年(1851年)、同治三年(1864年)亦说是同治四年(1864年),入朝觐见,祝佑圣躬康豫。

察罕佃齐七世于光绪十二年(1886年)圆寂。坐床62年。

嘉庆二十四年(1819年),慈寿寺的住持活佛是察罕佃齐呼图克图,达喇嘛1人,圪速贵4人,一般喇嘛47人,徒丁3人,共计56人(含属庙人数)。

崇禧寺(东喇嘛洞召)

额尔德尼佃齐呼图克图于清代顺治十二年(1655年)所建。位于归化城东北60里大青山的鄂奇特沟内。康熙四十三年(1704年),由额尔德尼佃齐四世重修扩建。同年,由康熙帝赐汉名崇禧寺。

额尔德尼佃齐一世来自西藏,约生于明代正统十四年(1449年),于元末明初来到归化城,不言而喻他是个红教徒。后来,黄教在内蒙古地区盛传,他便拜博格达察罕喇嘛为师。圆寂时92岁。二世转世于乌拉特中旗,82岁圆寂。三世转世于喀尔喀莫尔根王旗,63岁圆寂。

额尔德尼佃齐四世于康熙三十五年(1696年)坐床。这一年皇上御驾亲征驻跸归化城。四世亲临拜见,恭请圣安,首次采取了九进贡,奉献九寸银塔、玉盘珍宝、白马九匹、哈达九幅、佛像九尊、檀香九札、青布九尺。谕封额尔德尼佃齐属号,皇上亲授无量佛一尊。康熙四十三年(1704年),又觐见皇上恭询圣安,并乞赐寺名,圣赐汉名崇禧寺,允准迎取甘珠尔经。四世圆寂时71岁。

五世于乾隆三十九年(1774年)坐床。五世先后于乾隆五十年(1785年)、乾隆五十五年(1790年)、嘉庆三年(1798年)、嘉庆九年(1804年)、嘉庆十五年(1810年)、嘉庆二十一年(1816年)、道光四年(1824年)、道光十年(1830年)八次赴京城祝佑圣躬康豫,奉献贡品,入洞礼唪经年班,祭祀苏律定,祝贺乾隆皇帝八十万寿圣节,为嘉庆皇帝仁宗顺琰祝福的27天的贡楚格法会。皇上赏赐黄色喇嘛朝服、蟒缎、锦绸、青布、貂皮、印度菩提念珠、珊瑚念珠、金刚杵柄坠铃、坐垫等。嘉庆二十二年(1817年),理藩院传来"享用绿色帏车"的御旨。

五世于嘉庆元年(1795年)被封为归化城喇嘛印务处副掌印扎萨克达喇嘛。嘉庆十三年(1808年),由于五世在席力图召和巧尔齐召的诉讼中态度不明朗被革职。

额尔德尼佃齐五世于道光十九年(1839 年)圆寂。坐床 65 年。

六世于道光二十九年(1849 年)坐床。六世于咸丰十年(1860 年)赴京城入洞礼诵经年班,恭询圣安。于光绪十九年(1893 年)圆寂。坐床 44 年。

嘉庆二十四年(1819 年),东喇嘛洞召住持活佛是额尔德尼佃齐呼图克图,达喇嘛 1 人,圪速贵 4 人,一般喇嘛 43 人,有妻喇嘛 4 人,徒丁 26 人,共计 79 人(含属庙人数)。

宁祺寺(和硕召、太平召)

自康熙六十一年(1722 年)起,由土默特左右两旗官兵在归化城西北逐渐建起,地址就是今天的太平街小学校。乾隆十九年(1754 年),又由两旗官兵重修扩建,在召庙东北添建纳木扎勒极胜塔(亦称至胜塔)一座。乾隆二十九年(1764 年),亦说二十一年(1756 年),又在召庙西北添建仁义极忠塔(亦称至忠塔)一座。乾隆四十九年(1784 年),由旗署呈请皇帝赐汉名宁祺寺,并敕满、蒙、汉、藏 4 体文字匾额悬挂于山门之上。

贾勋先生著文称,太平召背倚青山,面迎草桥,召前召后,二水分流,南北控引,即是归化城八景中的"沙溪春涨"(召后)与"六桥溪柳"(召前)两个名胜的交汇地带。这一寺院的存在,曾引起周边地区的诸多变化。由太平召而太平街而太平桥,还有那亵渎佛门圣地的社会"怪胎"——太平里(1921 年之后出现的苏州妓馆)。这里所说的桥,就是先名庆凯桥后易太平桥的那一座塞外名桥。不过,由于牛马交易的历史性特点,被人们习惯地称作牛桥了。

嘉庆二十四年(1819 年),太平召有达喇嘛 2 人(纳旺达格瓦、鲁布桑诺尔布),圪速贵 7 人(其中一名旺楚格),一般喇嘛 37 人,徒丁 5 人,共计 51 人。

仁佑寺(托里布拉克召)

是由清廷敕命果毕大臣经由理藩院派使臣投资监督于雍正十年(1732 年),在后喀尔喀旗境托里(果毕里)布拉克地方修建,庙西北距归化城千余里。也就是在从北京到科布多的阿尔泰军道上的托里布拉克站旁建此庙。清廷建仁佑寺是为了祝捷雍正十年(1732 年)喀尔喀额尔德尼召战争的胜利。雍正十一年(1733 年),由雍正皇帝清世宗胤禛赐汉名仁佑寺。嘉庆二十四年(1819 年),由归化城都统衙门拨款重修扩建。据到过此庙的人记载:"仁佑寺……其正殿有穿通的 3 室,每室均有大门 1 扇,大门两侧均有小门。正殿左右两旁排列喇嘛经堂

12室,其背后乃是达喇嘛及其弟子的住房……"乾隆二十年(1755年)七月,支付仁佑寺费用有如下几项:每年香火、糕点、果品等供品费四十七两银,土默特旗派遣的达喇嘛每月口粮用度十两银,达喇嘛的6名弟子膳食费每人每月五钱银;出席经会的20名喇嘛每人每月一两银;总共支出300两银。又,27名喇嘛每年供应79仓石(发旦音)大米。若年逢闰月,全寺用费加银25两,大米6仓石。

嘉庆二十四年(1819年),仁佑寺有达喇嘛1人(纳旺希尔布)、德木齐1人,圪速贵1人(鲁布桑确精),一般喇嘛24人,共计27人。

《归绥识略》记载:土默特仓,在归化城内驼桥街内设隆字一廒,储谷二千石,系支放副都统衙门俸米并托里布拉克召喇嘛口粮及养济院月米。

广福寺

土默特已故参领(扎兰)扎布之妻建立的家祠。后来,其家人将该寺施给了章嘉呼图克图。一说,该寺是章嘉活佛的属庙。位在崇福寺(小召)前小召半道街路西圪洞子药铺(永合堂)南永合堂巷,此召庙是坐南朝北。乾隆三十年(1765年)六月初三日,由乾隆皇帝弘历赐汉名广福寺,并赏蒙、汉、藏3体文字寺额,悬挂于山门檐下。还封赏1名达喇嘛和10张度牒。在《清朝高宗皇帝实录》第四十六卷,乾隆二年(1737年)秋七月戊子记载:往昔,朕授喇嘛以度牒,特别是为防止盗匪混进喇嘛界作恶,制造事端,给出家为僧者以度牒,便于清查,纯洁宗教。

嘉庆二十四年(1819年),广福寺的住持活佛是章嘉呼图克图,达喇嘛1人(栋天德道尔基),圪速贵1人,一般喇嘛3人,共计5人。

关于章嘉活佛的资料不多。在归化城12位活佛中,并没有章嘉。《延寿寺档案》记载:乾隆年代……为任归化城扎萨克达喇嘛事,理藩院速交来文称,内阁抄出乾隆十七年七月十二日敕令:觉归化城管旗都统莫尔贡等审理并奏请托音呼图克图(三世)丢失大印一折,莫尔贡受蒙蔽判处有误……故免除托音呼图克图扎萨克达喇嘛之职。特此委派章嘉呼图克图,从归化城高级喇嘛中抉择经文精湛,能管理喇嘛班弟的贤能喇嘛,呈报藩部,请准扎萨克达喇嘛掌管理藩院铸造颁发的管辖七大寺院扎萨克达喇嘛的大印。故此由你处将归化城高级喇嘛中推选出的造诣深隽、善于管理的喇嘛报来……鉴此,按章嘉呼图克图咨报,饬归化城都统,宣告咱雅班弟达呼图克图和扎萨克喇嘛纳旺嘎勒丹,届临京城都。特此咨文。故此,按理藩院饬,使咱雅班弟达呼图克图和无量寺(大召)扎萨克喇嘛纳旺嘎勒丹于十一月初三从归化城启程,遣往京等事禀报理藩院为是。从上述内容可以看出,这位章嘉活佛很受乾隆皇帝的器重,并不是一般的呼图克图。

嘉庆二十四年(1819年)九月初九,归化城喇嘛印务处掌印扎萨克达喇嘛席力图呼图克图、副掌印扎萨克达喇嘛察哈尔佃齐呼图克图上书京城主管喇嘛印务处的扎萨克喇嘛。为奉献事,今年孟冬初六为祝贺圣上万寿禧庆之节,特贡献珍品和银子。其中席力图呼图克图献银30两(最多),其他为20两、15两、10两、5两不等。广福寺的达喇嘛陶格陶克献银5两,前面提到的仁佑寺(托里布拉克庙)的达喇嘛鲁布桑劳瑞也是5两。这次共计献白银210两,是由归化城喇嘛印务处派扎萨克喇嘛嘎勒桑扎木苏和达喇嘛贡楚克巴勒赞等遣送至京城的。

嘉庆二十四年(1819年)十月初六圣主诞辰,普庆大晏三日。饮膳茶肴支出28955元,由各召庙平均摊派。其中,大召、席力图召、朋顺召、小召、东喇嘛洞召,各摊3850元;其他召庙为1925元、1155元、790不等;广福寺摊790元。

嘉庆二十四年(1819年)八月二十八,为圣上十月初六万寿大庆举行盛会,归化城喇嘛印务处派崇福寺(小召)的扎萨克喇嘛嘎勒桑扎木苏和宏庆寺(拉木齐召)的达喇嘛贡楚克巴勒赞前去奉献钱银,支付赴京城盘费40两白银,折合每两为1280元,由各召庙分摊。其中,广福寺摊1370元。

由于广福寺系八小召之一,所以一些摊派它都有份儿。如果按喇嘛人数算,广福寺全召共6人,宁祺寺(太平召)也是八小召之一,全召共51人。二召相差45人,但所摊钱数是一样的。

以上是归化城的七大召和八小召,也就是15座主庙的情况。

至于七十二个免名(绵绵)召,王庆先生说,各个蒙古人聚居的地方,十家八家也好,三家五家也好,都要修一个召。人家越多的地方,召庙的规模也越大。比如察素齐、毕克齐的召庙都不小,把什尔(把栅)的召也是像样的。保尔合少(保合少)、麻花板升(麻花板)、公喇嘛都是大村子,所建的召庙规模都不小,有的召后来都变成学校了。黑兰不塔(哈勒布特)、八太营子都是只有三五户人家的小村子,也都建有小召庙。他记得,过去走在京包火车线路上,还能看见八太营子的那座小召庙。究竟是不是七十二个?可能比这个少,也可能比这个多。没有统计过。

素有"塞外文豪"之称的荣祥先生说过,一些小型召庙,都是明清两朝黄教兴盛时期,由蒙古贵族台吉官僚和有地位的呼毕勒罕喇嘛们陆续修起来的。

在旧城大召前街路西(拆迁改造前),从北往南数第四条巷子名叫家庙巷,因当年十二参领之一的贺色耷在此巷居住而得名。据贺色耷之长孙贺希(从回民区政协副主席位上退休)接受我采访时回忆,这座院落是贺色耷舅父的家庙。

在小南街(小什字)从北往南路东的第一条巷子(拆迁改造前),可以通到石头巷,名叫喇嘛庙巷,在路北有一处院落,后来变成二轻医院,它的前身就是一座小召庙,是康熙九年(1670年)建造。康熙三十三年(1694年),由清廷赐汉名为永寿寺,因此得巷名。还有王庆老先生原来在小召三道巷路北的住所,也是一座小型召庙。

儒、释、道三教的寺院

　　汉传佛教何时传入归化城，我未找到确切的年代。素有"内蒙古西部活字典"之誉的史志专家刘映元先生说，在明朝隆庆以前的正德、嘉靖两朝，已有好几万汉族士兵及农民，叛逃或被俘来到土默川，建立起"板升"，更修盖起城堡（大板升），在里边给阿勒坦汗操练人马，并招纳汉族的知识分子与手工艺匠人。他们是否在节日祭期，到"板升"的小型关帝庙、龙王庙中，用自制的简陋"行头"，演唱大秧歌和耍孩儿等小戏，借以酬谢神灵和人们娱乐。这在明朝的正史中没有记载，但我们不能排除此种可能。

　　归化城在明朝的时候，城南就建起了好几座喇嘛教的召庙，而无汉人多神教的庙宇，故有"召城"之称。到了清朝顺治时，旅蒙商中"山西庄"的祁县社、太谷社和宁武社即在崇福寺（小召）后的小东街建立起第一座关帝庙，代州社在西门建立起十王庙，"京庄"的"京都社"在无量寺（大召）的西北、宁武巷与太谷巷（后更名为太管巷）的西南和隆寿寺（乃莫齐召）以东建立起三官庙。这三座归化城最古老的寺院，虽无准确的建筑年月，但由许多旁证来看，它们都建于顺治年间。《归绥县志》的金石志中录有燕都朱斌于顺治戊子（五年，即1648年），给三官庙旁圣母庙所作的碑文，圣母庙和三官庙同在一个大庙院里，后来每年农历三月十八在这里举行定期庙会，庙院内有两座戏台唱对台戏。财产都归京都社和以后的河北省旅绥同乡会管理。

　　"山西庄"的势力大于"京庄"，他们在小东街所建的关帝庙只能早于三官庙，不会晚于圣母庙。康熙二十七年（1688年）张鹏翮和钱良择奉使俄罗斯时，于五月进入归化城，在他们的笔记中都谈到，归化城"外藩贸易蜂聚蚁屯"和"驼马如林"，并提及关帝庙与庙中娶蒙古族妻子的老和尚关暹。钱良择的《出塞纪略》还说关暹是湖北武昌人，12岁时被随清军南下的土默特部蒙古兵俘虏，流落到归化城已40年。

杀虎口　（见《印象青城》）

　　归化城的关帝庙、十王庙、城隍庙和关帝庙西南的三贤庙（亦称三义庙）以及三官庙东南的玉皇庙（玉皇阁），庙中的住持者、和尚与道士都是蒙古族。

　　康熙三十五年（1696年）以后，因为内外蒙古全划入清朝版图，归化城原有的旅蒙商人，如祁县太谷府的"南县班子"，扩张到外蒙古的乌里雅苏台和科布多（前后两营）并到了库伦（今乌兰巴托）；"代州班子"扩张到乌、伊两盟及阿拉善旗与额济纳旗；"宁武班子"也离开了宁武巷，远走高飞到了东北的海拉尔一带（此后归化城很少有宁武商人）。这样，旅蒙商的总号，都从杀虎口与右卫城搬迁到归化城。此时的西口已经不是杀虎口，而成了归化城。直到民国初年，归化城商家的"水印"和作坊的商标，差不多都标有"西口"二字，如西口三元成、西口万福楼足赤、西口永玉成、西口天宝十足赤金等。当归化城变成西口商埠之后，不仅"南头起"出现了东西五十家街、大小南街、南柴火市和通顺街（今塞上老街），"北头起"的北沙梁和东西沙梁也形成了以牛桥（庆凯桥）为中心的牲畜、皮毛市场，修起了北茶坊的关帝庙和羊王、马王等神庙。

　　在道光末年的中英鸦片战争前一个世纪当中，新旧两城（归化、绥远）越发繁荣,续建起好多寺院,单是关帝庙就有 7 座。旧城营坊道"归化营"亦有关帝庙 1 座。

归化城近郊的"板升"因在"召城"郭下,都无磕头礼拜的"佛庙",远郊的"板升"差不多都有蒙古人供佛的庙殿。在离城很近的什拉门更村,在乾隆五年(1740 年),当地蒙古族和汉族买卖人,修盖起既供关圣帝君又供龙王爷也供佛爷的"大庙"。到了乾隆中期,汉族人得到了土地的"永租"保证之后,土默川上的大小乡村,都在原先的佛庙以外,又修盖起给龙王唱戏的"大庙"。在归化城东、城西、城北、城南的一些集镇,除龙王庙外还修盖起关帝庙、圣母庙以及禹王、药王等庙宇。仅毕克齐一镇,就有 8 座庙。汉族农民把家眷搬迁到土默川后,由于谋生非常容易,由此大量繁殖人口,所以对保佑子孙的圣母特别崇拜。除每年农历二月十九观音庙、三月十八三官庙中的圣母庙和四月十八新城东门外奶奶庙外,又增加了城外白塔、毕克齐和朱亥等地的定期奶奶庙会或娘娘庙会。

嘉庆八年(1803 年),继黑河上游公主府的上四村于康熙年间开修了永丰渠之后,临近上四村的五路、添密儿(后改成添密湾和添密梁两个村)和讨号板升等下三村,也修了一道三和渠。接着大黑河下游亦大兴水利,开修了不少渠道,这些河渠都盖起了河神庙。

现将儒、释、道三教的寺院简介如下。

先从数量最多的关帝庙说起。关帝庙亦称老爷庙,供奉的是三国时蜀国的大将姓关名羽字云长。他曾被封为汉寿亭侯、忠义神武关圣大帝。他的忠、勇、义被广泛传诵,是家喻户晓、尽人皆知的历史人物,赞美他的文学艺术作品不胜枚举。他被尊称为公(关公)或帝(关圣帝君),还有武圣人、武财神之誉。归化城有关帝庙 5 座,绥远城有 2 座。

关帝庙(一)

归化城最早的关帝庙,是清代顺治年间由"山西庄"的祁县社、太谷社和宁武社在小东街中段建立。亦说清代雍正五年(1727 年)由土默特旗参领等蒙古族官员施舍土地、捐助资金建起的。

该庙坐北向南,原建筑有山门、钟楼、鼓楼、正殿、东西配殿、东西厢房、戏台,还有一东小院,住房 30 多间。建庙初期是专门供奉关圣帝君的庙宇。后来又增祀火神、马神、酒神、金龙四大王和观音大士等。每年从农历二月开始直到九月,归化城内蒙、汉族官员及附近的蒙、汉族民众到此祭拜者甚多。故此,关帝庙香火一直很盛。

城内的商行、会社轮流在此举办庙会,唱戏红火以酬神献佛。其中主要的行社有生皮社(皮货行)、仙翁社(戏院、饭馆行组成)、聚仙社、茶馆业等。还有以宗教形式组织的会社,如马王社、灵佑社、金龙社等。

1940年,该庙在小东街65号,住持者是永兴,有徒弟3人。

1950年,私立大众完全小学校(小东街小学前身)进驻此庙院。1977年,玉泉区撤销小东街小学校,改建成玉泉区文化馆和玉泉区少年之家。当时,院内还有两间西房,是关帝庙的西厢房,其他庙宇建筑物均已拆除。

关帝庙(二)

位在归化城南门外的南茶坊路东,坐北向南。始建于清代康熙元年至十九年期间(1662—1680年),是由山西介休人捐资所建。最早是一座小庙,后来不断扩建,规模越来越大。外立茶坊,内建关帝祠,建有山门、过殿、正殿、东西配殿和厢房等。据《归绥县志》记载,"内置大刀一(把),乾隆年置",是比较珍贵的文物。1983年,我采访到一位郝姓(名字失记)耆老(山西左云人),据他回忆,南茶坊老爷庙有庙院3处,有山门3座,钟鼓楼各2座,大殿3座,戏台3座,住房32间。住持僧是圣连和仁经。

1940年,该庙在南茶坊街33号,住持僧是圣芝,有徒弟2人。

建庙之初,只供奉关圣帝君及周仓、关平等陪祀者。后来,添祀了释迦牟尼佛、轩辕黄帝、太上老君、瘟神以及有关行业的祖师爷吴道子、罗真人等。于是,这座老爷庙形成了兼容并包的、最大的多神庙宇,同时也是归化城各行社庙会活动最频繁的最集中的地方。每年从农历二月一直到十月,各行社轮流进庙祭神,举办庙会唱大戏。其中有归化城十五大社之一的聚锦社(粮店、布庄、纸张店等组成)和三十小社中的福虎社(磨面等)、义和社(靴匠社)、金炉社(铜铁匠)、净发社(剃头、理发匠组成)、吴真社(画匠)、公义社(缅鞋、造纸匠)以及一些同乡会结成的社——太原社、晋阳社、上党社、榆次社、太谷社、忻州社、云中社(大同)、汾孝社(汾阳和孝义两县合一)、应浑社(应县和浑源)等。

1959年7月,庙东的15亩(1万平方米)土地被征用,建成了中华人民共和国成立后玉泉区第一所小学校——南茶坊小学。第一任校长是曾在通顺街小学(六完小)担任过我的班主任的恩师杨秉权先生。学校与关帝庙仅一墙之隔。庙宇被一家食品厂占用,制造酱油、醋等。直到20世纪80年代,庙宇的建筑还存有正殿

5间、过殿3间、东西配殿各三间。神像、壁画虽已消失,但建筑物基本完好。后来,这里成了玉泉区公安分局,现在被玉泉区兴隆社区卫生服务中心(玉泉区原中医院)占用。大门早已改成了坐东向西。

异地重建关圣帝君庙　王东亮摄

关帝庙(三)

位于归化城三湾之一的西河湾(另两湾是九龙湾和胳膊湾)西边的西茶坊,坐北向南,即今天的社会福利院,在扎达海河的利通桥北面,再往北就是喇嘛庙中七大召之一的朋顺召(今第七中学)。这座关帝庙约建于清代顺治年间。建庙之初只供奉关圣帝君,还有周仓和关平的塑像等。后来,增供了三官(天官、地官、水官)和孙膑等。

当年,制作蒙古靴和布靴行业纯工人组织的行社,称作义和社,也叫靴匠社。社址在归化城通顺街西头路北的义顺斋茶馆内,供奉的祖师爷就是孙膑。每到农历的五月二十六、二十七、二十八(正日子是二十七),全行业歇工,在西茶坊老爷庙酬神、祭祖红火3天,称作"过社"。3天在庙内集中起伙,并请戏班前来唱戏。

义和社有重大事情都是到老爷庙开会议事。

1940年,该庙有钟楼1座、鼓楼1座、大殿、东西禅房共16间、戏台1座。住持僧是湛谣、湛莲。

关帝庙(四)

位于扎达海河西岸北沙梁的北茶坊。在关帝庙的西南,有喇嘛庙中八小召之一的宁祺寺(太平召)。北茶坊关帝庙的始建年月已无文献可考,太平召建于康熙六十一年(1722年),据刘映元先生推断,这座关帝庙建在太平召之前。因为当时的旅蒙商人,一般都比土默特蒙古族人富有。此庙是由旅蒙商人的行社代州社所建。代州的商人没有往外蒙古远走高飞,在内蒙古西部乌、伊两盟和阿拉善旗、额济纳旗最有势力。他们来往归化城甚是频繁,运到归化城的灵柩亦多,故在关帝庙东边有厝放棺木的代州坟园。所以说关帝庙只能建在太平召之前,而不会建在太平召之后。

民国年间,北茶坊关帝庙有山门2座,钟鼓楼各1座,大殿2座,禅房14间,戏台1座。住持僧是真镜。

关帝庙(五)

位在今公园南路东段的路北,就是都市华庭住宅区(原齿轮厂)和呼和浩特原交通学校一带。在50年前,人们管这里叫作郎神庙。这一地名是因这里有座郎神庙而得名。

在郎神庙前原来立有一通"新建石桥修路碑",是清代嘉庆二十二年岁次丁丑姑洗月(即公元1817年农历三月)所立。此碑早已不知去向,但在《归绥县志》的"金石志"篇中收录了这通石碑的碑文,文中明确地注明这通石碑是立在旧城东茶坊郎神庙前。

碑文说,归化城东茶坊庙左,有一南北小河,为了沟通东西道路,原在河上建有一座木制桥。木桥不能长久使用,故集资兴建了一座石桥,名曰得胜桥。

曾有这样一种说法,归化城的东茶坊建在离城20里东南的茶坊小营子村,就是呼和浩特市原郊区巧儿报公社大台什的保全庄村。在早年那种交通不十分便利的情况下,把茶坊之类的接待站设在离城那么远的地方,是难以置信的。

东茶坊也有一座关帝庙,郎神庙与关帝庙毗邻。这座关帝庙约建于康熙年间,供奉关圣帝君,还有周仓和关平的塑像。庙内其他情况不详。

关帝庙（六）

位于绥远城今新城区关帝庙街东口，坐北向南。民国后更名为关岳庙，始建于乾隆四年（1739 年）。原建筑规模较大，有山门，除正殿外，东西各有配殿 3 间，还有厢房等。正殿内供奉有关圣帝君泥塑坐像，关公红面，身着绿袍，头戴英雄盔。两旁是周仓和关平的泥塑站像。在正殿和配殿内有桃园三结义、过五关、斩六将的彩色壁画，画工精细，形象生动。在正殿廊檐下的木架之上，陈列着一把 200 多个斤重的铁制大刀。平日里，习尚武艺的人经常来庙内玩耍这把大刀。在庙门的西间有一匹泥塑的关公坐骑赤兔马。在庙门前有一对儿铁铸的狮子。在庙南有戏楼 1 座，对面有一对儿石制旗杆和木制牌坊。

每年春秋两季，绥远城内满、汉官兵、商民等进庙祭祀。每到农历五月十三关圣帝君诞辰，城内商号在庙内举办庙会，五月十二、十三、十四在戏楼唱戏 3 天，热闹非凡。1928 年，祀典废除，寺庙也逐渐废圮。

关帝庙（七）

位在绥远城南门外西侧。庙内供奉关公塑像，还有泥塑的周仓和关平站像。此庙始建年代等不详。

文庙（一）

亦称土默特文庙，是归化城的蒙古族文庙。因位于旧城的南端，故又称作南文庙，就在现在呼和浩特市玉泉区文庙街东口路北的土默特学校院内，坐北向南。据"敕建南文庙碑"记载，清雍正初年，土默特都统丹津已"历任三十余年，为人忠厚，秉性忠诚。两旗土默特暨阖城商贾，以及乌兰察布盟属六旗蒙古莫不感戴，愿与丹公修建祠堂。"丹津不同意人们给他修建生祠当偶像供奉他。可是建筑祠堂的工料已具备，并已着手兴建。所以丹津打算效法内地的做法修建孔庙、设立学校，用以培养人才。于是，丹津决定将现未成的祠堂稍加展修，改成文庙。他于雍正二年（1724 年）陈情奏请，经清王朝准奏后建立了这座文庙。乾隆三十九年（1774 年）、道光四年（1824 年）又扩建重修。

南文庙由殿堂、配庑、宫墙组成三进院落。在西侧的院墙上还有一个月亮门，是文庙与启运书院的通道。原建筑主要有照壁、正殿、后殿、东西配殿和祠堂等。正殿亦称大成殿，供奉大成至圣先师孔子。后殿的崇圣祠，东西配殿以及东西的名宦祠（3 间）和乡贤祠（3 间），还供奉十哲贤人、乡贤名宦等先贤、先儒。每年春秋两季，归化城的都统率本城官员进庙祭祀。平时亦有本地乡坤学员等祭拜。每年农历八月二十七有庙会活动。

1940年,南文庙是文庙街二号,属土默特旗公署管理。该文庙于民国后废圮,划归了庙西面的土默特学校。

土默特文庙及官学原貌(沙盘)

文庙(二)

亦称县文庙,是归化城的汉文庙。位于归化城西,因其位于南文庙北端,故又称作北文庙。现于呼和浩特市玉泉区原杨家巷小学院内,坐北向南,当初是一座小四合院儿。光绪三年(1877年)由归绥道阿克达春筹措款项,以杨家巷义学旧址改建,后称作县文庙。北文庙原建筑有照壁1座,正殿3间,东西庑各3间。庙内供奉孔老夫子塑像和诸先贤的牌位。每年春秋两季,归绥道台率众官吏和学生等进庙祭祀。

1940年,北文庙是杨家巷13号。经过历代变迁,随着祭孔活动的废止,这座县文庙设过归绥县教育局、教育会,还办过学校和文化馆,再后来成为杨家巷小学。20世纪80年代,其原建筑物尚存正殿、西庑和庙南的照壁。

文庙（三）

亦称八旗文庙，是绥远城的满文庙。原址位在新城南街 1 号院内，坐北向南，始建于乾隆四年（1739 年）。规模较大，有 3 处院落。前院是 1 个大院，中院是 3 进院落，后院是并排的 3 个小院。庙内供奉孔子以及圣贤牌位。每年春秋两季，绥远城的满族官员、士人、儒生定期聚会朝拜。清朝末年，满族文庙改为启秀书院，后又改为中山学院。有一种说法是，光绪末年，绥远城将军贻谷建八旗书院，并于院内建孔子庙。1915 年，归绥道尹张志潭以书院为道署，重加修葺，其后逐渐废弃，民国后拆除。

宣教寺

亦称大明寺。始建于辽代圣宗年间（983—1031 年），寺名已不可考。金世宗大定二年（1162 年，即南宋绍兴三十二年）重修后改名为大明寺，元朝时更名为宣教寺。位于归化城东的古丰州治所富民县内，坐北向南。距归化城正东 40 里，京包铁路白塔车站南 10 里，东郊五路村在南 2 里处。在辽、金、元三朝时，是连结内地和漠北的要地，为当时漠南地区政治经济文化的中心。元初刘秉忠所作《过丰州》诗中有"晴空高显寺中塔，晓日平明城上楼"之句。该寺约在元末毁于战火。

该寺宇原建筑规模宏大，有一种说法寺内至少有上百僧人。寺中建有万部华严经塔，全称为大方广佛华严经塔，是一座藏经塔，俗称白塔，是一砖木结构的八角七层楼阁式建筑物，用辽代直纹砖灌注白灰筑成。全塔高达 55.6 米，塔身收分甚缓，显得格外雄伟。塔座呈莲花瓣状，第一、二层皆塑有佛像、菩萨、天王力士像，每个转角柱上都塑有蟠龙，堪与山西大同华严寺辽代塑相媲美。塔身门窗设置也颇具匠心，每个窗上都开有通风透光口。塔内围绕塔心有阶梯可以攀登。塔顶是灵光闪烁的宝刹，每层转角和顶层都安装风铃，共 272 个。

清代康熙二十七年（1688 年），张鹏翮出使俄罗斯。在他所写《奉使俄罗斯行程录》中就记载他经过白塔时，看到塔内有藏经，是藏在塔的第二层内，字体是横书的蒙古文（疑是藏文经文，因蒙古文并不横书），除藏经外还有一寸多高里面装有麦、糜等五谷的泥制小塔。可见直到康熙初年塔内还有部分文物。

在归化城郊的八景中，有"白塔耸光"一则，就是指此处而言。

宣教寺是呼和浩特早年一座最完美和最大的汉传佛教寺院。

观音大寺

始建于清代嘉庆三年（1798 年）。山门定位坐南朝北，故称倒座观音寺。

1940年,该大寺位于观音庙巷4号,住持僧为湛祥,有徒弟6人。

观音庙

位于绥远城南门外关帝庙旁,今新城区新城南街南端满都海公园处,始建于清代乾隆五年(1740年)。庙宇坐北向南,规模较小,占地约800平方米。原建筑有山门、正殿、东西配殿、厢房等。庙前有石座木旗杆。主供观音大士,配祀释迦牟尼,弥勒佛,文殊、普贤菩萨,韦驮等泥塑像。进庙祭拜者以城郊平民为主,每到农历二月十九、六月十九、九月十九,庙内都要举办庙会,纪念观音菩萨诞辰、得道、涅槃日。届时,庙内僧人济济,善士盈门。城乡民众进庙求财、祝福、超度亡灵者络绎不绝。另外在每年农历的四月初八,还要举办一次庙会,俗称"花会"。到时也要借用关帝庙的戏楼唱戏红火三天(即初七、初八、初九日),庙会期间热闹非凡。

作者在观音大寺老山门前留影　王东亮摄

文昌庙(一)

亦称文昌祠,即梓潼斋君庙。位于归化城老城外的东南,就是小东街北口不远的地方,坐北向南,是土默特旗蒙古族的文昌庙,亦是归化城最早的文昌庙。始建于清代雍正年间(1723—1735年),亦说雍正元年(1723年)。原建筑有山门、过殿、正殿、东西配殿等,魁星楼建在文昌庙山门之上。魁星楼即魁星踢斗楼,又叫魁星阁。道家谓玉皇大帝命梓潼掌文昌府及人间功名禄位事,故梓潼帝君很受人崇拜。至于魁星,亦为主宰文运之神,故文昌庙的香火有时比文庙尤盛。这位魁星塑像是赤发蓝身,左足登在鳌头之上,右足踢左手所持之墨斗,用右手拿笔点之。早年,有不少男孩起名登鳌、占鳌、登魁、占魁以及映斗、映魁,即来源于此。

在该庙跨院中,很早就成立了人们所说的"蒙古书坊"。旗文庙(南)的启运书院谓之官学,起初专攻满文和蒙文。文昌庙中的蒙古书坊则是私塾,一直专攻汉文和汉学。郭象伋(曾任绥远教育厅长

文昌庙之魁星楼 (见《青城老照片》)

和通志馆馆长)、荣祥(蒙古族诗人、史学家)就是蒙古书坊的学生,均系代州名士吴天章的高足。吴先生的好多蒙汉族学生,曾为老师立"德教碑"于南茶坊到杀虎口的"省大路"道旁。光绪三十三年(1907年),蒙古书坊改称为旗立第一初等小学堂。宣统元年(1909年),土默特副都统三多在文昌庙内修建房屋10间,成立了归绥两城第一座公立图书馆。后来,在这里办过通俗教育讲演所、民众教育馆、二十一学社、小学校等。

在旧城大南街未繁华之前,小东街直通小召半道街的闹市,是归化城最热闹的街衢之一。由于人多路窄,不能在街上搭台给文昌帝君唱戏,每到演戏的时候,便借用附近关帝庙的乐楼唱戏红火。

每到春秋两季,归化城的乡坤学员到文庙祭祀孔子之后,即来文昌庙祭拜文昌帝君,还举行其他活动,如赛诗会、庙会等。

文昌庙(二)

位于归化城东南海窟附近,坐北向南,就在今天玉泉区的清泉街小学校院内,是归化城的汉族文昌庙。在文昌庙之前这里就有一座龙王庙,两庙毗连在一起。

汉族文昌庙始建于清代乾隆十六年（1751年）。嘉庆六年（1801年）重修，道光、咸丰、同治、光绪年间又多次重修扩建。民国二十年（1931年），傅作义将军捐资重修，郭象伋为此撰写了"重修文昌庙碑记"。

该庙规模较大，原建筑有山门、正殿、东西配殿等。在山门之上建有魁星楼，塑有魁星像。庙内专供文昌帝君，每年农历二三月间和七月十五中元节，官署衙门的行社——酂侯社（祀西汉时的萧何）和教书先生们的行社——崇文社等都要进庙祭祀，举办庙会和赛诗会并在这里聚餐。归化城的刻字（抠手戳儿）、裱画、纸店等行业的匠人，亦多来文昌庙祭拜。

文昌庙（三）

纯一善社旧址 （见《印象青城》）

亦称文昌阁。位于绥远城内东南角儿，即后来新城区书院东街的东端，是绥远城的满族文昌庙。清乾隆四年（1739年），绥远城建起以后，城内四街四角儿和城外四瓮城及四郊的十八九座大小庙宇都由京城白云观等庙派来道士住持。满族文昌庙要比旧城蒙汉两族的文昌庙规模大，富丽堂皇，除殿堂建筑外，魁星阁高耸入云，山门洞中还塑有文昌帝君的坐骑——骡子。庙中专供文昌帝君。每年，绥远城内的满族士子赶考之前，都要来庙中给文昌帝君敬香磕头，以求神灵保佑，仕途如意。每年农历正月十五日，全新城的汉族商民要在此举办社火，高跷、小车、旱船等还要到粮饷衙门和将军衙署门前表演。同时还下帖子给旧城各衙门和商号表演，谓之"新城的秧歌"。此外，每到农历三月十八和端阳节，也在此演出两次大戏，均由粮饷衙门的掌案们主办，相当隆重热闹。

1924 年,文昌庙的道士加入了青帮组织,在庙中建立了纯一坛。1928 年,纯一坛搬走,扩大为新旧城大马路北的纯一善社,地址就是现在的维多利商厦处。20 世纪 80 年代,纯一善社原址由呼和浩特市档案局(馆)、呼和浩特市党史资料征集办公室和地方志编修办公室占用。

十王庙

位于归化城西,即玉泉区小北街的西小巷内,中华人民共和国成立前就已改建成小北街小学校。该庙是清代顺治年间由"山西庄"的代州社所建,亦有始建于雍正七年(1729 年)的说法,是归化城最早的城隍庙。据在小北街小学校任教三十多年的退休教师曹志坚先生(1983 年时 85 岁)回忆,他曾见过十王庙中的重修碑文,说是曾毁于康熙六年(1666 年)的大地震,这次大地震的范围很广,曹老师的故乡山西崞县(今原平市)三泉村的庙亦毁于是岁。也就是说在 347 年前(以 2013 年和康熙六年算),这座供奉十殿阎君的庙宇就有了。光绪年间重修过。

十王庙建筑规模较大,有山门、过殿、正殿、配殿等。据耆老们回忆,民国年间,有山门 2 座,钟鼓楼各 1 座,正殿 2 座,东西配房各 3 间,东院有房屋 12 间,东北院有房 6 间,西南院有房 5 间,有戏台 2 座。住持僧是海华(蒙古族)。1940年,该庙所在地是十王庙巷 5 号,住持僧是真祜,有徒弟 4 人。

庙中主要供奉十殿阎王(君),即秦广王、初江王、宋帝王、伍官王、阎罗王、变成王、泰山王、平等王、都市王、五道轮转王,还供奉地藏王菩萨。后来,添祀财神、火神、圣母娘娘,有"三庙合一"之说。

每年从农历二月十二日开始,由在归化城定居经商的山西籍商人们所属的行社,在此举办庙会,酬神唱戏红火。主要行社有代州社、交城社、忠义社、汾孝社(汾阳、孝义两县合一)等,还有蒙古社。

每逢农历七月十五日,佛教徒为追荐祖先而举办盂兰盆会(佛教仪式)。在祭祀中,把人们带出庙外,观赏规模较大的扭旱船。夜间,由追荐祖先的人为故去的先人在西河沿儿(扎达海河)放河灯。

玉皇阁

位于归化城西南,即玉泉区新生街(曾名腻旦街)的东头路北,坐北向南。始建于明代天启年间(1621—1627 年)。清代康熙、乾隆年间重修过。玉皇阁和城隍庙,是归化城最早由蒙古族主管的庙宇,职业道士是火居道,有家室、有子女。玉皇阁规模较大,有归化城最早、最大道观的说法。原建筑有山门、过殿、正殿、东西配殿、禅房、钟鼓楼、戏台。我小时候见过这座戏台，是在山门前的路南，坐南向北。那时已用土坏将戏台口封闭，里边住有野鸽子，不时飞进飞出。

民国十七年（1928年）归化城福虎社为玉皇阁重修敬献匾额　（见《印象青城》）

玉皇阁在前殿主要供奉玉皇大帝，到了清代增祀了三官。东配殿祀三皇及历代名医；西配殿祀金华圣母；过殿祀灵官及子孙圣母。还供奉真武大帝、观音大士以及雷神、火神、马神等。各路神仙齐集玉皇阁，成为归化城内供神最多的庙宇。

玉皇阁的香火极其旺盛。每年从农历正月开始，归化城的商人、耍手艺的匠人和平民、城郊的农民等就来庙内祭典、拜祖。每逢所供神仙、祖师爷诞辰之日，来人更多。城内各行社亦在庙中定期举办庙会，主要行社有福虎社（磨面）、银炉社（银匠）、义仙社（染行）、荣丰社（皮毛业），还有车马店行等。一年四季，常有年老妇女领着小孩进庙烧香磕头敬神，求医讨药，以祈神灵保佑，消灾免病。

1940年，玉皇阁所在地是腻旦街43号，住持道长是孙永凝，有徒弟4人。

中华人民共和国成立后，玉皇阁成了民居。后来，由玉泉区长胜街办事处占用。

三官庙

位于归化城西，就是旧城玉泉区的三官庙街。"文革"中更名为三关街，对于这一不伦不类的街道名称，老百姓不买账，还是管它叫三官庙街。三官庙始建于清代顺治年间，顺治五年（1648年），燕都朱斌给同在三官庙内的圣母庙写过碑文。亦有建于明代嘉靖四十五年（1566年），清代顺治年间重修之说。该庙是由

"京庄"的京都社所建。原建筑有山门、正殿、东西配殿、耳房、戏台等。前殿祭祀道教所奉三神，即天官、地官、水官。传说天官赐福、地官赦罪、水官解厄。三官庙附祭关圣帝君。在三官庙中还有庙，鲁班庙供奉鲁班塑像；子孙圣母庙（亦称奶奶庙、娘娘庙）供奉圣母娘娘——碧霞元君；边宁寺（亦称观音庙）供奉观世音菩萨。在过殿中祀真武大帝、马神等。

异地重建原三官庙内的边宁古寺（亦称观音庙）　王东亮摄

每年农历正月十五、七月十五、十月十五称作"三元节"，专门祭典三官大帝。平时，每日都有城乡平民进庙烧香、祭神。每到七月十五中元节，归化城内京都社都要在三官庙举办庙会，唱戏3天（七月十四、十五、十六）。每年农历的三月十七、十八、十九3天，是这里的奶奶庙会。通称为三官庙会。

民国年间，三官庙内有庙3座，钟楼2座、鼓楼2座、大殿6座、禅房等14间，戏台3座，还有可以任人游移的活动牌楼1座。住持僧或道长是戒得、戒行、戒徹。1940年时，该庙所在地是三官庙街26号，在街的西头路北，住持是性涛，有徒弟8人。庙内的鲁班庙，住持是范邦维，有徒弟1人，每年农历六月十九、二十、二十一有庙会活动,有此庙是清代乾隆年间始建之说。观音庙(边宁寺)住持也是性涛,有此庙是康熙年间始建之说。贾勋先生说过,三官庙连同圣母庙在内,本属道教的寺院,但是在它们旁边,却并列着1座汉传佛教的边宁古寺。这种道释两家和谐共处的现象,在国内也是罕见的。

上面提到的住持性涛是和尚,属汉传佛教八大宗派中的净土宗,是临济派的一支。从全国来说,性涛是这个派系的第二十六代传人。倒座观音寺的湛祥住持比他小两辈儿,"戒"字辈儿比湛祥小三辈儿。有关三官庙的详情有待专家进一步考证。

到后来,这里改建成三官庙街小学校、民族幼儿园,呼和浩特市民间歌剧团亦在过。

另外,在归化城还有1座三官庙,始建于清代道光年间,1940年时,所在地是九龙湾巷西口。住持是真祐,也是和尚,比"戒"字辈儿小两辈儿。

财神庙(一)

位在归化城大召前玉泉井南,坐北向南。因有财神庙而此巷得名财神庙巷多年,"文革"中更名玉泉二巷,老百姓还是叫它财神庙巷。财神庙始建于雍正二年(1724年)。寺院规模较大,殿宇辉煌,有山门、过殿、正殿、东西配殿、禅房、亭院、戏台。庙中专供财神——赵公明,即财富的守护神。进庙祭拜者,多为商人、耍手艺的匠人和平民等。该庙每年从农历二月初一开始,一直到十月初三(天冷后,外台子戏停演,进入大戏馆子演出),每三天就有一个行社来此祭神、举办庙会。其中主要的行社有宝丰社(钱庄行)、义合社(果木行)、青龙社(碾米业)、旃檀社(毛毡毯行)、威镇社(老羊皮业)、福虎社(磨面)、聚锦社(粮店、布庄、纸张店等组成)等。还有由各地来归化城定居、经商、就业人员组成的同乡会社,如云中社(大同)、忻州社、定襄社、崞县社(今原平市)、应浑社(应县、浑源县组成)、祁县社、太谷社、汾孝社(汾阳、孝义组成)等。

民国年间,财神庙有山门、正殿、东西配殿、小院两处、禅房26间(有商铺占用的),戏台1座。住持僧是能统(蒙古族)。1940年时,这里是财神庙巷3号,住持是能统(蒙古族),有徒弟1人。农历五月初五有庙会活动。1934年重修过。

抗战时期,财神庙是伪蒙疆道教会的会址。在庙中除有财神庙的和尚外,还有道教会的三位老道,他们是道教会会长王信真和道士王从顺、王永茂。

1939年春天,中共绥远省委派刘洪雄等秘密进入归绥城,建立党的地下工委,开展群众性的地下抗日斗争。经过调查,三位道士都反对日本侵略,同情抗日。这样,刘洪雄等同志就在财神庙秘密组建了绥蒙各界抗日救国会,亦有绥蒙各界联合抗日救国会的称呼。以道教会做掩护,名义上是吸收道教会会员,实际是秘密发展抗救会会员。既蒙蔽了敌人,又便于活动。名义上刘洪雄同志还担任了道教会董事。到后来,从各界各阶层爱国人士中秘密发展会员两百多人。抗救会虽然存在的时间很短,但它所做的大量工作,是大青山抗日武装斗争的一部分,对大青山抗日斗争做出了重要贡献。

财神庙山门　王东亮摄

财神庙(二)

位在绥远城西北隅,就是新城巨隆昌北街的北端,坐北向南。在庙的山门外有小型白石狮子一对儿,石座木制旗杆两根,每年农历初一开始挂黄旗。在庙南建有戏楼一座,比其他戏楼高大。在山门里有钟楼和鼓楼各一座,过殿3间,正殿5间,东西配殿各3间,在正殿两侧有跨院儿。在正殿佛龛内供奉泥塑的文武财神像等。

民国年间的住持僧是然惠、藏祥。

财神庙殿宇辉煌,宏伟壮观。每到农历除夕,庙内开始点起一万盏灯,并要摆成灯山造型,还要在正殿外点燃旺火。这时,满族的子弟要在庙内边打太平鼓(满族的打击乐器,直径约二尺余,圆形,铁架,在手把下有七八个小铁环,鼓面是用羊皮制作的。击打时,随着鼓点儿会发出有节奏的、悦耳的声响)边起舞,一直红火到正月十五日的灯节后才休会。

圆通庵

俗称姑子庙,又称尼姑庵、姑子庵。位于归化城与绥远城中间,就是新城区乌兰恰特东街的北端,坐北向南。始建于清代道光年间(1845—1850年)。该庵规模较小,就是一个四合院儿。庵中主供佛祖释迦牟尼和观世音菩萨,还供奉济公活佛等。进庙祭拜者以妇女、儿童居多。

圆通庵是新旧两城中唯一的一座尼姑庵。清朝末年,此地因有其庵而得名姑子板升。

民国年间,庵中有尼姑4人,她们是果定、藏经、法宽,另一位法号没有留下来。中华人民共和国成立后,圆通庵住持果定被聘为呼和浩特市政协第二、三、四届委员,在学佛修行的同时,积极参政议政,为呼和浩特市的经济发展、社会安宁建言献策。这位果定生于1901年,24岁从学校毕业后嫁与旅蒙商三大号之一的大盛魁少东家王修山,后剃度为尼。后来,法宽回了山西老家。

1983年城建施工时,在圆通庵旧址处曾经出土鎏金释迦牟尼和白瓷观世音菩萨像等。

据《新城区志》记载,中山东路街道办事处管区大部分是原姑子板升村四周地,姑子板升是清末民初兴起的村落,中华人民共和国成立前较为荒凉,属原归绥市第六区管辖,与火车站附近为一个区。村中有一座观音庙(今内蒙古粮食厅办公楼处),于1929年拆除;一座龙王庙(今内蒙古金融大厦处);还有一座召庙,于1929年改为姑子庙。1932年,从山西五台山来了一位尼姑靳尚,居于庙内,后又先后来了3位尼姑。中华人民共和国成立前,旧城人郭宝出家到此为尼,文化大革命中,木鱼经书被烧毁,郭宝于1978年去世。1979年,内蒙古财政厅盖家属楼时尼姑庵被拆除。今天这里仍有一条姑子板巷。

吕祖庙

位于归化城以东,就是玉泉区的吕祖庙街(大东街的东南),坐北向南。始建于清代同治十年(1872年),初建时是座小庙,是由归化城的药材商人所建。光绪四年(1878年),由归化城同知常桂用四乡绅耆所捐4000余金重修扩建。庙宇规模逐渐扩大。庙中有山门、正殿、东西配殿、东西厢房、禅房,在庙外建有戏楼1

座,还有照壁。在 5 间正殿内供奉被称为纯阳老祖、八仙之一的吕洞宾,在配殿内供奉太阳神、太阴神(即月亮神),后来又添祀释迦牟尼佛和大仙神(亦称大仙爷)等。一年四季常有进庙祭拜,求神讨药者。时有不定期的庙会在吕祖庙举办。

民国年间,吕祖庙有 5 间正殿 1 座,东西配殿各 5 间,东西厢房各 3 间,戏台 1 座。住持是三妙。

亦有吕祖庙系西龙王庙村董家花园园主出资修建之说。

城隍庙(一)

位于归化城北门外路西羊岗子的前坡,就是今天回民区的通道南街,坐北向南。城隍(亦称城隍爷)是古代神话中的守护城池之神,后为道教所供奉。道教奉城隍为惩恶除凶、护国保城之神。所以,庙址正对归化城北门,通照大街,直向南门洞口,是取镇压一城之邪,求寺庙神佛福化青城之意。

城隍庙是由土默特蒙古族道士桑布家族创建。在建该庙之前,桑布一家在毕克齐镇就信仰道教,按丘祖龙门派的排字辈分依次是"道德通玄静,真常守太清,一阳来复本,合教永元明,至理忠诚信(全部为一百个字)"。在毕克齐信道时,桑布是属于"复"字辈,建城隍庙时改汉名为孙绍茂。他的子孙后代分别是孙本元、孙合真、孙教龄、孙永福、孙元亨、孙明亮已经传了七代。

据孙明亮先生(中华人民共和国成立后曾任教师、土默特旗文化馆馆长,被聘为呼和浩特市政协第六届委员)1994 年回忆,城隍庙至今已有 320 多年的历史。以此推算,是清代康熙十年(1671 年)前后所建。亦说始建于雍正年间(1723—1735 年)。城隍庙规模较大,建有大照壁,上绘"吞月"壁画;戏台 9 间和庙的大门洞连为一体,戏台两侧有山门各 1 座,东西看台各 3 间;在庙门外东西有石座木制旗杆各 1 根,外有栅栏保护;钟鼓楼各 1 座。正殿 10 间,东西宫门各 1 座,后寝宫正殿 3 间,东西配殿各 2 间,还有十殿阎君殿、曹官殿、孤魂殿、马殿等。还需要提及的是,庙院内有上十三层,下七层斗拱的牌楼 1 座,每遇大风,能看到上层摇摇晃晃,但历经数百年的考验,从未发生过任何事故,可见工匠师傅的技艺高超。更为奇特的是,当拆除时,人们原以为拆下的木材可供建房屋之用,结果是没有一块较大的木料,全部是几何形体的小木块儿。

每年从清明节开始,即有进庙祭祀者,祭典活动几乎长年不断。归化城内的十二行社、平安社、保安社等定期在城隍庙举办庙会,酬神唱戏红火,一般是一次红火 3 天,比较富裕的行社也有一年举办两到三次庙会的(6 至 9 天)。

城隍庙东墙外有孙氏世代的住宅一处。庙北是天主教堂的育婴院。庙西是原土默特旗的常平仓,后改成监狱。归化城的耆老们常说,"要看天堂(天主堂)、地狱(城隍庙)和人间地狱(绥远监狱),去北门外的羊岗子!"

1991年前后,这里由公安学校占用。

关于蒙古人为何盖汉族庙、住汉族庙、学汉族的道教当火居道人,有待专家、学者进一步考证。

城隍庙(二)

位于绥远城南门内路东,就是新城区水源街西口塑料公司的院内,坐北向南。据说建成于清代乾隆三年(1738年)。该庙规模较大,庙前有旗杆一对儿,庙外有戏楼1座,对面有牌坊1座。在山门两旁,各有一小鬼泥塑站像,一个手提锁链,一个手持捕牒。庙内建有过殿、正殿、后殿、寝宫、东西配殿等。庙中供奉藤架城隍偶像一尊,城隍爷为金面、头戴王冠、身穿黄袍。在正殿前有木制牌楼1座。寝宫3间,供奉泥塑城隍奶奶坐像一尊,还有女童塑像陪伴,并设有床铺,上有锦缎被褥,还有洗漱用具。东西配殿各3间,塑有十殿阎君像。在正殿和配殿内的墙上,有七十二司的壁画(活人办好事,死后便上望乡台,要是办坏事,便下油锅、入地狱,意即赏善罚恶)。

每逢农历的清明节、七月十五、十月初一,在庙外的旗杆上都要挂上黄旗。这时,泥塑的城隍爷由灯笼、火把伴同出"府"(满民每户都要提灯笼迎送)到新城北门外的城隍行宫(在北门外铁道以北,有庙门、院墙、3间殿房),驻跸3日,演戏3天。此时,要做道场,设盂兰盆会(每逢七月十五佛教徒为超度亡灵所举行的仪式,有斋僧拜忏,放焰口等活动)。道场毕,于夜间城隍爷起驾返回。归途中,城隍爷乘坐八抬亮轿(无篷)缓缓而行,还有头戴小鬼、判官假面具的人簇拥在轿子的前后,灯火照耀,鼓乐齐鸣,所经之路上是人山人海,场面热闹非凡,如同白昼。城隍爷在一年中要三出"府",最为隆重的就数七月十五中元节。与此同时,入庙祭祀、祈求神灵者往来不断。

庙门里的上额挂有一架大算盘。据说,有一位满族人士精通珠算(古老的手工计算器),名扬全城,是满族人中的佼佼者。他整整地打了一辈子算盘,临终前,便自制了一架大算盘,高挂在庙门上额,意即:千算万算不如这里一算。20世纪30年代,城隍庙毁前,这架算盘仍然高高挂起,十分醒目。

龙王庙(一)

位于归化城东南,就是今天玉泉区清泉街小学校的位置,坐北向南。人们管它叫南龙王庙。因有此庙,北去小巷称作龙王庙巷。有一种说法,该庙始建于清代同治元年(1862 年),这是把重修之年误说成建庙的时间。归化城汉族文昌庙和龙王庙毗连在一起,都占着八卦的巽字方位,始建于乾隆十六年(1751 年)。土地庙在龙王庙侧,建于乾隆十一年(1746 年)。龙王庙不可能在晚它们 100 多年才建成。南龙王庙始建于康熙末年或雍正年间。庙内除供奉兴云附雨的龙神而外,还附祀风、云、雷、雨、八蜡、马神、酂侯(书吏所祀的萧何)、蔡伦(造纸者所祀)还有眼光菩萨等。

龙王庙侧的土地庙,已融入清泉街小学校院内,原庙坐北向南。该庙规模很小,专供土地神。每年春秋两季,归化城郊乡农多进庙祭祀,拜见土地公公。农历八月十四、十五、十六,城内小召半道街的街道社“平安社”在这里举办庙会,红火 3 天。

民国年间,龙王庙有正殿两座,东西配殿各 3 间,东西配房各两间,住持是圣华。1940 年时,南龙王庙所在地是海窟街 34 号,住持是仁经,有徒弟 2 人。农历五月十八日有庙会活动。

龙王庙(二)

位于归化城西茶坊的西北,亦称西龙王庙,坐北向南。因有此庙,这里便称作西龙王庙村,庙在村东南,人们谈话时只说西龙王庙(不说村字)。该庙始建于清代雍正年间(1723—1735 年),是山西忻州人集资所建。亦说是山西祁县人所建。在康熙年间的后期,这里就有祁县史姓人家立起的“字号牛犋”。忻州的许家是给祁县史家管理牛犋的。董家花园创建者董义的先人,是乾隆后期从忻州来到这里的。

该庙正殿供奉龙神,东配殿供八蜡,西配殿供风神,亦祀雨神、雷公、电母等。每年开春之季,即有城郊乡农进庙祭拜,以祈丰年。每年农历五月十七、十八、十九,在西龙王庙戏台唱社戏 3 天,就是给龙神唱戏,保佑一年风调雨顺,五谷丰登。每逢久旱不雨或阴雨连绵时,乡农即进庙敬神,求龙王爷降雨或放晴。每遇丰年,乡农们就要举办庙会,唱戏、酬神。

前面提到的董义,和西茶坊关帝庙的住持巨庆和尚从小就是朋友,故笃信佛教。在他的后半生,做过修桥、建庙的慈善事业。每年农历五月十七、十八、十九

3天的庙会,都是由他出资举办。他的董家花园亦对外开放3天,任一般市民、普通百姓进花园游览,允许人们在绿树荫中踩青儿、铺毡野餐。

有一种说法,吕祖庙是由董义出资兴建。庆凯桥(牛桥)是他和巨庆和尚合作建成。西龙王庙的扩建,巨庆和尚出了白银3000两,忻州帮商人也摊了一些钱作为布施。故西龙王庙的庙地归巨庆和尚住持的西茶坊关帝庙所有,而忻州同乡会——忻州社也设在西龙王庙内。除了看庙老道由董家指派外,忻州社会首也由董家世袭,担任其中的一个。

龙王庙(三)

位于绥远城(新城)北门外东侧,其他不详。

三贤庙

位在归化城南街东侧,就是今天玉泉区大南街东小巷,此巷因建有此庙而得名三贤庙巷。始建于清代康熙年间,雍正年间重修。"文革"中的1975年,此巷改名为"小东街西巷",老百姓仍然管它叫三贤庙巷。20世纪80年代地名普查时,又恢复了原名称。此巷的位置,正是该街著名的"皮裤裆"的东一条"腿",西一条"腿"可通小南街。三贤庙是供奉桃园三结义的刘备、关羽、张飞的庙宇,所以也称作三义庙,坐北向南。

该庙宇名声虽响,规模却不大,只有山门、正殿、东西配殿、耳房等。建庙之初只供刘、关、张三贤,后来渐次增祀观世音菩萨、孙真人、井神、仓神等,成为一座既供奉贤人,又祀奉佛教、道教神灵的混合神庙。早年,庙中香火颇盛,每年从农历正月初三开始一直到九月,是庙会连台十分红火。归化城内的军人、商人、平民等进庙祭拜各自的尊神。亦有商号、行社在这里定期举办庙会。

清代,归化城的乡耆会馆就驻在三贤庙内。《归化城厅志》上说,归化城市廛森列,梵宇如林,商贾踵事增华,有名之社一百二十。各行社内设总领一人,副总领一至三人不等,多数行社是每年都要更换一次。总领们主持社内事务。在众总领当中,选出四人为"乡耆",组成"乡耆会馆",再从中选出一人主持会馆工作。乡耆会馆相当于后来的商务会。

民国时期,三贤庙有山门1座,钟鼓楼各1座,正殿1座,东西配殿5间,还有一处东小院。庙内住持是能义(蒙古族)。1940年时,该庙宇所在地是三贤庙巷4号,住持是能义,有徒弟1人。

井神庙

位于归化城大召前街的古召庙大召南端,就是今天玉泉区的玉(御)泉井台南端(井台已修葺,井神庙未修建)。始建于清代康熙年间,由当地商号、居民捐资所建,庙宇极小,全部使用木料筑成。庙内有玉泉井的泉眼,在庙北除8个井口外,在东西各有一根石制旗杆。在归化城郊的景致当中有"石头旗杆木头庙"一则,就是指此处而言。20世纪80年代,在井台北端墙上添绘《御马刨泉图》一幅。相传,康熙皇帝亲征噶尔丹时驻跸归化城,至大召前,人马饥渴,御马千里驹奋蹄刨地,而泉水涌出,被誉为"九边第一泉"。后筑井台建井神庙,称之为"御泉井",供人饮用。此后,周围店铺林立,成为归化城最繁华热闹的地方之一。今天,这里和古召庙大召已成为古迹名胜游览区。

奶奶庙

位于绥远城东门处的北侧,亦称娘娘庙,就是新城区东街新华印刷厂院内,坐北向南。始建于清代乾隆五年(1740年),是一座郎神庙,后来改为奶奶庙。因为它与绥远城西门处的奶奶庙(满族人所建,称作西奶奶庙)对峙,故又称作东奶奶庙。该庙规模不大,建有山门、正殿、东西配殿等,只供奉子孙娘娘——据说是东岳大帝之女碧霞元君。早年,这里是新旧两城妇孺拜神最为集中的地方,汉族妇女尤多。一年四季,常有妇女进庙烧香敬纸祷告,以祈神灵保佑,生养子女,多子多福。每年农历的四月十七、十八、十九三天更为红火热闹,城内各商号、乡民等布施举办庙会。到时城郊乡民,尤其是妇女领上孩童争相赶来参加庙会。庙会期间,人们进庙祭祀祈神、还香许愿。庙外是唱戏酬神,小贩群集,商点林立,万头攒动,车水马龙。各种风味小吃应有尽有,各式各样的小耍货儿(儿童玩具)令人目不暇接,百货土产琳琅满目。有牲畜买卖的庙会就是大型的庙会了,当时的奶奶庙会亦称骡马大会。民间曾有这样的顺口溜:"东口至西口,喇嘛庙到包头,娘娘庙会第一流。"新城的奶奶庙会一直延续到民国以后。

药王庙

位于绥远城南门外,就是今天新城区南街内蒙古医院西北处,坐北向南。始建于清代乾隆五年(1740年),是由归化城的药行商人集资所建。该庙规模较大,有山门、正殿、东西配殿等,庙宇内主要供奉药王爷。每年农历四月十八是药王诞辰日,归化城的药行商人都要进庙祭拜,并举办3天(农历四月十七、十八、十九)庙会酬神,还要请戏班在新城南门外西侧关圣帝君庙前的戏台唱戏红火。民国九年(1920年),药王庙被拆除,将药王爷请到东奶奶庙内供奉。祭典活动也入乡随俗,和奶奶庙一块举行了。

家庙

位于新城区北街的家庙巷中间。该庙规模不大,是一殿式庙堂,东西各有配房3间。在正殿的佛龛内供奉3尺多高的泥塑灶王爷1尊,两旁是泥塑的小童子站像各一尊,还有香炉、蜡钎儿、磬钟等供器。每年农历的腊月(十二月)二十三过小年时,就要在家庙里举行祭灶仪式。

旗纛庙

位于内蒙古日报社旧址的北面一带,临近旧日的绥远城北城墙。旗纛庙也和关帝庙一样,是专为供奉关圣帝君的。庙为一殿式,东西配房各3间。在正殿内供奉关公泥塑站像1尊,造型与关帝庙中的略同,在两侧是泥塑的周仓和关平站像。满族的轻兵器都储备在此庙内,而重武器(如大炮)则存藏在新城的北城门楼中。旗纛庙一般不允许人随便出入。

马神庙

位于绥远城东街,今内蒙古电视机厂东邻处。在庙前设有戏楼1座。它的庙门只有1间大,庙为一殿式,东西各有配房3间。正殿内供奉马王泥塑雕像1尊。因满族士兵出征作战时,骑兵最多,所以要供奉马神,以图作战取胜。

山神庙

位于绥远城北街,中华人民共和国成立后的内蒙古党委院内。也是一殿式庙堂,东西配房各3间。在正殿佛龛内供奉泥塑山神像1尊。在佛龛的东面有1只泥雕的斑斓猛虎,还有两个泥塑小童子站像分立东西。在东配房供奉土地神塑像。

这座山神庙是归化城古召庙无量寺(大召)的属庙。每年从农历的腊月二十五开始,一直到腊月三十(小尽是二十九),大召的部分喇嘛来到山神庙,每天4次诵达吃什德经,后送叭令,四翼蒙古族人完全要下跪到山神庙外,由喇嘛们抬上叭令,从头顶穿过,然后将叭令烧毁,表示毁掉过去一年中的不吉祥的事情,以迎新年。

郎神庙

位于归化城东茶坊的关帝庙旁,今公园南路东面路北的都市华庭小区,坐北向南。始建于清代嘉庆二十二年(1817年),是由旅居归化城的梨园弟子们捐资修建。庙宇规模不大,主供郎神泥塑像(即唐玄宗李隆基,俗称唐三郎),后添祀盗跖塑像。每年农历的六月间,新旧两城的梨园弟子要前来郎神庙祭祀。在庙宇的周围,有埋葬故去梨园弟子的坟地。到了清朝末年、民国年间,郎神庙成了停放无力运回原籍艺人尸棺的场所。后来,在庙的周围长满了杂草,庙西成了乱坟滩。直到齿轮厂在此建成投产后,郎神庙的遗迹便荡然无存了。

东岳庙

东岳庙遗址碑　王东亮摄

位于归化城南漏泽园侧,就是从古召庙大召往南史家巷的南口外,人称孤魂滩的地方。也就是归化城早年街道概括中所说的"三湾、四滩、一圪料、十八道半街"里的四滩之一。这片孤魂滩在南茶坊和西菜园的中间,往南一直到辛辛板升村北。中华人民共和国成立前,这里的建筑只有东岳庙亦称东狱庙和孤魂庙,附近全是乱坟岗子,四周是芦苇草滩。直到 20 世纪 50 年代初还是一片荒野。后来,先由玉泉区房产处的工程队占用庙宇改成仓库;接着内蒙古水产科学研究所在这里挖了几个鱼塘养鱼;再后来,填平苇塘建起了住宅排子房,出现了养鱼池南巷、西巷、东二巷等。今天,这里建起了 81.6 米高、占地 6561 平方米的宝尔汗佛塔,有广场、有绿地,成为观音庙景观区的重要组成部分。

现在,我们回过头来谈东岳庙和孤魂庙。《归绥县志》记载,漏泽园,在大召前南口外,凡四十亩,乾隆四十五年(1780 年)复置三十余亩,曰瘗骸所,在漏泽园南侧。漏泽园,是当时执政者和富商士绅对于那些客死于此而又无所归者,或以公款,或以募捐购置义地所立的公墓。

在漏泽园侧是东岳庙,岳者,葬也,即祭祀亡者之所。在庙前是城隍爷的行宫,坐西向东。每年农历的清明节、七月十五、十月初一致祭。在它的旁边有一小庙祭孤魂,亦称孤魂庙。

民国年间,东岳庙有山门 1 座,大殿 2 座,东西配殿各 5 间,东西耳房各 2 间,供奉地藏王菩萨、十殿阎君等,住持是成安。

费公祠

亦称费襄壮公祠,俗称白大将军庙或白大将军祠堂。位于大召前街玉泉井南的路东,即玉泉区的财神庙巷,坐北向南,和财神庙只隔一个院落。始建于清代康熙三十七年(1698 年)。系由归化城商民捐资所建,祠庙规模不大,就是一处四合院儿,有山门 1 座,正殿 3 间,东西厢房各 3 间,还有东西耳房。祠堂中主供费大将军——费扬古。当年建祠时,费扬古年过 50 岁,刚刚从归化城奉调回到京师,仍健在人间。

费扬古,满洲正白旗人。清代顺治二年(1645 年)出生,其父系内大臣、三等伯爵。他 14 岁时袭得三等伯爵,其后从军,战功卓著。康熙年间,任右卫将军和抚远大将军。康熙三十三年(1694 年),驻扎归化城时,老百姓对大官不敢直呼其名,只称其爵,山西口音"伯""白"同音,就这样费扬古成了归化城人所谓的白大将军了。他曾在归化城的南端,扩建一座外城,将原来的南城门楼变成以后的鼓楼(恒昌店巷与西马道巷中间),把四眼井巷和九龙湾(归化城街道名称概括中的三湾之一)也包括在城内。他还做过整顿军纪、民风,便利于商人等好事。归化城的旅蒙商人,对他非常感激,便为他建了这座生祠。为了纪念他,每年在费公祠戏台唱戏 4 次。据《归绥识略》记载,春三月秋七月由集锦社唱戏,夏四月由十二行社唱戏,冬十月由醇厚社唱戏。庙会期间,卖小吃喝、小耍货儿(儿童玩具)、做小买卖的、进庙的香客等从四面八方涌来,是人头攒动,热闹非凡。

费扬古于康熙四十年(1701 年)病逝。后在费公祠内为他塑像以祭祀,在东佛龛内塑都统丹津像,西塑齐布森像。道光十二年(1832年),大学士松筠奉使来归化城,商民又绘其像附祭于费公祠。

在城区改造中,其侧的财神庙被重建一新,费公祠被整体搬迁到了西郊。

异地重建费公祠　赵智英摄

飞龙观

道教是以"道"为最高信仰的中国传统宗教。道教供奉三清(元始天尊、灵宝天尊、道德天尊)、玉皇大帝、真武大帝、八仙、邱祖诸神。其中尤以道德天尊(太上老君)为尊,奉为创教的始祖。奉《道德经》为主要经典,并作宗教性的阐述。一些经籍书文,后编入《道藏》一书。

道教传入归化城、绥远城晚于佛教。到了明朝以后,道教才有了广泛的活动。先有山西的云游道人在归化城郊、土默特和托克托县一带传道。明朝晚期,逐渐深入到城区内,并建立了少量的寺观。进入清代,开始了大规模的建庙活动。当时比较著名的道教寺院有玉皇阁、城隍庙、飞龙观等。乾隆初年,清廷兴建绥远城时,在城内同时建造了12座道教寺观。之后,又专门从京城的白云观选派了10余名满族道士,随同八旗驻防官兵一起迁入新城,分住在12座道庙之中,在官方的扶植下开展宗教活动。这些道士均享受国家俸禄,由政府支付各项费用。

飞龙观位于归化城南的辛辛板升村,坐北向南。始建于清代康熙晚期 (1712—1722 年),是由山西籍商人捐资所建,后来曾多次重修扩建。飞龙观占地 面积为 1152.18 平方米,建有山门、正殿、配殿、厢房等。在正殿中的墙上有彩绘 的壁画。观内主要供奉道德天尊——太上老君,也供奉关圣帝君、观音大士、子孙 娘娘、龙王、马王、牛王等褚神。一年四季常有城郊乡民进观祭祀。

相传,在光绪年间,飞龙观的掌门,人称"灵龙真人",他的徒弟叫柳生慧。后 来,这位"灵龙真人"坐化在观内,其真身被徒弟们供奉在木阁之内。"文革"期 间,所有的神像被砸毁,人们把灵龙真人的真身埋在了飞龙观前的草滩之内。

1994 年时,飞龙观内还存有原建筑山门 4 间、正殿 8 间、西厢房 6 间。

1918 年前后,北京白云观的俗家道士李一采来归化城传道,先后收了 5 名徒 弟,他们是玉皇阁的云永修、三官庙内鲁班庙的张永清、财神庙的孙永宁、后来到 了集宁圣清观的李永静,还有一位陈永年,拜李一采为师时,已经是一名和尚,他 是和尚拜道士为师。李一采的这 5 名徒弟,都是属于丘祖龙门派"百"字排辈的第 十八代"永"字辈传人。城隍庙的第五代传人便是永字辈,名为孙永福。

归化城各寺观道士按百字辈的排辈,永字辈的下边是元字辈,他们有鲁元月、 郭元聚、翟元阳、张元广、孙元亨等。元字辈下边是明字辈道士,他们有王明善、燕 明庭(俗家弟子)、赵明久、云明祥、范明证、孙明亮等。"明"字辈下边是"至"字辈 道士,他们有解至善、刘至泰、王至和、焦至诚、李至仁、赵至忠、赵至全、边至高等。 "至"字辈下边是"理"字辈道士,他们有纪理功、卢理生、杨理清、张理清(道姑) 等。"理"字辈是丘祖龙门派第二十二代传人,也是呼和浩特市现在在道观中修 行的道士和道姑。据说,张理清(道姑)已还俗。

除飞龙观外,还有姑子板升的龙王庙,掌门人是徐元培道士,"文革"期间病 故。鲁班庙的掌门人是张永清,财神庙的掌门人是孙永宁,达赖庄村慧云观的掌 门人是丁高明、丁纯慧。据若西尼玛先生 1998 年回忆,现在慧云观的掌门人是刘 月月老道。

太清宫

位于原乌兰恰特剧场处,该道观始建于 1931 年,是由河北省籍的云游道人兴 建。据说是由归化城腻旦街玉皇阁、三官庙内的鲁班庙、龙王庙和集宁的圣清观 组合而成。太清宫是道家的主要活动场所,主管规矩、经典、经班子。

掌门道士是"明"字辈的范明证,号燃一子,人称老当家的,他是归绥"元"字辈道士张元广的徒弟。范明证曾到北京的白云观挂单,还担任过白云观下院玉清宫的当家老道。

太清宫内主要供奉道教的"三清"——元始天尊、灵宝天尊、道德天尊(太上老君)等塑像。时常有信众等进观祭拜。

太清宫山门　王东亮摄

由于范明证等道士精于医术,尤善医外科疾病,故到太清宫来求医问药者不少。

中华人民共和国成立初,太清宫有李元通、郭元聚、赵明久、周明月等15位道士,掌门(亦称道长)是范明证。这位范明证道士被聘为呼和浩特市政协第二、第三、第四届委员,在学道修行的同时,为呼和浩特市的经济发展、社会安宁积极建言献策,参政议政。

后来,由于兴建乌兰恰特剧场和新华广场用地,太清宫于1956年搬迁到公园南路17号,有房8间,道士5人。后又迁到新城西街路南的公园南街(曾叫过菩萨庙街,1982年更名为艺术厅南街)北头路东的一处四合院内。道长是李至仁(山东人),笔者曾于1983年采访过他,他告诉我,在"文革"中太清宫的一部《道藏》典籍被交通学校的造反派强行抄走。从此,这部道教书籍的总汇(含周秦以下道家子书及六朝以来道教经典)无影无踪了。

这位李至仁道士是范明证的弟子,他收有5名徒弟(属"理"字辈),他们是纪理功、卢理生、杨理清、阎理忠和张理清(道姑)。

1998年时,太清宫地处繁华地带,在它的南北是居民住宅楼,西边是新城区区委、区政府的办公楼,又是市区的规划地带,这里不易再做道场。再就是太清宫内的房屋因年久失修,属于危房。后经呼和浩特市委、市政府批准及郊区(今赛罕区)政府同意,在郊区攸攸板乡元山村党支部书记、村长李存德的大力支持下,拨出5亩荒坡地作为再建太清宫的用地。太清宫成立了搬迁领导小组,由李至仁和张至贤任组长,卢理生、张礼、范三全为组员,自筹资金兴建殿宇、重塑玉皇大帝、三清、八仙诸神像。新址取名三清观,旧址按文物古迹保存,现仍有宗教活动。

东五道庙

位于归化城的东五道庙街东头,后来并入了清泉街。始建于清代光绪年间。1940年时,住持是圣莲,有徒弟1人。

在归化城街道名称概括中有马莲滩,是四滩之一。后来,改名为新民街,在它的东口亦有1座五道庙。

五道庙供奉的是五道将军,亦称五道神、五道真君、五道圣君、五道大神、五道轮转王、五道爷、五道老爷。相传,五道爷是东岳大帝的臣属,最重要的助手,冥间的大神,亦是掌管世人生死与荣禄的神祇。在道教中有这样的说法,五道将军很有同情心,他能帮助、成全弱者实现自己的理想,是具有正义感的神灵。农历三月十二日,是五道神的生日。

西五道庙(亦有东五道庙之说)

位于归化城南茶坊街北头的路东,后来并入了南茶坊街。始建于清代光绪年间。1940年时,是西五道庙巷2号。

五道庙

位于绥远城东街路南的老缸房街南头的路东。始建年代不详,据富象乾先生回忆,五道庙规模很小,庙中没有泥塑神像,所供之神是彩绘在墙壁之上。每到夜晚,有乞丐来五道庙过夜。

火神庙

位于归化城大御史巷的南端,始建于光绪年间。据说,庙中所供奉的火神就是古代五帝之一的炎帝,即神农氏。1940年时,住持是耀武,有徒弟1人。

大仙庙(一)

位于归化城东南海窟井旁边,今玉泉区清泉街,坐北向南。始建于清代乾隆初年(1736—1740 年)。庙宇很小,仅为 1 间房屋,专供大仙,信奉者多为归化城平民和近郊的乡农等。常有求医讨药、卜卦算命者进庙求助大仙。

大仙庙(二)

位于归化城的南茶坊街,始建于光绪年间。1940 年时,庙宇所在地是南茶坊街 34 号,和关帝庙(33 号)相邻。住持是郭世昌。

三圣祠庙

位于归化城的长和廊北头,也就是长安店巷的西口。始建年代不详。1940 年时,住持是梁元,有徒弟 1 人。据说每年农历八月初九日有庙会活动。

苏武庙

位于后来的归化城南。明朝正统十四年(1449 年),蒙古也先汗挟明英宗至小黄河苏武庙,就是这座庙宇。

昭烈祠

位于绥远城西南隅。1912 年,国体初更,外蒙古抗之,内犯至喀尔喀右翼旗之鸿厘寺(百灵庙)。绥远城署将军张绍曾率师进剿,大破之。1925 年,死者 33 人被建祠以祀,绥远都统李鸣钟立石志其事。

还有一些庙宇因资料所限,不一一叙述。

伊斯兰教、天主教、基督教的寺院和教堂

一、伊斯兰教的寺院

据呼和浩特市回族文化教育事业的积极倡导者和参与者,呼和浩特市政协第六、七届委员的甄可君先生(《呼和浩特·回民区志》人物传略称其善诗文、精书法、通篆刻)考证,伊斯兰教传入呼和浩特地区的时间,大约是在蒙古汗国到元代初叶。南宋宁宗嘉定十二年,也是金宣宗兴定三年(1219年),成吉思汗率蒙古军西征东归时,带回大批信仰伊斯兰教的西亚穆斯林。以后,窝阔台汗于南宋理宗端平二年(1235年),蒙哥汗于南宋理宗淳祐十二年(1252年)和南宋理宗宝佑元年(1253年),又多次兵征西亚,回军之时,又带回大批信仰伊斯兰教的西亚穆斯林。元朝建立之后,又有大批西亚穆斯林来中国经商。这几部分人中,有的则定居下来,成为元帝国的臣民,成为元代社会地位较高的色目人的主要成分。

呼和浩特地区时称丰州,《马可·波罗游记》第73章中记载:"治此州者……亦有偶像教徒及回教徒不少。"穆斯林既然在此定居,那么与此同时,他们也就把自己信仰的宗教——伊斯兰教带到了这一地区。

呼和浩特地区开始修建清真寺的时间,曾有两种说法。一种是清代康熙三十二年(1693年)或以前,另一种是清乾隆五十四年(1789年)。刘映元先生说过,康熙三十三年(1694年),归化城北门外的清真大寺,也是主要依靠绿营中的回族士兵进行了第一次重修,由《明太祖御制回辉教百字圣号碑》上,有"大清康熙三十三年谷旦阖教重录勒石"可证。既然是重录,想必以前也曾录过,这给我判断归

化城的清真大寺建于明时,又提供了一个根据。据 2010 年 9 月出版的《呼和浩特·回民区志》第三章宗教的第一节宗教信仰中记载,清真大寺始建于清康熙三十二年(1693 年)。

另一种说法是"乾隆五十四年建清真大寺"。此说尚有该寺现存的 1925 年《重修绥远清真大寺碑记》参考。碑文曰:"溯我绥远之有清真寺,创自前清乾隆五十四年,维时只数百家,亦非土著,多来自区东区西。"另据《绥远通志稿》云,清乾隆平定新疆一带准部及天山南路的战事后,二十五年(1760 年),"清军凯旋,⋯⋯其出力之回军一部,则驻归化城外候命,总数不足千人。初居于城南三十八里之草原,恣其驻牧,日久遂成村落,并建寺以崇其教,即今之所谓八拜回回营也。迨乾隆五十四年(1789 年),以回民既不便返西域,且解兵籍后,有妻孥而无恒产⋯⋯于是由驻防将军、都统等奉命救其散居,俾得自由谋生。自此始迁入归化城为民。同时于城北门外,⋯⋯创建清真寺一座"。

在回族乡老中有这样一段传说:清代乾隆二十五年,清王朝平定了新疆一带的蒙古准噶尔汗国的战事后返京时,将协助平叛有功的新疆阿里和卓回部的将士一同带回京师,并安置定居,接受清廷的官爵和俸银。该部首领的女儿,即以后封为乾隆皇帝的香妃,曾由新疆一带的族亲护送其进京。待香妃平安抵京后,乾隆皇帝便赐给香妃亲族铜锤一把,以表示香妃亲族为"皇亲"。护送香妃的这几百人从京城返新疆,他们路过八拜村,见这里风光如画,水草丰茂,便启奏皇帝,请求留居此地。乾隆传旨,赐给他们"一马之地"。从此,这部分人就定居八拜,后迁入归化城里。呼和浩特现马氏家族,被认为是香妃本族,铜锤一直为该家族马德家保存,直至日本侵华后遗失。

康熙三十二年(1693 年)清真大寺建成,至今(2014 年)已有 321 年的历史了。

清真大寺的建筑规模,是分几个年代逐步扩大的。建寺之前,此处已有土房数间,作为穆斯林简单聚礼之用。到清乾隆五十四年(1789 年),该寺已初具规模。据当地回民口碑传说,修建寺院的资金,主要由康、陈、马三户回族富商捐助。为纪念这三家的贡献,此后每年斋月开经时(诵念《古兰经》),增念三匣经以为祈祷。以后,清同治八年(1869 年),该寺重修南北讲堂(阿訇讲授经典的地方);光绪十八年(1892 年),建盖了山门;光绪二十二年(1894 年),由回民康正明、康正兴邀同土默特左翼末代都统丹津的后人,共同将"丹府宅院东地基情愿施舍于清真寺建筑照壁";光绪三十一年(1905年),该寺刘辑五阿訇又整修了清真大寺,并开设了经学(宗教小学);光绪三十二年(1906年),刘少五继任清真大寺阿訇,劝捐纯和成、福泰源、义和泉三家商号的房屋,并修建了该寺的浴室;1923年至1925年,回民合众捐资,"计重修大殿起高五尺,加大七间,南北讲堂展后一丈七尺,起高三尺,寺院展大数丈,一切设施木石、雕琢彩绘备极灿烂,洋洋乎泂九边之大观"。此次重修,有回族杨寡妇将大寺后面自己的房产捐赠大寺。为感其馈赠,大寺每年斋月开经时,又增念一匣经,以示纪念。1939年,该寺又新建一座望月楼,高约36米,是中华人民共和国成立前归绥市最高的建筑之一。1956年、1978年、1987年、1991年该寺又多次加以修缮和彩绘,使其更加富丽堂皇。

清真大寺是呼和浩特地区建立最早、规模最大的清真寺,也是内蒙古自治区最大的清真寺。

清真大寺　王东亮摄

清真大寺位于归化城北门外,就是回民区的通道南街,坐东向西,占地面积4000平方米。它的整体布局是东西狭长的一进两处四合院,是中国传统的建筑风格。建筑由西向东依次是:照壁、山门、大殿、南北讲堂、过厅、望月楼、浴室、接待室。

山门是出檐式建筑。两边由八字墙陪衬,中开三门,两小一大。大门上方有清光绪十六年（1890年）所制"清真大寺"长横匾一块，两旁有楷书"国泰""民安"两短匾作陪衬。大门平时不开，只在开斋节、古尔邦节、圣纪节穆斯林三大节日时敞开。

大殿建在1米高的地基上，殿长26.5米，宽16.5米，25间大，为水磨青砖中式建筑。大殿门是三开拱式，它的顶部，是由5座出檐小塔楼将殿顶连为一体。这种结构法，解决了用横木起脊的单调。

望月楼位于寺院的东南，整座楼为六棱体，在楼身中部用中、阿两种文体镌刻"望月楼"三个大字。楼内分两层，有78级台阶盘旋至楼顶，楼顶是瞭望台和凉亭。望月楼是穆斯林呼唤人们礼拜的地方（亦称邦克楼）。该寺院五开间的过厅，是穆斯林礼拜前后休息的地方。

由于伊斯兰教不崇拜偶像，所以清真寺院一般不饰以人物、飞禽、走兽，因此建筑的门楣、窗口、屋脊、飞檐等多以花卉造型来装饰。清真大寺建筑上的砖雕、绘画可谓该寺的艺术珍品。

清真寺的宗教职业者叫阿訇。主持一寺宗教事务的大阿訇称作教长，除此还有分管其他教务的阿訇。阿訇一般定期聘请。

由于清真大寺的中心地位，从清朝中叶到民国初年的200多年

望月楼　王东亮摄

中，归化城内的东寺、西寺、南寺等先后为清真大寺所管辖，那时，各教坊穆斯林每日的5次礼拜（称五番乃玛孜），可以在本寺进行，但主麻日（星期五）的聚礼必须到清真大寺完成；而各教坊穆斯林的婚丧嫁娶也必须由清真大寺的阿訇主持。到民国以后，大寺所辖的各寺才逐渐脱离大寺的管辖。

阿訇还要招收学员,传习伊斯兰教的各种经典和功课。这部分学员被称作"海里凡"(哈里发)或"满拉"。清真寺也培养女阿訇,女阿訇主持女寺教务,一般称"师娘"。

光绪十一年(1885年),回族人白松峰和杨福寿在清真大寺旁筹办回部学堂时,帮助筹备的还有满族人赵增寿、汉族人赵国鼎和耶稣教北堂牧师王登云等。学堂建成后,又聘请汉族人王一善、满族人赵松桥等为老师,并请汉族人武敏为校长。而汉族人韩权、武敏等在筹办三贤庙女校时,回族人艾玉玺也为学校捐资出力,并成为该校的校董之一。

在清真大寺的周围,从古到今,清真食品的生意十分兴旺,逐步形成了以清真大寺为中心位置的回族食品一条街。在这里,无论是开饭馆卖清真菜肴,还是搭凉棚卖清真小吃,都是高朋满座,食客如云,成了呼和浩特各族同胞经常光顾的地方。

清真东寺

位在归化城马莲滩(归化城街道名称概括中的四滩之一),就是新民街的东寺巷内。始建于清代嘉庆年间(1798—1820年),是一清真小学堂,俗称"东学",隶属于清真大寺管辖。1959年,实行宗教改革时与清真大寺合并,"文革"期间全部封闭,后由新民街小学占用,沐浴室被拆除。1981年,该寺重新开放。

清真北寺

原址位在清真大寺北,通道街学道巷,现址在通道南街中段路西,呼和浩特回民中学校北。清真北寺的前身为一清真小学堂,俗称"北学",约建于清代咸丰年间,隶属于清真大寺管辖,1921年,重建北寺。建成后命名为"甘绥清真礼拜堂"。1962年,由于城市建设规划将北寺大殿等拆除与清真西寺合并,称"西北寺"。1986年,经呼和浩特市人民政府批准,新拨地基重建清真北寺,1988年底竣工。1989年10月,开放使用。

清真西寺

位在呼和浩特市第一中学后街。约建于清代乾隆中期,"文革"期间曾被关闭。1978年后,经过整修重新恢复宗教活动。

清真东北寺

位在清真大寺东北,前新城道路西。初建于清代光绪十七年(1891年),隶属于清真大寺的清真小学堂。先后于1940年、1943年扩建,1978年曾被拆除,1993

年复建,1994 年 9 月开始使用。

清真小寺(亦称清真小北寺)

位在回民区通道街的友谊巷 60 号。始建于 1982 年 10 月。

清真西北寺(亦称果园清真寺)

位在回民果园西巷呼和浩特市第十六中学对面。1990 年建成并正式开始宗教活动。

清真南寺　赵智英摄

清真祥和寺

位在县府街祥和小区东侧。2002 年建成。

清真南寺

位在归化城扎达海(盖)河东岸,1993 年时是玉泉区西河沿 13 号。始建于清代光绪二十五年(1899 年)。"文革"期间,清真南寺被居民所占。1985 年,南寺乡老开始整修寺院,逐步恢复宗教活动。

1993 年时,清真南寺有大殿 7 间、课堂 2 间、浴室 4 间、宿舍 3 间。有教长(兼阿訇)1 名,海里凡(哈里发或满拉)就是学员 5 名,执事乡老 5 名。

清真新城寺

位在新城区艺术厅南街 28 号,坐东向西。始建于清代光绪十年(1884 年),是由刘小三乡老捐赠土地 7 亩建寺,最初只有 2 间土房作为礼拜堂。民国初年,由新迁来的穆斯林白富、薛根等,集资建起礼拜堂 5 间,讲堂 5 间、沐浴室 2 间。将寺南一污水坑填平,建成菜园地,作为海里凡供养生活之用。1984 年新建沐浴室 5 间,后又扩建 2 间。1986 年重建大殿 15 间。1988 年新建讲堂、教长室、办公室等 9 间,东厢房 2 间。后来,又重建了男女水房,女礼拜殿、餐厅等。

清真团结寺

位在新城东街路北新春巷,坐西向东。1993 年 7 月 1 日,建成沐浴室。1994年,建成大殿两层,教长、阿訇办公室,寺管会办公室,库房等,建筑面积 1200 平方米。

察素齐清真寺

位在土默特左旗察素齐镇。有资料称 1948 年,察素齐镇回民拜全乡老施舍土地 8 亩,供清真寺自养。有大殿、教长室、讲堂、男女水房各一,还有东房、南房、库房。

毕克齐清真寺

位在土默特左旗毕克齐镇。2001 年 8 月 31 日,毕克齐新寺选出寺管会成员为赵利宝、聂书文、马茂林、杨晓旦四人。其他不详。

除上文所述外,还有托克托县旧城清真寺、托克托县新城清真寺、托克托县河口清真寺、武川县清真寺。

二、天主教的寺院

天主堂

位于归化城北门外,民国时期是归绥市牛东沿 9 号,现在是回民区通道南街 27 号,坐西向东。清代同治十二年(1873 年),比利时人巴耆贤主教率同张玛弟亚神父(中国人)西来归化城,同时有段文达先生协助,花费 1080 两白银,买下店院一处,就是今天天主堂所在地。但是,没有料到教堂所纳之契税,新城将军衙门拒绝收纳,并且将原房主兄弟4人拘拿逮捕,迫令退还房款,抽回地契。虽经巴耆贤再三交涉,但仍未得到解决,致使该兄弟4人,一个死在狱中,一个乘隙潜逃,其他二人具保后方予释放。

同治十三年(1874年),张玛弟亚乘绥远城将军出缺,又与其僚属协商,方才得到解决。

同年,巴主教有意遣派吕继贤和步神父(外籍人)来归化城试行传教。步神父和一位杨神父先期到来,12月吕司铎始来(天主教称神父亦称司铎)。吕神父到任后,均按照巴主教意图准备一切,相机传教,开设了育婴院,收容弃婴。

光绪三年(1877年),高神父寄居于此,次年调外地。光绪五年(1879年),又有陶福音神父来此,不久也调走。总之,从同治十二年(1873年)到光绪六年(1880年)在归化城传教收效甚微。

光绪二十六年是庚子年(1900年),香火地之本堂何济世神父和公沟沿之马赖德神父,应归化城道台之请,二神父进衙门会晤,当二人行至衙署门前时,突然被乱刀砍杀,死于非命。

牛东沿天主教总堂原址共占地22亩,南界义仓(国民政府改作绥远模范监狱),北界乔姓院落,东界水磨街水渠,西界小河。购置该地后,曾修建小圣堂1座,取名"双爱堂"供传教士们往来并与官府办事时居住使用。当时,市内教徒很少,光绪二十六年(1900年)义和团运动时,小圣堂亦被烧毁,后经办理教案,清政府曾对此做过赔偿,并立碑表示歉意。

从光绪二十六年(1900年)到1922年,这里只有几间普通房舍。整个院落为斜方形,南端宽,作为菜园;北端窄,作为羊场。供后山卖羊商人租用。

1922年修建大教堂。教堂为东西方向,法国古典式,堂高而短,原地基向西多坐了10米,以备将来扩建之用。堂内面积为25方丈,较高处为12方丈。由地板到顶篷为5丈,东首北面有钟楼高达30米,楼梯为木板螺旋式,上有大小铜钟各1口,大钟是合金的,造自欧洲。大堂造价为50000现洋。内部前宽呈十字形,左右两侧有钟楼和乐楼,祭台正中为穹形顶盖,虽是砖木结构,内部以方形大砖柱支撑屋架,顶篷为斗形。

教堂于1924年落成,同年主教坐堂,由萨拉齐二十四顷地迁来,当时在职主教为葛崇德(比利时人)。教室内(包括楼上楼下)可容纳2000人。

在教堂大院正中靠东,建有主教楼房1座,为砖木结构,屋顶为瓦垄铁板,纵长 48 米,上下两层,楼下是主教办公室、寝室、接待室、客厅、餐厅,楼上有主教小堂、神父客室、图书室等。1922 年,原公教医院和总堂同时动工兴建,由于公教医院竣工较晚,因此,在 1923 年至 1924 年之间,天主堂曾一度作为"临时医院"。第一个外国大夫姓那,就在新建的主教寝室和办公室进行医务工作。

天主教堂　赵智英摄

1934 年,在主教楼房西边又建楼房 1 座,纵长 27 米(称作西楼),砖木结构两层。楼下为神父办公室兼寝室,楼上为客房。

后来,又在大堂东边兴建了孤儿院,平房 10 间。进堂院大门设在西南角。院内还有西厢房 10 间。前排正房为教室,后排为伙房。

1950 年 12 月 19 日,归绥市天主教人士 600 余人,召开革新座谈会,积极响应王良佐等人士的主张,强烈谴责帝国主义利用宗教侵略中国的罪行,一致表示与帝国主义割断一切关系,积极主张中国教会由中国人自己办,建立自治、自传、自养的新教会。1951 年 10 月,天主教总堂王学明升为总教主,并举行祝圣大典。1951 年 12 月 28 日,归绥市人民政府明令取缔反动组织圣母军,并正式成立归绥市天主教"三自"(自治、自传、自养)革新筹备委员会。1956 年 1 月底,召开呼和浩特市天主教代表大会,成立呼和浩特市天主教爱国会。"文革"期间,天主教的宗教活动中止,天主堂建筑基本完整。1980 年 5 月 4 日,呼和浩特市天主教总堂恢复宗教活动,同时天主教爱国会也恢复工作。在大堂内供奉耶稣和圣母塑像。1985 年,在教堂北楼恢复了"神哲学院"(1936 年建成,共耗资 50000 银洋,当时称哲学院。1946 年 8 月,大同神学院与归绥哲学院合并,改名为归绥市神哲学院。地址在通道南街原回民区公安分局和呼和浩特市电视设备厂院内),至 1998 年共收学生 167 人,毕业 77 人,祝圣神父 67 人。1992 年,又开设了修女院,共收录 60 人,毕业 20 人。

天主教主教堂迁到归绥市后,于 20 世纪 30 年代初期,在教堂院内创建了一所小学校,是以第四任主教葛崇德而取名崇德小学。中华人民共和国成立后,校名改为新华完全小学校。1952 年春,归绥市教育局接管后,又改名为十九完全小学校。同时,还在旧城北门外牛东沿 6 号创建了一所圣家学校,并附设幼儿园。1946 年秋,与崇德小学合并,迁入教堂院内。

1936 年,绥远教区与集宁教区合并成立了一所中学校,校名取集宁教区主教恒安的"恒"字,与绥远教区第 5 任主教穆清海的"清"字合称为恒清中学。校址在旧城北门外的和合桥北(即今呼和浩特市回民中学校址)。

三、基督教的寺院

基督教于公元一世纪产生在亚细亚的西部地区。基督教信奉主、耶稣基督,"基督"汉译为救世主,亦即耶稣为救世主。耶稣教(亦称新教),是基督教的主要教派之一。

清代光绪十三年(1887 年),基督教传入归化城。初有英国传教士华国祥在旧城北门外水渠巷永宁号的院内租赁房屋,开设基督教堂,经常在旧城大召前玉泉井南路东的财神庙乐楼上放映幻灯片,或借演出的机会宣传耶稣教义,后又在东顺城街租房设立医院,施以恩惠,劝人入教。光绪十八年(1892 年),瑞典传教士鄂礼顺来绥接办教务,先后在旧城小西街、圪料街(归化城街道名称概括中的"一圪料",就是指此街,后改名为兴盛街)办起分堂。

内地会是美国的一个基督教派,光绪年间传入归化城。光绪二十六年(1900 年)后,由瑞典协同会(亦称西差会)接管,继续传教。1913 年,瑞典牧师瑞闻声设立诊所,在治病中劝人入教。1925 年,瑞典牧师麦礼直在通顺街(今塞上老街)创建耶稣教堂,为内地会址,有教徒 200 多人。并在教堂后院建立了一座教会学校——归绥培真国民学校。中华人民共和国成立前,内地会(通顺街教堂)改由瑞典的瑞教士(女)和中国牧师贾义共同负责。

中华人民共和国成立后,1954年7月,为响应"自治、自传、自养"的"三自爱国革新运动"号召,培真国民学校交国家管理,初为东尚义街小学,后改为玉泉区教师进修学校。

神召会也是基督教中耶稣教的一个派别,1921年由李金彪牧师创办,从此开始了本地区中国人自办耶稣教的历史。在爱国教友们的支持下,先在上栅子街租赁了1处相连的两个院落,共有房30余间,其中楼上10间是教徒们做礼拜大聚会的场所。

1945年日本投降后,神召会的教友又捐资在旧城东马道巷新建了一所耶稣教堂。

通顺街基督教堂　王东亮摄

基督教聚会处成立于1944年,地址在大西街龙门店巷,由刘秉忠牧师主持。

此外,在旧城还设立过"安息日会"(在西五十家街)、"自立会"(在清泉街)。抗日战争全面爆发前,在小召前街(归化城街道名称概括中十八道半街的小召半道街)108号还设立过救世军。日伪时期,朱一清牧师建立过"蒙疆教团",在旧城发展过教徒,日本投降后,随之结束。

据吕德民、范承祖、曹黎光三位先生回忆,归绥市内地会的教堂有3个。一是旧城县府街的教堂建立最早,当时称北堂,由瑞典国的麦理直牧师所建,接替麦理直的是栩树叶夫妇,之后又由义贝理、义达理夫妇主持,最后一任是约翰生牧师,1938年,中国的韩桂长老参与主持工作。二是旧城通顺街教堂,始建于1921年,由瑞典国的瑞牧师所建,后由其妹妹瑞惠孙教士和爱牧师主持工作,最后由魏牧师夫妇担任。该教堂的中国牧师是贾义牧师,"文革"中去世,享年86岁。三位先生关于通顺街耶稣教堂的回忆,和前面提到的该教堂内容略有不同,有待进一步考证。三是新城西街教堂,是由瑞典国的林教士所建,后由小林教士主持工作。中国牧师是王登云,长老是王英。该堂另在新城南街东落凤街西口设有1座外堂,专门对尚未信教的人宣讲福音。3座教堂共有教徒近千人。后来将新城西街教堂迁建到新城南街。

1998年,呼和浩特市区基督教,共有教堂4处,一是坐落在玉泉区通顺街的教堂,1996年重新翻建,可容纳1500人左右。二是坐落在玉泉区大西街的教堂。三是坐落在玉泉区东马道巷的教堂。四是坐落在新城区南街的教堂,1986年落实宗教政策,将原新城西街教堂迁建到此;可容纳1500人左右,并附设有内蒙古和呼和浩特市"两会"的办公地点和义工培训班。

中华人民共和国成立后,呼和浩特市基督教会中的牧师、长老、义工等,有的被聘为呼和浩特市政协委员。

(原载《呼和浩特晚报》1983年12月20日3版,发表时署名赵梁〈本书作者笔名〉。收录本书时改动了标题,增补了内容。)

呼和浩特最早的喇嘛庙——大召

明朝后期至清朝年间的归化城,曾有个"召城"的称呼,其原因是这里先后建立了不少的召庙,民间还有"七大召、八小召、七十二个免名召(亦称绵绵召)"之说,可见呼和浩特(早年称作库库和屯)召庙之多。但建立最早的当是今天的大召。明代万历八年(1580年),明神宗朱翊钧赐土默特部俺答汗(阿勒坦汗)在漠南蒙古建立的庙宇名为弘慈寺,即今天的大召(谷应泰著《明史纪事本末》载万历七年秋建)。民间有它比呼和浩特旧城早建成一年和比旧城晚建五年的说法。蒙古语原称该庙为伊克召,"伊克"汉译为"大",故通称为大召,也有名为释迦牟尼寺之说。因召中所供奉的释迦牟尼坐像为银制,又有银佛寺之称。

规模布局

大召坐落于归化城的南门外,即今玉泉区大召前街的正北。它占地面积29171平方米,属于召庙的现存建筑物为11401.2平方米,占总面积的39.08%(1982年测量)。它的布局别具一格,在大召最南端的中间,是三开门的山门,北去是天王殿、菩提过殿、经堂、佛殿、九间楼凡五层。早年的山门两旁是称作东、西仓的大门,北去各有一长甬道。大召东、西仓的名称一直沿用至今。从1987年开始,内蒙古自治区和呼和浩特市两级人民政府分别拨专款、大召管理委员会自筹资金,对大召内及召前广场陆续维修、扩建和购置相应的配套设施。东、西仓不再自成一体,已融入大召的红墙以内。

今天的大召,被列为国家级重点文物保护单位、内蒙古自治区重点文物保护单位。

在大召山门正中檐下悬挂一块"无量寺"横匾。山门前有石鼓两对儿，白石狮子、铁铸狮子各一对儿。山门占地面积 165 平方米，山门内的天花板上绘有双鹤飞舞图案，墙壁上是二龙戏珠砖雕。天王殿前有青石狮子一对儿，殿内是木雕彩绘的多闻、广目、持国、增长四大天王像，东西各两尊，手中分别持宝剑、琵琶、宝伞、紫金龙，引意为"风、调、雨、顺"，国泰民安，五谷丰登。天王殿面积 192 平方米。在天王殿的东西分别是钟楼和鼓楼，面积各为 23 平方米。在天王殿后的东西各立一木制旗杆一根，这两根旗杆是用来晾晒唐卡(亦称缯子)的。在菩提过殿前的西配殿亦称普明佛殿，殿内供奉宫勒格(九量佛)。东配殿亦称长寿佛殿，殿内供奉阿跃什(长寿佛)。两殿面积各为 208 平方米。进入菩提过殿，西边称密宗护法佛殿，供奉当格什德(护法神，亦说是十殿阎君)；东边称药师佛殿，供奉阿得齐(药王)，在殿顶上有唐僧取经故事中降服九妖十八洞妖精的泥塑，每个形象约一尺五寸高。菩提过殿总面积 570 平方米。在菩提过殿中间，摆放着召庙中最大的铜制转经桶(亦称玛尼桶)，据说转动此桶可以给人们带来好运。出菩提过殿北门不远，有一只铁铸六角形鼎(香炉)，高 2.35 米，在它的两边各放一只形似竹笋的铁铸香筒，各高 1.8 米。在经堂前的东西配殿门外各放一只玛尼法轮(可以转动)。东配殿亦称胜乐佛殿，殿内供奉德木其格(胜乐佛)。西配殿亦称密集佛殿，殿内供奉桑兑(密集佛)。两殿面积各为 192 平方米。在经堂门前的阶下，东西各卧铁铸狮子一只(亦有铁吼之称)。经堂门前闪出的亭子(亦称暴厦子)，东西宽 13.4 米，南北长 4 米，共有 37 厘米直径的柱子 4 根。在经堂内的正上方并排悬挂着释迦牟尼生平画像 12 块，每块宽 45 厘米，长 61 厘米。经堂内共有露明柱 38 根。墙壁上有佛教传说绘画。在悬挂着的唐卡(缯子)上亦画有各种佛像。经堂内摆放着各种经卷以及跳恰木所用的番像、服装、法器等。在经堂内的四周摆放着 108 个铜制的转经桶(玛尼桶)。中间是喇嘛诵经的地方，正中的上方设有长 2.15 米、宽 2.35 米、高 2 米的木椅一把，既有靠背又有扶手。往南的西边设有 1.35 米见方、高 2.26 米的木椅一把，东边一把 1.03 米见方、高 1.32 米，都是只有靠背没有扶手。再往南是四条绺子铺在地上。经堂面积 552 平方米，高 14 米，楼上挂有一面直径为 65 厘米的大锣，召集众喇嘛搞佛事活动时使用。楼内曾供奉铜铸罗汉 18 尊，每尊高约 40 厘米。经堂和佛殿是连为一体的，中间有隔扇和门，通称大雄宝殿。进入佛殿只见香烟缭绕，靠北面有佛像 5 尊，前面有 4 尊，东西各 5

尊;供桌 7 张,上有佛像 3 尊;还有木制牌位 3 块,曾有铜铸的归化城模型一座,还有各种供器、供品。经堂内的 36 根露明柱和佛殿内的 14 根龙抱柱,都是圆形的。佛殿面积 520 平方米,高 17 米。在佛殿墙外共有 37 厘米直径的露明柱 18 根(西北东各 6 根)。9 间楼前的东西配房各为 77 平方米,是厨房、熬奶茶及喇嘛、施主就餐的地方。在东配房的南面是格念日房,亦称老道房,面积是 28 平方米,已与东配房连为一体。9 间楼是供奉尖喇嘛(尖令宝欠)、纳玛索赖(财神),后又增供达赖五世和保存大藏经以及改成“帝庙”前召庙内活佛休息的地方,面积是 270 平方米,高 10.5 米。东西耳房是保存暂时不供的神佛和破旧经卷的房屋,面积各是 20.8 平方米。

从山门至九间楼后最北面的召墙,与东西仓分界墙以里,占地面积为 10731 平方米。

当年的东西仓门各宽 5.5 米。西仓门上方书“广化门”,东仓门书“广成门”,均为蒙古文、藏文、汉文三种文字书写。东仓占地面积为 8475 平方米,西仓占地面积为 9965 平方米。早年东西仓内均有喇嘛宿舍,现在只是西仓内有。东西仓融入大召红墙以内后,东仓的布局是:山门和天王殿连为一体,面积是 100 平方米。菩萨殿内供奉观音菩萨各种显像 44 尊,面积是 1183 平方米。玉佛殿内供奉玉雕佛祖像,还有坛城 2 座,面积是 631 平方米。弥勒佛殿内供奉藏传佛教中三世佛之一的弥勒佛,亦称未来佛,还有 34 位护法的浮雕像,面积是 519 平方米。在东北隅是早年管理全城召庙的喇嘛印务处所在地,面积是 193.7 平方米。在喇嘛印务处前面,有一座占地 540 平方米的长廊,长度是 124 米。当年,在东仓内还有一小型菩萨庙、公中仓(亦称大仓)、5 间大的一个东亭子房,均已拆除。西仓的布局是,山门和天王殿连为一体,面积是 80 平方米。在它的前面有占地 120 平方米,各高 5.2 米的 8 座白塔,称作吉祥八塔。在山门和天王殿以北是乃春庙,面积为 405 平方米。佛殿中供奉掌管现在世界、过去世界和未来世界的 3 尊佛祖像,通称三世佛。还有 5 尊护法神以及另两尊神像。在佛殿的经堂内,还保存着明代万历十四年(1586 年)绘制的壁画。乃春庙后是藏经阁,面积为 1339 平方米。在楼下供奉一尊佛祖像,还有 8 座吉祥八宝塔;楼上供奉一尊大师像,还有 16 位尊者像以及经卷。在西仓北面的东边是大白伞盖佛母殿,面积为 441 平方米。殿中供奉 1 尊大白伞盖佛母像,在两边的墙壁上有大白伞盖佛母不同化身的壁画。西边是公中仓佛殿,面积为 1062 平方米。现在是大召管理委员会的办公地点。当年,在西仓内还有西配房、东配房和五间楼,均已拆除。五间楼先是本召呼图克图活佛、后是本召札萨克和达喇嘛的住所。

历史沿革

明代万历十年(1583 年)即阿勒坦汗死后翌年二月,他的儿子僧格杜棱汗(乞庆哈)袭封顺义王。万历十四年(1586 年),僧格都棱汗邀请达赖三世(索南嘉措)来归化城和土默特旗。达赖三世在土默特部欢迎的盛大仪式中,主持了弘慈寺释迦牟尼银佛的开光法会,从此大召在漠南蒙古成为有名的寺院,也是归化城最大的召庙。明天启七年(1627 年),察哈尔部林丹汗攻占归化城,史籍记载林丹汗"克归化城,夺银佛寺"。大召位于归化城南门外,当时将大召与归化城并提,可以想见它在漠南蒙古的影响之大。

从明崇祯五年即后金天聪六年(1632 年)起,大召从西土默特封建主手中转入后金统治者手中。

明崇祯十三年即清崇德五年(1640 年),这时清太宗皇太极已将西土默特部顺义王俄木布废为庶人,将古禄格·楚琥尔赐为土默特部都统(亦说土默特旗左翼都统),并命他重修大召,重修后改汉名弘慈寺为无量寺,这便是今天大召汉名无量寺的起源。大召的藏语名称是叭圪密得令。

清顺治九年(1652 年),清世祖福临迎达赖五世赴北京,达赖五世取道青海、蒙古入京,路经归化城时就驻锡在大召后面的九间楼上,由此又提高了大召的身价。

清朝初年,因清统治者忙于对内地农民起义军的镇压和对南明的战争,无暇掌控归化城的召庙,史籍记载直到康熙二十四年(1685 年)才任命朋苏召(崇寿寺)的伊拉古克三呼图克图为归化城的掌印扎萨克达喇嘛。掌印扎萨克达喇嘛权限很大,不但管辖全城的召庙,而且可以直接向清朝皇帝上奏章,归化城喇嘛印务处大约即从这一年开始设置,地点即在大召东仓的东北隅。

康熙二十七年(1688 年),喀尔喀和厄鲁特之间内讧,伊拉古克三呼图克图奉康熙皇帝之命前往调解,反而叛降噶尔丹汗。康熙三十一年(1692 年),伊拉古克三派其党徒入边侦查清军的行动,被清将所擒。这时伊拉古克三的叛变才完全得到证实,于是康熙皇帝改派小召(崇福寺)的内齐托音呼图克图二世为归化城掌印扎萨克达喇嘛。喇嘛印务处内设掌印扎萨克达喇嘛(最高职位)、副扎萨克达喇嘛(副总管)、哈勒更达(相当于秘书长)各一名。下设10名速勒达(由各召庙的吃速贵中选,平时在本召,有事或开会时去印务处)。还有两名索令德木齐(管理总务,联络传人等)。

内齐托音二世掌印后,于康熙三十七年(1698年)动用自己的庙仓(即小召庙仓)财产修葺大召,并呈请康熙皇帝应允将大召殿顶换铺"二龙戏珠""猫头滴水"的黄色琉璃瓦(喇嘛教尊黄色为上),遂改为"帝庙"。据蒙文《托音二世传》记载,当时所用黄琉璃瓦每块值银3钱,竣工后共用银5000两。托音二世掌印期间,于大召内设置万岁龙牌,此后该召庙再不请活佛。设置万岁龙牌后,每年农历的正月初一,归化城将军、都统(亦说绥远城将军、归化城土默特旗副都统)等官吏,都要到大召集体拜龙牌。平时官吏路经大召时,文官要下轿,武官要下马。每逢皇帝、皇太后崩殂举行哭奠,地方官吏也得到大召来行礼。这一活动一直沿袭到民国建立。改成"帝庙"后,大召内喇嘛成分除蒙藏二民族外,还有满族喇嘛,这也是大召与其他召庙的不同之处。

清光绪四年(1878年),大召喇嘛曾在召中粉壁上添绘佛像,绘工粗劣,破坏了原有的朴素建筑风格。光绪十九年(1893年),据到过归化城的人记载,大召已经日益破败,连十几年前所绘的佛像壁画,都已剥落不全。光绪三十年(1904年),大召扎萨克喇嘛凯穆楚克募缘重修大召,这是中华人民共和国成立前大召的最后一次修缮。

在此以后,经过北洋军阀、国民党统治和沦陷时期,大召连续遭到破坏,到中华人民共和国成立前已残破不堪。

中华人民共和国成立后,于1959年由呼和浩特市人民政府拨款修整大召,召庙内安装了电灯。当时市政府做出决定,大召正殿前凡与召庙无关的设置一律迁走,另安排地方。从此大召山门以里清静了。1980年又一次修葺,对经堂门面进行了彩画。1983年5月7日开始,又由内蒙古自治区人民政府拨款先行修葺山门和九间楼,内蒙古民委派宗教三处云志清负责此项工作,并吸收有经验的大召喇嘛计计(赵耀升)参与此项工作,具体负责。1967年进驻大召的呼和浩特市友谊服装厂全部迁入新址。从1987年开始,对召内及召前广场进行了陆续的修葺、扩建,将东西仓融入召庙的红墙以内。今天的大召,这座400多年前由蒙汉人民共同修建的喇嘛庙,以其古色古香、金碧辉煌的面貌展现在国内外游客的面前。无量寺被列为国家级重点文物保护单位,亦是内蒙古自治区重点文物保护单位。

文物珍品

大召的古建筑艺术、雕塑艺术、绘画艺术等,都真实地记载了各民族劳动人民的聪明才智。银佛释迦牟尼坐像高 2.55 米,平放在膝上的一只手从中指到手腕长 60 厘米。据说,这尊佛像是由 1.5 吨纯白银铸成(一说是用白银片所包),是全国最大也是保存最为完好的一尊银佛。火焰背光为木底银花,头顶上部的伞是孔雀羽毛制成,称"孔雀伞"。银佛坐的莲花台也是由银制成,高 33 厘米,宽 2 米。银佛栩栩如生,堪称大召一绝。

在银制释迦牟尼佛祖像的右手边也就是西边供奉掌管过去世界的燃灯佛像(亦称如来),在左手边也就是东边供奉掌管未来世界的弥勒佛像,这两尊佛各高 2.5 米(如来佛、释迦佛、弥勒佛通称三世佛)。黄教格鲁派创始人宗喀巴(塔尔寺是他的出生地,也是他的道场)以及尖喇嘛(尖令宝欠)各高 2.45 米。白、绿度母(即白观音菩萨、绿观音菩萨)各高 1

银佛坐像　(见《呼和浩特市文物古迹便览》)

米。上述诸佛虽然都是泥塑,但制作工艺精细,形象逼真。达赖三世(索南嘉措)、达赖四世(云丹嘉措)和班禅四世(额尔德尼罗桑确吉坚赞)的铜铸坐像各高 1.45 米。在众佛背后的三面墙上,是描绘佛陀与外道六师辩法的 26 幅色泽艳丽、绘画技法精湛的壁画。这些壁画是用天然的矿物质为原料(亦称石色)彩绘而成,虽然已经过去了 400 多年,但画中人物清晰、色泽鲜艳。此壁画又是大召的一绝。据说,这是迄今为止在全国发现的同类壁画中保存最为完好的一幅。泥塑的佛陀八位弟子站像,各高 2.48 米,面目清晰,形态各异。西侧的四位是文殊、大势至、观世音、地藏王菩萨;东侧的四位是虚空藏、除盖障、弥勒、普贤菩萨。也有这是八大金刚的说法。两尊泥塑的站殿将军(切圪德勒、达没棱)各高 2.25 米,体态十分威武,面目有些怕人。也有这是两位护法神的说法,西边是持金刚,东边是马首明王。鎏金铜像纳玛索赖(财神),闪闪发光,只有 33 厘米高,重 42 斤。也有这是乾隆皇帝御赐的纯黄金财神之说。在银佛前两根露明柱(亦称通天柱)上盘绕着一对儿金色蟠龙,呈二龙戏珠状的雕塑,高约 10 米,相传是用纸精、黏土、料浆石为原料精制而成,工艺精湛考究。据说蟠龙并没有支撑的骨架,雕塑成形后只在外边刷了一层金粉,这是大召的第三绝。

在三块龙牌上是用满文书写的"皇帝万岁万岁"(中间绿色的一块高 1.17 米)、"上圣皇帝"(西一块高 87 厘米)、"贵皇太后之位"(东一块高 1.3 米)。

在众佛前有一张红色的圆形供桌,在它的桌腿之上雕刻着 9 个龙头。清代乾隆二十九年(1764 年),清高宗弘历庆六十大寿,无量寺(大召)的扎萨克喇嘛赴京城为乾隆皇帝和皇后咏诵吉祥如意的长寿平安经,乾隆皇帝十分高兴,御赐大召一张九龙红供桌和一尊纯黄金制作的财神。

在佛殿上方悬挂一枚圆珠形铜镜,直径 15 厘米,在它附近站立多少人都能照见,有"万人镜"之称,很是珍贵。在两边还悬挂着用紫檀木镂空雕刻的八盏宫灯,被称为"玲珑珍珠八宝灯"。这是康熙皇帝玄烨连同孔雀龙凤伞一并御赐给大召的,已有 300 多年的历史。

皇帝万岁龙牌 (见《印象青城》)

供桌上的铜制万年灯,灯捻儿用棉花、龙须草制成,此灯常年不熄。一只宽 46 厘米、长 31 厘米、高 20 厘米、重 52 斤的玲珑香炉,是金银铜铁锡五种金属铸成,造型别致,工艺精湛。在供桌上有这样一段文字,"归化城无量寺众僧人施银供献铜城壹座乾隆叁拾柒年玖月吉立经理人叭蜡增圪速贵"。可惜这件 240 多年前的铜制艺术品在"文革"时期中丢失。银制的满达供器,在金塔上镶有一颗珊瑚珠。在一对儿镀金奔把内插着孔雀翎。塔供品也很名贵,盛水之碗及灯都是铜制品,水上经常撒着藏红花,上供用的花是很珍贵的白莲花。三对儿古瓷瓶各高约 1.5 米,也已遗失。康熙皇帝留在大召的一把镶嵌金银的大刀，现存于内蒙古博物馆。

经堂内悬挂的 12 块描绘释迦牟尼生平的画像，是用石色彩绘的，画工精细，色泽经久不退。缯子上描绘诸神佛传说故事的绘画，形象奇特。最大的一块长6.1米，宽4.8米，上面绘有迈达拉佛、白度母、绿度母，还有骑象、踩象、骑骡子、踩绿马、踩恶人的护法神，穿装打扮各不相同，护法神的长牙龇露在唇外，形象古怪。

当年，由自号"塞外山樵"的画家礼赠大召当家喇嘛的补壁之作，描绘康熙皇帝私访归化城传说故事的《康熙帝私访月明楼》绢画，长1.3米，宽3.5米，画中有各种人物110个，衣冠打扮各不相同，人物表情生动。据称，当年康熙皇帝北巡塞上时，曾经驻跸归化城并微服私访。当他在月明楼小饮时，却因忘带酒资而遭地头蛇老板安山泰的百般刁难与挟众围攻。其间，店伙计刘三（传说中为赵子龙化身）秉性善良、急人之难，声称愿以自己的年薪作抵为康熙还账。这一举动当即引起康熙的极大震动……对照这一故事，便可解读《康熙帝私访月明楼》画面的全部内涵。这一十分珍贵的艺术作品，原画收藏在内蒙古博物馆，大召内展现在游客面前的这幅画系复制品。它的作者是生于清代道光二十七年（1847 年），故于1917 年，家住归化城宁武巷北头路东的画家韩葆纯先生（祖籍山西文水，后因其曾祖出任绥远将军幕僚来到塞外）。

经堂门前的那对儿铁狮子（亦称铁吼或朝天吼）各高 83厘米，形象与众不同，卧在那里翘望。铁狮子下面的白石座，各高 1.55 米，上有"仙人对弈"等石雕图案，形象生动，刻功娴熟。铁狮子是明代天启三年（1623 年）九月由大同北草场金火匠人陈二铸成。那对儿竹笋形铁香炉已有 133 年的历

铁狮子　（见《呼和浩特市文物古迹便览》）

史，上面分别铸有"万寿无疆""法轮常转"等字样，是当时的佐领乌珠克达赖、前锋校达杭阿于清代光绪七年四月供献给大召的。六角形铁鼎（香炉）高 2.35 米，相传是明代末年铸成。

大召所存108 部《甘珠尔经（藏文版）》《大般若经》《三般若经》《咒语集丛》

等单行本和用蒙古文翻译的经卷都很珍贵。跳恰木（亦称跳步扎）所用的番像、各种法器等，大召内保存得比较齐全。值得一提的是原来悬挂在大召山门檐下，今天悬挂在东仓山门（和天王殿连为一体）檐下的那块上书"九边第一泉"和"古无量寺"字样的匾额，它不仅可以体现大召古庙与召前玉（御）泉井两座名胜古迹之关系，而且还是一件宝贵的书法作品。这是清代光绪二十九年（1903年）六月，432家商户集资修葺玉泉井时，归化城三大商号之一的大盛魁账房先生、山西榆次人王用祯用棉花绑在木棍儿上蘸墨而书（称棉书）。原匾额在"文革"中被大召西夹道一木匠盗走做了风箱（匣）。今天悬挂在东仓山门檐下的是件复制品。在菩提过殿檐下还曾悬挂一块小形匾额，是用汉蒙藏三种文字竖着写的"无量寺"字样，笔法娴熟，刻功精湛。

在西仓天王殿（和山门连为一体）前有8座汉白玉制成的吉祥塔，各高5.2米，它代表释迦牟尼佛祖从出生到涅槃的八个阶段，从西向东分别为聚莲塔、菩提塔、吉祥塔、神变塔、天降塔、和解塔、尊胜塔、涅槃塔，在佛教中称其为吉祥八塔。天王殿内泥塑的四大天王坐像各高1.8米。在乃春庙佛殿中还有两尊释迦牟尼弟子的塑像，各高1.1米；骑羊护法高1.3米，白马财神高1.3米。经堂内还保存着明代万历十四年（1586年）绘制的壁画，距今（2014年）已有428年的历史。

藏经阁楼下供奉释迦牟尼佛祖塑像及8座铜质的吉祥八宝塔；楼上供奉宗喀巴大师塑像和十六罗汉塑像（亦称尊者）。

在大白伞盖佛母殿檐下悬挂一块铜制的匾额。在殿内，供奉一尊铜质的大白伞盖佛母像，高6米，大白伞盖佛母是由佛祖的顶髻所幻化出的显像。还供奉一尊光明佛母塑像（亦称玛日寨），高1.7米。

在东仓的天王殿内泥塑的四大天王坐像各高1.8米。菩萨殿内的正中间供奉一尊纯木雕刻的千手千眼观世音菩萨像，身高9.9米。还有身高各为2米的观世音菩萨显像22尊，亦称绿度母及二十一度母。在两侧佛龛中供奉着身高各为1.5米的由观世音菩萨的红尘泪所幻化出的21尊女身像，即二十一度母。在楼上有大威德金刚塑像，高1.4米；玛哈嘎拉塑像，高1.4米；千手千眼观音塑像，高1.4米；阎王塑像，高1.4米。在殿内有描绘佛教传说故事的彩色壁画。在殿外的墙壁上有浮雕。

玉佛殿内有筒幡4只，供奉一尊身高为4.4米，重量为22吨的释迦牟尼佛祖像，用缅甸白玉雕刻而成。最为光彩夺目的则是佛祖身上边的袈裟与佩饰，是用

41000 颗红宝石和 7000 颗钻石镶嵌而成。佛殿两侧的佛龛以及阁楼上供奉的佛像,也都是用缅甸出产的白玉雕刻而成,故称其为玉佛殿。殿内有描绘佛教传说故事的彩色壁画,殿外的墙壁上有浮雕。

在玉佛殿内东西两侧的台子上各有一座坛城,坛城又名曼荼罗(安置众佛的祭坛,亦称作立体曼荼罗),是佛和菩萨修行居住的场所。坛城由五部分组成,外围是八大寒林,依次是般若火圈、金刚圈、莲瓣圈,中央四方形的宫殿,就是主尊居住的地方。

东侧为文殊菩萨化身的大威德金刚坛城,直径为 3 米,主尊大威德金刚为双身佛,高 1.4 米。西侧为释迦牟尼佛祖讲说时轮大法时显现出的坛城,直径为 3 米,主尊密集金刚,高 1.4 米。在两座坛城上均镶嵌珍贵的宝石。

在弥勒佛殿檐下悬挂铜制匾额 1 块。在殿内供奉的弥勒佛祖坐像,高 6 米。按藏传佛教的说法弥勒佛是三世佛中的未来佛,佛祖呈坐姿,象征弥勒佛将站立起来接管下一个佛国净土(亦称佛祖说法)。殿内还供奉五尊财神塑像(亦称五姓财神),各高 1.2 米;作明佛母塑像高 1.2 米。在佛殿两侧是辅助弥勒佛执掌弥勒净土的 34 位护世法王的浮雕像,是纯手工制成。据说在全国是独一无二的。

还需要提及的是,由于年代久远(从 1983 年我们首次撰文较系统地介绍大召至今已过去了 37 个年头),大召中间部分(亦称中院)的主体建筑以及各佛殿所供奉的神佛塑像已出现破损,故而陆续按照原来的模样进行了修葺和重新塑造。现只将各佛殿重新塑造的神佛像,展现给读者。

普明佛殿内供奉无量佛、四臂观音、文殊菩萨,各高 1.5 米;马头金刚、金刚手,各高 1.7 米。长寿佛殿供奉长寿佛、白度母(白观

大召广场的阿拉坦汗铜像　(见《印象青城》)

音)、绿度母(绿观音)、尊胜佛母、二臂白伞盖,各高 1.5 米。密宗护法殿供奉大威德金刚,高 2 米;六臂玛哈嘎拉、财宝天王、四臂玛哈嘎拉、红面佛母、狮面佛母、吉祥天母、白玛哈嘎拉、阎魔王,各高一米五。药师佛殿供奉药师佛(亦称药王)八尊,各高 1.5 米。密集佛殿供奉密集佛、金刚萨埵、宗喀巴,各高 1.5 米;甲曹杰、克珠杰各高 1.2 米。胜乐佛殿供奉胜乐佛,高 1.7 米;强巴佛、莲花生、大白伞盖、无量光佛,各高 1.5 米;在千佛龛内供奉 21 厘米高的宗喀巴大师塑像 990 尊,53 厘米高的宗喀巴大师塑像 13 尊。

在召内陆续增添了一些法器,大号一对儿,如意宝一件,十相自在图 6 幅,三叉戟 1 套,铜镜 47 个,1.8 米高的铜制筒幡 8 个,1.8 米高和 1.4 米高的法轮两兽各 1 个,不同规格的唐卡(缂子)共 41 幅,铜制转经桶(亦称玛尼桶)108 个。此外,还有大号铜水缸 3 只,铜制的牛、狮子、大象各 1 只。

在召内游客还能看到大召前街名迹玉泉井的古老青石井口 6 个,应该是 8 个,在 2007 年重修玉泉井时,大召喇嘛只收回 6 个,那两个已不知去向。

在大召外的召前广场新建了两座过街牌楼,占地面积各为 2427 平方米。

喇嘛的职位、生活

清朝统治者极力喇嘛教,以麻痹人民的思想。他们用提高喇嘛的社会地位和规定喇嘛不服兵役、不纳赋税、不服劳役等办法,对蒙古族人民进行诱惑欺骗,以致使当时饱受封建剥削的蒙古族人民子弟大量进入召庙,使蒙古族人民的丁口锐减,劳动力因此减少,社会生产力的发展受到了很大的阻碍。当时曾有人用"数上的喇嘛三千六,数不上的无其数"来形容呼和浩特喇嘛人数的众多。

清朝年间,大召定额喇嘛 80 名,他们可以根据级别高低向清政府领取钱粮。没有度牒或未登记加入理藩院院册的喇嘛不包括在内。大召庙仓十分充盈,据大召原藏《庙档》的记载,呼和浩特各级官兵和土默特一般信徒,每年都不断地对大召有所布施,甚至有布施畜群和土地的。

由于无量寺内既设置扎萨克喇嘛又设置达喇嘛,所以被列为呼和浩特七大召庙之一。

大召内的喇嘛职位是这样安排的:设置扎萨克喇嘛 1 名(召内最高职位),达喇嘛 2 名(负责常务,对召内重要事务有决定权),锡莲喇嘛、切勒极喇嘛各 2 名

(有职无权,系养老职位),达德木齐1名(公中仓,亦称大仓的总负责),索令圪速贵6名(公中仓值月当家,两人一组轮换),索令德木齐亦称泥尔把6名(分管公中仓总务、联络等),萨克沁圪速贵1名(经堂内总负责),拉僧圪速贵1名(经堂内负责、副职),切必力2名(负责经堂事务),忽日勒德木齐2名(经堂传达),萨克沁文札1名(俗称经头,第一领诵经喇嘛),拉僧文札1名(副经头),古禄布独嘎勒1名(三经头),都禄布独嘎勒1名(四经头),格来布两名(预备经头),格念日6名(住寺僧,亦称老道,是专门负责供佛的喇嘛,也是搞佛事活动用品的保管,轮流值月),切一圪两名(专门捏供品),其他是小喇嘛(亦称沙比那尔)。扎萨克喇嘛和达喇嘛的职务,均由喇嘛印务处委任。从召内6名索令圪速贵中选1名担任喇嘛印务处的速勒达职务。其他喇嘛职务均由大召扎萨克喇嘛和达喇嘛委任。

清朝年间,大召前是呼和浩特最繁华热闹的地方,仿佛小说里描绘的宋朝东京汴梁城大相国寺那种情况。从大召山门到玉(御)泉井这一片土广场上,布满了各式各样的小商摊贩,出售的东西从稀奇古玩到粗笨的日用杂物,样样俱全。小手工艺制造和小杂耍摊,也是应有尽有。游人中有衣冠楚楚的有闲阶级,也有衣衫破旧的穷苦人民。每至夕阳西下时,大召管事的达德木齐就派几名小喇嘛,抬一柳条箩筐,到广场征收当天的地盘钱。每到一摊儿小喇嘛先说:"掌柜的今天买卖好!"摊贩就回答说:"托福,当家的辛苦啦!"随手把预备好的铜钱丢进箩筐里。他们彼此都不说钱是多少,只要出一份儿就算完事。常年如此,很少发生争吵。这种地盘钱也是大召香灯养缮费的一笔收入。

辛亥革命后,情况逐渐起了变化,由于北洋军阀和国民党的长期统治,迫使喇嘛把天王殿前后的两处庭院也都开放,作为摊贩场所。这不仅破坏了召庙与市场的分界,而且因为地盘钱的争吵也一天比一天多了。日伪时期,更把这里变成所谓的俱乐部,搞押宝之类的赌博活动,把一处佛门净地弄得乱七八糟。

喇嘛们平时并不在召庙中食宿,而是分散在东仓和西仓的宿舍内。1933年前后,东仓的北一片儿(称作后仓)住着当家喇嘛富祥;南一片儿(称作南柜上)住着当家喇嘛叫六喇嘛;西仓乃春庙一片儿住着当家喇嘛纳木凯。这三个大家子小喇嘛不少。另外还有些人数不多的家子,有的只有师(老喇嘛)徒(小喇嘛)两人,也是一家。有的则是从大家子当中分出来的,他们是根泉、三喜、存子、状状、寿寿、图孟巴雅尔、丹什棱、八勒登、金巴、存金等。当时大召的喇嘛总数不到70名。小喇嘛跟随当家喇嘛,学习经文和法器的吹奏技艺,吃穿均由当家的负担。小喇嘛吃的是"三条腿"的饭,即炒米、莜面、荞面。由于师傅也是一个人,所以小喇嘛还得学会缝补和洗涮衣服。过春节时,从正月初一到初五,小喇嘛坐 5 天正席,由老喇嘛作陪,虽然是好吃好喝,但是很拘束,席间由老喇嘛传授人恭理法。学习经文和法器必须早起晚睡,不分冬夏常年如此。经过 15 个春秋的刻苦学习,才能学好本召的经文、法器。也有的到外地召庙深造过,如张银奎、云存宝、状状、三满、图孟巴雅尔等曾到五当召学习,图孟巴雅尔、三满等还到过青海学习。

每到大召搞佛事活动时,全召喇嘛便集中就餐,还可以按照职位高低领到份子(钱或食物),如小喇嘛每人得到 1 份,切一圪、忽日勒德木齐、切必力、都禄布独嘎勒、古禄布独嘎勒每人得 3 份,拉僧圪速贵、拉僧文札每人得 4 份,萨克沁圪速贵、萨克沁文札、达德木齐每人得 5 份,达喇嘛、锡莲喇嘛、切勒极每人得 6 份,扎萨克喇嘛得 7 份,改成"帝庙"前请的呼图克图(活佛)所得是 21 份。

召庙的收入和支出都由值月当家喇嘛管理(有账簿),每到月底公布(大月三十,小月二十九,按农历计算),以防止营私舞弊。支出的项目一般是修缮召庙、诵经、喇嘛生活,也有用于公共事业的花销。如清代咸丰四年(1854 年)重修玉泉井碑记里的募化人中,就有大召袈裟喇嘛(扎萨克喇嘛)依力图、副大喇嘛 68 人,总管人是大喇嘛达旺宿恒、圪速贵章格、泥尔把七老气。在这次重修玉泉井的工程中,大召除派出主事喇嘛和有关商号的人员一道经理此事外,也有捐款。

佛事活动

大召的佛事活动可分为跳恰木、诵经、灯山会几种。跳恰木是喇嘛庙内的一项主要佛事活动,分伊克(大)恰木、叭圪(小)恰木两种。跳大恰木时,喇嘛们要扮成二十八宿、十二地支等番像。跳小恰木时有以下形象:鄂不更(寿星老)、哈盛哈(紫微星)各 1 个,伊勒便克(蝴蝶)16 只,均伴以笙管铙鼓大号等法器。跳恰木的节拍都是采用藏文数字,即计圪(一)、泥(二)、素木(三)、希(四)、鄂阿(五)、陆圪(六)、冬(七)、甲德(八)、故(九)。

清朝年间,呼和浩特各召庙的喇嘛,在每年春节除夕夜,都要穿起跳恰木的服装,扮成各种番像,推拉着象车(象长 3.15 米,高 2.1 米)、狮子车(狮子长 3.3 米,高 1.65 米)、牛车(牛长 2.9 米,高 2 米)和大轿车内的迈达拉佛(除轿车外其他均完好地保存在大召内),伴以法器吹吹打打,全体出动。列队从南茶坊,绕西北东郊,到慈灯寺(即五塔寺召)前的广场集合,做一次大规模的禳灾、祈福、诵经的跳恰木活动。初更(晚八点多),喇嘛们从各召庙出发,三更(凌晨一点左右)齐集广场,活动到天明前解散,各回本召庙再跳一次。这一活动的领队便来自无量寺。这种法会一直到辛亥革命后才停止。

喇嘛跳恰木时所扮番像   (见《青城老照片》)

每年农历正月十五日和六月十五日,大召要举行祈福仪式,届时把一幅绘有未来佛——弥勒佛(三世佛之一)的巨幅唐卡(缯子),请出来悬挂在天王殿后(菩提过殿前)的两根木制旗杆中间,进行晾晒。届时大召的香客和游客可以瞻仰佛容。

诵经活动每年共13次,每次少则1天,多则8天。另有每天早晨和每月初二上午的诵经。诵经时,有时伴以法器,有时则不配乐。喇嘛有时几乎全体出动,有时则只有萨克沁文札(经头)一人。诵经地点,有时在经堂内,有时在公中仓,有时在过殿、九间楼。有时一直坐着诵经,有时还要转召。所用法器(乐器)是大小鼓、大小号、铙、大小钹、锣、海螺、笙、管、唢呐、摇铃、碰铃、叮叮当、钵鱼儿等16种。

诵经的具体时间是:

正月初八至十五。其中初八、初九每天3次,诵雅孟达圪旺和雅孟达圪,早晨诵翠(洗脸经)。初十至十三每天1次,诵拉孟切德叭。十一这一天还要安排十几名喇嘛到菩提过殿诵达圪什德,后送叭令,即把用面捏成的叭令送出召庙外焚烧,表示毁掉过去不吉祥的事情。十五这天3次诵一日勒,中午全体喇嘛抬着迈达拉佛像边诵翠(洗脸经)边绕大召一周,晚上8点至10点在山门外"九边第一泉"匾额下(今天此匾额已悬挂在东仓的山门檐下),点燃一千多盏黄油灯,由喇嘛们奏起笙、管等法器,称作灯山会(不诵经)。

三月初六至初八,每天5次诵努乃(把斋经),不用法器配乐。从第二天开始封斋,第三天夜间两点左右开斋。

四月初八至十一,每天3次诵阿德齐。

六月初四一天在九间楼东里间,诵纳玛索赖(财神经)3次。初八至十五,其中初八至十三,每天诵甘珠尔经3次,不用法器配乐。十四这天诵当圪什德4次,后送叭令。十五这天诵一日勒3次。

八月十四中午至十七中午,每天诵玛尼(吃素经)3次,晚上8点至10点转大召3周。到十七日中午结束时,全体喇嘛吃大锅羊肉面。当年在大召东仓的公中仓后面有座一5间大的东亭子,里面安有2口出号的大铜锅(六尺高的人站在里面只露个头顶,可见此锅之大),羊肉面就是在这口铜锅内煮的。

九月十二至十五,每天诵甘珠尔经3次,不用法器配乐。

十月二十三至二十五,其中二十三这天诵当圪什德4次,二十四这天诵雅孟达圪旺3次,二十五这天系喇嘛教(格鲁派)创始人宗喀巴大师诞辰,白天诵雅孟达圪旺4次,晚饭后休息2小时,便开始诵兑布正,接着诵其他经,直到天明(大召内的经文都要咏诵),中间还要转大召3周。这时,除山门外的灯山会外,每个殿顶的瓦垄内也要点燃黄油灯一盏。

腊月二十五至年三十(小尽为二十九),部分喇嘛还要到大召属庙绥远城(新城)的山神庙(原址即中华人民共和国成立后的内蒙古党委院内),每天诵当圪什德4次,后送叭令。

另外,霍字儿沟和什报气村的召庙也是无量寺的属庙,属庙内有无量寺的常驻喇嘛。

喇嘛们在腊月二十九白天,在本召诵当圪什德4次,后送叭令,晚上(如遇大尽便移在年三十)诵雅孟达圪旺和哈孟4次。

早年商业活动,多数依靠银行做期口标期常骡贷款为重心,全年有四标八常骡(一年有春夏秋冬 4 个标期,8 个常骡,也称月月常骡四季标)。每到一个标期,大召内的喇嘛便要诵经,这样每年又增加了 4 天,每天在东仓的公中仓内诵纳玛索赖(财神经)3 次,意即买卖字号发大财,多向召中布施,也求得庙仓充盈。每月初二的上午由十几名喇嘛在西仓的乃春庙内诵一次功鄂阿、达木伽。每天早晨在银佛殿内诵拉孟切德叭,在菩提过殿内诵雅孟达圪、千勒伽、伽木什棱,在乃春庙内诵桑勒抗、功鄂阿、达木伽,都是萨克沁文扎(经头)一人去咏诵。

在经堂内诵经时,每次诵经前一天傍晚在经堂楼上吹大号约半小时,以示通知。诵经的这一天(以诵 4 次为例)每一次经前不敲锣而是吹大号和海螺,其他三次经前都是敲大锣。这一事项是由切必力安排忽日勒德木齐去做。喇嘛们进入经堂内诵经并不能随便就座,而是按职位等级依次而坐。最北面既有靠背又有扶手的座位在改成"帝庙"前是呼图克图(活佛)的位置,以后便成了空位,意即康熙皇帝玄烨或以后的清朝皇帝的龙位。下首仅有靠背的座位,西边(黄教规定西为上)坐本召扎萨克喇嘛,东边坐达喇嘛。往下边铺的是绺子,最多时达到八绺(绺子是地毯作坊出产的手工编织的长条形地毯),中间这两绺从北往南,西边一绺依次坐锡莲喇嘛、萨克沁文扎、古禄布独嘎勒、格来布、达德木齐,东边一绺坐切勒极、拉僧文扎、都禄布独嘎勒、格来布、索令圪速贵。往下便是小喇嘛的座位。经堂内的最高负责喇嘛萨克沁圪速贵的座位设在经堂紧靠南墙挨门的西边,他持有值法的甲乙圪(内装全召喇嘛的花名册)和模德(硬木棍儿,两边镶有铜套,上有龙形图案)各 1 只。来到经堂的扎萨克喇嘛乃至改成"帝庙"前请的呼图克图(活佛),也得听从萨克沁圪速贵的指挥。

1983 年时,仍然健在的老喇嘛于四子(索力赤木扎木苏,满族)吹笙的技艺高超,中华人民共和国成立后一些专业和业余剧团的司笙人员常登门求教,还向他学习修笙的技术。云招才(蒙古族)的管子,计计(赵耀升,蒙古族)的唢呐,云存保(满族)、云跃飞(来喜子,蒙古族)的大号,吹奏技艺都很不错。不幸的是,上述几位均已作古,庆幸的是,他们后继有人。

今天,大召的喇嘛乌力吉的笙和唢呐,孟克、霍克吉图的笙,道布登的管子和唢呐,和木、苏和的大号的吹奏技艺,均受到健在的老喇嘛的肯定和其他师兄弟的好评。

(本文发表时署名梁天喜〈作者笔名〉、九九〈即赵九九,现任呼和浩特大召住持、呼和浩特市政协副主席、中国佛教协会副会长〉,初载于《呼和浩特史料》第二辑第385—398页,中共呼和浩特市委党史资料征集办公室、呼和浩特市地方志编修办公室编,1983年6月版;转载于《内蒙古文史资料》第45辑"内蒙古喇嘛教纪例"第30—43页,内蒙古政协文史和学习委员会编,1997年版。《呼和浩特文史资料》第15辑"土默特春秋"第29—44页,呼和浩特市政协文史和学习委员会、内蒙古土默特文化研究会编,2004年版。《玉泉文史》第1辑第183—197页,呼和浩特市玉泉区政协《玉泉文史》编辑委员会编,2006年版。收录本书时对内容进行了修改。)

席力图召及其十一世呼图克图

　　席力图召坐落在呼和浩特市玉泉区石头巷北端,它与无量寺(大召)隔街相望。在席力图召外有一座碧瓦朱楹、巍然与天王殿对峙的跨街牌楼。这是一座木质结构、白石包裹柱底、4柱3间7楼式的庑殿顶牌楼。它飞檐双重彩绘斗拱,上3楼下4楼,间架有致,搭配匀称,实乃昔日匠人智慧和汗水的结晶。今天的席力图召被列为国家级重点文物保护单位、内蒙古自治区重点文物保护单位。

作者在席力图召山门前留影　王东亮摄

　　在席力图召山门(和天王殿合二为一)的上方悬挂一块横匾,上书"灵光四澈"四个大字,上端有字体稍小的"延寿寺"字样,都是按照古老的规矩右起左行。这一匾额是清代道光十六年(1836年)岁次丙申八月谷旦(吉祥的日子),由席力图召前各行业公敬。在山门的两旁有拱形便门,门额上刻有梵文。这座召庙,占地面积约13000平方米,建筑面积约5000平方米。

关于召庙的名称,汉语音译写作舍力图召、西呼图召、锡拉图召、舍勒图召、锡莲图召等。这座召庙是历代席力图呼图克图(即活佛,亦称葛根)驻锡的寺院,故名。

进入山门后是一广场形大院,亦称前院(南院)。在它的东南隅和西南隅,是高度约9米的钟楼和鼓楼各1座。钟楼内悬挂的是口铁钟,高约1.8米,直径约1.4米,底边厚度6厘米;在提梁的下端,有排列有序的8只圆孔,钟的底部有岔出的八角儿,钟身上除铸有龙舞火球的图案外,还有藏文、蒙古文和汉字铭文,汉字铭文是"大清道光二年五月—金火匠圪令—子—朝圪图"。从这口距今192年前铸造的铁钟上可以看出,当年的铸造工匠不仅有汉族师傅,而且有了蒙古族师傅,还是父子俩。

在前院的北端是菩提过殿,殿前竖立着3丈多高的由白石作为底座的旗杆一对儿。两侧是东西厢房,在房檐下各竖露明红柱17根,都是卷棚顶。在菩提过殿的东西,各有一座垂花门,穿门而入是又一座广场形大院,亦称经堂大院。每年春节过后的有关佛事活动,如喇嘛们头戴面具,身穿各色服装,扮成二十八宿、十二地支等,伴随着鼓镲声和高亢的号角声的跳恰木活动,都是在这里举行。

在经堂大院的南端竖有对称的御碑亭两座,亭子的高度约4.5米,是六角儿攒尖顶,由6根朱漆露明柱支撑。碑额的雕刻为双龙图案,周围是海水龙花纹,西边一通碑上刻有蒙古文和藏文,东边一通碑是汉、满两种文字,字迹均刻在碑的南面。石碑的宽度为1米,高4.3米,碑厚25厘米;偌重的一块大石,由一块身长1.5米,形状似龟的石碑底座承托,人们管它叫"龟趺",是传说中的一种灵兽,亦称"赑屃"。凿刻的双龙碑额、碑文、花纹和龟趺,刻工精细,纹路流畅。

这两通石碑所刻,是康熙帝清圣祖玄烨为战胜噶尔丹而撰写的记功碑文。于康熙四十二年(1703年)决定在归化城的小召(巴甲召、崇福寺)和席力图召内用满文、汉文、蒙古文、藏文四种文字立碑纪功,以及奖崇黄教、表扬二召庙对清廷的功绩。每召内立两通。现将该碑文照录如下:

朕惟归化城为古丰州地,山环水互,夙称胜境。城南旧有佛刹,喇嘛席勒图茸而新之,奏请寺额,因赐名"延寿寺"。丙子冬,朕以征厄鲁特师次归化城,曾临幸兹寺,见其殿宇宏丽,法像庄严,悬设宝幡,并以经典念珠赐喇嘛席勒图,令焚修勿懈。夫朕亲有事于塞外,非无故也。往者,厄鲁特与喀尔喀交恶相攻,朕悯念生民涂炭,遣使谕解,而噶尔丹追击喀尔喀,竟入掠我乌珠穆沁。命和硕裕亲王声讨,大败贼于乌兰布通,时噶尔丹盟誓佛前,永不入犯,乃班师而返。后噶尔丹蔑弃盟言,复掠纳木查尔拖音于克鲁伦之地。丙子春,朕亲统大军,由中路进剿,至克鲁伦河,贼望见军容,霄遁,适朕所期,会西路官兵遇于昭木多,大败之,俘斩无算。丹木巴哈什哈等率众归,噶尔丹跳身走。是冬,朕复驻师鄂尔多斯,剿抚并用,厄鲁特人众络绎归命,而噶尔丹仍未响顺。丁丑,率师驻狼居胥山麓,官兵分道并进,噶尔丹计穷自毙,子女就获,余军悉平,方今中外恬熙,边境生灵,咸得宴然安堵。喇嘛席勒图请建碑垂示永久,因书此勒石,俾后之览者,知朕不惮寒暑,三临绝塞,为民除残之意。时康熙四十二年岁次癸未。

御碑亭北端,有一铁铸三腿鼎,亦称香炉、熏炉。鼎呈六角形,高1.8米,分上下两层,各有6个火焰门,是由高80厘米的石刻圆形底座承托,铁鼎之上铸有龙、珠、火焰等图案。铁鼎之上,除铸有蒙古铭文外,还有这样的汉文铸字:"道光十五年六月吉日立,本寺圪速贵尔力格图叩敬。金火匠人朝圪图—子—库联齐等成造。"它的铸造者,又是蒙古族师傅朝圪图和他的儿子库联齐等。

经堂大院的两边为东西配殿。东侧有跨院两处,一处称乃春庙已改作他用。一处称塔院,院内有一座造型奇特的佛塔,称作覆钵式喇嘛塔(亦说此塔呈西藏式或系汉藏式建筑),塔身全部采用汉白玉雕砌。这是一座为乞求本召庙活佛长寿,供奉长寿佛的白石塔(故有"白塔"和"长寿佛塔"的称呼),为清代咸丰年间,席力图呼图克图九世掌印时所建造,距今150余年。

这座白塔高15米,占地面积112平方米。由10.07米见方,1.6米的方形高石台底座承托。石台由条石组成,塔基为须弥座式。在塔座上端的四周,竖有白石栏杆儿,上雕8只石狮子和18个仙桃,还有孔雀、龙等。在白石座的南端,有东西走向的阶梯各10级,供人们上下。在阶梯座的中间,刻有菩提树、海水等图案。

石制底座的两层台阶之上,有刻工精湛的四根蟠龙石柱,排列在塔座的四角儿。与蟠龙石柱共负重任,支撑白石塔的,还有 8 只作举重之状的石狮子,分别凿刻在塔座的四面。在它们上方的莲花台上,是台阶形的 4 层方形台座,白石塔身就是由这 4 层方台承托的。塔身形如覆钵,在塔身南面有一座拱形佛龛,供奉长寿佛 1 尊。塔身外刻有七珍、八宝、珊瑚树、古钱等图案。在塔身上端,为塔刹(顶)部分。塔刹是由刹座、刹身、刹顶组成。刹座为方形,刹身呈锥形,由十三层相轮组成,就是梵文浮雕的带状 13 圈儿,象征十三层天,立于方形的刹座之上。在十三层天之上又覆以伞盖,四周悬挂 12 只镀金风铃,小巧玲珑,遇微风而鸣。

长寿白石塔

(见《呼和浩特市文物古迹便览》)

在伞盖之上冠以日、月二轮,组成塔顶。伞盖、日、月皆为铜制鎏金体。在伞盖下还有两只左右对称的铜制鎏金流云状花纹的双塔耳。其造型的独特、精美程度都是极为罕见的。整个石塔洁白挺秀,形制精美,上雕众多图案、花纹及梵文经咒,均用彩色勾勒,使白石塔更加庄严宏丽。席力图召的白塔是内蒙古地区覆钵式喇嘛塔中最大也是最精美的一座,堪称喇嘛塔中的第一巨制,在全国也是罕见的艺术杰作。

还想赘述的是,将佛塔的覆钵式当成代表天的"天圆",又将方形的台基看成是代表地的"地方"。天圆、地方构成了佛教所讲的宇宙世界。

在经堂大院的西侧,有自成一体的古佛殿一处,还有佛爷府等院落。跨过经堂的后院,原有九间楼一座,不幸于民国年间因失火而焚毁。在席力图召的众多建筑中,大经堂是召庙内占地面积最大,外观造型最美的建筑。

在大院的正北,映入人们眼帘的便是九九八十一间(面阔进深各九间)的瑰丽大经堂。它建在一座基高 1.6 米,纵宽 30 多米的高台之上。在台基前面(经堂南)设有台阶 10 级。

大经堂　（见《呼和浩特市文物古迹便览》）

经堂的墙体是典型的藏式围墙。墙上开有藏式盲窗,并配有藏草、铜镜等装饰物。正面墙壁全部用彩色琉璃砖包镶,黄、绿、蓝等各色相间,组成绚丽多彩的精美图案。

经堂的殿顶,由前后两部分组成。前面为藏式平顶建筑,后面为汉式歇山顶建筑。平顶和歇山顶的巧妙结合,构成了一种藏、汉合璧、造型独特的建筑艺术。这种建筑形式,是我国古代蒙藏地区典型的藏汉式建筑中最成功的范例之一,在《中国古建筑》一书的实例中,就有席力图召的大经堂,在世界建筑史上也曾被论及。

在前面的平顶中央,置有一个直径三米的鎏金法轮。按佛教说法,法轮既代表佛身,也象征"世道轮回""法轮常转"的深刻含意。在法轮的两旁有仰面听经的祥鹿以及用于镇魔驱鬼的法幢、法器等。在后面高耸的殿脊之上,中央置有鎏金宝刹,旁脊配有腾飞的金龙和各种脊兽等。整个殿顶由绿色为主配以黄色点缀的琉璃瓦覆盖。经堂正面分为两层,下有抱厦7间,上有阁楼5间。整个表面,雕梁画栋,集雕刻、绘画于一体。

大经堂有左中右3个门,这是席力图召与其他召庙的又一不同之处。在门的上方悬挂一块横匾,上书"阴山古刹"4个大字,亦是右起左行。这一匾额,是清代雍正二年(1724年)由归化城三大旅蒙商号之一的大盛魁敬献给席力图召的。该匾额上的"阴山古刹"和无量寺（大召）现悬挂于东仓山门（和天王殿合二为一）檐下的"九边第一泉"匾额，都是大盛魁账房先生、山西榆次人王用祯的笔迹。"阴山古刹"四个字笔力雄浑，也是一件宝贵的书法艺术品。

在经堂中门外的两侧，各卧3只玲珑剔透的石狮子。左边1只口含石丸，上下左右可以任意转动，就是掉不到外边，1只脚还踩着绣球；右边1只的前左脚，轻踩1只小狮子，背上还爬着两只幼狮；两旁的4只狮子，分别卧在4只石鼓之上。这些石雕艺术品，刻工精细，个个栩栩如生。

进入经堂使人感到宽阔高深，气氛庄严。经堂内竖有64根藏式风格的露明柱，都是方形的，这又是与其他召庙的不同之处。八根通天柱每根高约12米，其中4根为龙抱柱，就是将地毯作坊生产的彩色龙形图案的地毯包裹在方柱之上。顶棚、栏板及横梁处布满了各种彩绘图案。四壁挂有精心绘制的佛教传说故事数百幅，全部是用石色（天然矿物色）彩绘，内容丰富，色泽艳丽，经久不退。

我于26年前采访席力图召大喇嘛旺齐克（2014年9月因病去世，终年95岁）时，他告诉我，经堂内供奉的高约2米的释迦牟尼佛祖坐像，系明代的格鲁派式塑像，是从中国佛教协会迎回召中的。

1987年春，班禅大师的代表来呼和浩特，曾到席力图召拜佛，并向该召庙赠送十世班禅额尔德尼的6寸彩色照片留作纪念。

在释迦牟尼塑像的两旁，供奉的是十方佛，白、绿度母、菩萨等。供桌上的那一黄铜铸鼎，口径为33厘米，有云头双耳和万字边儿，三条腿上均有狮子头铸像，是明代宣德年间铸造。

席力图召还保存着相传是用康熙皇帝的方形御玺，在有万字图案的黄色丝织品——缎子上面像盖图章一样，印出"福寿康宁"四个大字的缎子，在这块缎子的四边，是豆青色的镶边儿，它被装裱在方形的木架之上。还保存有慈禧皇太后亲笔书写的两个"福"字以及道光皇帝清宣宗旻宁赐给席力图召的龙袍和朝珠。

召庙内还有据说是用真金水书写的《甲登哇》《松兑》等经卷单行本，由铜版印刷的108部藏文《甘珠尔》《丹珠尔》等经卷。在悬挂着的一幅长约12米，宽约6米的唐嘎（亦称唐卡或缯子）上，是用五色金丝线刺绣的买达尔佛（即三世佛中的弥勒佛，亦称麦达里佛），佛像慈眉善目，制作工艺精湛。

关于326年前归化城的召庙以及席力图召的一些情况，在《出塞纪略》中有这样的记载，康熙二十七年，著者钱良择随张鹏翮出使俄罗斯，路经归化城时，目睹：

"(五月)十八日己丑,晴、凉。十五里至归化城,为蒙古要地,设官镇守,其广如中华之中县……俗最尊信喇嘛,庙宇林立,巍焕类西域之天主堂。书番经于白布,以长竿悬之,风中飘扬若旗帜。中一庙尤壮丽,金碧夺目,广厦也七楹,施丹腹正中,直上如斗,顶及四壁皆画山、水、人物、鸟、兽、云霞、神佛。宫殿亦类西洋画。一僧南面而坐,披黄衣,袒右肩,所谓'库土克兔'犹华言'活佛'也……谒者无贵贱皆免冠三叩首长跪,僧手抚其顶,即此为礼,信奉若神……"

钱良择这段记载,可以使我们详细地了解清代康熙初年归化城的召庙情况,据考证他所记的上述这座召庙,即是今天的席力图召。

前面我们已经谈到,这座喇嘛庙是历代席力图呼图克图驻锡的寺院故名。到现在召中的活佛已传承到第十一世。这是席力图召和无量寺(大召)的又一不同之处。

明代隆庆、万历年间,席力图呼图克图一世希体图葛布鸠由于熟悉经典并通晓蒙古文、汉文、藏文三种文字,受到顺义王俺答汗(阿勒坦汗)的推崇,因而召中香火日盛,这时召中的主体建筑大约仅有今天该召的古佛殿。

万历十四年(1586年),希体图葛布鸠将《般若经》译成蒙古文,又受到来漠南推广黄教的达赖三世(索南嘉措)的重视。达赖三世特赠希体图葛布鸠法号为"班迪达固希巧尔气",这就进一步提高了他在蒙古地区的声望。

达赖三世于明神宗万历十六年(1588年),在漠南圆寂,随达赖三世到归化城的黄教喇嘛,为了凭借蒙古封建主的势力推广黄教,便寻认俺答汗之孙松木儿台吉的儿子为达赖三世的"呼毕勒罕"(转世灵童),这便是达赖四世云丹嘉措。有一种说法,今天的台阁牧火车站偏东有一座塔,即达赖四世的出生处。达赖四世幼年随希体图葛布鸠学习经典,举行坐床典礼时曾由希体图葛布鸠抱持坐床。由于希体图葛布鸠曾坐过达赖喇嘛的法座(蒙古语称"法座"或"首席"为"席力图"),因此,便被称为席力图呼图克图,他的召庙也被称为席力图召了。

时代万历三十年(1602年),希体图葛布鸠护送达赖四世到西藏,回归化城后扩建席力图召,遂首次改为汉藏混合建筑形式,从外观上才与归化城其他召庙不同。

明代崇祯十七年,也是清代的顺治元年(1644年),清世祖福临在盛京(今沈阳)举行即位典礼,席力图呼图克图二世(一世希体图葛布鸠于明崇祯十一年,即1638年圆寂,二世从青海迎回席力图召坐床)纳文罗布森扎木苏亲往祝贺,在清未入关以前,席力图召即与盛京的清政权建立了联系。

从清代初年到康熙二十七年为止的 40 多年中,席力图召又进行过扩建。据康熙二十七年(1688 年)路过归化城的人记载,当时席力图召的外观已是"金碧夺目,广厦七楹"殿堂的形式"直上如斗",已成为当时归化城召庙中最引人注目的一座寺院了。

顺治十六年(1659 年),席力图二世的呼毕勒罕从青海的阿木多地区寻认,迎请来归化城,在席力图召举行了坐床典礼,即席力图三世。

康熙十三年(1674 年),席力图四世亦从青海阿木多地区迎回席力图召坐床。康熙三十年(1691 年),席力图四世从西藏学习经典毕返回归化城。

康熙二十九年(1690 年),席力图四世在乌素图沟东山上建成一座召庙,上报朝廷请赐寺名,康熙帝玄烨赐名为"广寿寺",即东乌素图召。该召庙因年久失修,中华人民共和国成立前即已颓败拆除。

康熙三十三年(1694 年),厄鲁特蒙古的噶尔丹博硕克图汗率兵南进,漠南震动,归化城戒严。席力图四世曾发动六召喇嘛和蒙汉人民一起加筑了归化城的外垣,增强了该城的防守力量。因为他替清廷保卫归化城有功,在朝廷的支持下,开始了扩建席力图召的工程,这次扩建历时达两年之久,到康熙三十五年(1696 年)才基本完成。当时的规模已和今天的席力图召很相似了。

这一年的二月,康熙帝玄烨兵分三路北攻噶尔丹。五月,清西路军大败噶尔丹于昭莫多。十月,康熙帝凯旋到达归化城,驻跸小召(巴甲召、崇福寺)。这时,小召、席力图召分别为康熙帝举行庆功法会。康熙为席力图召赐汉名为"延寿寺",并以幢幡、经卷等物赠予召中,席力图四世为康熙举行了"皇图永固,圣寿无疆"的诵经法会。

在清代,席力图召载入理藩院册上的定额喇嘛为 40 名。康熙三十五年(1696 年),因席力图四世为清朝统治者保护归化城有功,曾颁发度牒 108 张以备召庙中收徒传戒。实际人数自然更多,据光绪十九年(1893 年)到过席力图召的旅行家所记,召庙中的沙比即有一千人之多。由于席力图召和西藏存在着历史上的关系,其中的藏族喇嘛占有一定的人数。

康熙三十九年(1700 年),康熙帝玄烨授意归化城掌印扎萨克达喇嘛托音二世刻碑记功。到康熙四十二年(1703 年),以满、汉、蒙、藏四种文字刻碑工竣,分立于小召和席力图召中,各两通。

这一年,席力图四世在大青山前的察罕哈达沟所建属庙工竣,康熙帝赐名"永安寺"(俗称哈达召)。

这时归化城掌印扎萨克达喇嘛——小召的托音二世圆寂,由席力图四世续任。席力图四世上任后,建议归化城将军费扬古(俗称的白〈伯〉大将军,其生祠建在大召前街路东的财神庙巷路北)将归化城各召庙所属人丁编为旗、佐,以补充边防兵力的不足。这一建议为清廷所采纳,到康熙四十六年(1707年)始将各召庙人丁编为13个佐(苏木),每佐200人,配备了佐领、参领,更增强了归化城的防御力量。故土默特两翼旗才有了60个苏木(佐)的建制。

在清朝对噶尔丹的战争期间,席力图四世对清廷的功绩并不亚于托音二世。托音三世以后的历代活佛多居住在东蒙,这一点便不如席力图呼图克图对归化城的影响更大;因而,清朝统治者为了达到他通过宗教麻痹归化城民众的目的,自然就更倚重后者。自席力图四世以后,归化城掌印扎萨克达喇嘛一职,几乎成为历代席力图呼图克图继承的职务。宗教权力中心已自小召转入席力图召。

康熙五十一年(1712年),席力图四世圆寂。第二年,他的呼毕勒罕从内蒙古的乌拉特中旗迎回召中,是席力图五世。到雍正五年(1727年),雍正帝清世宗胤禛命席力图五世赴西藏学习经典。他在席力图四世扩大席力图召影响的基础上,进一步想把席力图召建设成和青海的塔尔寺同等重要的大寺院。为了达到这一目的,他一方面力求获得清廷的信任,经常为清朝皇帝诵经祝福;另一方面继续扩大宗教的影响,在席力图召内设菩提道院督导喇嘛们钻研经典,并把汉文的《圣勇金刚经》译成蒙古文和藏文。雍正十三年(1735年),清廷与厄鲁特蒙古的准噶尔部议和,自康熙以来的对西方用兵至此告一段落,他又为清廷举行庆功法会,并献马40匹。由于席力图五世上述的一系列活动,终于从雍正十二年(1734年)起被清廷委任为归化城掌印扎萨克达喇嘛,总理归化城的喇嘛教务。

乾隆十五年(1750年),亦说乾隆十年(1745年),席力图五世圆寂。第二年,他的呼毕勒罕在漠北的喀尔喀蒙古车臣汗的一个封建主家中寻认。这个呼毕勒罕在大青山以北的沙拉木楞地方建立了普会寺(俗称希拉木伦召,今召河),并为席力图召带来了大批财产,这便是席力图召属庙普会寺的来源。席力图五世的呼毕勒罕坐床后,即是席力图六世。乾隆二十七年(1762年),席力图六世赴京城觐见乾隆皇帝清高宗弘历。乾隆二十九年(1764年),席力图六世又被乾隆帝委任为归化城掌印扎萨克达喇嘛。这时的席力图召早已凌驾于大召和小召之上,成为归化城最大的寺院,也是全国有名的寺院了。

乾隆四十八年(1783年)亦说是乾隆五十年(1785年),席力图六世圆寂。第三年,他的呼毕勒罕被寻认,迎回席力图召不久即死去。

乾隆五十七年(1792年),在西藏以占卜形式决定青海戈拉洞地方的四岁幼童为席力图七世的呼毕勒罕,是为席力图八世。第二年,席力图八世圆寂,年仅五岁。因为席力图七世、八世均早亡,席力图召根据宗教迷信习惯,在经堂前的东侧建造白石塔一座,塔内供奉长寿佛一尊,以乞求召内活佛长寿。

席力图八世的呼毕勒罕出生在青海的阿木多地方。嘉庆六年(1801年)五月十四日,由金瓶掣签方式认定,即准予"师徒相会"(准予坐床)。于嘉庆九年(1804年),迎回席力图召坐床,即席力图九世。席力图四、五、六世即相继为归化城掌印扎萨克达喇嘛,宗教权威集中于席力图召。至七、八两世均早亡。于是清廷任命席力图召的属庙——巧尔气召的巧尔气呼图克图为归化城的掌印扎萨克达喇嘛,并准巧尔气召与席力图召同样有"祈祷国运"诵经法会的权利。

嘉庆十四年(1809年)、嘉庆二十一年(1816年),席力图九世两次赴京城觐见清仁宗颙琰并为嘉庆皇帝诵经祝福。

嘉庆二十三年(1818年)腊月初八,清廷委任席力图九世为归化城掌印扎萨克达喇嘛。第二年,席力图九世又赴京城觐见嘉庆帝。嘉庆末年,巧尔气召的巧尔气呼图克图圆寂,已经寻认了呼毕勒罕。席力图召认为巧尔气召系席力图召的属庙,二召分离,巧尔气召另立门户,违反教法。而巧尔气召也提出反诉讼,历时两年之久。双方讼事转至京城,皇帝特派大学士松筠裁决之案。结果,巧尔气召败诉。判决巧尔气召由双方共管,巧尔气呼图克图之呼毕勒罕应认为系席力图召的沙比。唯二召的呼拉尔(宗教会议)分别举行。这一年,青海番族掀起反清斗争,兵锋波及黄河北岸的蒙古地区,席力图九世令属下喇嘛率领黑徒巡于归化城及土默特境内。

道光十二年(1832年),当时的清廷政治腐败,国内阶级矛盾日趋尖锐,各族人民不断掀起反抗斗争。国外资本主义国家又蓄意武装侵略中国,清朝统治动摇;席力图九世赴京城为道光帝清宣宗旻宁诵经,祈求"国祚延长,皇躬永健"。从是年起,每年赴京城诵经一次。道光二十二年(1842年),席力图九世停止赴京城诵经,合计前后诵经达11年之久。

咸丰九年(1859年),重修席力图召,殿基增高数尺。

同治八年(1869 年),席力图九世又赴京城觐见同治帝清穆宗载淳。席力图呼图克图九世较长寿,在席力图召掌教达 71 年,为席力图召做了不少建设性的大事。光绪元年(1875 年)十一月十六,席力图九世圆寂。

光绪十年(1884 年),席力图九世的呼毕勒罕经理藩院金瓶掣签认定,是为席力图呼图克图十世。

光绪十三年(1887 年),席力图召发生大火,将庙仓及葛根住所几乎全部烧毁,随使席力图召大破。

光绪十四年(1888 年),席力图十世被迎回席力图召坐床。

光绪十七年(1891 年),重修席力图召,重修后比以前更加壮丽,便是今天席力图召的外观。

光绪二十四年(1899 年)、光绪三十四年(1909 年),席力图十世两次赴京城觐见清德宗载湉并为光绪皇帝诵经,祝圣上万寿。席力图十世厌烦军阀混战和内乱,遂于 1936 年返回坐落在青海塔尔寺附近的席力图召属庙佛爷府邸。

这座佛爷府邸,是专为历世席力图呼图克图在塔尔寺学习经典和修禅专用的佛爷府寺。席力图召一直派有喇嘛长期驻扎该府管理和维护,并侍奉呼图克图和奉献各种需要。全部支出均由归化城席力图召负责供给。

席力图呼图克图十世即在此府寺修禅,于 1941 年圆寂。席力图十世在席力图召掌教 53 年。由于抗日战争时期交通受阻,直到 1942 年的年底,席力图召认才由从青海回来的香客处得知席力图呼图克图十世圆寂的确实消息。

寻认席力图十世的呼毕勒罕,费了很大的周折。在席力图召内,有的上层喇嘛主张就近在内蒙古地区寻认,因为席力图五世、六世、七世,都是从内蒙古地区寻认的。席力图召的扎萨克喇嘛萨木腾,从小就是席力图呼图克图十世的贴身侍从,他遵照席力图十世的嘱愿,要到他的家乡去寻认他的呼毕勒罕。通过萨木腾主持的会议,决定派人到青海寻认呼毕勒罕。直到 1943 年,席力图召派出的寻认呼毕勒罕代表团,经过长途跋涉,乘驼骑马,历尽艰苦才到达青海。经过塔尔寺、德钦寺的大德高僧的协助,经过宗教仪式的选择,最后确认了席力图十世的呼毕勒罕。

席力图召的席力图十一世呼图克图,就是传到他这儿是第十一位活佛。这位称作"呼毕勒罕"的灵童,于 1943 年 2 月 11 日出生在青海省贵南县过马营乡札岱瓦(村)一户贫苦藏族牧民家中。父亲名叫更泰,是位勤劳朴实的牧民,他的表侄是德钦寺住持赛赤七世呼图克图(西藏噶丹寺的法台,是中国八大呼图克图的第二位,也是宗喀巴在青海的代表)。母亲名叫丽牧。父母亲为他取名叫强巴。

1946 年,呼和浩特(旧称归绥市)席力图召高级佛教代表团赴青海,呈请德钦寺住持赛赤七世呼图克图和青海著名的阿如呼图克图、塔尔秀呼图克图一起主持席力图十一世呼图克图的认定事宜。

这一年,席力图召的代表把 80 余名在 1943 年前后出生的儿童的姓名都登记注册,为了从中寻找出席力图十一世的转世灵童,他们按照寻认规矩,做了大量的考察工作,最后集中到两个灵童身上,其中一个名叫多吉,另一个就是强巴。人们都认为多吉的可能性很大,因为多吉的母亲是席力图十世呼图克图的妹妹,而强巴却家境贫寒。当喇嘛及家族中有威望的成员将 3 岁的多吉抱到十世呼图克图坐过的法座上后,多吉吓得遗矢于法座之上,于是这个多吉便自然被淘汰了。但当把两岁的强巴抱到法座上时,他却怡然自得,并伸出小手抓起十世的遗物在手中玩耍。在场的人们暗中惊叹,一致认为强巴与佛祖有缘。

席力图十一世呼图克图的确认仪式由赛赤七世呼图克图、阿如呼图克图和塔尔秀呼图克图共同主持,席力图召的扎萨克喇嘛额尔登桑亲率 20 余人并携带很多礼物从归绥市前来参加。贵南地区各大部落、各寺庙的代表,周围的僧俗群众等千余人参加了这个盛大的确认仪式。在仪式上,3 位呼图克图用吉祥天母之卦,当众确认强巴为席力图召的席力图十一世呼图克图。

第二天举行了坐床仪式。前来朝拜、敬香的达官贵人、僧俗群众达 3600余人。

席力图召代表团结束了在青海的各项活动返回归绥之前,作为礼品,赠送给席力图召十一世呼图克图的父亲一匹骏马、一支快枪和一百银圆。

据他后来回忆:"我被认定为席力图召的十一世呼图克图,这对一个不到 3 岁的孩子来说当然是无所触动,但我的父母亲却是喜忧参半,忐忑不安。喜的是家中出了个转世呼图克图,忧的是骨肉之情即将离散,独生子即将远去。"

6 岁时,他被送往十一世呼图克图的家庙、青海名刹噶卡庙学习经文,从此便开始了他的活佛生涯。席日布喇嘛是他的经师,脾气非常暴躁,经常打骂他,到了使他无法忍受的地步。他的亲属将这一情况禀报赛赤七世呼图克图后,在他 8 岁那年,赛赤呼图克图亲自到噶卡庙,免去了席日布喇嘛经师的职务,并把他送到德钦寺继续学习藏文。

他 7 岁时到塔尔寺,由阿克吉米大经师为他主持了受戒仪式。按照黄教的法规,法名要由黄教领袖赐予。当时,十世班禅额尔德尼正好也在塔尔寺学习。当经师把他领到班禅的禅室时,班禅额尔德尼见到他非常亲热,说他长得真像蒙古族人,并欣然赐他法名"吉美希日布扎木苏"(意为智慧之海)。当时班禅额尔德尼年方 11 岁,他们俩的岁数相差不多,又很谈得来,从那时起,二人便结下了同窗之谊。

从 8 岁到 12 岁,在德钦寺学习期间,他受到了良好的教育。经师是著名的佛教哲学学者、书法家丹增拉然巴,主要教授藏文、书法和写作,还讲授一些佛学、哲学方面的知识。吉美希日布扎木苏活佛说过,他的藏文书法就是从他那里学的。在此期间,赛赤呼图克图还领他去甘肃省的拉卜楞寺听法 9 个月。

他 12 岁时,席力图召的扎萨克喇嘛额尔登桑要求把他送到塔尔寺去学习。席力图召正式拨经费购买了一座院落并请青海著名的蒙古族佛学家苏达那木扎木苏为他的经师。这位苏达那木扎木苏是西藏、青海 16 位活佛的经师。"这位经师对我要求非常严格,但从不打骂我。为了更好地培养我,与我同住一院。我真正学到佛教方面的知识、唪诵大量经典就是在塔尔寺。在塔尔寺学习期间,苏达那木扎木苏经师还安排我受到美尼活佛的甘珠尔大藏经的传法。"

中华人民共和国成立后的 1956 年,席力图召要求把席力图十一世呼图克图迎请回呼和浩特市两级席力图召正式坐床。内蒙古自治区、呼和浩特市的党政领导及呼和浩特的僧众参加了盛大的欢迎仪式。他曾回忆起这一让他感动的场面:"欢迎仪式后,将我迎到席力图召大殿,举行了隆重的呼图克图坐床仪式,呼和浩特 15 座大寺院的喇嘛参加,党政代表、各宗教团体的代表和众多市民前来观瞻。这一天,席力图召香烛通明,从早晨起,鼓乐、法器齐鸣,长号发出庄严而深沉的乐声,我端坐在正殿的呼图克图之位,前面的香案上放着银碗、圣水、酥油灯等,众喇嘛高声诵经,祝福呼图克图登位。然后喇嘛们开始向我敬献曼扎,一般喇嘛及信徒则向我行叩头礼,我为僧俗信徒诵经摩顶。"

在席力图召坐床之后,他又到百灵庙坐床讲经。在坐床典礼上,他用藏语讲解《无量寿经》,周围百里的喇嘛及信徒七八千人聚集到百灵庙来朝拜。之后,他又到席力图召的属庙召河的锡拉木伦庙坐床、讲经,有两千多名僧俗信徒参加了朝拜。接着还举行了盛大的赛马、摔跤、祭敖包仪式。

1956 年中国佛教协会内蒙古分会成立,席力图十一世呼图克图扎木苏当选常务理事。

席力图召及其他寺庙的坐床、讲经仪式结束后，又回到青海的塔尔寺精心学习、研究佛学经典。

在塔尔寺的一年，"我的思想有了新的认识，认为呼图克图必须学习很多语言文字，如蒙古文、蒙古语、汉文、汉语等；应积极参加社会活动，不能局限在庙里只知道念经。这样，回到塔尔寺后，我与赛赤七世呼图克图产生了分歧。赛赤七世呼图克图反对我去内蒙古，说我不像个呼图克图，并劝我留下娶妻生子，还要给我财产。我没有同意，便于1957年农历的三月初三离开了塔尔寺，返回了呼和浩特市"。

回到席力图召后，住持喇嘛们要求他去五当召继续学习佛经，并且给他施加压力。"我不仅没有接受，而且去找佛协内蒙古分会，请求尽快给我安排学习蒙古文蒙古语、汉文汉语的机会。这样，内蒙古民族事务委员会和佛教协会把我安排到当时的师范附小（即后来的呼和浩特蒙古族学校）学习。从此，我开始受到新社会、新思想的正规教育。在校学习期间，我在各方面受到老师和同学们的亲切关怀和热情帮助，自治区的老前辈吉雅泰、毕力格巴图尔等领导同志也经常看望和照顾我，使我深受感动，学习的劲头也更足了。"

1959年秋，贺龙元帅、聂荣臻元帅和乌兰夫主席参观席力图召，3位国家领导人亲切地接见了他，鼓励他努力学习，为喇嘛教事业贡献力量。

1960年，十世班禅额尔德尼来呼和浩特访问，他与全国佛教协会副会长、内蒙古佛教协会名誉会长噶拉藏以及自治区、呼和浩特市的党政领导和宗教界代表前往火车站迎接。他全程陪同班禅额尔德尼在呼和浩特的参观访问活动。

1961年，他结束了在学校的学习，回到席力图召。同年当选内蒙古佛教协会驻会常务理事。

1962年，他被派到农场进行劳动锻炼和思想改造。从农场回城后，又参加了内蒙古党委统战部举办的社会主义学院宗教班的学习。是年，内蒙古召开全区民族工作会议。他参加了这次会议，并在会上提出了关于如何正确使用少数民族语言文字问题，引起会议的关注。

1963年，内蒙古召开全区佛教代表会议，大约有五六十座召庙的呼图克图参加了大会。他作为席力图召的呼图克图出席大会，并在大会发言中提出了关于宗教政策落实过程中的一些问题以及宗教改革问题。由于不合时宜，又触及了当时的政策,会议之后不久,他被停止一切外事活动以及驻会常务理事的一切事务工作,又被送到农场劳动锻炼。

1965 年,扎木苏被调回呼和浩特,参加"内蒙古喇嘛教阶级斗争展览"的资料收集工作。

1966 年,"文革"开始,在"横扫一切牛鬼蛇神"的喧嚣声中,他又成了首当其冲的"横扫"对象,他被强制劳动改造,之后又被送到内蒙古自治区政府机关锅炉房当水暖工。

1970 年 4 月后,他开始闲居在家。经过长时间的反复考虑,他决定后半生以行医为业,于是拜呼和浩特市玉泉区著名蒙医萨日布朋斯克为师。过去在寺院也学过一些医学方面的知识,再加上自己刻苦钻研,医学理论逐步提高。在学习研究蒙医学理论的同时,他开始试着给患者治疗一些常见病,有的还很见效,这就更加激发了他的学习蒙医学的热情。由于潜心医术,他终于取得了蒙医医师的资格,并被送到内蒙古中蒙医院正式进修蒙医,获得了医师处方权。

扎木苏活佛为患者诊脉　(《呼和浩特政协》2015 年第三期)

扎木苏说:"为患者治病是使我心情最愉快的事情,因为我能够解除一些病人的痛苦。佛经讲普度众生,我认为治病救人就是最好的普度众生,就是最实际的普度众生。"

1973 年到 1974 年两年间,扎木苏被抽调到内蒙古师范学院参加《蒙古语解释词典》一书的编纂工作,负责藏语中的蒙古语解释部分的译述工作。

1975 年到 1980 年,他一边继续攻读医学著述,一边给患者治病,治愈了许多疑难病症,解除了许多患者的痛苦,受到了人们的好评。当时,像他这样行医治病的呼图克图,实为少见。

粉碎"四人帮"后,党和国家的宗教政策逐步得到落实。内蒙古自治区和呼和浩特市民族事务委员会邀请他参加落实宗教政策的工作。作为医生的呼图克图,一边行医,一边协助政府进行工作。这年冬天,他亲自主持了隆重的银佛寺(大召)重新开放的仪式。在呼和浩特市佛教协会成立时,被推举为名誉会长,同时又当选为呼和浩特市新城区的人民代表。

1982 年,在北京全国佛教协会召开成立 30 周年纪念大会上,扎木苏当选全国佛协理事,并参加了第三届理事会议。这年,内蒙古佛教协会正式恢复其工作,并被任命为佛协秘书长,从此开始了更为繁忙的宗教事务活动和外事活动。

1985 年,他回到青海故乡探亲,青海省海南藏族自治州藏医院邀请他讲学。同时,海南藏族自治州民族师范专科学校亦邀请他做报告。之后,他在呼和浩特市政协全委会上当选市政协常务委员、市政协副主席(从第七届至第十一届),分管民族、宗教、三胞工作(还被选为内蒙古人大第九、第十两届常务委员,内蒙古政协十届常务委员)。他还带领呼和浩特市宗教界参观团到宁夏回族自治区、甘肃省、青海省参观、考察,增进了地区之间的相互了解和民族团结;率领呼和浩特市代表团参加了四子王旗锡拉木伦庙重新开放典礼仪式,主持了乌素图召的开放仪式和百灵庙的开放仪式,接待国内各方面友好人士的参观访问工作。

作为宗教人士的社会活动引起了广泛的关注,由此扎木苏接受了很多国家电台、电视台、报纸、杂志和国内各省市主要报刊的记者采访,他实事求是地向他们介绍了内蒙古呼和浩特市的大好形势,强调民族团结、国家统一,强调爱国爱教、农禅并重、依法办教以及宗教界为社会服务、为生产服务、为祖国的经济建设服务。此后,国外的媒体多次报道呼和浩特地区寺庙的变化情况和中国共产党和人民政府保护正当宗教的具体实例,因此,他受到从中央到地方各级领导的好评和鼓励。他的工作受到内蒙古自治区、呼和浩特市两级政府的高度重视,并拨专款维修呼和浩特市的寺庙(10 年共计投入 400 多万元),宗教活动场所得到了保护和修缮,广大信教群众非常满意,对社会安定、民族团结产生了很好的影响。

席力图十一世呼图克图扎木苏常说:"我的一生就是中国现代活佛的一生。'活佛'这个称呼原本是不准确的,应该叫'转世者'。蒙古语的'葛根',是一个非常好的称呼,它的意思就是'大明',并没有'活着的佛'的意思。作为佛教界的高级神职人员,受到广大信教群众的尊敬和爱戴,就应该给国家、给广大信教群众多做一些力所能及的好事。佛教讲普度众生,我认为'众生'里最主要的就是人,最好的'普度'办法就是教育信教群众爱国、守法、勤劳、和睦相处,做到了这些,就是'普度'。如果我能为人民办些好事,能为国家做出一点贡献,那我就死而无憾了。"

呼和浩特七大召之一的席力图召的席力图十一世呼图克图吉美希日布·扎木苏是这样说的,也是这样做的。这就是一位活佛的一生。

关于他的法名,有时是写成"卡尔文·扎木苏",可惜在他生前我没有向他请教过"卡尔文"的含意。

这位曾经担任过呼和浩特市政协五届副主席的扎木苏活佛,因病于 2014 年 10 月 13 日 3 时 30 分圆寂,终年 72 岁。

(本文于 1983 年 3 月 24 日 21 点及次日早 6 点 15 分,在内蒙古人民广播电台《可爱的内蒙古》节目中播出。收录本书时改动了标题,增补了内容。)

五塔寺召

　　五塔寺召,蒙古名为"塔本·斯普尔罕"召,汉语名为慈灯寺,亦有千佛寺之称(因五塔上的佛雕逾千尊而得名)。它是一座金刚曼陀罗城造型的寺院,坐落在归化城的康乐东街南,今称五塔寺前街,是七大召之一的小召(巴甲召、崇福寺)的下院(即属庙)。现为国家级、内蒙古自治区级重点文物保护单位。

　　清代雍正五年(公元1727年),小召的阳察尔济呼图克图(活佛)任归化城喇嘛印务处副扎萨克达喇嘛时,因年班到京城呈请清廷建立了这座召庙。雍正十年(1732年),由清廷赐汉名为慈灯寺。

　　据民间传说,五塔寺召和绥远城,是同时兴工同时竣工,因此绥远城称作新城,五塔寺召称作新召,并将召前芦苇滩也称作新召滩。但从文献记载上看,五塔寺召兴建的时间要比新城早建10年(新城兴工于乾隆二年,即1737年,竣工于乾隆四年,即1739年)。

　　在五塔寺召的山门前,有三间四柱式木牌楼,广场十分宽阔。召庙中建有三重大殿和东西配殿,以及各种厢房、耳房等。采用的是传统的汉式建筑形式。

　　清朝年间,归化城各召庙的喇嘛,在每年春节的除夕夜,都要穿起跳恰木的鲜艳服装,扮成各种番像,推拉着象形车、狮形车、牛形车和大轿车内的买达勒佛,伴以法器大号、锣鼓及笙、管、铙、钹等,全体出动,列队从南茶坊绕西北东郊,到慈灯寺(五塔寺召)前的广场集合,举行一次大规模的禳灾、祈福、诵经的跳恰木活动,以庆祝丰收,并预祝来年风调雨顺,吉祥如意。初更(晚八点多),喇嘛们从各召庙出发,三更(午夜一点左右)齐集慈灯寺广场,一直活动到天亮前解散,各回本召庙再跳一次。

每到农历正月十五的元宵之夜,慈灯寺的喇嘛还要在金刚座舍利宝塔及四周的矮墙之上点燃盏盏莲花灯,使这座宝塔金光灿灿,光彩照人。那时的街上没有今天这么多的高楼大厦,十里之外,也可遥望五塔的胜景。

据光绪十九年(1893年)到过归化城的旅行家记载:"此寺院现已全废,喇嘛无一人,各所均极颓败。"当时,召庙中的佛像也残缺不全,只有召中的《档册》还部分地保留着。从《档册》中可以知道召庙中的布局和布施人曾将正殿中的三世佛(喇嘛教称如来佛、释迦牟尼佛、弥勒佛为过去、现在、未来三世佛)镀金等事。

阳察尔济呼图克图只"转世"三代,光绪十二年(1886年)阳察尔济呼图克图三世圆寂后,就没有再寻认他的"呼毕勒罕"(转世灵童),从此,五塔寺召就没有活佛了。召中喇嘛又回到了小召。也就是说在距今120年前,五塔寺召就已残破不全了。到了归绥市(呼和浩特市旧称)沦陷时期(1937年10月—1945年8月),已经颓败的五塔寺召,殿堂、佛像又遭到日本侵略者的严重破坏;抗日战争胜利后,国民党把金刚座做了炮台,拆除了门窗佛像,又破坏了金刚座。到中华人民共和国成立前夕,连召庙后面金刚座上的五塔也都破旧不堪了。

中华人民共和国成立后,人民政府拨款对五塔寺召后面(北端)的金刚座舍利宝塔重加修缮,添筑了围墙。在五塔的南端,曾建过小学校、煤炭销售站等。2006年,呼和浩特市人民政府又拨款,对湮废一个多世纪的五塔寺召,进行全面修复。这次修葺,复建了大日如来佛殿、萨埵佛殿以及东西配殿,可谓金碧辉煌、经幡灿列,造型也较一般寺宇多有独特之处,特别是以金刚座舍利宝塔为全召庙精华的这座坛城形象,甚至还包括召庙前那几株围径4尺、曾经见证过慈灯辉煌的200年苍榆。在整个"召城"(归化城素有"七大召,八小召,七十二个免名召"之说,故称召城)建筑群体中,殊为风华卓异,独标其胜。贾勋先生还为重新修复的五塔寺召拟就了一幅佛殿重光的抱柱联,抄写如下,以飨读者,即"慈灯复现,万斛珠玑辉梵宇;坛城重光,一襟星斗焕经台"。

在召庙的北端,也就是最后面的建筑就是五塔,它的全称为什么叫"金刚座舍利宝塔"呢? 文史学者孙利中先生有过解释,金刚座舍利宝塔,是一座有多种含意的佛塔。"金刚座",喻指佛教中的圣地,犹如金刚一般坚固。昔佛祖如来成道之处,无坚不摧,谓之"金刚"之地。后来在该处建造佛塔,始有"金刚座宝塔"之称。"舍利"专指释迦牟尼及佛教历代大德高僧的骨灰而言。佛祖涅槃后,众徒将焚烧后骨灰视为圣物,谓之"舍利",置于佛塔中珍藏,故有"舍利塔"之名。"宝塔"

指佛塔本身是聚宝之所。相传,早期的佛教信徒曾用各种宝物供佛。佛祖圆寂后,信徒将佛塔视为佛身,且以宝物装饰佛塔,或将宝物藏于塔中。后世则多在塔上绘画或刻上宝物的图形,以取其意。故佛塔也称"宝塔"。

金刚座舍利宝塔的造型,源于印度早期佛教的菩提伽耶式佛塔。但在建筑外形、内部结构和表面的装饰艺术上,又充分地体现了中国建筑特有的传统风格,形成了中国式的金刚座式佛塔。整座宝塔的建筑融汉、藏、蒙文化艺术于一体,是我国古代建筑艺术的杰作。

金刚座舍利宝塔通高 16.5 米,砖石结构,平面呈凸字形,由塔基、金刚座和五塔组成。

慈灯寺五塔　(见《玉泉文史》第二辑)

塔基高 0.83 米,长 15.3 米,宽 12.8 米,素砖筑砌,白石镶边。正面设台阶 5 级。金刚座高 7.28 米,建在塔基之上。座身分为两大部分:下部为束腰形须弥座,束腰的四面分别雕刻有人戏狮子、狮子、卧象、孔雀、伽娄罗(禽身人面的神鸟)、降龙和伏虎罗汉、仙女献宝以及金刚宝杵、法轮等图案;上部为装有琉璃瓦短檐的 7 层佛龛,由刻有 6 字真言的白石栏板组成。在每层短檐下有一排佛龛,每龛中供有佛像 1 尊,坐于莲花之上,佛龛两侧有立着的宝瓶柱。四面共有佛龛 1119 个,故有"千佛龛"之称。由于佛像众多,所以也有人将此塔称作"千佛塔"。相传,过去的佛教信徒供奉神佛的财物,都要由喇嘛换成金箔,然后贴在佛像之上。这样就使得整个宝塔,金碧辉煌,光彩夺目,虽经数百年风吹、日晒、雨淋的侵蚀,至今仍可看出当年金箔闪耀的痕迹。在分开上下部分中间的石条之上,雕有用梵、藏、蒙三种文字刻写的《金刚经》经文。

金刚座舍利宝塔南面的正中,为一拱形券门,汉白玉石砌成,上有狮、象、龙、飞天等石雕,左右对称。券门上方镶嵌着一方用蒙、汉、藏三种文字书写的"金刚座舍利宝塔"石刻匾额。券门两侧为砖雕的四大天王(即多闻、广目、持国、增长)彩色塑像。还有石雕的金翅鸟、龙女、仙人、神羊、神象、神狮以及法器等佛经故事图像。进入券门为无梁殿 3 间。西边一间可通往地宫,东边一间设有阶梯,踏阶呈螺纹状而上,可登座顶,出口处是四角儿攒尖式亭子。

金刚座上面耸立的五座舍利宝塔,分别置于中央及四隅。中央一塔最高,其余四塔较低,象征着金刚五界,按照佛教的说法,称这五座塔为"五部佛塔"。这五座塔在佛教中分别代表密宗金刚界的五位佛祖,即西方的阿弥陀佛,东方的阿閦(音 chù)佛,南方的宝升佛,北方的不空成就佛和中央的大日如来佛。在五塔下面的金刚座上还分别雕刻有五方佛的坐骑狮子、大象、马、孔雀和伽娄罗等。

五座舍利宝塔,造型相同,方形,密檐式,中央一塔高 7 层,另四塔各为 4 层。每座塔都设有须弥座,座上第一层的四面都镶嵌一幅图中雕刻有一佛、二菩萨和菩提双树等图案的佛教传说故事。第二层以上设佛龛,共计供奉佛像 500 余尊。每座宝塔顶端又设置一个琉璃的覆钵式喇嘛塔做塔刹,形成了塔上有塔的奇特造型。

在中央宝塔正面的须弥腰上,镶嵌一块汉白玉石,上面雕刻着一双神奇的"佛足"。相传,这是佛祖释迦牟尼(现在佛)留下的"佛迹"。双足圆润,形象逼真。在佛足两旁,还分别雕刻有轮、螺、伞、盖、花、罐、鱼、常(盘常)八宝图案。

整个宝塔是一件巨大的十分珍贵的雕刻艺术品。在五塔四周镶嵌的一圈儿圭形的白石栏板之上,雕刻有刻工精巧的书法梵文经字。塔体表面被精美的装饰图案所覆盖,仅佛像就有 1630 余尊。此外,还有菩萨、罗汉、天王、仙女、胡人、瑞兽、珍宝、法器等众多形象的图案。其雕刻内容的丰富、雕刻技艺的精湛,人物造型的准确等,都堪称一绝,也是历代古建筑中罕见的。

在宝塔背后的 2 米之处,是一座影壁。在影壁之上镶嵌着 3 幅石刻图。从西向东,依次为"六道轮回图""须弥山分布图""蒙古文天文图"。

六道轮回图,又称"六趣图",是佛教中依据因缘关系的理论,来解说一切众生根据生前的善恶行为轮回转世于六种生存环境的一种因果报应图。图中刻有众生转世的天、人、修罗、饿鬼、地狱、牲畜六道画面。

须弥山分布图,亦称"三界图",是佛教用于对宇宙认识的一种解释图,也可以说是被佛教理想化了的世界构成图。图中刻有日、月环绕的世界中心须弥山和佛天、神天以及凡间俗界的景象等画面。

蒙古文天文图,也称"天象图",是用蒙古文刻制而成的一幅天体群星图。图中的度数是使用藏码标注的,把藏码用到石刻天文图上,这可能是第一次。这幅天象图,是三幅石刻图中最为珍贵的一幅。此图是用八块石料拼成,分作4层,每层2块,上面6块根据天文图需要的圆面,砌成圆形,直径为144.5厘米;下面两块,除去与上面相连的圆面部分以外,余下两角儿浮雕山脉、云彩图案。在图上刻有"钦天监绘制天文图"字样。图中所刻天体中的星数是1550颗左右,其中属于传统的星座是1130多颗,其他多为零散之星,分布在石刻图的各处。

据专家考证,这幅天文图是以北极为中心的放射状的"盖天图"。用阴文单线刻经纬线、银河和星座连线,用复线刻黄道圈和黄赤刻度圈。原图上石时用毛笔勾画和书写,然后由石匠刻成阴文天文图。这幅蒙古文标注的天文图是俯视图,图中的二十八宿是按逆时针方向排列,正好与以前的苏颂天文图、敦煌天文图、苏州天文图、杭州天文图等相反,它们均为仰视图。金刚座舍利宝塔可能是清代乾隆二十二年

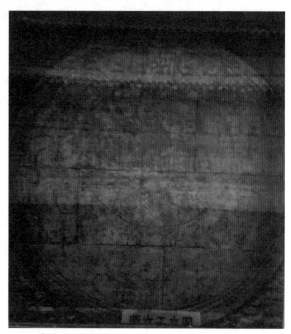

蒙文天文图石刻　（见《印象青城》）

(1757年)以后所建。蒙古文天文图约在乾隆十三年(1748年)到乾隆二十二年(1757年)间刻成。当时,蒙古族著名科学家明安图正在钦天监任时宪科五官正职务,还担任《仪象考成》编写中的推算工作。专家们认为,蒙古文天文图很可能是明安图由汉文译成蒙古文的,至少蒙文图的底图也和明安图有关系。

图中还刻有太阳运行轨道和十二生肖以及二十四节气等图。

蒙古文天文图是一件很有价值的科技文物,它充分说明我国兄弟民族在天文学方面的贡献。此图堪称华夏一宝,享誉海内外。这幅天文图是迄今为止世界上发现的唯一用蒙古文雕绘与记载的石刻天文图。

北京西直门外长河北岸的大正觉寺五塔和青城五塔相伯仲(贾勋先生语),国内仅有这两座五塔。

当年,五塔寺召的周边环境有些污秽,除了康乐街、会元坊部分民居和商肆

外,竟有一家有名的妓院平康里(即烟花巷)与五塔隔墙相望(相距约 2 丈),还有西边不远处的兴隆当铺。这些都对佛门净地有些大不敬。今天的五塔寺召周边已是焕然一新了。

在我国创刊最早(清代同治十一年,即 1872 年)的《申报》及稍后出刊的《南洋画报》上,就留有这座塔寺的风光。

1927 年,由旅蒙商三大号之一的大盛魁与绥远平市官钱局商办的电面公司(经理武荩卿)生产的面粉,即在包装上印有红色五塔的商标图案。面粉月产量为 2000—3000 袋(每袋 50 斤),销路从绥远直至京津一带。

70 多年前来绥远考察的作家冰心先生,也曾到过慈灯寺,对五塔的艺术风格十分赞叹,并感言"正中塔上,朝南一砖上有佛脚印,砖上花纹极精致",可惜那时"今外殿已全废,门扃不开,自旁门开锁,直抵塔基下。基围十丈",只能"暗中摸索,曲折而上"了。

1962 年,我国建筑学家梁思成先生就对五塔的建筑艺术给予很高的评价。他说:"五塔寺的成就,与北京的名刹古寺相比,毫无逊色。"

如今,这座 250 多年前建造的金刚座舍利宝塔,在新建召院的衬托之下,正以它那特有的旧貌新颜,迎接着国内外游客、信教群众和国际友人前来朝拜和游览。

(原载《呼和浩特晚报》1982 年 9 月 16 日第 3 版。署名赵梁〈本书作者笔名〉。收录本书时增补了内容。)

倒座观音寺及其历代住持

自明代万历年起,归化城兴建了大召(弘慈寺)等许多藏传佛教的召庙,因此,归化城又有了"召城"的称呼。在归化城,还有一座建筑规模和占地面积都无法与几座较大的喇嘛召庙相比,但也并非等闲之寺院的观音寺。耆老们常说,"此地汉庙13座,首座要数观音庙"。当年,这座观音寺在"汉庙"中首屈一指。如今,它又成了市区内唯一保留下来的汉传佛教的寺院。寺内终日清烟缭绕,香客、游人不断,诵经之声不绝于耳。每到庙会及法事活动时,更是人潮如涌,摩肩接踵。

在呼和浩特市乃至内蒙古西部地区,观音寺是一处具有深远影响力的汉传佛教的活动中心,是呼和浩特市内现存的唯一保存完整的一座清代汉传佛教的道场,也是呼和浩特这座塞外历史文化名城的一大亮点。近年,观音寺已升级为内蒙古自治区重点文物保护单位,成为呼和浩特著名的佛教圣地之一。寺院以其精美宏大的建筑、神奇的传说、盛大的法会和戒律精严的学修环境,再度闻名于长城内外。

规模布局

观音寺,亦称观音大寺,俗称观音庙。坐落在呼和浩特市玉泉区的泉源巷。该巷早年并不是这样的称呼。当年,以庙为中心,在巷子的南北两段分别用庙命名了不同的街名。北面,正对庙门的巷子,称作观音庙巷;南面,从庙门往西,沿着庙的西墙向南去(还包括东拐的小巷)的巷子,叫作观音南街。1975年,整顿街道门牌时,受地名"革命化"的影响,将二街巷合并,更名为泉源巷。命名的根据,是庙南东拐小巷的西口,有一自流水井。

观音寺始建于何时说法不一,建寺最早的说法为清代乾隆年间,最晚的说法是道光二十五年(1845 年)。现在,人们普遍认为该庙始建于嘉庆三年(1798年),距今 216 年(到 2014 年)。半个世纪前,它的周边环境——特别是南临的孤魂滩,十分清冷、荒寂,故使其大有一种"寺在城中犹在野"的感觉。

该庙初建时,仅是一间小庙,其后香火日盛,不断扩建、重修,规模渐大。仅有文字记载可查的,在清代就修葺过 4 次,分别是道光二十五年(1845 年)、咸丰元年(1851 年)、同治四年(1865 年)和光绪二年(1876 年),1936 年亦重修过。之后,又经过多年的变迁,成了现在的样式。

观音寺山门的定位是坐南朝北,这在中国佛教建筑史上十分罕见,贾勋先生说,这样的格局几乎绝无仅有。故民间对其有"倒座观音寺"之称。它占地约 1亩。虽然建筑规模比较小,却是一个香史绵延、跨度 200 多年的塞外古刹。寺前,有旗斗和一对儿卧在底座上的青石狮子,一座小型照壁护着寺院。它的山门也很特别,是和 4 柱 3 间 3 楼式牌楼合二为一(一般寺院都是跨街牌楼在山门的前面),在两侧还镶嵌着两通石碑。由青石台阶拾阶而上,步入 6 根红柱的 3 间月台(地基高 1.5 米),便是 5 开间的佛殿,它亦是坐南朝北,故又有"倒座观音殿"之称。殿门两侧的楹联,是观世音菩萨的座右铭:"千处祈求千处应,苦海常作渡舟人。"进入大殿,首先映入眼帘的是 2 根朱底金色的幡龙大柱,殿中对称悬挂着五色幢幡。正中供奉着 2 米多高的观世音菩萨坐像,下坐莲花台,左右有善财童子和龙女侍奉。座西供奉着大智文殊菩萨和药师佛,座东供奉大行普贤菩萨和送子观音。

大殿墙壁之上彩绘的是大悲咒像解中的 83 位菩萨,形象千姿百态。还有取材于《妙法莲花经·观世音菩萨普门品》的图解,均为上乘之作。在每位菩萨的上方均吊着七彩伞盖,在金光闪闪的法器和烛光的辉映下,使整个佛殿显得五光十色、异彩纷呈。1997 年,从山西五台山迎回 1.4 米高、缅甸出产的汉白玉释迦牟尼佛像、文殊菩萨、普贤菩萨像。

在大殿之前(北面),有东西配殿,每殿 3 间。西配殿,亦称西方三圣殿正中,供奉"三圣"中的阿弥陀佛,观世音菩萨和大势至菩萨分列左右,在两侧墙壁之上绘有神态各异的十八罗汉图。东配殿,亦称地藏殿,供奉地藏王菩萨,在两侧墙壁之上绘有十殿阎罗审案的精美壁画。该配殿内还供奉着观音寺历代祖师的牌位(第五代方丈湛祥和他的三名弟子均供着照片)。

在东西配殿之间的偏北处,有韦驮殿,供奉有弥勒佛、韦驮和四大天王。玉石雕刻的弥勒佛坐像极为精美;韦驮的木雕站像,威武庄严,金光闪闪。

在两座配殿之南,即大殿的东西两侧建有对称的两座二层小楼,西为念佛堂和斋堂,东为藏经楼。在两配殿以北,各有禅房1排。早年,在佛殿南还有戒坛等建筑物。

今天的观音寺,已将南开之门关闭,开启了面向大街的正门。

建庙传说

观音寺第一代当家和尚,也就是创建者,法号具足。关于这位具足和尚建庙,还有一段传说故事。

在200多年前,就是后来建立观音寺的这块地方,有一口十分香甜的水井,附近的居民都吃这口井的水。有的居民住户离这口水井较远,又想舍近求远吃这儿的水,便应运而生了一种职业担水人,他们靠卖苦力,给人们担水,收费不多糊口度日。其中,有一位老实厚道的担水人,很受买水用户的欢迎,。不料,他患上了眼疾。一个收入微薄的人,哪能请得起大夫,只得用些偏方土法凑合。就这样他也不敢歇工,每天照样艰难地给人们担水。但他的眼疾并没有减轻。

一天中午,他在水井附近的一棵大榆树下歇息,坐着坐着竟打了个盹儿。忽然,看见一位白衣大士走到他跟前,对他说这里有灵泉,又有树木,是块风水宝地,为何不建庙、不供佛呢?建庙、供佛、弘扬佛法,你的眼病自然就会好!

醒来后,他和人们一说,大家都说:"这是观世音菩萨点化你呢。"于是,他倾全部积蓄,又求亲友资助些财物,搭建起一座茅庵,供起了观世音菩萨,这便是最初的观音庙。接着,他说服了家里人,前往坐落在西茶坊的关帝庙(全称关圣帝君庙,俗称老爷庙)剃度出了家。从汉传佛教法派上讲,关帝庙属于八大宗派中的净土宗,是临济派的一支。净土宗是以念"阿弥陀佛"名号而求生极乐世界为宗旨特征,俗称"念佛法门"。江西庐山的东林寺是净土宗的祖庭之一。净土宗的创始人是东晋时期的慧远大师。这一派最早是由山西五台一位"智"字辈儿的禅师创立,本地西茶坊关帝庙的老和尚属"能"字辈儿,他为这位弟子取法号具足,是

"具"字辈儿。从全国来说,具足是这个派系的第二十四代传人。具体到归化城观音寺来说,具足就是开山鼻祖。他生于清代乾隆四十二年(1777 年),圆寂于道光二十九年(1849 年),终年 72 岁。

作者在观音寺山门前留影　王东亮摄

具足和尚宁心静养,再加上他师傅精通医术,为他精心调理,眼疾慢慢地痊愈了。人们觉得观音寺很有灵气,周围百姓一传十、十传百,声名远扬,于是香火渐渐地兴盛起来。各地信众敬香、朝拜、许愿还愿者一年四季不断。

方丈轶闻

临济派从"智"字辈儿起,续演传灯,一直沿袭,从"智"字开始的 40 个字的辈分周而往复地传递,永不断弦。这 40 个字是:智慧普音闻,广权德志弘,善开清净道,微妙法源宗,通达能具演,性海湛然澄,戒定真如意,周隆继祖灯。归化城观音寺的当家和尚,或称方丈,或称住持,已经传承了七代,依次分别是:具足、演善、性凯、海瑞、湛祥、然俊。第五代方丈湛祥收弟子三人,大弟子然刚,俗名董润旺,满族,呼和浩特新城西落凤街人。笔者曾于 1984 年采访过他。二弟子然俊,三弟子然傅。这三位弟子相继于 1987 年、1992 年、1997 年圆寂。

在第六代传人中,大弟子然刚收徒一人,法名澄贵,现在乌海市任居士林住持。二弟子然俊共收徒弟5人。其中大徒弟澄还,俗名杜平,内蒙古卓资县十八台大湾村人,1962年出生,1987年出家,1988年在包头市华严精舍的两位长老——山西五台山碧山十方普济寺茅蓬退居老和尚净如老法师和五台山广济茅蓬西堂灵光法师共同传受沙弥戒。1989年,又于安徽省九华山受比丘戒。1992年开始担任观音寺方丈。二徒弟已还俗。三徒弟现任凉城县卧佛寺住持。四徒弟现任包头市朝阳洞观音寺住持。五徒弟现任卓资县观音寺住持。湛祥和尚的三弟子然傅于"文革"开始后还俗,他收徒弟名澄续。

作者采访观音寺方丈澄还　王东亮摄

现任观音寺方丈的澄还大和尚,共收6名弟子。法名属"戒"字辈儿,是临济派的第三十一代传人,也是呼和浩特市观音寺的第八代传人。这六名弟子分别是:戒志,1963年出生,卓资县人,1992年12月出家,1993年在九华山受比丘戒。戒净,内蒙古集宁市(今集宁区)人,1994年11月出家,1998年4月在深圳市宏法寺受比丘戒。戒德,山西省浑源县人,1995年6月出家,1996年在西安市卧龙寺受比丘戒。戒安,内蒙古武川县人,1996年4月出家,1998年4月在深圳市宏法寺受比丘戒。戒统,女,山西省平陆县人,1933年出生,1993年农历正月出家,1994年在九华山受比丘尼戒。戒和,女,河南人,1937年农历腊月(12月)初八出生,1994 年 2 月出家,同年 8 月 6 日在九华山受比丘尼戒。

观音寺的历代方丈,为弘扬佛法,呕心沥血建设寺院,使庙宇不断发展。第一代具足和尚创建寺庙,奠定了发展的基础,功不可没。

第三代性凯方丈,文学修养较高,精通教理,且擅长医道,一生为百姓治疗疾病,解除痛苦,广行善事。1920 年,性凯方丈传过具足大戒,北方高僧云集归绥市(呼和浩特市旧称)观音寺,盛况空前。

第五代湛祥方丈,号真如,俗家姓魏,山西左云县人,他的父亲是一位铜制品师傅,人称魏铜匠。他 6 岁进观音寺出家,自幼聪慧,学习佛法进步很快,终于成为一代著名高僧。

20 世纪 30 年代,在湛祥方丈的主持下,观音寺得到了归绥市各界知名人士的大力支持。传戒、讲经、放生、开展各项社会慈善公益活动,使得汉传佛教在归绥地区得到很大发展,起到了广泛的教化作用。由此,观音寺也成为归绥重要的汉传佛教活动中心。观音寺第七代传人,现任方丈澄还说:"我时常对寺内僧众说,我们观音寺的复兴重光,尤其不能忘记一位中兴祖师——湛祥老和尚。他历经清末、

第五代方丈湛祥　澄还提供

民国、中华人民共和国三个历史时期,1936 年,他和时任土默特特别旗总管、归绥市佛教会常务委员、素有'塞外文豪'之称的荣祥先生(中华人民共和国成立后,历任内蒙古文史馆馆长、呼和浩特市副市长、市政协副主席)及当地其他社会各界知名人士,如天津《大公报》暨绥远报界著名记者杨令德先生等耆宿大德,于观音庙内筹建归绥市佛教会,并设立佛教书刊等法物流通处。归绥市佛教会在观音寺创立后,为佛教在塞外的弘扬发挥了重大作用,据《绥远通志稿》宗教卷沙门志记

载,第一,设立了归绥长生院(放生园);第二,成立了念佛会;第三,定期开展讲经会及掩埋露天无主尸骨。还为监狱囚犯讲演善恶因果等慈善公益活动。"

内蒙古记者协会原秘书长、新闻界老前辈王温先生回忆说:"湛祥老和尚比我年长20多岁,我们结缘深厚,成为忘年交。他面容慈祥,中等身材偏高,行动稳健,谈吐不凡。他才华横溢,智慧超群,不仅佛学造诣很深,而且精通医道,特别善医小儿疾病。凡来寺院向他求医者,他都是有求必应,不分贵贱,造福一方。湛祥和尚常说,'自古医道通神道。菩萨普度众生,医术济世活人,和尚行医是最直接最实际的解除众生痛苦的行功立德善举'。湛祥老和尚爱国爱教。20世纪50年代,全国掀起反对侵略战争、保卫世界和平的签名活动,他不仅带头签名,而且还积极在本寺院举行祈祷世界和平的大法会。他一生真正实践了'佛法深入生活,服务社会'的人间佛教弘法宗旨。"

在观音寺中有一通"观音寺传戒碑",1936年张兰田居士撰文,杜净尘居士书写。碑高182厘米,宽66.5厘米,厚17厘米,在石碑周边刻有花纹图案。正面碑额是楷书的"绍隆三宝"四个字。碑文共刻有961个字,阴刻布施人姓名。

碑文记载,民国二十五年夏观音寺设坛传授三坛大戒,历时52天。场面壮观,盛况空前。方丈湛祥和尚邀请了当时国内德高望重的终南山高僧力宏老和尚主坛传授具足大戒。国内律宗著名高僧妙舫法师、昌正、力宏法师,光海、渊普禅师分别任戒坛开堂、羯摩、教授三阿阇黎师,共延请远近高僧大德共襄善举,当时求戒者分别来自全国各地,得戒者其中就有新中国后曾任山西省佛教协会会长、大同上华严寺住持、武川籍已故当代高僧三义老和尚。据说,山西省五台山黛螺顶的如宝和尚,也是这次在归绥市的观音寺受戒。

在《绥远通志稿》卷七十八中,亦有观音寺传戒的记载:"归绥市观音庙沙门性凯及其法嗣湛祥等,自五台、晋阳、燕京各地延聘高僧数人,各就其本寺宏开道场,宣扬佛法。计各传戒一坛,讲经一会。当时入场受戒、听经之众,有沙弥僧尼及优婆塞、优婆夷等约二百人,其以信众参加法会者每日不下五百人。盖绥、包沙门教中空前盛举也。"

此次传戒法会经理人为荣祥、杨令德先生,协助者有当时的社会贤达,商界赞助者有270多家,著名的有山西省银行、交通银行、中国银行、丰业银行、平市官钱局、仁发公银号、天津广瑞银行、日升昌、麦香村、日升元等。

湛祥和尚富有民族气节,抗日战争期间曾经掩护过共产党的地下工作者。有一次,几位领导人化装成香客,到观音寺开会。突然,几名荷枪实弹的日本兵来到庙前。湛祥和尚临危不惧,身披红色袈裟临门而立,高声诵起经来。几位地下工作者,也佯作居士,低声附和。几个日本兵没看出什么破绽,庙内转了几圈,悻悻而去。

居住在观音寺附近人家的不少孩子的父母,为了让孩子结佛缘、少灾病、求长命,便到观音寺求湛祥老方丈给孩子取个法名。我记得住同院(大召西夹道西成店巷 4 号)辛婶的二女儿辛月梅的法名是然莲,如健在今年(2014 年)是 77 岁。还有位曾和我同在呼和浩特市(国营)地毯厂工作的刘守德,湛祥方丈为他取法名然松,今年是 68 岁。还有归绥著名鼓乐艺人二毛(曹志文)的儿子大名叫曹然;三白子(张文亮)的儿子叫张然明。这些人和湛祥老方丈的三名弟子然刚、然俊、然傅一样,都是"然"字辈儿。看来,湛祥法师出家和不出家的男女弟子,可以用"不知凡几"来形容了。

湛祥老方丈在学佛修行的同时,积极为呼和浩特市的经济发展,社会安宁建言献策,参政议政。曾当选内蒙古自治区佛教协会副会长、呼和浩特市人大代表、呼和浩特市政协第一、二届委员。"文革"期间,湛祥方丈圆寂。

观音寺第七代传人澄还,于 1992 年担任该寺方丈。1993 年农历十一月十七,澄还为其师傅然俊圆寂一周年举办了放焰口大型法会。当时,邀请了天津市大悲院的高僧龙悟、仁喜等法师主法,其场面非常隆重。1994 年农历六月十九日,在呼和浩特市政协副主席、市佛协会长、席力图召扎木苏活佛和包头市华严精舍的灵光法师主持下,为澄还升坐住持,举行了隆重的宗教仪式。

澄还方丈现任内蒙古自治区佛教协会副会长、呼和浩特市和玉泉区政协委员。

近年发展

"文革"期间,观音寺被某房产部门的工程队当成了材料场,还住进了居民,直到 20 世纪 80 年代末,落实宗教政策后,材料场被搬走,住户逐渐迁出。然后整修殿宇,又恢复了宗教活动。当时的方丈,是观音寺第六代传人然俊和尚。

随着宗教活动的恢复,信仰汉传佛教的在家居士渐渐地多了起来,有数万之众。每当举办佛事、法会等,成千上万的人涌向观音寺,不仅寺院内的人多得拥挤不堪,连观音庙巷(后改成泉源巷老百姓不认可)都被人堵得水泄不通。观音寺第七代传人澄还方丈不无焦虑地说,真怕有点儿什么情况,人都疏散不开。

为了开辟宗教活动场所,20世纪90年代,在居士和各界的资助下,由澄还方丈主持,在大青山脚下的乌素图辟建了"观音寺安养院"亦称"弥陀寺",占地20亩。2002年,首期工程告竣。2006年已经建成天王殿、钟楼、鼓楼、戒坛、藏经楼、禅房、客堂、念佛堂、斋堂等。

安养院虽然比较宽敞,能兴办法会,但毕竟远离城区,交通不便,因此观音庙巷的观音寺内仍然是法事繁盛,人潮如涌。

澄还任方丈后,购置了蔬菜基地,解决了寺院人员的吃菜问题。

2006年,在呼和浩特市和玉泉区两级政府的关怀下,乘大召(无量寺)周边改造的东风,观音寺四周的低矮平房及各种建筑物均已拆除,观音寺也扩建了。

2006年3月,观音寺开始动工重建。整个修缮耗资3000多万元,这些资金都来源于各地信众的捐赠。天王殿、圆通宝殿、大雄宝殿、东西配殿、僧人寮房等全部建筑,由北京古建研究所杭州分所仿造全国著名汉传佛教寺院杭州灵隐寺建筑样式规划设计,采取砖、木、砼结构,总建筑面积达6406.36平方米,于2009年全部竣工。在圆通宝殿内供奉一尊高达23.8米的金色铜质观世音菩萨站像。在东西两侧有各种造型的菩萨像,面慈目善,庄严可敬。在大雄宝殿内,有重新彩绘数百平方米的500罗汉壁画,在众罗汉身上镶贴的金箔,光彩夺目,千姿百态。

2006年5月26日,在观音寺南端昔日的孤魂滩上,动工修建了宝尔汗佛塔景区。佛塔塔基占地6561平方米,塔高81.6米、9层。这是呼和浩特市观音寺景观区的重要组成部分。佛塔的建设资金全部来源于民间募捐。四川省甘孜州色达喇荣五明佛学院副院长龙多·丹增荣波活佛,对宝尔汗佛塔的建立鼎力相助,不仅亲自为佛塔选址、制定设计施工方案,并选派多名高僧参与建设工作。

2008年2月14日,宝尔汗佛塔建成并举行了开光仪式。龙多·丹增荣波活佛将珍藏多年的稀世圣物释迦牟尼佛脑、骨、血舍利和阿难尊者、优波离尊者、舍利佛尊者等十大阿罗汉的舍利,一齐赠送给宝尔汗佛塔装藏。此外,塔内还封藏供奉有阿弥陀佛、释迦牟尼佛、药师佛等各类佛像2000余尊,藏文版《大藏经》1100部、《大手印》2000套、《药师经》10000套、《地藏经》3000套、《大圆满》2000套、《弥陀经》2000套、《阿弥陀经》10000套、清代乾隆年间汉文版的《大藏经》13部;用铜塔模具制作的74万个胶泥烧制的小佛塔;50厘米高的景泰蓝宝瓶1100

个;在宝尔汗佛塔内的佛像、舍利、佛经前面的供品有水晶莲花、水晶塔、小佛塔、法轮、玉器、宝石、油灯、香、食子、酥油花、摩尼宝、花等各种殊胜宝物,仅供奉的水晶就多达15吨。另外,还专门装藏有莲花生大师头发等加持力极大的密宗圣物。龙多活佛按照佛教仪规,亲自主持了塔内圣物的装藏和隆重的开光法会,场面宏大,极一时之盛。龙多活佛还赞叹宝尔汗佛塔的功德说:"我国类似这样的佛塔有两三个,但是从佛塔的装藏殊胜来看,唯有呼和浩特市这一座。所以,这座佛塔堪称世界第一佛塔。"

宝尔汗佛塔的建成,又为首府民众增添了一个观光的新去处,澄还方丈说,根据佛经记载,若人礼拜或者(依顺时针方向)右绕佛塔将会获得诸多不可思议的福报和祥瑞功德,因此,宝尔汗佛塔景区,每天都有很多本地外地的游人来这里绕塔、散步、观光,借着象征吉祥的宝塔来寄托自己对美好生活的愿望。在澄还和尚的方丈室内,有由呼和浩特市政府接待办特制的赠送贵宾的高级旅游纪念品——工艺精湛的宝尔汗佛塔铜盘。

佛事活动

这座寺院每年都要举办3次规模较大的法会,每次法会敬香的在家弟子和信众可达10000多人,连同四面八方的香客和游人,最多时有四五万人。每到举办法会时,呼和浩特市佛教协会、大召(无量寺)、席力图召(延寿寺)等召庙的喇嘛以及有关方面的人士,都要前来祝贺。

观音寺的出家和尚,早晚课诵是必须进行的佛事活动内容。按照佛制,每天早晚定时撞钟,撞钟是祈求国泰民安。

每日清晨四时许,全寺僧众起床,然后按照编排的次序进入佛殿,无论殿堂的大门开在南面还是北面,总以进门左边为西序,右边为东序。西序的僧众比东序的年长,故在前,西序从高到低依次是座元、首座、西堂、后堂、堂士、书记、藏注、知藏、参头、司水;东序依次是祖师、烧香、记录、侍者、香灯。一般而言,序职愈高愈靠近佛像。每人都站到自己的位置上。早课主要诵《楞严咒》,五时十五分,早课完毕各自回堂盘坐静思。约六时,木鱼声响起,僧众都去斋堂吃早粥,食前要诵《供养咒》。食毕,念《结斋偈》。这时,僧值布置一天的工作,然后排班离堂,各回禅房。稍事休息又回禅堂,十一时共进午饭,午饭多是米饭、馒头、罗汉菜。一般没有晚饭,讲究"过午不食"。晚课,逢单日诵《阿弥陀经》,逢双日诵《忏悔文》,晚课都要放蒙山施食仪规,到大殿东廊下面然大七(佛事活动),小庙前施以水米。

早晚功课的内容,有唱有念,配以大小法鼓、大磬、引磬、大钟、吊钟、铃铛、铪子、大小木鱼等法器,这是一支唱诵时的乐队,形成独特的庙堂音乐,营造出一种特殊的宗教气氛。

观音寺除日常的佛事活动,在一年中最为盛大的法会上面已经提到有 3 次,分别是农历二月十九的观世音圣诞日、六月十九的观世音成道日、九月十九的观世音出家日这三次大法会。在法会举行的日子里,场面十分红火,敬香拜佛的人们早晨四点多钟就从四面八方涌向观音寺,成千上万的善男信女从早到晚络绎不绝。善良的信众都想借盛大的法会这一机会了却各自的心愿。这一天,寺院内是人头攒动,香烟缭绕,诵经之声不绝于耳。每到这一天,观音寺要为香客信众准备消灾免祸的佛斋——馒头、油炸糕、大烩菜。人们争相食之,1300 多斤黄米面的油炸糕,不到 4 小时就吃完了。据说,远近闻名的王一贴膏药店的传人王凤呈先生,生前就是黄米面的敬献者。

每年举办 3 次大型法会而外,规模较小的法会还有 28 次。如农历正月初一的弥勒佛诞辰、二月初八释迦牟尼出家日、二月二十一普贤圣诞日、四月初八释迦牟尼圣诞日、七月三十地藏王圣诞日、十一月十七阿弥陀佛圣诞日、十二月(腊月)初八释迦牟尼佛祖成道日等。每月的初一、十五也是佛门隆重的日子。观音寺还有不定期举办的念佛七、城藏七、观音七等活动,就是每次活动为期 7 天的精进修行。在称作"打七"活动中,或是法会上,都照例要进行往生善佛和延生善佛两种仪规活动。

观音庙会

中华人民共和国成立之前的本地庙会,每年依次为观音庙会、三官庙会、奶奶庙会(外地称作娘娘庙会)、城隍庙会和盂兰盆会。其中,尤以前两次庙会最有诱惑力,对孩子们来说,这是一年之中最难得的娱乐机会。

农历二月十九,是观世音菩萨的圣诞日。每逢这一天,香客们便云集寺院,隆重地朝拜一番,这就是千百年来相沿相袭的观音庙会。观音庙会的传统会期为 3 天,即二月十八至二月二十。到时,那些往来穿梭的香客,都是在家里洗漱一番之后,才把自己的一份虔诚与布施同时奉献在观音面前。

庙会期间,商家云集,市声如潮,特别是风味儿小吃比比皆是。在庙会上,有卖香火的小摊,卖风车、风筝、各色绒花,也有剃头担子为人们理发,吹糖人儿和捏面人儿的,还有乞丐和卜卦者。

放飞风筝也是观音庙会的传统娱乐节目之一。到时,放风筝爱好者,不用号召,不用组织,主动聚集在一起,展开一次放风筝大比试。只见风筝大小不同、造型各异,有的还装上响笛。大家三五成群,自发地形成了放风筝比赛,燕子造型的风筝飞来飞去,有体长丈余的八卦和蜈蚣在天空中翱翔,蜻蜓和蝴蝶等上下飞舞,十分好看。

"踢弹儿",也是庙会中吸引人们围观的比赛项目之一。在二十世纪五六十年代,偶尔还有踢弹儿者,多是孩子们在自家院子里或者巷子里玩儿。所谓踢弹儿,就是踢两个类似现在健身球的钢球,不过那时人们管它叫作"钢铃弹儿"。孩子们玩的是木制的圆形球。踢弹儿就是踢一个弹儿打另一个弹儿。说是踢,其实不是踢,而是用鞋底子搓。不少技艺高超者踢的弹儿,既准又稳,时常还要耍几个花样,引来围观者的阵阵叫好声。弹儿有两种踢法,一是将一个弹儿作目标,放在高坡上,或者凸凹不平的地上,然后,参赛者踢另一个弹儿踢(打)住它。技高者,将弹踢出去,在两弹儿之间蹦一下,第二落点再打另一个弹儿;第二种踢法是,两人一人一个弹儿,先规定好"踢东西",还是"踢南北",即两个弹儿一个摆东一个摆西,或一个摆南一个摆北。谁先踢只踢一脚,从第二个人开始,每人每次便要踢两脚,连续踢两脚最好是踢(打)住对方的弹儿,如果没有踢住,也必须使自己的弹儿超过对方的弹儿,若踢了两次仍未超过对方的弹儿就是输了。

我记得,小时候为了让弹儿踢得远,就把使用完棉线的木制轱辘辘,用绳子穿好绑在鞋底上,孩子们管它叫"扯子"。比如,房东家的门前有台阶五级,把一个弹儿放在最下一级台阶上,另一个弹儿放在最上边的五级台阶上,参赛者踢放在上边的弹儿,隔过四、三、二级台阶踢(打)住下边的弹儿为赢,可再踢一次作为奖励。

在庙会的市场上,除了观赏晋剧、杂耍、拉洋片(亦称拉大片)等露天演出外,还有孩子们最喜欢的《西游记》《三国演义》中人物的成套面具(俗称"鬼脸子")和形象滑稽的泥塑不倒翁、彩绘的泥娃娃,还有彩绘的木刀、木剑、木枪以及小鼓、圪崩儿(玻璃喇叭,规格有大有小,上端封闭,嘴吹或用手握住把儿,手掌开合使之发出声响。非常薄极易破碎，家长哄孩子时常说，"圪崩儿，圪崩儿，打烂没错儿"）等，还有为数很少、比较新颖别致的袖珍西洋镜，它里边装着电影的多种胶片，只是这种洋玩具看一次要价不低，一般人家的孩子只能望洋兴叹了。

说到风味儿小吃可就多啦，粽子、凉糕、蜜麻叶儿、豌豆黄、荞面碗砣、大卷儿粉皮、甜窝窝（用木制小桶装上背着卖）、羊油麻花、豆面锅盔、鸡蛋焙子、大头麻叶儿、冰糖葫芦、素油旋儿（茶馆出售的是荤油制作只能热吃）、大饼子（一头大一头小的焙子，由于个头大，人们管它叫挡人碑）、煎饼、油条、炸糕、枣糕，等等。此外，"还有一种最惹人馋的是那木制独轮手推车上油水淋漓、竹签儿高插、香气四溢的马肉了，民间美食家盛赞这种秘不示人的独家卤煮工艺为'塞上一绝'。且看，在卖肉师傅祖传的大片儿月牙刀下，那薄如蝉翼的马肉片儿，正好填进先已划开中缝的大白焙子里面。此刻，当你咬下第一口的时候，便觉得唇齿留香，大快朵颐"（贾勋，《青城风物过眼录》）。而围观者也垂涎欲滴，把手伸进了各自的口袋。这种风味儿食品和这种氛围，今天已见不到了。

目前，在观音寺及其安养院内居住的和尚，除了本寺院的"澄"字辈儿和"戒"字辈儿的和尚之外，还有来自远方的江西和尚与附近的包头市及卓资县等地的和尚。

如今，观音寺正以崭新的面貌呈现在世人面前，成为名副其实的呼和浩特乃至内蒙古中西部地区具有深远影响的佛教圣地。观音寺以它独特的魅力，迎接日益增多的四方游人。

望着今天的观音寺，澄还方丈不无感慨地说："我1987年出家就曾发愿，要振兴塞外这座名刹，完成历代老和尚没有完成的夙愿。今天我的愿望终于实现了，这是我区落实党的宗教政策的充分体现，正如内蒙古自治区佛教协会会长贾拉森所说：'呼和浩特市观音寺经过曲折、坎坷而又辉煌的历程，现在以雄伟庄严的容姿展现在首府的南端，成为弘法利生的净地，念佛修行的道场。它显示出我区汉传佛教事业蓬勃发展的喜人景象。赵朴初居士生前曾说过：'汉藏佛法，连枝并昌，宪章显密，兰桂齐芳。我们要像爱护自己的眼珠一样来爱护佛教界的团结。'我认为，无论出家人，还是在家的居士，大家有一个共同的心愿，就是爱国爱教，多做利教利民的好事、善事。人与人之间要和睦相处，要保护生态，爱护环境。但愿晨钟暮鼓警醒世间名利客，经声佛号唤回苦海迷路人。让我们大家共同营造一个和谐、安定的环境，人人都能幸福安康地生活。"

（原载《人民日报·海外版》1988 年 12 月 27 日第七版。收录本书时改动了标题，增补了内容，参考了段绥生、梁国柱、王博斐先生撰写的有关文章。谨表谢意。）

古庙喋血记
——日本侵略者在绥暴行录

　　我于 1982 年采访当年的抗日救国会会员聂德俊先生。聂先生于 1940 年农历七月被日本侵略者逮捕。八月被判刑 4 年,囚禁在张家口察南监狱受尽折磨。直到 1945 年八月张家口光复后才获救出狱。中华人民共和国成立后,聂德俊根据回忆和走访抗救会健在的同志,写成了 5.6 万字的回忆录,取名《血债》。我还采访了从呼和浩特市服装公司离休的袁录印先生,根据他们的回忆结合有关史料写成此文。我们应世代牢记日本侵略者犯下的侵华暴行!

　　1937 年 10 月,日本侵略者的魔爪伸进了归绥县。26 日,伪蒙古联盟自治政府在归绥成立,改归绥为厚和豪特。11 月,伪蒙疆委员会登场,对日斗争形势极为严峻。为了进一步加强中国共产党对绥远敌占区群众抗日救亡运动的领导,配合与支持大青山游击根据地的斗争,加强归绥地下党组织的力量,领导归绥人民进行更加灵活、更加隐蔽的斗争,1939 年,大青山地区党组织派宁德青、贾恭、张克敏等同志来归绥工作,同在归绥进行地下工作的刘洪雄同志共同组建了绥蒙各界抗日救国会(亦说“绥蒙各界联合抗日救国会”)。

　　归绥旧城大召前街路东有一条财神庙巷,因巷内路北有座财神庙而得名。财神庙是蒙疆道教会所在地。庙中除有和尚外,还有道教会的 3 位道士。刘洪雄了解到道教会会长王信真和道士王从顺、王永茂都具有强烈的民族气节,反对日本侵略,同情抗日,完全有可能争取过来参加抗日斗争。经过与王信真等交谈,王信真完全支持。这样,就正式秘密组建了“抗救会”,以“蒙疆道教会”作掩护,名义上吸收道教会会员,实际上秘密发展抗救会会员。名义上,刘洪雄同志还担任了道教会的董事,其他同志也都参加了道教会。他们以财神庙为基地,通过亲朋、同学、同事的关系,在各界、各阶层爱国人士中秘密发展会员。到 1940 年,绥蒙各界抗日救国会已拥有会员 200 多人,他们中间,有工人、农民、商人、教员、学生、职员,也有上层爱国人士。他们都按照抗救会总部的指示,利用各自的有利条件,展开不同形式的秘密斗争。

绥蒙抗日救国会旧址碑记　王东亮摄

抗救会在归绥城内设立了许多活动点,形成了多层网状联络会,积极宣传党的抗日民族政策,揭露日本侵华暴行,宣传中国共产党的抗日民族统一战线政策,介绍全国的抗战形势,积极筹集粮款,购买枪支弹药等军需物资,支援大青山抗日根据地,千方百计收集政治、军事情报,配合八路军在大青山地区的军事斗争。同时,为培养少数民族地区干部,积极选送进步青年赴延安学习,鼓舞了在日伪统治下归绥人民的抗日信心。

抗救会把巴彦塔拉盟(伪政权新设"巴彦塔拉盟公署")师范学校作为重点,在教职员和学生中发展会员,开展抗日救亡活动。当时的校址设在旧城的梁山街,先后发展了 50 多名进步学生为会员。校长阎继璈等 10 余名爱国教职员也参加了抗救会。

抗救会会员郭久成道士,在大召东仓开设了一个戒烟所(戒毒品),以助人戒烟为掩护,发动各行各界的人士捐款。他们用捐款购买我游击队需要的物品,由地下党交通员彭光华秘密送到旗下营附近的据点,再转送大青山抗日根据地。

1939年和1940年初的一段时间内,抗救会先后选拔刘壁、张纯公、周服礼、何树声、任希舜、卜秉、王贤敏、黄媚梅、王林、贾连喜等一批青年,经由大青山根据地,送往革命圣地延安学习或工作。

后来,由于抗救会中燕漫云的变节和孔广和的叛卖,日本侵略者根据特务们的情报,成立了"联合搜查本部",开始对抗救会员进行血腥的大搜捕。

1940年农历七月十三清晨,敌军倾巢出动,包围了巴彦塔拉盟师范学校,按照黑名单把老师和学生30多人抓走,解押到日本宪兵队的牢房,严刑拷打,百般凌辱。

与此同时,敌人对选送到延安去的6名学生的家长和亲属也下了毒手。遭到逮捕落入魔掌的,最小者只有7岁。

在大搜捕中,魏铭被捕叛变。此人供出了地下党主要领导刘洪雄、宁德青,供出了抗救会总部所在地财神庙,供出了新兴永杂货铺、郭久成戒烟所、商会、农会等据点,供出了他所知道的抗救会员。敌人包围了财神庙,当时,有70多名信徒正在庙中进香,其中有一些抗救会员。日本宪兵队长河野手握战刀,不时地发出狂叫,命令他的军警特务一边搜查,一边抓人,在庙内横冲直撞。佛门圣地立刻变成了特务横行的人间地狱。

敌特先抓了抗救会的坚定支持者和主要掩护人王信真、王从顺、王永茂3位道士。将他们毒打一顿后,威逼他们说出谁是抗救会员。3位道士尤其是王信真,面对敌特的暴行毫无惧色,他横眉冷对,不吐一字。河野气急败坏,豺狼般地吼叫着,让凶残的特务继续毒打,但在坚贞的道人面前仍一无所获。与此同时,敌特搜遍了道教会的所有地方,终于按叛徒魏铭的口供,在佛龛里发现了地下党的文件。

农历七月二十早晨,刘洪雄和彭光华手里拿着香,一前一后步入道教会。刘洪雄走在前边。一进门,就被早已守候的河野发现了,河野大喊一声,人群哗然,乱成一片。特务军警一拥而上,刘洪雄同志寡不敌众,不幸被捕。彭光华乘乱进入人群。

河野明白不可能从刘洪雄口中得到什么口供,所以没问什么,还是继续拷问王信真。敌人把王信真打得死去活来,打完了又把他推到人群面前,威逼他认出谁是抗救会员就点一下头。这位坚强的爱国者,没点一次头。走到彭光华同志面前,他心中一怔,但面部毫无表情,漠然镇静而过。他最后一次保护了和他经常联系的交通员彭光华和在场的其他同志。

根据叛徒魏铭的口供和特务奸细的侦探报告,先后将抗救会其他领导人和骨干人员贾恭、张克敏、梁福润、赵新民、杨森、郑化国、魏达贤、岳浦、黄素芳、贾学增、贾学卿、王高、李克敏、宫付荫、聂德俊、阎继璈、段履庄、杨连贵、吴杰忱、郭久成等抗日志士逮捕,投入监牢。

这样,敌人从 1940 年农历七月十三开始至 1941 年农历五月二十三止,10 个月的时间内,抗救会主要领导人刘洪雄、贾恭同志和抗救会 190 多人被捕。绥蒙各界抗日救国会遭到敌人严重破坏。

敌人动用了几乎全部法西斯手段,来对付抗救会被捕人员。刑法之多,刑法之残忍,罄竹难书。在敌人的残酷刑法面前,除极少数意志不坚、屈膝变节之人外,大多数成员坚贞不屈,始终不吐真情,使敌人的阴谋计划落空。当敌人看到他们的目的不可能达到时,实行了灭绝人性的残杀手段。从 1940 年农历七月到 1941 年农历八月,一年多的时间内,刘洪雄(33 岁,中共归绥地下工委组织部长,抗救会的组织者和主要负责人)、贾恭(45 岁,中共地下党员,抗救会领导人之一)、郭久成(42 岁,大召东仓戒烟所当家老道,抗救会联络站负责人)、张克敏(27 岁,小学教员,中共地下党员,抗救会领导人之一)、梁福润(27 岁,小学教员,抗救会地下印刷所负责人)、杨森(50 岁,电灯公司工人,抗救会员)、赵新民(40 岁,税务局职员,抗救会员)、郑化国(50 岁,农会会长,抗救会员)、魏达贤(40 岁,新华毛织厂经理,中共地下党员,抗救会联络站负责人)、王信真(50 岁,道教会会长,抗救会总部联络站负责人)、贾学增(30 岁,抗救会员)、岳浦(27 岁,电机厂职员,抗救会员)、王高(27 岁,新华毛织厂工人,抗救会员)、宫付荫(31 岁,铁路工程师,抗救会员)、王永茂(29 岁,道教会道士,抗救会总部联络站负责人)、王从顺(30 岁,道教会道士,抗救会员)、王永录(26 岁,电灯公司工人,抗救会员)、李克敏(女,30 岁,助产士,中共地下党员,抗救会员)、杨连贵(28 岁,毛织厂工人,中共地下党员,抗救会员)、吴杰忱(30 岁,台阁牧乡长,抗救会员)、段履庄(50 岁,商务会会长,旅蒙商三大号之一的大盛魁最后一任经理,抗救会员)、黄素芳(女,23 岁,毛织厂职员,中共地下党员,抗救会员)等 100 多名抗日志士,先后惨遭敌人杀害。他们有的是被枪杀的,有的是被活活打死的,有的是被活埋的。后来,杨植霖同志写了《向刘洪雄同志致敬》寓意深远、悼念战友的诗："弹痕周身斗志高，深入虎穴擒鬼妖。万般酷刑无所惧，不辱使命立云霄。"

敌人残杀了这100多名抗日志士后，又将聂德俊、潘启祥、任全、卜辰、赵振昌等28人(亦说51人)，解送张家口"日本连沼兵团司令部柑柏部队军法处"。其中16名被抽干血后活埋。其他则于1941年农历八月二十二，以所谓"军事罪"，分别被判处了2至10年徒刑，投入日寇张家口察南监狱。

1945年农历八月二十二，八路军解放张家口时，打开了日本侵略者的魔窟——察南监狱，救出了被关押的所有抗日志士。归绥城抗救会被捕判刑的聂德俊、潘启祥、任全、阎继璇等同志与山西大同抗救会被捕的同志一起被解救出来。这些同志出狱后，根据当时斗争的需要，在张家口公安局苏奕然局长领导下，协助八路军进行收缴日伪军枪支的工作，后到华北联大休养学习。中华人民共和国成立后，聂德俊同志曾任呼和浩特市小学校长、巡回演出办公室主任、人民电影院经理、市电影发行放映公司副经理。

1958年4月25日，在呼和浩特市中级人民法院的庄严法庭上，对残酷迫害抗救会员、作恶多端的汉奸特务分子作了历史性判决。将孔广和、刘永祥、白玉判处死刑，立即执行。将韩长胜、张桂芝、赵鹏、戴俊、马荣、王秉政分别判处有期徒刑。对出卖组织背叛革命的叛徒也进行了严峻的审判，将魏铭判处死刑，缓期2年执行。将燕漫云、王惠敏、武静汉分别判处有期徒刑。

绥蒙各界抗日救国会遭敌人的严重破坏之后，抗救会的组织已不存在。然而，侵略者一天不被打倒，反抗侵略的斗争就一天也不会停止。抗救会虽不存在了，但归绥城乡人民的抗日斗争在地下党的领导下，仍在继续进行着。日本侵略者头目及其特务机关人员心中明白，虽在这一年破坏了抗救会，杀了那么多人，但地下党并没有被消灭，人民并没有被吓倒，反抗他们法西斯统治的斗争一直没有间断。日伪特务机关派出大批特务密探，搜集我地下党活动的情报，但毫无结果，始终未侦察到任何线索。对此，日本侵略者并不甘心。他们把这一年破坏抗救会时逮捕释放的白国华、罗世杰、富养源三人又抓起来，企图通过刑讯逼供，搞清我地下党的情况。

这三个人曾是抗救会员，1940年7月被捕入狱。其中白(巴彦塔拉盟师范学校训育主任)、罗(巴彦塔拉盟师范教员)变节投敌，供出了他们所知道的学校抗救会员，受到日本宪兵队的赏识，不久被释放。富养源(巴彦塔拉盟师范学生)随后也被释放。1943年夏,敌人又将他们逮捕。白、罗关押在大同日本宪兵队,富在归绥被捕,押在伪警察署监狱。

这时,乃莫齐召小学校的教员谢振业和其弟谢振华被伪警察署逮捕。谢振业是延安抗大学生,以小学教员为掩护做地下工作,与我地工人员邹广胜、老黄二人联系。邹、黄二人以买卖药品为掩护,活动于大同、天津、北京等地,为大青山游击队购买物资,通过保合少村一个小铺的王掌柜,秘密送往大青山根据地。1943年夏,有一次运送物资时,被敌人发觉,王掌柜被捕。由此谢振业亦被捕,关押在伪警察署监狱。

据袁录印先生在2014年回忆,他的舅父杨令德(中华人民共和国成立后曾任内蒙古自治区政协副主席)也是归绥抗救会会员。袁烙,共产党员,袁录印的三哥。袁烙在延安工作时,认识了从巴彦塔拉盟师范学校奔赴延安参加革命的学生黄媚梅。二人缘于绥远同乡关系,经常接触,从同志逐渐成为恋人,于1942年结婚,生有一男夭折。在杨令德家有他二人的合影照片。后来,党组织派袁烙到宁夏搞地下工作,二人离婚。

袁录印的舅母谢汝珍(曾任呼和浩特市政协驻会常务委员)和大弟弟谢振宇(中华人民共和国成立后在土默特左旗察素齐镇工作,小学教师)都和他谈起过抗救会的一些事。谢振业(抗救会员)、谢振华(中学生)是谢汝珍的二弟和三弟。关于二兄弟被逮捕的细节是,敌人是从住在旧城剪子巷的家中把谢振业抓走的。出了院门向北走上大街时,他的弟弟谢振华抱着两件棉衣跑过来,喊着二哥,让他

把衣物带上。就在这时,敌人二话不说,把谢振华也抓走了。

在敌人刑讯时,谢振华被活活打死。谢振业和富养源联合越狱逃出,但因刑讯时受伤过重,未能走脱,又被敌人抓回。富养源被敌人打死,谢振业服毒自杀,以身报国。这样,敌人刚刚发现了的线索又完全中断。

1948年9月杨令德与夫人谢汝珍在
兰州合影 (见《印象青城》)

此后,大同日本宪兵队对白国华、罗世杰二人严刑拷打,二人受刑不过,就编

造假口供,把归绥各中、小学界的教职员尽其所知,开列名单,说他们全是抗救会员。敌人以此口供通知归绥日本宪归兵队。归绥的日本侵略者又组织了"搜查总部",以警察署井佐万田藤吉郎为头子,在1943年农历七月十二午夜3时,军、警、宪、翻译、特务倾巢出动,按照名单进行大逮捕,共抓捕100多人,分别押在第一监狱、宪兵队、市署留置场、搜查本部、新城警察署等6个地方。

日本侵略者豢养的一群特务打手,昼夜不停地轮番刑讯逼供。被捕的爱国者受尽了各种非刑之苦,有的竟被活活打死。敌人边拷问边继续抓人,又陆续抓捕70多人。从1943年到1945年,前后共逮捕170多人。后来,有一部分被释放出狱,49人被分别判处2至10年徒刑,几十人惨遭敌人杀害。惨遭杀害者有小学校长、教员、职员。

白国华、罗世杰虽然编造假口供,给敌人提供材料,也未受到敌人的信任和恩赐。由于他俩再提供不出抗救会的组织和活动情况,引起敌人的恼怒,被敌人活活打死。

历史已经证明,此案是敌人无端制造的一起惨案。

日本侵略者的两次大屠杀,仅学生就有49人。被捕人员中有老人、儿童、妇女和青年。

在全国中华人民共和国成立后的镇反、肃反运动中,清算日伪汉奸、特务的罪行时,已将这一惨案列为汉奸、特务的一项主要罪行做了清算,为死难者报了仇。

据聂德俊先生回忆:日本侵华所施酷刑种类繁多,包括烧烤、吊打、困、渴、冻、饿、鞭打、狼狗咬、图钉扎、过电、插竹签(往手指缝里)、假枪崩、刀砍、灌水(加煤油、辣椒面)、栽坑(地下挖两米深坑,把双脚捆住,头朝下吊起,霎时使人气绝身亡)、压杠子(人跪在地上,杠子放在腿弯处,两头站人硬压,只要一压便昏死过去)、穿钢笔杆儿(将4个手指捆住,敌人用蘸水钢笔杆儿硬往指缝里挤)、两水浇(用凉水浇后,再用开水浇,将肉皮烧坏)、钻水缸(在严冬季节,水缸内盛满冷水,将衣服剥光,头朝下栽进水缸里)、将人抽干血后杀害。

日本侵略者豺狼成性,受刑者九死一生,死后目不忍睹,真是惨绝人寰!

(原载《呼和浩特晚报》1982年8月17日第3版。发表时署名赵梁〈本书作者笔名〉。收录本书时改动了标题,增补了内容。)

第二辑　市井掠影

三湾四滩一圪料十八道半街

甜水井

桥梁古今谈

三湾四滩一圪料十八道半街

明代以前,在今呼和浩特市城区内没出现过城池。明隆庆六年(1572年),土默特部首领阿勒坦汗开始修筑城池。万历三年(1575年)建成库库和屯城(也写作"库克和屯""库库河屯"等),明神宗朱翊钧赐名为"归化城"。据《阿勒坦汗传》记载,这座城是模仿元代京城——"大都"的式样修建的,"有八座楼和琉璃金银殿"。万历九年(1581年),阿勒坦汗再次扩建归化城,修了"方三十里"的罗城(外城)。

有关学者分析,明代宏伟的归化城可能被明末的战火毁灭了,后来的归化城是明末清初在其废墟上因陋就简建筑起来的。据《玉泉区志》(1993年版)记载,这座城坐落在今玉泉区大南街街道办事处境内。城的东西、南北各长约300米,城周1200米,面积不足0.1平方公里。城墙的外表由砖砌成,高8米,只有南、北两座城门。北门在大北街北口,南门在今电影院街东口偏南处。城中有条南北的干道,即今大北街的北段。

清康熙三十三年(1694年)前后,土默特左右两翼对归化城进行过一次扩建,在城南增筑了外城。原城的东、南、西三面由外城包着,但是北端没有与原北城墙取齐,所以扩建后的归化城外形大致像"凸"字。这次扩建,把原南门改建为城中鼓楼,又修建了东、南、西三座城门,还增筑了四门的瓮城。新建的东门在今朝阳巷东口,南门在大北街南口,西门在九龙湾街西口。还把东、南、西、北四门分别命名为"承恩""归化""柔远"和"建威"。城中鼓楼檐下悬挂一块巨匾,上书"固威"两个大字。

新建外城为土筑,城墙高1.5丈,东西长约500米。从鼓楼到南门不足半里。

清乾隆、道光、同治时期，都重新修过归化城。

清同治七年（1868年），甘肃马化龙在"金积堡"起义反清，战事迫近归化。出于防范，在归化城外围曾经修筑过一道土围墙，它的形状极不规则，西至西茶坊，南至南茶坊，东至今工人文化宫街东，北至小校场（今内蒙古医学院）附近，绕居民区蜿蜒曲折30多里。

到了清末，城区已扩展到今石羊桥西路一带，境内已有五六十条街巷。民国十年（1921年）前后，归化城的城郭及鼓楼均已拆除。

据《归绥县志》记载，20世纪30年代，今玉泉区境内已有街巷133条。

归化城的街道名称，流传下一个口诀："三湾、四滩、一圪料、十八道半街"，现将它们的方位、可通向何处以及湾、滩、街内巷（方音，读hàng）子，涉及的人物和故实简介如下：

三湾

九龙湾　在大北街南端的路西，可通向西马道巷、小北街。内有大北巷、小北巷、大南巷、大东巷、大西巷。在大北巷南有一片空地，成了归化城很有名气的蛐蛐儿市场，有买卖蛐蛐儿的，有斗蛐蛐儿的，最厉害的蛐蛐儿，是城北哈拉沁捉来的。

胳膊湾　此巷形似人略弯回之胳膊，西去可至通顺北街（亦称民市北街），往东可至东苟家滩（后改称东尚义街）。

西河湾　在通顺西街西口外，可通到东西走向的桥头街，这里有南北走向的吉星里巷，即早年的吉星里妓女院，中华人民共和国成立后改称解放街。往南可至西苟家滩（后改称西尚义街）。还有一条小胡同，取名依仁巷（区别于大南街二道巷内的一人巷）。

四滩

马莲滩　在吕祖庙街北（吕祖庙东北），东顺城街南，就是今天（青城）公园西路的西面。当年，这里的滩地上长满马莲草（亦称马蔺、马兰），故名马莲滩（后改称新民街）。后来，这里变成了屠宰牲畜的场地。当时，周围的房屋稀少，有一座隆福寺（可岚召）。

苟家滩　当年有东苟家滩和西苟家滩。在这里居住最早的是苟姓人家，或多是苟姓住户，再加上这里房屋不多，滩地不少而得名。后来更名为东尚义街和西尚义街。"尚义"本是河北省的一个县，这里居住的尚义县人家比较集中，遂以此命名了街道。

该街道和通顺南街(亦称民市南街)、长和廊、三官庙街、通顺东街、腻旦街(后更名新生街)、桥头街等街巷相通。

后沙滩 它的北面是翟家花园(今植物园),南面是归化城道台衙门(今呼和浩特市第一中学),东面是太平召,西面是西龙王庙村。

在归化城北面和西边,发源于大青山沟的山水与伏流,在北魏郦道元所著《水经注》上,都叫白道中溪水。它从蜈蚣坝出来,经过回民北坟园西(今回民果园),在北沙梁后边形成了后沙滩。

孤魂滩 位在史家巷南口外,东面是南茶坊,西面是西菜园,南面是辛辛板升村。孤魂滩内有东岳庙和孤魂庙。早年,这里叫漏泽园。相传,在清代初年这块沼泽地是杀人的刑场。随着时间的推移,这里成了名副其实的孤魂滩。

革命党人王定圻,于民国五年(1916年)元月十三日被秘密枪杀在孤魂滩,年仅28岁。

民国十六年(1927年)三月二十八日上午,由共产党绥远工委和国民党绥远特别区党部共同协商合作,以国民党的名义,在孤魂滩举行了一次声势浩大的有五六千人参加的群众大会。在简易主席台前的横联上书写着"绥远难民大会"。绥远国共两党负责人和各界代表在大会上发表讲话,揭露清丈地亩、开放禁烟(毒品)的罪恶,控诉贪官污吏的种种罪行。会上,愤怒的群众高呼"打倒贪官污吏"口号。会后组织了示威游行,捣毁了归绥县地亩清丈局,烧毁了清丈土地的档案和卷宗。游行队伍还砸碎了教育厅、政务厅、财政厅的牌子,后到绥远都统府请愿,游行进行了两天。绥远都统商震很害怕民众这一运动,答应了请愿代表的要求,撤销了归绥县长冯延铸的职务,停止了地亩清丈,严禁种植罂粟等6项要求条件。这次事件史称"孤魂滩事件",斗争以胜利而告终。

一圪料

就是圪料街。它的具体方位是,从席力图召门前东去,路过兴隆巷北口,向北拐后再向东拐,路过小东街南口,往东快到小召山门为止。除上述街巷外,圪料街还与东鞋袜巷(后更名东兴旺巷)、石头巷、小什字儿、小召半道街相通。

十八道街

1. 东顺城街 它的方位是归化城的东边,故名东顺城街。西口是归化城北门,东口是今(青城)公园西路的北口或步行街的南口。在该街东面的中段往南

135

是南顺城街,往东不远是偏东南的东寺巷(内有清真东寺)。东寺巷与马莲滩相通。北面是水渠巷,可通到宽巷子。说到水渠巷我想多啰唆几句。当年的大府河槽水、小府河槽水和营坊门前水流经小教场西边,推动附近一家香坊(制作焚化品)的水磨,把一股支流变成了十字交叉形,然后通过水渠巷,浇灌回族麻家的菜园。这麻家为明朝九边的巨族,《明史》有传的麻贵、麻承训等,曾任大同、山西、宣府、辽东和宁夏等地总兵或副总兵。大同城内有麻家"祖孙父子兄弟元戎"的牌坊。清朝把明朝的军队改编为"绿营",麻家子孙在绿营中多任军官,故其分支到归化城的后代,浇灌菜园能用公主府的泉水。麻家的后人麻希天曾任呼和浩特市回民中学校长、回民区区长、市委统战部部长、市政协副主席。

今天,东顺城街已并入中山西路。

2.西顺城街 它在归化城外的西边,故名西顺城街。东口是归化城北门,西口与民东沿儿北口相连,它只和小北街相通。北面是草桥(亦称公安桥)。

3.南顺城街 它在归化城外的南边,故名南顺城街。北口是东顺城街的中段,南口与大东街东口和德胜街北口相通。该街的西面有官园子、朝阳巷、恒昌店巷,东面有召和廊,中华人民共和国成立后没有了,它是马莲滩内隆福寺(可岚召)西墙外的小巷故名召和廊。往南是马莲滩。在南去的一条死胡同的西口与南顺城街相连处,有一家由回族丁姓人家开设的茶馆,故此巷取名丁茶馆巷。在快到该街南口处是剪子巷。早年,此巷内有制作剪刀的作坊,或是有磨剪子抢菜刀技艺不错的师傅而得名。从剪子巷往东又能到马莲滩。

4.大北街 此街的北口,就是归化城的北门,在民国六年(1917年)以前,归化城北门是大北街和北门外的通道。民国六年(1917年)以后,由于人口逐渐增加,只走城门洞不行了,就在城门东边开了一条通道。该街曾叫过北门里、北门内街、民生北路。

在大北街的路东从北往南,有东马道巷,是早年上北城门的一条马道,它的西口往北就是北门外的街道。往南是议事厅巷,因巷内有坐北向南的"土默特议事厅"而得巷名。它是清代土默特旗的衙署。为何称作"议事厅"呢?清代,土默特部执行着议会式的集体领导制度。当时,全旗设有十二个甲浪,每个甲浪产生一名参领(是三品官)。十二名参领集体办公、议事的地方,就是"土默特议事厅"。此议事厅建于清代雍正十三年(1735年)。起初,它的大门是朝西开,面临主干道——大北街。道光四年(1824年),把大门挪到了南面,成了通常所见的坐北向南的衙门。它南北长 100 米,东西宽 24 米。院基高出周围地面 45 厘米,要登三步台阶才能进入院落。废除都统设立"总管"以后,"总管衙署"就设在这里,故又俗称其为总管衙门。现在它是呼和浩特市的重点文物保护单位。今天的议事大厅、东厢房依在,其梁结构和外形,依然是清代建筑的容颜。大门虽已陈旧,但仍然是明柱挑檐,古雅的建筑风韵犹存。

南去的楼儿巷,也叫驼桥楼儿巷,是条死胡同。因早年巷内有二层楼民居而得巷名,后来并入了大北街。

第四条是恒昌店巷,据说在清代的乾隆年间,巷内有恒昌客店,故而得名。后来,有了恒昌店小学。这恒昌店小学就是当年土默特左翼都统府的故址。从此巷拐弯可到官园子、朝阳巷和南顺城街。

往南是四眼井巷,因巷内有供人们打水的四口水井而得名。它为居住在附近的居民和商铺用水立下了功劳。从该巷也可通到朝阳巷和南顺城街。

以上所谈,是大北街路东的五条巷子。

再从北头往南谈大北街路西的巷子。

老府店巷,在唐朝至清朝的行政区划中,比县高一级的叫府,比如开封府、济南府、太原府等。再如太原出产的豆腐干儿,叫府干子。早年,在此巷内有山西太原人开设的客店,或是权贵的住宅,迁走后变成了客店而得巷名。

大厅巷,由山西杀虎关分支出一个归化关,就在归化城内设立了"大(税)厅"。此巷因有此大(税)厅而得名。在归化城的北门里路西是"顺义王府",路东是"议事厅"。明崇祯七年(1634 年),俄木布的顺义王号被废,王府为都统丹津所占,人们又称之为"丹府",丹府就在此巷内。土默特部被分为左右两翼,设左右翼两都统(起初各翼还置一名副都统,到康熙年间增为两名)。在丹府之南为右翼都统府,后改为镇守归化城的副都统衙门。解放初期,这里是归绥市人民政府所在地。

民乐社巷,巷子不宽,民乐社建于民国十五年(1926 年),是民间文艺场所。民国二十年(1931 年),将其改建成二层楼房,更名为"绥远饭店"。成为当时绥远省首屈一指的高层建筑、一流饭店。民国二十六年(1937 年)10 月归绥沦陷后,日本侵略者将饭店改建成"厚和医院"。民国三十二年(1943 年),又将此处改建成"协进电影院"。民国三十四年(1945 年)日本投降后,更名为"西北电影院""新生堂",仍然放映电影。绥远和平解放后,曾改名为"人民影剧院",既演戏剧也放电影。1954 年 7 月，大修竣工后改称"人民电影院"。该巷后更名为电影院街。

西马道巷，是归化城建成之后上南城门的马道，后来叫成了西马道巷。进入巷子有一拐弯，此处有一圆形大门院。据说在清乾隆二十四年(1759 年)时，协办大学士刘统勋奉旨查办保德等贪赃案，就住在叫作东升店的这个大门院内。此巷后来并入电影院街。

5.小北街　小北街可通到大西街、小西街、西顺城街。路西有太谷巷，在此巷最早居住的是从山西太谷县来的移民，取名太谷巷。后更名太管巷就不知所指了。往北有杨家巷，因巷内最早居住的是杨姓人家或多是杨姓人家而得名。巷内有清代建成的文庙一座，亦称县文庙、汉族文庙、北文庙。地址就是后来的杨家巷小学院内。杨家巷可通到扎达海河、九龙湾、西马道巷、大北街。

6.大南街　此街的北口，就在大什字儿，也就是大北街的南口，大东街的西口，大西街的东口。在大南街的路东，有三贤庙巷，因巷内有座三贤庙(供奉刘备、关羽、张飞)而得名。在该街往南的路中间有一个二层楼，是当时的大南街公安派出所，人们管这个地方叫"皮裤裆"，从这里西拐仍然进入大南街，东拐就进入三贤庙巷。该巷与小东街相通，可到圪料街、小召半道街、大什字儿。

路西有大南街二道巷，与一人巷、大西街、宁武巷、腻旦街、大南街头道巷、大召东夹道相通。

头道巷在二道巷南，它紧挨的是大召东夹道、腻旦街。

大南街的南口在小什字儿。小什字儿包括小南街北口，东鞋袜巷西口，西鞋袜巷东口。大南街曾叫过民生中路。

7.小南街　小南街的北口在小什字儿，南口在阳沟沿儿后归了南茶坊的北口，文庙街的东口，西五十字街的西口。这是一条不规则的十字儿路口。在小南街的路东有喇嘛庙巷，因巷内路北有一小型喇嘛庙而得名。它的东口和石头巷相连。往南有一死胡同，叫聚盛店巷，因巷内有一车马大店而得名。在路西有荞麦皮巷，后更名为玉泉一巷，它的西口和大召前街、玉泉井台相连。往南有财神庙巷，因巷内有财神庙而得名，后更名玉泉二巷，它的西口和大召前街相连。小南街曾叫过小什字街、民生南路。

8.大东街　它的西口在大什字儿，民间有"大东街不大，小东街不小"的说法。大东街和南顺城街、德胜街相通。在路北有一条王家巷，可通到朝阳巷、南顺城街。史志专家刘映元先生对王家巷有过考证,既是"字号班"(戏班子)又是"娃娃班"的混合班子的侯攀龙戏班在此巷居住。据说侯攀龙是江南的宦门后代,祖先得罪了明朝的永乐皇帝,被满门抄斩,留下好几对儿童男童女发配到九边唱"赛",不许跟外姓婚配,让他们给先人"败姓",故称为"王八家",所谓"王八戏子、吹鼓手"中的"王八"可能来源于此。这条王家巷从前叫过"王八巷"。

在路南有晋阳楼巷,是条死胡同(亦称尽头巷子)。可能当年在里边开过"大戏馆子"(既能吃喝又能看戏)。

9.小东街 该街可通到大什字儿、大东街、小召半道街、圪料街。小东街内有魁星楼巷,魁星楼是清雍正年间建成的土默特旗文昌庙中的建筑,魁星楼底下是文昌庙的山门。魁星亦为主宰文运之神。过去不少人起名登鳌、占鳌、登魁、占魁以及映斗和映奎,即来源于此。

还有会仙楼巷,早年在巷内可能有会仙楼大戏馆子。魁星楼巷和会仙楼巷都是死胡同。

在大观戏院北有小召后街,街内有黄腔巷。据戏剧家贾勋先生考证,清同治七年(1868年),显赫一时的清朝重臣李鸿章,在镇压太平天国之后,又率师进剿西北的回民起义军。当他的淮军洋枪队与水师营驻防归化城后,便随之带来了唱黄腔(即徽调的二黄)的徽戏班。当时,作为东道主的嘉乐会馆(大观剧院的前身),在临近剧场的街巷安排了戏班子的下处,这就是以后因此而得名的黄腔巷。令人遗憾的是,不知从什么时候起,这古老的黄腔巷,已经易名为黄墙巷了。这一改,墙与腔虽一字之别,却改得没有了可以印证呼和浩特这座历史名城的文化内涵。

还有醋铺巷,因有一销售醋、酱油的铺子而得名。元盛德巷,归化城在清代康熙后期,最兴盛发达的是走外蒙的旅蒙商号,其中大盛魁、元盛德、天义德三家,称为"集锦社"的三大号。元盛德的城柜就设在这里,故名元盛德巷。

在小东街的路西偏南有一条猪圈巷,据说在巷内住有养猪大户,因而得名。

在大观剧院斜对面,是三贤庙巷。进入巷内可到皮裤裆、大南街。

10.大西街 它的东口在大什字儿,西口与小西街东口、小北街南口、宁武巷北口相通。当年的大西街是一条相当红火热闹的所在。有饭馆、茶馆、酱园、糕点铺、澡堂、铁匠铺、杠房铺(鼓轿房)、戏院、毡制品作坊、药铺、面铺、杂货铺、画匠铺、书画装裱店、小人书出租屋、冰棍儿制造商,还有基督教徒聚会处等。

在大西街路南有一人巷,此巷的北面比较宽,到了南面与大南街二道巷快要相通时才是真正的一人巷,两个人都推着自行车对面而来,就过不去。

从一人巷北口西去,有一条龙门店巷。巷内有抗日战争末期成立的基督教徒聚会处,创办人是刘秉忠。亦有"地方教会"之称。刘秉忠曾任内蒙古自治区、呼和浩特市两级基督教协会会长,内蒙古基督教三自爱国运动委员会副主任。

11.小西街 小西街和大西街相连,往西可通到扎达海河。在街的靠东有南北走向的牛头巷,贾勋先生说过:"这条有二百多年历史的牛头巷,是个名字里包含着三分怪诞、七分亲切的寻常巷陌。它俗到了极处,也雅到了极处,是青城胡同文化中独领风骚的一个'另类'。"

在西面有大兴太巷,是因早年巷内有大兴太商铺而得名。这条巷子也是南北走向,它和牛头巷的南口,都与三官庙街相连。三官庙街是东西走向。

在小西街路北有一条死胡同,叫翠花宫巷。相传,在巷内曾居住过一位翠花公主,故名。

12.三官庙街 因在该街的西头路北建有一座三官庙(供奉天官、地官、水官,已有350多年的历史)而得街名。

它的西口可通到东苟家滩(后更名为东尚义街)、通顺北街(亦称民市北街)、腻旦街(后更名为新生街)。东口可通到宁武巷(因最早居住的是山西宁武人而得巷名)。康熙三十五年(1696年)以后,旅蒙商的"宁武班子"离开了宁武巷,远走高飞到东北的海拉尔一带发展。此后归化城内很少有宁武商人。在宁武巷北头的路东有一处大门院。早年,是山西文水韩家的房产,韩葆纯是名画《康熙帝私访月明楼》的作者。1957年,中共玉泉区党委、玉泉区人民政府入驻该大院,各占一个院子。后来,这里又变成呼和浩特市第二被服厂。三官庙街东口还能到大、小西街、大南街二道巷、头道巷。

三官庙街内的路北有和小西街相通的牛头巷和大兴太巷。路南有一条死胡同,有5座小院,还有一条巷子只有3座小院,都没起过名字,人们也管它叫三官庙街。

13.吕祖庙街 因在该街中段的路北,有清光绪年间建成的吕祖庙(供奉八仙之一吕洞宾)而得街名。吕祖庙街是东西走向,东口和东德胜街相连,西口和西德胜街相连。在吕祖庙的东北,是马莲滩(后更名新民街)。此街可通到东顺城街、南顺城街等街巷。

14.腻旦街　因为道路泥泞难行而得街名。呼市文联原副主席兼秘书长贾勋先生曾听呼市杏林高手、老中医纪世卿(呼市政协第五、六届委员)先生相告,说腻旦街的由来,可能与当初此街一个优孟衣冠的人物有关。这就是艺名二娃娃的牛姓男旦演员。据说100多年前,归化城的露天演出,多以雁北岭后大秧歌为主。而这演技精湛、师出名门的牛氏艺人,曾经红极一时。其小旦表演中的柔媚艳丽、风情万种尤被人称道,故而戏称其为"腻旦",由是便有这腻旦的街名。

贾勋先生对此说的评论是,且不说这半似荒诞的说法,是否查有实据,重要的是,它所反映的老百姓的审美心理,却是渊源有自的。

腻旦街后更名为新生街。该街为东西走向,在路北有万顺店巷(因店而得名);还有熏皮坊巷(早年,巷内有熏制皮革的作坊而得名),此巷内的院落以砖瓦院居多。后来,将这两条巷子更名为新生街东、西巷。路南有一条无名小巷是死胡同。从此巷北口往西,有一个大门院,中华人民共和国成立初期成了绥远银行干部学校。后来是呼和浩特市民族用品厂。

此街的东头路北有一座玉皇阁,建于明朝天启年间,是归化城、绥远城中建筑最早、规模最大的道教寺院之一。它的戏台建在道观前的路南。

从腻旦街东口可到棋盘街、大召东夹道、大南街头、二道巷、宁武巷。从西头可到东苟家滩、三官庙街、通顺街、长胜街。从腻旦街中段往南可进入大召西夹道。

15.大召前街　在"大召市场内的街巷、商铺和摊贩"中详细介绍,这里不赘述。

16.通顺街　在谈通顺街之前,先介绍"人市儿"这个地方。人市儿这一名称起源于清代,它是本地尽人皆知的地名。清光绪二十三年(1897年)沈潜编纂的《归化城厅志》里的"归化城街道图"中,就标有"人市"这个地名。

这里为什么叫人市儿?因为是雇用长短工和丫鬟、老妈子(保姆)的地方, 买卖劳动力(人工)的市场,归化城一度的首富兰银余从山西崞县来归化城后,就在"人市儿"被人雇用当过短工,专门到人们的家中修理炕洞子。这里也确实买卖过人口,这是人市儿的另一层含义。

以人市儿为中心(十字路口)往北是通顺北街(亦称民市北街),往南是通顺南街(亦称民市南街),往东是通顺东街,往西是通顺西街。后来,通顺东、西街合称通顺街,也就是今天的塞上老街。

这里是个红火热闹的地方,这与其周围的古建筑有关。它的东面有明万历年间建成的弘慈寺,后更名为无量寺,就是今天的大召;西面有清顺治年间建成的朋苏召(亦称西召);北面有清康熙年间建成的乃莫齐召;南面有康熙年间建成的弘庆召。这些召庙不仅建筑显赫,而且祭祀活动很兴盛。这就给商人们带来了商机。这里有软、硬山货铺、杂货铺、饭馆、茶馆、药铺、车马大店、客货栈、留人小店、粮店、面铺、当铺、估衣铺、银楼、卖小吃喝的摊铺等。

这里还有耶稣教堂、教会学校,还有济生院(俗称大官店),是乞丐们的庇寒所。济生院东南还有个二官店,三间土房一盘大炕,也叫大炕店。民间有"上了大炕(二官店),九死一生"之说。

民国十八年(1929年),绥远遭受特大旱灾,赤地千里,颗粒无收。在人市儿就有人贩子买卖人口。当时山西代县(早年称代州)的地方官,为了查点由关外卖至关里的人口数字,在过雁门关时,要下车往一个斗内扔黑豆,有几个被卖的人就扔几颗。据传说在这场旱灾的袭击下,被卖的人通过雁门关扔下的黑豆多达二斗多,可见那时被卖的人是很多的。当时,在归绥人市儿卖过多少人没法知道了,反正不少。

在人市儿出出进进的多数是穷苦人。在通顺北街(民市北街)一带,有很多破破烂烂的留人小店。住小店的都是些贫穷人,其中还有一些"打砖的"和"叫街嚎城"的乞丐。他们多数是残疾人或孤独的老年人。

"叫街的"多在夜间行动。他们沿街串巷,高喊着"行好积德的老爷太太们,行好积德的婶子大娘们,行行好哇"。人们称他们是"叫夜的"或"嚎城的"。有些肢体残缺者,赤身裸臂,寒冬腊月也只是披着一条破毯子或麻袋片儿,跪爬在"人市儿"一带的街旁路边,用一只烂鞋或一块破砖头扑打着自己的胸脯或头部,呼喊着向路人乞讨。他们被叫作"打砖的"。

总之,人市儿一带在早年是归化城最脏、最乱、最吵闹的地方,也是归化城贫穷落后的一个缩影。在这里记载着旧中国劳动人民的苦难史。

中华人民共和国成立后,归绥市人民政府于1950年7月26日封闭了人市儿西北的吉星里妓院。依法惩办了有罪的老板和老鸨,上百名妇女爬出了火坑。这条街遂之取名为解放街。后来,还在人市儿的西口外建起了滨河公园。

现在,我们介绍这四条通顺街巷。通顺北街(民市北街)的北面是乃莫齐召,南口在人市儿。在街的路东有能通到东苟家滩的胳膊湾。路西有桥头街,它是东西走向。西口可通到西河沿儿,就是西河湾。南北走向的就是吉星里。往南是西苟家滩。

在乃莫齐召的西北是乃莫齐召夹道巷,曾叫过召和廊、乃莫齐召西夹道。前面谈到的济生院(官店),就是后来的乃莫齐召小学校址(坐西向东)。在它北面的小巷叫官店巷。出夹道巷北口可到扎达海河。乃莫齐召东是长胜街、三官庙街、东苟家滩、腻旦街。

通顺南街(民市南街)的北口在人市儿,南口外可通到南柴火市儿(路北有弘庆召),周纸坊(周姓人家开设的造纸作坊)巷,寿阳巷(巷内最早居住的是山西寿阳人,他们擅长烧制砖、瓦,在南面建有南瓦窑)。街的路东有大范家巷(后更名为通顺大巷),和长和廊、长安店巷、穿行店巷、通顺东街相通。往南有小范家巷(后更名为通顺小巷),因两条巷内最早居住范姓人家,或范姓比较集中而得名。路西有奎隆永巷,因有此商铺而得名。后来,人们管此巷叫猪圈巷,未知是否有住户饲养多头猪而得此巷名。往南是公义店街,因早年有公义煤炭店而得名。它的西口可通到西菜园。

通顺东街,它的东口与大召西夹道、腻旦街、大召前街相通,西口在人市儿。街的路北中段和东苟家滩南口相连。北去可到三官庙街、长胜街、通顺北街(民市北街)。在路南的靠东有条巷子可通到穿行店巷、长安店巷、长和廊、大小范家巷、通顺南街。

民国九年(1920 年),通顺街的耶稣教堂北面,也就是东苟家滩南端的路东,成立了一所培真小学。

在通顺东街中段靠东的路北,有一所归绥市立通顺街中心国民小学校,即市立第六完全小学校,后更名为通顺街小学,我就是在这里上的小学。有三位老师担任过我的班主任,他们是温秀娥、李贵宝、杨秉权老师。

有一件事使我记忆犹新。那时上小学既有珠算课,也有写仿课。写仿就是用毛笔照着仿印子写字。有一个叫信聚福的同学把铜墨盒丢了,当时它的价格是很贵的,一般同学用的是石头的或是瓦的。

一天上午,温老师将全班同学集中起来,用毛笔在每人的手心写了一个"有"字,让大家轻轻地握住手,站在黑板旁。温老师说,凡是没拿墨盒的,"有"字不一会儿就自然消失。拿了墨盒的或是在别处拿过他人东西的,"有"字就会始终存在。过了约 10 分钟,温老师就把同学逐一叫出教室外。

绝大部分同学因为没拿墨盒，相信温老师"有"字不一会儿就会消失的话，结果，他们的"有"字都在。温老师让他们去把"有"字洗掉。最后发现有四个学生的"有"字没了，双手成了黑的。温老师把他们叫到一起开会，说铜墨盒就是他们中的一个拿走的，谁拿走的就拿出来。有一个开口道："老师把咱们抓住了，我们四个每人出点儿钱再给他买一个墨盒。"另三个同学不同意，说自己没拿墨盒。温老师全明白了，让这个学生下午把墨盒拿来。下午一上学他就把铜墨盒交给了温老师。

在通顺东街众多做"提吼"买卖者中，有一位无双脚跪着行走的。我的儿时同学郝福中打听到他叫苏玉标。这位残疾人不瘦，非常乐观，他买卖的全是居家使用的小物件。他的吆喝声有："铜壶、铁壶、铜水瓢，你要是买了我的铜水瓢，我就给你唱上几句'打樱桃'。你要是买了我的炭铲铲，我好安上两个脚板板。"据说他后来娶妻生子，孩子还上了大学。

通顺西街，它的西口可通到扎达海河（蒙古语称"乱水泉子"）。人们管这里叫西口子，它是从归化城往西出城的地方。西去是西茶坊。东口在人市儿。在街中段的路北，可通到桥头街、吉星里、西苟家滩。在路南有一家很有名气的潘大龙车马大店，是以店主之名起的店名。该店的跨度很大，它的北门在通顺西街，南端在公义店街。中华人民共和国成立后，这里成了呼和浩特市第一造纸厂。

17.东五十家街　它的方位在归化城的东南，是东西走向的一条街。它的东口和南美人桥西口相连，西口可通到小召半道街、西五十家街。此街的路北有义生店巷，因有义生车马大店而得巷名。在北面的路东是便宜斋巷，因巷内早年有便宜斋饭馆而得名。路南靠东头是大东园巷，快到小召半道街南口、西五十家街东口的路南是龙王庙巷，因巷内有一座龙王庙而得名。在南端的靠西有一死巷子，叫白公鸡巷。据说，早年在巷内居住的一位老太太，饲养了一只大白公鸡，一到五明头就打鸣儿，有时还用嘴钳人。人们就把此巷叫成了白公鸡巷。

18.西五十家街　它也是一条东西走向的街道。东口和小召半道街、东五十家街相连。西口可通到小南街、文庙街、阳沟沿儿（早年有"阳沟沿儿的鸭子皮毛不好肚囊肥"之说）。在街的路北中段，有席力图召的属庙巧尔齐召，召内住有居民，后来还建有巧尔齐召小学，人们管它叫巧尔齐召内巷。在路北的西头有石头巷，它的北面是席力图召。在此巷的北端，加工石器的作坊比较集中，因而得名石头巷。早年，加工的产品有石碑、碾子、磨盘、手推小磨、水井口、条石、饮牲口的石

144

槽等。现在此街有石匠加工墓碑等。

石头巷南口往东有兴隆巷,此巷的北口可到圪料街,东去和定襄巷相通,南口和西五十家街相连。

民国十九年(1930年)左右,贺秉温在此巷开设了"德中和"烟土店,从事烟土生意。何谓烟土?鸦片也叫阿片,在归绥地区俗称大烟、洋烟、烟土,是从罂粟的果实中提制出来的一种毒品。烟土商不仅收购本省的烟,还由宁夏、甘肃等地批购大量的货,再转卖给内地客商。

这个贺秉温,字次章,土默特人。开过粮店、客栈,代客买卖皮毛杂货,逐步成了归绥商界知名人士。民国二十二年(1933年)始,成为归绥县商会主席,兼任绥远红十字会副会长。民国二十六年(1937年)十月日军进犯绥远,贺即伙同李春秀等十余人,制作日旗欢迎日本侵略者入城。后被委任为维持会会长、重要物资统制委员会会长、厚和特别市(日本侵略者将归绥市改名)市长。后来,又成了蒙疆土药(鸦片)公司董事长,兼任土药总组合理事长、张家口红十字会会长等。在筹办经营鸦片期间,仅绥远一地即收买烟土1000万两之多,销往华北、华中各地,为敌敛财,用于侵略战争。

1945年8月,日本宣布无条件投降。12月10日,贺秉温被国民政府军事委员会北平行营督察处和军统局扣捕。1946年8月1日,经河北高等法院审判后处有期徒刑15年,剥夺公民权10年。贺虽在河北被判刑,但其罪恶活动主要是将绥远平市官钱局的资金拱手让于日军,绥远各界人士纷纷要求将贺秉温押回绥远审讯。1946年10月23日,最高法院特种刑事庭批准撤销河北高等法院判决,交绥远高等法院审理。1947年2月22日,贺由绥远高等法院书记官李俊押归绥远。1948年2月18日,被绥远高等法院以通谋敌国罪,判处死刑,"全部财产除酌留家属必需生活费外,其余没收"。4月21日下午2时,贺秉温被押赴归绥美人桥刑场执行枪决,年58岁。

在巧尔齐召对面,也就是西五十家街路南的巷子,叫巧尔齐召巷。它的南口可通到小御史巷、海窟街(后称清泉街)。从巧尔齐召巷北口往西,有大御史巷。相传曾有一位御史官在此巷住过,故名御史巷。1975年改成了不伦不类的"大玉石巷",人们不买账,还管它叫"大御史巷"。它的南口可通到小御史巷。再往南都是菜地。

半道街即小召半道街,南口和西五十家街东口、东五十家街西口相连;北端是早年的小召(后来成了小召小学)。在清代,小召前曾有一半街巷毁于一次绵延大火,这就是人们所说的"火烧半道街"。半道街名来源于此。据1985年测量,小召前街宽6.6米,长621米,比大召前街长60米。半道街北头西去与小东街、圪料街相通。

在此街的路东,从北往南有小召头道巷,东口与北美人桥(今五塔寺北街)、梁山街相连。巷内有北去的小召东夹道(后称小召夹道巷),永光店巷(后并入小召夹道巷)。它的北口和小召后街相连。靠东头的路南有美人里巷(后并入五塔寺后街,一说叫美人桥巷),它的南口和平康里街(后叫康乐街,是五塔寺后街的曾用名)相连。

小召二道巷,东口和北美人桥(今五塔寺北街)相连。巷内原有一死巷子也叫小二道巷,后并入小召二道巷。

小召三道巷,东口与平康里街(康乐街,今五塔寺后街)相连,可通到南美人桥(美人桥南街,今五塔寺西街)、东五十家街、北美人桥(美人桥北街,今五塔寺北街)、新召前街(今五塔寺前街)。

北美人桥(今五塔寺北街),南起小召三道巷,北至小召头道巷,长204米,宽4.3米。平康里街(今五塔寺后街),靠东头的路北有隆茂巷,西头路北有美人里巷,北去可到小召头道巷。东头路南有会元坊巷。后来,这三条巷子都并入五塔寺后街。

在小召半道街的路西靠北头,有永合堂巷,它是一条不长的死巷子(东西走向),往北紧挨远近闻名的永合堂中药铺而得巷名。永合堂是前店后作坊,它的作坊门就开在永合堂巷。您别小看这条不起眼儿的小巷子,巷内有坐南向北的归化城八小召之一的广福寺,也是"七大召八小召"十五座主庙之一。

在永合堂巷往南,还有一条定襄巷,此巷最早入住的是山西定襄人,或是定襄人比较集中因而得巷名。此巷西口与兴隆巷相连,可通到圪料街、石头巷、西五十家街。定襄巷的东口与路东小召三道巷的西口隔街相望。

甜水井

今天的城乡大都用上了入户的自来水,那么早年的人们饮用什么水呢?我儿时住旧城大召西夹道的西成店巷。14 号院是归绥大财主兰(蓝)银余的兰家大院,在外院就有当时十分先进的铁制手压水井,人们管它叫洋井。15 号院即西成店巷名由来的西成车马大店,是山西大同韩家开设。我想多说几句的是,这韩家的女儿韩云琴,曾是绥远西部地区第一位女记者,中华人民共和国成立后在呼和浩特市第九中学任教,是被誉为西部地区活字典的史志专家刘映元先生的夫人。在西成车马店的里院,有一口用水斗子汲水的水井。共有 16 个院落的小巷就有水井两口。

1968 年,我结婚住观音南街平房,1979 年我家还未安上自来水。到何处取水?在古寺观音庙南是玉泉区业余体育学校,学校南墙外有一高出地面约 2.5 尺、直径约 4 寸铁管的长流水井,供附近的居民饮用,泉味清甘十分好喝。

从上面所谈,可以断言,凡是有人居住的地方,或远或近都有水井。有用柳条编织的水斗子汲水的井——早年的财神庙巷,就是柳条编织品的集中产地,坐落在道路南北的柳编铺,几乎都是山西浑源人开设。这些水井有用手压取水的洋井,有用手摇辘轳把儿汲水的深水井,还有利用轮轴原理制成的辘轳安在大口水井上,由牲畜拉动汲水来浇灌耕地的井。

1935 年成书的《归绥县志》记载,1927—1929 年大旱,于是当局稍稍重视水利。据 1929 年统计,新凿土井 513 口,渠 57 条。到 1934 年,土井时有增益,渠则增至 130 条,灌溉耕地 5500 余顷。

我们分别来谈本地早年的甜水井。

玉泉井 在大召的山门檐下,曾悬挂一块横匾,上书"九边第一泉",笔势飞动有力,顶端还有"古无量寺"字样。此匾额用柏木制成,高二尺七寸,宽九尺五寸,厚二寸。现在,挂在原东仓门上方的是复制品。这是清代光绪二十九年(1903年)六月,432家商铺集资修葺压泉井(旧时写作御泉井)时,由归化城三大旅蒙商号之一的大盛魁账房先生王用祯(亦说王用恒,山西榆次人)用棉花绑在木棍儿上蘸墨而书(称棉书),它不仅可以看出大召古庙与召前玉泉井两座名迹之关系,而且是一件宝贵的书法作品。"九边第一泉"指玉泉井而言。历史上,明朝以辽东、宣府、大同、延绥、宁夏、甘肃、蓟州、偏头(太原)、固原北方九处要镇为"九边"。玉泉在九边众多井泉之中是居首位的。据当年驻在大召的友谊服装厂(1967—1983年7月)财务科长郝福中(2014年)回忆,九边第一泉匾原件在"文革"中被大召西夹道一木匠盗走,当厂内人员找到时,该匾已被破开。

1983年5月7日起大召作进一步修葺,在召内发现一通宽0.81米,高2.15米的石碑,系清代咸丰四年(1854年)重修玉泉井时的碑记,距今已有160个年头了。从碑文中既可以看到玉泉井的情况,又可以了解大召喇嘛等在修井过程中所起的作用。碑文为竖着书写,碑额有"万古流芳"字样,右起左行。正文照录(原文繁体,无标点——引者注)如下:

窃谓莫为之前虽美弗彰,要亦莫为之后虽盛弗传,推斯井也,传之代远,年湮其所,由来者旧矣。溯毁坏修垒之故,殆有不胜其数也。而其修葺最完密者,讵有若兹之坚且固哉。犹忆是井之所从来也,闻之由康熙时出焉,或曰天赐,或曰地泄,抑又不知,果由于马蹄刨之出斯泉也,长养万物,利用厚生,源渊有自,会归有本。触处其流行之机,无往非活泼之致,取之不尽,用之不竭,斯造物者之无尽藏也。向尝走通都,过大邑,从未见若此泉之其性轻而清,其味甘而美,故不曰井泥不食,而曰水泉必香。由是茶坊、酒肆、油局、烟行以及各街铺户、大小人家群相争取。孰意斯年届节春令,忽然倾颓坍塌。平昔井有八口,尚有日夜等候取携不及之弊,胡可寥落不修,以为残废耳!是故本街铺户、大召喇嘛不忍坐视,极力经理募化资财,欲舍旧而图新,改弦而易辙,体经营缔造,上下周围尽皆以石层磊而砌,以灰作浆而灌,总期立千秋永固之基,为万古不朽之业。爰作俚言,以记垂远云耳。今将经理募化人等

开列于左:

  大同县儒学生员何之衢薰沐撰文,雁门茹解村业儒崔美璧薰沐敬书。募
化人新协成泉李光林、郝天赐,新同成号马博,宏庆源李占元、牛温,协和世黄
廷宪,袈裟喇嘛依力图,副大喇嘛六十八,信泰永王龙原,总管人大喇嘛达旺
宿恒,圪速贵章格,泥尔把七老气。

  木工天成森,石工刘石铺,泥工郭永膺,油工杨茂。

  峕(时)

  大清咸丰四年岁次甲寅菊月中浣谷旦

  石碑的背面顶端有"万善同归"字样,其余文字右起竖行。内容是玉泉井这
次修葺时捐款者姓名和铺户等名称及所捐钱数。

  据民间传说,这口井泉是康熙皇帝玄烨亲征噶尔丹时,他的御马千里驹踏出
的。《归绥县志》有这样的记载:"御泉位在大召前,清圣主驻跸过此马踏地有泉
出,泉味清甘,四时不竭,居民建祠其上,水流数步北汇为池,上覆巨石凿孔八。"碑
文中"果由于马蹄刨之出"乃系同源。实际共有9孔,8孔是玉泉井汲水之口,那
一孔在南端的祠庙内正是泉眼。

  据耆老们相传,在玉泉井台建成的同时,在井台北端建起一座小型井神庙,庙中
有一老者,除看护井神庙和玉泉井外,经常给人们讲解玉泉井的来历。此庙荒废后,
才在井台南端建起木头祠庙。建祠庙的时间最晚是清代咸丰四年(1854年)。

  玉泉井台是北宽南窄略呈长三角形,高出路面3尺左右,东西两旁有供人上
下的台阶。泉眼在南端的祠庙内,井筒深2丈左右,呈圆形。北有井孔8个,每四
孔为一组,下面的井筒呈六角形,约5尺见方,井深约1丈,井底呈锅底形。两组
井的规格完全相同。

  泉眼之水甚旺,流至中间这4个井口内的水常有但不多,至深夜汲水者稀少
后,水位超过井底约6尺时,才能通过隔墙之石孔流入北端那一组的井筒之内。8
个井孔都以青石凿成井口,高出井台约1.5尺。在井台的靠北端,东西各竖旗杆
一根,底座呈方形,旗杆圆形,顶端系圆头,有镌刻的蟠龙图案,下有斗方(上宽下
窄),连底座高约1.2丈。从旗杆的底座到顶端,均系石头凿刻而成,在底座的上
方刻有"御泉社"字样,这可能是建井者组织的行社所立。早年,每到农历正月十
五时,由街道的兴旺社操办,请鼓班来此吹奏红火一天,以求泉水旺盛。

说到"御泉"还有一段插曲。1983年一天的下午，我从大召采访后回家，路过玉泉井，见井台上围了不少人，观看从河北运来的石头旗杆（原物在"文革"中被毁），还跟来一位师傅。只听石匠说："你们只要在旗杆底座上写清'御泉社'，我就能凿刻。"我看大伙儿发愣，便自告奋勇接过一位工程师（南方口音，工程指挥部设在路东荞麦皮巷西口向北转角小二楼内）手中的毛笔和砚台，照着另一无损旗杆底座上的笔体，写上"御泉社"三个字。师傅凿好字后，又在每个字外凿了圆圈儿。今天，这对儿新旧石头

玉泉井 （见《玉泉区志》）

旗杆仍然耸立在玉泉井台之上。能为玉泉古迹做点儿事儿我感到很欣慰。

玉泉井的这次修葺，将挤占了玉泉井地盘儿的房屋拆除。8个青石井口，除新换了2个外都是原来的。在井台北端的墙上添绘了《御马刨泉》壁画一幅。将保存在大召内的那一座清代咸丰四年（1854年）重修玉泉井时的石碑，物归原主耸立在玉泉井台的北面。在《玉泉区志》内的一组照片中，有一帧是"闻名遐迩的玉泉井"，它将这一场面全景式永久地"保存"了下来。我认为，这次修葺基本上做到了修旧如旧。你看那被各种式样的汲水斗子和斗子吊绳经过多少年的软磨硬（即以柔克刚），把青石井口摩擦成那种非常不规则，但又十分自然的形状。你说它不像古树的年轮吗？有一段时间，玉泉井被围了起来，供游客买票参观。

早年，在井台南端建有祠庙，宽约7.5尺，长约6尺，高约9尺，全部使用木料筑成。在祠庙前面曾耸立一根青石柱，上面刻有"源泉常混混"字样。据《辞源》解释：混混，水流貌。或波浪声也。《孟子》上有"源泉混混犹滚滚也"之文句。这是此语的出处。据职业挑玉泉井水者相传，清代在井台南端有4根青石柱，据说

是康熙皇帝的拴马桩,上面都有字。到民国末年,有两根不知去向。留下的两根,除"源泉常混混"一根外,另一根上凿刻的是"不尽一昼夜"。4根青石柱上写的,是两副对仗工整的楹联,留下的是每副的一联。后来,"不尽一昼夜"的石柱也没了踪影。

过去,在归化城郊的景致中,有"石头旗杆木头庙"一景,就是指此处而言。多次修葺玉泉井,都未恢复这一景致的全貌,石头旗杆损坏早已修复,而木头庙却一直空缺。为什么清代咸丰年间重修玉泉井时,既有木工也有油工呢?因为他们就是整修或新建木头庙的师傅。建议有关部门在玉泉井南新建木头祠庙(要新做而如旧),以恢复"石头旗杆木头庙"这一景致。

从井台、井筒、井底、井口、泉眼井、旗杆到人们挑水时上下的台阶,几乎都是用石条凿砌而成。由于是石底石帮,哪怕是掉到井里一块手帕,以挑水为职业者都会用带铁钩的细竹竿儿为你轻易地取出。

据说,此井雨涝井水不增,天旱井水不减,多用井水不降,少用井水不升。这里的水泉清而味甘,用它滚水泡茶味道纯正,清香可口,喝多了也不会肚胀。

来玉泉井汲水者,从早晨到夜晚几乎无片刻休止,经常见各式各样的水桶排成长龙等候打水。夜深之后,则是各家茶馆、茶摊儿的人前来汲水。离此较远的商铺等,还专门雇人前来挑玉水。由于挑水者多,所以不少人家便安放两只水缸,一只盛放甜水(即玉泉井水)饮用,一只盛放其他井的水,作洗涮用。谁家来了稀客,先要敬上玉泉井水泡的茶;女人坐月子后,常用玉水熬稀粥喝;朋友们聚餐酒喝多了,也要用玉水泡浓茶用以解酒。甚至有玉泉井水能去百病之说。距此较远的贵妇人洗浴、少爷煎药、宴请上宾,则专门派人前来取玉泉之水。

除前面已经谈到的各家茶馆都安排专人担玉泉井水外(庆荣源茶馆乳名叫二宝的山西祁县人,是众多打水者中技艺最高的,他能将水斗子从下挂在井内的出水口上,一会儿就是一斗子水),还有以挑玉泉井水为职业者,我儿时同学辛连科曾住大召前街南楼巷,1968年时因生活困难,业余时间给附近的饮水站、民众剧院担玉泉井水,每月可收入30元左右贴补家用。据他回忆和我记起的职业挑玉水者,有马仪、老五(大同人,姓名不详)、运孩子(本地人,姓名不详)、老刘(托克托县人)、大个子(清水河县人,姓名不详)、瘸胳膊(本地人,姓名不详)、三豁子等。这位三豁子是豁嘴,本地人,姓名不详,排行第三,有点儿驼背,听老人们说他姐姐住大召西夹道路西,他兜里经常装着能盛二两白酒的扁玻璃瓶,不时喝上一口。马仪将圆形柳条水斗子改革成扁方形薄铁斗子,汲水量超过柳条斗子。先前,他们都是肩担水桶给商铺、住家户送水。有提前付钱的,多数是在住家户的门框上用石笔或铁钉子画一道为一担,也有写"正"字的(一个字是 5 担水),半个月或一个月一结算,5 分钱一担,按距离玉泉井台的远近,最远的用户在大什字,一角钱一担。后来,有在排子车上安放一只大汽油桶,上有注水口下有出水口,到时再装满两水桶为一担送给用户。一位家住宁武巷的老人,雇不起人担水,又想喝玉水,便找了一对儿大一点儿的罐头筒子前来打玉水。还有一位家住火车站饲养热带鱼的中年人,骑自行车带上一对儿水桶(为防水外流,在桶内各放一块小木板儿)前来打玉水养鱼。

清冽甘甜的玉泉水,曾给大召前一带带来了繁荣,荣升源、荣美源、发福源以及大召东仓内的茶摊儿等大大小小的茶馆、茶摊儿,每天要接待无数茶客。随之,饭馆、酒肆、剧院、电影院、商铺也同时兴旺起来。中华人民共和国成立前和解放初期,大召前成了呼和浩特市最红火热闹的地方之一,犹如当年北京的天桥一般。对红火热闹之处,当时有这样的称道,是"北有牛桥,南有大召"。

玉泉井的泉眼,每隔十来年清理一次。1941 年、1953 年清理过。1953 年的清理,是由当时归绥市饮食行业工会茶馆分会主席、庆荣源茶馆服务员刘有其和荣升源茶馆的杨润组织的,雇城东南双树村的打井师傅王双宝使用两个木头滑车清理,清理出泥沙近一百排子车。

每年冬季,还要刨一到两次井台上的结冰,都是由附近各商铺、茶馆等集资雇人雇车搞。中华人民共和国成立后,这项既脏又累的活儿,几乎是长和廊公安派出所的人民警察和街道干部们包了。

1921 年,归绥道尹周熙民等发起成立"吟边诗社",开始就以"九边第一泉歌"为题限用柏梁体,向社内外人士征诗。时年 27 岁的荣祥(字耀宸,蒙古族,曾任市政府副市长、市政协第一、二两届副主席)应征,全诗如下:

地灵潜伏清冷渊,郁向丰州涌醴泉。万家晓汲长涓涓,佳名第一宣九边。曾闻父老相与传,此泉辟将三百年。畴昔胜清开幅员,千乘万骑征居延。龙旗直指昆仑巅,驾抵阴山马不前。八骑振鬣嘶春阡,掘之忽见波漰湲。疑以传疑俗纵然,毕竟不情无取焉。昨有客自南中旋,馈我绿荈芳如荃。呼童汲此试一煎,其光沉碧其味鲜。畅饮七碗烦忧蠲,风生两腋如飞仙。漪斯泉水清且涟,独惜未载茶经篇。譬彼奇才卧苍烟,兰台那得知其贤。万物升沉若有天,使我感慨情绵绵。

荣祥先生的这首诗,经诗社诸同仁特别是诗文前辈的评议,认为是上乘之作,赠以湖笔、徽墨等物留念。

因玉泉水清冽甘美,玉泉井远近驰名,所以大召前街的不少商铺就以此取名,如协成泉、德厚泉、谦德泉、义丰泉、德余泉、振兴泉、天生泉等。有一家郝姓大同人开的铁匠铺取名德泉炉,张祯开的焙子铺取名永丰泉。直到今天还有以此名迹命名的,如玉泉区("文革"中更名为向阳区),《呼和浩特晚报》曾开辟"玉泉"副刊。本地还有这样一句歇后语:站在蜈蚣坝瞭玉泉井——远水不解近渴,可见玉泉影响之大。

1957年,中央地质勘探队派技术人员对呼和浩特的地下水做了化验分析后,承认玉泉井的水质的确是呼和浩特市所有井泉中的第一,他们佩服居民对于玉泉井水的鉴定。

1975年5月28日,玉泉井由于井台路东一片房屋随地陷而下沉,致使井水突然枯竭。1983年5月开始修葺,基本上做到了修旧如旧。2007年8月的修葺,拟将8个井口换成了新的,大召住持赵九九先生发现施工人员要将旧井口当成废物装车倒掉,叫来小喇嘛抬回召中6个,有2个井口没了踪影。当年,若将旧井口当废物扔掉的话,将是修葺工程的憾事。新井口周围建起了新护栏。新旧各一石头旗杆仍耸立在井台的东西两边。木头庙没有再建。

海窟 位置在归绥旧城的东南。刘映元先生说,海窟的水,暗通大召前的玉泉,是在地下同一个水层位上。在蓄水池边,古木环绕,池东并排着文昌、土地、龙王3座庙宇,都有高大的杨柳榆树,从南向北望去十分美观,是旧城的风景区。早年,归化城的秀才和童生衣冠楚楚地前来文昌庙汇集,迈着方步鱼贯经过,此时行人都给让路,站在道路两旁候立,以示对师表的崇敬。

海窟约在清代康熙年间就有了,由于泉水十分旺盛而取名海窟。前来汲水者,不必像去玉泉井那样用带绳子的柳条水斗,而是用瓢径直舀在水桶里,挑回自家做饭、饮用。泉水特旺,从井的缝隙中流出之水也用来灌溉附近的菜地。

海窟的附近没有茶馆、饭铺。但是,离此较远的不少茶馆都派专人前来取海窟之水,供茶客品尝。取水的方法是用牛或马拉车,车上安放一只特大木制水桶,或叫水柜,上有注水口下有出水口。前来取水的茶馆,有坐落在大西街路南与同和剧院为邻的烧卖名号德顺源,中华人民共和国成立后改名德兴源。贾勋先生著文说:"因为要是舍远求近,以洋井水代之,那么,老茶客一品尝便知真假了。"这种不欺世的职业操守,于今想来,似还有一定的借鉴意义。

海窟 (见《青城老照片》)

来取海窟之水的茶馆还有兴隆巷南口外、坐落在西五十家街的德丰源,小东街的双德源,大南街的广和源、上三源,小什字附近的中和源等。

海窟之水泉味清甘,冬夏水量不增不减,喝多了也不会胀肚,因而声名远扬。从清代到民国年间,井泉的附近取名海窟街,亦称海窟上,中华人民共和国成立后改名为清泉街。从海窟街北去的小巷称龙王庙巷,可到东五十家街。后改名东五十家街南巷。

自清代以来,归化城办社火,民谣中有"小召后的秧歌凭浪嘞,不塔气(亦说是淌不浪)的秧歌凭唱嘞,海窟上的秧歌凭棒嘞,南茶坊的秧歌凭晃嘞"。社火即秧歌,办社火亦叫闹红火。社火有文武之分,武社火是以武术表演为主要表现手段。海窟上的武社火在全城很有名气,名把式有金骡、金马、聚宝、潘德元等,号称十大弟兄。

因为都是名胜古迹,人们将海窟和龙王庙并提,海窟和文昌庙并提。光绪二十九年(1903年),归化城成立4所初等小学堂时,文昌庙就是学堂之一,郭象伋考中秀才、拔贡后,即主持学堂。20世纪80年代初,90岁高龄的赵国鼎老先生回忆,光绪三十四年(1908年),他就读于设在海窟街龙王庙的初等小学堂,先生是郭象伋,时约21岁。有学生20多人,其中有住宿生六七人。斋夫(工勤)1名,忻州人,服侍先生,给师生做饭。

1931年,绥远省主席傅作义捐资500元,补修海窟文昌庙。郭象伋为此撰写了重修文昌庙碑记。

1949年春,归绥市参议会附设小学迁来,有4个班,150名学生,六七名教员。这是玉泉区清泉街小学的前身。

相传,海窟龙王庙中的龙王爷降雨灵验。早年,远近郊的祈雨活动,一般都在本村举行,通过祭祀本村龙王庙的龙王来祈雨。1927年,归绥地区久旱不雨,颗粒无收。第二年,灾情加剧,使城郊的农民处于绝境,农民的祈雨活动到处可见。东郊白塔村的村民祈求本村龙王后仍不降雨,认为外地的龙王才能"显灵"。于是出动数十人,组织了专门的祈雨队伍,到旧城的海窟龙王庙,将龙王请回白塔村降雨。

海窟水井比玉泉井干涸稍晚,后在上边盖了民房。

四眼井 是坐落在旧城大北街路东一条巷子内路北靠西头的水井,有4个汲水口,该巷因此而得名四眼井巷。

读者朋友,今天,当您去大北街路东靠北头的恒昌商城时,不知注意否,就在商城西门前的停车场内,立有一通石碑,碑后高出地面的石台之上有4个青石井口,都加了圆形的红色井盖,水井和石碑的四周围了铁护栏。这4个石井口是从四眼井巷内挪到了西口外往北的此处。

石碑系1995年10月18日重修四眼井时所立,距今已有20多个年头了。碑文为右起竖行,四眼井重修碑记,正文照录如下:

四眼井始建于清代早期,位于归化城四眼井巷西口。井水清澈甘甜,相传有消病怯(祛)痛的作用。它与玉泉井、海窟、大坑井并列为归化城四大名井。一九九五年根据市政府旧城改造的远景规划,呼市商城房地产开发有限公司和呼市文物事业管理处决定出资重修,使四眼井这一市宝、国宝又恢复了当年的环境风貌,受到各族人民的赞誉,也为后代留下一份丰厚珍贵的文化遗产。在重修竣工之日特立碑纪念。

呼和浩特市文物事业管理处　公元一九九五年十月十八日

在石碑的阴面,只能看清"开发公司总经理李世荣、文物事业管理处科长李应龙监修,施工单位呼市房建公司,刘俊书、张贵娃刻。一九九五年十月十八日"。

出生于旧城已经75岁的我,不仅没见过石碑中提到的大坑井,也没听说过。经与文管处联系得知,李应龙科长已退休几年。一位包科长(女)答应查找资料后告诉我。

这口四眼井也和其他甜水井一样,为人们的饮水立了大功。一些餐饮业比如烧卖名号德顺源茶馆、香飘半道街的万胜永酱牛肉铺、山西王家开设的以批发为主的复兴景酱园子,还有远离这里的茶馆、商铺也都前来四眼井取水。

据呼和浩特市第二轻工业局原办公室主任刘仲轩先生回忆,20世纪70年代,坐落在玉泉区四眼井巷的呼和浩特市皮革厂一名工人被诊断为炭疽杆菌感染。这种病家畜和人都能感染,病原体是炭疽杆菌。皮革厂离四眼井约30米。经过有关部门人员紧急采取消毒处理工厂内所有皮革(后该厂迁离居民区)、封闭四眼井等有效措施,清除了这一急性传染病。但是,这口远近闻名的全市四大名井之一的四眼井,从此完成了它的使命。

刘仲轩先生还忆起,除了四眼井巷外,还有一条以水井命名的"井儿巷"。在旧城有不少水井,只有这两条巷子以水井命名。

中华人民共和国成立初期,刘先生是分管这一片儿的户籍民警,对井儿巷印象很深。中华人民共和国成立前,在东顺城街路北有一处大院是警备司令部所占,在西墙外是一条南北走向的死胡同,共有7处院落,1处是警备司令部家属院,另6处是回汉民族居住。在巷子北头的西大门院内,是家回族养驼户。在离大门不远北去的拐角处有一口水井,故此巷得名井儿巷。今天,东顺城街已归入中山西路。在西头路北(和南顺成街北口斜对过)的工商银行(从大北街迁来)所占地,就是当年的警备司令部大院。

在1921年出版的《绥乘》一书中,提到在旧城有甜水井6口。具体位置为:北茶坊的关帝庙前;庆凯桥(牛桥)北河畔;道署(即清代山西分巡归绥兵备道,俗称道台衙门,就是今天呼和浩特市第一中学校址)照壁前西南隅;小西街西口处;北门里清代归化城副都统旧署后为财政厅南仓院中;外罗地东巷内俗名四眼井,就是前边提到的四眼井巷的四眼井。

另外也提到了海窟,均列在古迹考中的名胜篇。但是,未提及遐迩闻名的玉泉井和民市北街的四眼井。

在《归绥县志》中,将玉泉井和海窟并列。

大炕井 位在旧城桥头街东口外稍南,即民市北街(亦称通顺北街)北端的路西,建在约 3 尺的高台之上,井台北有一照壁。此井系泉水井,约与玉泉井泉在地下一个水层之上,井水纯净而甘甜,供附近的居民、商铺及本街 8 个大小留人店的人们饮用。这 8 个留人店分别为坐落在隆寿寺即乃莫齐召西边,是清代光绪三年(1877 年)建成的济生院(亦称济生店),因系官办性质又称官店。乞丐们白天沿街乞讨,夜晚在此栖身。据说,门额上的济生院三字是李鸿章题写的。这济生店,就是后来的绥远省立第一小学(中华人民共和国成立后改称归绥市第五完全小学、乃莫齐召小学)。今天,这里成了住宅区。

在路西还有私人开设的悦来店、朝阳店、玉升店;在路东有二瓜皮店、铁柱子店、二官店、荣华店。

民市北街四眼井由于污染,于 20 世纪 60 年代末填埋。

《归绥道志》记载:"隆寿寺(乃莫齐召——引者注)街设穷民旅舍数十家。丐者夕出数文,藉避风雪。遇有疾病不能出而丐食,同辈更无复怜恤,辄置之寺前空地,名曰大炕。"这大炕在乃莫齐召前,也筑有房屋,因屋内有对面两盘大炕,故得此名。另外,《归化城厅志》中所附的归化城街道图里,在大炕处明确地标注着房屋图记,只是文字误写成了"大杭"。

据从小生长在民市北街,曾任玉泉区体改委主任、呼和浩特市政协第七届委员、政协第八届常委,已退休多年的石玺和先生回忆,小时候他的爷爷和父亲讲述,乞丐有了病就被抬到这里,一旦上了大炕便处于九死一生的境地,很少有活下来的。

济生店等收留贫民的地方,遇有生病者则扔往大炕,进行隔离。亦说,在济生店东南的二官店,仅有 3 间土房,里边却有一盘大炕,所以也叫作大炕店。济生店的经费由官府拨给,而二官店并没有经费来源,除了募捐,就靠店内的几个人掩埋尸体等挣些小钱。

行文至此,也就解开了大坑井之谜。民市北街的四眼井,离乃莫齐召不远,离所谓的大炕更近,这大炕在当时也算是远近闻名的地方,所以人们也管此四眼井叫大炕井。前面谈到在《归化城厅志》中误将"大炕"写成了"大杭"。在《重修四眼井碑记》中又误将"大炕井"写成了"大坑井"。

东狱庙(东岳庙)水井 位在玉泉区史家巷南去的漏泽园侧。旧时庙前有城隍行宫。每年农历的清明节、七月望(七月十五)、十月朔(十月初一)致祭。旁有庙,祀孤魂。此地就是归化城四滩之一——孤魂滩。

据着老们相传,东狱庙内的井水泉味清甘,可名列归化城众水井之首。用此井水熬制的洋烟(鸦片)质量上乘。只是人们疑神疑鬼怕不吉利,故很少有人问津。

绥远城二眼井 今天的新城区有一条东西走向的巷子,从西口可到聚隆昌街(曾称巨龙昌南街),从东口可到新城南街即今天的哲里木路。这条巷子内有一高出地面,用青石板覆盖,上凿两个像脸盆大井口的水井,该巷因此取名二眼井巷。相传,该井建于清代乾隆年间,泉味清甘,附近的居民或远处的商铺、茶馆等,都前来取水。

水源街长流水井 此街是东西走向,早年称城隍庙街,因在街西口建有城隍庙一座而得名。20世纪30年代,在此街开凿了一口水井,和手压洋井一样,是将铁管直通地下取水,在地面上有高约2.5尺,直径约3寸的出水口,此井水昼夜长流,供人们饮用。有了这口长流水井后,该街更名为水源街。一说,此街还叫过城防街,中华人民共和国成立后改称为水源街。

衙门口水井 早年的粮饷府官衙,位置在绥远城内东南角儿的中央,按今天的方位,是新城区南马神庙街与利民街(民国十八年称法院街)交叉十字路口的东北角儿上。这一十字路口,俗称衙门口,人多红火热闹。在西北角儿有一口水井,附近的居民一年四季都从这里取水。

新城满族老人龚文济先生回忆,在北门里坐北向南的五道庙旁有一口水井,距离北城门约200米。在元祯永街北侧,有一座坐北向南的小庙,庙前有一口水井;在曙光街北侧有一坐北向南的小庙,庙前有口水井;在书院西街北侧也有一小庙,庙前有口水井。由于在三座小庙前均有供人们饮用的水井,有一种说法称其为井神庙,但是管这三座小庙叫五道庙的人也不少。

（玉（御）泉井一文原载《呼和浩特史料》第三集第 452 页至第 455 页，由呼和浩特市党史资料征集办公室、地方志编修办公室编，1983 年 11 月版;《绥远文献》转载于第十九期第 180 页至 183 页，绥远文献社（台湾）编，1995 年 12 月版。收录本书时，增补了内容。

赵梦兰女士回呼和浩特探亲从台湾带回一本《呼和浩特史料》第三集，内有拙作《玉泉井》一文。后来，杨令德先生之子杨性恺从台湾带回了转载拙作的《绥远文献》第十九期。这些信息是杨先生的表兄袁录印先生告诉我的。这是两岸绥远籍人士关注本土风物，难忘乡愁，共享文史资料的一个细节，书此备忘。）

桥梁古今谈

昔日归绥(呼和浩特旧称)旧城的北面和西边,发源于大青山沟的山水与伏流,在北魏郦道元所著《水经注》上,都叫白道中溪水。据享有内蒙古西部地区活字典之誉的刘映元先生考证,此水从蜈蚣坝出来,经过回民北坟园西(今回民果园),在北沙梁后边形成了后沙滩,再经从前的"道台衙门"(今呼和浩特市第一中学)西和"二府衙门"(今县府街)东,从坝口子河流来之水,在此交汇,从朋苏召(今呼和浩特市第七中学)和西茶坊关帝庙(今呼和浩特市社会福利院)旁边,过了利通桥(亦称利行桥,在福利院前),由东二道河(早年称刘家和饭铺二道河,后称东西二道河)汇入小黑河。此河平日河槽干涸,雨后山洪暴发,冲破两岸河堤,人畜车马通过时,有被冲走或淹死的危险,人称"害河"。

在这条"害河"的东边,有一条日夜长流的"利河"。它从东北方向而来,在道台衙门南边通过河槽,经东岸的西顺城街、杨家巷、太谷巷(后改成太管巷)、小西街和乃莫齐召夹道巷的西口子外,在通顺街西口,被西菜园农民引上东岸,浇灌西菜园的菜地,推动西水磨村的水磨,然后亦由东二道河汇入小黑河。

它是白道中溪水入沙变成伏流,由公主府东边的大水泉(人称大府河槽水)、公主府西边水泉村的小水泉(人称小府河槽水)和新、旧两城中间姑子板升村(今巴彦塔拉饭店一带)的水泉,由东向西流穿过从前"绿营兵"的"归化营"的营坊(今回民区营坊道)门前,人称"营坊门前水",汇集成了扎达海河。蒙古语称"乱水泉子",音为扎达海或扎达盖。

有的河水少部分来自山泉,多为雨季沟谷的汇流水。新城(绥远城)多汇流于红山口沟、哈拉沁沟、古楼板沟、奎素沟、面铺窑沟内水,最后亦流入小黑河。

有河必有桥,所以当年的呼和浩特就有不少的桥,从石条桥、木头桥到独木桥等。

庆凯桥 可说是众多桥梁之首,它曾受到现代建筑工程专家们的肯定。庆凯桥是它的本名,曾叫过太平桥、大桥。清代,在桥的西北端有通往太平召一带的牛马交易市场,故人们称它为牛桥。康熙三十五年(1696 年),康熙皇帝玄烨在西征噶尔丹时,曾驻跸归化城的崇福寺(小召),当他三次北巡,并完成了统一漠北大业之后,归化城商民为此修建了祝捷纪念的大桥,定名为庆凯桥。

据《归化城厅志》记载,桥由康熙三十七年(1698 年)到咸丰六年(1856 年)的 150 多年间,曾被洪水冲毁 5 次。因桥基不固,嘉庆二十四年(1819 年)从城隍庙街西口外(今天主教堂西墙下)移到太平街南口、今呼和浩特市第八中学东南角的河岸上。咸丰六年(1856 年)被冲毁后,"太原人李茂才重修未果,西龙王庙村民董义经营二载,始较前高大壮观"。

老牛桥 (见《印象青城》)

修建庆凯桥是董义和西茶坊关帝庙巨庆和尚合作而成。巨庆曾到库伦(今蒙古国乌兰巴托)化缘,带回好几万两银子。由他出钱,董义负责监修。光绪十一年(1885 年),此桥又被冲毁重修。

原庆凯桥长约 23 米,宽约 7 米,高约 5 米,有一大二小石砌涵洞三孔,既能负荷又能分洪。它用大石条垛砌,部分桥体用青砖、白灰、面粉(1983 年笔者采访家住北门外人称曹大掌柜的七旬老者时得知使用面粉)砌就,用铁筋钩连筑成。桥上有栏杆立柱24根,柱头雕琢踞形石狮子24只,还有吸水兽及浮雕图案。在主拱顶东西两侧,各嵌石镌庆凯桥匾额一块。亦有此桥仿照河北赵州桥之说。在归化城的"八景"中,有一则"石桥晓月",就是指庆凯桥而言。贾勋先生称此桥为"塞外一绝的石拱桥"。

新建牛桥　王东亮摄

　　1959年7月26日午夜突降暴雨,庆凯桥被来自大青山蜈蚣坝的特大洪峰冲毁。现已易地复建。

　　草桥　因建在草市街而得名,是早年从巡检衙门通往西顺城街的木桥(今呼和浩特市第八中学南通往西顺城街)。1924年,草桥改为木制桥,1930年改建成砖、石、水泥结构。因当时的省会公安局占用原巡检署地址,就把原来的草桥改称为公安桥了。中华人民共和国成立后,因桥北为太平街,更名为太平桥。1962年改建成8孔木桥。1985年重建成五孔水泥预制板的永久性桥梁,桥长50米,宽12米。

　　官桥　位在杨家巷西口通往二府衙门口,东西向跨越扎达海河,因改建时适逢甲子年,便改名为甲子桥。又因它临近县政府,故称作县府街桥。中华人民共和国成立后曾叫过和平桥。历史上,它曾数次被大水冲毁和重建。1980年改建成五孔混凝土盖板桥,桥长30.2米,宽9米。

太谷巷(后称太管巷)西口通往县府街处,小西街西口通往县府街处,各有一座无名小桥。

这些桥在清代时,大都是简陋的土木梗桥,每遇山洪被毁后再重建。主要是为住在扎达海河外的典狱巡检(1983年我采访时,它的原址是呼和浩特市第一中学后街3号大院)、兵备道(今呼和浩特市第一中学)、归化城同知(即二府衙门,1983年时它的原址是县府街二巷一带)三个衙门的官吏往来方便而已。

利通桥　该桥亦称利行桥,横越扎达海河,因临近西茶坊,亦称西茶坊桥。西桥头紧临今呼和浩特市社会福利院,又俗称社会福利院桥。据《归绥县志》记载,此桥是"萨(萨拉齐)包(包头)两县入境之孔道"。今天,它向西仍沟通着呼喇(喇嘛湾)公路与呼包公路。

1963年,重建成五孔的石墩钢梁木面桥,桥长43.3米,宽9.5米。

天福桥　在通顺街西口外通往西菜场处,也是石条铺成。

从庆凯桥至利通桥共计6座,早年乃"归化城八景"(沙溪春涨、石桥晓月、柳城荫绿、青冢拥黛、白塔耸光、杏坞番红、虎头瀑布、牛角旋峰)之外的又一景致"六桥溪柳"。当时,沿河垂柳成行,河水清澈,在河的上游有利用河水推磨的磨面作坊,亦叫水磨河,两岸亭台楼阁,水清柳绿,百鸟齐鸣,风景秀丽。

大通桥　原名御公桥,俗称和合桥。在旧城北门外城隍庙街东口(1983年时,它的原址在农贸市场的南门前面,今天的宽巷子西口)。相传,此桥比庆凯桥还要早些,也是石条铺成,但不如庆凯桥峻拔。

霸王桥　此桥在城隍庙前(1983年时,它的原址在呼和浩特市百货批发大楼西北隅)。有一种说法是和合桥、霸王桥应在六桥溪柳之中,无名两小桥不算。

公园南路桥　从卧龙岗(曾名龙泉公园、人民公园,今青城公园)排出的长流水,进入了石羊桥河,从一座桥上穿过,桥面与路面平,桥长6米,宽14米(亦说是21米),桥下二孔,正中有浆砌石墩一座,位置在今金凤凰酒店东北。

头道桥　在小召东南约二里处(当时称北美人桥街,今五塔寺北街南口附近)。

美人桥　五塔寺后街当年叫平康里街,有妓院7处(亦说8处),此处有一座桥得此名,也有该桥在平康里街东口外的说法。

石羊桥　1983年我采访时得知它的原位在呼和浩特市饮食炊具厂北面,就是东五十家街南北段的南部。关于石羊桥的来历,相传当年架设此桥时(也是石条铺成),在两侧各有青石雕刻的石羊5只(亦说是3只)而得名。还有一个传说,石羊桥附近菜地里的大白菜常在夜晚被祸害,又不像是有人偷菜。几个年轻人手拿棍棒、镰刀等,在夜深人静时来到菜地里要看个究竟。这天他们真听到了动静,便一拥而上齐动手。经他们这一惊吓,有东西飞快地跑出了菜地,二虎手疾眼快用镰刀砍住1个。第二天清晨,菜农起菜装车去卖,有一位眼尖,发现桥两侧的10只石羊只剩下了1只。天亮后,人们看到这只石羊的屁股上少了一块,还能看出它那疼痛的样子。从此,这里只剩下一只缺块屁股的石羊。后来,它也没了踪影。

我儿时同学郝福中,曾在石羊桥南的李家菜园住过。他回忆,在这里曾有过一个石羊村,中华人民共和国成立后划归了碱滩村。当时在石羊桥附近都是土平房,院墙上涂满了直径约60厘米的石灰白圆圈儿,是为吓唬狼而画的。

据《玉泉区志》记载,跨在石羊桥河(亦有护城河之说)上的桥,除公园南路桥外,还有建华街桥、五塔寺东街桥、呼和浩特市第一针织厂墙外桥、针织厂院内桥(从1号到4号桥)、公园西路桥、石羊桥西路桥、六中(呼和浩特市第六中学)前街桥,南茶坊桥(是前往昭君墓游览的必经之地)。

普济桥 此桥在石羊桥河下游,位在归化城正南(今辛辛板升村东)。

得胜桥 在归化城东茶坊(后在关帝庙旁建郎神庙一座,位置在今公园南路东段)有一南北向小河,为了沟通东西道路,原来在河上建有一座木桥。木桥不能长久使用,故集资兴建了一座石桥。在郎神庙前曾立有一座新建石桥修路碑,是清代嘉庆二十二年岁次丁丑姑洗月(即1817年农历三月)所立。在《归绥县志》中收录了这座石碑的碑文,并注明此碑立在旧城东茶坊郎神庙前。

在清代,绥远城(俗称新城)的东西南北四城门外各建一座木制吊桥,是为人们进出城通过护城河的路桥。护城河水是由哈拉沁沟河供给,供足护城河水之后,农民才可用余水浇灌农田。

绥远桥 在绥远城西门外(即原电影宫与路北博物馆前小游园之间)建有木吊桥。1929年,绥远省政府将旧木桥改建成石条桥。1983年采访时,我在小游园南端见过"绥远桥"这三个字。

来薰桥 1937年,绥远省建设厅将新城南门外的木吊桥改建成石桥。取了南门"承薰"中的一个"薰"字。

十孔铁路桥 1959年,在哈拉沁沟山洪流经如意和村与南店村附近的飞机场路上,改建原简易桥为长33米、宽7米的木桥,桥上设有栏杆。后改建成十孔钢筋水泥桥,在桥北铁路过河处,建此铁路桥。

卯独沁桥　原小井乡在山区建有多处山间公路桥,最大的是 1967 年建成的此桥。建在卯独沁沟口,长 41.4 米,跨径 24.3 米,高 6 米。

哈拉沁桥　建在哈拉沁河上,此桥建于 1966 年,长 181.38 米,宽 7.5 米,高 4.2 米,是空腹式平坦桥。

东大黑河桥,西大黑河桥、洪津桥均建在城外。

今天,呼和浩特地区的桥梁,大都是钢筋水泥的,不仅桥上汽车畅通无阻,有的还通火车。1997 年 6 月落成的新城东、南、西、北四大干街的鼓楼立交桥,是塞北边疆第一座互通式立交桥,其结构分为三层定向加苜蓿叶组合型立交桥。占地 4.2 公顷,主桥为现浇预应力混凝土连续箱梁,引桥为预制混凝土空心板梁。历时一年零一个月建成。所有这些,在过去是不可想象的。

绥远城鼓楼(1959 年被拆除)

(原载《呼和浩特晚报》1983 年 4 月 23 日第 3 版。收录本书时改动了标题,增补了内容。)

归化城的行社

行社亦称"行会",旧时城市手工业者或商人结成的一种组织。不过,归化城的行社、行会更为繁多,其成员也不止手工业者或商人。究其源可以追溯到清代雍正年间,时任土默特旗都统的丹津仿照京都的办法,在归化城设立了 12 个行社。各行社都有选出的头目,称作总领(有正总领 1 人,副总领 2 至 3 人,每年改选 1 次)。在这 12 个总领中,又推举出 4 人担任乡耆,由其中 1 人主持乡耆会馆的事务。乡耆会馆设在归化城南门外的三贤庙内,今玉泉区红十字医院即其旧址。行社后来改称"商务会",地址在圪料街的路南。

1935 年,由郭象伋和荣祥所修的《绥远通志》上说,归化城的行社共有 15 大社和 30 家小社。

另据《归化城厅志》记载:"归化城市廛森列,梵宇如林,商贾踵事增华,有名之社一百二十。"可见归化城的行社数目之多。

归化城的行社始于何时?据文史专家刘映元先生考证,是清代康熙后期。这时,土默川已由边疆变为内地,西口商埠也从杀虎口移到了归化城。醇厚社是全城商号的总行社,坐落在小什字西北转角的三元成,是醇厚社底下一家最古老的字号(开设于康熙年间)。

各种行社大体上可以分为商业、手工业、农业、街道和各地来归化城的客籍同乡会 5 种类型,并且各有名目。

商业性质的行社——醇厚社由纸马栏柜、绸缎铺、布铺轮流担任总领,是归化城最早在街上开设门市字号的一个行社。连街上卖花生、红枣的小摊和最早的药铺亦包括在醇厚社内。醇厚社一直代替公家征收"干果帖"税。

当行(当铺)和钱庄叫宝丰社(亦有"当行是15大社之一"的说法),旅蒙通事行叫集锦社(也有系外藩一说),粮店行叫聚锦社(亦说由粮店、布庄、纸张店等联合组成),陆陈行叫福虎社,碾米行叫青龙社,饮食行叫仙翁社(亦说由饭馆和戏园子联合组成),茶馆行叫聚仙社,经营细毛狐狼皮的行业叫衡义社,经营小羔羊皮行的叫荣丰社,老羊皮业叫威镇社,贩牛商叫福兴牛社,骆驼行叫福庆社,羊马行叫兴隆社,京羊庄叫福隆社,果木行叫义合社;也有不叫"社"而叫"行"的,如药行、杂营行、山货行等。根据行业的特点,各起一个吉利的行社名称。

手工业性质的行社,像木匠行叫鲁班社(亦说由泥瓦匠、石匠和木匠联合组成),造纸行业中掌柜等组成的叫纸房社、纸匠组成的叫公义社,银匠行叫银炉社,制作毛毡毯行叫旃檀社,地毯行业中由掌柜等组成的叫栽绒社,由织地毯工人组成的叫合义社,裁缝行叫成衣社,靴匠行叫义和社(亦称靴匠社),染行叫义仙社,剃头匠组成的净发社,铜铁匠联合组成金炉社,画匠裱糊行叫吴真社,买卖字号中伙夫组成的协意社,店伙夫组成的诚敬社;另外,还有教书(先生)匠组成的崇文社等。这些行社,是以行业特点或上古本行名人起名,像鲁班社,就有学习先人的高超技艺,代代相传之意。

农业方面的社,一般通称为农圃社,细分的话也有社名,像什拉门更村叫双合社。农圃社逢农历五月十七、十八、十九举办红火,在南龙王庙戏台唱戏。春节期间,更要大办社火,办社火也叫闹红火。闹红火的项目有高跷、秧歌、舞龙、脑阁、抬阁、独龙杠、旱船、小车会、大头宝宝等。归化城近郊的红火,还要走出本村,到城里去表演。

在高跷队伍中,大多数是扮成晋剧传统戏中的人物,另有两位引人注目的人物,一位扮成上了岁数的妇女,只见他脸上画有皱纹,抹着红脸蛋儿,耳朵挂着红辣椒,腰间系着红裙带,特意将红布头垂下很长,右手执笤帚,左手持手帕,踩着鼓点儿,故作被人取笑的懒女人模样儿。另一位扮成丑角,好像叫"大头二小子"。只见他头发竖起,画着小丑脸,手拿鸡毛掸子,上身斜挂着一串小铜铃铛,一动就响,下身大红裤,一会儿在高跷队前,一会儿在后,不时和队伍中的成员嬉笑。他根本就不踩着鼓点儿走,而是踩着跷子疾走或奔跑。这一角色,非高跷技艺十分娴熟者不能胜任。

街道的社,像通顺街一带的通顺社,小召半道街的平安社,大召前街的兴旺社。在玉泉井台之上,竖立着两根石头旗杆(今天仍在,年头不短了),在底座的

170

上端都刻有"御泉社"字样,每个字外都刻着圆圈。据说,这是打井者和以挑水为职业者组成的行社。每年农历正月十五日,请鼓班在井台上吹奏红火一天,以求泉水旺盛,是由大召前街的兴旺社操办的。御泉社为何不出面?待考。大南街叫太平社,南茶坊的云中社等。街道各社的主要活动也是在春节期间,有的在本街,有的在寺院前办社火闹红火。街道社的社火还有文、武之分。比如文社火的活动项目,有"推小车"(也叫小车会),一人扮成女子饰坐车者,双肩用彩绸和车拴住,双手握住车身;另一位扮成老翁推车者,戴着白胡须,双手握住车把。二人随着鼓点儿扭起来。演到高潮时,配合默契的他俩越扭越花哨,只见老翁的白胡子在左右摆动,他们手中的小车是时而东、时而西、时而正、时而斜,飞快地扭向前去。他俩表演精彩时,瞧红火者异口同声地叫好。

除小车会外,还有"旱船""回娘家""舞龙""高跷""海蚌舞""大头宝宝"。家住腻旦街(后改名新生街)的一位红火爱好者(姓名不详),中华人民共和国成立后在大召东仓削面馆当堂倌(服务员)。此人脸上有麻子,个头小,他扮的大头宝宝,表演动作和天真、顽皮、可爱的孩子一模一样,受到街道社的红火表演者和观看红火者的好评。南茶坊"云中社"的大型抬阁很有名气。还有脑阁、独龙杠等。

武社火以海窟(今玉泉区清泉街)上的少林会最有名。有的把式还会打查拳、花拳、六合拳、少林拳等。

归化城的民谣中有"小召后的秧歌凭浪嘞,淌不浪的秧歌凭唱嘞,海窟上的秧歌凭棒嘞,南茶坊的秧歌凭晃嘞",说的就是那些社火的特点。

同乡会社,有山西的祁县社、太谷社、宁武社、忻州社、崞县社、云中社,河北的蔚州社(后改为蔚县)、京都社、陕西社等。在客籍同乡会社中,山西的就占四分之三,其中还有两县合为一社的,如应浑社(应县和浑源),汾孝社(汾阳和孝义)。云中社是大同人组成的,亦说大同、左卫(后改为左云)、右卫(后改为右玉)三者合为一社的。从同乡会社中我们可知当时来塞外的人所属省份的情况,同时也在我们面前展现出一幅各族人民和睦相处、共同开发边疆的画卷。

这些行社分别寄设在全城的许多寺庙内,每座寺庙里少则有两到三个社,多则四到五个不等。每个社每年最少演一次社戏(3天),比较富裕的行社多到两到三次(6天或9天)。第一天的社戏叫"起唱",第二天叫"正唱",第三天叫"末唱"。各行社的社戏一般都有固定的时间(也有不定时的),轮到哪一行社唱戏时,这一行业便码工放假,叫作"过社",集中在寺庙内起伙,在寺庙前的戏台上请戏班演戏。

当年的醇厚社在归化城小东街的老爷庙(即关圣帝君庙)内设立社房。1933年时,山西左云县人刘建基先生曾随从三元成分出来的伙计另组织的天元恒老掌柜的武殿元(祁县人,担任醇厚社总领),到醇厚社社址小东街关帝庙内的社房,担任了一年账房先生(会计兼文牍)。据刘先生回忆,他当"先生"时已经停止了唱社戏。民国以后只是经管一万多两银子的布施积累,不过仍遗留着从前的一些规矩。原先在醇厚社内包括好多家门市字号,这时过问社事的只有大南街纸马栏柜中的三元成、天元恒和裕合兴;绸缎铺中的天顺泰、聚生泰、聚兴厚和祥源通,以及布铺中小召前街的四合荣、大召前街的万顺泰和西五十家街的万兴昌等10家了。

归化城的纸马栏柜,以府十县人的势力最大,绸缎铺以大同及左右两卫的人最多,布铺是清一色的忻州人。所以醇厚社的一万多两银子的布施积累,随着总领的更换,每年分别放到祁县人开设的天亨永、大同人开设的双兴厚和忻州人开设的泰和昌3家钱铺轮替生息。醇厚社由于钱多,经常在小东街关帝庙内的社房雇佣着一个看门的听差,并包着一辆轿车子,供总领们出门时乘坐。对于账房先生,每年还津贴笔资20两银子。

总领特别是被选为乡耆者,代表行社和字号的声势,所以各家字号对于出任总领的掌柜,都支给60两银子的衣资好缝制讲究的袍褂,体体面面地去见官迎客。上面提到有资格担任醇厚社总领的10家字号,已不是普通的纸马栏柜和一般的绸缎铺和布铺,而成了府庄、布庄和绸缎庄,它们在山东的东昌府、江苏的苏州与河北的行唐等县,都常年住有买客,除了在门市上零售货品,还批发给本城的小字号,支垫前往外蒙古和新疆贸易的商贩,赊出货品3个月或1年后才结算。

1928年,外蒙古封锁边境以后,集锦社等好多行社已不存在。1933年,各行各业都组织起同业公会,而醇厚社仍然存在,称作"醇厚绸布杂货同业公会",京庄的绸缎业和杂货业称作"鞋帽绸布杂货同业公会"。聚生泰绸缎庄的经理山西阳曲人樊培基还两次以醇厚社总领的身份,担任了归化城的商务会长。其主要原因,都跟山西的南县班子与河北的东路班子进行商战有关。

刘建基先生还记得,清时云中社每年在大召前街财神庙巷的财神庙戏台唱3次社戏,另外在正月十五还要举办抬阁游艺。云中社没有社房,扮演抬阁的行头等一直在醇厚社内寄放。

相传,在清代光绪年间归化城有吉升、长胜两个老戏班。戏班为各行社演出都是在寺庙的露天野台子上。既没有观众的座位,又不围不堵,任人站立观看。每年的农历正月初四开始,一直在各寺庙川流不息地演出至十月。从这时开始,戏班便进入小东街由嘉乐会馆改成的宴美园(后改为大观园、大观剧院)、坐落在大西街路南由公庆园改成的同和园(后改为同乐园、同乐剧院),坐落在宁武巷北口往西拐角处的普庆园,不悉坐落在何处的大戏馆子金谷园内表演。观众们边就餐喝酒,边看戏。

在进大戏馆子演出之前,戏班除在城里演出外,还要为城郊的各种赛会演唱。这样,演唱晋剧(北路梆子)的吉升和长胜两个戏班就更加繁忙了。社戏和闹红火的费用,都由各行社负担。

(原载《呼和浩特史料》第一集第 359—361 页,发表时署名记新〈本书作者笔名〉。中共呼和浩特市委党史资料征集办公室、呼和浩特市地方志编修办公室编,1983 年 3 月版。收录本书时增补了内容。)

民族用品制造业

始于金代

呼和浩特的民族用品制造业有着悠久的历史,从中华人民共和国成立后发现的许多金代的金属器物(内有佛像、铜镜等)及砖瓦建筑遗址等可以说明:在金代,这里的手工业已有了相当的发展。到了元初,这里就有了不少环以墙垣的城村,居民从事农业牧业,经营一些手工业和商业。手工业中用驼毛制毡的甚多,各色皆有。当地还产一种质地很细微的琉璃原料。(见《马可·波罗游记》)

15 世纪末,达延汗统一了东部蒙古各部,为呼和浩特地区经济的恢复和发展创造了有利条件。后来,达延汗的孙子阿勒坦汗自河套率土默特部来此驻牧。他以此为中心刻意经营,收容从晋、陕逃亡来的大批汉人,在发展畜牧业的同时,大力发展农业和手工业,经过几十年的建设,这里呈现一派繁荣景象。当时,漠南地区的蒙古族群众中已有了很多较为复杂的手工制品,其中如皮箱、摇车、银碗、酒杯、马鞍、盔甲、腰刀、辔头、念珠以及弓、箭、戈、矛等,这些器具用品不少是手工业比较发达的呼和浩特生产的。当时这一地区的锻铁业和铸造业也有了较大发展,现在大召(无量寺)所存的银制释迦牟尼坐像、铁香炉、铁狮子便是这个时期的产品。

17 世纪中叶,为了便于控制,清政府以呼和浩特为交通枢纽,大力发展其通向东、西、南、北的驿站,使这里成为四通八达的北方重镇,成了大量输出和转运西北各地以及内地畜产品、农产品、手工业产品和其他土产品的基地。

清代乾隆初年绥远城修建后,随着八旗军队的驻防、农业区的开辟和扩展,以及汉族、回族各族商人的增多,呼和浩特更加繁荣起来。其中有专门为本地官僚、驻军、地主、大商人及其依附者消费服务的商业,如绸缎店、银楼等;有为本地一般居民和四郊农民提供生产工具与生活必需品的杂货店、百货店、收购手工业产品和粮食的行栈;有专门经营到蒙古各地贸易的商行货栈;还有为数不少主要供应城区居民的行商摊贩。手工业特别是制造民族用品的手工业,自然也有了相应的发展。

当时制造民族用品的作坊大致可分为两类,一类是靠出卖技艺的独立劳动者,或者招收几名徒工组成家庭小作坊,资金少,规模小,工具简单落后,因而在供产销方面均受通译业、皮毛店的控制与剥削,生产发展缓慢。一类则是既有财东、掌柜的,又有领作和师傅,还有学习业务的"小小"(徒弟)。不仅有作坊而且有门市,既销售自家的产品,又出售其他商品。有的作坊还在外蒙(今蒙古国)设立分号,自己雇驼队送货、进料。

为了把作坊经营好,实现发家致富的愿望,不论是掌柜的还是业主都把艰苦创业、笼络工徒、技艺保密当作法宝。在生产上除掌柜的不直接参加劳动外,一般都是业主本人与工人、徒工同样劳动,并兼管买料、设计、销售、财务等经营活动。有的在经营管理上苦思冥想,并亲自检查半成品的质量状况,以保证和提高经营信誉。

蒙古靴业

蒙古靴业始源于清代康熙年间。到 1926 年时,归绥旧城有蒙古靴作坊十几家,从业人员多则每家 40 几名,少则 5 或 6 名,共约 300 名。坐落在北门外太平街路东的永德魁、义生泰、长义永、兴盛永,小东街路西的元升永,东顺城街路北的泰和德与东马道巷的元和德,被称为"蒙靴七大号"。永德魁系康熙年间开业。元升永始建于道光六年(1826 年)前后,为山西祁县吴姓人家创办。1926 年前后的股东是吴少烈,此人在北京开设聚宝一茶庄,在张家口养有汽车。这时候,元升永作坊顶六厘生意(股子)以上的掌柜的有十来名,山西清源县(后与徐沟县合并即今清徐县)的李继孔入股一分二厘是最多的一股。此外还有清源县的李守文,交城的陈刚龄、忻州(山西忻县)的马永祥、郝登成、陈源、张庆祥等。有从业人员50 名左右,年产蒙古靴约 5000 双。元升永作坊在它的门市外和柜台上各放石狮子一只,在蒙古靴筒内除盖有"元升永"戳记外,还要盖上一只狮子标记。由于产品质量好,牧民们争相购买或以物相换。

元升永等 7 家蒙古靴作坊,都有门市和柜台。门面上方悬挂金字木招牌,后边是作坊。有的是长年生产而经常不开门,主要靠雇用驼队成批向外发运,称作"暗房子买卖"。有的作坊则是前边的门市经常营业,后边的作坊长年生产。

7 家蒙古靴作坊都在库伦(今蒙古国乌兰巴托)设立自己的分号(门市部),自己雇用驼队把蒙古靴以及其他物品运去销售,回来时再捎回皮张、药材等,扩大业务范围多盈利。元升永派出的经营人员有十来名,包括掌柜的,一律不准带家眷,两年一回家。马永祥曾任驻乌兰巴托分号的掌柜的。

产品的式样是按地区分类的。销往四子王旗一带的产品,男靴称点勒半,女靴叫五步元,童靴称八宝。销往达尔罕旗、茂明安旗一带的产品称将军式(男靴)、皂靴(女式)、一码三尖(童靴)。销往苏尼特旗一带的除男靴亦称将军式外,女靴、童靴均称三报靴,又叫小搬尖。销往召河一带的蒙古靴,通称鸡蛋头式样。销往乌珠穆沁旗一带的通称邬郡靴。销往鄂托克旗一带的称作大官(靴尖部位较肥)、二官(靴尖部位不仅瘦而且靴筒较短)。销往额济纳旗、阿拉善旗一带的蒙古靴,通称纳木尔靴又叫大搬尖。销往库伦一带的靴子,肥而且大,也称将军式,又叫哈拉罕靴。上述蒙古靴品种,有的靴尖与后跟呈平线,如点勒半、大官、二官等,有的则是靴尖上翘,将军式的翘度更大些。当时,尽管销往各地的蒙古靴样式大体相同,但是不准互相穿着。销往四子王旗的蒙靴,拿到达茂旗(即达尔罕和茂明安两旗)是一双也卖不了的。

蒙古靴是牧民的生活必需品之一,品种分为布靴和皮靴。布靴用棉、布、毡绒纳上各种花纹缝制而成,穿起来和软轻便。皮靴通常用牛皮、马皮制成,穿起来挺脱结实。蒙古靴靴身宽大,易套裹腿毡、毡袜,靴底平直,左右脚不分,便于穿脱,靴脸儿短,骑马不易套镫,而且精致美观,与蒙古式的马镫、骑马姿势相匹配,至今仍为牧民必不可少的装束用品之一。

制作皮蒙靴的原料牛皮,早年是从红皮坊购进。靴筒料称作"花皮",皮面由人工制成花纹、刷上黑煤烟后再用发酵的羊油、牛油、植物油烤搓均匀,花纹、色泽经久不退,但制作十分复杂。1913 年前后,有了木制带铜辊的压纹机,方才用栲胶水等鞣制成香牛皮。靴底革是从熏皮坊(当年,在旧城腻旦街靠西头的路北有一条熏皮坊巷,因巷内有熏皮作坊而得名)进料,在三伏天用桐油浸泡后纳制,经久耐磨。

1937 年日本入侵后,蒙古靴作坊纷纷倒闭。没有关门的规模缩小、人员减少。到 1945 年,全市十来家三人班五人号的小作坊,总计人数不到 50 名,还不及民国初年元升永一家的人多。

中华人民共和国成立后,工人们于 1951 年处理了义和社(中华人民共和国成立前蒙古靴业、布靴业的纯工人行社)的物品,集资成立了制靴社,地址在北沙梁,有工人 20 多名,专门生产蒙古靴,负责人是李庆宝。同年又在旧城喇嘛庙巷成立了制鞋社,有工人 50 来名,生产布鞋、皮鞋、马靴,负责人是孔向虎。1954 年两家合并成制鞋厂,有石头巷、太平街生产点。1957 年迁到五塔寺东街,职工有 100多名,生产蒙古靴、马靴、皮鞋、布鞋,魏瑞泉任厂长兼书记。

1958 年个体户李生业、吴永祥等 7 人,合伙成立蒙古靴生产合作小组。1963年该小组并入民族用品社,1969 年该社蒙古靴、马靴车间分出,成立蒙马靴社。1971 年该社更名为皮革制品厂,1972 年又更名为呼和浩特市民族用品厂。

金银制品业

金银制品,早年以银制品为主,所以作坊名称多叫"银楼"。银楼多设在粮店比较集中的旧城西五十家街、小召半道街、通顺街一带,便于农村富户进城粜粮时购买。在繁华的旧城大南街、新城南街及北街一带也有。

相传,呼和浩特的金银制品业始源于明末清初。到 1925 年时,这里有生产金银器皿的作坊 10 余家,从业人员多则每家 40 来名,少则 4—5 名(属于家庭作坊),共 200 名左右。坐落在西五十家街巧尔齐召西隔壁的万福兴银楼和大南街路西的永玉成、宝华楼,是当时较大的作坊。此外,还有万福增、万元永、涌合义、三合义、万德永、广义成、德润楼等。

万福兴银楼的创始人是山西忻州(今忻州市)人胡玉。此人于清代康熙年间由忻州先到左云做银匠活,后在左云一家姓笪的财主资助下到归化城开楼度徒,到清代雍正年间始立万福兴字号。清代乾隆年间,笪家后代以 350 两银子的代价,将万福兴的财股转让给同乡席姓财主。1925 年前后的掌柜的,是大同人张存富、王志等十来名,刘姓大同人(名不详)是"领作",从业人员 40 来名。万福兴在西五十家街有门市 3 间,1935 年左右,又在大南街接收了永玉成的铺面作为北柜。作坊5间(三间、两间各一处),伙房两间。万福兴银楼的产品分蒙活儿、汉活儿两类。蒙活儿包括蒙古刀把、刀鞘上的装饰品、镶银蒙古碗、马鞍具装饰品、首饰(俗称头带)等。这里制作的镶银蒙古碗很受牧民欢迎,制作者是技艺高超的师傅韩贤民(大同人)。他在桦树根制成的木碗上(从山西五台进货)镶嵌银箔包边錾花,制成一个需要两天半的时间。韩师傅使用的各种规格的錾子,就有120多把,他錾出的旱八宝、水八宝以及各种花卉等图案精致美观。他的月工资6元,是万福兴最高的一个。当时销往伊克昭盟的首饰,重量达15斤左右,销往其他盟旗的也在10斤上下。汉活儿包括镯

金银首饰店市招　(见《青城老照片》)

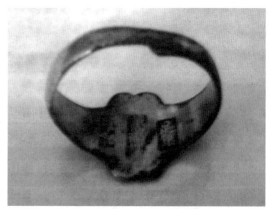

万福兴产银戒指　(见《印象青城》)

子、耳坠、戒指、耳挖勺、发卡、银锁等。仅镯子就有圆镯、麻花镯、扁镯、铃铛镯等8种。早年制作的如意锁(结婚用品),一件的总重量就达30两(以16两折合1斤计算),9寸宽,6寸高,3分厚,中间镶嵌美玉一块,其中的9条银链儿,每条长2尺4寸,重4两,制成一件使用原料(银子)约40两。此外,还有麒麟锁、荷花锁、儿童开锁(幼年带上到12岁时打开)等。还有一种称作忻州头带的首饰,最多的由17个部件组成一件,是最复杂的活儿。1925年时,万福兴只有李文(大同人)和另一位师傅(姓名未传下来)会做这种首饰。万福兴生产的金银制品,都要錾上"归化万福楼足赤"(指金制品)和"归化万福楼足银"字样。后来,又改成"西口万福楼足赤"和"西口万福楼足银"字样。好把式还要加上自己的名字,如韩贤民錾一个"韩"字,李文錾一个"文"字,用以保持作坊的信誉。在春夏淡季时,平均日销售额15元左右,逢秋冬旺季,日销售额可达100元至200元,利润约

占 30%。

永玉成和宝华楼是 1922 年至 1925 年期间,在旧城大南街路西又开设的两家比较大的作坊,由于工人操作的工作台设在地上,有别于"山西班"作坊(工作台设在炕上),又系河北人创办,俗称"东路班"作坊。产品以陈列器具为主,如银盾、银瓶等,还制作金戒指、耳环、项链儿、表链儿(就是装在衣袋里随身使用的怀表,比手表大)等。永玉成作坊由赵瑞五创办,这家作坊的产品上都錾有"西口永玉成"字样,后来由于掌柜不务正业,倒腾金银原料,放松了经营管理,不久便倒闭了。坐落在旧城大什字路南的天宝楼作坊,是 1937 年夏季由河北的陈姓和刘姓合办,从业人员 30 名左右。

金银制品行业的原料,为普通收买的金子(每两 70 元)、银子(每两 1 元左右)。每年按重量估计,可制作银器共约一万数千两,金器约数百两。银器每两售价 1 元 8 角至 2 元,金器则按照时价再加工价 5 角至 2 元不等。

日本入侵后,金银制品作坊纷纷倒闭,或者由大缩小,只有万福兴和天宝楼少数几家作坊,坚持到了新中国成立以后。

中华人民共和国成立后,国营金店于 1952 年成立,隶属于人民银行归绥市支行,坐落在旧城大南街路西宝华银楼旧址,经理李林(山东人)。当年万福兴的徒工范成法、冀连雍、王世礼,涌合义的徒工董富贵,裕盛丰的徒工尚存等均被吸收,王世礼还被安排在生产管理岗位上。为了使金银制品业尽快发展,市人民政府于 1953 年从天津请来贾臣、李茂亭、吕金元、宗占魁、孙荫长、杨凤梧等十几名制作金银器皿的师傅。1958 年,国营金店原址改成门市部,车间迁至新生街(原腻旦街)34 号,更名为金银制品厂,隶属于内蒙古自治区重工业厅。职工增加到 70 名左右,由曹作宾(河北人)任厂长兼书记。

1969 年金银制品厂与内蒙古广播设备厂合并,全部迁往新城。1972 年,先后从广播设备厂抽出王荣、王世礼、孟仁、赵英臣、孙荫长、王新仁、赵同仁、李希文、贾臣、李茂亭、刘凤来、杨凤梧、吴爱莲(女)、杜文仙(女)、刘素清(女)、陈凤英(女)等制作金银器皿的师傅,组建了内蒙古外贸局工艺品厂。

毡制品业

据老艺人们相传,呼和浩特的毡制品业始源于清代康熙年间。归化城是草原商业城市,地处北疆,气候寒冷,毛毡制品是不可缺少的防寒用品,销路也极宽广,好的毡制品能远销新疆,至于邻省如山西、河北等地也争相购买,所以,当时此地的毛毡作坊很多。清朝末年有30多家,鼎盛时期达到50多家。毡制品的生产作坊可分为两种类型,一种以生产毡帽、毡靴为主,一种以制作民用毡为主。到1927年时,这里有生产毡帽、毡靴的作坊不到十家,从业人员多则每家60来名,少则5—6名,共约200名。有坐落在旧城大西街的允和成、新和成,小西街的泰记,石头巷路东的福成元等。允和成作坊设在大西街路南(20世纪80年代是国营呼和浩特市制毡厂门市部及东隔壁大院),始建于康熙二十三年(1683年)前后,也有清嘉庆中叶开设一说,由山西祁县陈姓与赵姓合伙创办。光绪初年,进行第一次改组。股东除了祁县王家又增添了忻州(忻县)冯家和后山武川县小五号村的张公和老财。在此期间,老掌柜们总是墨守成规,满足现状。本来可以扩大业务品种,但他们只生产毡帽和少量毡鞋。每年生产毡帽20000多顶,毡鞋(低腰)2000多双。毡帽分大、小两种,大帽像毡笠,行销于新疆的少数民族地区,由通顺街的兴盛魁、小召夹道巷的义成昌、兴隆巷的天盛恒和小西街的复盛兴这几家西庄贩运到新疆奇台和伊犁等地出售,在归化城街上不易见到。大帽用料多,获利也比小帽多,允和成是以小帽争名誉,以大帽作根本。产量是大帽占80%,小帽占20%。从清末到民初,允和成一直保持着10个掌柜的、50多名老师傅和徒弟这样一个作坊规模。至1927年时,这家作坊的掌柜的是忻州人姜礼、王书全等,从业人员70名左右。允和成除制作一般毡帽、毡鞋、毡靴、嘎登(高腰靴)外,还制作黄色童子帽、红绿色小礼帽、销往新疆等地的大帽,还生产土耳其式、英式黑色、紫色山羊绒帽,制作精细,时新一时。毡帽及毡靴的颜色,都是采用普通染料,由于配料加工得当,颜色牢度很好。

允和成的产品最为精良,居各家同行之首。它的毡制品远销到山西太原以南和新疆的奇台、伊犁。特别是它生产的毡帽深受广大农牧民的欢迎,在顾客中流传有"允和成的帽子,永升斋的鞋(布鞋)"的赞语,成为归化城的名牌产品。

允和成年制毡帽约30000顶,每顶售价3角左右;毡靴10000双,每双售价1元上下;土耳其式和英式毡帽每顶售价1元左右。允和成零售的产品上盖有"永"字戳记,成批发运的毡靴和毡帽上盖一个"合"字印。毡帽、毡靴行业的业务旺季是秋冬两季,每到这个季节,允和成作坊不仅在门市上出售自己的产品,为了多赚钱还从宣化购进毡帽销售。不仅如此,而且从山西太原土和商行运来三鹿牌和三龙牌白布、棉花绒毯出售。这家作坊成批外运的销售额比零售额大。1928 年以前,销往新疆等地的大帽,由骆驼载运,每峰一次可载"一担"(2000 顶)。

1934 年,由于业务不景气,允和成欠泰和昌钱庄 500 两银子无力偿还。允和成的经理姜礼和泰和昌的经理李昆都是忻州人,缘于同乡关系,姜礼愿把允和成让给李昆接办。李昆因允和成这面招牌很亮,同意接收。再拿出 500 块现洋,另外又招了杜轩(钱庄)、赵亭方(集宁粮店)、段芝言、郭绍先等,共集资约 4000 元新股。除了买下铺底,按 60% 开销了旧股,剩下 2500 元资金。李昆和赵亭方就让住过西庄的李昆的儿子李运掌(字廷治)参与经营。改组后,仍

允和成公记股票 (见《印象青城》)

由姜礼任经理,李运掌任副经理,于 1934 年农历五月,更名为允和成吉记,正式经营起业务。允和成吉记共 40 财股,每个身股二分六厘,财股每百元付利息 5 元;身股每人每年坐底工资 50 元,每厘生意再加 20 元。红利按人六财四分配,三年算一次账,成了一种公司惯例。

这次改组后,为节省开支,小伙房每天吃肉不能超过一斤;开除了有鸦片烟瘾的 12 个掌柜的;每晚 10 点前熄灯,以保证师傅和徒工休息。更主要的是从原料来源和业务经营方面开辟新路,进行了一些改革。1935 年,副经理李运掌高薪聘请河北清苑师傅制作毛嘎登(高腰毡靴)。一年后,允和成吉记的徒工就掌握了这种手艺。生产的这种毡靴,以优质低价出售,后来在京绥铁路西段各城镇和甘肃武威一带打开了销路。

李运掌让工人们试制了几顶土耳其式毡帽,送到国货展览馆展销,很受欢迎。从此,这种毡帽就成了官、绅、商人和地主们春秋时节的时髦帽子。曾任绥远省主席的傅作义、建设厅长冯曦、席力图召第十世活佛,都从允和成吉记订制过土耳其式毡帽和礼帽。此外,允和成吉记还和太原、西北土产公司签订合同,一时间行销

于晋绥两省。仅此一项年售5000余顶。以后,又试制了一种毡军帽,也打开了销路。晋绥军驻绥远、大同的士兵,春秋两季都戴这种帽子,而且由归化城制帽的毡坊供应。为了扩大业务,允和成吉记还增加了制作毛毡和绒毡的业务。

从1935年开始,李运掌派顶生意的掌柜的亲自到后山和牧主直接购买羊毛。1936年时,每斤羊毛一角二分,一斤羊绒二角四分,比向洋行、毛店购买便宜许多。

由于以上几项改革,允和成吉记的生意是蒸蒸日上。1937年开头一账,每份身股就开红300银洋,连同财股的红利和公积金,以及增加的一个财神股子,三年当中获纯利4000多元,还不算换毛的货品和存下的绒毛厚成。但当他们买卖正做得顺手的时候,日本侵占了绥、包。柜上召开了一次股东会议,决定了应付时局的办法:一、把资金财产一律折成布匹,以此实物作为核算单位,免遭伪蒙疆银行钞票祸害;二、由三年开红,改为年年分红,以预防环境恶化,抽不出资金;三、根据实际情况,把业务搞活,尽量经营"早种早收"的本行外的业务。但买卖不好做,只是勉强维持。后来,一面在归绥旧城继续维持作坊生意,一面以一部分资金办成货物运到甘肃武威设庄。

1945年日本侵略者无条件投降前,凉州的分号向银行贷款大做投机买卖,这年八月胜利炮一响,法币价值提高,贷价猛跌。允和成在甘肃的买卖整个倾产还债。不久,归绥城又打起内仗,市面上购买力锐减,只好把业务再加收缩。1949年,正好允和成够了15年为一期(即股东大会任期)的期限,多数股东都不同意继续做下去,便抽回了股金。李运掌舍不得放弃允和成的牌子,仍惨淡经营。

1950年时,允和成更名为新生帽厂,仍然是制作和销售毡帽、毡靴,经理李运掌(原副经理)。

1953年,恢复了允和成"公记"老字号,地址仍然在旧城大西街靠西头的路南,门牌47号,门市栏柜3间在西,作坊、库房等(大门院)在东,经理李运掌。该企业加入了已将归绥市更名为呼和浩特市的棉毛麻纺制品业同业公会。有资本40000元,全部资产78000元。全部从业人员67名,职工65名,其中生产工人60名,职员5名,在职资方人员2名。全年共生产120天,每日一班生产(8小时)。主要生产设备有木制弹毛弓,洗毛案,嘎登及帽子楦头(制鞋、制帽时所用各种型号的木制模型)。这一年生产毡帽4052顶,还有外加工回1388顶,1953年库存1443顶;全年销售6432顶,其中自销2632顶,为畜产公司来料加工3800顶,年底库存451顶。生产嘎登靴4117双,加上1953年库存2双,全年销售4119双,其中自销319双,为华北军区加工3230双,为畜产公司加工570双。生产毡鞋1896双,加上1953年库存491双;全年销售2387双,其中自销1719双,为畜产公司加工668双。生产毡子3132尺,都是畜产公司订货。全年盈利8400多元。全年使用原料,羊毛约23000斤,牛毛3100斤,硫酸约2000斤,大块东炭(山西大同出产)约28吨。全年以现行价格计算的工业总产值553881元。全年发放从业人员工资总额127151元,其中生产工人106111元,职员13890元,在职资方人员7150元。

到1925年时,归绥有以制作民用毡为主的作坊不到10家,从业人员多则每家40来名,少则10来名,共150名左右。有坐落在小南街的天元成,西顺城街的天和庆、德盛茂,小北街的天和公、福聚成等。天元成作坊始建于清代道光十三年(1833年)前后,由归化城旅蒙商三大号之一的天义德创办,大同人王美、郑仕福是二三任掌柜的,全能师傅叫文孩子(大名不详)。到1925年时有从业人员40名左右,于中华人民共和国成立前倒闭。

生产毡子、毡帽、毡靴所用的原料均系羊毛。有的作坊是向皮毛店购进,有的则是派人到附近郊区、土默特旗、武川一带收购。春季为抓毛、茬毛、羔毛,秋季称剪秋毛、山羊绒,收购各种羊毛并不实际过秤,而是按成羊、羔羊估计重量后议价,称作"估羊"。每斤毛收购价平均3角。天元成毡坊年收购8000斤左右(春秋毛各半),将其中的春毛约2000斤出售给天津老客(商人)或本地大召前街路西靠南头的隆昌洋行,从中牟利。其余分别制成春毛毡、秋毛毡、羔毛毡和山羊绒毡销售。规格有2尺宽4尺长的,3尺宽5尺5寸长的,5尺5寸宽11尺长的等十几种。以民用为主,也有机关、商号的订货,售价每平方尺平均3角。此外,还生产马鞍屉,保护马脊用的;防雨毡俗称雨簸箕,毡雨衣俗称雨马褂,供牧羊、牧马者及车倌防雨使用。早年,交通工具靠驼、马。通译业(又名积金社亦作集锦社即外蒙分会)、西庄业(即新疆社)专与外蒙古、甘肃、宁夏、新疆等地贸易的商号合作,全靠骆驼运输。一些怕潮湿的物品,便要使用天元成制作的包毡(每块规格4尺5寸宽,6尺5寸长)、苫毡(每块4尺3寸宽,7尺长)来防雨。坐落在北头起的驼商回民曹家办的德厚堂,坐落在南头起兴隆巷路西新疆籍胡老五办的天义货栈等,每次订货都是大几百块。天元成还生产毡袜子以及供阔人或赌博者打麻将牌时使用的牌垫(每块2尺8寸见方)和宝毡等。当时10来家大小毡坊,年制毡约

400平方丈。

1926年左右,各种作坊的产品都集中在席力图召大院内展销过一次,在民用毛毡评比中,天元成的产品被评为第一名,并得奖,奖状挂在作坊的柜房内。人们称赞这家毡坊的产品是"清水净毡"。

1956年元月二十日,约有永和成(原允和成)、双盛祥、福成元、天玉成、新盛明、新明、双和成、永恒成等15家私营毛毡制品作坊,以及坐落在旧城太管巷(即早年的太谷巷)、西顺城街、乃莫齐召夹道巷的福越厚等四家私营制胶作坊,走上了公私合营的道路,资金约30000元,从业人员80名左右,取名毛胶制品厂。生产点分散在8个地方,公方代表是刘元亮(河南人)。后来改建成国营呼和浩特市制毡厂,有职工248名,另有厂外加工人员200名左右。产品有民用毡、工业用毡、帐篷毡(包括蒙古包毡)三大类。

地毯业

地毯,由于是立纤维出图案,故有栽绒毛毯的叫法。用途可分为地、炕(床)两种。呼和浩特的地毯早年来自新疆,俗称"西营毯"。相传是从辛集镇(今河北省束辛集市西北)来了两位师傅(一位姓姜,另一位连姓都没有传下来),从宁夏来了两位师傅(一位姓邢,一位姓唐)带来了编织地毯的技艺,从此,呼和浩特有了自己的地毯编织者。

1926年左右,归绥旧城生产地毯的作坊有十几家,多坐落在北门里、小东街、西河沿、西顺城街一带,它们是大有恒、隆和泰、永顺祥、同德公、兴兴久等,从业人员多则每家100名左右,少则只有十几名,共有300多名,年产量约3000平方米。有的作坊是既有生产点,又有门市部。有的作坊的买卖就在生产作坊里做。坐落在北门里东马道巷的大有恒作坊,始建于清代光绪十四年(1888年)前后,为山西清源县(今山西清徐县)阎村人王俊创办。此人从口里到塞外,先在凉城住过当铺。后来到了归化城,认识了隆和泰皮毛店姜姓地毯老师傅,二人商妥开办地毯作坊,王俊借钱投资,姜师傅教徒弟,大有恒地毯作坊就这样办起来了。作坊的地址在议事厅巷口往北不远处,占房两间,有织地毯木机梁两套。开始有徒弟10名左右。不久,又在西顺城街路北租了一处带栏柜的小院。这时,有机梁15套,工人50名左右。基本具备了弹毛、纺线、染色、织地毯这些工序。

1930 年,又租了旧城北门里路东(紧挨城门)一溜 6 间栏柜,后院有房 50 间左右。下半年,又在东马道巷 18 号大院租了 26 间房,木机梁增到 30 套,工人增到 120 名左右,在大厅巷口外占房 10 来间,成为纺毛纱车间(晚上是工人宿舍),有纺纱工 30 名左右。

编织地毯的工具是:木制机梁、刀子、耙子、剪毛剪子、平毯剪子、剪花剪子、镊子等。所用原料,好羊毛是向皮毛店购买,回退牛毛、驼毛、马毛、羊毛是向黑皮坊购进,皮剪毛是向白皮坊购买。一般的皮毛店都是先付毛不收款,年终总算账。棉经纬线,先是从祥源通布铺购买民用线,在厂内合股。1931 年后,从北平(京)的德泉线庄购买已经合股的经纬线。

地毯图案有五龙、五云、五牡丹、四季花(梅兰菊竹)、鹿鹤同春、博古、山水等 20 多种。图案的绘制先是由老师傅用符号点在格子纸上,后发展到画样子,是请当时很有名气的画家梁通绘制(梁通另有详介)。产品分三蓝地毯和带彩地毯两类。销售价格是三蓝毯每平方尺两元五角(银圆),带彩毯是两元四角。道数(亦称码数)有 60 道、70 道、80 道、90 道,最密的是 120 道。规格有 2 尺宽 4 尺长(称马褥子),3 尺宽 6 尺长,6 尺宽 5 尺 5 寸长,6 尺宽 9 尺长等十余种。各种地毯除销售本地,还销售到牧区、甘肃、新疆等地,也有洋行收购销往国外的。销售到牧区、召庙的毯子除"二四马褥子"外,还有驼鞦、马鞦、靠垫、绺子、龙抱柱毯等。马鞦就有圆坎肩鞦、大圆鞦、方形鞦 3 种样式。绺子的规格奇特,有长没宽,如 1 尺 7 寸宽 34 尺长。当时生产的地毯都不片剪、不洗涤,采用抽绞方法编织。大有恒制作的地毯,大部分是机关、军界、大商号、召庙、官宦人家的定货,有现货出售但为数不多。无论定货还是现货,一律在门市上办理。大有恒先后在恒昌店巷口南面的荣华池澡堂隔壁占有 3 间铺面(有楼),在东马道巷北面的路东占有两间铺面,专门销售地毯,所悬市招是编织有大有恒字样的地毯,字迹是深蓝色底子是驼色。为了多做买卖多挣钱,栏柜上的营业时间是从早晨 7 点左右开门,直到深夜 12 点左右才收市,顾客买好的地毯由作坊派人送货上门。

1930 年,大有恒顶四厘五生意的郝占奎退股出去,分走价值 600 块银圆的地毯等,办起了太义恒地毯作坊,没几年干不成又回了大有恒。

1931 年,绥远省政府主席傅作义定做了 3 块送礼地毯,规格分别是 20 尺宽 18 尺长、18 尺宽 20 尺长、13 尺宽 18 尺长。当时,大有恒没有制作大型地毯的机梁,便从已经倒闭的旅蒙商三大号之一的大盛魁买了 5 根粗大房柁,又买了 1 棵刚锯倒的大榆树,制成 3 套大机梁,把地毯织成。

到 1933 年,大有恒的木机梁增加到 50 多套,工人达到 220 多名,占地面积 3100 平方米,有资金约 3 万银圆,成为归绥市地毯作坊中人数多、产量大、牌子亮的首户。在门市部的柜房里安装了干电池电话机 1 部,上街的(业务人员)外出办事用自行车代步。这时是大有恒的鼎盛时期。这一年,班禅活佛来归绥,住在当时的绥远饭店(位在后来的电影院街),从大有恒购买了一批地毯。

1934 年,由于旧城北门东的房屋拆除修路,大有恒迁到北门里路西第一条巷子(老府店巷)里,与义和永旅蒙商号合租了一个里外院,大有恒占房 25 间。第二年春天,又在旧城北门外西顺城街路南北古丰轩饭馆西面,租赁房屋近 30 间。这一年冬季,又给傅作义定做了两块五龙地毯,规格是 19 尺宽 17 尺长、15 尺宽 12 尺长各一块。此外,还给军界的王靖国、赵承绶、曾延毅、孙长胜等定做过地毯,也为百灵庙、席力图召、四子王、达尔罕王、茂明安王等定做过地毯。

后来,地毯销售不畅,积压很多,在 1936 年农历正月初六,大有恒一次就裁减了 100 多人,包括所有的老师傅,剩下的都是没有满 5 年的徒弟。这时,大有恒所占地盘只有西顺城街路南和东马道巷 18 号院的一部分了。这一年顶五厘生意的刘文荣、刘廷德也从大有恒退股出去,共带走约 2200 元的地毯等,办起了天德荣地毯作坊(新作坊名称中都有开办者名字中最后一个字)。1938 年,顶九厘生意的王维勤(王俊的侄儿)也退股,带走约 2100 元的地毯等,另开了天顺勤地毯作坊。尽管先后退出好几股,但大有恒仍然有近 2600 元的资本。这时的掌柜的,是王俊的侄儿王维新。大有恒的啜文林、任书泰等 11 名师傅先后离开作坊到大同、张家口、北京等地耍手艺谋生。

1943 年,日本侵略者把皮毛控制起来,地毯作坊断了原料。这一年,大有恒把早存的原料用完后倒闭,连铺底全部推给了山西清源人李博奎和本地人王寿山合开的茂盛昌茶庄。

到 1946 年,这里的地毯作坊全部倒闭。

中华人民共和国成立初期,有近 20 名地毯工人先后为乌拉特中后联合旗土产公司加工 150 副驼鞴(系圆形坎肩鞴),还为包头市新区经济处加工了 1000 多平方尺长方形地毯。

1956 年 9 月 13 日呼和浩特市毛纺生产合作社成立,从业人员 60 名左右,共有 18 个生产点,3 个门市部。生产项目有:地毯、车毯、毛衣、毛口袋、棉被套等。

地毯生产点设在小北街十王庙内。

当时,无论合作社还是公私合营工厂的成员,在政治上均处于平等地位,在经济待遇上实行按劳取酬的工资制度,大家都是企业的主人,企业的经营活动实行民主管理。在合作社,最高权力机构是中国共产党基层组织领导下的社员大会或社员代表大会,重大事情要由社员代表大会通过。社里的日常工作则由社员选举产生的理事会主持;同时还选举产生监事会,负责监督理事会的全部工作。毛纺生产合作社的第一任党支部书记是贺凤英(女),理事会由张明(主任)、张仲美(副主任,当年大有恒的徒工)、韩喜明、崔文波、于镜泉、李德新组成;监事会由刘文汉(主任)、张根龙、戴连林、郝廉明、高福增组成。在公私合营工厂,实行党委领导下的厂长负责制和职工代表大会制。

呼市地毯厂厂门照　马智涛、刘祝刚摄

1957 年下半年,在呼和浩特市手工业联社领导下,张仲美和尹文广(当年大有恒的徒工)、邵德义(同德公的徒工)等,访问寻找失业后已经改行的地毯工人,到年底迁入石头巷路东厂内时,地毯工人已经达到 50 多名。

1958 年 6 月 1 日,国营呼和浩特市地毯厂成立,地址在旧城南柴火市街 23 号,有职工 200 多名。1959 年,这家工厂接受上级布置的任务,为首都人民大会堂内蒙古厅制作了大型地毯。这批地毯是 1960 年 5 月铺到人民大会堂的,产品全部是素古地毯,最大的每块近 1200 平方尺,小规格的平均 230 平方尺。

1981年,呼和浩特市地毯厂迁到石羊桥东路6号,占地面积22000平方米,年生产能力30000平方米,职工人数增加到459名,厂外加工人员400多名。产品以出口为主。当时,不仅能生产传统的三蓝地毯,还能制作机(机纺毛纱)拉(拉绞编织)洗(水洗成品)高级地毯、汉宫地毯、风景人物艺术挂毯;不仅能制作传统的方形地毯,也可以生产难度较大的圆形地毯。地毯的码数以90道为主,最密的达到150道。

艺术挂毯——套马 (见《印象青城》)

作坊师徒的生活

中华人民共和国成立前,民族用品制造行业的生活状况,以伙食而言,师傅和徒工是一日三餐,炒米、面茶或稀饭、炒面,也有稀饭、莜面馈垒或小米捞饭的,这是早、晚餐。午餐有的作坊是荞面、莜面来回倒替,也有做白面、黑面、荞面三杂面花卷的。按农历每月初一、十五改善伙食吃白面,也只是中午这一顿饭。掌柜们另起炉灶,伙食自然比工人们强多了。以允和成毡坊为例,初一、十五中午吃肉烩菜和馒头。此外,正月十五、五月初五、八月十五、春节时也改善伙食,和顶生意掌柜的吃一样的饭菜。可是春节期间,掌柜们吃一个月饺子,而工人只吃5天,除了

188

正月十五外,都是平时的茶饭。

当时流传着"人进作坊,驴到磨坊""有女不嫁手艺人"等俗语。绝大部分工人娶不起媳妇成不了家,都在作坊里吃住。如毡制品行业的车间,白天是工作场所,夜晚是工人宿舍,大师傅(炊事员)做饭和工人们就餐时,这里又成了伙房。为了不使潮湿的羊毛被风吹干,室内温度再高,空气再污浊也不能打开门窗通风,即使到了最热的数伏天也是窗户用纸糊严实,门上挂着毡帘子。用弓弦弹毛时(包括地毯行业),更是尘土、碎毛飞扬,空气污浊不堪。工人们咳出来的全是毛和土的混合痰,没有任何劳动保护设施,所以不少工人得了痨病(肺结核)、矽肺。制毡时经常离不开水,得关节炎、腰腿疼病的也不少。日本侵华期间,日军以肺病传染为由,发现这种病人就用冰块冷冻,使人尽早死亡,所以,工人们有病拿命抗,不敢吱声。另外,歇工治病的医疗费用由工人自己负担,作坊又不给工资,不少工人落下了病根。

金银制品是靠热能生产的,原料都是金属,需要在 800 度到 1000 度的高温下溶化,浇灌在模具内才能成型。工人们经常处于烟熏火燎之中。金银器皿的焊接工作,是用铜制的吹筒对着一盏素油灯,鼓着双颊吹火操作,学徒时则是用盛上水的碗练习,一直练到能够换过气来时,才允许吹火操作,此行业咳嗽气短者自然不少。在我采访从天津请来的贾臣师傅时,发现他就患有这种职业病。

地毯作坊根本不准备洗毛纱设备,工人们一年四季抬上毛纱到扎达海河去洗,数九寒天也得打开冰窟窿洗线,不少工人冻坏了耳朵和手脚。

徒工们的待遇就更差了,作坊都是管饭没工资。允和成的学徒,一年到头只能领到 5 元钱的穿装费。大有恒是每个学徒一年给两匹蓝土布,每匹布只有 9 寸宽,3 丈 3 尺长,另有棉花 2 斤。而天元成毡坊的学徒,干一年活只能得到一顶帽子、一根裤腰带、一双袜子、一双鞋。万福兴银楼的徒工更可怜,一年只给一顶帽子、一双鞋。

各家作坊为了使徒工学满手(即出徒)后不轻易离开作坊,以创造更多的利润,普遍采取的做法是:学徒 3 年还要谢师半年左右(有的谢师长达 1 年,有的学徒期定为 5 年)。徒工不论年龄大小,都是先来者为兄,后来者为弟,一律师兄弟相称。地毯行业规定,学徒超过 16 岁不收,最小的只有 11 岁,由于年龄小,有的已经学了六七年还出不了徒,也有四年出徒的,为数很少,学徒必须有两名保人。合同中有这样的条文:学徒期间出现失踪、自杀、生病者,作坊概不负责。徒工的大部分时间,不能用来学习技术,而是干提茶壶倒夜壶、看掌柜家孩子、洗衣服、给师傅打下手的杂活。当年,大有恒一个叫温七七的徒工,因患痨病没有学满手就去世了,年龄只有 16 岁左右。像万福新兴楼,每天早晨要由两名徒工非常吃力地抬着木制大尿桶,从西五十家街走约一里半路,倒在石羊桥河槽内,这是徒工们一项十分头疼的营生。当年大有恒地毯作坊的学徒邓富贵竟伺候过两个坐月子的(掌柜的老婆生孩子)。即使出了徒,一些绝招也学不到手,艺不到家,不敢到其他作坊去耍手艺。在工艺技术的传授上各家都十分保守,正所谓"教会徒弟,饿死师傅""同行是冤家"。同一行业的业主,多是出师同一作坊的师兄弟,在人情上虽然彼此有所往来,但是见面不提技艺事,唯恐人家把技艺偷走。徒工学习技术实际就是偷艺。

行业的前世今生

早年,各行各业都有自己的行社。据《归绥识略》记载,归绥的各种行业就有 95 种。蒙古靴及布靴行业的行社,称作义和社,也叫靴匠社。社址在旧城通顺街西头路北的义顺斋茶馆内,供奉孙膑为祖师。义和社系纯工人行社,社内有从各靴铺工人当中选出管事的正副会首(俗称当家的)和大、二先生(会计),还有跑腿搞联络的称作"散散",每年一选举。义和社在农历每月初二、十六日两次向工人收款(徒工免收),称作上布施。民国年间通行银圆(每枚值银七钱二分)和铜子儿(无孔硬币)。每人一次交 5 枚铜子儿,交够 1000 枚为止(合八年又四个月)。从张家口、宣化一带来归绥耍手艺的师傅,也是每次交五枚,但是没有总数目,年复一年地交,称作长年布施。从库伦(乌兰巴托)来的师傅(也是到大同、代州、张家口、宣化等地去的)只上一年半布施便算了事。无依无靠的工人死后,由义和社出钱买棺木,埋葬在攸攸板申村东北的义和社坟地。每到农历五月二十六、二十七、二十八,全行业歇工,在西茶坊老爷庙红火,称作过社。三天集中起伙,并请戏班来唱戏。每逢唱戏时,还要邀请城北公主府和大召前山货铺协成泉的人前来观看(义和社所收布施存在协成泉,有时社内花销不够时,由协成泉垫付,也可以动用布施款作为协成泉的资金)。

1925 年时,元升永的弓山师傅、义生泰的杨宝山师傅(都是大同人)是义和社的正副会首。当时,一名师傅每月必须制作蒙古靴 15 双,工资约合银三两八钱。

工人们起早贪黑地制作15双靴子很吃力,伙食不佳。一天,义和社的"散散"用鸡毛信通知各家作坊工人,到西茶坊老爷庙开会议事。由弓山和杨宝山出面与各家掌柜的交涉涨工资不答应,各家作坊的师傅便联合罢工,起先掌柜的给徒工们施加压力,他们不敢参加,后来由各自的师傅做工作,结果实现了全行业罢工,先后约一个月。掌柜们急坏了,想让驻军中的一个名叫石敬亭的旅长(河北人)出面镇压,石没有答应。不得已各家作坊统一将工人的月工资涨到四两五钱七分五厘。

蒙古靴、布靴和鞴坊的掌柜以及学习做买卖的"小小"是另外一个行社,取名集义社。社址在大召前的财神庙,每年农历三月十六、十七、十八过社。

金银制品行业的行社,称作银炉社,又叫银匠社,社址在大召后的玉皇阁内,农历九月初八、初九、初十过社。戏台设在玉皇阁门外(马路南面)。供奉祖师九花娘娘,亦有供太上老君为祖师的说法。

毡制品行业中的纯毡坊是一个行社,称作忠义社,社址在小北街的十王庙内,农历五月初七、初八、初九过社。制作毡帽毡靴的作坊如允和成等,是另外一个行社,称作公义和社,社址在通顺街的义顺斋茶馆内,社内物品存放在大召前的财神庙内,农历六月初五、初六、初七过社,供奉的祖师都是旃檀古佛。

据老艺人们相传,地毯行业没有行社组织。但《归绥识略》中有旃檀社于五月初九、初十、十一在城隍庙过社的记载。

另有史料记载,地毯行业自清代就有行社组织,由各家作坊掌柜的组织的叫栽绒社,在乡耆会馆领导下,选出正总领1人,副总领2到3人,每年更换一次。由地毯工人组织的叫和合义社(亦有兄弟友好社之说),由会员选出会首1人,副会首2人,但不向外公开。集会活动时没有固定地点及日期,有事临时召集,不准资方参加,也不允许外人介入。有一定的保密性,是半公开性质的行社组织。另有财务保管1到2人。入社者要交入社费,叫作大布施,另在每月交5分钱,称作小布施。早年,地毯工人死亡,由社内出资将其埋葬在和合义社的义地卧龙岗(今青城公园)。民国初年,凡入社(会)者有特定的"家"(20世纪30年代解体),就是集会活动的地方,集体到旧城小东街的大观园看戏,到麦香村、凤林阁饭庄聚餐。这种开销也是用和合义社的布施款支付的。

中华人民共和国成立前在民族用品制造业中,除蒙古靴业外,其他行业也曾出现过工人要求增加工资、改善伙食的罢工斗争。

1933 年，由于大有恒的伙食极差，早晚餐是稀饭、炒面，中午是小米焖饭、黑荞面。已经耍了手艺的 9 名大徒弟邓富贵、张狗孩、辛拴牛、李来福、王进宝等罢了工，和掌柜的斗争，其他工人也起来了。掌柜的怕工人们都放下工具不干活，不得已把伙食做了更改，早晚餐小米酸焖饭，午餐恢复莜面推窝窝。每隔 5 天的中午吃一顿白面。

1940 年二三月间，由于物价飞涨，而地毯工人的工资却一直不变，工人的生活越来越苦。因此，大有恒、天德荣、天顺勤、崇义恒 4 家地毯作坊的工人联合起来罢工，选出代表和各家的掌柜的谈判（大有恒的代表是张仲美，小名马驹子）。各家掌柜的先来软的，不顶事，就用打骂徒弟、开除师傅、停火断炊等手段压服。后来，工人们利用各作坊掌柜之间的矛盾，迫使大有恒最先复工，把编织 1 平方尺的工钱由 4 角提高到 5 角 8 分。其他三家一看大有恒提高了工钱，也只好把工钱和大有恒拉平了。此后，掌柜们怕工人再罢工，没敢再往下降工钱。

1928 年，蒋介石查封苏联在华使馆和商号，外蒙古封锁了边境。樊耀南刺杀了新疆省政府主席杨增新，引起了新疆动乱，西路至此不通。这不仅使归绥的驼运业和皮毛业遭到毁灭性打击，民族用品制造业受到的冲击也不小。

日本侵华期间，在内蒙古地区设立"大蒙公司""畜产公司"和所谓的"合作社"，大肆掠夺畜产品，致使作坊纷纷倒闭，广大手工业艺人陷入绝境。制作蒙古靴的艺人郭良业（大同人，最后一任义和社会首），是从图案设计到裁剪、缝制的全能把式，1944 年失业后，和蒙古靴师傅山西代县人张二娃、张三娃兄弟搭伴，到达尔罕旗、茂明安旗一带为牧民修靴配底糊口度日。其他各业的工人有的回乡务农，有的在街头钉鞋，有的卖了荞麦皮，有的拉了洋车……

1945 年 8 月 15 日，日本无条件投降，国民党返绥当政。此时，国计民生不仅毫无生机，货物来源更是经常断绝，法币、关金券和金元券相继贬值，物价一日三涨，苛捐杂税繁重，广大劳动人民挣扎在饥饿线上。本小利微的手工业劳动者，面临倾家荡产的惨境，整个民族用品制造行业陷入万户萧条、苟延残喘的境地。

中华人民共和国成立后，在中国共产党的领导下，民族用品制造业犹如枯木逢春，迅速发展起来。优越的社会主义制度，为提高企业经营管理水平、更好地发展生产满足市场需要以及改善工人的劳动条件和物质生活状况创造了条件。手工业作坊内部改革了原来旧有的三大关系（雇佣、剥削和封建的师徒关系），尊师爱徒的新型师徒关系蔚然成风，新一代艺人迅速成长壮大。新社会的学徒不仅每月有生活费,而且可以按季节领到单衣费、棉衣费以及烤火费,治疗疾病和师傅们一样由企业报销。73 岁的毡制品老艺人张林(大同人,当年允和成的徒工,后来的师傅),中华人民共和国成立前得了矽肺职业病,中华人民共和国成立后他的病得到治疗。今天,呼和浩特市职业病防治所的医生仍然定期为他检查治疗,除退休金外,他每月还享受营养补助。今天,从事熔化金银工作的工人,除免费享受工作服、帆布手套、石棉手套、防护眼镜等劳动保护用品外,每月还可领到营养补助费。

中华人民共和国成立后,呼和浩特市金银制品行业中的焊接工作,经过技术改革创制了汽焊枪,改善了劳动条件,使产品的焊接不露痕迹,更加美观。地毯行业中的毛纱染色工作,已由不锈钢染槽取代了铜、铁锅和大木槽,自动化代替了手工操作,一按电钮便自动染色了。过去手工缝制蒙马靴,一人一天只能缝三四双,现在使用机器操作一分钟即可缝制一双。制毡行业的弓弦弹毛,也早已被电动机械所替代。想过去看现在,老艺人们感慨地说:"变化太大了,今天的现实,在旧社会真是做梦也想不到啊!"

(原载《呼和浩特文史资料》第 7 辑第 68—84 页。呼和浩特市政协文史资料委员会编,1989 年 11 月版。署名新计照(本书作者笔名)。收录本书时增补了内容。)

煤炭店、煤炭供应站、煤炭抢运办公室

　　近六十年前的一张 42 家售炭户所交会费表（见本文末［附表］），使我想起了亲历过的关于煤炭的往事。直到 1992 年，我家住的还是平房，用灶火做饭、暖炕，冬天生火炉，只是用上了自来水、电风箱（匣）。煤炭是人们日常生活的必需品，烧灶火用面儿煤（碎煤），到了冬季生火炉取暖，面儿煤不能用，还得购买块煤。我先在呼和浩特市地毯厂工作，单位雇卡车从煤矿拉回块煤给职工分。1984 年 9 月我调到呼和浩特市政协机关工作后，机关的卡车拉回块煤分。每年国庆节前后，单位还从农村给职工拉回山药（马铃薯）分。

　　生活在归绥地区的各民族人民，在清代以前不是用煤炭来熟食、取暖，而是以林柴草木和风干了的牛马粪作为燃料。直到清代乾隆年间，才开始进入了以煤代薪的时代。

　　据张静文先生在一篇史料中介绍，售炭店是煤炭行业中的大买卖字号，在 1921 年京绥铁路通车之前，归绥的炭店有公义、元盛、元泰和万义四大家。其中的公义炭店成立最早，是于清代道光十五年（1835 年）开业的。此后，才依次有了元盛店、元泰店和万义店。在这四大炭店之前，归绥肯定还有过炭店，因为从乾隆五年至道光十五年，归绥地区使用煤炭的历史有将近一个世纪，但这还需要进一步考证。京绥铁路通车前，归化城和绥远城所用的煤炭大多来自察素齐、毕克齐和萨拉齐。这些地方的煤炭运到归绥必须经过西大路（今鄂尔多斯大街），从西口子进城。所以，公义、元盛、元泰、万义四大炭店都集中在旧城（明清时称归化城）的西口子附近。公义炭店设置在通顺南街（旧称民市南街）南头的路西，西口子至西菜园，全街长 688 米，宽 10.6 米。因其开业早，经营年久，人们慢慢地把它所在的街道叫成了公义店街(这一街道名称使用了很久,还有一所小学名为公义店街小学校)。元盛和元泰两家煤炭店均设置在通顺西街内。万义店在通顺北街(旧称民市北街)北头路西的桥头街里。

公义店的财东是萨拉齐黑麻板升的张家。张家从清代至民国初年,经营煤炭生意见,势力非常大,当时人称其为绥西的"煤炭大王"。张家不仅在大青山里的折回沟开有煤矿,而且在黑麻板升开有泰来局,在旧城开有公义煤炭店。他们除运输需要雇用车脚外,从煤炭的开采到销售,完全由自己的字号经营。1929年,公义店因受折回沟后坝煤矿起火的影响而歇业。

京绥铁路的通车,使归绥的煤炭行业发生了重大的变化。垄断归绥煤炭"四大店家"中的元泰店首先倒闭。后来,又有达元公、王成公和广记三炭店兴起。万义店歇业后,又有义记炭店出现。这些煤炭店分布在旧城的东部和西部。山西祁县人马魁开设的广记炭店在小召后街。本地人张建功和山西忻州人丰守礼开办的王成公炭店在南顺城街。山西祁县人郭兰芝开办的达元公炭店在小西街。托克托县人白守礼任经理的义记炭店亦在小西街。

以零售煤炭为主,兼营柴草或食用油料和青草饲料等地产品的小买卖字号,统称为煤炭铺。煤炭铺在归绥有几十家,大多散布于旧城。开设煤炭铺的多为山西忻州、代县和崞县(今原平市)人。开业比较早的煤炭铺,有西顺城街的德本厚、礼拜寺巷的义和局、草市街的义志局、东顺城街的四合昌等。

早年,在大召前街南口向西拐是个柴火市儿,西去是通顺南街(旧称民市南街),向南是寿阳巷(以山西寿阳县命名),柴火市儿街长398米,宽6.5米。在中段的路南有米姓人家开设的米草铺,还有粮店、茶馆、当铺、糖坊、召庙、杂货铺、学校等。后来,因其坐落在归化城南,便将这里命名为南柴火市街。前边提到的草市街,就是因为早年这里是个草市儿而得名。

绥远城(俗称新城)没有煤炭店。有字号的炭铺,有北街路西靠南的三义煤炭铺,在路东的中段有和记煤炭木柴铺。在西街路南的靠东曾有一家无名柴火铺,专营煤炭、木柴。后来,将这里命名为柴禾铺巷。在南街路西的中段曾有一家无字号的煤炭铺。

那些推着独轮车走街串巷或是摆摊儿卖炭坐等买主者,叫作炭贩子。炭贩子的活动虽然不同程度地影响炭店和炭铺的生意,但是炭店和炭铺为了推销煤炭,还得时常依靠他们。这是他们能长期共存的一个重要原因。大多数炭贩子的生活都很清贫艰苦,但是亦有少数人依靠自己的勤苦和信誉发了小财。例如旧城北头起的刘元小和南头起的杨明,在中华人民共和国成立前都是有名气的炭贩子,他们的生活都比较殷实。杨明还用贩卖煤炭赚的钱,在大召前街南口外的史家巷置买了房产。在巷子路东靠北端有两个大门院,都是砖瓦房,杨明和他弟弟住在靠南大院里的正房,还有五六户住院的。杨明的老伴儿唐二女曾担任过街道居民委员会主任。院东头的凉房与北头的大院相通。据说这一大院也是杨家的,院内还有一口水井。后来这里成了粮油供应站,直到粮油解除统购统销后,成了议价粮站,还卖油条,有的人员还蹬上三轮车上街卖馒头、熟莜面等。

据1956年社会主义工商业改造时期统计,在呼和浩特市有炭铺55家,炭商(包括炭贩子)共计94人。直到1959年,全部走上了合作化道路,成为社会主义集体经济中的一部分。我查到的1956年6月份售炭户交会费表(见文末附),共计42户,与同年统计的55户相差13户。在交会费的名单中有前边提到的刘元小,没有杨明,而有他的弟弟杨贵(人称杨老二)。

合作化后,我记得在史家巷南口外的路南,有一煤炭供应站。营业人员有王景春、于文化、孙诚之、杨润身、李永祯。后来,于文化退休后由他的三女儿顶替,做登记购煤本、收款的工作。

那时候供应的煤炭,有营盘湾(据说是劳改煤矿)出产的是有块儿有面儿叫混炭的煤,易燃耐耗,人们管它叫"住妈家炭"。包头出产的面儿煤,人称西炭,因燃烧时出现火花,又叫作"白花儿炭"。特点是燃烧后凝作成块的煤渣,叫作"骨辘磁",只得废弃。还有杨圪楞、乌达、武川流通壕的煤,在燃烧中释放出臭味儿,人称"臭炭"。

我记得小时候此地人也用大同煤,人称"东炭",劲儿大、火旺、耐耗,烧不净有料炭。料炭仍有燃烧价值,穷人家的孩子就在锅炉房倒出的煤渣中捡料炭回去烧,人们管这些孩子叫"料炭猴"或"料炭孩儿"。

据有关资料记载,1927年时,归绥城里一吨萨拉齐、包头、固阳等地的煤炭8元多,而大同口泉、忻州窑产的大块炭,每吨8元3角。大同煤(东炭)比包、萨一带的西炭质量好,价格又相差不多,所以归绥人都买东炭而不买西炭。在东炭的冲击下,归绥的市场上西炭几乎绝迹。这种东炭占领归绥市场的状况一直持续到中华人民共和国成立前夕。

再说合作化后的一些煤炭供应站。在大召前街南楼巷东口的靠北,有一大院也是一个煤炭供应站,煤炭堆在院中像座山,而院中的正房、西房、南房都有住户,二人台一代宗师刘银威、以挑玉泉水为职业的马仪,还有几户都住正房;先在呼和浩特市民间歌剧团任演员,后调到和平电影院工作的宇文成等几户住西房;还有一位呼和浩特市第六中学的美术教师姓赵(女,上海人)等几户住南房。五塔寺召、乃莫齐召,一度都成为煤炭供应站。在石头巷路东的靠北头有一大门院,也是一个煤炭供应站,据说这座院落曾是席力图召的属庙。

"文革"中的1968年,由于货源、运输等原因而使呼和浩特市的煤炭供应出现了困难。市革命委员会增产节约办公室成立了一个"抢运煤炭办公室"(临时机构),办公地址设在文化宫街路东靠北的市煤建公司,从有关单位临时抽调干部组成。我记得办公室主任是李殿甲,还有张殿元、杜振鸣、余长寿、王占忠、市二轻系统的陈桂芬,还有我,以及驻抢运车队的干部。

当时,我在呼和浩特市地毯厂工作,在我之前抽调到抢运煤炭办公室的是马润身,由于造反派揪他回单位交代问题,才换了我。我一去就被派到古拉本(俗称骨辘崩)煤矿的抢运车队工作,坐火车在西大滩站下车。车队的地址是马鸿逵当年设在汝其沟内的匣子电厂。车队共有20几辆卡车,是呼和浩特市和自治区驻呼机关、高校等单位的车辆。

古拉本煤矿出产的是无烟煤,劲儿大、火旺。车队曾发生过煤气中毒事故,煤建公司的张补红和吴绥生晚上住一个屋,睡到后半夜,车队雇用当地的一位夜勤人员听到这屋里的动静不对,硬是把门弄开,发现他俩煤气中毒,赶快把他们抬到院中通风。张补红很快苏醒,吴绥生昏睡得较重。待吴醒后,大家怕把他们冻坏,扶二人回屋,张补红说:"不能回屋,进去就死啦!"原来他二人没把火筒安在火口处所致,屋里早已煤气弥漫。这种无烟煤,在燃烧时微有青烟,若不用火筒将烟抽出,门窗堵得又严实,就会发生煤气中毒。

我记得于文化和食品厂的一位老高给车队人员做饭。印象较深的是当地出产的沙葱,既有葱味儿又有蒜味儿,真不错,如今已成了饭馆的一种常见菜。

在古拉本车队工作不久,我被调回抢运煤炭办公室工作。快过春节的时候,由我联系为参加抢运煤炭的司机和工作人员包了一场戏,由呼和浩特市晋剧团在中山西路路北的人民剧场表演,演出的是"革命样板戏"——《大破威虎山》。

抢运煤炭的除古拉本车队外还有其他车队。抢运煤炭工作的开展,缓解了呼和浩特市煤炭供应的紧张局面。

[附]

呼和浩特市小商联所属售炭户交会费表　　　单位:元

姓名	会费数	姓名	会费数	姓名	会费数
杨玉生	1.00	周改枝	0.40	卢永祥	0.40
王 镇	0.60	杨二旦	0.30	刘建功	0.50
刘 寿	0.80	孙诚之	0.50	那英子	0.70
王义堂	0.50	戴子卿	0.50	程 献	0.60
贾守中	0.30	李德明	0.50	王 辅	0.40
刘元小	0.30	郭大才	0.30	李春明	0.70
王 棣	0.80	云根全	0.50	合 计	3.30
李云恒	0.80	吴保信	0.50	总 计	22.90
杨 贵	0.80	贺 荣	0.40		
马 富	0.30	杨旺盛	0.70		
郭纪明	0.30	张 孝	0.70		
王素珍	0.50	王壮怀	0.50		
王炎山	0.50	李 根	0.50		
杨德厚	0.50	梁崑山	0.50		
姜生祥	0.70	袁雁南	0.40		
王 诚	0.80	岳平治	0.50		
兰二小	0.80	卢敏齐	0.50		
于文化	0.40	赵玉山	0.70		
合 计	10.70	合 计	8.90		

1956 年 6 月

198

大召市场内的街巷、商铺和摊贩

大召市场内的街巷

大召前街是归化城街道名称概括中的"十八道半街"之一。为了篇目安排的需要,我把大召前街的市场和街巷分开来谈,这里只谈街巷。在大召前街和它的附近共有大小十三条巷子和两个夹道。

大召前街的宽度是 6.8 米,长度是 561 米。1956 年前,大召前街门牌的编排顺序是,从南端的路东往北,到大召东夹道西口,往西拐路过大召东仓南门、大召山门、大召西仓南门、大召西夹道东口,然后从路西往南,直至南柴火市街东口、史家巷北口、文庙街西口和大召前街南口的十字路口为止。

大召前街南端的路东,有土默特学校的家属宿舍。曾任该校副校长的云广生(蒙古族,呼市政协第五、第六届常务委员)、曾任该校教师的孙明亮(蒙古族,呼市政协第六届委员),都住此院。

我们就按这个顺序介绍巷子和夹道。

由此北去的第一个大门院,1952 年后成了纯居民大院,街道居民委员会曾设在此院。曾经担任大召前街居委会主任的云兰兰(女,蒙古族,呼市政协第七届委员),在街道改造拆迁前就住此院,后搬进土默特学校宿舍。

财神庙巷

这条巷子宽 3.1 米,长 120 米,因巷内路北有一座财神庙而得名。1975 年更名为玉泉二巷,老百姓不买账,仍管它叫财神庙巷。此巷东去可到小南街,西去可到大召前街。巷内路北有财神庙和费公祠,路南有共和剧院(财神庙戏园、南戏园

199

子),还有茶馆、山货铺、柳编铺户等另行介绍。巷内还有居民院落。

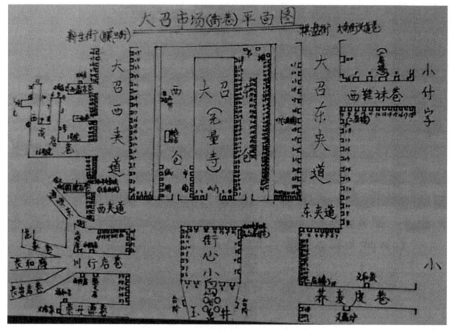

大召市场内街巷平面截图 (作者手绘)

荞麦皮巷

这条巷子宽 3 米,长 140 米。此巷顾名思义,是由早年有好几家批发和零售荞麦皮(装枕头)者而得名。又因它和古迹玉泉井隔街相望,人们管它叫玉泉巷。1975 年,更名为玉泉一巷,但人们仍叫它荞麦皮巷。从此巷东去、西去亦可到小南街、大召前街。在清朝末年和民国初年,巷内就有几家大烟(鸦片)馆,还有铁匠炉、木匠铺、酱油醋作坊等,也有居民院落。

穿行店巷

这是大召前街路西第一条巷子,宽 3 米,长 141 米。此巷可四通八达,又有几家留人小店,故名穿行店巷。此巷也有居民院落。

荣升源巷

这条巷子因紧挨远近闻名的荣升源茶馆而得名。它是一条不算很长的死巷子。巷内有酱油醋作坊、留人小店和居民院落。

家庙巷

这条巷子曾叫过大召前街夹道巷,也是一条不很长的死巷子。一号院是当年土默特部十二参领(嘎勒达)之一的贺色奋一家的住处。据贺色奋的长孙贺希(字福长,87 岁,曾任呼市回民区政协副主席)回忆,此院落并非贺嘎勒达所建,是他舅父的家庙,因此而得巷名。贺色奋的老家是今赛罕区西把栅村,蒙古族,生于清同治六年(1867 年),卒于民国十六年(1927 年),终年 60 岁。

这座院落比一般院子大三倍,院内有供奉神佛的二层楼(三间),在贺希 6 岁那年(1932 年)拆除。院内房屋的布局是正房五间、东房三间、西房四间、南房四间,除南房是土木结构外,都是砖木结构瓦顶。另在西面约二十间房大的地方,分别是停放贺嘎勒达乘坐轿车子的车棚子、马圈和存放煤炭、柴火等物的仓房。

何谓参领?满语称扎兰(甲兰)章京,俗称嘎勒达,武从三品。按满洲八旗制,每五佐领为一甲兰,设参领一名。土默特编旗之初设参领四名,康熙年间随着佐领的增加,到康熙四十六年(1707 年)增加到十二名参领,每翼六名。清朝年间,十二参领之数再没有变更。

佐领:满语叫牛录章京,俗称章盖,武从四品。有勋旧佐领、世管佐领和公中佐领三种。佐领的职责是掌握本佐的户口、田宅、兵籍、诉讼等,为一佐(苏木)之长。土默特编旗之初,共编世管佐领二十个,康熙中叶以增丁编佐领二十四个(公中佐领十五个),以台吉家仆编勋旧佐领三个。康熙四十六年(1707 年)时,以归化城大召等七大召黑徒编公中佐领十三个,又将浩齐特二佐领(世管)编入两翼,总数是六十二个。其后裁去两个佐领,这样就成了世管和勋旧佐领共三十名,公中佐领三十名。清朝年间一直没有变更。

骁骑校:满语叫分得拔什库,武从六品。骁骑校是佐领的副手,协助佐领处理本佐的军政事务。原来,在土默特是六十二个骁骑校,后来左右两翼也是各三十个。

十二参领(嘎勒达)是从六十个佐领(章盖)中产生的。多年以来,土默特部的都统衙门是由十二家嘎勒达中的三个大参领主事,一个叫兵司关防、一个叫户司关防、一个叫操演营关防。贺色奋后来是都统衙门的兵司关防。土默特部的嘎勒达,大半出身于平头百姓。贺色奋就是凭自己的勤奋努力,先由马童变成书生,再由书生变成骁骑校(副佐领)、佐领(章盖)。他把握辛亥革命前后的机遇,又因自己的特殊表现而受到当局的提拔和社会的推崇,遂成了民国初年土默特旗嘎勒达中的显赫人物。他是民国初年绥远特别区唯一的蒙古族国会众议员。他的三子贺云章(字翰卿)是土默特旗第一个留学日本的学生。赴日本前由乌兰夫等人相送并与其合影留念,照片题字是"欢送翰卿赴日本留学",此照片现存乌兰夫纪念馆。贺色奋四子贺耆寿是北平大学政治学系毕业生。

家庙巷内均为居民院落,也住有小商贩。后来,贺嘎勒达的院子也留了住户。

大召前街一人巷

这也是一条死巷子,它和财神庙巷隔街相望。此巷宽约一米,长约一百米。比大西街和大南街二道巷可以互通的一人巷(宽 1.5 米)、东苟家滩(东尚义街)一人巷(称依仁巷,宽 1.8 米)都要窄。两个成年人并肩而行都有些挤,可说是标准的一人巷了。巷内有两个院落,一个院住制作和销售酒的人家。另一个院住着我儿时的同学张翰明一家,他父亲张维福既搞马车运输又搞米面加工。他的乳名叫秃子,认识他的人都管他叫张秃子,知道其大名的人不多。您要问了,那么大的马车能进出一人巷吗?绝对不能。张家在三官庙街还有自己的半个大院(另一半是别人的),每到晚上便将马车停放在这里,将马赶回大召前街一人巷。

在一进院的东房住着老两口,虽然都已是满脸皱纹,但皮肤白净,年轻时这对夫妻可是一表人才,口音像是山西定襄或崞县(今原平市)。张翰明告诉我,这位姚老年轻时做何工作不知道。搬到此院后,人称姚先生,写一手漂亮的毛笔字,还会给人看病开中药方,谈吐不凡。

从一人巷东口往南不远处,有一座大门院,后来变成了纯居民院落。著名二人台表演艺术家、二人台一代宗师刘银威一家住在正房。以给商铺和住家户担玉泉井水为生的马仪一家也住此院。1983 年时,我采访到一个不是一家胜似一家的故事。说的就是刘银威老伴儿杨一青照顾马仪遗属的事儿。马仪于 1976 年病故,不久大女儿出嫁,留下大脑都曾患病、生活不能自理的妻子靳润鲜和二女儿。玉泉区政府每月补助这娘俩 21 元。头一个月靳润鲜领上补助款,还没有回到家就被小偷掏走了。杨一青知道后十分焦急,心想,没个人照料,她们的日子怎么过?帮吧,自己的老头子也患有肺气肿病,她有点犹豫了。回到家谈起这事,刘银威说,这娘俩真可怜,应该帮她们。从此,杨一青挑起了照料这娘俩的担子。

每月领回补助,杨一青便给她们买回粮食。附近没有回民肉食门市部,她就跑到回民区去买。逢年过节,为了让这娘俩也吃上饺子,她就设法把肉绞成馅。靳润鲜常常把灶台打破,她就不厌其烦地和泥抹好。杨一青不会做针线活儿,就提前找人把衣服做好,让娘俩换季有衣穿。一天早晨,靳润鲜的二女儿病了,连气都喘不上来,杨一青借来排子车把病孩儿拉到传染病医院。大夫十分生气地批评杨一青:"当母亲的对孩子不负责任,再晚来一会儿人就耽搁了……需要住院,押金30元。"这可把她难住了,只顾忙乎病孩儿忘记了拿钱。当大夫得知这位大娘不是孩子的妈妈时,脸上露出了笑容,决定把孩子先留下住院治疗。

杨一青已经为靳润鲜母女当了六年多的家了。除了每月购买粮、油、菜,付电费,零花外,还用节省下的钱为娘俩添置了棉毯、塑料布,以及火炉、火筒、炕席等生活用品。她可是真心实意地为靳润鲜母女当好了家啊!

杨一青的事迹,多次受到长和廊街道办事处和玉泉区政府的表彰。1982年她被评为玉泉区的"五好"个人,受到奖励。街坊四邻都夸她是一个心肠炽热的人。当时,她们住的这个大门院是大召前街54号。

南楼巷

这也是一条死巷子,它和万寿长车马店隔街相望。该巷宽2.7米,长128米,共有14个院落。早年的3、4、5号砖瓦院是翟家的房产。为了安全,在巷子东口处建起一座门楼,安装了大门,雇专人看守早开晚关。这条巷子既有门楼又坐落在归化城南,故取名南楼巷。

还有一种说法是,清朝末年在此巷东口有一剃头铺,所占是一座小楼,人们管这条巷子叫作"剃头楼巷"。到了民国十四年(1925年)时,巷口的剃头铺早已经不复存在,但此巷仍然叫剃头楼巷,而且在巷口墙上有木制的巷子标记,巷内各院落门上也钉着剃头楼巷的门牌。民国二十年(1931年)整顿街道门牌时,将剃头楼巷更名为南楼巷。"南"是城南之意,"楼"是顺应民间的习惯,留用了剃头楼的"楼"字。更名前后,南楼巷一带没有建过楼房,所以这个"楼"不对应任何实体的楼房。

上面提到的3、4、5号砖瓦院,中华人民共和国成立后由绥远省公安医院(356医院前身)所占;1954年是中共玉泉区党委、玉泉区政府所在地,后来由郊区党委、政府所占,迁出后,这里成了郊区干部家属宿舍。

大召前街小西巷

此巷是一条很短的死巷子。原来有两个南向的小二门子居民院落。因年久失修,靠东头的小院儿早已不复存在。

从小西巷东口往南是个大门院,早年是忻州人开设的香坊。香坊是旧时制香的作坊,香是用木屑搀香料等做成的细条,点燃后祭祀祖先或神佛。这家香坊的掌柜十分小气,得了个"石灰点心"的绰号。后来,这里成了纯居民大院。

南去不远也是一处不算小的院落,早年是忻州人开设的义成堂面铺,还制作销售烧酒。中华人民共和国成立初期,由著名晋剧演员(后来被评为呼市晋剧十大演员)任翠凤任副团长的永新实验晋剧团购置,做了剧团的宿舍。它的南隔壁是有名的隆昌洋行。

从隆昌洋行往南的大门院,早年是大德长染坊。后来成了纯居民大院,院内居住的一户张姓人家,户主较瘦,个子不高,主妇较胖,都是集宁口音。他们生有十个孩子,除一个女孩儿外,九名男孩儿的乳名从大旦直到九旦。有一个是师范学院毕业,后在交通学校任教师。其他孩子长大后,有的是干部,也有的当工人。

快到大召前街的南头,有紧挨的一南一北两个铁匠铺(各占一间),是山西定襄县薛姓兄弟俩开设。靠南的是薛老大(名不详),他的老伴儿是位街道工作积极分子,每到热天的上下午,只见她两次手持用白洋铁皮油漆过的红色话筒,从南头到北头一直喊到召里头(大召东仓),让各家商铺、居民洒水、扫街、讲卫生。她五十多岁的年纪,又是小脚(小时候缠脚),但声音洪亮。人们说她是一位翻身后的妇女典型。

大召前街街心小岛

此街心小岛的位置,在古庙大召山门对面的马路南端,是一北面宽,南面窄的长三角形地带。它的面积约占大召前街的四分之一。在小岛的南头,便是闻名遐迩的玉泉井。北头有剧院,在四周有商铺、饭馆、小摊儿等。

大召东夹道

从大召东仓南口东拐顶住后往北直到新生街(原棋盘街的东南);在夹道的中部向东拐是西兴旺巷(原名西鞋袜巷,后划归了大召东夹道,宽4米,长65米),可到俗称的小什字儿(大南街南口,小南街北口,东兴旺巷西口,西兴旺巷东口),全夹道宽4米,长318米(含西兴旺巷)。

在大召东夹道大部分是商业铺户,只有不多的居民院落,有的是前面为商铺门脸儿,后院住着居民。现在我们路过西兴旺巷西口往北,第一个东大门院,早年是府庄三元成的后院。后来,从中间垒墙使这里成为一个独立的院落。中华人民共和国成立后这里是牧民招待所。1963年春天(亦说是1960年),小召小学的朝鲜族班38名学生和10名教职员工,迁到这里开课。1964年4月,正式挂出"呼和浩特市朝鲜族学校"的牌子,是呼市教育局的直属学校。1965年时,共有学生54

名,其中:男生 22 名,女生 32 名,教职员工 14 名。有教室 6 间,办公室两间、食堂两间半、宿舍 13 间(其中学生宿舍 6 间,教工家属宿舍 7 间)、活动室两间、库房两间。有图书约 500 册,教学用品(挂图、仪器、参考书等)和体育器材都能充分满足教学需要。据当时在朝鲜族小学任教的崔明顺老师(女,朝鲜族,呼市政协第五、第六届委员)回忆:校长是杨光泽(朝鲜族,后调到吉林省延边地区某鹿场任场长),后来由尹宪玉任校长,崔富永任教导主任,还有朝鲜族教师权宁玉(女)、崔贤正(女)、权金子(女,呼市政协第五、第六、第七三届委员)。"文革"期间,该校被迫停课,于 1971 年(亦说是 1969 年)解散。1982 年 9 月 1 日,朝鲜族小学正式复课开学。

向北去的居民院子不小,可以直通到大南街的容丰照相馆。再往北是一个四合小院。提起此院儿,使我想起了 32 年前,我采访、搜集远近闻名的广合益酱园的史料时,打听到民国十年(1921 年)进广合益学徒的李观旺师傅,他就住在此院儿的正房。这位李师傅(河北人)还有巩志平师傅(河北人),为我提供了翔实的文史资料,我再一次地感谢他们!

大召东夹道路西一溜有三个居民院落,其他都是商铺。关于各家商铺,我们这里只谈玉祥成,它既是商铺也是作坊,由张万贵投资 200 元于 1954 年元月开业。他是经理,也是店员,销售用铁丝自制的大小笊篱、各种规格的筛子等,产品都是张万贵师傅手工制成,技艺不错。记得小时候住平房老鼠多,父亲从朋友家借回一个长方形的捕鼠器,人们管它叫"迷魂阵"。长度约一尺五寸,宽约一尺三寸,高约一尺,全部用粗细铁丝手工编制而成,六面全是网眼儿,上面有五寸见方的盖子(铁丝编成),在迷魂阵下端的南北两面儿,各有三个圆形孔,关键是每个圆孔往里,都是横着伸进去的多根儿约长四寸的铁丝,外宽而越往里越窄,老鼠只要钻进去就再也出不来了。到夜晚在笼子里放些老鼠爱吃的食物,第二天准有收获,有时一次可捕捉六七只大老鼠呢!全院七户人家都使用过,住下东房的小虎叔,就用烧红的铁火钩烫死这些害人的家伙。我们家没人敢烫,就提着迷魂阵将老鼠倒入腻旦街玉皇阁对面戏台东边的公厕内。这是铁丝编织师傅们的功劳。

大召西夹道

西夹道是从大召西仓南口西拐顶住后往北直到腻旦街南口。宽度是 3.9 米,长度是 260 米。在夹道的路东除了商铺还有临街的住户;在路西有四条巷子,还有商铺和居民院落;从大召西仓南门口西拐,路北只有商铺;路南有商铺和居民院落。

在大召西夹道南头的路东,住着一户齐姓人家(河北人),齐家的女儿齐玉红,是20世纪60年代初期呼和浩特市青年晋剧团的名演员(演旦角儿)。进入剧团后,戏剧家贾勋先生建议齐玉红将名字改为齐雨虹,后以此艺名唱红了晋剧舞台。

西盛店巷

此巷的位置在大召西夹道北头的路西,是第一条巷子。这是一条不深的死巷子,它的宽度进出一辆二套马车绰绰有余。早年,巷内有西盛车马大店,故名。巷内除有旅店外,还有住家户。赶(拴)轿车子的虎挠子(姓王,本地人)就住在此巷内。这种车有木篷子、布围子、两边还镶有玻璃,专门接送人,可拉简单的行李拴在车的后面不拉货物,是早年的畜力出租车。据说他的姑娘还是孙女长大后在呼市医院当护士。

住在此巷内的赵姓人家的儿子,在抗美援朝保家卫国的战场上英勇杀敌,立功受奖。立功喜报被人们敲锣打鼓送到赵家后,人民政府还专门召开了庆功大会,演出了戏剧庆贺。真是一人立功,全家光荣,满街庆贺。

鼓乐界明星三白子(张文亮)一家,也住在此巷内。那是1982年一个冬天的晚上七点多,下班后吃完饭我又到三白老师家了解鼓乐艺人的生活情况。一进家门,见他在炕上躺着,忙问张老师哪不舒服,他老伴儿说有点儿肚子疼,我说:"我的事改天再谈,我去西夹道请赵云海大夫来。"原来,这位名老中医年事已高,眼神儿还不好,不能出诊。我又回去,想要背三白老师去看病(当年我42岁),他老伴儿说:"用暖水袋热了一会儿好多了,你真是个热心人!"三白老师不让我走,也说好多了,便坐起来敷着热水袋,详细回忆了旧社会鼓乐艺人的苦难生活。他还谈到解放初期,他用唢呐吹奏的《全世界人民团结紧》《中国人民志愿军战歌》两首歌,人们很爱听。

大召西夹道西小巷

西小巷是第二条巷子,也是一条死巷子,只有三个居民院落。巷内住着一位董姓(山西人)专做古装戏服的师傅。你看舞台上穿起戏装的帝王将相、才子佳人,个个青蓝雾罩十分好看,那可是戏装师傅的贡献。

巷内还住着一位从军队转业到通顺街小学任教的籍老师(名不详),别看这位籍老师人瘦,却是一团精气神,仍不失军人风度。

远近闻名的"王一贴膏药"经理王恩鸿一家也住此小巷。有时他家饲养的八哥儿、鹦鹉(亦称鹦哥儿)没有全拿到膏药店里。我和王恩鸿的三儿子王德呈是儿时的同学,孩子们去找他玩耍或写作业时,他家的八哥儿、鹦哥儿也凑热闹跟着孩子们喊起来:"王德呈! 王德呈!"发出的声音也是孩子们的此地口音。

西成店巷

此巷是第三条巷子,也是一条死巷子,曾有桶子店巷的称谓。早年,巷内有山西大同韩姓人家(著名文史专家刘映元先生的夫人韩云琴的先人)开设的西成车马大店(15 号大院)而取此巷名。西成店巷宽 4.6 米,长 123 米。

1 号院是坐北向南的小二门子居民院。此院有一件事,在巷内被传为佳话。一家的户主(山西人)上了年纪,体弱多病,眼神儿还不好。主妇有 50 来岁,向人们提出:为了这个家、为了孩子,她要带着丈夫另嫁别人! 邻居们先是一怔,后来都对她的做法表示赞同,尽管她很会过日子,但是老的老、小的小,又要治病,困难真是不小啊! 在邻居们的帮助下,一位未成过家的工人师傅进入这个家庭,拉扯孩子、给老头儿治病,日子过得不错。

2 号院的张彩莲(山西崞县人,27 岁)做布衬,就是将碎小布块儿用糨糊平粘在一起,贴在木板上晒干,用它做鞋底、鞋帮。记得在西五十家街路南曾有一个"衬子生产合作社"。此院还住着丁俊一家,这位丁俊是中华人民共和国成立初期的消防队员,开汽车技术不错。

3 号院的温英,曾在大召邮电支局内为不识字的人代写书信,毛笔字书写得流利。

我家住 4 号院上西房,我 8 岁时从大召西夹道迁来。房东马烈武(河北滦县人)民国三十四年(1945 年)后杳无音信。相传,他是当时的和林县长。最近我又查阅有关史料,民国三十三年到三十四年的和林县长,是保合少村人李致方。马烈武的夫人马树芸(河北人)有文化,从 1951 年起,先后在恒昌店巷小学、石头巷小学、乃莫齐召小学任教,1957 年冬病故,只有 42 岁。他们的长子马克健大我一岁,1964 年内蒙古大学物理系毕业,1981 年内大理论物理专业研究生毕业,获理学硕士学位。此后留校在物理系工作,先后任助教、讲师、副教授、教授,全国近代物理研究会理事,在国内外学术刊物发表科研论文 40 多篇。1986 年任硕士研究生导师,共指导 7 名研究生,毕业后有 6 名继续深造,考取为博士研究生;1985 年至 1988 年,任物理系主任;1989 年 5 月,受国家教委派遣,赴澳大利亚西澳大学学术访问,被该校授予"荣誉访问学者"称号;1995年11月至2000年6月,担任内蒙古大学继续教育学院常务副院长。1993年和1997年,与其他合作者两次荣获内蒙古自治区高等教育优秀教学成果一等奖;1992年开始享受国务院政府特殊津贴。

马克健曾被内蒙古大学、自治区高校工委评为优秀中共党员、内蒙古大学的先进工作者。

我九岁那年,一个星期日的上午,我偶然发现家中纸糊的顶棚上,有个不大的小硬纸角儿露在外面,颜色有点儿发黄,我好奇地一抠,原来是一张老人的黑白相片儿,像是光头没戴帽子的农民,紧挨它的又是一张。我问母亲相片上是谁,为什么在顶棚上糊相片,母亲说:"相片上的人不认识,顶棚不是咱们住进来新糊的,为什么贴相片妈也不清楚。"我还问过马克健,他也说不清楚。这一直是个谜!

1954年初,下东房迁来一户新邻居,户主是位50来岁的妇女。后来,院里的孩子们都管她叫"云婶儿"。这位云婶儿的女儿,在百货公司工作,女婿是解放军,河南口音,他们的儿子叫和新,女儿叫和平。云婶儿的儿子也是解放军。后来,云婶儿一家搬到大召东仓的原喇嘛印务处居住。

直到我参加工作后,才知道这位云婶儿,就是老一辈无产阶级革命家多松年的夫人云兰兰。2008年,因为搜集、整理大召市场及东、西夹道的文史资料,才和云婶儿的儿子赛希大哥联系上。1954年时,他是骑五师政治部宣传干事。曾任呼和浩特市副市长,后调内蒙古建材局工作,1989年离休。从赛希大哥处得知,云婶儿又从大召东仓搬到新城东街的老缸房街居住。老实厚道、勤劳朴实的云婶儿已于1987年病故,终年83岁。云婶儿的女儿云玉英大姐也于2008年病故,终年83岁。最近得知,赛希大哥于2013年8月23日病故,终年85岁。

5号院的房东田祯,曾在大南街16号开设小百货商店元泰恒,1951年停业。田祯的三子田雨和,民国二十三年(1934年)出生在此院。1951年进入中共归绥(呼和浩特旧称)市委机关工作,曾任通讯员、打字员、文书员、档案员、秘书,股长。1979年调入呼和浩特市政协工作,曾任秘书处长、副秘书长、文史资料委员会主任。1994年退休。于2009年病故,终年75岁。

6号院的张小何(河北人),于中华人民共和国成立初期加入中国人民志愿军,抗美援朝赴朝鲜战场参战。后转业到北京一家工厂工作,是工程师。

9号院乳名叫拴田的舅舅(姓名不详,忻州人),每到西瓜上市时,就在快到通顺东街东口的聚星厚杂货铺门前(西夹道南头的路西)摆摊儿卖西瓜。他挑西瓜的技术很高但与众不同,只要用食指和中指背住一弹便知生熟(一般人是用大拇指背住中指弹),十拿九稳。记得他晚上就睡在瓜摊儿旁,一天早晨上学,我发现他盖的被子烧开小盆儿大的一个洞,都是他抽烟惹的祸!

11 号院住大召喇嘛大招财(大召内还有位比他年岁小的招财)一家,这家人十分爱饲养小动物。在西房的北炕上饲养着一窝狗,南炕上是一窝猫。猫狗同住一室,和平相处。有意思的是,母猫也给小狗喂奶,母狗也给小猫吃奶。

12 号院的杨永成(已病故)曾是内蒙古农牧学院的教授。

通顺街小学的贾老师(男,名不详,大同人)一家也住此院。这位贾老师业余时间爱好粉墨登场,演唱晋剧。

13 号院是早年拉骆驼的李姓人家居住的大门院,后来变成了小二门子(据说是把大门卖了)。据韩云琴老师回忆,归化城除了另有个"召城"的称呼外,还有个"驼城"的称谓。回民中养驼户比较集中,其实汉民养驼的也不少,后者的特点是分散经营。每条街巷子里除了粮店外,凡是大门院,不是养驼的就是开车马大店的。李家的后人李世华与人合伙在大召东仓开设面食馆,他被选为归绥市小商联合会的组织宣传委员兼饮食市场主任。李华曾是中华人民共和国成立初期朝阳巷文艺宣传队、红旗剧社、民艺剧社、和平剧团的主要演员,她的弟弟李子明(已病故)是呼和浩特市较早的专业电影放映员,曾在人民电影院、和平电影院工作。据李华回忆:"爷爷的名字是李永清,是养驼户。李世华是大爷的孩子。"

14 号院便是远近闻名的德余泉货庄股东、经理(亦称掌柜的)兰银余的住处——兰家大院。该大院由外院、中院、里院组成。外院大门前有"泰山石敢当"石碑。唐、宋以来,在人家门口或街衢巷口,常立一小石碑,上刻"石敢当"三字,以为可以禁压不祥,在此三字前再加五岳之一的"泰山"二字,想必是使禁压不祥的力量更大。在两扇沉重的木门之上,有两只铜环,供人们叫门时拍打。一进门的照壁墙上刻有楷书大福字。拐向东去是方砖墁地的四合院,一色青砖到顶的正房五间、东西厢房各三间、南房五间(大门占去一间)。院中有高约三尺的青砖花栏墙,墙上摆放着各种花卉。在院内的东北角儿,有一口当时十分先进的手压铁制水井,巷内居民都可前来打水。

这座院居住的是兰银余的儿子(过继其弟的孩子)兰培茂的二夫人,人称"花媳妇"。据民国二十五年(1936 年)进德余泉货庄学徒的张纯华(定襄人,当时 88 岁,92 岁病故)回忆,花媳妇是民国十八年(1929 年)嫁到兰家的,老家在凉城县。

兰培茂常住在此院,还得不时前往北京,关照住在那里的三夫人吴江。

中院和外院在一条轴线上,中院有六间正房,东面的三间住人;西面的三间是加工粮食的作坊,其中两间是磨坊,一间是炒房(炒熟莜麦才能磨出莜面)。西边有半间,是存放饲草料的地方。西房两间是马圈。东房两间,地中间是花儿窖的出口。到冬天,百余盆名贵花卉放入保存。据郝福中(兰家长工的孩子,曾住此院)回忆,在此院常年住着两个长工,每天淘洗麦子、炒莜麦、磨面。麦子、莜麦来自五里营村兰家的耕地,或坐落在通顺东街路南兰家开设的天元公粮店。

从中院的南门进去,又是个砖瓦四合院,这就是兰家大院的里院。此院有正房八间(有一青砖二大门),两间是兰家大院创始人兰银余和夫人王氏居住。另两间是他们的儿媳妇居住,就是兰培茂的原配夫人。南房八间,住着兰银余的侄儿兰培盛和亲戚,其中两间是厨房。东房是有露明柱的三间亭子房。西房五间。在院中也有花栏墙,摆放各种花卉。

兰培茂的原配夫人姓李,妈家在五里营村,口碑好。二夫人(花媳妇)是后来兰家大院的主事人。中华人民共和国成立后担任过居民委员会副主任,被选为庆凯区人民代表。我记得小时候,晚上组织巷内居民到兰家大院学习时事,由一位人称姚先生的(名不详,崞县口音,人瘦)给大家读报纸。

兰培茂的三夫人吴江(二娃子)在结婚前就向他提出,你在这里已有了两个老婆,要娶我必须到北京安家。她婚后一直在北京和女儿居住。2009年7月18日,吴江从北京归来。兰培茂的后人在呼市为她举办了92岁生日庆寿,五代人欢聚一堂。

中华人民共和国成立后,兰培茂出卖了多余的房产,积极认购公债支援国家经济建设。

曾任归绥市卫生局医政科副科长的叶之浡一家,曾任通顺街小学校长、呼和浩特市政协第一届至第三届委员的李月梅一家,著名歌剧演员李华一家,都在兰家大院住过。

15号院早年是韩姓人家开设的西成车马大店,该巷以此店命名。院子很大坐西向东,后院可以通到通顺街小学。院里还有一口很深的水井,据说井里淹死过人,之后再没人来打水了。后来这里变成了纯居民大院。

16号院是坐南向北的小二门子。乳名财头(姓名不详,本地人)的是位厨师,曾在呼和浩特钢铁厂、地毯厂食堂工作,他的岳父在大召前街南头的路西开剃头铺。十一生(艺名,姓名不详)、筱桂兰夫妇都是晋剧演员,在大召前街财神庙巷的共和剧院演出。我儿时同学曹祥一家住此院。

据田雨和回忆,每到春节和正月十五日街道举办红火时,高跷、旱船、秧歌队等敲锣打鼓进入西成店巷后,只进 6 号院、12 号院、14 号兰家大院表演,因为这几家有钱。

16 号院是西成店巷最后一个院落,从此院门东拐便走出巷口,又进入大召西夹道。

在西夹道往南的路西,有一家河北蔚县人开设的风箱铺。早年,每个家庭做饭都用风箱助火,只是规格较小。茶馆、饭铺、单位食堂都使用出号的大风箱。讲究手轻风大,最好的就是"蔚州风箱"(蔚州后改为蔚县)。记得小时候,邻居任婶儿家的风箱在两眼儿(来回拉的双杆儿插入孔)的上端,只要用力拉背杆儿,便有一木头小人儿从上边钻出来,用力小小人儿就不出来。院内的孩子经常用手去捉小人儿。风箱师傅的设计和手艺真让人叫绝。

紧挨风箱铺的是家小染坊。那时候,多数人生活困难,所穿衣服是"新三年、旧三年、缝缝补补又三年"。褪了色咋办呢? 我母亲是将袋儿色买回来后兑适量水煮,用木棍儿搅动,晾干后颜色鲜亮多了。有的人家就把褪色衣服送到小染坊加工染色。

国栋店巷

此巷是第四条巷子,也是一条死巷子,巷内只有一个西大门院,二套或三套马车出入通畅。民乐剧院的南便门直通此巷。早年,是土默特旗杨姓人家开设的车马大店,据说是云家转让给杨家的。

来此住店的大都是察素齐、毕克齐等地前来归化城卖葱、蒜等的农民。后来,这里成了纯居民大院。新中国成立初期,有杨家的后人仍在此院居住,有一位男性(姓名不详)在大召前街北头路东的卫生院任调剂。

从国栋店巷东口南拐不远的路西,有一座不很大的砖瓦里外院,外院面积不大没有房屋,里院住人。这座院落在大召西夹道是排在前面的高档建筑。它的主人就是财顺戏班班主,人称"老财迷"的李才。我记得,这位李才个头不高,光头脑门铮亮。他的原籍是河北保定,学习的是河北梆子。早年来到归绥落户,改唱山西梆子。他的两个儿子二驹子、三驹子(均系乳名)在归绥出生,女儿排行老大在保定出生。还有两个义女,都是演员。义女筱金婵(亦称李金婵)后来加入呼和浩特市永新实验晋剧团任演员,在大召前街的民众剧院演出。我有一张1954年9月28、29日的《秦香莲》戏报,筱金婵在剧中扮演国太。该剧于1955年参加内蒙古自治区民族民间音乐舞蹈戏剧观摩演出大会会演,荣获多项奖项,其中筱金婵荣获演员三等奖。

据在通顺东街路北开设瑞昌号修表店修表多年的郭瑞师傅回忆,"老财迷"家的二驹子、三驹子都染上赌博陋习。中华人民共和国成立后都被逮捕改造,三驹子被判刑一年,其间允许他回家看望家人时,在凉房内上吊身亡。

大召市场内的商铺和摊贩

我从小生长在大召西夹道,几十年没离开过。大召市场内商铺鳞次栉比,摊贩不知凡几。为真实地还原和展示这一区域的历史性细节,多年来我进行了一番调研,写成此文。为了行文的方便,我以移步换形的叙述方式,逐一介绍。

山门以内

早年的大召(无量寺)山门经常不开,有一位姓丁的本地人(腿有残疾)和他的女儿在山门口居住,一来看门,二来为人们钉鞋。从哪里进大召呢?进入东仓不远处有一小西门,进入西仓不远处有一小东门。

据修表师傅郭瑞2008年回忆,他小时候曾在大召山门里西边的席片儿戏园看过戏,这种戏园四周用席子围起来,故名,内设戏台,还有木桩上钉条板的观众席。门口有售票处,票价四分(旧币),给一木牌儿,进戏园时把门人把木牌收走,不必对号入座。在此演出的是财顺戏班,班主人称"老财迷",河北保定府人,姓李名才,从小学河北梆子,早年来归绥落户,改唱山西梆子。演员有"老财迷"的闺女筱金娥,演青衣、花旦,义女筱金婵演青衣、筱金枝演花旦,儿子二驹子演花脸,三驹子演武生,还有著名北路梆子名角儿卢三红的儿子(名不详)演丑角儿。其他演员临时雇请,演一天或演儿场多少钱,演完兑现。"老财迷"有全套的行头出赁。后来,没有戏班租赁他的行头了,生活就靠今天卖一件,明天卖两件来维持。

1937年归绥沦陷后,日伪还在这里开设所谓"俱乐部",搞掏宝、押宝之类的赌博活动,致使一些人越输越想"捞",越捞越输,不能自拔,有的倾家荡产,妻离子散。

1950 年初,晋剧名家任翠凤从丰镇返回归绥,参加了旧城小东街大观剧院杨再山的戏班。与十一生郭凤英,刘芝兰(山西中路梆子名家刘少贞之徒)、小果子红冀素梅等名角儿同台演出。任翠凤日工资十四万元(旧币,下同)。演到 21 天时,班主说要码戏(停止演出)。三个月后她就用挣下的不到三百万元,在山门里靠西边建成一个席片儿戏园,从山西大同请来了凤凰旦王治安、杨胜鹏(净角、王治安师弟)——均为张家口黄德胜科班出身的名角儿。从丰镇请来文武场(伴奏)祁顺、秦启堃等,还有名演员三女红宋玉芬、武仙梅、郝胜魁(小生)、王云楼(郝玉仙、工须生后被晋剧四大名旦之一的五月鲜刘明山邀请到张家口),还有小五丑曹正中、杨文华、高素珍、梁结福、杨桂珍、杨顺、樊国成(兰伴子),说书红高文翰的关门弟子方月英(只演了不到半个月离开)等,票价五分。这年 10 月,任翠凤这班人马加入了由"七班主"自由组成的共和制戏班,进入大召前街的民众剧院。

1951 年下半年,朝阳巷文艺宣传队在这里搭建戏台,不围不堵不卖票演出。这个宣传队有 50 人左右,大都居住或工作在大南街公安派出所管辖的旧城朝阳巷、官园子、大召前街、大召西夹道、腻旦街一带。据李华、史萍二位名演员回忆,"宣传队"导演是银行干部霍林三,孙志远(演奏手风琴)、李子仪(演奏大提琴),演员有李英三、郎仲光、康进乐、霍尔逊、李炳(卖鞋的)、李华等。宣传队配合党的中心工作,用二人台、快板、活报剧、歌剧等形式,演唱短小精悍的文艺节目。比如配合宣传取缔一贯道演出了《一贯害人道》,配合宣传抗美援朝、保家卫国演出了《宝山参军》,配合宣传《婚姻法》演出了《妇女翻身》,配合宣传反对贪污浪费演出了《钱春喜与王货郎》等。当时,笔者只有 10 岁,记得在《一贯害人道》一剧中,扮演朱英的演员是个大脸膛儿(据说是卖布的),他在关门时有一句台词是:"我们吃素的人不会骂人,哼!他妈的!"

后来,朝阳巷文艺宣传队与在九龙湾演出的三和曲艺馆(前身是三和茶园)合并为红旗剧社,社址在大西街同和剧院。全社 40 多人,以演出歌剧为主,有时也演小型话剧等。

1953 年前后,在山门里往东是一摊儿挨一摊儿的小百货市场。在山门以里,曾有家住九龙湾留着长胡须的山东人陈大力在此耍把式,有大刀、长枪等,出售大力丸。他家有四面都有玻璃的四轮大马车,供结婚租用。他说得多练得少,民间口传歇后语"陈大力的把式——干说不练"。他曾开设"德胜镖局"。

还有河北的刘海全马戏班,在此表演马术。

1959年,市政府做出决定,在大召正殿前凡与召庙无关的设置,一律迁走另安排地方。从此,大召正殿前清静了。

1966年"文化大革命"开始,大召停止一切活动,只留一人看门,住在老道房(格念日房),在东配房南端。第二年,市友谊服装厂进驻大召。进驻之前,召内泥塑佛像均被造反派捣毁,铜佛亦被打翻在地,他们只管造反,破"四旧",不管打扫卫生。在清理各个殿堂时,工厂干部、工人如发现铜佛等便上交厂革命委员会,收入银佛殿内保护。

据友谊服装厂财会科长郝福中(2014年,76岁)回忆,一车间(生产出口长毛绒大衣)占了3个殿,二车间(内销服装)占了1个殿,三车间(劳动保护服装)在大召内盖了10间房,四车间(承揽外加工服装)没进大召,五车间(裁剪)占了九间楼,絮棉花、锁扣眼儿工序占了山门。银佛殿长年上锁,和它连为一体的经堂做了仓库。各个殿堂的顶部,都抹上了沙灰保护。除占用殿堂外,还在召内盖了46间房屋,做了办公室和车间。大殿外侧盖了厕所,大召东仓空地上盖了5间大的托儿所。有人建议将天王殿拆除建楼房,厂革命委员会没有采纳,保住了这部分古迹。为保证安全生产和保护文物古迹,在召内挂有"院内不准吸烟""院内吸烟等于放火"的宣传栏;设置了5个消防架子,各车间门外都有灭火器和消防沙袋;车间内也不准吸烟,在工间休息时可到指定屋子吸烟。

1976年的一天晚上,整烫车间的一把熨斗没有关电门,把下面的桌面烤着冒烟,幸被值班干部及时发现扑灭。1977年的一天,絮花车间在生产中棉花着火冒烟,也被及时扑灭。

当时的友谊服装厂有正式职工546名,包括临时工共700名。该厂是呼和浩特市的四大支柱产业之一,年产值9600万元。主要生产对苏联出口的长毛绒大衣。停止生产出口产品后,该厂和市橡胶厂共同生产劳动保护胶鞋。

为了落实党的宗教政策,进驻大召17年的友谊服装厂于1983年7月迁入旧城北门路西的新厂址。该厂在大召生产17年,不仅使当时已建立404年的名胜古迹没有被破坏,还使高达2.55米的银佛坐像得到了保护,还为国家创造了外汇。

东仓以内

早年,人们对归化城的红火热闹之处,用"北有牛桥,南有大召"来概括。大召东仓宽 38.7 米,长 219 米(1983 年大召达喇嘛计计即赵耀升和大召现住持九九父子用皮尺测量,笔者记录)。南大门有宽 5.5 米的门额,写着"广成门"。早年有喇嘛看护,晚上关闭一早开门。这里是当年一个露天超市和大型游乐场。

来这里营业的都是小摊儿、小铺、小商、小贩,每天清晨就像赶会一样,肩担的、人抬的、车推的都从南门涌进东仓;各就各位后,有的撑起布棚,有的打开简陋门脸儿的小门,也有固定的席棚子。大家十分融洽地互致问候,便开始忙乎起来。炸油条、油炸糕的油香扑鼻而来。茶摊儿上那自带炉火的肚子圆、嘴儿细的大铜壶,不一会儿便响起了哨子声,预示着水已烧到了沸点。拉洋片的锣、鼓、镲声开始响起。包子铺的剁馅声不太规则,压莜面饸饹的声音也不甘示弱。您不用忙,单等包子、莜面饸饹入笼后一上锅,节奏感很强的拉风箱声,便传入您的耳际,提塔、提塔、提塔、提塔、提提塔……只见拉风箱的伙计,把眼睛一眯缝,好像是在打瞌睡,但"鼓点儿"不乱,灶堂里的火苗很高。不少小孩回家照样模仿。那时候没有手摇和电动风箱,风箱家家都用手拉,只是饭馆使用的规格较大。

现在开始游览东仓。

各家摊铺所占的方位是三纵行,即靠西一排、紧靠东一排、在东一排的前面,还有谁也不靠的一排,它的前面是人行道。

一进东仓门路西第一家,是 1946 年农历六月开业的德和源莜面馆(1952 年 9 月更名为玉福源),销售莜面饸饹、荞面饸饹和白切面。1956 年公私合营后,店主彭玉柱在文庙街路南的白玉堂车马店工作。在莜面馆外是大同人田大女的杂货摊儿。莜面馆隔壁是李德福的水晶(水煎)包子摊儿,这种食品是在饼铛里加油和水炕熟的,又脆又软。叫卖声是"面白、肉肥、底子黄呀!快吃哇!"炸糕摊儿是王祯(回族,本地人)父女俩经营,只见盘子里的馅儿花木格格的,一看便引起了您的食欲。有时也能听到"又脆、又软、馅又甜,吃哇,大炸糕"的叫卖声。紧挨的是黑脸张(名不详,河北人)摆的卦摊儿,专做算命的"买卖"。吕太元(武川人)在此卖大豆(蚕豆)。北去的席棚子,是郝永耀等 4 人合资开设的出售山西名吃"煎猪肉剔鱼子"的小店。这是一种把白面和好饧到,放在碗里,用竹片儿一条一条地拨到滚水锅里的面食。为防止剔鱼子或开水外溅,在锅上有用薄铁皮制成的半圆形锅罩。操作者技艺娴熟,剔得麻利,不一会儿就是好几碗,把煎猪肉捎子(佐料)一舀,吃起来味道独特。这个小店还卖油条。往北是王新有的烟袋杆摊儿、李荣水的杂货摊儿。再往北是赵怀玉等二人合开的焙子铺,有白焙子、油焙子、糖三角、糖干垫儿(皮薄而中空,内粘红糖)等。北去是韩长根销售氽豆制五香丸子、小三角等,是清素小吃喝,风味独特,食者不少,有的食客自带焙子或馒头,就着这碗豆制品连吃带喝就是一顿饭。紧挨的是4家粉皮摊儿,王喜贞夏季卖粉皮和荞面碗脱(亦称生糊子),冬季出售做熟的羊杂碎和焙子,味道不错,辣子不少,温中祛寒。另外是梁效儒、焦凤岐、温尚久3人的摊儿,只是热天卖粉皮,天冷了另有活儿干。往北是刘朋年等4人合开的销售煎猪肉剔鱼子、切面等面食的小店,郭英杰摆的杂货摊儿。隔壁是郝印庆、褚东等6人在此专卖煎猪肉剔鱼子的摊儿。北去有3家小饭铺,其中两家是岳彦海等3人和马士标等5人合开的,专门制作出售刀削面和焖饼,刀削面也是一种独特的面食,削面刀略带弧度,是三角形薄铁制成。另一家是李登科兄弟4人开的,在此卖大油饼,后来以独特的大把拉面为主,还兼卖大饼、炒菜。紧挨的是薛宝田、李文富各摆一酒摊儿,各式下酒菜都是自制。近邻是李官林的茶摊儿,热天卖茶水,冷天销售茶糖面和油茶面(卖过自己做的戒大烟的药丸儿,人称"药丸李")。卖茶糖面的吆喝声是"水滚啦,快喝哇,什锦馅儿的茶糖面儿"。油茶面的主要原料是将白面炒熟,佐以适量的羊油或牛油拌匀。您要吃时,卖者用一小瓷碗放入油面,用少许温水搅匀,再用飞开急滚的水一冲,上面撒黑糖、青红丝、芝麻,将小勺一插,您便可以品尝这碗香甜可口、温中祛寒的油茶面了。往北的酒摊儿,是郭玉(本地人,脚有残疾)等2人合开,有自制的各式小菜。在西一排的最北头,是王一贴膏药店经理王恩鸿的大女婿杜正忠摆的纸烟摊儿。往北去有居民院落,可以到大召西仓。

在往东拐的大召东小门前、北面、东面都是评书或鼓书摊儿。

东仓里有评书摊儿,可以追溯到清末民初。相传,最早的评书艺人是应州二子。应州,据《辞源》条目,1912年改为应县。"二子"是乳名,排行第二。由于时间比较长,这位艺人连姓名都没有流传下来,他的演说书目及表演情况不详。接着又出现了较有名气的亢二(演说等情况不详)。白拐子即白全瑞,也有的听书迷管他叫拐全瑞,满族,是清朝末年分管文案等事务的幕友(俗称红笔师爷)。进入民国时期无事可做,到大召内说评书。后来,又出现了很有名气的李鑫荃、王芬年、赵锡纯等艺人。他们都是演说从东周列国,西汉、东汉,直到宋、元、明、清时代的演义、武侠、公案评书。

那时,说评书的都是打地摊儿。有条件的,听众可以坐在小木条凳上听。多数还是演员站着讲,听众站着听。当演员说到"且听下回分解"时,接着就是要钱,这时,听众差不多走了一半,有的摊儿上剩下的听众更少。远近闻名的满族评书艺人王芬年,民国年间就在这里说书,因收入微薄生活贫困,得了个"穷王"的绰号。可见艺人的生活是相当艰难的。

白全瑞演讲《东周列国》《三国演义》《三侠五义》《七侠五义》《彭公案》等。他学识渊博,但每晚都要看书"备课"、演练,到奉献给听众时,如数家珍,娓娓动听。据说,他染上了吸毒嗜好,死在大召西夹道大烟馆的烟灯之下。

李鑫荃原是京城一位评书艺术家。贾勋先生对他有过评论:长篇评书《雍正剑侠图》,说得剑戟森森,博雅清丽,极具艺术魅力,可使听众连听数月都无厌倦之感。这从艺术审美心理学方面讲,是十分不易的。这位身材高大,动作潇洒,操一口纯正京腔的中年艺人,以其科班出身的规范化表演,给人们留下深刻的印象。20世纪60年代,他曾在中央人民广播电台连播现代评书《野火春风斗古城》《平原枪声》等。据说这位年近九旬的评书大家近年已经去世。

颇有名气的王芬年,在通往东仓北巷的西口矮墙下露天表演。这位闯荡江湖数十年的评书艺人,以演说武侠短打评书为主,语言丰富,表演细腻。他演说的《大八义》《童林传》《三侠剑》等评书,赢得了听众的普遍赞许。他的艺术特点是,寓激情于平淡、自然之中,以一副云遮月的嗓子,把听众渐渐地带进平中弄险、波澜起伏的情景之中。有时高潮起处,他霍地拍案面起,使听众大为震动,以至引出一片热烈的掌声。1958年,王芬年应邀到呼和浩特广播站,通过有线广播,为更多的听众演播现代评书《林海雪原》。

赵锡纯,满族,温文尔雅,人称赵先生。他的书场曾在喇嘛印务处南端的东墙下。到了数三伏的炎热天时,听众帮他把一块大白布架在书场上端遮阳。他擅长演说袍带评书,虽然依脚本照本宣科,但典雅庄重,朴实无华。《封神演义》《三国演义》《岳飞传》是他的拿手节目。遇有文言文,他都用白话翻译,他的解释既不啰唆,又恰到好处。《吕梁英雄传》是他演说的现代评书。

袁金和,当时还不到40岁,家住南柴火市街的长和廊。他讲起评书来,口齿伶俐,手眼身法步齐备,他以单口相声起家,把这一技巧揉合到评书表演之中。他演说评书时,场内气氛活跃,笑声、掌声不断。他演说的《三侠五义》《小五义》《续小五义》等传统书目,都很叫座。他演说的现代评书,不仅数量多,而且绘声绘色,颇受听众欢迎。如《铁道游击队》《移花接木》《赤胆忠心》《烈火金钢》《桥隆飚》等。他还经常深入到工厂、学校中去表演,曾在内蒙古第四毛纺厂(人称"马路毛织厂"，即1934年11月建成的绥远毛织厂）演说过《战斗在敌人心脏》等新评书，受到工人师傅们的欢迎和好评。

东仓里的评书摊儿，最兴旺的时候，还有自弹自唱的鼓书艺人张坤（家住大召前街路西）、姓何的（名不详）。演说评书的还有包金牛，照本宣科《济公传》，姓杨的（名不详），崞县（今原平市）口音的花白头发男子（姓名不详）。1982年，我采访大召削面馆主任田如意先生时，他对我说："人们相传，在1947年时，有一位党的地下工作者，人们管他叫老王，也在这里以说书作掩护，搞地下工作。"

张坤和袁金和曾拜天津鼓书名艺人张泰祥为师，师傅为他们起艺名张立州、袁立和（即"立"字辈儿的）。据说，王芬年自幼在北京随其三叔学习演说评书、弹三弦，可惜艺名没有流传下来。

中华人民共和国成立后，评书艺人们就像著名相声表演艺术家侯宝林先生描述的那样，人翻身、艺术也翻身。在人民政府的关怀下，1957年前后，"呼和浩特市玉泉区曲艺团大召说书馆"正式成立。科班出身的评书老艺人王芬年担任组长，张坤任副组长。艺人们有了固定的表演场地：靠北端的正房和东房（在张季明小人书屋南）两个说书场，可容纳150名听众坐着听书。他们从风吹、日晒、雨淋的打地摊儿演说，搬进了冬暖夏凉的说书馆。

东仓路东最北头是当年管辖全城召庙的"喇嘛印务处"，它是坐北向南。由此往南直到赵锡纯评书摊儿，除东西两边的居民院外是一片空地。有些人就在这里打地摊儿玩扑克牌娱乐，最多时有六七摊儿。往南的第一家是张季明（北京人）的小人书屋，是他一家子（老伴、女儿）在此租赁小人书。他把小人书皮撕下，粘在一长条纸上，各有编号供观书者选择租赁。连环画俗称"小人书"，因其供孩子们（小人）阅读欣赏、开本小（约10厘米×15厘米）、画中人物小，故名。小人书的内容既有中国的也有外国的，既有古典的也有现代的，既有戏曲的也有电影的。不仅中小学生观看，成年人看的也不少。收取租费视小人书薄厚，有1分钱看一本或1分看几本的，也有2分钱看一本的等。记得曾有外地人运来大鲵（俗称娃娃鱼），在关张后的张季明小人书屋内收费供人观看，好像是2分钱一位。这种身体长而扁、眼小、嘴大、黑色的两栖动物，肢短、前爪儿就像婴儿的手，只是没听到像婴儿似的叫声。关于张季明小人书屋的停业，那是1966年"文化大革命"开始不久，造反派给张季明加上莫须有的罪名，把他苦心收藏的偌多小人书付之一炬。还把张季明的照片周边全部涂成黑色，只剩下脸部，贴在书屋门上示众。

小人书屋紧挨的是文化馆,1957年前后成为大召说书馆。

每到春末夏初时节,这一带是临时的鸟市。你看吧,燕雀、青红雀、红兰靛壳儿、虎不拉(即伯劳,个头大)、十二红,真是鸟种不少,叫声各异。当然,叫声最美的要数饲养多时的百灵鸟了。本地人李老三的耍雀儿技艺最好,他的红雀儿不用细绳儿拴,一会儿往高空飞,一会儿落在主人拿的木棍儿上,表演叼花儿、打旦儿的把戏,围观者不少。

真是一张嘴不能同时表两家事,说完东一排,再说谁也不靠的中间这一排。还是从北往南介绍。在张季明小人书屋前面,有个自称"大背头"(留着向后梳的长发,河北口音,姓名不详)的,脸面很黑,在此表演快板儿,嗓音不太好但很卖力气,唾沫星子不少。往南是

大召东仓内的西洋镜 (见《印象青城》)

师从崔老八的异姓兄弟,各摆着一摊儿拉洋片(亦称拉大片):一个是土旗甲兰营村人,姓云(名不详),蒙古族,镶着金牙,人称"小达子",演唱起来声音洪亮。另一个是李福安,山西左云人,个头不高。只见小巧玲珑的锣鼓架子,挂在西洋镜窗口侧面的上方,各自牵动两股细绳儿,锣鼓等乐器便响了起来,自己演奏自己唱,招徕观众。有一张片子上画着大马路、楼房等。只见表演者把小木板儿一盖,观众会从透镜中看到,已经放大的楼房内的灯竟会亮了起来,只听表演者唱道:"从南京到北京,你也没见过我西洋镜里的点点灯。快往里边看来,快往里边瞧!"逢年过节孩子们有钱,便围在这里瞧西洋景,也有成年人观看的。刚开始,这两人都是用的小型西洋镜,一次只能坐3个观众。后来,李福安从北京买回1套大型的,一次能坐6名观众。这位李福安有祖传治疗梅毒的药方,有人用,他就免费给抄方子。

兄弟俩的近邻是4家销售老豆腐、豆腐脑儿、煎饼的担子,味道不错,食客不少。紧挨的是张老五只卖煎饼和油条的摊儿,用小米面制成的煎饼,直径约1.5尺,吃起来另是一番风味。往南是3家本地人摆的茶摊儿,崔义夏卖茶水,冬卖油

茶面和茶糖面。中华人民共和国成立后,崔义当人民警察多年,1983年被公安部授予三等功,当时在玉泉区公安分局刑警队任职。崔风祥只卖茶水。胡守芝(乳名元宝子)等2人热天卖茶水,冷天卖茶糖面和油茶面。接着是吕元荣等2人自制各式小菜,在此摆酒摊儿。最南头是温禄等2人摆豆浆、油条摊儿。

曾有盲艺人贺炳(聚财子)、三和尚(姓名不详)等6人在东仓内演唱蒙古族曲儿、二人台小戏。有时,也有外地艺人临时来东仓表演魔术、杂技、耍猴儿的等。记得有一卖去污皂的,将皂块儿放入水盆溶化后,将一围观者头戴的油污帽子放入盆中,只用小木棍儿搅一会儿,没用净水淘,拧干后一看竟十分干净。

在东仓内还居住着一些小商贩,5号院王喜荣卖菜。10号院张嫦娥摆杂货摊。14号院李五林下乡卖杂货。15号院胡守荣提吼,高然昇临街卖纸烟。17号院刘东泉卖菜。18号院郝开祥卖杂货,富观厚提吼。何谓"提吼"?就是沿街叫卖估衣物者。市场上出售的旧衣服或原料较次、加工较粗的新衣服即估衣。贩卖旧衣服的行业叫估衣业。那时通顺街的估衣铺较多,大召前街路东靠北头曾有一家。提吼者的价格术语是"喜(一)到(二)挺(三)飞(四)口(五)抓(六)现(七)胜(八)万(九)喜(十)"。如这件衣服卖"挺胜子",就是3.8元。"喜喜子"是11元或1.1元。也有将手伸进袖筒互捏手指谈价的,外行人不清楚。1953年时,归绥市小商联合会还下设提吼市场,主任赵纯(住三官庙街8号),副主任李福(住太和居巷3号)、蔡永福(住东尚义街19号)。

还需要提及的是,一位郭久成道士也住东仓。为行善,他开了一个戒烟所(戒毒品),他仗义疏财,又同情抗日,于1939年参加了"绥蒙各界联合抗日救国会",并把他开的戒烟所做了抗救会的主要活动据点。他以助人戒烟为掩护,发动各行各界人士捐款,用捐款购买我游击队需要的物品,由地下交通员彭光华秘密送到旗下营附近的据点,再转送大青山抗日根据地。1940年农历七月,被敌人残杀,年仅42岁。

1950年2月,归绥市公安三分局设在大召东仓。

我数了一下,在东仓内共有77摊儿,按行业可分为10类。经营者包括山西、河北、山东及本地人,有汉族、蒙古族、回族、满族四个民族。这是一个各民族和睦相处,谁也离不开谁的缩影。

1956年,大召东仓饮食市场的十几摊儿,40人左右就地合营(也有分到别处的),成立了"大召食堂"。后来的名称是"大召削面馆"。

今天,仍然有以"大召煎猪肉剔鱼子""大召刀削面"命名的老字号饭馆在营业,食客不断。

西仓以内

大召西仓不如大召东仓红火热闹。在它的门口是东西两排纸烟摊儿,叫作纸烟市场。

纸烟也叫香烟、卷烟、烟卷儿。那时销售的有恒大、大前门、红锡包、太阳、大婴孩、勇士、绿叶等品牌。家境贫寒的烟民中,有这样的俗话:"没球本事,吃得绿叶、勇士。"在二人台戏迷中流传有"不抽恒大烟,也要看一看班玉莲"(班玉莲,二人台名角儿)。

新中国成立初期在五里营村的翻身农民中有这样的说道:"住的烂大院(分地主的),吃的洋白面,抽的恒大烟,看的班玉莲。"

我记得,在土默特学校南墙外有两个钉鞋摊儿,摊主都是大同人,一个姓王,一个姓张。这位张姓钉鞋匠有点儿咳嗽气短,但十分喜爱抽烟、喝酒。他说话很滑稽,常对人们说,我抽的是火烧(火炬牌)烟,喝的是发疯(8分钱1两)酒。

呼和浩特市早年有归绥烟草厂(在新城关帝庙街24号),后来关闭了。1959年2月5日成立地方国营呼和浩特烟草厂(后称卷烟厂)。曾生产出大光明、鹿鸣、白菊、萱草、呼钢、山丹花、新绿、樱桃等品牌的卷烟和烟丝。有一种马头琴牌卷烟,烟盒上的图案除马头琴外,几乎都是竖条纹,烟民们管它叫条绒烟。近年出产的苁蓉、昭君香烟成为市场的抢手货,深受顾客好评。

1953年,国家实行粮食统购统销政策。在西仓乃春庙五间楼原址东侧,建起三间门脸儿的粮食供应站。按划片住在附近的居民凭"居民粮油供应证"按定量购买粮油。

所有粮站都有一个统一配置的倒粮的筒子:挂在米面箱外的上端,铁皮制成,圆形的上口大,售货员将称好的粮倒入,下口小,顾客正好将面袋口套上接住。

在西仓内居住着一些小商贩,他们是3号院贾永禄(本地人)下乡卖小百货;王鸿英是铜铁匠,小商联下设铜铁市场主任。4号院郭二科出售胡麻油;袁富奎,游动剃头师傅,他挑的担子一头有热水盆儿,一头有顾客坐凳,下面有抽屉内放理发工具等。"剃头的担子"即指此物。他一手拿约一尺长、一寸宽、前边像紧闭的鸭子嘴形似的铁制"唤头"(亦称"叫子"),另一手拿约六寸长、八毫米粗的细铁棍儿,往"唤头"的中空部一插,从嘴部向外一拨,发出"铮铮"的响声,人们就知道是剃头的来了。也有夹着包儿走街串巷为人们剃头的。6号院刘开田是杂货挑贩。8号院王德游动理发,李志忠是杂货挑贩,高庆林是山货挑贩。11号院李珍山出售胡麻油,张奎红是杂货挑贩。14号院杨介卿下乡卖杂货。还有取名"忠记"的挂面作坊,经理马恩忠。19号院曹寿春下乡卖杂货。

从西仓北去东拐可到大召东仓。有一段时间,从坐北向南公共厕所的东口,可通到大南街的头道巷、新生街(腻旦街)。

今天的大召东仓和西仓,已经融进古庙大召以内,不再自成一体,成为大召佛事活动和对外开放的景点。

剃头匠用唤头招揽理发 （见《印象青城》）

大召前街上

沿街的建筑为中国传统建筑,布局合理,高低错落,以砖木或土木结构平房及简易二层楼房为主,大多数是商铺。

1950年,归绥市人民政府根据中央关于建设新城市和发展生产的指示精神,首届各界人民代表大会决定整顿摊贩市场。市政府成立了摊贩管理委员会,根据摊贩经营范围和群众需要,划定了11个固定市场。就大召前而言,大召西仓是纸烟市场,经营纸烟。大召前山货市场,经营干鲜瓜果糖类。大召前东侧是铜铁市场,经营铜铁器粗瓷家具、席条。财神庙西是煤炭市场,经营煤炭。大召东仓是食品市场,经营饮食、焙子、瓜果。大召前街路西是猪鬃市场。

1956年,公私合营小商贩小手工业者组织了合作商店、合作社、合作小组。上述市场自然消失。

1960年,组织城市交易市场,大召前也是一个。现在,我们从大召前街路东由南往北介绍。

记得 1956 年我家从大召西夹道的西成店巷迁到史家巷时,大召前街最南端的路东,是一家拐角商铺的遗址,一半门脸儿在文庙街,一半在大召前街,还能看到刻工精细的窗棂子。北去是已经没了院墙的居民院落,住南房的杨鸿军半个身子不利索,黑胖,出售自制熏鸡,味道不错。隔壁院吉姓人用马尾编织罗底,技艺精湛。临街的兴盛玉牛羊肉铺是马玉春投资 600 元于 1946 年开业,店名中有个"玉"字,牛羊肉收拾得干净卫生。绱鞋铺是李光或于 1950 年 5 月开设,后迁到大召前街中端的路西。不仅布鞋制作技术不错,还为顾客定做皮鞋,据说后来进入民族用品厂工作。他家一男孩子乳名五十四(在他爷爷 54 岁时出生),玩耍时摔坏了腰,由于治疗不及时夭亡。1988 年,在绱鞋铺原址成了一座小二楼。11 月 1 日,由呼和浩特市中蒙医学会和中蒙医研究所合办的市中医专家门诊部开始应诊。到 11 月 20 日已接待患者近 200 人次。这家门诊部,由黄惠卿、纪世卿、王润身、李景明、谢骏仁、白子美等离退休中医名家应诊。对中、小学和幼儿园教师,实行义务诊断并免收挂号费,针灸亦不收费。对贫困地区前来就诊的农民,减收一半医疗费。专家们还设立家庭病床,为患者送医上门,并采取预约出诊办法方便患者。

往北的大门院是三义泉染坊,河北蔚县人刘会于 1937 年前后开业,从业人员 10 名左右,染土布和棉线等。1952 年停业。

临街的杠子面馒头铺,河北宁晋的杨明轩和他父亲开设。制作的馒头像面包,利口有咬头,人们争相购买。1960 年前后,这里是家小饭馆。

隔壁的布局是,靠南临街窗户这一家的门是向北开的,是裁缝铺;靠北这一家的门是向南开的住居民;从中间过道进去是个小院儿,住着三轮车工人一家,这家一个女孩儿长大后是小学教师。向北去便是远近闻名的共和医院,是归化城第一家由中国人开办的西医医院,比天主教比利斯圣母圣心会开设的公教医院早开诊 6 年。

从共和医院两个院门外北去是礼记猪肉铺,郭三仁于 1946 年农历四月投资 300 元开设,郭是经理,另有工人一名。隔壁是取名为义聚的猪鬃收购、加工店,籍仲遴独资 1500 元于 1950 年 11 月开设,2 人经营。茂盛图油裱店(张二画匠铺,业主行二,故名),张耀于 1950 年 4 月开设,为商铺、居民等粉刷房屋、用麻纸糊窗子、顶棚等,手艺不错。临街有个铁匠炉,师傅姓张,技术好,是个酒迷。

北去是万寿长车马大店,据耆老们回忆,此店在清朝就有,人们管它叫万寿店。有记载的开业时间是1919年元月。武俊卿继承祖业独资550元任经理,还有工人王根小。到他手里院内已住有居民,不是纯车马店了。义长炭铺是武耀于1951年3月投资150元开设,自任经理,雇有工人、勤杂2人。

福合成焙子铺,阎三羊于1945年开设,还有2名师傅。紧挨的发福元茶馆,赵廉明独资1070元于1928年元月开业。经理赵廉明15岁进荣美元学徒,小名维扣子。发福元和赵廉明,知道的人不多,一提维扣子茶馆,远近闻名。该茶馆由10人经营,他们的分工是:会计王福祥;烙荤素牛油油旋、鸡蛋焙子、月饼等油糖干货的红炉师傅田德,15岁进四盛斋的学徒;面案师傅(亦称包子匠)李全保,10岁进双锦元的学徒,18岁后在富和元、双发元工作;面案师傅张才才,是17岁进四盛斋的学徒;堂倌(服务员)郭存润,为顾客端油糖干货、包子(这里不做烧卖),吃完后按盘碟数量用口结账后,向柜台会计喊出:"咳——四桌三块(元)八毛(角)五(分)到柜!"就是告知顾客到柜台交款。再如:"王盛喜掌柜两块五毛记账!"这位是常客,不交现钱,记账走人;开水师傅刘万金,16岁进荣美元的学徒,他手提开水壶,为顾客沏茶续水;用风箱拉火烧水的银维世、武永富;担水(专门到玉泉井汲水)的张有。这家茶馆除制作销售包子、茶水、牛油甜咸大油旋外,还有制作素油玲珑小油旋,味道独特。

北去是瑞记牛羊肉铺,白瑞独资160元于1946年农历四月开业,2人经营,铺名中有个"瑞"字。隔壁是仁义长肉铺,刘存仁投资200元于1946年农历十月开业,2人经营,1954年8月24日停业。紧挨的店是王秀的店,投资150元,于1952年11月开业,专营猪鬃收购加工。富盛客店,刘全奎投资300元,于1932年开业,1人经营。天福泉小吃店,张敬修投资120元,于1953年6月开业,制作销售豆浆、油条。义和工厂,云多三等3人合资300元,于1952年5月开业,,收购加工猪鬃。北去是明德车行,专门修理自行车。聚兴成、田聚奎等4人合资2000元,于1952年6月开业,专门编织销售各种规格的苇席。政德成、贾政等2人合资300元,于1917年开业,专门制作修理笼屉,铺名中有个"政"字。由此向北东拐便进入财神庙巷。

财神庙巷 现在从西口路南到东口,再从东口路北到西口来介绍。全根茶馆,茶客以经理的乳名(姓不详,本地人)所起,制作销售玉泉水泡茶、猪肉馅包子、油旋。在它的门外靠东有韩诚的卖猪肉车。义德荣硬山货铺,贾威投资1050

元,于 1945 年农历三月开业,5 人经营。1951 年 3 月经理换成郭虎蛇,资金 1575 元,经营山货以柳条为主,7 人经营,铺名依旧。

祥成永柳编铺,王怀成等 2 人合资 160 元,于 1950 年 3 月开业。只见门里门外堆放的、墙上悬挂的都是提水斗子、大小笸箩、油篓、酒篓、簸箕等,样式不少,形状美观。柳条到了师傅们的手里,真听"使唤",实乃绝艺。这家铺名中有经理名中一个"成"字。东去南拐便是共和剧院了。它是民国初年由城郊徐家沙梁村大地主徐福安投资兴建的。

路过共和剧院东去,除居民院落外是富和长柳编铺,是韩廷富投资 160 元,于 1953 年 10 月开业,1 人经营。铺名中有个"富"字。新发永柳编铺,聂亮投资 150 元于 1950 年 8 月开业,1 人经营。祥盛永柳编铺,王润月投资 200 元,于 1951 年 3 月开业,1 人经营。

我们到路北从东往西介绍。通盛堂柳编铺,郭通投资 590 元,于 1932 年农历三月开业,2 人经营。铺名中有个"通"字。西去便是财神庙,该庙始建于清代雍正二年(1724 年)。

路过居民院便是费公祠了,该祠建于清代康熙三十七年(1698 年),是归化城蒙汉官商为抚远大将军费扬古建立的生祠。

从费公祠西去是永恒泉硬山货铺,张元会等合资 1900 元,于 1947 年元月开业,5 人经营,其中有学徒两名。路过居民院是荣生长柳编铺,王荣山投资 220 元,于 1951 年 3 月开业,1 人经营。铺名中有个"荣"字。紧挨的是富绪长柳编铺,阎守绪投资 150 元,于 1953 年 3 月开业,两人经营。铺名中有个"绪"字。工守长柳编铺,阎守富投资 100 元,于 1946 年农历四月开业,两人经营。铺名中有个"守"字。以上两位经理的姓名只有一字不同,都是浑源人,近亲关系。

据着老们相传,清朝末年在路北有一家山西人开设的麻绳铺,铺名德泰魁。手工绕制的粗细麻绳,以质优取胜。

在财神庙巷西口,有一转角儿商铺,一半在财神庙巷,一半在大召前街。新中国成立初期一直用长条门板封闭,成了共和剧院贴戏报的固定地方。此店是否茂盛升烟土(鸦片)店掌柜的阎继宏开设的"阎记烟馆",待考。

财神庙巷 1 号院郭保保,制作出售粗细麻绳。2 号院赵福红,杂货小商。6 号院刘书田在街头修自行车。13 号院贾三毛街头钉鞋。16 号院乐亮街头钉鞋。17 号院许用用是销售蔬菜的挑贩。在巷子东口靠南有任清元的绱鞋摊。

在旧城很有名气的小吃"老二巴冰糖三角",就是住在共和剧院后面的家庭焙子铺老二巴(姓名不详)制作的,他的老伴儿武润润挎上篮子上街叫卖,声音洪亮:"三角儿——冰糖到!"三角儿个头不大,香甜可口,买的人不少。

出财神庙巷西口北拐,还从大召前街路东介绍。紧挨拐角儿商铺的是凉城兄弟三人摆的钉鞋摊。北去是永丰泉焙子铺,张珍于1935年农历六月开业,焙子制作俗称"打焙子",师傅郭旺,手艺不错,家住大召前街南去的史家巷。公私合营后被培养成呼和浩特市饮食总店的干部,可惜英年早逝。隔壁是新民轩茶馆,孔二毛等4人合资424元(每人106元),于1952年12月开业,由12人经营。经理孔二毛,帮面案工作,他15岁到乌兰花全先村饭馆学徒(公私合营后调到旧城北门外通和轩工作);副经理赵文贞帮助司账,15岁到天德庆等绸缎庄学徒、店员;副经理杨恩正帮红炉工作(公私合营后调到大西街凤麟阁工作),副经理赵义;会计彭永禄,从小在货栈工作(公私合营后调到天香饭庄、凤麟阁饭馆任主任,还在南茶坊路东制作销售馒头的门市部任主任);面案师傅陈贵明;红炉师傅任交运;堂倌张泰和;开水师傅郭四娃;拉风箱烧水的是张玉德;担玉泉井水的张润月;勤杂姚九娃。

新民轩茶馆除制作销售包子、玉泉水泡茶、牛油甜咸大油旋外,还有鸡蛋焙子、荞面饸饹。在新民轩之前这里是玉利源茶馆,是王爱投资100元,于1944年农历八月开业,从业人员5名。

在新民轩门外,北有宋荫荣,南有史纪先,专卖分成小包的砖茶和纸烟的小摊儿。在小摊儿前稍南是王小三,木制独轮车兜售自作的熟马肉,此人家住新城苏虎街12号,每天一早推着满车熟肉来到大召前头。贾勋先生在其文史随笔中对熟马肉有这样的描写:"我以为最惹人馋的是那独轮车上竹签高插、香气四溢的马肉了,民间美食家盛赞这秘不示人的独家卤煮工艺为塞上一绝。且看,在卖肉师傅祖传的大片月牙刀下,那薄如蝉翼的马肉片,正好填进先行划开中缝的白焙子里。当你咬下第一口的时候,便觉得唇齿留香,大快朵颐。"

在马肉车后稍南,是出售黄酒(代酒)、白酒的摊子,经营者姓王(名不详),人们管他叫"二掌柜",有小巧玲珑的火炉、手拉小风箱,是温酒用的。他的顾客多是进新民轩的食客。

北去是福新补带铁工厂,由程连藻兄弟二人合资1600元,于1950年8月开业,修理汽车、畜力车,热补内外轮胎。在它的门前,经常停放着两辆畜力轿车子,车身上罩着蓝布棚子,棚子两边各镶一块玻璃,就像现在的出租车,专门接送人,不拉货物。它们的主人(车倌)是红运子(乳名)、二虎子(乳名,后来在文化宫街路西的车辆监理所下夜)。备有客人上下车时的四条短腿儿凳子。

马拉轿车(老出租车) （见《青城老照片》）

长胜源,王文顺等二人合资 70 元,于 1951 年 7 月开业,是家小面食馆,从业人员 3 名。隔壁的东长永,解东珊等 2 人合资 1054 元,于 1952 年 12 月开业,铺名中有个"东"字,专门编织销售苇席。荣茂店,赵玉璞投资 100 元,于 1949 年 4 月开业,从业人员 2 名,是临街小客店。北去是复生玉硬山货铺,李高瀛投资 1000 元,于 1950 年 11 月开业,从业人员 5 名。在它之前,是德恒泉硬山货铺,王吉盛等 3 人合资 1500 元,于 1949 年 8 月开业,从业人员 4 名。公民兴苇席铺,陈凤荣等 6 人合资 1770 元,于 1952 年 7 月开业,从业人员 4 名。在它之前,也是公民兴苇席铺,是马成德等 2 人合资 1550 元,于 1950 年 8 月开设。因为某种原因,又都是安新老乡马姓转让陈姓经营,铺名未变。早年,这里是德丰轩回民饭馆二层楼。曾有李姓河北人在这里开过西医诊疗所。20 世纪 80 年代,这里是玉泉酒楼,曾经失火。

北去是信德永酱园,孙悦投资 1000 元,于 1932 年开业,从业人员 5 名。销售油、盐、酱、醋、酱油、鲜菜、米、面等,远近闻名,顾客不少。玉记菜铺,李交运投资 30 元于 1950 年 6 月开业,从业人员 2 名。在它之前,这里曾是任汝崑(河北)等 5 人合资 1000 元开设的元兴成苇席铺,胡吉投资 150 元开设的玉隆泉猪肉铺,开业时间均不详;还有王万库(本地,40 岁)投资 20 元,于 1943 年开设的万丰瑞修理钟表店,店名中有个"万"字。那时,使用钟表不像现在这样普及,电子表、自动表还没有发明,能使用得起钟表的都是有钱人。家中有只马蹄表(闹钟)也算是阔气人家了。

北去便是归化城第一家中药铺——同泰永。在介绍同泰永之前,先回顾一段历史。清代从顺治到康熙前期(1644—1692 年),归化城仍保持着明朝时代的格局,南门在人民电影院那条街的巷口稍南,九龙湾和四眼井巷以北,包括在叫作"外罗城"的南门瓮城之中。城里边设有土默特左右两翼都统的衙门和一些蒙古军官家属。从杀虎口迁来的小商小贩在城南关帝庙(老爷庙)和大召、小召附近设有简陋的门面和摆着小摊儿。据有关史料记载,就在这个时候,有一位河南武安(清代属河南彰德府,民国二年改属河北)人(姓名不详)在大召前的玉泉井旁边悬壶行医卖药。起初连药柜都没有,是用一块大布挂在墙上,缝着许多开口的小布袋装草药,逐步才安置起药斗子,成为一个行医带卖药的小中药铺。此药铺就是一直维持到1956 年公私合营的同泰永。我记得,公私合营前那块黑底金字的木制"同泰永"横匾,已经分不出黑色和黄色了,可见它的古老。按清代顺治元年(1644 年)到1956 年,是 312 年。按康熙元年(1662 年)到1956 年,是 294 年。据同泰永最后一任经理(公私合营时的私方经理)郭围城在 1954 年填写的一份呼和浩特市工商联印制的表格中写到,同泰永最初开业时间是 1850 年 4 月 28 日。按此计算是清代道光三十年(1850 年),到 1956 年是 106 年。关于同泰永的开业时间,有待进一步考证。

郭围城是 31 岁时担任同泰永经理,具体时间是 1932 年,资金 1620 元,从业人员 2 名,店员孔庆明。有一段时间,只有郭围城和栗尚文夫妻任正副经理经营。

北去是刘铁铺,刘成文一人经营,打制销售镰刀、扁担钩、拴狗的铁绳、马嚼子等。他是铜铁市场的副主任。隔壁是同义合苇席铺,朱绍衡等 2 人合资 2059 元,于 1953 年 5 月开业。在它之前,这里是泉复永剃头铺,,张迎喜投资 160 元于 1929 年元月开业,有师傅 5 人,勤杂 1 人。往北是义顺永瓷器店,是翟德和投资 6000 元于 1950 年 12 月开业。瓷器店紧挨荞麦皮巷。

早年,荞麦皮巷内出售荞麦皮者集中。在清代咸丰四年(1854 年)前,归化城就出现了烟土(鸦片)行业。到民国初年的行情是现洋(银圆)2 元多一两,到民国六至七年间,达到 8 元多一两。清末民初,荞麦皮巷就有 5 家大烟馆。烟馆内有土炕,有烟灯。有净烟、膏子烟,抽大烟时有砖茶沏的水。零售的鸦片,先是棍儿烟,5 分钱(铜子儿)一支,外面是纸,里边用老竹叶包着。以后是片儿烟,有 3 分一片儿的,5 分一片儿的,用蜡纸包着。那些吸食者,骨瘦如柴,面色苍白,精神颓唐。民间流传着这样的俗话:"谁种谁肥,谁吃(抽)谁灰","好人抽成个病人,病人抽成个死人。"许多吸食者,抽到最后,典房卖地,鬻妻售子,偷盗乞讨,有的倒毙街头。每到严冬腊月,许多冻死、饿死、病死的"大烟鬼",被抬到旧城史家巷往南的孤魂滩,其状十分凄惨。因此,人们又把大烟叫作"断后草"。

清朝年间,住在荞麦皮巷的义盛炉(铁匠)韩家(大同人)打制的木匠工具很有名气。

此巷 1 号院,是制作销售酱油、醋的义和泉(瑞记)作坊,经理赵效阊。7 号院高凤歧,制作销售水果糖。10 号院张春林,是出售针头线脑的小商贩。11 号武全和姚树珍是两位街头钉鞋匠。另有马乐天、王小年编织苇席,不悉住在哪个院。

从荞麦皮巷西口北拐,又到了大召前街,从路东北去是福德恒硬山货铺,安云投资 5300 元,于 1950 年 9 月开业,从业人员 3 名。这里是二层小楼。在它之前,这里是福茂茶庄,雷雨亭投资 90 元,于 1946 年开业,从业人员 3 名,销售花茶(人们管它叫小叶儿茶)、龙井、大方、红茶、砖茶(也叫茶砖,有永巨、贡砖品牌,价低,泡水色重称"酽",喝此茶者不少,也有人用砖茶与小叶儿茶配在一起喝,说是"小叶儿搬砖一喝一个肉旦")。

北去是全福斋点心铺,程守荣投资 498 元,于 1949 年 5 月开业。从业人员 7 名,包括糕点师傅 4 名,学徒、勤杂各 1 名。制作销售刀切、破酥、麻兰儿、小槽子糕、玫瑰饼、混糖月饼、鸡蛋焙子等。隔壁是同心号酱园,门庆生投资 120 元于 1949 年 7 月开业,从业人员 3 名。1989 年前后,这里是工商银行的储蓄所。紧挨的便是远近闻名的德泰玉中药店的大门、门脸儿。早年的药行分为三种类型,可以区分为小规模的药铺、中等规模的药房、大规模的药庄或药店。据史料记载,在18 世纪初的康熙后期和雍正年间(1702—1735 年)这一阶段,归化城的药行也随着其他行业兴旺起来,首先是在小召半道街由大同人开设的大兴店投资开设的永合堂药铺(圪洞子药铺);接着是河南武安(民国二年始属河北)的大财主徐家在圪料街投资开设的元泰和药庄,并有号称"方百万"的河南武安方家,在大召前街的玉泉井东边靠北,投资开设归化城实力相当雄厚的药店德泰玉。

从 1952 年 2 月起,在德泰玉药店门前的通天招牌下,有杨茂林摆设的洋铁匠摊子,打制销售火筒、簸箕、从大油桶中往外抽油的"提子"等,手艺不错。德泰玉隔壁是勤生和杂货铺,是毛生投资 730 元于 1953 年 9 月开业,1 人经营,店名中有个"生"字。在它之前,这里是恒丰号糕点铺,是曹一投资 1200 元,于 1951 年 8 月开业,雇有 2 位师傅,1 名学徒。在恒丰号之前,是福宁斋糕点铺,是李蒿山投资520 元,于 1949 年 9 月开业,雇有 4 位师傅、1 名学徒。往北是一元永杂货铺,曹喜富投资 500 元,于 1953 年元月开业,1 人经营。紧挨的是协盛昌软山货铺,谷雨时等 4 人合资 1200 元于 1950 年 10 月开业,雇有店员、勤杂各 1 名,6 人经营。在它之前,这里是家估衣铺(具体情况不详)。

北去的大门院,在 1998 年拆迁前,是大召前街 79 号,玉泉区中医院。1964 年以前,这里就是医疗单位。所以,有必要将这个大门院的历史沿革记载下来。1937 年,在大门上方悬挂一块写有"吕公道"的金字牌匾,大院的中间有一堵高墙,把它分为南北两个院落。北院为吕公道所占,正房是店铺的门脸儿和仓库以及伙计宿舍与客房(京津冀客户下榻之处),销售五金、土产、纺织品。3 个投资人和掌柜的是吕振芳、李立功、王星桥。吕公道店名的由来,据王星桥的后人王继周先生回忆,最初是"吕功桥"三个掌柜的名字中各取一个字而得名。后来,他们受京剧《女起解》中人物崇公道名字的启发,将功谐音为"公",道桥相同,将桥改成"道"。这样字号名称就成了"吕公道"。这家店铺以货真价实远近闻名,曾在大召东仓门的西边开设吕公道门市部。再说南院,是一家工厂所占(厂名等不详),有梳毛和梳棉设备,还收购羊皮、牛皮、猪鬃、羊肠等,院内有宿舍和伙房。

1950 年 8 月,这里是大召前街 50 号,成了一家新民货栈,资金 3200 元。股东和掌柜的是马拱辰,从业人员 18 名,其中勤杂 4 名。

1952 年,归绥市三区卫生所成立,同年底改为玉泉区卫生所,所址先在剪子巷,第二年迁入大召前街 50 号。所长先是张德宽,后是尹贵和、副所长刘剑峰。设医疗股,仇耀宗负责;防疫股,邢志先负责;还有总务科。1954 年增设妇幼股。从业人员 20 名,其中卫生技术人员 15 名。据邢志先大夫回忆:当时还有张小霞(女,西医)、王文炳(会计,后借到市卫生局工作)、曹静珍(女,调剂员)、屈玉莲(女,护士)、任玉炳(挂号员)、姓孙的(女,助产师),还有一位女护士姓名想不起来。1956 年,医疗股改成玉泉区第一门诊部,地址仍在大召前街 50 号。1957 年,庆凯区并入玉泉区,其卫生所改成玉泉区第二门诊部。这时增加了薛继英(西医)。1958 年,以两个门诊部为主成立了玉泉区医院,院址在三贤庙巷。这时,大召前街 50 号改成玉泉区医院第一门诊部,负责人是杨文治(又名杨郅堂,西医,呼和浩特市政协第一至第四届委员),从业人员 35 名左右。1963 年 12 月,雷占通(副主任医师)从小东街联合医院调入时,这里已改成大召前卫生院,杨文治已调入玉泉区医院,雷占通是卫生院负责人。据侯耀宗(雷占通的徒弟,1984—2000 年任副院长主持工作)回忆,雷占通是院长,每天都出门诊。当时的中医有左贵龙、张元广、马永祥、武淑贞(女),西医是苏明甫、王俊、张仕儒,中西医调剂、保管、护士、挂号、收款员等人有常仁善、赵时千、李英轩、赵维蓉(女)、段学智、王玉茹(女)、杨士昌、冯玉清(女)、张耀亭、胡慧荣(女)、朱丙鲜(女)、刘慎斋。1972年,由联合诊疗所组成人民防治院。大召前街人民防治院院长是雷占通。

上面提到的胡慧荣,1920年生于山西省偏关县。她于南京国立中央高级助产学校毕业后,历任四川省卫生实验处防疫护士、四川崇宁女子高级职业学校教师、宁夏省立高级助产职业学校教师,绥远省"国大代表"。1935年与鄂友三结婚。1949年参加"九一九绥远和平起义"。中华人民共和国成立后,任玉泉区联合保健站站长、区中医院主管护师、区政协委员。1986年被聘为内蒙古自治区文史研究馆馆员。晚年的胡慧荣耳背。1997年因病去世,终年77岁。

1978年,以大召前街人民防治院为主,合并西五十家街防治院、西兴旺巷(早年称西鞋袜巷)诊疗所及通顺街防治院的中医田丰(名中医田秉澍之子),组建成玉泉区中医院,院址仍在大召前街。属集体性质,从业人员63名,病床50张。雷占通副院长主持工作,邢志先任门诊部主任,牛维邦任住院部主任。到1986年,占地1279平方米,建筑面积824平方米。设中医内科、小儿科、妇产科、针灸科等。日平均门诊量为520人次。到年末,有国家人员14名,集体人员52名。

1998年拆迁后,玉泉区中医院先后搬迁到南柴火市街袜厂原址,西兴旺巷原三元成府庄后院,石头巷(已更名为玉泉区兴隆巷长和廊社区卫生服务中心),南茶坊大什字北路东。

还需要提及的是玉泉区中医院远近闻名的三位老大夫。雷占通生于1927年,15岁进广聚中药房学徒,出徒后长期从事中医临床工作,擅长中医内科、妇科医术,有丰富的临床经验。历任玉泉区医院中医师,玉泉区中医院副院长、院长、党支部副书记,玉泉区人大代表、科委委员,呼和浩特市人大代表、党代会代表,中蒙医学会副理事长、副主任中医师。他撰写的《中医治疗频发性室性期前收编初探》获论文三等奖,河南、辽宁等地有关刊物予以转载。他带出徒弟4名,有2名曾任玉泉区中医院院长,1名内蒙古医学院中医系毕业生曾随他实习。

我见过1987年由呼和浩特市卫生局转给玉泉区中医院的感谢信,一位是瘰疬病患者、一位是室性期前收编患者,他们感谢雷大夫为他们解除了病痛。雷大夫退休后又被返聘6年才回家休息。年过八旬的他仍坚持每周一天到诊所为患者服务。在患者当中,说起雷占通,知道的人不多。一提起大召前雷大夫,远近闻名。他的业绩已载入《内蒙古当代医学人物志》《中华兴国人物大典》。雷大夫于2010年5月10日病逝。

从中医院往北是兴华号杂货铺，由王静轩等4人合资600元，于1953年8月开业，从业人员4名，他们既是股东，又是经理（掌柜的），也是店员。在它之前，这里是双兴祥糕点铺，是郑根堂等二人合资900元，于1950年5月开业，从业人员4名。到此为止，是大召前街东一溜商业店铺等情况。

现在，我们路过大召东夹道西口和大召东仓南门向西拐，介绍大召山门外的4家商铺，它们以山门为界东西各两家。同义兴软山货铺是常进富等5人合资2786元，于1953年元月开业。他们的具体投资数额是，常进富829元，任经理；杜成士829元，杜智田430.5元，张玉明348.8元，张天柱348.8元，都是副经理。他们5人也都是店员。这家软山货铺，是标准的"忻州班子"。张天柱于1955年底离开。1953年该铺公积金是807元。在它之前，是恒生茂杂货铺，是温常全，投资650元，于1951年3月开业，店员樊存隆二人经营。在它之前，是中和诚软山货铺，温佩煌投资300元，于1950年9月开业，从业人员2名。在它之前，是谦德泉软山货铺，股东、经理郝守廉、安云，从业人员8名。曾更名协盛同，股东、经理刘殿英，从业人员5名。后又恢复了谦德泉铺名。

郑维周是协盛同的店员，后顶二厘五生意，也成为股东。退休前，是民建呼和浩特市委员会秘书长，呼和浩特市政协第六、七两届委员。

恒生祥杂货铺，裴文蔚等4人合资1800元，于1953年元月开业，4人既投资又都从业，雇有1个店员，裴文蔚任经理，兰（蓝）谨、张俊威、许二根申任副经理，店员兰谦任会计。1953年该铺公积金604元。在它之前，是同心成杂货铺，郝仁康等4人合资2300元于1950年7月开业，其中郝仁康投资810元，任经理；刘在良620元，王海成650元，任副经理，以上三位都从业。另一位胡建功投资220元，不从业，称作投"财股子"。在它之前，是河北人杨永贵投资开设的布铺。布铺之前是以货真价实而远近闻名的吕公道五金商店。再往前，就是名中医"展包儿李"开设的中药铺，于民国初年停业。

路过大召山门，是德厚泉硬山货铺，是兰培盛（是大召西夹道德余泉货庄股东、掌柜的兰银余之侄）等8人合资2255元，于1938年开业，其他股东是郝全万、张槐、郝守谦、安云（和兰银余是亲戚）、赵廷辅（兰银余之外甥女婿）、张殿元、郝三益。以上8人只投资（财股）不从业。郝步友任经理，张吉余任副经理；店员张海瑞、张俊义、李文魁;伙夫郭发金。以上6位从业人员,包括经理、副经理都没有投资,称作"身股子"。

西去是忠义德杂货铺,王少韩投资1640元,于1949年6月开业,有店员3名,学徒1名,5人经营。在它之前,是复兴茂硬山货铺,张登瀛投资3765元,于1937年元月开业,有店员4名,学徒2名,7人经营。在它之前,是协成泉硬山货铺,山西人开设。关于协成泉的具体情况不详,但我从清代咸丰四年(1854年)重修大召前玉泉井碑记中发现,在募化人中第一个提到的就是新协成泉的李光林和郝天赐。这就说明,在160年前这家协成泉就已存在,修茸玉泉井时这家硬山货铺或是更换股东,或是又加入新股,不然不会在协成泉前边加个"新"字。

早年,各行各业都有自己的行社。据《归绥识略》记载,归绥的各种行社有95种。蒙古靴及布靴行业的行社,称作义和社,也叫靴匠社。每到农历五月二十六日、二十七日、二十八日全行业歇工,在西茶坊老爷庙(关帝庙,今社会福利院)红火,称作"过社"。三天集中起伙,并请戏班来唱戏。每逢唱戏时,还要邀请城北公主府和大召前街路北协成泉硬山货铺的人前来看戏。义和社所收布施(每位师傅一次交五枚铜子儿即无孔硬币,交够一千枚为止,合八年又四个月)存在协成泉,有时社内花销不够时,由协成泉垫付,也可以动用布施款作为协成泉的资金使用。

我记得,公私合营后这里成为土产门市部,由于它比大召前街低,人们管它叫"圪洞子商店"。

大召山门平时不开,就在山门和这四家商铺的前面,从1949年开始,有一位捏面人儿的师傅在此制作出售江米人儿。他是赵连珠,祖籍山东莘县。知道他名字的人不多,人们管他叫"面人儿赵"。

我们路过大召西仓南门和大召西夹道东口向南拐,介绍大召前街路西一溜商业店铺等的情况。

北头路西第一家是义丰泉杂货铺,这家商铺是拐角儿纸码栏柜,有5间左右门脸儿,一半在大召西夹道路南,一半在大召前街路西。常作正投资3700元,于1949年7月开业,有店员2名,学徒4名,伙夫1名,共8人经营。据从小在义丰泉学徒的高涤洁回忆,义丰泉的股东是山西祁县和大同人,掌柜的(经理)是常作正。听老人们说义丰泉有一百多年的历史,关于该商铺的开业时间,有待进一步考证。

后来将这里一分为二,在大召前街路西这一家,成了热补门市部,为顾客补汽车、马车轮胎,也补雨鞋、球鞋等。南去是家自行车修理铺,祁县人开设,手艺不错。在它之前,是源兴钰杂货铺,任国宾等3人合资900元,于1953年9月开业,3名股东都从业。在它之前,是振兴泉杂货铺,张子俊投资500元,于1952年9月开业,1人经营。在它之前,是聚义恒杂货铺,郝稳庭投资500元,于1950年8月开业,有店员4名,5人经营。五年时间,这里换了4家商铺。隔壁是福利生硬山货铺,是郑崇义等5人合资4100元于1949年7月开业,5名股东(1名经理,4名副经理),6名店员,11人经营。经理郑崇义是市工商业联合会第四届的执行委员。

南去是积顺成杂货铺,张达臣投资500元,于1952年9月开业,有店员1名,2人经营。在它之前,是大兴长笼箩铺,王玺投资440元开业,雇有师傅1名。后来,这里成了猪肉铺(具体情况不详)。

1988年底,我采访到一位制作、销售、修理铜制品的师傅。他是我儿时的同学,相见时我们已四十多岁了,有说不完的话。他就是猪肉铺以后开设的"大召民族铜器工艺品服务部"的经理张双月师傅。几年来,他为召庙修理和复制了为数不少的铜制供器、法器、殿尖顶、玛尼桶、翁登等。由此向南西拐便是穿行店巷了。

穿行店巷 此巷可四通八达,可通到长安店巷、长和廊、大范家巷(后改为通顺大巷)、小范家巷(后改为通顺小巷)、民市南街(后改为通顺南街)、通顺东街等。巷内因有几家小旅店而得名。其中的永胜旅店,张福玉投资60元于1932年农历六月开业,1人经营。义顺店是兰绪科等3人合资680元,于1928年农历四月开业,3人经营。民恒店,徐炳华投资180元开设,1人经营。聚兴店,陈复舜(代县人,61岁)投资650元开设,3人经营。

巷内的1号院住侯四苟投资100元,制作销售粗细麻绳,2人经营,还有梁玉田,挑贩卖杂货。2号院是永胖店,常住李学强,游动卖水果。

在巷内的路北有一大门院,据说是福利生商铺的货房(仓库)。

中华人民共和国成立初期,在财神庙巷共和剧院演出二人台剧团的部分演职员,就住在上述几家旅店。

出穿行店巷东口南去,又到了大召前街的路西。第一家是荣厚诚杂货铺,弓子诚投资486元,于1951年8月开业,1人经营。店名中有个"诚"字。在它之前,这里是聚和祥杂货铺,是艾聚林投资550元开设,1人经营。店名有个"聚"

字。后来,这里是萨拉齐贾姓人家开设的新发村饭馆,制作销售包子、水饺、荞面饸饹、各种炒菜。隔壁是天生泉杂货铺,兰廷相投资 1818 元,于 1952 年 8 月开业,兰廷相任经理,兰庚相任副经理,2 人经营。他们是兄弟还是本家,待考。在它之前,这里是通顺昌杂货铺,张礼柱投资 1050 元,于 1951 年 8 月开业,张礼柱任经理,张义任副经理,2 人经营。在它之前,是荣合公瓷器店,王宪荣等 5 人合资 1500 元,于 1950 年 2 月开业,他们既是股东又是正副经理也都是店员。店名中有个"荣"字。在它之前,是家利通客店,林福田投资 320 元,于 1949 年 7 月开业,1 人经营。这家客店是从通顺东街 75 号迁来的。在它之前,是复兴源饭馆,杨子英等 2 人合资 1380 元,于 1948 年 7 月开业,有职员 2 名,技术师傅 6 名,工人 8 名,学徒 4 名,从业人员 21 名。从 1948 年 7 月到 1952 年 8 月四年多的时间,这一个地方换了 5 家商铺。

南去是德成号杂货铺,王俊投资 1000 元,于 1952 年 10 月开业,1 人经营。在它之前,是天盛祥软山货铺,贾如谊投资 1645 元,于 1948 年农历六月开业,从业人员 4 名。紧挨的是福寿堂焙子铺,杨福投资 400 元,于 1952 年 9 月开业。店名中有个"福"字。这是一家回族和蒙古族合作经营的店铺,打焙子师傅张景义。该铺还卖切面。在它之前,是升茂永杂货铺,是史子高投资 150 元,于 1950 年 7 月开业,从业人员三名。在它之前,是荣升源茶馆,杨生茂投资 2013 元,于 1948 年农历八月开业,他是股东也是经理,有职员 2 名,技术师傅 5 名,工人 3 名,勤杂 1 名,担玉泉井水 1 名,学徒 4 名,共 17 人经营。制作销售油糖干货、烧卖、玉水沏茶等。该茶馆有楼,又坐落在路西,人们管它叫"西楼",茶客们常说的"到西楼上喝玉(泉)水",就是指此处而言。这座茶馆离玉泉井最近,隔街相望。有一段时间,更名为"新民楼",制作销售的代(黄)酒也很有名气。往南是一条死胡同。

荣升源巷　巷内有义隆泉酱油、醋作坊,贾润明等 5 人合资 1434 元,于 1947 年农历六月开业,他们是股东也是经理,是经营管理者也是技术师傅。福和旅店,乔有海投资 450 元,于 1918 年农历三月开业,从业人员 3 名。到 1930 年农历八月,更名为茂逯店,店主卢茂逯投资 300 元开设,1 人经营。到 1931 年农历二月,又更名为双合小店,刘进才投资 300 元开设,1 人经营。后来,这里变成了纯居民院。

此巷 1 号院住刘有其,呼和浩特市饮食行业工会茶馆分会主席,公私合营时庆荣源茶馆的公方代表是名堂倌(服务员)。4 号院牛德胜是铜制品师傅,市小商联合会副主任，调解委员兼铜铁市场副主任。许子岳从事沿街叫卖估衣物的"提吼"买卖。李益亭是出售醋、酱油的小贩。巷内还住一位郭姓洋铁（薄铁）制品师傅，后来就在玉泉井台上制作销售，技艺不错。

从荣升源巷出来南拐又到了大召前街的路西。眼前是三家高台阶商铺，第一家是菜籽铺（铺名不详），刘凤玺投资450元于1949年3月开业，销售各种菜籽，后来增添了木业雕刻的项目，1人经营。他是1953年7月改选后的市小商联合会副主任委员，财经委员会委员兼山货市场副主任。第二家是天生泉杂货铺，兰庚相等二人合资640元，于1952年9月开业，2人经营。这家商铺和前面说过的天生泉一字不差，前一家的投资人和经理是兰廷相，开业时间只差一个月。是二人各开一铺，还是二人合开两铺，待考。在它之前，是远近闻名的德泉炉铁匠铺，郝姓师傅开设，出自他手的菜刀、镰刀等，刃口好，货真价实。相传，由于是手工打制，经常出现农民排队购买镰刀的热闹情景。"郝铁的镰刀真好"是农民对德泉炉的赞语。

这第三家便是闻名遐迩的庆荣源茶馆。早年，它是一家汉族人开设的茶馆。后来，变成回族人开设，成为一家清真茶馆。

南去是义厚泉杂货铺，段喜昇投资3000元，于1949年9月开业，有店员3名，4人经营。隔壁是忠兴永席铺，朱志波投资1300元，于1952年11月开业。在它之前，是福新留人店，王凤庆投资300元，于1928年3月开业，从业人员两名。紧挨的是新民堂焙子铺，是于银颢和于廷颢兄弟二人合资300元，于1953年7月开业，他们是股东也是经理又都是打焙子的把式，硬面焙子是既利口又实惠，顾客不少。有人用大白焙子夹上烧卖吃，起名儿叫"蛤蟆含蛋"。在它之前，是荣颢堂也是焙子铺，于二高投资50元，于1945年5月开业，从业人员3名。两家焙子铺的经营者是否亲戚，待考。焙子铺的邻居崇力成杂货铺，梁悄喜投资265元，于1952年9月开业，1人经营。在它之前，是瑞记杂货铺，杨沂投资300元，于1949年11月开业，有店员2名，学徒1名，4人经营。往南是复合义猪肉铺，张长柱投资1180元，于1951年5月开业，是家庭肉铺，后面有小院住家。在它之前，是三合义清真肉铺，尹德宝，据代林先生了解，该肉铺大约于清代光绪三十年开业。开业时在店门上方悬挂写有"京都三合义"的金字牌匾。尹德宝很会做买卖，努力培养自家子弟成为行家里手，很少雇佣外人参与。其子尹文魁、孙子尹万福、曾孙尹富、玄孙尹玉山，代代相接，辈辈相传。

三合义从买羊到屠宰,一点儿也不马虎。母羊、种公羊绝不购进。夏天,基本保证现宰现卖。到了农历六、七月份,要购进两千多只羊,雇人到草地饲放,一进十月便开始冬储:将剔好的肉放在阴凉处,冷水浇毕,用"洞子"(编成席子状)围紧,上面用高粱秆儿盖上。冬储肉一出数九天便不宰了。鼎盛时期是尹家第三代传人尹万福。他不仅开肉铺,一度还饲养过六七十峰骆驼,跑西北做生意。第五代传人尹玉山曾从绥远买上活羊,贩运到北京出售。后来,由于市场不稳,物价混乱,三合义出现了亏空,于1949年停业。

南去是聚义长杂货铺,高弼臣投资1305元,于1952年9月开业,1人经营。隔壁是个大门院,中华人民共和国成立前作何用情况不详。由杨承秀投资1500元,于1950年11月,开设大通客货栈,他自任经理,有职员5名,勤杂2名,学徒1名,9人经营,在它之前,是永泰货庄,贾占魁投资200元,于1950年4月开业,有职员、学徒各1名,3人经营。只营业了8个月便歇业。后来,成了纯居民大院。大门院往南,早年是河北人陈凤荣开设的公记苇席铺,萨拉齐人任德成开设的中和成杂货铺,铺名有个"成"字,其他不详。中华人民共和国成立后,这两家商铺打通合二为一,改成了国营的供销合作社,既销售土产、农具等,也出售各种面粉、食用油、酱油、醋、咸盐等。南去便是家庙巷了。

家庙巷 巷内3号院住刘义,从大召西夹道西成店巷5号院迁来,制作销售鸡毛掸子,手艺不错。贾龙,杂货小贩。宋荫荣在大召前街新民轩茶馆门前摆摊儿,卖分成小包的砖茶和纸烟。后来,贺嘎勒达的家庙院也留了住户,高仲义在大召前街摆摊儿钉鞋,任市小商联合会调解委员兼铜铁市场副主任。

出家庙巷东口往南,早年是忻县人开设的德兴厚布铺,其他情况不详。1952年7月,这里成了一家二人抬的剃头铺,一位是乔凤鸣,身瘦;一位是乔金有,身胖(方言曰"肉"),故有"肉瘦二乔剃头铺"的称呼。二位师傅技艺精湛,特别是刮脸细致周到,平时顾客就不少,到春节前几天,更得打早起前来排队等候。隔壁是家岳姓(名不详),忻州人开设的菜籽铺,除出售各种菜籽,也卖各种食用瓜子。在菜籽铺的门前稍为靠北,是本地人二娃子(名不详)摆的小摊,出售各种自制木镜框、玻璃,还为顾客划玻璃。南去便是大召前街的一人巷了。

一人巷 巷内住着制作销售白酒、代酒(黄酒)的王姓人家,酿酒技艺不错,王贵专给用户送酒。中华人民共和国成立后,他成了一名交通警察。在大召前街新民轩茶馆和永丰泉焙子铺前面,专卖烧酒人称二掌柜的(名不详),是王家的近亲。

出一人巷东口往南，是同和庆中药铺，宋继麟投资 450 元，于 1953 年 9 月开业，1 人经营，还为其他中药店铺加工中草药。紧挨的是二层小楼的焙子铺，岳三是经理也是打焙子师傅。

南去的大门院早年是河北、山东人合资开设的骡马店，收购贩运骡马、猪鬃、羊肠等；后来是山西人经营的福德长面铺。新中国成立初，这一大院是大召前街 86 号，亦说是 160 号大院成了绥远省军区石灰厂，厂长李荣玉、计财科长董钧都是老红军，1954 年前后该厂迁到五里营村。呼和浩特市民间歌剧团迁入，亦有家属住进。后来该院的东南变成煤炭供应站，住户仍然不少。大院往南，是新义永豆浆馆，刘玺印投资 120 元，于 1953 年 2 月开业，3 人经营，制作销售豆浆、油条、烧饼等。地方不大，早晨的食客不少。在它之前，是从大召前街南头路东迁来的绱鞋铺，前面作坊门市，后面住人，李光或是经理也是师傅。隔壁是家苇席铺，孙宝启投资 80 元，于 1950 年 3 月开业，1 人经营。南去便是南楼巷了。

南楼巷 2 号院住宋粉珍开家庭裁缝铺。6 号院刘占荣挑卖杂货。14 号院卢有喜下乡挑卖水果。

出了南楼巷东口往南，是一家庭杂货铺，王少友投资 70 元，于 1950 年 7 月开业，既卖杂货又住家。在他的门外稍南，有高存保摆的钉鞋摊儿。南去，早年是忻州人开设的天泰兴布铺，后来住了居民。紧挨的大门院，早年是谢三旦开设的谢肉坊，专卖生熟马、驴、骡、驼大牲畜肉。由于这些肉比猪肉价格能便宜一半，所以俗称"死马行"。每到春节年关时，到此买肉者以农民和城市穷苦人为主。广为流传的"卖了猪肉买马肉，穿的帐房布，吃的死马肉"的俗话，就是人们贫苦生活的真实写照。后来，这里成了纯居民院落。

南去是合义车行，耿学恕投资 85 元，于 1944 年开业，专修自行车。邻居是新生图画匠铺，左乾太投资 50 元于 1950 年 4 月开业，油裱彩画技艺不错。往南是条小短巷。

小西巷 巷内住张三娃，杂货挑贩。

往南的大门院紧挨的是同义公苇席铺，是魏镇南等 3 人合资 4000 元，于 1949 年 11 月开业，他既是股东、经理，也是编织苇席的师傅。

从隔壁院落往南便是远近闻名的隆昌洋行了。这处砖瓦圪洞院落，是大召前街最洋气的一处。何谓洋行？中华人民共和国成立前外国的资本家在中国开设的商行,也指专跟外国商人做买卖的商行。有洋行就有买办,何谓买办？替外国资本家在本国市场上经营企业、推销商品的代理人。

我们在此顺便介绍洋行、买办来到归化城的情况,最先是住在旧城西五十家街的南德隆店,后来,就在南德隆店成立了洋行公会。这个院里有座大仙庙,人们称大仙为"三太爷",每年洋行都为之唱戏。三太爷就成了买办的祖师爷。洋行在归化城大做粮食、皮毛生意。商界的皮毛、粮食两行都巴结买办。洋行除收购皮毛贩运粮食外,还收购猪鬃、羊肠等。

关于隆昌洋行的资本、从业人员、经营等情况不详,只知其专门收购细皮毛。据已故文史专家刘映元夫人韩云琴老师回忆,旧城的新疆人方孝恭因义和团事起,护送俄商巴太太回国有功,也当了买办而发迹。清朝宣统元年(1909 年),朝廷宣布预备立宪,归化城也产生了民意机关咨议局,正议长便是俄商隆昌洋行老板方孝恭,还担任过自治事务所所长。宣统三年(1911 年)任自治联合会会长。1912 年任归化厅临时议会会长。提起方老板人们都知道,但不知其名字者还真不少。

据方孝恭的侄重孙方鸥 2008 年回忆,方家祖籍新疆古城(亦称奇台),是汉族,方孝恭排行第三。方家在天津和平区有小白楼别墅。大召前街这处院落,东西长 43 米,南北宽 36 米。正房 11 间,6 个门,中间是隔扇,全部可通;西房是主房 7 间,有 2 个门,门前有三个台阶是亭子房;东房 5 间,有 3 个门;南房 10 间,有 7 个门。院内有手压铁水井、地窖子、厕所。大门洞可以通行马车或汽车。

方鸥听老人们说,这座大院约建于清代光绪年间的中前期。拆除这座房院时,他在房桄上看见写有"中宪大夫"字样。

1958 年,呼和浩特市小商业联合会在此院办公。后来,这里是土默特左旗和土默特右旗供销合作社的驻呼办事处,

往南是义盛修配铁工厂,范俊和等二人合资 3190 元,于 1954 年 5 月开业,从业人员 3 名,专修胶轮带胎,配制大车零部件。有一台靠人工手摇转动的小型皮带车床。这位摇轮的小伙子,后来参军当了人民子弟兵。在它之前,是忻州人开设的布铺。紧挨的大门院,早年是大德兴染坊,后来成了居民大院。在高台阶小二门居民院南,是本地赵姓人家开设的家庭笼屉铺。隔壁是张三毛师傅的正华铁匠铺。

南去是振发堂剃头铺,杨新仪投资 229 元,于 1942 年农历七月开业,他是股

东、经理也是理发师傅,还有两位师傅和一位勤杂工。师傅们的技艺不错,临近及南村的理发者不少。后来,这里成了自行车修理铺。紧挨的是义好源杂货铺,是王好先投资300元,于1943年农历二月开业,一人经营。铺名中有个"好"字。往南是两个铁匠铺(各占一间),是山西定襄薛姓兄弟俩开的,二人手艺不错。隔壁是一高台阶小院儿,房东李姓(名不详),在大南街开茶叶铺,还住党存厚一家,曾在染坊工作。这是大召前街路西一溜商铺等的最南端。

大召前街街心　大召前有"街心小岛",也是一处热闹的所在。我们就按建成年代的前后来作介绍。玉泉井就坐落在小岛的南头,它享有"九边第一泉"之美誉,是它给大召前街带来了繁荣,使这里成为远近闻名的大召市场。

街心小岛南端的玉泉井后,就是小岛的北端了。据《归绥县志》记载,1934年,由官方投资在大召山门的路南兴建了一座商场,取名"绥远商场",有房200余间。门外"绥远商场"四个大字,相传是傅作义先生的笔迹。这一商场是全城兴建最早的一个商场,由东西两排砖木结构的平房和相连的一座大门组成。两排平房是铺面,大厅供摊贩做营业场地。来往客商络绎不绝,成为手工业商业摊贩集中之地。里面光线很暗,白天也得点灯干活儿、做买卖。

日本侵略者占领归绥后,责令绥远商场停业,改成所谓"俱乐部",内设赌场。1939年,日伪协进会征得大召主事喇嘛同意,在商场的南端搭起了一个简易小舞台,放映电影,叫作"协进电影院"。1945年,改称"庆和大戏院",安装了长条木凳,可容观众400多人,除供戏班演出外,继续放映电影。1948年,又改名为"大光明电影院"。1949年10月15日,又改成"大光明影剧院"。经理高宝生,剧院内的工作人员15名。1950年4月26日,改称"民众剧院"。经理林何、副经理云招才,二人都是大召喇嘛,蒙古族。因大召内还有一年长的喇嘛也叫招才,人们管这位叫小招才。剧院内工作人员15名,除正副经理外,业务股长赵恒,总务干事工佘菴,会计胡克和,售票员米济、赵林,检票员程九林、赵殿臣,其他服务人员吕元成、韩广成、陈万山、张进仁、武魁、杨国华。后来,一直由七班主(赵恒、亢二、王成德、赵殿臣、张培林、杨二挠、田文)租赁此剧院演出晋剧。

剧院内有东西北楼的观众席,连楼下可容纳观众700人左右。当时,在剧院内有王贵德出售小食品、纸烟,王军出售茶水,王佘菴摆小摊出售瓜子、水果、糖块。

现在介绍"小岛"周围的商铺。

从民众剧院的东门口往南，是山西祁县人开设的油饼铺，制作出售的炸油饼，个儿大饼厚有嚼头。走过剧院的东旁门是家饭馆，河北深县刘万世、刘万恒兄弟俩合资 1400 元，于 1929 年元月开业。开始取名"双合居"，后改为公合源直到公私合营。内有分成小间的雅座，一间一个圆桌。公私合营前从业人员 14 名，经理刘万世，副经理刘万恒，会计王继业、崔国栋，肉案连福，上灶炒菜阎祥、刘万福，面案田立海、张成贵，堂倌高耀五、郭起茂，勤杂范玉明、高计全、郭义。上面提到的范玉明，由于炒菜等技艺不错，后来被选送到我国驻蒙古国大使馆工作。我在呼和浩特市地毯厂工作时，是厂部外宾接待组成员。我记得 1972 年一天的下午，我国驻蒙古国大使馆于姓参赞和几位使馆人员到厂参观，其中就有这位范玉明。

从饭馆门口南去，是牛德胜父子修理锁头、白铁小焊的门市，手艺不错。紧挨的是谢德龙制作销售火筒、水桶、油灯、川壶等的洋铁制品铺。往南便是玉泉井了。在井台北端有四家钉鞋摊儿，都是大同人，叫上名字的有温彦、姚大。井台东侧有贾富明、孙汝胜、于光瑞、丁红、杨泰、王光璧的 6 个杂货摊儿，侯桂桃、邢庆顺的小食品摊儿，广居的胡麻油摊儿。从玉泉井台西侧往北马路东，第一家是李姓河北人开设的焙子铺。北去是毛扣子的钉鞋摊儿。隔壁是马海世的焙子铺，白焙子个头不大，但特厚，有嚼头。往北是郭姓本地人开设的熟肉铺，制作销售刚煮熟的羊头、羊肚子等，他的叫卖声音洪亮好听："开锅啦！羊头、羊肚子，还有大个儿的牛腰子"，"吃来哇！羊肝儿、羊肺、羊散旦儿，烂乎呀——"路过民众剧院西旁门是马玉春开设的鲜牛羊肉铺。隔壁是孝忠酒馆，有各式自制下酒菜。北去是白瑞鲜牛羊肉铺。邻居是山西人朱黄志开的焙子铺。焙子铺门前，一到晚上，有个家住大召西夹道的王猫虎，便在这里出售自制的烧肠、熏肉。摊儿上点着"气死风灯"。他使用的切肉刀与众不同，这种刀是上窄下宽，有点儿像锄地的锄。肉切得薄，动作麻利，肉味儿独特，买的人不少。他的叫卖声是："烧肠喽，熏肉——肉夹焙子好活一辈子！"

由此拐向东去，在马路的南端，和大召山门隔街相望。第一家是公义堂杂货铺，王澍卿开设。隔壁是张姓本地人开设的杂货铺。东去是五家河北人开设的小布铺，销售河北高阳产的土布（也叫笨布）、红樱丹、海昌蓝、红狮令、蓝狮令，还有褡裢布等。再往南拐，又到了民众剧院的东门口。以上是街心小岛从剧院门外往南，然后西拐、北拐、东拐，再向南拐又回到剧院的东门口，转了一遍。

还需要提及的是，大召市场 1984 年曾修葺过一次的情况。在呼和浩特市八届人大一次会议上,张启生市长提出,1984年要集中有限的资金,在市政建设上办好12件事。其中第八件就是改造大召前的店铺,恢复大召小市场。呼和浩特市和自治区两级政府投资66万元。实际执行情况是,国家投资322万元,拆除破旧危险建筑3536平方米,恢复古建筑13000平方米,加固维修现存清代建筑,油漆装裱门面,土路铺成沥青路。修葺后的建筑,墙壁是青砖勾白灰,层次相当分明。磨砖对缝的马头,闪出屋外整齐的房檐,屋顶上是一行行青色筒瓦,精心刻制的木窗棂,配上线条精美的花卉、古装人物等绘画,充分体现了中国传统的建筑风格。难怪外宾们来到这里,不停地拍摄一个又一个画面,真有点目不暇接了。

大召前街靠北头路西的土产门市部,就是当年的福利生硬山货铺。重修后已扩大为8间的门面,室内修葺一新,宽敞明亮。

玉泉井的修旧如旧,为大召市场增加了不少光彩。人们说大召市场犹如北京的天桥一般。经过我们的介绍,您可以看出它有和北京天桥的相同之处,也有不同之处。

据1997年9月竖立在大召山门以南的《兴建无量寺碑记》记载:"……一九九七年四月,市政府召开市长办公会议,形成纪要,对大召前广场之拆旧建新提出明确要求。据此邀请各界人士广为征询,取得一致意见,决定拆除召前剧院及危旧建筑,扩展广场并兴建牌楼一座,以期与召院相映生辉。在诸同仁的周密安排下,取得多方热情支持,遂于四月十一日正式开工,由市佛管会古建维修队承建,拆除危旧建筑一千八百七十平方米,运出废土七千平方米,于此可见工程浩繁程度。前后历时三个月,于七月十日竣工。广场扩建之后,金瓦朱楹,画栋飞檐,北与天王殿(应为大召山门——引者)巍然对峙,南连玉泉井浑然一体……"

东夹道上 大召东夹道门牌号码的编排是,从紧挨大召前街的北头,即大召东仓南门往东的路南开始,然后北拐从路东一直北去,路过西兴旺巷(也含在东夹道介绍)西口再往北到尽头西拐,从路西往南直到王一贴膏药店前西拐,从路北一直到紧挨大召东仓南门的瑞德兴百货店为止。

第一家是泉盛永理发馆(亦称剃头铺),经理刘起龙,投资360元开设,共有技艺不错的4位师傅,理发、剃头的顾客不少。在它之前,是裕丰祥鞋帽百货店,赵思信等3人合资2250元,于1949年6月开业,从业人员5名。往东是六合布店(因6人合开此布店而得名),郭宝泉、孔庆杰、党存富、唐生荣、毛光瑞、李金岭6人合资2698元,于1955年8月开业,郭宝泉任经理,其他为副经理,他们都站栏柜售货。在它之前,是三义兴百货店,李然寿等 3 人合资 1500 元,于 1954 年 4 月开业。因 3 人合伙故店名三义兴。在它之前,是崇义兴鞋帽百货店,刘秀奇等二人合资 1440 元,于 1949 年 9 月开业,从业人员 3 名。隔壁是李有贵投资 300 元于 1955 年 2 月开设的富贵车行还有一位师傅专修自行车。在它之前,是复兴成鞋帽百货店,魏钧衡等二人合资 640 元,于 1940 年农历九月开业,从业人员 3 名。往东是双和祥毡制鞋帽店,郭培贞投资 400 元,于 1949 年开业,1 人经营。出售的有瓜皮毡帽(瓜壳儿帽),平时戴上就像半个西瓜皮扣在头上,故有此名。遇到风搅雪的天气,可以将折到帽子里面的两片儿护耳翻出,把耳朵和脸护住保暖。人们管毡靴叫嘎登,样子又大又笨,可以连脚带小腿一起穿上,走后山骑马穿上它,数九天也不觉得冻。还有低腰子毡鞋,制作这种产品的手艺,真让人叫绝。在它之前,是福源昌鞋帽店,是段喜昌投资 480 元,于 1946 年农历十月开业,自任经理,从业人员 3 名。店名中有个"昌"字。这里曾是新民工厂,股东和厂长赵崇山,其他情况不详。往东是王子良投资 200 元,于 1955 年 2 月开设的永兴车行,有一位师傅,专修自行车。在它之前,是瑞丰祥鞋帽百货店,苗日新等三人合资 1750 元,于 1950 年 5 月开业,3 位是股东也是经理、店员(售货员)。隔壁是德义兴毡鞋帽百货店,彭维新等 4 人合资 1200 元,于 1948 年农历二月开业,副经理史云忠、杜容、卢锡久,他们都是股东、经理、店员。这里曾有高某、谢某二位师傅开设钟表修理店。

东去便是王一贴膏药店了,这是一家远近闻名的制作销售膏药的店铺(不雇外人),在归化城已三代相传。

以上是大召东夹道路南一带商铺的介绍。

拐向北去的路东,第一家是福庆恒棉布店,陆福寿、张亮洁、薛常廉三人合资 1500 元,于 1951 年元月开业,他们任正副经理,店员孙智侬、薛常发,共 5 人经营。店名中有个"福"字。这是一家河北人开设的"东路班儿"字号。北去是连杰久杂货铺,吴喜良等人合资 560 元,于 1952 年 9 月开业,2 人经营。在它之前,是德瑞祥百货店,郝香瑜投资 720 元,于 1950 年 6 月开业,从业人员 3 名。往北的绸布店东盛久,吴谦和投资 950 元,于 1950 年 10 月开业,从业人员 3 名。隔壁的复业隆鞋帽百货店,李效轼、韩建基、张温全 3 人合资 1000 元,于 1949 年 10 月开业,他们是股东、经理,也是店员。往北的明义诚毡制品商店,苟安明投资 500 元,于 1952 年 9 月开业,销售防寒用品毡子、瓜壳儿毡帽、毡鞋,1 人经营。店名中有个

"明"字。在它之前,是德裕祥绸布店,是张裕民等3人合资1500元,于1951年4月开业,3人经营。店名中有个"裕"字。紧挨的是三盛义杂货铺,郭尧垣、郭武合资850元,于1953年元月开业,2人经营。这是一家近亲开设的店铺。在它之前,是义华鞋帽店,申一中投资600元,于1950年4月开业,从业人员5名。在它之前,是义顺成五金店,姜子清等二人合资6000元,于1946年农历三月开业,从业人员6名,销售五金电料玻璃等。往北的自成祥杂货铺,张进文投资1150元,于1952年元月开业,店员霍生禄,2人经营。这位张进文16岁进西鞋袜巷西口路北转角儿栏柜的三合顺印刷铺当学徒。在自成祥之前,是德盛号五金店,赵茂森等4人合资2530元,于1950年4月开业,从业人员6名。紧挨的是张福德堂百货店,张茂容投资500元,于1952年7月开业,1人经营。店名中有个"张"字。在它之前,是永庆和日用百货店,郝贵海等二人合资1350元,于1950年9月开业,从业人员3名。在它之前,是茂盛百货店,张茂艺等2人合资855元,于1947年农历十一月开业,从业人员2名。店名中有个"茂"字。北去的忠和义百货店,冯连和等3人合资6300元,于1949年11月开业,从业人员7名。该百货店主要搞批发业务,商品有棉毛男袜、金双马坤袜、坤帽等。

西兴旺巷 在介绍该巷商铺之前,先说说巷名的由来。在大召前区块改造之前的大召和席力图召中间,有东西两条巷子,从清代到中华人民共和国成立后的1956年,由小什字东去叫做东鞋袜巷,西去叫作西鞋袜巷,因销售鞋袜的商铺较多而得名。后来,改名叫东西兴旺巷。这些商铺起初是专门供应两座喇嘛庙的喇嘛们的各种用品,在西鞋袜巷东口的路南,有摆了200多年的一个鼻烟儿摊子,掌柜的来自大同,人们称之为"韩鼻烟儿家"。韩家的子孙成了民国以后归化城的士绅,兴办三贤庙女子学校的韩权、参与编修《绥远通志》和《归绥县志》的韩桂,便是韩鼻烟儿家的后代。东去还有蒙药铺、绸缎铺等。按照人们的习惯,将西鞋袜巷融入了大召东夹道。

西鞋袜巷门牌的编排,是从小什字西去的路北开始算起,往西到大召东夹道丁字中心时南拐,再从路南的西头往东,直到巷子东口刚才提到的韩鼻烟儿摊子为止。先说第一家三元成。这是一家拐角儿商铺,位置在西鞋袜巷东口的路北,有正门;另一半儿在大南街末尾的路西,门向东开。它是小什字最向阳的地方。三元成是清代康熙年间由杀虎口李姓著名税吏开设,是归化城维持最久的商铺之一。该商铺的经营者为山西祁县人。最初卖杂货,附设大同工人组成的一个刻印作坊,和席力图召(延寿寺)有密切交往。据说三元成在康熙年间因给席力图召印刷经卷而发家致富,在归化城打下了牢固的基础。到乾隆年间,又扩大了府庄(山东东昌府,笔者注)生意,即烟、酒、糖、干果、海味、颜料、调味品、纸张、香烛、油漆等。三元成农历腊月的盈余,就足够全年的各项开支。从十一月下旬到腊月二十三祭灶日前后,伙计们白天应付拥挤不断的顾客,夜晚给贩卖年节用的各种纸张的商贩和四乡的地主配年货,他们一天的工作量长达 20 个小时,只能休息 4 个钟头,除夕夜晚仍不关门收市。因为小户人家买一两香油或一碟儿虾酱,也要打发孩子们老远到三元成来购买,就连新城的满族居民也舍近求远到旧城照顾小什字的三元成,因为三元成货色齐全,并且货真价实,对待顾客热情接待,真正做到了童叟无欺,故远近驰名,信誉卓著。

三元成支垫好多走北路和西路的旅蒙商人与旅新疆商人,成批的府庄货物北至恰克图,南至太原府十县,东至天津,西至伊犁河的商人都知道"西口三元成"(三元成的水印如此称谓)这个古老而殷实的字号,故三元成能汇通中国半个天下,兼营票号的汇兑业务。清朝年间,归化城的镖局亦依靠三元成揽活儿,在光绪末年国家未设邮传部和邮政局以前,三元成传递了好多地方文件。

三元成的顾客多在市内以及归化城附近的乡下,销售的又是民生必需品,所以历经战乱仍能维持下来。

早年的商铺大都自己开伙,掌柜的、顶生意的、伙计、学徒均在店内用餐。三元成的特别之处在于用自己经营的糖味、海菜以及各种席面的食料,所以店伙平日的茶饭较好,逢年过节都是海味席。三元成的伙计回忆起当年的生活,说是"再一辈子也吃不上三元成的饭了"。

大南街的裕合兴、晋益西、天元恒、义生茂、东盛义等纸码栏柜,都是三元成的店伙领了其他人的本钱开设的同类业务的字号,但是,这几家的规模、营业都没有赛过三元成。三元成一直经营到 1956 年公私合营。公私合营后,这里改建为洋式样儿的糖业烟酒蔬菜门市部,可是人们仍然管它叫三元成。

往西的义顺居饭馆,3 人合资 430 元,于 1951 年 9 月开业,经理李文魁,副经理刘三、王凤鸣。以上 3 人是股东也是经理,都参与经营。

据侯耀宗(曾任玉泉区中医院院长)和潘玺(蒙古族,自办中医针灸门诊部)回忆,后来这里成了牙科诊所,郝耀亭任所长,还有魏明兆、安仁等。还开设过妇产科诊所。1967 年,在东兴旺巷的一家诊疗所迁到此处,取名"西兴旺巷诊疗所",所长牛维邦,医生潘步添(蒙古族,武术名家,潘玺之父)、刘珍(中医)、杨瑞(中医)、徐炳良(中医针灸,专治头痛、牙疼病,他使用的是既短又较粗的针,采用的是埋针疗法,就是今日扎上针患者带针回家,24 小时后来诊疗所起针。他还兼收款工作)、谢耀三(中医针灸,兼中药调剂工作)、丁一英(中医)。后来,医务人员有增减。1987 年并入大召前街人民防治院,组建玉泉区中医院。

隔壁的天新德五金商店,王全投资 4003 元,于 1949 年 7 月开业,2 人经营。往西的复兴永(生记)鞋帽百货店,程庆生等 3 人合资 2000 元,于 1949 年 10 月开业,从业人员 2 名,"生记"是取了股东、经理名字中一个"生"字。再往西的这家拐角儿栏柜,是西鞋袜巷路北最西头的商铺。清朝时,它是三元成府庄的刻印作坊,后墙和三元成的后院及后门连接。后来,商铺和作坊分开经营。到了民国年间,就变成由三元成出来的伙计刘培顺开设的三合顺印刷铺了,印刷神马和冥纸等。铺名中有一个"顺"字。到 1949 年 5 月,这里是同心永日用百货店,由张焕明投资 850 元开设,自任经理,1 人经营。到 1951 年 4 月,这里又成了永茂祥绸布店,李俊文投资 1500 元开设并任经理,从业人员 4 名。后来,这里又变成广生昌毛毡制品工厂,是合资企业,资本额 9150 元。经理(厂长)李茂棠,从业人员 19名,其中资方 1 名,工人 18 名。该企业加入的是棉毛麻纺制品业同业公会。1954年共开工 120 个工作日,一班生产,每日工作 8 小时。生产毛毡 12120 尺、毡帽1422 顶、毡靴 1540 双、毛衣裤 110 件,由此南拐过马路,再向东拐便是西鞋袜巷的路南。

第一家商铺是双和成百货店,张万有独资 1200 元,于 1952 年 4 月开业,1 人经营。在它之前,是德生义五金商店,由苟安元等 2 人合资 1200 元,于 1951 年 3月开业,二人是股东、经理也是店员。往东的聚昌布庄,苏聚良等 4 人合资 1400元,于 1951 年 5 月开业,4 人都从业。店名中有个"聚"字。在它之前,是恒盛厚鞋帽店,张文成投资 1000 元,于 1950 年 8 月开业,从业人员 4 名。东去的德义恒鞋帽百货店,是王岚亭独资 2280 元,于 1949 年 5 月开业,店员有冉德梁、要广源,勤杂于润。这家商铺与前面说过的德义恒同名,经理一个是王馨亭,一个是王岚亭,都是满城人,或为至亲。隔壁的元益诚(诚记)毡鞋帽店,王宗士投资 450 元,于 1949 年 8 月开业,从业人员 2 名。在大召广场拓展之前,这里是家取名"龙凤"的照相馆。它的与众不同之处,是在拍照普通照片的同时,还为人们拍摄化装照片,如扮成戏剧人物包公、公主、国母等。在橱窗里摆放着不少放大的彩色剧照。

往东的利华茂(明记)百货店,李世明投资240元,于1949年5月开业,1人经营。店名中有个"明"字。1951年6月,这里改成复茂昌百货店,李计昌等2人合资230元开设,他任经理,李明甫任副经理,这是一家父子经营的买卖。店名中有个"昌"字。1965年,这里又变成庆生帽店。别看在柜台前站三位顾客就有点儿挤,可它是店小名声大。

东去的开丰布庄,郝维寿等3人合资1200元,于1951年4月开业,3人经营。在它之前,是德和义毡鞋帽店,陈树竹投资500元,于1950年9月开业,1人经营。隔壁的一元久杂货铺,贾安邦投资700元,于1950年9月开业,从业人员6名。在它之前,是兴盛铭毡帽店,阎高投资500元,于1939年农历四月开业,从业人员5名。往东的公大文具社,张寿义投资300元,于1951年6月开业,销售文教用品纸墨笔砚等,1人经营。1954年10月19日迁出西鞋袜巷。在它之前,是义升新鞋帽百货店,王赋义投资400元,于1950年10月开业,1人经营。店名中有个"义"字。在它之前,是恒新祥百货店,王盛臣投资240元,于1940年农历五月开业,有店员和学徒各一名,3人经营。紧挨的是永庆和日用百货店,郝贵海独资2800元,于1947年农历十月开业,有店员6名,7人经营。往东的天义亨五金商店,赵东贵独资3500元,于1946年农历六月开业,有5名店员,6人经营。东去的德庆和日用百货店,朱在贵独资1500元,于1949年9月开业,他和三名店员经营。这里就是早年的韩鼻烟儿摊子处,西鞋袜巷路南最东头的商铺。

在西鞋袜巷居住的小商贩和行商,有5号院陈芝,在街头专卖各种帽子;6号院王存山自幼学做毡制品手艺,俗称毛毛匠,到乡下耍手艺。

现在,我们再拐向西去,进入大召东夹道后向北拐,从路东介绍。

第一个东大门,早年是府庄三元成的后院,中华人民共和国成立后是牧民招待所。1964年4月,成为朝鲜族小学校。北去的居民院落,可通到大南街南头路西的容丰照相馆。再往北走到北墙处西拐,后往南拐继续介绍大召东夹道路西一溜的商铺。路过三个居民院,这第四个院落,便是早年颇有点名气的老三合义纸扎铺。这家买卖很有意思,从外面看就是一个不大的二门子,外地人更看不出这里会是一家商铺,名声还不小。这家纸扎铺,是从西鞋袜巷西口路北最西头的三合顺印刷铺出来的几位大同籍刻印工人组建而成。它既是印刷神马、冥纸、大红纸等的车间,也是一家商铺;既搞批发业务,也做零售的买卖。

走进比街上路面低一些的院落,只见西房里是一溜栏柜,各种纸货真不少:如窗花、白麻纸、写春联(亦称对子)、糊窗子用的大红纸、五色纸,供焚化用的纸马、纸钱、锡箔等。这家商铺以货真价实取信于顾客,平时就门庭若市,每到春节之前,更是有点拥挤了。农民前来买纸货,称作"进城到老三合义打纸扎"。

往南的彦山照相馆,周彦山投资 300 元,于 1954 年 7 月开业,店名中有"彦山"二字,1 人经营。此前,他在大召东仓摆摊儿照相。在它之前,是玉明照相馆,耿星璋投资 180 元,于 1953 年 3 月开业,1 人经营。此前,他在大召东仓摆摊儿照相。另外,还有赵清海、周志成在此居住,都是下乡为农民服务的照相师傅。在玉明照相馆之前,是永增祥布铺,马梅元投资 850 元,于 1950 年 4 月开业,有店员、学徒各 1 名,3 人经营。南去的天德成杂货铺,吴致中投资 130 元,于 1946 年农历二月开业,二人经营。1952 年 7 月,陈万金在此住家并摆摊儿为人们刻图章,俗称"抠手戳儿"。我手头有一木刻图章,一厘米见方、四厘米高,就出自陈氏之手。

隔壁的三和义杂货铺,4 人合资 1480 元,于 1952 年 10 月开业。这家商铺的名字和前面提到的三合义纸扎铺,只差中间一个字,说明它们之间有关系,我们介绍 4 位投资人可见分晓。张清林,山西大仁县人,50 岁,13 岁进三合义学徒。张建勋,大同人,36 岁,15 岁进三合义学徒。王威,本地人,41 岁,15 岁进三合义学徒。王怡斋,本地人,41 岁。其中的三位是三合义的徒工即师兄弟,取和衷共济、和气生财之意吧。他们既是股东又是经理也是店员。在它之前,是德记百货店,张鹏投资 600 元,于 1950 年 5 月开业,有店员 2 名,3 人经营。往南的义文书局(二层楼),陈绪禹投资 300 元,于 1951 年 6 月开业,销售书籍、文具等,1 人经营。在它之前,是崇义成百货店,冯士通等 2 人合资 1450 元,于 1949 年 12 月开业,副经理张怀瑾,会计武成功,店员任老根、李杰,5 人经营。隔壁的玉祥成是商铺也是作坊,由张万贵投资 200 元,于 1954 年元月开业,销售用粗细铁丝自制的大小爪篱、各种规格的筛子等,1 人经营,全部手工操作,技艺不错。在它之前,是新华玉百货店,刘玉官投资 800 元,于 1951 年 6 月开业,1 人经营。店名中有个"玉"字。在它之前,是宏记货庄,王泽民投资 300 元,于 1950 年 8 月开业,从业人员 7 名。紧挨的新中号百货店,杜龙枢等 5 人合资 3160 元,于 1955 年 11 月开业,从业人员 5 名。在它之前,是双义兴布铺,崔文英投资 380 元,于 1950 年 4 月 10 日开业,有 2 名店员、1 名学徒,共 4 人经营。这家布铺只开了两个月零几天便歇业了,原因不详。1950 年 6 月 17 日换成了协昌隆五金玻璃店,郭履亨等 2 人合资 1485 元开设,从业人员 4 名。隔壁的义盛新百货店,张茂艺投资 676 元,于 1949

年 7 月开业,有一名店员张茂松,1954 年 12 月 16 日进店,从名字和籍贯看,他们是至亲。张茂艺曾在路东开设茂盛兴百货店。往南的兴隆茂百货店,先是贺静川和朱在贵合资 700 元,于 1953 年 7 月 16 日开业。同年 10 月 29 日,又有赵崇灵、朱光元共投资 800 元加入。这样资本就成了 1500 元,贺静川任经理,其他 3 人任副经理,他们也都是售货员。更有意思的是,在兴隆茂之前的 1948 年农历十月开业的德和祥鞋帽百货店,是三人合资 2500 元开设,前面提到的赵崇灵,就是三个股东之一,并担任经理。朱光元是否是三个股东之一不得而知。德和祥于 1953 年 4 月 30 日歇业。时过两个月零十六天兴茂隆在这里开业。又过去三个月零十二天,赵崇灵、朱光元也出资进了兴茂隆,又回了老地方。

隔壁是义顺成五金商店,亦说鸿记刀剪铺,河北黄姓人家开设,是吕公道五金商店的分号。从一份义顺成 1954 年 2 月填写的报表看,投入资金是 6000 元,从业人员 8 名,其中正副经理各 1 名,按通常情况他二人可能是合资的股东。资方的月工资最高 35 元,最低 30 元;劳方最高 35 元,最低 19 元。从业人员均在店内起伙,只搞零售业务。

往南的恒昌号杂货铺,陈大廷投资 600 元,于 1950 年 10 月 6 日开业,有店员 1 名,2 人经营。在它之前,也是个杂货铺,兰英投资 300 元,于 1950 年 4 月 17 日开业,3 人经营。这两家先后在同一地方开设的商铺,中间只隔了不到半年。南去的全义祥百货店,裴彩环投资 459 元,于 1950 年 4 月 10 日开业,1 人经营。紧挨的锡顺永鞋帽百货店,裴存章投资 780 元,于 1950 年 4 月 10 日开业,从业人员 4 名。这两家商铺是同年同月同日开业,股东和经理都姓裴,又都是崞县人,是亲戚还是同乡,待考。路西最南头是家卖烟叶儿的小铺,河北人开设(姓名等不详),销售的烟叶儿有外地产的,也有本地远郊奎素、野马图一带出产的金黄色烟叶儿,土默特左旗朱儿沟出产的"小兰花",还卖纸烟和纳布鞋底用的麻等。

拐向西去的路北,第一家是同丰亨五金玻璃店,璩境丰等 2 人合资 1800 元,于 1950 年 10 月开业,有 2 名店员,4 人经营。往西的吕公道五金电料店,吕振芳等 3 人合资 2790 元,于 1954 年元月开业,有 1 名店员,4 人经营。这家吕公道最早开设在与民众剧院斜对门的大门院内。曾迁到大召东仓南门往西经营。迁到这里是大召东夹道甲 37 号,三位股东是否还是吕振芳和李立功、王星桥,待考。吕振芳是呼和浩特市小商联合会财经委员。电料店之前,是永和兴百货商店,孙凤山投资 595 元于 1949 年 9 月开业,有 1 名店员,2 人经营。西去的利民文具店,靳书科投资 500 元,于 1953 年 3 月 7 日开业,1 人经营,亦说有 2 名店员。在它之前,是裕庆号鞋帽百货店,王宾卿投资 220 元,于 1949 年 8 月开业,1 人经营,于 1953 年 2 月 3 日歇业。那个时候,商铺若出现不能继续经营、更换股东、股东和掌柜的或掌柜之间的纠纷,都要请中间人(能够办大事解决小事,在商铺之中有威望的人)调解,叫"办柜事"。有的经说合后和好如初继续经营,有的商铺更改了名称,这在前面有过事例。当然也有调解不成而歇业的。裕庆号不在此例。

西去的崇义泉软山货铺,5 人合资 9954 元,于 1944 年农历四月开业。这 5 位股东的具体情况是:兰培盛出资 4266 元,大召西夹道德余泉货庄股东、大掌柜兰银余的侄儿,家住北京前门外大街玻璃胡同 44 号,不从业;兰振国出资 711 元,不从业;王永镇出资 711 元,是德余泉货庄二掌柜的副经理王建庵之子,住天津不从业;郝彬仁(一名郝全万)出资 2559.60 元,是股东也是从业的掌柜的(经理);张如山出资 1706.40 元,是从业的副经理。会计杨光荣、冯成山,店员薛振业、王富堂、李景西、丁玉深、张富瑞(12 岁进店的学徒,1956 年日杂行业公会选送他到中共呼和浩特市委机关搞机要工作直到退休)、炊事员苏祥,从业人员共 10 名。1953 年崇义泉的公积金部分是 1621.25 元。在崇义泉之前是福和堂软山货铺,郝彬仁、薛振业、杨光荣、冯成山、王富堂都是该商铺的成员,最小的 14 岁,最大的 17 岁进店当小小(亦叫住地方,即学徒),张如山 24 岁进福和堂。按商铺中的说法,崇义泉是家山西班字号,说具体点儿是崞县班子,连大师傅也是崞县人。隔壁的德荣兴布铺,庞庆德独资 1660 元,于 1950 年 6 月开业,有店员、学徒各 1 名,3 人经营。店名中有个"德"字。往西的瑞兴德百货商店,赵汝瑞等 3 人合资 1600 元,于 1953 年 9 月开业,3 人是股东、经理也是店员。店名中有个"瑞"字。在它之前,是德庆和鞋帽百货店,艾子聪等 4 人合资 900 元,于 1952 年 7 月开业,股东中有 3 人不从业,有 1 名店员,2 人经营。在它之前,是积聚成杂货铺,李咸亨等 2 人合资 1580 元,于 1950 年 7 月开业,有店员 1 名,3 人经营。在它之前,是裕庆号日用百货店,王宝卿投资 360 元,于 1942 年农历八月开业,1 人经营。在前面谈到也有一家裕庆号鞋帽百货店,是王宾卿一人经营。二位的名字只差中间一个字,如果是兄弟俩各开一铺,店名不应相同,待考。后来,这里是从大召前街路东迁来的工商银行储蓄所。到此为止,是大召东夹道的商铺。

在东夹道居住的小商贩,有 8 号院的岳和毛,是小商挑贩,甲 16 号院张庆新,是下乡百货小贩,18 号院温阳丑,是杂货小贩,22 号院岳小臭是做出售旧衣物或原料较次、加工较粗新衣服的,叫"提吼"的。

现在我们路过大召东仓南门、山门、西仓南门,进入大召西夹道。

西夹道上大召西夹道门牌号码的编排是,从紧挨大召前街北头,就是大召西仓南门往西的路北开始,然后向北拐从路东一直北去到新生街(腻旦街)南口西拐,再从路西往南到通顺东街(今塞上老街)东口向东拐,从路南东去到大召前街北头义丰泉转角儿纸码栏柜为止。

第一家是聚星明杂货铺,赵廷辅(德余泉货庄股东、经理兰银余的外甥女婿)独资1500元,于1944年元月开业,是股东也是掌柜的,有店员1名,学徒3名,5人经营。在它之前,是长发祥布铺,河北耿姓人家开设。1954年7月,亦说是1951年,这里成了大召邮电支局,据1959年进该支局工作的王宪文回忆,当时有工作人员7名,支局长是王五满,业务范围包括汇兑、挂号、包裹、电信、发行等。1988年上半年迁到小南街路西至今。邮电支局开业后,曾有家住西成店巷3号院的温英,在此为不识字的人用毛笔代写书信。

西去的聚义祥(严记)杂货铺,聂增祥(又名聂开来)投资700元,于1950年10月开业,有店员2名,3人经营。店名中有个"祥"字。1984年前后,这里是温土元个体绱鞋铺,温师傅不仅制作、加工大路货的布鞋、皮鞋,而且承制特号鞋。

隔壁的福义成猪肉铺,赵春耕投资150元,于1939年农历九月开业,店员唐寅虎,2人经营;1955年10月17日,增加股东、副经理雍满全、赵福堂,投入资金增加到1342元,还有会计史执玉,店员覃成义,共6人经营。往西的源记杂货铺(西夹道唯一的二层楼,有后院可通大召西仓),史超武独资1500元,于1950年4月开业,是股东也是经理,有店员2名,学徒4名,共7人经营。1951年3月9日转业成为货栈,铺名、人员没有变。在它之前,是和记货庄,兰银余、王建庵(当时二人住在天津)和兰培茂出资,数额不详,3人都不从业。经理苏全(德余泉货庄顶三厘生意的掌柜),副经理张杰臣(德余泉货庄顶一厘五生意的掌柜)。从业人员40名左右,于1940年开业。供销人员(称作上街的)跑业务,骑的是当时少有的自行车。在1945年农历八月填写的一份"归绥市商会组织表"中,五位常务委员里其中一位是"张杰臣,36岁,山西崞县,和记货庄,大召西夹道四号"。在和记货庄之前,是远近闻名被称作"归化城首富"的德余泉货庄,兰银余、王建庵于1914年投资(数额不详)开设。

西去的聚义兴杂货铺,郑允命等5人合资2000元,于1949年6月开业,其他

4名股东不从业,有店员7名,学徒2名,从业人员10名。郑允命是1931年进德余泉的学徒,直到1948年离开和记货庄。他是呼和浩特市政协第一届至第三届常务委员,市工商业联合会筹委会委员、第一届与第三届主任,市抗美援朝分会副主席,市人民委员会委员,绥远省协商委员会常委,内蒙古协商委员会筹委会委员,绥远省工商业联合会筹委会委员兼秘书组组长、副主任兼秘书组组长,内蒙古工商业联合会委员、秘书长。市内召开一些大型集会,郑允命都代表工商界发言。

在聚义兴之前,是德隆庆杂货铺,庞姓崞县人开设。后来,在这里开过照相馆、饭馆等。到此,是西夹道路北西头最末一家商铺。

向北拐路东第一家,早年是侯德龙,亦说是侯靖德开设的骨制品作坊,专门使用骨头、兽角等制作牙刷、梳子、筷子、叉子、麻将牌等,技艺精湛独特。北去的文记炭铺,车文敏投资100元,于1951年7月开业,有店员4名,勤杂1名。店名中有个"文"字。在京绥铁路通车之前,新旧两城所用煤炭大多来自察素齐、毕克齐和萨拉齐。1949年9月19日绥远省和平解放,私营的大买卖商铺存在的不多了,而以零售为业的炭铺有所发展,据1956年社会主义工商业改造时期统计,在归绥有炭铺55户,炭商(包括炭贩子)共计94人。

往北的德兴恒杂货铺,王德邦等二人合资2600元,于1950年8月开业,副经理王守业,他们是同乡或至亲,待考。店名中有个"德"字。隔壁梁姓本地人是批阴阳的。中华人民共和国成立前,这里是家大烟馆。北去是大同人开设的绱鞋铺。紧挨的是恒兴骨局,王仙芝投资805元,于1950年4月开业,也是一家骨头、兽角制品作坊。我记得,在他家门楣上方挂有白底红字的"光荣烈属"木牌,王家有亲人为了革命、为了人民,献出了宝贵的生命。紧挨的是冯姓大同人开设的纸扎铺,手工为各种纸着色。往北的云峰道人是陈姓山西人,批阴阳、算卦。从金姓河北人的纸烟摊儿过去,是福明号牛奶铺,庞福明投资200元,于1952年9月开业,销售鲜牛奶。店名中有"福明"二字。还有史亮、史忠兄弟二人也在此出售牛奶。在他们之前,这里是义记焙子铺,李佩义等二人合资50元于1950年11月开业。店名中有个"义"字。制作销售白焙子、素油焙子、糖三角儿等,还有一种皮薄而中空的糖干淀儿。

北去的景记炭铺,亦名自立成,景虎彪、田玉兰夫妇投资40元,于1950年7月开业。店名中有个"景"字。紧挨的义盛鼓房,刘均(本地人,乳名狗娃子)投资110元,于1930年农历四月开业。鼓房也叫鼓匠房,遇有红白喜事,临时雇佣吹唢呐、吹笙、打鼓、拍镲等鼓乐艺人,前去吹打挣钱。隔壁的兴和局炭铺,孙传宗、张银弟夫妇投资 430 元,于 1948 年农历八月开业。中华人民共和国成立后,张银弟曾任街道居民委员会主任,我于 1982 年采访过她。在兴和局炭铺之前是范木匠铺,范师傅的技艺远近闻名。往北的复义源焙子铺,牛连科投资 183 元,于 1953 年 6 月开业,他是股东、经理,也是打焙子师傅。紧挨的是德顺小店,苑盛华等 2 人合资 300 元开设的留人小旅店。在它之前是赵明(乳名有有)于 1946 年开设的家庭鼓坊。赵明是鼓乐界明星张文亮(三白子)的徒弟。

北去的山西饭馆,秦秀峰等 3 人合资 400 元,于 1953 年 10 月开业,秦秀峰任经理,另两位股东项翼山、吴玉凤任副经理。会计董维亮,上灶炒菜马子明,肉案师傅张二补,面案张瑛、高喜寿、堂倌王秀珍、勤杂张献庭、马万福,从业人员 11 名。这家饭馆制作销售的炒菜和煎猪肉剔鱼子,很受食客欢迎。盛剔鱼子的碗都是黑红色的。隔壁的玉和煤炭铺,路允平、蒋玉环夫妇投资 110 元,于 1951 年 4 月开业。他们的儿子路德春是后来成立的内蒙古京剧团的演员。北去是王喜贞专卖粉皮和荞面碗脱(俗称生糊子)的摊子,手艺不错。后迁到大召东仓摆摊儿,天冷了卖羊杂碎、白焙子。早年,这里是家缯鞋铺。紧挨的是德盛鼓房,张文亮投资 100 元,于 1944 年开业。往北是林元家庭月饼铺,是远近闻名的制作销售硬面月饼的铺子。制作月饼师傅乳名林元,大名罗文有。他做的三油糖硬面月饼足有一寸厚,不仅香甜可口,而且有咬头不粘牙。豆面锅盔也是他的"杰作",这种食品用豌豆面或绿豆面制作,风味儿独特,如果不告诉您,真吃不出是用什么面做的。烙油糖干货的手艺,到他这一辈儿,已是三代相传了。早年,他的父亲罗万石就是明目堂的饼铛师傅。1956 年合作化后,他被安排在大南街路西靠北头的食杂店工作。

隔壁的缯鞋铺,白来富独资开设。师傅和徒弟 15 名左右,以货真价实取信于顾客。这位白来富曾被选为归绥市第二区参加第二届第二次抗美援朝代表会议的代表,入场证号是 687 号。

往北的昌盛鼓轿房,曹志文(亦名曹子明,乳名二毛)投资 150 元,于 1933 年开业。顾名思义这家鼓轿房,不仅鼓班的乐器齐全,而且有结婚时迎娶新人的花轿。早年在大西街,后迁到这里。提起曹志文、曹子明知道的人很少,只要一提鼓匠二毛,可是远近闻名。在昌盛鼓轿房之前,这里是河北蔚县人开设的酱菜园。鼓轿房之后,这里成了木匠铺。到此为止,是大召西夹道路东一溜最北头的一家。

往北就进入新生街(腻旦街)了。

拐向路西,最北头的第一家双盛鼓房,张羊换投资,约在1921年前后开设。他也是鼓乐界的明星之一。归化城的鼓乐名手,多在此鼓班演奏过。人们都管他叫"羊换子",知道他姓张的人不多。羊换子最擅长吹奏唢呐,他心灵手巧又刻苦钻研,吹奏功夫深、玩意多、音法好、个性鲜明。他吹奏《得胜令》《朝天子》《喜相逢》《将军令》《扇子计》《麦穗黄》《青天歌》《劝君碑》《西江月》《大水罗音》《小水罗音》等曲调最拿手。旧时鼓乐艺人百分之九十以上染有吸食毒品的嗜好,而三楞子、羊换子、二毛、三白子均未染上这种嗜好。

从双盛鼓房南去是梁永贵(本地人,乳名四狗子)投资50元摆的古玩摊子。出售水晶眼镜、茶镜、绿鲨鱼皮鞘的眼镜盒、玉镯子、玉扳指(戴在大拇指上的指环)、玉石烟袋嘴儿等,摊子不大玩意儿不少。隔壁是家莜面馆,本地韩姓人家开设。不仅有用木制饸饹床子压制的饸饹,还有风味儿更加浓厚的手工搓的莜面鱼鱼,两只手同时搓,每只手一次可搓四根儿(每根儿就像焚化品"香"一样粗细);另一种是将切刀平放抹上素油,用手掌在上面推的莜面窝窝,薄如纸片儿,推一个用手指从刀上扯起,卷在食指上,直立放入笼屉内。蒸熟后,配上一下滚水锅便捞起的佐料:山药丝丝、豆芽、芫荽(香菜)、盐汤、醋、油炸辣角儿等,成为当地人须臾不离的美食。干重体力活儿的,吃了莜面耐饿,素有"三十里的莜面,二十里的糕,十里的荞面饿断腰"之说,也有"三十里的莜面,四十里的糕,十里的荞面饿断腰"之说。南去是大同李姓人家开设的绱鞋铺,大同聂姓人家开设的裁缝铺。紧挨的是交运子(本地人,姓名不详)开设的焙子铺,他是投资者也是经理,打焙子师傅也是他,技术不错。

西盛店巷 这是一条巷子不深的死胡同,因早年有西盛车马大店而得名。巷内有义成旅店,李少云、杨德明等三人合资295元,于1950年7月开业,他们三人都从业。万成旅店,顾紫薇投资200元开设,他自任经理,有2名服务员,3人经营。鼓乐界明星张文亮(三白子)一家,就住在路北的大院内。出西盛店巷东门又到了大召西夹道。

路西往南第一家是双发元茶馆,范贵宝投资150元,于1938年农历三月开业,从业人员10名。面案师傅孟根根、郭培铭,红炉师傅王庆,堂倌(服务员)张运运,开水的(为顾客提壶续水的服务员)乔福喜,会计高明山,司账秦子杰,拉风箱烧串火滚水的武全印,担玉泉井水兼打杂儿蔚培义。这家茶馆除销售玉泉水泡茶外,还有烧卖(羊肉馅)、包子(猪肉馅)、月饼、鸡蛋焙子、荤素油旋等。范贵宝从小拉骆驼走草地,他的一位沾点儿亲的老人教他一手拌馅儿的绝艺。开茶馆后,虽然有制作烧卖、包子的师傅,但拌馅儿的活儿,都是他亲自操作。不少食客舍近求远也要来西夹道,吃贵宝子的烧卖、包子。甚至有一位老顾客今天来吃羊肉馅烧卖,明天来吃猪肉馅包子,来回倒换着吃。相传,清朝年间的协办大学士刘统勋奉乾隆皇帝圣旨,前来归化城查办私开乌拉山林木的重大贪污要案时,改名换姓、微服私访,以山东贩布老客的身份,住在东升店(原呼和浩特市百货公司第一门市部对面),路过大召西夹道一家小茶馆喝茶、吃烧卖,是否是双发元茶馆的前身,已不可考。

从茶馆南去是刘姓本地人老两口开设的画匠铺。隔壁的雷铜铺,是一家庭式的铜器作坊,雷师傅和另一位师傅是全部从业人员。销售的全是手工制品,铜瓢、铜壶、铜勺子、铜笊篱、铜盆、铜水烟袋、铜鞋拔子等。我家和雷铜铺住对门儿。记得小时候,一天的上午,开到雷铜铺门前一辆军用坦克车,停稳后下来一名军人,找雷师傅配什么零件。孩子们对配什么零件不感兴趣,围着这个从未见过的大家伙,这儿瞧瞧,那儿摸摸,很是开心。雷家的二孩子乳名小白子,长大后成了木匠师傅。紧挨的蔚隆永是一家庭煤炭铺,曾叫过子文号,李子文(又名李玉)和儿子李永镇投资320元,于1951年9月开业。李永镇身高1.8米左右,可惜未成为一名运动员。小时候在太平洋鞋店(东路班儿)学徒,手艺不错。后来在市煤建公司的煤炭供应站工作。家中父母亲、妻子儿女的鞋,全由他制作,既省钱又合脚。南去的木匠铺,铺名、师傅的姓名未详。我家在西夹道居住时,这位木匠师傅病故,据说手艺不错。只记得这家的长女乳名枝枝,长子乳名永成。

从往南的高台阶上去,是临街的三间西房,门南窗台下的墙上写着"段东岭诊所"五个醒目的大字,这是一家西医诊疗所。据段东岭的次子段绥和回忆,段大夫于清代宣统元年(1909年)生于河北饶阳县,16岁时经亲戚介绍进入张家口的西北医院当勤杂工。由于他聪明勤快,不到两年时间被日本籍的田中大夫(西医)看中,开始了从医生涯,不仅学到了西医诊断、治疗、手术等医术,其间还从一位中医(山西人)手里学到了治疗结核、臌症、黄疸的绝艺。后来从军来到归绥,成为傅作义部队中28个少校军医官之一。段东岭诊所是租用城郊徐家的房屋,住家在诊所往南的小西巷内,租王恩鸿(王一贴膏药店的经理)的房屋(西夹道54号)。由于采用中西医术及偏方为患者去除病痛,来此就医的病患者不少。其间,段东岭收了一个叫卢志平的徒弟,刻苦钻研,医术不错,后来到四子王旗行医。1961 年段东岭成为大黑河奶牛厂的厂医。1982 年病故,终年 72 岁。还需要提及的是,段东岭诊所这三间房,自段家迁走后一直有人住,奇怪的是门窗、玻璃全部用纸糊得严严实实,窗户中伸出火筒,有时还往外冒烟,直到大召区块改造拆迁为止。我偶尔故地重游发现了此情此景,以为是段家后代仍然在此居住。见到段绥和后才真相大白,原来是房东徐家精神不正常的儿子,在此居住。

西小巷 王一贴膏药店经理王恩鸿一家住此巷,是自己买的院落。

出西小巷东口南去第一家,是河北贝姓人家开设的烧饼、油条铺。紧挨的是三合义米面铺,张姓人家开设。除销售各种米面外,还制作熟食品,大饼子的形状像成年人的手,好吃利口,人们管它叫"挡人碑"。另一种较厚的豆面圪墩,上面印有万字,只制作咸的。据耆老们回忆,它还是一味"良药"呢,经常食用可以治疗中医称作"男疝气、女块气"的病症。生豆面畦子制作得既筋又薄,吃起来另是一种风味儿,很有名气。在它之前,这里是一家文升馆,出赁婚丧嫁娶使用的各种用具,桌凳、锅碗瓢盆、筷子盘碟、水壶、苫布等。

南去的恒兴长糖坊,乔富明投资 500 元,于 1951 年 4 月开业。制作销售的产品有糖稀(现在的农历五月初五端午节前后还有卖的)。记得小时候,见到出售粽子的小车或小摊儿上,就备有糖稀,顾客将剥去粽叶的粽子抹上糖稀食用。凉糕也有抹上糖稀吃的。麻糖是天冷后生产销售的食品,有长条状的(成人大拇指粗,约三寸长),有圆形的带两个角儿的(是用细绳儿将二寸粗的长条麻糖趁热勒断,约二寸长一个),还有用莜面炒熟做馅的。有一种约一寸宽、三寸长、二分厚的玉谷糖,是将一种像小米儿的东西,亦说是炒熟了的人工种植的老来红花籽和在麻糖内制成。当年,常能看到几个年轻人围在小杂货摊儿前,或专卖各种麻糖小贩手端也有用绳子挎在脖颈上的盘子(有用木板儿制成的长方形,有用高粱箭箭制成的长方形或方形的)周围,干什么呢?原来是在比赛,叫作"打麻糖"。比赛者既要用眼看,也要用手掂量轻重,谁选的麻糖(只限长、圆形的)掰开或用刀切开后,断层的窟窿眼儿大而多者为胜,输了的出两份儿麻糖钱。麻糖遇热便饧了。民间有腊月二十三祭灶吃麻糖的习俗。糖坊之前是一家出售砖、瓦、石灰、麦穰(和泥用)、苇苫等的铺子。每到快过春节时,这里便批发、零售用玻璃吹制的一种玩具——"玻璃喇叭",当地人叫"圪嘣儿"。它薄如纸片儿,有白色的、红色的,有大有小。孩子们买上后,用嘴轻吹轻吸,成年人用双手握住把儿来回用力握,便会发出各种清脆的声音，一不小心便会吹坏或弄破。大人哄孩子时，都是这句话："圪嘣儿、圪嘣儿，烂了没错！"

往南是李姓代县人家开设的绱鞋铺。早年，这里是一家大烟馆。隔壁是三义恒笼箩铺，王化民投资500元，于1950年4月开业，是股东、经理，也是师傅，还有两位师傅，制作销售各种规格的笼屉，原料是柳木圈、竹箅子、藤线。具体规格是以铁锅为准，如五梢锅、七梢锅，茶馆、莜面馆、饭馆蒸包子、烧卖、莜面、馒头、花卷儿的笼屉和锅，都是出号的。还有各种规格的箩子，箩底是从编织马尾箩底的作坊进货。从笼箩铺出来西拐进入西成店巷。

西成店巷　巷内居住的小商贩有2号院张彩莲打衬子制作鞋底、鞋帮等。3号院范生金做"提吼"买卖。4号院马嘉训赴河北任丘、高阳、正定等地做行商生意。冯宝山在大召山门内卖布。6号院谢增开赴外地做行商生意。朱华臣是下乡小商贩。11号院朱来旺、胡志温，都是上街流动的理发师傅。13号院李永清是早年的养驼户。14号院赵寅午是杂货小贩。此人曾任归绥市小商联合会山货市场主任。这个14号院便是旧城一度首富兰银余里外三个砖瓦院落的住宅。15号院董玉卿是卖菜小贩。智玉柱是泥瓦匠，活儿不多时也做小买卖。舒庆龙是小商贩。葛银柱做布衬。曹毓良做本市各县的行商生意。尚存是制作金银饰物、器具的师傅，后来做小买卖。陈贵是位挑着货郎担儿走街串巷的货郎，贩卖针头线脑、牙粉、牙刷、卫生球、裤带、腿带、鞋带、顶针、纽扣、别针、耳挖勺、痒痒挠等日用品的，最吸引人的是他那只既有小鼓又有小锣的手摇货郎鼓，上面拴有彩绸，一上一下地转动，能摇出"调子"来，孩子们爱跟着欣赏他的绝技。1956年以前，陈贵和家住小召头道巷卖小百货的郝纪亮合伙改肩挑为手推带玻璃棚子的两轮车，出售日用小百货，陈贵仍然手摇货郎鼓。罗德旺是1934年前后的养骆驼户。这个15号大门院就是早年由韩姓大同人开设的西成车马大店，院内有水井。巷内因有此店而得名。

16号院王玉澍做赴武川、固阳、乌兰察布盟一带的行商生意。曹来拴是贩卖鸡蛋的小贩。李登科一家四兄弟在大召东仓开设大把儿拉面铺。李根元是1934年前后的养骆驼户。从此院门东拐便走出了西成店巷，又进入大召西夹道。

路西往南的第一家是双发元茶馆。这家茶馆1952年9月从西夹道48号(路西靠北头)迁来，茶馆名称没变，经理仍然是本地人范贵宝，只是离玉泉井又近了不少。在茶馆外有张六七摆的制作和修理洋铁制品的摊子，记得小时候，我家的水壶漏水,就是这位张师傅给焊好的。还有一位人称二张的,在这里卖大豆、瓜子、稀果子干儿等。他饲养的蛐蛐儿,冬天就揣在有大襟的棉袄里,孩子们爱凑到他跟前,和他分享声音很小的蛐蛐儿双翅摩擦的响声。在双发元之前,这里是广顺泉米面铺,蔚姓峄县人家所开,制作销售的大饼子好吃利口。

隔壁的大门院,早年是集义车马大店,后来是杨姓人家养骆驼。后又出租给阎明开了车马店。再往后变成了纯居民大院。往南的林盛成裁缝铺,顾殿林兄弟二人合开,店名中有个"林"字。二位师傅制作民族服装的技艺精湛。后来,进入市友谊服装厂工作。紧挨的是贾记肉铺,贾世妙等二人合资 80 元,于 1950 年 5 月开业,出售生猪肉,1951 年 2 月 14 日歇业,只开了 7 个月。南去是山西祁县人家开设的杂货铺,出售醋、酱油、肥皂、火柴、蜡烛等。隔壁是河北人开设的家庭织袜作坊,产品是用手摇筒机编织的男女棉线袜子。邻居是家风箱铺,河北蔚县人开设。早年,每个家庭做饭都离不开风箱助火,那时不仅没有电风箱,手摇风箱也没有。这种风箱长方形,由木箱、背杆(有两根儿或一根儿的)和用细绳儿勒上鸡毛的"毛头"、拉手、活门等构成。用手来回拉推压缩空气而产生气流,使炉火旺盛。家庭用的规格小,茶馆、饭铺用的规格大。讲究手轻、风大,最好的就是"蔚州(今蔚县)风箱"。风箱铺往南是家小染坊,那时生活困难的人家多,有的就把褪了色的衣服送到这里加工染色。

南去是民乐剧院,高星耀和索木腾合资 10430 元,于 1955 年元月 1 日开业(剧社和剧场分开经营)。从业人员 11 名,除高星耀任经理外,会计张健,售票李恒荣、孟德善,检票包音乌力吉、云纳生,对号云万才、刘占元、史有才,为观众照看自行车的是李心宽,烧锅炉的是都生福。在民乐剧院内曾有郭存泰、王钟出售瓜子、糖果、香烟等,王五毛卖茶水。民乐剧院所占这块地方的沿革情况是,1937 年到 1948 年时,这里是河北定兴县李华兄弟二人开设的龙泉澡堂(中间曾停业两次,时间不详),有从业人员 20 名左右,供顾客休息的床位近 80 个。工人们不停地用手压水井将水送入下边生着火的出号铁锅内,然后再将烧到一定温度的水,用柳条水斗子倒入人们洗澡的大池子内。工人们可以省些力气的是,大池子内的水凉了或是脏了,有下水道可以将水放掉。

1949 年 6 月,这里变成了陈姓本地人开设的德盛旅店,1951 年 2 月 15 日,因为违法被吊销了营业执照。不久,吴仲才投资 100 元又在此开设了荣升旅店。1952 年 3 月,人称奎大先生(云润和,蒙古族)的将这里改建成简易剧场,演出二人台传统戏。1953年4月,取消了班主制,重组并成立了和平剧社。1955年5月,和平剧社和民艺剧社合并成立和平剧团。1956年元月26日,和平剧团转为国营单位,更名为呼和浩特市民间歌剧二团。1956年将民乐剧院改建成和平电影院。

国栋店巷 从向阳电影院("文革"中和平电影院改名为反修电影院、向阳电影院)往南西拐进入国栋店巷,巷内只有一个西大门院。早年是土默特旗杨姓人家开设的国栋车马大店。据说是云家转让给杨家的。店主人是否杨国栋(蒙古族),待考。来此住店的大都是土旗察素齐、毕克齐等地前来归化城卖葱、蒜等的农民。中华人民共和国成立初期,有杨家后人仍在此院居住(已变成纯居民大院),有一人在大召前街北头路东的卫生院工作,任调剂。

1951年4月,在原国栋车马店院内,是信义成煤炭铺,高星耀等二人合资1275元开设。

出国栋店巷东口又到了大召西夹道,向南拐第一家是天森厚木匠铺,徐世华投资180元,于1950年5月开业,徐师傅的手艺不错。紧挨的是销售鲜牛羊肉的德祯永肉铺,马祯投资,于1932年农历四月开业,铺名中有个"祯"字。新鲜的牛羊肉收拾得干干净净。这家肉铺是从西夹道路西靠北头迁来的。南去的砖瓦里外院,它的主人就是财顺戏班班主、人称"老财迷"的河北保定人李才。隔壁是协聚成米面铺,祁明山投资开设。这家米面铺制作销售的豆面畦子既薄又筋,很有名气,买的人不少。往南是庆丰煤炭铺,马春起投资70元,于1951年4月开业,1955年10月增加马荣禄,任副经理。这家煤炭铺得上几个台阶才能进去。在它之前是瑞丰号土布店,张瑞丰投资505元,于1950年7月开业,铺名中有"瑞丰"二字。紧挨的是聚兴厚杂货铺,山西代县贾姓和乔姓人家合资开设。它是大召西夹道路西最南端的商铺。拐向西南便到了通顺东街。

我们拐向东去,路南的第一家是德盛堂理发馆,韩福山投资180元,于1954年4月开业,从业人员有师傅6名,勤杂1名。师傅们的技艺不错,加上地理位置好,前来理发、剃头者不少。在它之前是玉发祥软山货铺,王占发独资1000元,于1950年12月开业,从业人员3名,有2名店员。铺名中有个"发"字。紧挨的是瑞生庆棉布铺,赵达臣投资750元,于1953年7月开业,1人经营。在它之前是裕和泉杂货铺,赵子岳投资500元,于1947年农历五月开业,从业人员3名,有2名店员。隔壁的日升恒棉布铺,赵庆瑞等2人合资1650元,于1950年元月开业,从业人员 4 名,2 名股东任正副经理,店员 2 名。东去的双成公硬山货铺,刘善长独资 1000 元,于 1950 年 12 月开业,从业人员 3 名,有店员 2 名。在它之前,是义成号酱园,王鸿章投资 840 元,于 1949 年 9 月开业,从业人员 2 名,有店员 1 名。往东的民生酱园,是乔文钦独资 1200 元,于 1951 年 8 月开业,这是家庭酱园,没雇店员。在它之前是远近闻名的广合益酱园,坐落在旧城大南街路西,拓宽马路之前新华书店原址的广合益酱园(归绥老号,和后来的麦香村饭庄隔街相望)的联号之一(还有三家联号)。开业时间是 1918 年,经理郑尧卿(山西盂县,即西夹道聚义兴杂货铺经理郑允命之父),从业人员 15 名左右(另有详介)。

东去的义聚兴棉布铺,杨海林投资 800 元,于 1950 年 4 月开业,经理杨海林,店员、学徒各 1 名。到 1954 年 3 月时,增补副经理 2 名,资金 650 元,其中固定资金 50 元,流动资金 600 元。3 位经理的月工资每人 25 元。伙食费(含煤炭费)一年 437 元。房租一年 314 元。营业税一年 555 元(含印花税 17 元),所得税 246 元。经营的主要商品,是双玉狮牌土布,黄鹤楼牌土布。总毛利率 24.53%,纯利率 9.1%。外埠占总进货量的 42.51%。

往东的义丰泉杂货铺,是家转角儿纸马栏柜,一半在大召前街路西(是靠北头的第一家),一半在大召西夹道路南(是靠东头的第一家,也是大召西夹道的最末一家商铺)。

后来,西夹道这一半是销售醋、酱油等的门市部。有一位不悉是经理还是售货员的池某(名不详,本地人)。

在清代,锡制品业相当兴旺,在大召西夹道曾有制造和修理锡器的新盛锡铺,山西文水人开设。

在大召西夹道居住的小商贩等,15 号院住冯自掌走街串巷卖醋、酱油,邢桂莲卖糖果等食品。30 号院杨子英先在街头卖小百货,后来绱鞋。31 号院宋山岭和王殿奎,都挑担儿卖杂货。35 号院倪培仁自产自销用粗细铁丝编织的笊篱、筛子等,张文宽卖菜。38 号院张荣华卖菜。43 号院武印卖杂货。47 号院是义成旅店,住原玺挑担儿卖杂货,李德山卖化妆品。记得小时候,有一走街串巷出售化妆品的人,他的叫卖声是,"雪花膏,杏籽油,还有洗手洗脸的猪胰子"。义成旅店还住着温川林卖水果。53 号院王荣光绱鞋。54 号院王生华挑担儿卖小食品,李明全挑担儿卖杂货,程福盛游动理发。61 号院康宪禄挑担儿卖醋、酱油。63 号院李三娃做的是提吼买卖。他们做买卖时,除在前面提到的使用自己的行话外,也有不说行话而公开讲价的时候,如一件旧皮袄要价六块(元),买主给四块(元)。不卖,你要买给五块(元)五(角),我给四块(元)五(角),差得太远还不卖。当顾客走出四五步远时,"你回来!诚心要的话给五块(元)拿走!"成交了。人们管这种交易叫作"三拿三放",如今叫"砍价"。在买卖牲畜的交易中,都有"牙侩"从中经纪,成交后抽取佣金,"牙侩"亦称"牙纪"或"桥贩子""桥牙子"。牙侩暗中了解卖主和买主双方的卖价和给价,再暗中作双方的讨价还价工作,以便撮合成交。他们所用的行话和提吼的行话完全不同,如称一为"流"、二为"戳"、三为"品"、四为"瞎"、五为"拐"、六为"挠"、七为"候"、八为"桥"、九为"弯"、十为"海",十一为"一大一小"、五十五为"两拐"等。

在当铺的业务中,写当票时也有特殊密码,如一写成"旦根"、二是"抽工"、三是"末王"、四是"不回"、五是"缺丑"、六是"短大"、七是"毛根"、八是"入开"、九是"末丸"、十是"先千",非当铺业的人员是不易识别的。

西夹道64号院张希雍挑担儿卖杂货。67号院尚存是银匠,先住西成店巷15号院,后迁到此院卖杂货,彭鸿镰做赴和林格尔、武川、武东等地的行商生意。68号院阎富长、阎铭都是卖杂货。他们是父子还是叔侄关系待考。71号院吴桂成卖杂货。72号院刘玉山卖小食品。73号院张吉华卖水果,侯岐山卖杂货,王士馨卖纸烟,王光璧卖山货,信三柱挑担儿卖杂货。79号院王顺挑担儿卖蔬菜。

此外,还有白天或晚上走街串巷叫卖吃喝的商贩。有王致和的臭豆腐、甜窝窝(一种小米面蒸制的圆形发糕,装在长圆形木制小桶内出售)、麻糖(也有杏干儿糖、玫瑰糖)、大碗酪(用牛奶制成半凝固的食品,装在大碗内挑着担子叫卖,是热天食品,在碗的下面放有冰块儿,亦称冰镇大碗酪)、枣糕(黄米糕夹红枣,推着车子切片儿称斤卖)、豌豆黄(将豌豆煮熟后捣碎加糖,推着车子切成块儿称斤卖)、大馏丸(亦称大力丸,泡开带皮的蚕豆加盐、茴香等煮熟后出售)、莲花豆(蚕豆带皮油炸后出售酥而且脆)、烤红薯、熏鸡、肥卤沙鸡、辣了换萝卜、粽子(有江米或黄米的)、冰棍儿、稀果子干儿(含有果干、杏干的糖浆,酸甜清凉)、凉糕、面果果、粉浆(用桶担上用瓢舀着卖)、凉粉儿、粉皮、碗托子、酸枣、酸毛杏儿(绿色的小杏儿)、酸刺子(沙棘,亦叫酸溜溜)、拐枣(据说是从四川运来)等等。

有一位吹糖人儿的师傅(姓名不详,本地人)满脸皱纹,较瘦,他挑的担子一头儿下面有火,盛糖稀的小锅经常是热的,现吹制现卖。在担子上端插有吹好的糖人儿,"耗子(老鼠)钻油坛",形象逼真。梨、桃、瓜、果吹成后,还要往上面吹点儿颜色,让它更像真的。用细高粱箭箭配上毛制成的大公鸡,孩子们买上后,还能用嘴吹出公鸡的叫鸣声。更有意思的是,有担子左侧较粗的木棍儿上,有一约五寸直径可以旋转的圆木片儿,上面画的格子内有小斧子、公鸡、瓜、果等图案,在右侧有一按便会射出一只较粗铁针的机关。我记得,一分钱按一次,不论旋转的快与慢,大多数射中的是"小斧头",它是用模子制成的一小块儿硬糖稀,玩一会儿便可吃掉。

归绥首富兰银余、兰培茂父子事略

兰银余于清同治八年(1869年)四月出生在山西崞县(今原平市)贾庄村。幼年家境一般,父亲务农,有一姐二弟。于光绪年间走西口来到归化城谋生,以肩挑小贩发家,建立德余泉货庄,置地兼商,继而一度成为归化城首富,买卖做到京津等地。其子(过继其二弟之子)兰培茂继承父业,父子两代为本土的商贸繁荣以及民生都做出了贡献。

兰银余于光绪十二年(1886年)前后来到归化城,以做小买卖兼打零工为生。光绪二十七年(1901年),已经32岁的他,为人诚实俭朴,做工吃苦耐劳,修炕技术过人,从不计较价钱,经好心人介绍与当地旅蒙商号"福盛荣"的王家少女(17岁,带着8岁的弟弟,家住腻旦街)成婚,婚后夫妇克勤克俭,尽心竭力操持小买卖,对顾客足斤超两,口碑颇佳。相传,他在大黑河打鱼时,打上一只硕大的老鳖(或是乌龟),将其放生,从此做买卖颇为顺利兴旺。

有一次在小南街的一个货栈交易,一位内地枣贩因事急于回老家要脱手大批红枣,商贩们苦于资金无有接手者,兰银余经银号借款终以低于市价三分之一而成交,这一笔就获利几十两银子,因此有了积蓄。另外,亦受到其本家兰钧(绥远塞北关监督,后任察哈尔省财政厅长)及绥远平市官钱局的关照。

他起先和内弟王建庵在大召前街摆小摊儿。1911年或1914年,在大召西夹道路北(从大召西仓南门西去)开设德余泉货庄。此店为二层小楼,产权是《康熙帝私访月明楼》绢画作者韩葆纯家。兰银余是股东兼大掌柜的(顶10厘生意),内弟为二掌柜的(顶9厘生意)。后来,顶生意的有近30人。所谓"顶生意",就是商铺对表现突出的店员的一种提升。顶了生意,就意味着他也有了股份,加入了掌柜的行列,在商铺中既有了地位,也承担了责任,和商铺的兴衰命运连在了一起。在待遇上,除了有月工资外,还能按所顶生意的股份数额得到红利。货庄内的会计是兰子祥,司账是苏全。德余泉在早年只收山西崞县、忻县(今忻州市)、盂县籍人,须有两户铺保才能进店学徒。后来,也吸收其他县的学徒。

民国二十一年(1932年)绥远平市官钱局铜元二十枚纸币(见《印象青城》)

货庄经营以恪守诚信为本,在店内上方挂有4块长方形油漆木牌儿,上书"货真价实""言无二价""足斤满两""童叟无欺"。随后在玉泉井南边建起德余泉货栈,常年雇员60-80人。经营烟酒糖茶、干鲜果品、调味品、天津小站大米、布匹等生活日用杂品,以及铁、竹等行业大宗原材料。货庄既搞批发业务,也做零售买卖。货物流通于萨拉齐、包头、集宁、丰镇、托克托县、清水河、大青山前后一带,在北京、天津、汉口等地有常驻采买人员。由此成为一家最大的商号,可掌控归化城市场,如砖茶(每从汉口进一次砖茶,就是三年的销售量)、铁价(当时,大召前街路西的新盛隆硬山货铺、小召头道巷的德裕隆、北头起牛桥街的德合明等,都是铁匠铺原料的供应商,但他们都竞争不过德余泉货庄)上涨失控时,德余泉即以电报通知产区速以火车大量往来发货,及时平抑市场物价,维护蒙、汉、回等各民众的利益。

就在这时,兰家在大召西夹道西成店巷先买下一处院子(西成店巷14号),后又盖起两处院落,三院连接成为兰家大院,在院内有当时十分先进的铁制手压水井,后门开在东苟家滩,占地面积约 4000 平方米,在塞外颇引人注目。先后在大南街头道巷、宁武巷、小南街、通顺街、圪料街、西五十家街、北沙梁等街巷置买房产,约 400 间。兰家还在近郊五里营村购置土地 300 亩(即中华人民共和国成立后的国有农场、农牧科学院),雇工耕种。兰家还以第一股东的身份在通顺东街路南开设了天元公粮店,置有加工米面的机器设备,店内设有客房,方便于后山(大青山北麓一带)农牧民购粮及远道而来售购粮户住宿,店内有水井供人们洗涮、饮牲口,有专人挑玉泉井水供客

德余泉货庄旧址　(见《玉泉藏珍集》)

户饮用。加之其子兰培茂兼任归绥市第三区副区长,天津红卍(音 wàn)字分会绥远副会长等职,因此兰家在归化城内有着显赫的名声与地位。

兰银余出身贫寒,虽富但时刻不忘节俭,日常粗茶淡饭(最爱吃用煮熟后剥了皮并弄碎的山药和莜面拌匀,再用胡油、葱花、盐、调料炒熟的"油炒馈垒"),布衣布鞋,他是个标准的"圪出(方言,形容悭吝)老财",过春节做的新衣服,只穿到正月初三,到初四又穿上了旧衣服。偶尔吃一两烧卖都觉得奢侈,从不准家人外买。寒冬,炉火将灭,妻子多加几块儿煤,他竟发起脾气,下地又取出两块儿。他为人处事低调,最讲究诚信仁义,无嗜好。然而乐善好施,救助贫困。1929 年本地遭遇大灾,兰家大放粥棚,广济难民,还收养一名女孩。对属下雇员和善,平等以待,以至外人分不出主雇,他还给勤快肯干的长工娶媳妇,让长工和家乡来的穷苦人住在兰家大院内,每逢农历初一、十五给长工、苦力人等吃肉改善生活。

据 14 岁进德余泉学徒的张纯华和兰银余的重孙女兰素梅回忆,到了兰银余的晚年,德余泉全靠聪明能干的王建庵执掌。兰银余经常在柜台前的长条凳上闲

坐。一天，有一位云游道士来德余泉化缘，站栏柜的店员给了点儿钱，兰银余嫌少，让多给些，道士便问："这位老人家是谁?"店员说："这是我们大掌柜的。"道士表示感谢后让他拿出纸笔，随手写了几味中草药和用量，说是专治小儿四六中风（脐风，发病多在出生后四至六天）的秘方，可到药铺去抓药，其中一味扁豆大小的"养养虫"，烫死后晒干和草药一块儿磨碎，包成小包即可。道士说罢告辞。后来，兰家打听到崞县老家就有这种养养虫，便让乡亲们收集，收购回来后，将虫子和药方交给大召前街路东的德泰玉药店制成面儿剂，德余泉分文不收，并施舍给患儿治病，治一个好一个，人们口碑相传前来索取。

1937 年日本侵占归绥，兼任副区长的兰培茂，设家宴接待伪蒙古军总司令李守信。归绥商界荐其与王建庵出任伪商会会长或列伪市长人选，他们竭力避之。第二年，厚和市（日伪改归绥市为厚和市）日本宪兵队对兰银余侄儿（福和堂掌柜的）以"私通八路，接济匪区（布匹）"为名，夜半密捕，未及兰家以银钱疏通，不到天明即被施以酷刑毙命。此事震惊兰家及整个商界，兰银余恐遭不测，暗中将"德余泉"改组为"复兴长"，栈房单设为"和记贸易货栈"。1940 年，将复兴长更名为"和记货庄"。

兰银余本人，则通过大召的知交大喇嘛同意，密藏于召庙内，1939 年初与家人分别远走北平、天津，儿子兰培茂及其三夫人住北平，所幸摆脱了日本宪兵的盯梢;他考虑到日本人顾忌英国，故住在天津英租界同裕货栈内，又置房产，开设了"积记货栈"，通过驻员在上海、香港做生意，主营澳洲面粉、纱布、颜料等大宗批发业务，由原来的坐商变成了行商。又在北京前门外大街开设了"华记糖果庄"。

抗战胜利后，兰银余积极做进出口货物的买卖，如将天津白酒运往香港，换回橡胶、海军呢等紧俏货物，及时脱手。法币贬值后，兰银余做房产、黄金生意，并与其内弟在天津购置 200 多间房产，月收租金合 100 多袋面粉。其间，兰培茂将在北京的店铺等留给三夫人照应，回到归绥。

1948 年，兰银余由天津回到归绥，颐养天年。1949 年 3 月无疾而终，享年 80 岁。用张纯华的话说，是老死了。兰银余所用的是两重的棺木，内曰棺，用的是杉木，外曰椁，用的是柏木。丧事大办，延请和尚、道士、喇嘛超度亡魂，用白布覆围兰家大院，商铺及街邻好友所送纸扎、挽幛摆满院落和巷中，凡吊唁者整日供给饭食。七七四十九天，32 杠出殡至五里营坟地，后由其侄儿兰培盛护送回老家坟地埋葬。商户们自发地沿街摆出供桌，送灵列队数里，轰动半个归绥城。

兰银余的贤明夫人于 1958 年病故,终年 74 岁。

1950 年,兰培茂积极响应人民政府号召,为抗美援朝捐献飞机大炮,捐献上亿人民币(旧币),金银首饰、房产,使当时的庆凯区超额完成了捐献目标,受到人民政府的表扬,后又认购大量经济建设公债。为此,他的二夫人和女儿分别被选为第三区人代会代表,他的孙女兰素梅被选为第二区抗美援朝代表大会代表。区政府还为其大宅院安装有线大喇叭,供周围市民收听时事要闻。

1952 年,兰培茂主动将五大财产归公,被划为开明地主兼资本家。五里营村那 300 亩土地,变成中华人民共和国成立后归绥市首家国有农场,兰家的领头长工郝官小被划为雇农,成为国有农场的职工,曾被评为市级劳动模范,受到表彰奖励。国有农场后来成为农牧科学院。"文革"期间,曾发动兰家原雇员对兰培茂进行批斗,竟无一人响应。兰培茂于 1970 年病逝,终年 70 岁。

(1996 年 6 月《北方经济报》呼吁政府和文物部门保护兰家大院,但后来还是拆了。该文稿收录本书时改动了标题,增补了内容。参考了兰建中先生撰写的有关文章,谨表谢意。)

陆陈行

何谓陆陈行

提起"陆陈行",不仅年轻人不知道,一些上岁数的人也说不清楚。经过我1982年前后的采访,有以下几种说法:指称粮店、磨坊、榨油坊、小糖(糖稀)坊、粉坊和酿酒的缸坊六种行业;指称粮店、缸坊带油坊或油坊、酒坊、缸房。尽管包括的范围有广有狭,但大体都与酿造有关,而酿造又同粮食不可分。若考究,《周礼》有"稷、粱、麦、菰、秫、黍食用六谷"的记载。其他古籍也有五谷的说法,最普通的一种指稻、黍、稷、麦、豆,泛指粮食作物。在"六谷"和"五谷"中都有"稷",古称粮食作物,一说是黍,一说是谷子(粟)。这些粮食作物经过加工,除供人们食用外,有的还可酿酒、制糖、出淀粉。这就和上面提到的行业有关了。另外,在早年各行业的行社中,有福虎社是磨面业组成的行社,也有是陆陈行的说法。在小行社中有个六合社,是小型磨面业组成的行社。青龙社是碾米业的行社。粮店和布庄、纸张店等联合组成聚锦社。

陆陈行商号

早年,坐落在旧城民市北街路西的义合源,有十间门脸之称(一般都是1至3间),可见它是陆陈行中的大户。关于它的名称,由于和桥头街东口外(即民市北街路西)的四眼井(俗称大炕井)相距不远,故在字号中有个"源"字,有源远流长、生意兴隆之意。西五十家街路南的永恒成(后来更名为永恒久),小召三道巷路北的丰盛魁,都是清代乾隆四十七年(1782 年)前后建立的老字号。还有西五十家街的和顺荣、万亨久,通顺街的万盛源(后迁到西顺城街)、广兴泰,小北街的德庆荣,上栅子的广顺泉,南柴火市的义和恒,大召西夹道的三合义,小召半道街的富恒昌,小召三道巷的崇义长,牛桥(庆凯街)路北的兴泰成。后来,又有了大召前街的福德长,南柴火市的同和泰等。有的铺户除米面油酒外还出售切面、大饼子、锅盔等。

在新城南街路西靠北有敦义永缸坊,紧挨江南馆巷口,财东是满民生计处,由山西人经营油、酒缸坊和磨坊。占地上千平方米,规模较大,专营米、面、油、酒、饽饽(馒头或其他面食)、切面和曲(用曲霉和它的培养基——多为麦子、麸皮、大豆的混合物制成的块状物,用来酿酒、制酱油和酱等)。还有福顺长和公义泉面铺。靠南有一家绥远城唯一加工米面的碾子坊,碾子坊巷也因此而得名。路东靠南有三义长缸坊,亦是满民生计处的资产,自制兼卖米、面、油(食用油)、酒、饴糖、粉条。还有积巨丰面铺、福顺泰油酒缸坊。

在新城北街路西有乾泰泉缸坊,三间门脸儿,规模较大。自制油(食用油)、酒,还经营米面、油酒、饽饽、切面和曲。往南的福义泉缸坊,财东是东郊郜独利村的高姓老财。在路东的五道庙南是时兴昌缸坊。在南头与东街拐角的路口处(后来的新城东街小学校),有聚裕永碾磨坊,是在清代光绪年间开业。民国时期,该碾磨坊掌柜的是李旺,城东太平庄人,中华人民共和国成立后病故。虽然只有 3 间门脸,后厂却有房 100 余间,房产是租赁新城满民白承荣的祖产。当时有石磨 2 盘,石碾 1 盘,师徒店伙 30 多人,资金 5000 元左右。

在新城东街路北最西头有福盛永缸坊,前店门脸 3 间,后厂有石磨 2 盘,规模较小。义盛永缸坊面铺,中等规模。义盛泉缸坊有几百口大缸。福义泉缸坊,前店后厂,经营米、面、油、酒、饽饽。还有福顺公面铺,规模较小。靠东有一家河北人开设的粉坊,规模甚大,专营粉面、粉条,还饲养着百余口大猪,供应猪肉。路南靠东有老缸坊,是绥远城最大的缸坊。老缸坊街也是因此而得名。

新城西街路北靠西有聚合堂缸坊(后更名为同义永),前店后厂,是早年南街聚合堂缸坊的联号。后厂有 3 盘大磨,制作销售米、面、油、酒、曲砖。路南靠东有聚龙昌、日盛茂 2 家缸坊。以此两家缸房而命名的两条街一直持续至今。亦说还有乾泰泉缸坊(和坐落在北街的乾泰泉同名,是联号还是一家,还在待考中),它所在的街道曾叫过乾泰泉街,就是今天的艺术厅南街。

据有关史料记载,1930 年时,有米面油(食油)酒业,包括专售米面者,专售油或酒者。当时在归绥共有 152 家,其中在归化城(旧城)有 134 家,在绥远城(新城)有 18 家。其资本额最多者为旧城文庙街路南的义生泉(缸房),约 16000 元;西五十家街路南的永恒久(以前叫永恒成),约 10000 元;南柴火市儿的福聚昌(是否早年的义和恒,还在待考中),约 8000 元;南顺城街的德兴昌,约 6000 元。新城南街的积聚丰,约 6000 元;义丰久约 5000 元。其资本额最少者约 100 至 200元,共有 37 家;百元以下者有 38 家。其营业额最多者约 53600 元,中等者约 3000元,少者数百元不等。全行业资本总额约 154200 元。全行业每年营业数约125000 元。该行业的团体名称是油酒米业同业公会,亦称青龙社,会址设在旧城小西街的元聚厚内,有办事职员 7 人,会员数 110 人,入会者 30 家,如义生泉、永恒久、福聚昌等。

还有加入面业公会者,亦称福虎社,有天泉龙、广顺泉、龙和生、庆和祥、德庆荣等,入会者有 48 家,会址设在旧城民市北街路西的庆龙涌(是否 1782 年前后开业的,有十间门脸之称的义合源,待考)内,有办事职员 7 人,会员数 108 人。

在绥远城者,均加入了绥丰公社。

早年的陆陈行商号,从业人员一般都是 30 名左右。粮食颗粒只准从粮店购进,不准自行从农户收购。比如磨好的各种面粉,除在门市零售外,主要是从各商铺、饮食行、作坊、大户等订购。谈妥后先付款,买主可以分数次索要面粉。

从业者的生活

按照人们的想象,磨面行从业人员的生活一定不错,每天三顿饭都吃白面。其实不然,他们以吃粗粮荞面、豆面、莜面为主,即所谓的"三条腿饭"。农历每月的初一、十五改善伙食吃白面,也只是中午这一顿饭。掌柜的、顶生意的,他们的伙食和"受苦人"(工人)是不一样的。

早年,所用加工工具石磨,直径三尺二寸,主要靠马(也有用骡子的)拉石磨。亦说,在 1927 年前后有了电碾子和电磨。早年的聚裕永碾磨坊饲有马匹百头以上,饲养这么多牲口都是为了碾磨加工用。过去人们常说"陆陈行的碾磨坊多是槽头贩子",就是除去碾磨加工外,其副产品如米糠、麦麸等用来糟喂牲畜,作为主要副业生产。他家把糟肥的老马,专门卖给马肉锅房,其所饲糟的牲口大多来源于旧城牛桥上所贩的老病残马,也有自家店内淘汰下来的已不适役用的老马。据说,碾磨加工业是比较费马的,用不了几年就得更换,否则会影响生产。除此之外,还用糟粕渣滓等原料酿制酒、醋、酱、酱油、饴糖等副食产品,也有制成曲砖出售的。

聚裕永的各种生产作业,都有专人,并有师傅、徒弟、店伙照管。马倌除饲喂马匹外,还兼下夜。当时加工米面,每天是三班制,马磨每套每天可出面粉700多斤。石碾每套每天出米1000多斤。在日伪时期,增添了机器加工,安装了剥皮机,生产效率比以前提高了10多倍。工人们的工资,每月一个碾磨工(也叫磨倌儿)6元左右,徒工在三年学徒期间,管吃管住,不给工资。

在陆陈行中,最苦的营生要算淘麦子了,使用特大锅和特号笊篱,工人们的手经常是湿的,腰经常是弯的,每个工人连淘带磨一天必须出一石面(小麦折合300斤,莜麦折合270斤)的产量。老磨倌杜福银扣曾向复业长经理常国祯(呼和浩特市政协第一届委员、第二至第六届常务委员)提出,要想办好企业,一要不怕苦累,辛勤劳动;二要货真价实,薄利多销,快买(进粮食)快卖(销售面粉);三要保证面粉质量。同时建议,为了保证面粉的质量,所用的笊底要细,一般磨坊使用120码的,我们要用130码的;原料要买最好的小麦,小麦在淘洗时要湿一些,这样麸皮不易进到面粉里。

据常国祯回忆,在旧社会同行是仇家,尔虞我诈,互相排挤,大鱼吃小鱼,为了生存就必须竞争。在竞争中方法手段也是多种多样的:一是货真价实,讲求信誉;二是出广告介绍产品,借以吸引顾客,增加营业额;三是以热情招待,服务态度好;四是以抓彩对号来扩大营业额;五是利用四季镖期赊销产品增加营业;六是以买空卖空做虎盘(如干粮市),从中牟利;七是以次顶好,偷工减料,欺骗群众;八是搞投机倒把,囤积居奇,牟取暴利等等。

结社自保

早年,各行各业为了维护本行业的利益,协调行业内部的关系,支应官府的差役等等,都要组织结社,即所谓"设行以谋生,结社以自保"。所有的行社也都习惯给自己起一个吉祥的名字,归化城的陆陈行取名叫"福虎社"。福虎社和其他行业一样,在社内设总领和副总领各一名,由各铺户互选或轮流担任,谁家或几家被选为总领、副总领,他们就主持社务。福虎社的社址设在旧城腻旦街东头路北的玉皇阁内。奉祀的神仙是三皇,配祀的是十代名医。

在玉皇庙内曾立有一通石碑,长165厘米,宽62厘米,厚15厘米,由汉白玉石雕成,碑上方题刻"万古流芳",碑文题目为"重修三皇殿碑记"。此碑刻于清代乾隆三十五年,据今已有两百多年的历史,此碑对研究当时寺庙、民俗及宗教活动等不啻为一件重要的实物档案,有重要的参考价值。

从碑文中可以看出,玉皇阁在乾隆三十五年(1770年)时,就已经具有相当规模,各路神仙聚集一堂,"合庙殿宇焕然俱新",香火旺盛。

三皇殿位在玉皇阁左,在乾隆三十五年前就已建成,由于"年远日久,殿宇摧残""圣像剥落",所以,面行总领赵全礼等与住持道人张阳晖等联合重修三皇殿,并刻碑以记其功。

清朝时,归化城各寺庙已经逐渐被同化和融合,出现了各教派诸神集一庙供奉的现象,打破了原来各教派的严格界限。

当时,面行业的规模已很发达。一个行业能立社,必须是同类的行业有一定的数量。民以食为先,日常生活都离不开。所以,福虎社(磨面行)是排在十五大行社之中(另有30家小的行社)。按通常情况,各个行社都有正总领一人,副总领2到3人。面行这次重修三皇殿的总领经理人就有八家铺户,面行总领赵全礼亲自出面募化,可见当时该行业的繁荣以及对这一工程的重视程度。

福虎社在每年农历的六月初五、初六、初七全行业歇工(放假),到玉皇阁过社,集体起伙,并在玉皇阁对面的戏台请戏班演唱三天。

青龙社(碾米行)过社红火,是在旧城大召前街路东财神庙巷路北的财神庙内。

(原载《呼和浩特晚报》1982年12月18日3版,发表时署名梁喜〈本书作者笔名〉。收录本书时增补了内容。)

细说粮店

在呼和浩特市早年的街巷里,只要发现大门院,不外乎三种行业占用过。不是粮店,就是养骆驼户,要不就是车马大店。本文要谈的是早年的粮店。

清代开业的粮店

我记得,在 1985 年,玉泉区南柴火市街中段的路南,东边紧靠观音庙巷就是一个大门院,在门外所挂的牌是"呼和浩特市粮食加工厂"。它的前身就是一家老粮店——天荣粮店。

这家粮店始建于清嘉庆四年(1799 年)前后,距今已有两百多年的历史了,占地约 1 万平方米。光绪十五年(1889 年)前后,察素齐附近李姓人家不仅是天荣粮店的财东,还兼营与京羊庄做买卖的永兴羊店。据当年义丰粮店的学徒赵国华回忆,1936 年前后,旧城有十几家粮店。天荣店是归绥(呼和浩特市旧称)最早的粮店。开业较早的还有西盛店,坐落在小召半道街路西,中华人民共和国成立后为呼和浩特市衡器厂所占,和小召公安派出所隔街相望。西盛店的财东是山西崞县(今原平市)的张姓人家。掌柜的康如松,二掌柜尹珍,三掌柜金效崑,都是山西人。德兴店在上栅子街,后来呼和浩特市土产公司在此办公。大德店在西五十家街中段的路南,和万福兴银楼门对门。后来被西五十家街粮食中心站(在前院)和粮食供应站(在后院)两单位合占。大德长店在西五十家街靠东头的路南,后来改为市合作木器厂。大德长店原本在武川开设,后因土匪刁抢无法经营迁到这里。关于这三家粮店的财东,一说,德兴店和大德店都是山西祁县的乔家,人称

"务老财"的独资;一说,是德兴店大德长店,待考。资本都在两万银圆左右。据说,祁县乔家是明清两代全国有名的大财主,慈禧太后为募集国币而邀请全国富户入宫赴宴,请柬上就有乔家。因此,这两家粮店赚下银子留作厚成,若是赔了钱由乔家往来拨兑,在市场上信誉很高。

民国年间开业的粮店

源丰店 位在西五十家街路北,财东是"山西王"阎锡山。掌柜李春美,山西定襄县人,曾给阎锡山赶过轿车子,人们背后都叫他"老车倌"。当了掌柜的以后,他也摆起了派头,出门坐上了轿车子,进出官府,交往上了达官贵人。李春美自知在开粮店方面很不在行,便从西盛店请来一位叫李成的当掌柜,经营范围倒是不小,在京绥铁路沿线开设了好几处支店,不承想这位李成大掌柜的胆子非常小,生怕亏了本交代不了东家,成天愁眉苦脸。李春美又从德丰店请来一位叫杜连汉的二掌柜。他心胸开阔,精明能干,还打得一手好算盘,是十几家粮店中拔尖的顶头柜先生。他在源丰店培养出好几位年轻能干的账房先生,他们是郝锡庚、谭喜、宁保安、范玉澍、周作孝。还有一个叫石昆(字仲玉)的,脑子灵敏,人称"一掌经"。这家粮店因带有官办的性质,1937年日本侵占归绥市后关了门。一说是阎锡山指派李春美将财股抽走。

义丰店 义丰店在小召半道街靠南头的路东,呼和浩特市晋剧团北。该店始建于1924年,起初的财东是山西崞县的张三毛(名树帜,字汉捷,乳名三毛),阎锡山的部下,曾任山西北路镇守使,衙门在山西大同,雁门关北的晋军都归他指挥。

义丰店的经理周达德与张三毛是同乡,所以张三毛拿出1万元做资本,支持周达德开粮店。粮店字号的牌匾,是在大同做好运来的。开业时,横挂在大门上方,上书斗大的"义丰店"三个金字。当时人们给编了这样的顺口溜:"黑牌金字,张三毛的独事(独资)";"大门不正,厅子歪,掌柜的就叫——周不井……"义丰店有从业人员100名左右,有柜房、斗房、大厨房、库房、下夜房、磨坊、看圙圙房等。

这位周经理对店内人员要求严格,但他有嘴无心,说完拉倒。伙计们虽然有些怕他,但都听他使唤。由于摸透了周经理的脾气,即使挨了骂也不计较。他十分重视培养年轻的人才,裕源公店的阎铨、郭鹭、于庆龙;聚丰店的武则赋;广聚店的郝步蟾等掌柜的,都是周达德的徒弟。

1926年,张三毛将1万元投资全部抽走。另招的新股是小召半道街的德恒永、通顺街的武兴亮、大御史巷的赵明、山西定襄的牛车善堂、公喇嘛村的义和泉粉房以及财东张耀元。新6股共投资17500元,每3500元为一个整股,合5个财股。从此,义丰店更名为义丰恒店。直到1934年农历八月,开过两次红利,一次是3750银圆,一次是1850元。

1934年,这家粮店又变更股东,主要新财东有兴隆巷德中和土店(经营毒品)的贺秉温、小南街世义成的翟世华、和盛祥的李子明,还有老股东小召半道街的德恒永。贺秉温是挂名经理,张殿兰、张佐仁、张懋廉是掌柜的,斗头儿是王来治。原来的周达德老掌柜,新人们想将他一脚踢开。但周达德与老房东义和泉张东家相处多年,房东便向贺秉温、张殿兰提出:"如果周掌柜的不在柜,你们就另找别处,我要收回房产另开车马大店!"开粮店不比其他行业,店院需要相当宽阔,粮仓、油厅、厅子房、马厩等好几百间,不易移动。为此,将周达德留下,给点儿劳金以度晚年。

还需要提及的是这个臭名昭著的贺秉温,他加入义丰店当经理,目的是想当商务总会会长。日本入侵后,他一直爬到厚和特别市(日本侵略者将市名更改)市长的位子上。日本投降后,他被国民党从张家口扣回来枪毙了,这是后话。

过去的商号,只要更换财东就要更改字号,跟新皇帝登基改号相似。义丰恒店遂更名为义丰和店。1939年,日本侵略者对粮店行业加强了控制,各家粮店业务萧条。义丰和店经理张殿兰为了维持店柜存在,加入了粮业组合,各粮店的人员被分配到乡下去收购公粮,粮店的日子越来越不好过。

据赵国华回忆,日本侵占时期,汉奸助纣为虐,十分猖狂,在本地的汉奸中,最坏的要数张桂枝、冀西峰、白玉。德丰店的经理傅崐山无辜被捕,汉奸诬陷傅崐山"私通八路",被抓到新城日本宪兵队拷打折磨而死。兴和店的掌柜的张善槐,也是被汉奸陷害而死的。义丰和店的经理张殿兰,那年正染病在床,闻此噩耗,亦受惊吓而亡。

义丰店最后与北沙梁原义兴店的李兴帮(系兴和店的粮头儿)合并为一家,重新开设了永恒粮店。

裕源公店 裕源公粮店在南柴火市靠西头的路南,和南柴火市小学校门对门。财东是山西定襄县的杨九旭。该粮店大门盖得挺神气,赵国华记得,本行业的人们给编了这样的顺口溜:"裕源公,报的凶,大门盖下个警察厅,掌柜的是阎铨、郭鸷、于庆龙,后边跟了个拐喜红(姓张名正礼,乳名喜红,是斗房大头儿)。"

聚丰店 聚丰店在南柴火市路北(中华人民共和国成立后是军属毛织厂、市毛织三厂、地毯厂、袜厂)财东是山西忻县的张洪钧。

德丰店 德丰店在小召半道街南头的路东,后为呼和浩特市晋剧团占用。财东是忻县城关的麻金忠。

兴和店 兴和店在东五十家街路南,后来是市土产公司的货栈。财东是忻县部落村的胡小辅。

天元公店 天元公店在通顺东街路南,后来为金属结构厂所占。据该粮店最后一位大掌柜成温之子成庚龙回忆,这家粮店始建于1924年前后,占地约1.2万平方米。有1间大的粮仓200个,厅子10间,油厅约5间大,内有一用柳条等编制的大号油篓(高约2米,宽约3米),盛满约装800斤胡麻油。东西院各有10间房屋住人。还有约4间大的马厩5个,约两间大的驴圈4个。这家粮店不磨面故没有磨坊。财东是11股集资(每股2100斤小麦),约合资金不到1000元。到1946年时,变成了兰培茂的独资,这个兰培茂就是归化城民国年间的首富德余泉货庄的财东兰银余的儿子。粮店从业人员约40名。大掌柜的陈如意(忻县人,脸上有麻子),二掌柜的成温(忻县人,字子和,乳名金楼),三掌柜的姓宗(名不详)。

天元公粮店员工合影

1945 年大掌柜的陈如意离店返回老家,成温成为大掌柜的。成温 16 岁从老家走西口来到归化城进天源公店学徒,算盘打得既快又准,是该店的第一名。由于染上吸毒嗜好,只活了 49 岁。这家粮店自备的水井,是供籴粮农民饮牲口和店内人员洗涮使用,店内外人员喝的水,由专门担玉泉井水的供应。天元公店于 1952 年关门。

此外还有福源店、德和店、万盛店、丰盛店。京绥铁路通车后,小麦、油粮大部分输往天津和北京地区,粗粮还输往南方省市(有输往无锡市和蚌埠市的),归绥又增设了几家粮栈,有小召半道街的济通粮栈,西五十家街的公记粮栈,车站的天亨粮栈,这几家粮栈专搞代外省市采购粮食,办理托运手续,往外省市运输粮食的业务。

货源·储存·营销

关于粮店的货源,归绥的粮店虽然为数不多,但它是个大行业,店院宽阔,规模很大,当冬季粮车上市的时候,一般的后院都能容纳百辆马车以上。来自前山、后山的籴粮车络绎不绝。郊区的粮食多是粗粮(糜、谷、黍、高粱),后山盛产细粮(小麦、莜麦、胡麻、菜籽)。这些粮食的产区,有武川、四子王旗、达(尔罕)茂(明安)联合旗、陶林等地,武川占多数。粮食的名称还要按产地划分,如山小麦、川小麦等。

粮店的粮食仓库,都在 100 间以上,每个单间粮仓,能储存粮食 170 石,双开间大仓能储存 450 石左右。收粮旺季能储存 2 万石左右(包括代客贮存的粮食)。粮仓的门都是插板式的,并按千字文编号,"天、地、玄、黄、宇、宙、洪、荒……"。

粮店的大掌柜是资方的全权代表,二掌柜协助经理办事。对外经营交易,对内安排使用财会、上街(跑业务、搞信息)人员,掌握市场粮食动态,对经营做出决策,这都是掌柜的权责。源丰店的杜连汉、义丰店的周达德都是出了名的大掌柜,他们有一套用人的本事,培养出不少人才,这些人才日后都担任了其他粮店的经理。

店员都有绝活儿

粮店的斗头儿亦叫粮头儿,人们说他是粮店的半扇大门,粮店经营得好坏,一半在于斗头儿的能量。每到粜粮车上市时，粮头儿先忙开了，每车粮食都由他评定质量，那时候没有化验仪器，就凭眼、嘴、手三种过硬功夫，便可做出评定结果。比如，看小麦的含粉量，用牙齿咬开小麦，就知道每斗能磨多少斤面粉，十分准确。如果咬开小麦是青茬，那便是压青地产的。看莜麦是用指甲往开掐，成熟的一掐便开，含粉饱满出成率高；不成熟的，掐后扁而不开，这种莜麦皮厚面少。看糜、谷、黍类粮食，捏一摄儿放在手心里，用另一只手的大拇指去推，将壳子推脱后，看米粒是否饱满，就知道每斗能出多少斤米。手指没功夫的人是推不开的。粮食的进销工具，是一种用柳木制成的上宽下窄的方形斗，上有提梁（另有详介）。1斗好小麦，约合30市斤重，1斗胡麻，约合27市斤重。这种量器的操作者称作"摸斗的"，管事的称作"斗头儿"。

上市的粮食，很大一部分是卖给陆陈行。陆陈行的掌柜们到粮店选购粮食，粮头儿就给仲裁作价。凡定了价的粮食，有了买主马上过斗，店院里经常有七八个过斗的。过斗的时候，摸斗的要用唱声数斗数。各唱各的调，各记各的数，热闹极了。兴和店就有两位十分会唱的摸斗小伙子，一个叫李贵兰、一个叫李存聚。有时两人同时摸斗，李贵兰唱晋剧音调，学小十三旦（郭占鳌）的弯弯腔，酷似十三旦。李存聚有时唱大戏，有时还唱民间小调，当摸斗到紧张的时候，速度加快了，唱声也缩短了，递斗换数时，又用刁小弯的声调，调子更好听。曾出现过粜粮人只顾听他们的唱声红火，把自己的粮食数量忘了的笑话。义丰和店大摸斗的贾如意、刘存，进粮仓打粮食（过斗数），每斗粮食重量约35斤（含斗皮重），一气打30石不展腰。两人一前一后，两只斗循环着飞出，仓口上有一个倒斗的，川流不息地倒入麻袋，就像一股流水似的，一阵儿就装满50麻袋。

据赵国华回忆，粮头儿每天晚上要到柜上滤账，防止差错，这也得有过硬功夫。兴和店的站院粮头儿赵景龙，相貌丑陋，獠牙、板脸，又是个矮个儿，但他的记忆力极好。每到冬季，上市的粮车在店院里是里三层外三层。从早晨过斗开始，中午吃饭只用半个钟头，吃完饭马上再过，一直到晚上6点钟才停斗。一天过450石左右的粮食，几乎天天如此。到晚上滤账时，赵景龙能把一天所粜粮食的品名、数量和粮户姓名，都回忆起来，万一有点儿差错，一眼就能盯出来，确实是过目不忘。

粮店的上街人员，是掌柜的耳目和帮手。他们的工作是到市面上推销粮食和油料，同时了解市场的物价变化，并向粮店掌柜和粮头儿汇报。所以，粮店对商品物价信息特别灵通。他们大都是年轻人，上街做买卖都是步行，一天跑多少路无法计算，尤其是粮食起了行情的时候，由旧城到新城，一天几趟的往返十分辛苦。大德长店上街的赵尔禄，就是出了名的机灵鬼和飞毛腿。

在粮店柜房的屋顶上，差不多都有一个"风向计"，掌柜们经常看风向、观晴雨。此外，还要和账房先生坐上轿车子，借到郊外看"外台子戏"、踩青儿、逛会之机，观看庄稼的好坏，然后决定是否收购和抛卖粮食。

粮店的记账先生，和其他行业不同，没有过硬的功夫，担当不了这一任务。一过农历八月十五中秋节，粜粮车便开始上市，掌柜们就要安排记账先生了。收粮旺季需要三把记账好手。第一把手是顶头柜的大先生，是复核付款的总会计，除做到一准二快外，还要有识别骗子手的眼力，如遇骗子冒充卖粮户来领钱，他能用几句诈语把骗子揭穿，防止冒名骗领。第二把手是写小账先生，小账以粜粮户立户头，每个粜粮户应领粮款、零星支取、买货吃饭开支、支出后余额等项，都得记清算准。义丰店的李茂才记忆力好，所以小有名气。因为取钱的太多，站柜先生一个接一个地直喊，如果先记姓名，误过钱数就要出错。所以，记账方法是先记支取款项，然后补录姓名。李茂才能记 10 户款额，而后补录 10 个户头的姓名，做到一字不错。赵国华记得，1936 年时，李茂才 25 岁，每到晚 6 时结账，很快就准确地结清当天的收入、支出等，和店柜的结存数对照完全相符，分文不差。吃完饭后，他还不误去看戏。第三把手是记粮账的先生。这种工作最劳累、最费脑筋。过去的粮店过斗，没有收粮手续，摸斗的凭记忆力，过完数后上柜台报账。报账的人在窗外报，写账先生在屋内接应，报数写账要一字不差。到了旺季，摸斗的人多，记粮账的只有一个人，不管一天粜多少粮食，只有记粮账先生一人执笔记下。当摸斗的过完斗以后，都来报账，粮食品种、价格、卖主姓名等都得记清。据说，兴和店开市那天（新成立的字号开业，称作开市）粜粮车特别多，店院里放不下，后来的都停在新召滩（五塔寺召前边）。这家粮店已在培养写流水账的杨俊亭，杨俊亭毛遂自荐愿当这第三把手。按粮行的老规矩是在开市这一天，其他粮店的掌柜的、先生、粮头儿、摸斗的都要前来支援。这时，有些老掌柜们在使用杨俊亭上有些犹豫，但有知根底的人说，不妨试一试。这个杨俊亭不但珠算熟练，还一笔飞写。这一天兴和店共粜了 1600 石粮食，是归绥粮行有史以来的最高纪录。不知他写了多少字，用了多少墨，仅毛笔就磨秃了十几支，一下轰动了市面。相传，在第二年他就领了一副本钱（资金），在西五十家街开设了一家阜丰粮店。源丰店的周作孝也是著名的写账能手。他原是德丰店的小小,后跟杜连汉掌柜到了源丰店写账时,他是笔不离账、账不离笔,飞快写下的字迹也是十分流利。义丰店的弓守先多才多艺,不仅能记粮账,站头柜也是一把好手,而且雅好古典,知识丰富,还写得一手好毛笔字。

粮店老板不赔钱

1936年归绥市的粮店搞过一回粮盘交易,一笔买卖就在300至500百石以上,是做成批交易。大商号的老板们都来瞅行情,实际上是买空卖空,图取暴利,想发横财,结果10家就有9家赔了钱。赔钱的都是卖空的,他们还是按照老规律,每年到秋收时期,粮食行情一定要落价,所以,他们绝大多数是在春夏青黄不接时,大量高价卖出,到秋后用低价收购,肯定稳赚!哪料到这年秋季的粮食不但没落价,反而行情猛涨。为什么粮价不落反涨呢?一是这年有的省市粮食歉收,外地客商纷纷来绥采购;二是绝大多数的卖空人家,也要抢着买粮,以补卖空之数。他们连卖空之数都补不起来,哪有粮食再外销呢!所以秋后粮价猛涨,影响到市场百物高昂。唯有南柴火市的聚丰粮店这一年是大大地赚了一把。该粮店的副经理(二掌柜)武则赋,他充分地估计了周围省市的年景,调查了旱涝自然灾情,认定秋后必然出现粮食紧俏的形势,所以在青黄不接时,大量地订购粮食,果然到秋后粮价上涨,外来客商向聚丰店大量订货,他们做了一把霸盘买卖。同行们夸赞武则赋说:"武则赋,真能干,粮食买下几千石,现洋(银币)赚下好几万(聚丰店这一年约赚七万元)。"行情对粮店来说至关重要。万盛店就是由于看行情不准,造成亏本倒闭的。还有通顺南街的丰盛店,财东是大同人,也因行情没准,开业不久即人伙解散关了门。

过去的粮店掌柜们常说,开粮店得有三付资本:股东投资是一付本钱;第二付本钱,是以粮食作抵押向银行贷款,又能购进一部分粮食;第三付本钱,是借用客户储存之粮,次年粮价高涨时卖出,以归还银行贷款,不再支出利息,待到秋后粜粮时,又能低价收购抵还,这样循环、周转,三年一过总能长钱。所以粮店行一般经营是赔不了钱的。

从业者的生活

粮店的从业人员,包括临佣工在内一般都是百十名,最多有 150 名左右。仅车倌儿、下夜的、做饭的、担水的就有十几名。扛粮是最苦的营生,装粮食用的有口袋也有麻袋,工人们经常是汗流浃背。关于伙食,粮店人们常说:"土钵儿粮店、陆陈行,撂不了苦,吃不馋。"因为粮店吃得不好。粮店的伙食是每日早晚两顿饭,是稀粥、炒面,中午这一顿是莜面、荞面、豆面(人称三条腿的饭)循环周转。每月初一、十五中午吃白面改善生活。到年终,每人给一顶帽子、一双鞋、一双袜子和一副腿带儿,有的连腿带儿都不给。每到除夕这天吃过中午饭后,临佣工全部被解雇,连除夕夜都不让在粮店里过。在粮店的店员中有这样几句话:"粮店业,受苦行,吃得不好,挣钱难。一年工钱十二块,平均每天三分三。每到二、八月(阴历)十分胆战心寒(怕开除、打饭碗)。"

历史上的粮食营销

在清代,归化城土默特左翼都统丹津从京师带回来各业商人组成十二行,各行都有头目,称作总领。从此,有了比较完整的商业体系。随着商品经济的不断发展,由十二行公议成立了乡耆会馆,公推乡耆 4 人为最高裁决人,凡商务上的纠纷、诉讼,悉由乡耆会馆公断。乡耆会馆设在归化城南门外三贤庙巷的三贤庙内(今玉泉区红十字医院即其旧址)。后来,这种自发的商会组织,获得官方的批准,将乡耆会馆改为乡耆办公所,由各行推举总领一人,协助乡耆处理庶务,各行公议的商业条规由乡耆总领议定。聚锦社就是粮店行业的行社,该社还有包括布庄、纸张店等。据已故文史专家刘映元先生的夫人韩云琴老师在《太平庄乡五路村商业史料》中记载,清代乾隆年间,在红火热闹的小召半道街,有城东五路村崔、张两家联合的元广字号所开的广兴远货店和广兴粮店。光绪年间,归化城粮店中以东山沟李七十二老财的万成粮店最为雄厚,"七十二"不仅掌握粮市,连鹿茸市场没有他也不能开盘。张华以万成粮店经理(掌柜)而当了乡耆总领。五路村的几家老财,以城东乡亲关系勾扯张华在五路村买了田产。之后,这几家老财便把万成粮店当作他们的驻归化城办事处,张华在五路的田产也不出皇粮水费。

到了民国年间,粮店统属于市商务总会之下,由各家粮店轮流执事,每年轮换一家,任务是支应官差,也就是应付公家的摊派,没有专设的机构,也没有专职人员。日本入侵后的所谓粮业组合,则是日本人组成的机构,掌权的是日本人。据赵国华回忆,主事的有个姓申的,人们都叫他申主任,虽然有个粮店经理张殿兰,名义上是组合长,实际上什么事也管不了。这个组织对粮店自由贸易和杂粜粮食进行控制和监督。之后粮店行业,日趋萧条。

1945年日本投降后,人们开始经营粮店。有的增加了从业人员,有的增加了资金。还新开了几家粮店,有南柴火市的义和粮店,通顺南街的广和公粮店;通顺西街路北的福源公店,路南的德生粮店;文庙街路南的德和粮店。后开的这几家粮店,规模都不大,从业人员也不多,大多数是小型集资经营。

据赵国华回忆,国民党统治时期,粮店共同组织了粮业公会,公推会长,先是孟维俊,后来是大德长店的陈辉跑前跑后。公会的任务,本来是代表粮店,对外联络,实际上也成了支差单位,没起到积极作用。那时候到处抓兵,有钱的以马代丁,没钱的抓去当兵。粮店的年轻人为了逃避兵役,在军队里、国民党的政府里花钱找关系,登记上名单,顶不上名的那些人,成天提心吊胆。这个时期,货币贬值物价高涨。粮店的从业人员挣下的工资不敢要钱。上午开支的钱,到下午就能亏一半。所以,卖粮的挣粮,卖面的要面。

1930年前后,归绥的粮食业,亦称粮店行,共有11家,都在归化城内。著名的有西五十家街的大德长粮店,资本额约18000元;南柴火市的天荣粮店,资本额约16600元;裕源公粮店的资本额约12000元;聚丰恒粮店(是否是聚丰粮店更换股东而改名,待考中),资本额约10000元;通顺东街的天元公粮店,资本额约8000元;小召半道街的义丰恒粮店,资本额约5000元;西盛粮店的资本额约3600元;东五十家街的兴和德粮店(是否是兴和粮店更换股东而改名,待考中),资本额约1500元。

当时,粮店行的资本总额约110000元。各家每年营业数最多者为10000元,最少者4000元。各家全年营业数约98600元。

粮食业团体叫"粮业公会",会址设在小召半道街路西的西盛粮店内,有办事职员7人,会员数305人。

中华人民共和国成立后的粮油供应

解放初期,我记得在旧城通顺东街路南的靠东头有一家供销合作社,在大召前街庆荣源茶馆往南也有一合作社,都是国营的。它们既销售米、面、油、盐,也有酱油、醋、糕点,还有农具等。

1953年,全国施行粮食统购统销政策。在通顺东街、三官庙街、西五十家街、南茶坊街、大召西仓等处都开设了粮油供应站。我家常到南柴火市街粮站(在路北)购买粮、油。后来,该粮站迁到史家巷北头路东一个大门院里,院内还有一口用水斗子提水的水井。

购买粮油是用归绥市粮食局制作的"呼和浩特市居民粮油供应证",按月供应粮食。

粮油供应站供应平价粮油。大约是在1983年,南柴火市街粮站(地址在史家巷)在西房、东房增加了议价粮油供应。在一进大门的上西房,增加了制作销售油条的业务。

到后来,国营的粮油供应站消失,粮油经销者都是个体户。

(原载《呼和浩特晚报》1985年3月28日3版,发表时署名覃梁佃〈本书作者笔名〉。收录本书时改动了标题,增补了内容。)

赵斗铺

早年,以制作专用量具"斗"为主的作坊,在归化城有两家,分别坐落在粮店比较集中的小召半道街南头的路西,西五十家街中段的路南(在大德粮店西)。有的地方是管"斗"叫作"斗升",是量粮食(颗粒)的容器,一斗等于十升,十斗等于一石。一斗好小麦约合 30 斤重,一斗胡麻约合 27 斤重。

上述两个斗铺都是赵姓人家创办的,字号名称都叫作赵斗铺。两家赵斗铺的创办者,是山西崞县(今原平市)平章村的赵姓本家。两家赵斗铺相距不远,如何区别呢? 人们管小召半道街的叫东赵斗铺;西五十家街的叫西赵斗铺。两家的产品又如何区别呢? 那时两家在这种斗产品上烙"二斗"两个字的火印,西赵斗铺的"二斗"两个字是见棱见角,东赵斗铺的略呈圆形。他们不仅制作销售斗产品,而且制作销售笼屉和罗子等。

东赵斗铺的创始人叫赵世桐,清代光绪年间走西口从崞县老家来到归化城。他不仅从小学会了制斗的技艺,还是制作笼屉、罗子的好手。赵世桐师傅还是为寺院、鼓班、戏班儿制作打击等乐器的把式。刚来归化城他是担挑儿耍手艺,后来在小召半道街找了个门脸儿房,开设了赵斗铺。

赵世桐的儿子赵麟随父学习技艺,也成了制作斗、笼、箩的把式。东赵斗铺的传人赵子祥,中华人民共和国成立后参加工作进入呼和浩特市笼箩木器厂(20 世纪 80 年代更名为调压器厂)。改革开放后,他在东赵斗铺原址开设了笼箩门市部。

西赵斗铺木制黑底金字的横匾上刻着"赵斗铺"。因年代久远,都变成了黑色,但"赵斗铺"三个字清晰可见。尽管早就不营业变成了民居,但这块匾一直悬挂到 20 世纪 60 年代初。"文革"一来,造反派把此匾归到"四旧"行列之中,把它从门楣上方拉下来砸毁。从此呼和浩特又少了一件老字号的文物。西赵斗铺的后人赵万镒,是中华人民共和国成立后的医务人员。

介绍了东西赵斗铺,我们来谈"斗"。制斗的原料是柳木,先将木料破成约 3 分(市制)厚的木板儿,不经过熏烤,便照着标准样子制作,一次锯 4 块板儿(1 只斗所用的主料),每块的宽面两边,都锯成米牙形卯子后,交叉用水胶粘合;底板儿用木钉和水胶固定后,用

早年的斗　赵智英摄

薄铁皮包口、角儿和底儿。斗梁子(也叫斗棋子,是手提处)的下半部分用柳木制成,两头儿稍大,中间手提处较细,上面儿平形,下面儿呈弧形。上半部分是从山西大同师傅开设的薛铁炉、燕铁炉购买的锻铁件儿,中间扁平,两头儿为薄片儿,一直包到斗底,用 4 分秋皮钉儿钉好后,铁斗梁的上面儿和斗口成水平线。

斗的高度是 8 寸,斗口是 1 尺 1 寸 5 分见方,斗底是 6 寸 5 分见方。整个成品既不涂油漆,亦不粉刷他色。由于是用湿木料制成,所以每只斗必须经过 1 年当中最热的"三伏天"日晒,然后将其中变形、裂缝儿的不合格产品拣出重修;将已经晒成黄红色的合格斗拿到归化城商务会管辖度量衡鉴定的部门去鉴定。

那时候的鉴定方法是十分落后的。在鉴定部门里放着的铁筒内,装有早就准备好的一斗小米,将小米注入每只新斗中后进行目测,认为是合格产品,就在斗的左上方,烙上一个火印,方可出售。不合格者不予烙火印,无此火印者不准出售。

购买斗的顾客,主要是粮店和面铺。买回新斗后,都要在上边书写字号的名称,如"大德粮店""万盛粮店",面铺的"广顺泉""庆龙涌"等。为避免字迹在使用中擦掉,还要在字迹处涂上桐油。

那时候做买卖,是拿货而不付款,买卖双方都记在各自的账簿上,到时算账。当时的商业活动多数依靠银行,以期口常骡贷款为重心,全年有四标八常骡,就是按一年中的春、夏、秋、冬,分为四个标期,八个常骡,也称作"月月常骡四季标"。

制作斗的铺户一般都是到每年农历的腊月时,派人带上账簿到粮店和面铺,

与账房先生(会计)核对数字,无误后付款结账。有的粮店或面铺因各种原因当时付不了款,还可以拖到来年结账。

由于会这种手艺的人不多,再就是赵斗铺的产品货真价实,开业不久不仅在新旧两城创出了牌子,而且远在包头、集宁、武川、旗下营、四子王旗等地的不少粮店、面铺,都派人前来购买他们制作的斗。农村用户上门儿零星购买斗,都是当时付款。

赵斗铺制作出售的笼屉,有家庭民用的,也有供饭馆、茶馆、莜面馆和人数较多集体起伙的字号、作坊等使用大号或出号的笼屉。

旧城编织竹门帘手艺人

坐落在旧城圪料街的源福泰,小南街的三义斋、统源兴等字号也制作斗,但为数不多。它们是以制作销售大小杆秤为主,同时还制作木尺、竹门帘、算盘、鬃刷等。

(原载《呼和浩特史料》第六集第 402—403 页,呼和浩特市党史资料征集办公室、地方志编修办公室编,1985 年 6 月版。发表时署名记梁〈本书作者笔名〉。收录本书时增补了内容。)

文元堂笔店

1931 年,在归绥市旧城的小东街南头的路东(20 世纪 80 年代小东街粮油供应站所占)开设了全市唯一一家前店后作坊的文元堂笔店。它是河北省蔚县(即早年的蔚州)城内文元堂笔店的分号,专门制作销售毛笔,还承揽石印业务兼营文具、纸张等。分号经理马双全是制作毛笔的好手,从业人员 15 名。

该笔店自产自销,生意兴隆。由于制作的毛笔货真价实,精工细作,好使耐用,在归绥市的新旧两城及附近旗县等地很有名气。不少机关、学校、商铺派员前来购买,也有文具店订货经销的。在众多规格的毛笔中,尤其以大刁毫、二刁毫更受顾客欢迎。毛笔的销售旺季是每年农历的最后两个月。

文元堂笔店制作毛笔的全过程都是手工操作,分两大工序,用行话来说,一道工序叫"水盆儿",一道工序叫"干装"。两道工序一前一后,各需一位师傅操作。由于手工操作功能所限,所以学徒时就分工明确,出徒后成为师傅,也是会操作水盆儿的不会干装,会干装的不会水盆儿。这就是业内人士所说的"一个师傅不能做成一支笔"。

水盆儿工序就是制作笔头部分。它需要经过选料、采毛、梳毛、齐彩子、切青、梳青、梳帖子、元头、扶盖毛、绑头等主要操作过程。其中的梳帖子,是水盆儿工艺流程中操作比较细致而且繁重的手工劳动。每制作一盆儿笔头,先后需要粗梳、细梳各七遍。一盆儿毛笔头是一个品种,大约是二百至三百支笔头。一名师傅操作需要工作七天左右。

干装工序是栽笔(安装)部分。它需要经过绑头、选笔杆儿、剐笔、焊笔、抢帽儿、刻字等主要操作过程,方可成为成品。每盆儿二百至三百支,一名师傅操作需要六至七个工作日。

制作毛笔所需主要原料是,黄鼠狼尾(皮)、青麻、狸子毛、灰鼠尾、羊毛(南方出产)、羊须(南方出产)、马毛(红、黄、白、黑色)、竹管儿、牛角碗儿。辅料是松香、官粉、黄丝线、绒毛丝。在绥远地区只有黄鼠狼尾(皮)、马毛适合,其他原料大部分以湖北、湖南、四川等地出产者为佳。东北地区出产的黄鼠狼尾(皮),称作"关东尾(皮)",产量最多、质量最好,是制作毛笔最理想的原料。

毛笔的品种称谓是按照原材料的优次、用料的多少、毛笔尖儿的大小所定。如"七紫三羊",是用黑马毛扶第一层盖毛,白马毛扶第二层盖毛,占笔头用毛量的三分之一。这种毛笔的名称叫"七紫三羊"。"五紫三羊"是用白马毛扶盖毛,占笔头用毛量的一半。有些毛笔的牌号名称按照毛笔的外观所定。如"一笔如龙""青山挂雪"等。这些名称均刻在毛笔杆儿的上方,下刻文元堂字样。

文元堂所产毛笔的品种规格,大体上分为狼毫、羊毫、抓笔、排笔、画笔、提笔等。其中的狼毫中又分为大狼毫、中楷狼毫、小楷狼毫(也叫鸡狼毫);羊毫中分为大羊毫、中楷羊毫(也叫寸楷羊毫)、小楷羊毫;抓笔中分为大抓笔、二抓笔、小抓笔;排笔中分为三支、五支、七支、九支,最多的由十一支组成。另外,还有对子笔(书写春联用的提笔,比大羊毫还要大一些)。如此细分,是为了适应书写和绘画的不同需要,也便于称谓。

在所产毛笔中,有的是用牌号来表示笔的良好性能的,比如上面提到的"一笔如龙"。用粗竹管儿制作的狼毫,称作刁毫。大刁毫的笔杆儿比二刁毫还要粗一些。毛笔的包装是每十支为一包。

1946年,文元堂笔店在包头市东河区胜利路中段开设了分号一处,名称也是"文元堂笔店"。

1985年,笔者曾到旧城小召半道街路西的呼和浩特市衡器厂(早年被西盛粮店所占)采访有关早年粮店的文史资料时,衡器厂的党支部书记张清祺同志热情地接待了我。交谈中得知,这位张书记并不是当年粮店的从业人员,而是一位当年在文元堂笔店制作毛笔的干装师傅,他的老家也是蔚县,从小学习制作毛笔的技艺。这一意外的收获,使我十分高兴。通过张清祺师傅的忆述,我记录了归绥市唯一一家文元堂笔店的宝贵史料。

张清祺师傅还忆起,1951年时,文元堂笔店的从业人员17名,制作毛笔的好把式是郭滕芳(水盆儿工序)、赵文会(干装工序)等。这一年,文元堂笔店在旧城大南街南头的路东(离小什字不远)开设了一个门市部,主要经销自产的各种毛笔,兼营文具纸张等。在橱窗内陈列过一支特制的"铜碗儿大抓笔"(书写时需双手握笔),笔头毛长 7 寸,直径 3 寸,笔头部分全部选用羊须制成;笔杆儿是用黄铜制成,长约 4 寸 5 分。这种毛笔特制了两支,展现出文元堂笔店这家老字号师傅们精湛的技艺水平。

1956 年公私合营后,将制作毛笔的工序划归呼和浩特市手工业部门管理,一直到 1966 年文化大革命前夕才停止生产。

文中配图是一支精制的牛角毛笔,说起这支毛笔,1984 年 9 月以前,我在呼和浩特市地毯厂工作了 26 年,曾任生产科长、办公室主任。那是一天的下午,我陪同外宾到织地毯车间参观。地毯老艺人郝廉明告诉我,"等外宾走后我找你有点小事儿。"

我记得,当时郝师傅的家正在装修,他和老伴儿就搬到织地毯车间外的一间办公室内临时居住。

送走外宾后,我去找郝师傅,他对我说:"我有一件不算是古董,但是我很喜欢它,在我手中已保存了几十年。你是咱们厂的文人,我把它赠送给你,你要爱护它,把它留传下去!"

郝师傅的这一心爱之物用一块儿布包着,他小心地打开,我一看,原来就是这支精制的牛角毛笔。

精制牛角毛笔　赵智英摄

光阴似箭,日月如梭,转眼 34 年(到 2018 年)过去了,期间,我到交通学校附近为孙女打牛奶,和郝师傅见过面。郝师傅赠送给我这支精制牛角毛笔,不使用时就用袋子装起来,放到书柜的抽屉里。

我会记住地毯老艺人郝廉明,一定珍藏好他赠送于我的这支精制牛角毛笔,用好它,保存好它。

(原载《呼和浩特晚报》1985 年 4 月 29 日 3 版,发表时署名史义〈本书作者笔名〉。收录本书时增补了内容。)

崔铁炉

在呼和浩特市的能工巧匠当中,崔铁炉是颇有名气的一家。

崔铁炉的创始人,名叫崔林(乳名三顺),祖籍山西大同都顺林。相传,在清代乾隆四十九年(1784 年)时,亦说是咸丰年间,年仅 13 岁的崔林和两位兄长跟随父亲走西口来到归化城谋生。当时,在小召(崇福寺)前街的路西,有一山西屈姓人家开办的铁匠铺,称作屈铁炉,这位屈师傅手艺不错。崔林经两名保人荐举进屈铁炉学徒。

崔林学艺刻苦肯钻研,加上眼里有活儿、手脚勤快,深得师傅喜爱。三年学徒一年谢师,这四年里,一日三餐,中午除初一、十五能吃顿白面外,顿顿是莜面,早晚是炒面稀粥,逢年过节稍有改善。平时供给单棉衣各一套,过年时给帽子一顶、鞋一双。离开屈铁炉后另立门户,开始独立生炉锻打铁器。起初,在小召前牌楼的南端,露天搞锻造。后来,在小召二道巷西口外盖房,将烘炉砌在屋内,有了自己的作坊——崔铁炉。

归化城的铁匠炉有大炉与小炉之分:大炉叫作“马车炉”或“黑棒炉”,人们也管它叫“站炉”,主要打造没有利刃的铁器,供给农民使用。站炉基本上不需要过细的冷作,如犁弯、水车、大车瓦、炉条、马掌等活儿。另有一种小炉,叫作“杂活儿炉”,人们也管它叫“圪就炉”(圪就,即内蒙古方言,蹲下),专门打造有刀刃的铁器。早年,有的铁匠炉专给大盛魁和别家走外路的“通事行”制造蒙古族使用的火衬、板镢等;还有的专门制作除锯条之外的木匠工具,由“西庄”(即新疆社)统购运往新疆奇台销售。崔铁炉属于小炉即杂活儿炉。

崔林的孩子们长大后,在小召半道街路西,开设两间门脸儿的崔铁炉。崔铁炉当时是"父子班子",崔林带领大儿子崔贵发、三儿子崔贵福、四儿子崔贵有,还收了一名徒工王根柱(是后来王铁炉的创始人),共五个人经营。崔铁炉的产品,先是以锻造民用铁器为主,有扁担钩、门铧子、火铲子、小漏勺、拴狗的铁绳;还有木匠、瓦匠使用的刨子刃、斧子、灰铲子、刨根儿以及农民使用的手锄、大锄头、镰刀、铡草刀等。由于产品质量好、守信誉,崔铁炉的名声很快传开。以后,崔铁炉又增加了打制手工纺毛线的锭子,织地毯的工具刀子、耙子、镊子等业务,还为农牧民打制灭狼除害的"狼夹子"。

到第二代传人,三个儿子分设三盘炉。一盘炉崔老三接父亲的班,在原址有铺面;崔老大在小召前牌楼底下摆摊,早上摆出去,晚上搬回家;崔老四在小召二道巷西口。单说老四崔贵有,在原来的基础上,从打造厨房用具上狠下功夫,如炒勺、片漏勺、饭勺子、饭铲子、火筷子等。一开始打制的厨刀,饭馆厨师怕刃口不好不想用。为了打开销路,崔老四就把打好的刀送货上门让厨师试用,用得好了再算账,不好不要钱。就这样,厨师们由不相信到相信,最后到愿意用崔铁炉的菜刀,之后影响扩大,销路打开了。

第三代传人崔亮、崔镜、崔耀等,除继承祖先的传统技艺外,以崔镜为代表的崔铁炉技术不断提高,从主要打造刃具和厨具,发展到锻制打草的大镰等难度较高的农具。

第四代传人崔继禹、崔继舜、崔继文、崔根厚等人在没有丢掉传统产品的基础上,崔继舜还增加了打制蒙古刀及少数民族铁制用具的新产品。

第五代传人崔锐等人又在祖辈生产传统产品的基础上,迈开大步闯新路,专攻仿古刀剑及用金银铜等制成的旅游产品。

第六代传人继续在呼和浩特市街头开设崔铁炉。到 1995 年时,共有大小崔铁炉八九家。崔家祖辈的传统技艺进一步得到发扬光大。经过技术改造,由完全用手工操作,发展到使用小型空气锤、砂轮机等半机械化生产。

在旧社会,同行互相排挤,为了使自己的生意好,同行之间的竞争在所难免。不管你在竞争中采取什么方法和手段,让你能够站住脚的,就是质量第一、货真价实和讲求信誉。崔铁炉也不例外,他们就是在这样的激烈竞争中生存下来,并发展壮大的。

早年的铁匠铺所用的原料,主要是由德裕隆(在小召头道巷)、德合明(在牛桥街)、德余泉(在大召西夹道)、新盛隆(在大召前街)等山货铺供应。这些山货铺从山西盂县、潞安(今潞城区)贩来铁料,支垫各家铁炉,先用料记账不交钱,按照"月月骡子四季镖"到时收款。此外,还有绥远城(新城)满营和归化城(旧城)土默特旗营盘中拍卖的破旧盔甲、武器,以及收来的废料作为原料。当时,有一种叫作"湖钢"的,不知来自何地,虽系"土钢",却比"洋钢"的质量还要好,制成刀斧,从不卷刃和掉口子,很受各家铁匠炉欢迎。打铁所用的燃料,除了公义店(在旧城通顺南街旧称民市南街南头的路西)和万义店(在通顺北街旧称民市北街北头路西的桥头街里)两家大炭店供应外,萨拉齐的郭礼和马高两个炭贩子,专给各家铁匠炉驮运焦炭(也叫蓝炭),也是按照"骡镖期"到时收款。

在1984年采访崔镜师傅时,他就告诉过我,打造刃具活儿的程序很费事,从原材料的选择,到烘炉操作,火候的掌握,冷工制作的加工,成型出样,到淬火处理,外表光洁度的打磨,最后到开刃出售,这一整套工艺,哪个环节都不能有丝毫的马虎。

材料的选择是至关重要的。旧手工业作坊都是靠手工锻造,没有科学方法,全凭经验看火色来确认,温度或高或低,都会出问题,硬了掉口子,软了会卷刃。为了解决好这一问题,更有把握地选好材料,后来,崔镜师傅凭经验在选择材料的基础上,又加以科学论证,如英国的灯塔方钢、炮弹皮、道轨钢、汽车弓子板等,全拿到化验室进行材质化验,从中选出既有硬度,又有韧性的上好钢材,作为刀具的材料,保证刀具的良好性能。除了仔细推敲加钢、淬火等操作技巧外,他还走访厨师征求意见。经过反复试验,终于打制出具有背儿厚、刃儿薄、锋利、精巧、耐用等特点的新型菜刀来。为了让顾客放心使用,他们提出了对产品实行"三保",即保修、保换、保退。随着崔铁炉的发展,同时出现好几盘炉,共同打制同一种产品,比如同样打菜刀,都在产品上錾一个"崔"字,顾客发现问题要实行"三保",就无法分清是那一家的货。为了处理好这一问题,必须加以分清。于是,崔师傅就在产品上錾"崔镜"二字作为标志。一直到1956年合作化高潮后,不能錾带姓的字号,便改为只錾一个"镜"字了。这就是呼和浩特市镜字菜刀的来历。

第一批崔镜菜刀打制出来后,崔镜仍采取先人的做法,派人分头送给饭馆、商号食堂试用,同时说明,不好不要钱。以前,崔镜虽然一直在小召半道街生炉搞锻造,与老饭馆惠丰轩是相距不远的邻居,但是,这家饭馆却要舍近求远,到大召前街路西的德泉炉购买菜刀。这次,厨师们使用了送上门来的崔镜菜刀后,才知道确实好用,此后一直购买崔镜菜刀。还有一次,一位顾客从崔镜炉买走了5把崔镜菜刀,过了一段时间,这位顾客又找上门来要求定制50把。经过交谈才得知,这位顾客是当时绥远省人民政府食堂的厨师,他坦言:"我先后从几家铁匠铺买回菜刀进行试验,有的切20斤肉就得磨刀,你们打制的崔镜菜刀,切60斤肉才需磨刀,比谁家的刀口都好"。

1962年,呼和浩特市总工会举办了一次名匠传艺表演会,参加这次表演的,有"镜"字菜刀的研制者崔镜,带着徒弟张林,掌钳抡锤表演打制镜字菜刀。还有崔铁炉的传人崔继舜等7位名匠人。其中有名的"耙半天"十二齿铁耙,是崔继舜用一个多小时锻打好的,具有耙齿均匀、耙库牢固的特点,受到同行们的称赞。这位崔铁炉的第四代传人,后来被调到呼和浩特市民族用品厂工作,专门制作草原牧民使用的,或者作为旅游纪念品出售的蒙古刀。

这次技术传授会后,市总工会又举办了师徒座谈会。会上,崔镜师傅传授了镜字菜刀背儿厚、刃儿薄、锋利、精巧、

崔镜炉外貌　(见《玉泉藏珍集》)

耐用的生产诀窍。1964年,全区进行过一次技术评比赛,通过评比鉴定,"镜"字菜刀,正式被评为内蒙古的,不仅走红了内蒙古市场,在全国也有了一定的销路。每当回忆起这些往事,崔镜总是心情激动地告诫后代和徒弟,创品牌不容易,保住名品牌更不容易,"萝卜快了不洗泥"的买卖绝对不能做,"信誉"是花多少钱也买不来的。

1962年崔镜的儿子崔继文随父学艺。后来,崔继文带着徒弟继承崔镜炉的传统技艺,打制出售镜字菜刀。二级厨师韩续被调到麦香村饭馆工作,觉得外地厨刀不顺手,又到崔镜炉订货。青城餐厅也派人前来订货,由于订货多一时排不上队,厨师们宁肯使用旧刀等镜字刀,也没买别处的。

崔铁炉的传人继承了崔铁炉独特的家传技艺,又注重信誉,严把质量关,因此,他们制作的产品,深受用户的欢迎。1989年时,位于玉泉区小南街北头路西

崔铁炉的经营者崔义和,是崔铁炉当中辈数最小的传人。这位崔义和师傅今年已经64岁,他的崔铁炉现在在呼和浩特市赛罕区金河镇的八拜村。他们兄弟5人,他排行老三,小时候家里孩子多,生活贫苦,14岁时就进入呼和浩特市第二机械厂当了学徒,学习锻工技艺。一直干到1984年,停薪留职离开了二机厂,自己开起了崔铁炉。现在,他的铁匠炉占地200多平方米,各种设备齐全,他仍然按照祖传传统工艺制作厨刀、菜刀,经过下料、拉坯、加钢锻打、成型、磨光、淬火、调正、再磨光,直到安装木把儿成为成品,道道工序精工细作。他打制的菜刀、厨刀两面是铁,中间夹钢,经久耐用。

崔义和的长子和他一起锻造产品,大儿媳在小召前街开了家崔铁炉产品直销店,有农具、刀具、家用厨具、瓦匠工具等,生意不错。

现在,还有崔铁炉的传人以崔铁炉的字号锻造产品。

(原载《呼和浩特史料》第八集第378—380页,中共呼和浩特市委党史资料征集办公室、呼和浩特市地方志编修办公室编,1989年6月版。署名赵焱〈本书作者笔名〉。收录本书时增补了内容。)

民族用品厂

一

呼和浩特市民族用品厂是由蒙古靴生产合作小组发展起来的。

1958 年,会做蒙古靴的李生业、吴永祥、吴禄、阎合奎、王世美、张存义合伙成立呼和浩特市蒙古靴生产合作小组,李生业任组长。地址在旧城北门外太平街,占用原义德堂蒙靴铺旧址,3 间门面,专门生产蒙古靴。1959 年 7 月,特大洪水冲了牛桥也冲了太平街,他们迁至晋阳楼巷。1960 年又迁到旧城北门外。蒙古靴生产合作小组有资金约 7500 元,原料由呼和浩特市国营制鞋厂供应,月产蒙古靴150 双左右。产品一部分交呼和浩特市百货公司,一部分由牧区供销合作社收购。1963 年,他们并入旧城小召夹道巷 15 号的市铜铁制品社,随后蒙古靴生产合作小组更名为呼和浩特市民族用品社,有职工近百名。又从国营制鞋厂借来郭良业、吴宽、田德元、张恒、吕高三、吕万恒、吴少元、苟新仁等 16 位会做蒙古靴的师傅,负责人是崔文治、宋文义。民族用品社生产蒙古靴、马靴、马头琴以及火锅、川壶、茶壶、镲等。

1969 年,根据产品特点分厂。生产蒙古靴、马靴的车间,先迁到大南街,后又迁到新生街 34 号,取名呼和浩特市蒙马靴生产合作社,有职工 84 名。主要生产蒙古靴、马靴和马鞴,负责人是张忠祥、王惠文、刘观灯。到 1970 年时,共有资金约 30 万元。1971 年,市蒙马靴生产合作社更名为皮革制品厂,有职工 93 名,负责人是张忠祥、刘生。产品仍然是蒙古靴、马靴和马鞴三种。1972 年,皮革制品厂更名为呼和浩特市民族用品厂,有职工 103 名,负责人是张忠祥、王惠文等。

二

1972 年至 1974 年间,国务院接连发了关于加强少数民族特需用品生产和供应工作的文件,并先后 6 次召开全国少数民族用品生产、供应会议。把呼和浩特、兰州、昆明、乌鲁木齐、成都、贵阳、西宁、延吉、海拉尔等城市,定为少数民族特需用品生产基地。呼和浩特市民族用品厂被列入全国 11 个生产少数民族特需用品企业之一。内蒙古自治区也印发相应的文件。1977 年,自治区党委和呼和浩特市委,就发展少数民族特需用品生产、供应问题先后两次印发文件。国家先后专项拨款 117 万元,给呼和浩特市民族用品厂新建厂房,增加设备,扩大生产。

1975 年,该厂由新生街简陋的土平房迁入石羊桥西路路南新址。新厂占地面积近 10000 平方米,建筑面积 5300 平方米。主要生产车间搬进了宽敞明亮的三层大楼内,金属加工车间也拔地而起。拥有各种专用和通用设备 62 台,其中有车床、铣床、刨床、磨床、钻床、摩擦压力机、空气锤、下料机、外线机、内线机等。过

厂党支部张忠祥书记和技工研究提高蒙古靴工艺　(见《呼和浩特史料》第三辑)

去手工缝制马靴底,每人每天只能缝三至四双,改用机器后由一人操作,一分钟即可缝一双,大大提高了生产效率。后来,又成功试制了片条机、盘订机、专用砂轮机、片帮机、免帮机、马鞍具滚压机等。现在,这个厂已拥有各种设备113台,其中仅专用设备就有72台,占设备总数的63.72%。

机械化程度的不断提高,有力地促进了生产的发展。1969年马靴产量3899双,1975年达到13935双,1982年达到30021双,是1969年的6.5倍。1969年工业总产值24万元,1982年,达到151万元,比1969年增长127万元。

1969年有职工84名,全员劳动生产率2857.14元。1982年职工增加到269名,全员劳动生产率5613.38元。

职工中,有蒙古、汉、满、回、达斡尔五个民族。现任厂党支部书记是张忠祥,厂长王少民,副厂长王富荣、李更辉。厂部管理机构有生产技术、供销、财务、政工、行政五个科室。管理人员29名,占职工总数的10.7%。生产上有裁案、机工、底工、蒙古刀、机修五个车间;皮件、木工、铸工、锻工四个大组和九个小组。现在全厂共有资金139万元,是1970年30万元的3.63倍。职工平均月工资是43.5元,最高的是副八级工,月工资95.80元。

在党的民族政策的指引下,由于国家的大力支持和全厂职工的积极努力,呼和浩特市民族用品厂已成为全市生产少数民族特需用品的专业性工厂。

三

这个厂的少数民族职工,占职工总数的5.94%,厂领导很重视对少数民族职工的培养教育和使用。有一名蒙古族女工被提拔担任副厂长,另有多名蒙古族、回族职工被安排在科室和车间搞管理工作。厂里每年召开一次少数民族职工座谈会,征求意见。厂领导经常关心少数民族职工的工作和生活,发现问题及时解决。厂内各民族职工和睦相处,互相帮助,共同培育民族团结之花。最近,这个厂被评为呼和浩特市民族团结的先进集体,汉族党支部书记张忠祥被评为先进个人,光荣地出席了1983年呼和浩特市民族团结表彰大会。

多年来,这个厂先后聘请制作蒙古靴、镶银蒙古碗、蒙古刀、马鞍具的老艺人15名,进厂传授传统技艺,培养生产少数民族特需用品的接班人。郭良业师傅是呼和浩特地区制作蒙古靴的全能把式,尤以图案设计见长。他设计改进的各种镶云蒙古靴和八宝童靴,深受牧民群众的欢迎。1978 年被中央轻工业等四个部评为"优秀设计样品"的男七云(口八云)大搬尖蒙古靴,1983 年 3 月被中国国际旅游会议表彰奖励的镶全云香牛皮蒙古靴,就是在郭良业师傅精心指导下研究设计的。郭良业对待徒弟像对待自己的子女一样,传授技艺毫不保守,但要求严格。银器雕刻艺人吕金元师傅,手把手地向徒弟们传授制作镶银桦木蒙古碗的技艺。他和徒弟们制作的桦木碗,在镶嵌的银泊上雕刻着"旱八宝"图案(即扇、剑、葫芦、云板、笛子、花篮、鱼鼓、荷花),雕刻着轮、螺、伞、盖、花、罐、鱼、盘肠的"水八宝"图案,还有草芸花纹等图案,牧民们非常喜爱,成了供不应求的产品。1983 年 3 月,镶银桦木蒙古碗,被中国国际旅游会议评为优秀作品,受到奖励。

厂里的青壮年工人,占职工总数的 64.47%。厂里经常举办业余技术学习班、岗位练兵、技术表演等,以提高他们的技术水平。早年蒙古靴行业的学徒,规定三年才能出徒,还得谢师三个月。现在两年多便能独立操作了。

呼和浩特市民族用品厂生产目的明确,全心全意为少数民族服务。如生产马鞍具中的鞍泡,一个只收入 7 分钱,既费工又没有利润,但他们照样保质保量地生产。制作一座白荏桦木马鞍的实际成本是 26.64 元,出厂价格是 14 元,每座赔12.64 元;一双大皂蒙古靴的成本是 34.81 元,出厂价只有 20.94 元,每双赔13.77元;但也都积极生产。他们精打细算,节约非生产性开支。在生产各种产品之前,都要认真合理地计算用料,努力降低消耗力。

厂长和书记经常带领技术人员和工人代表,带上产品到牧区,走访用户,调查余缺,征求意见。这样的走访征求意见,1969 年以来平均每年一到两次,每次 4 人左右。他们从锡林郭勒到呼伦贝尔,从伊克昭到哲里木,先后深入 20 多个旗、县、公社和放牧点,了解牧民群众的需求。他们根据牧民群众的意见,不断改进蒙古刀、马镫的尺码、重量、外观等。还采纳牧民建议,增添了胡镊子、铜烟锅头、顶针、奶锅等新产品。老牧民感慨地说:"过去的旅蒙商带到牧区的一双蒙古靴,有时就要换走我们的一头牛。今天,工厂的同志送货上门,质量好,价钱便宜,还可提出意见,处处为我们牧民着想。"

1977 年,锡林郭勒盟牧区遭受特大风雪灾害,上级交给这个厂生产 3000 双毡袜的任务。工人们昼夜奋战,仅用 20 天时间便保质保量地完成了任务。工效比过去提高 6 倍。

一些生产少数民族特需用品的汉族老师傅,和牧民群众建立了深厚的感情。

15岁就开始学做蒙古靴的吴永祥师傅，是祖辈三代家传的蒙古靴匠。他兄弟七个有四个靴匠，两个毡匠，一个皮毛匠。他从20岁就带着做蒙古靴的工具跑草地，在锡林郭勒、乌兰察布和阿拉善一带，不辞辛苦地为蒙古族牧民做靴、修靴，与他们相依为命。现在，吴师傅年纪大了，不能再到草原上挨家挨户地为牧民兄弟服务了，但是他与牧民结下的深厚友谊仍然与日俱增。1971年冬天，达茂旗的巴图巴雅尔领着患精神病的妻子来呼和浩特市治疗，就住在吴永祥家里。病人日夜吵吵嚷嚷，吴师傅一家人不但不嫌弃，还尽心帮助。当时，精神病医院没有床位，巴图巴雅尔在吴师傅家里住20多天，心里常惦记着家里的几个孩子。吴永祥说："你把病人给我们留下，回家去看看孩子们吧。"巴图巴雅尔刚走，住院通知来了。吴永祥立即找朋友筹措住医院的押金，把病人送进医院。1980年，吴永祥的独生子吴润林结婚，达茂旗、四子王旗、察右后旗等地的牧民朋友有的亲自来参加婚礼，有的捎来礼物贺喜。现在呼和浩特市读书的一些蒙古族牧民的子女，经常到吴永祥家里来探望。孩子们亲切地叫他姑父或姨父，有的星期六晚上来星期日再返回学校。吴永祥师傅的家，一年到头，常有草原上来的蒙古族客人，人们称赞这里是"蒙民之家"。

四

1969年至1973年，呼和浩特市民族用品厂生产的产品只有蒙古靴、马靴、马鞯三种。随着机械化程度的不断提高和老艺人的归队，以及经营管理的改善，生产步伐不断加快，产品的品种、花色、数量、质量也逐渐增加和提高。1974年增加了蒙古刀、毡袜、袜腰口等产品。1975年增加了马鞍具、帆布水斗子、铜铁马镫等。1976年增加了其他铜制品。1977年增加了桦木马鞍产品。1981年增加了桦木镶银蒙古碗、牧民床、蒙古包、皮夹克、蒙古袍等新产品。到1982年，这个厂生产的产品有皮革、金属、木制品三大类，25个品种，近一百个花色。到1982年底，已经生产少数民族用品213万件。产品全部由商业部门经销。主要产品及生产能力简介如下：

马靴 年生产能力3万双。有男靴、坤靴、童靴三种。分牛面皮（即光面）、黄油皮（即翻毛）高腰、半腰的棉、夹靴，有镶云的和素的。1978年新增镶全云拉锁坤马靴，专供乌兰牧骑表演使用的舞蹈靴和马术队专用的硬筒马靴，以及防寒翻毛马靴。

蒙古靴 年生产能力 2000 双。有大搬尖、小搬尖、邬郡、大皂、中皂、小皂几种，分大、中、童三种型号。香牛皮做靴筒，靴底用布衬缝纳，叫布底蒙古靴。也有镶云靴和无图案的素靴之分。1978 年新增镶全云大搬尖蒙古靴和用彩色香牛皮制作的八宝童蒙古靴。

马鞴 年生产能力 30000 副。有坎肩鞴、大方鞴、小方鞴、大圆鞴、小圆鞴几种。用料以香牛皮为主，也分镶云鞴和素鞴。镶全云鞴是一种装饰精致的高档产品，牧民们经常在喜庆、盛会、节日时配备使用。

蒙古刀 有直刀和折刀两大类。又分为带鞘带筷刀，无筷带鞘刀，光身刀，筒刀几种。有 8 厘米、10 厘米、13 厘米、18 厘米（指刀头尺码）几种规格。刀头用料以复合钢为主，刀把、刀鞘使用桦木、红木、杏木、牛角等材料制作，并用黄铜皮及纯银、镀银装饰。有模压制品，有手工雕刻錾花制品。有的刀把、刀鞘用绿沙鱼皮包饰，有的在刀把、刀鞘的图案上镶嵌色泽不同耀眼夺目的珐琅、玛瑙、宝石等；图案有传统的"二龙戏珠""八宝仙子""双蝠捧寿""草芸环八宝"等，还有现代的图案，用蒙汉两种文字书写的"三十周年大庆"（指内蒙古自治区成立三十周年）"社会主义好""民族大团结"等。

马鞍具 包括鞍花、鞍条、梢绳眼等，能完整地配备整套骑马用具。

铜制品 都是工艺要求高，品种花色多，批量小，利润少，甚至赔钱的小件。如胡镙子、铜烟锅头、顶针、奶锅、铜鞍泡等。对此，他们也都精心生产，保证供应。

马镫 分铜和铁两类，1977 年新增加刻有"牡丹花""二龙戏珠""草芸花纹"等新颖图案的品种。

蒙古包 是异型空腹钢制包架，形状美观大方，经久耐用。

五

1977 年，这家工厂被列为呼和浩特市重点对外开放单位。至 1983 年 6 月底，已接待了伊朗、加蓬、美国、日本、瑞士、埃及等 32 个国家和地区的旅游者 15000多名。法国共产党总书记、泰国共产党总书记以及瑞典三军司令、缅甸总统夫人、美国国务卿夫人等，都曾来厂参观访问。

中央领导同志郝建秀、廖汉生以及内蒙古自治区党政领导布赫等同志也曾到这个厂视察工作。

他们生产的蒙古刀、蒙古靴,以及毡制小蒙古包、铝制纪念牌、石膏蒙古靴、骆驼等具有蒙古民族特色的旅游纪念品很受欢迎,参观者争相购买。到 1983 年 6 月底,已经销售 100 多种,金额达 20 多万元。

负责接待工作的青年宁兰芬、张丽君、于慧峰,通过刻苦学习,已经能用英语和外宾对话。一位上年纪的外宾,听到宁兰芬英语讲得流利,问她是哪个大学毕业的,宁兰芬回答说是自学的,这位外宾很钦佩,当即表示,回国后要以宁兰芬的事例教育自己的孩子努力学习。

1980 年,北京电影制片厂和意大利合拍电影《马可·波罗》,所用仿古兵器和道具,全部是呼和浩特市民族用品厂制作的。由于保质保量按期交货而受到好评,为社会主义祖国争了光。这些仿古兵器和道具的制作,是对这个厂技术水平的一次大检验。仅仿古兵器中的刀就有 19 种、538 把,如忽必烈大刀,忽必烈一、二级将士刀,忽必烈骑兵单刀,忽必烈步兵小刀,忽必烈将军大刀,铁木尔刀、大铁木尔刀,公主刀,钦金刀,殿前卫士刀,部落骑兵刀,部落骑兵单刀,部落大刀,藏族骑兵刀,藏族腰刀,凯杜刀。此外,还有各种剑 11 把,各种长矛枪 140 枝,长蛇矛 50 枝,各种斧 20 把,盾牌 100 块,毡辔一副,各种马鞍 165 座,鞍垫 165 块;马笼头 365 个,马缨 65 个,各种铜铁马镫 365 副(其中铜方錾花马镫 10 副,镶嵌宝石 2 副),镫带 365 条,马肚带 60 条。古色古香的仿古兵器,共计 44 种,2410 件。

道具中仅马鞭就有 10 种,337 副,如忽必烈和贵族的上马鞭,下马鞭,皇后用的马鞭,忽必烈士兵用的马鞭,部落用的马鞭,皇家卫士用的马鞭,将军贵族用的马鞭,将军用的虎鞭。此外,还有各种弓囊 305 个,各种箭囊 305 个。各种道具共计 18 种,947 件。

由于上述仿古兵器和道具制作精细,交货及时,取信于用户,1983 年 8 月 25 日,北京电影制片厂又派负责道具工作的张先春同志来呼和浩特,与民族用品厂签订合同,制作影片《双雄会》的道具,共 93 种,1392 件。包括:戟刀、眉光刀、单刀、二郎刀、偃月刀、御林军大刀、御林军鱼头刀、凤嘴刀、屈刀、内月牙刀 12 种,186 把。单钩枪、钩镰枪、双钩枪、抓枪、素木枪、拐刃枪、鸦项枪、梭枪 8 种,190 枝。扁钩 20 把。杵棒、双狼牙棒、狼牙棒、钩棒、抓棒 5 种,70 根(对)。西瓜锤、流星锤、蒜头锤 3 种,19 对。猎叉、叉子、武叉 3 种,55 把。斧子 10 把。扬图 20 把。夷矛、外目矛两种 140 枝。长角钻 20 把。钢鞭、竹节鞭两种 10 对。旗冠两种 102 个。信炮 4 个。三眼铳 4 个。方碗隔碟餐具 12 套。酒壶两把。水袋 10 个。蚊帐钩两个。莲花灯 4 个。蜡签 8 盏。牛角灯 4 个。猪尾马鞭 18 种，45 把。皮扯手 10 根。弓箭囊 9 种 230 套。元宝两种 20 个。碎银 50 块。蝴蝶香炉 50 个。铜镜一枚。酒杯 3 种，30 个。马缨子 40 个。马铃铛嗓子 20 个。铜银酒水壶两种 4 把。

这个厂生产的少数民族特需用品，不仅供应内蒙古自治区，而且支援四川、甘肃、宁夏、西藏等省（自治区）。1978 年 7 月，这个厂生产的男七云（口八云）大搬尖蒙古靴，被中央轻工业部、化学工业部、商业部和国家标准总局评为"优秀设计样品"。镶银桦树根木碗在 1983 年 3 月召开的中国国际旅游会议的旅游纪念品评比中，被评为"优秀作品"。镶全云香牛皮蒙古靴，也受到表扬。

1973 年到 1982 年，呼和浩特市民族用品厂共上缴国家税利 70 多万元，多次被评为二轻工业局和呼和浩特市的先进企业并受到表彰奖励。

（原载《呼和浩特史料》第三集第 415 页—424 页，中共呼和浩特市委党史资料征集办公室、呼和浩特市地方志编修办公室编，1983 年 11 月版。发表时署名赵梁〈本书作者笔名〉。收录本书时增补了内容。）

庆生帽店

在 30 年前的呼和浩特市玉泉区大召东夹道,就是西兴旺巷(早年的西鞋袜巷)的路南,有一家不引人注目的小门市,在不大的橱窗内摆放着圆顶帽、前进帽、棉帽……在门侧,立着一块儿画有简单图案的木牌,上面写着一个"森"字。迈进门槛,在小小的柜台前,只要有三位顾客就站满了。在柜台内,只见一位谢顶的老师傅正忙着裁剪(据我多年观察,就是到了"三九天",也没见他戴过帽子),里边是一男一女两个中年人正在两台缝纫机上劳作。

在裁案上放着各色布料,一小卷一小卷就像小山似的。这就是 60 年来从事制帽行业的高庆生师傅和他的儿子、儿媳开办的庆生帽店。

这位高师傅祖籍河北,14 岁进北平学徒,后来跟着在著名制帽店鸿长盛学过艺的表兄马星五继续学习制帽技艺。高庆生学艺刻苦,深得表兄的喜欢,一个认真学,一个认真教,高庆生很快便掌握了制帽技艺。

1944 年,高庆生来到了归绥市旧城,先给一家制帽店打工当师傅。1950 年,他与表兄在大南街的头道巷路北开设了永泰昌帽店。由于资金短缺,又没有营业门脸儿(永泰昌开在一座大门院内),所以只承揽来料加工的业务。永泰昌开业后,信守合同,服务周到,技艺精湛,深受顾主的信赖,名声渐起。不少商店也派员前来洽谈业务。

1965 年,高庆生在大召东夹道的西兴旺巷路南,以自己的名字开设了庆生帽店,店铺带作坊只有 18 平方米,经营业务以来料加工为主,零售为辅。高师傅注重信誉,对产品质量严格把关,加工费及零售帽价合理,不用做广告便引来一批批回头客。

过去,一些大城市的制帽店,只经营一种式样的帽子。高师傅认为这种做法局限性太大,应以多品种经营为佳。由于他从小学艺刻苦钻研,对制作各种帽子的技艺可说是样样皆通。所以,他按照顾客的要求,数十年来制作了上百种样式的帽子,常年经营的也有四五十种。高师傅叫绝的制帽技艺,亦引来了各类演出团体派员前来订货。内蒙古京剧团要演出《草原英雄小姐妹》,请高师傅制作几种帽子,他慨然应诺,按期保质交货,使演出顺利进行。内蒙古歌舞团演出安代舞,需要几种帽子,虽经四处求人,但无人敢承揽这项业务,高师傅答应可以制作,并定期送去。呼和浩特市晋剧团,还有戏装厂等单位,都是从这家不起眼儿的小帽店,加工定制戏剧帽子。

一位土默特左旗的顾客前来购买帽子,一连试戴了4顶也不合适,一顶62号的帽子戴在头上还是小。顾客有些失望了,高师傅建议道,"定做一顶吧!"一个星期后,一顶65号的新帽子做好了,顾客戴在头上很合适十分满意,一再夸赞:"老师傅的手真巧!"

在北京市白纸坊西街45号居住的高连臣,1982年夏季来呼和浩特出差,听说庆生帽店的帽子做得好,因急事返京没来得及购买。回到北京后两次来信,定购了4顶帽子。

庆生帽店制作出售的缎子帽,有蓝、黑和深褐色3种,既有素的又有对花的,在帽顶上还缀有桃圪瘩儿,无帽舌,是硬壳儿帽。这种帽子不仅国内一些老年顾客喜爱,而且深受前来古庙大召观光的外宾的欢迎,外宾纷纷购买作为呼和浩特的纪念品。

笔者和我的亲戚、朋友,都从庆生帽店购买或定制过帽子。

庆生帽店既备有现货,又承担订货,还接受来料加工。加之营业时间长方便顾客,服务态度好,赢得了顾客的信任,生意分外兴隆。

1990年,已经77岁高龄的高庆生师傅,日子过得舒心,有了帮手,有了徒弟。这一年,他的儿媳卢金萍又在旧城北门外的通道南街开设了一家"幸福帽店"。高家在制帽行业中的名声更大了。

(原载《呼和浩特晚报》1984年3月8日2版。发表时署名赵梁〈本书作者笔名〉。收录本书时增补了内容。)

温士元绱鞋铺

1984 年,我采访到一位制作特号鞋的温士元师傅。他开设的绱鞋铺没有字号。橱窗内摆放着各种式样的男女夹鞋、棉鞋,有布鞋也有皮鞋。有的鞋出号的大,有的又十分的小,这种小鞋还是尖头的。进入店内看也就是一间半大的面积,既是门市又是作坊,各种制鞋的工具是一应俱全。小鞋铺由他一人经营,他是经理也是店员,更是耍手艺的师傅。别看这家小鞋铺不起眼儿,它的名声可不小。这位温师傅,急顾客之所急,千方百计地满足顾客的需要,不仅受到本地顾客的欢迎,而且受到远在山西大同、北京等地顾客的好评。

这家小鞋铺,坐落在红火热闹的呼和浩特市玉泉区大召西夹道 5 号,它的隔壁就是民国时期归化城的一位首富兰银余开设的德余泉货庄,距离古庙的大召西仓最近。在附近店铺不少,居住的老住户也很多,因此小鞋铺的业务量增加了,更以货真价实赢得了顾客的信任,他一个人真有点忙不过来。有时老伴儿给他帮忙打下手。

这位温士元从小学习绱鞋的技艺,他的师傅是一位山西大同人,他技艺全面,不仅会做布鞋,而且能制作皮鞋。他对勤快好学的温士元一手不留地把自己的技艺全部传给了这个徒弟。人们常说的"师徒如父子",在他俩身上得到体现。出徒后温士元曾在鞋厂工作。他耍手艺 30 多年,也成了一位技艺全面的制鞋把式。

他开设的小鞋铺,不仅加工大路货的布鞋和皮鞋,而且承制特号鞋,这就更使温师傅和他的小鞋铺,"隔着窗户吹喇叭——名声在外"了。

旧社会妇女受歧视,绝大部分被迫缠脚,后来虽然放开但脚已畸形。这一部分顾客,在市场上就很难买到合脚鞋。1983 年春季,一位家住新城的女顾客经过这个鞋铺,在为在北京居住的婆母制作了一双夹布鞋,由于穿着舒适,秋天又从这里定做了一双特号棉鞋。老太太给儿子来信,一再夸赞儿媳找到了这么一位心灵手巧的鞋匠。

呼和浩特市郊区辛辛板村的一位农民,在市场上买不到他需要的特号鞋,找到温士元师傅诉说自己的苦恼,温师傅专门为他制作了一双45号的特脚鞋。这位农民一穿很合脚,很满意。又让温师傅制作了一双特号棉鞋。

家住桥靠村的一位中年顾客,一次就从温师傅这家小鞋铺为母亲定制了4双放脚坤鞋。

温师傅的小鞋铺,既制作订货,又承揽来料加工。一位顾客自备鞋面,并拿来一双又旧又大的塑料底,温师傅不嫌脏、不怕麻烦进行了裁剪和改动,两个星期后,这一双新面儿旧底鞋绱好了。顾客一边付钱,

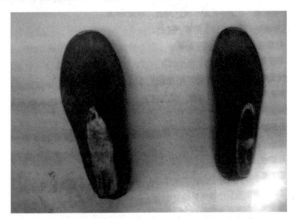

绱鞋楦子　张景植提供

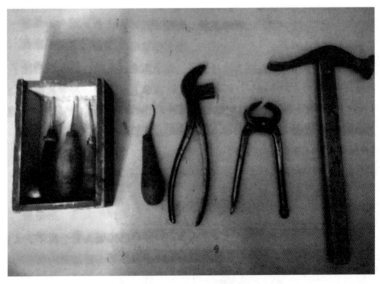

绱鞋工具　张景植提供

一边满意地说,"这儿真是一家便民鞋店啊"。

温师傅不仅制作适合老年妇女穿着的坤鞋,还制作其他型号的男女鞋。鞋的品种有方口、圆口、小舌头、一根带儿女夹鞋,拉锁儿的、气眼儿的、大舌头的,还有橡紧女棉鞋,圆口、松紧口男夹鞋,高、低腰驼鞍、气眼儿男棉鞋等。

在加工方面,既能正绱、反绱、明绱各种绒、呢子面儿布鞋,又能制作笼条儿、大底、兜底皮鞋。温师傅制作的鞋,式样美观大方,深受顾客的欢迎。

在温师傅的小鞋铺里,仅各种规格的木制鞋楦子就有百十来对儿。由于他做鞋精细,一丝不苟,效率高,价格合理。呼伦贝尔市、包头市、大同市、北京市等地的一些顾客,宁肯舍近求远,也要托在呼和浩特的亲友从这里定制合脚鞋。

(原载《内蒙古日报》1984 年 6 月 12 日二版,发表时署名赵梁〈本书作者笔名〉。收录本书时改动了标题,增补了内容。)

旋工师傅刘三虎

　　20 世纪 80 年代,在呼和浩特市玉泉区大召东夹道南头的路东(离王一贴膏药店不远)有一家一间大的门脸儿,在门外挂有书写的"旋工土产门市部"的铺名木牌。当时,这种旋工作坊已经很少见了。什么是旋工呢? 有的读者不甚清楚。早年,在大召东仓南头的路东就有并排 5 个旋工摊儿。名把式有程兆祥、毕聚库等师傅。中华人民共和国成立后在通顺南街成立了呼和浩特市旋工木器厂,首任厂长就是程兆祥师傅。旋工就是俗称的旋匠,师傅们所用的设备,就是木制的长方形土机器,四面有框架,中间有木轴可以固定制作工件的木料,用拴在木杆上的皮带,套在木轴之上,用一只手来回拉操作木杆儿,使工件原料旋转,另一只手紧握车刀,左右移动切削加工原料。这是把木料加工成各种内圆、外圆和外圆棱儿等形状的工件。它的操作原理和机械行业常用的金属切削机床一样,只不过是手工操作、切削木料不同而已。旋工师傅操作时,坐在小木凳儿上,腿还得顶住掌握工具的手。一双手和两条腿都不能闲着。师傅们常说,四股大筋得一齐绷着。一天劳作下来,腰酸腿疼,全身难受。

　　这家旋工土产门市部的经理、店员、师傅,都由他一人担任,刘三虎里里外外一把手。在门市部的门外,有一个陈列着出售产品的,既像橱窗、货架,又像售货车的长方形的东西,说它是橱窗吧,可以活动,说它是货架吧,下面却安装着四只玲珑的小车轮。由此可见,这位刘师傅是个心灵手巧又十分有心的人。

　　在这个既有橱窗和货架功能又是售货车的里面,整齐地摆放或吊挂着旋制而成的各种规格的擀面杖、擀烧卖皮儿的烧卖槌子、烙咸焙子(即素油焙子)时能使焙子面儿上出现方格纹路的花轳辘子,大小衣架上面的衣架顶尖(也叫衣架帽儿)、圆桌腿儿,各种橱柜、写字台上的拉手,可以掸掉衣服上尘土的掸子把儿,有形状像早年妇女洗衣服时使用的槌敲,但比槌敲细的、饭馆饼铛师傅烙大饼时使用的饼把儿,骆驼鼻拉子,农村压骡子时所用的纣棍儿,还有召庙中的喇嘛、寺院中的和尚等出家人,念佛时使用的佛珠,佛珠有用水果李子核制作的,也有用枣木加工成的,出家僧人管它叫作"十八罗汉"。更有意思的是,在售货车内,还有孩子们尤其是男孩儿们十分喜欢的陀螺,当地孩子们称它为"毛猴儿"。它的模样是圆形、平头、下头尖,在上面还旋有花纹圈儿,在陀螺着地(或冰滩)的尖头处还镶有一颗小铁滚珠,玩的时候用绳子缠绕陀螺后,用力抽动绳子让陀螺直立而飞快地转动,这是一种能使孩子们锻炼身体的好玩具。刘师傅制作销售的"毛猴儿",有大小两种规格。

进入门市部内,是一个窄胡同形状的房间,宽度约 1.2 米,长度约 5 米,房间的顶棚也不甚高。这也是刘师傅为什么在门市外制作停放一辆售货车的原因。在靠北头,整齐地堆放着不长也不太粗的方形干木料,这是制作旋工木器的主要原材料。在靠里面的南头,是一台经过改造的机床(车床),原来是车铁器活儿的。现在顶尖保留了下来,车头部分改制成了适合车木器活儿的机件,还安装了既有铁又有木的架子,能活动,便于调整角度,方便操作。在车床上摆放着加工木器活儿时所用的斜刀、平刀、槽刀、卡尺等工具,还有一台小台钻。

笔者前去采访时,刘师傅正在车床前加工一根儿不太长的圆木棍儿。经过交谈才知道,这些不太长的圆木棍儿,原来是表演蒙古族曲艺节目"好来宝"(也叫"好力宝")的时候,用来伴奏的四胡的弓子把儿。只见他一会儿用游标卡尺测量,一会儿用平刀车圆,最后手拿纱布,既虚又实地握住木棍儿,在车床的飞快旋转中为木棍儿刨光,一把四胡弓子把儿制成了。

刘师傅高兴地告诉我,使用上车床后,再不用低头哈腰、四股大筋绷着了,坐着操作变为站立操作了。这一改革,不仅减轻了劳动强度,而且提高了工作效率。

他还告诉我,旋制木器活儿所用的木料,不能熏烤,必须靠自然干燥。用这种原料制成的产品,经久耐用永不变形。有一次我和刘师傅正在交谈时,进来两位顾客,原来是坐落在南柴火市街南端的青衣僧寺院——观音大寺(观音庙)的和尚,是来取让刘师傅加工制作的木鱼儿槌子——出家僧人诵经,用来敲击的。只见,木把儿约 3 厘米粗,长度 50 厘米,顶端好像一只桃似的,长约 15 厘米,粗约 10 厘米。他们还提出,要加工几个蜡扦儿底座儿和蜡台,都是用来插蜡烛的器物。刘师傅让他们拿来一张草图也行,或是量个尺码,由于比较大,暂时没有原料,过一段时间才能加工制作。

刘师傅还为制作出售帽子的店铺制作帽盔儿。直径约 20 厘米,这种帽盔儿就是制作没有帽檐、没有帽舌,在帽顶上缀有桃疙瘩的硬壳儿帽的一种木制模具。离旋工土产门市部不远的庆生帽店,就在这儿定制过帽盔儿。

刘师傅还为召庙加工制作木制的供器、底座等。

铜匠张双月

　　1988 年 12 月,我看到一家写有"大召民族铜器工艺品服务部"挂牌的门市,在门楣上还标有"铜器"两个大字,十分显眼。进门一看,只见一位师傅和一个像是徒弟的小伙子正在采用手工打制和传统的大焊焊接法,修理一只在喇嘛庙中才能见到的玛尼桶,是用手动旋转的那一种。这位师傅以为我是顾客,便放下手中的活儿和我打招呼。二人对视,过了一会儿两人同声说出"老同学"三个字。他叫张双月,我们是通顺街小学校的同学。我们数十年未见,如今他在呼和浩特市乐器厂工作,前两年开设了这个服务部。

　　我记得,张双月的母亲身材高大,红脸膛,在通顺东街东头的路北开设黑白铁制品门市部,是远近闻名的铜器、薄铁器的制作、修理把式,可说是"女中魁首"。后来,女儿(双月的姐姐)接了母亲的班儿,也是一把好手。她们加工制作的薄铁制品有各种规格的火筒、簸箕、制作凉粉儿的旋子、饭馆剔鱼子用的半圆形锅罩、从大油桶内往外取油的抽油器、盛水浇花儿的喷壶等。这一家传技艺,张双月也掌握在手,而且有了发展。

　　为庙宇服务是张双月师傅这家作坊的主要业务。几年来,他为召庙、寺院修理和复制了不少的铜制供器、法器、殿尖顶、塔尖顶、玛尼桶、翁登等。由于做工精细,保证质量,按期交货,受到用户的好评。

　　前面谈到的采用传统工艺整修玛尼桶一事,原来是内蒙古自治区阿拉善盟阿贵喇嘛庙的喇嘛打听到呼和浩特市玉泉区有一位铜匠张师傅,整修铜器技艺高超,便先派人前来联系,后把一只残破的玛尼桶运来。经过张师傅的精心整修,使其完好如初,喇嘛十分满意,夸赞张师傅心灵手巧!

内蒙古自治区民族事务委员会曾在张师傅的服务部为召庙定制风铃铛(亦称惊鸟铃)、塔尖顶、佛殿尖顶和直径为0.25米的仿金镀铜镜。他还为山西省著名的五台山的罗睺寺修配银制的"毕练"(长号)。为内蒙古博物馆的成吉思汗坐骑复制鎏金马鞍子、马镫等。为内蒙古外贸工艺品厂制作民族紫铜壶。电影《成吉思汗》中的部分马饰具铜铃铛,就是由张双月师傅加工制作的。

呼和浩特最早兴建的喇嘛庙——大召和遐迩闻名的席力图召在修葺时,张师傅为修理和复制召庙内的铜制供器、法器等做出了贡献,这是我走访呼和浩特市佛教协会和大召喇嘛时得知的。在大召山门两侧的红色墙壁上,各镶嵌着一个直径为0.5米的圆形铜制品,便是由张双月师傅制作的,召庙中管该铜制品叫作"翁登",做工精细美观大方。

土默特右旗美岱召的一对儿已经压成了扁形的长号,经过张师傅的精心整修又"复活"了,交给喇嘛吹奏音色很正。真是"妙手回春"啊!

呼和浩特市佛协的工作人员和喇嘛们还告诉我,这位张师傅十分谦虚,经常向喇嘛们请教,为使召庙以古朴的新貌迎接中外游客,有他的一份儿功劳。

在整修铜器时,离不开焊接这道工序。早年,既备有小炉子,也使用特制的手拉小风箱助火,用烧红的烙铁蘸上焊锡使破损处连接起来,还离不开先用焊药(俗称强水儿)清除焊接部分表面的杂质,防止氧化,使其容易焊接。后来,在张双月师傅的作坊里常年生着火炉,不用拉风箱了。打制火筒等所用的工具,有拐砧、拍板(硬木制成,宽约2寸,长约1尺,厚约7分)、小铁斧子、剪子(比普通剪子大,剪扇儿厚)、尺子等。

他的服务部还制作销售服装行业刷糨糊用的铜浆刀,水开了便鸣哨通知的细嘴儿、大肚的铜水壶、铁水壶和紫(红)铜壶,毛笔帽儿、鞋拔(溜)子等。他还为顾客修理铜壶、火锅、铜盆儿等。

后来,张师傅的服务部迁到了通顺东街(塞上老街)中间的路南。

(原载《呼和浩特晚报》1988年12月1日2版,发表时署名赵喜〈本书作者笔名〉。收录本书时改动了标题,增补了内容。)

铺设在人民大会堂的呼和浩特地毯

1960年5月的一天,在首都北京万人大会堂内蒙古厅的地面上,铺设了具有民族特色的地毯。这些美观大方的地毯,是呼和浩特市地毯厂专门制作的。

那是1959年的第四季度,内蒙古自治区党委、政府把为万人大会堂内蒙古厅制作地毯的这一光荣任务,交给了这家工厂。当时的呼和浩特市地毯厂,建厂只有一年多(1958年6月1日建厂),困难确实不小。国家专门投放了资金,内蒙古美术家协会的专家帮着设计这批地毯的图案,从兄弟单位调来了编织地毯所用的全部色毛纱;还从乌兰浩特、包头等地抽调来技艺娴熟的20多名织毯高手。

为了保质保量按时完成这一光荣任务,厂部成立了有厂长、技术人员、工人参加的三结合领导小组。这一光荣任务,安排在大车间(全厂最大的车间,亦称青年车间)进行生产。该车间原有木制机梁36套,后来又重新制作了几套大型的机梁。车间的技术指导师傅是郑根心(后来编织圆形地毯、人物挂毯的高手)、刘全等,当时我19岁,是这个车间的计划统计员。

这批地毯称作素古地毯,最大规格(长方形)的平均每块130多平方米,小规格的平均每块25平方米。平时生产的地毯,一块大规格的只需要4名工人同时编织,而这次编织的大规格地毯,需要12名工人同时编织。编织这么大的地毯,别说青年工人,就是老师傅们也是头一次。任务确实是艰巨的,但大家的心情是愉快的,因为能为万人大会堂献上一张美妙的地毯是一件值得自豪的事。

据当年分管生产的厂长刘德惠回忆,那时,师傅们上厕所都是小跑。编织地毯所用的工具刀子、剪毛剪子都是带刃的,十分锋利,有的师傅碰破手,悄悄一包扎,继续干。每人每天编织7平方寸,个个超额完成,最高的达到1平方尺。真是人人心里一团火啊!

这一年的春节,大家都是在地毯机梁旁边度过的。大年三十晚上,师傅们在车间里召开了迎春茶话会。时任自治区手工业管理局的王林局长和分管此项工作的马祉书同志,也来到车间向大家拜年。师傅们的劲头更足了。

这批素古地毯全部保质保量地提前完成任务后,曾拿到内蒙古体育馆试铺。自治区党委、政府的领导王再天、王逸伦等亲临观看后非常高兴,十分满意,表扬地毯工人保质保量提前完成了这一光荣任务,为呼和浩特市、内蒙古自治区争了光。

(原载《呼和浩特晚报》1982 年 4 月 27 日 3 版。收录本书时改动了标题,增补了内容。)

开设瑞昌号的修表师傅郭瑞

1988年10月的一天,一位朋友领我到呼和浩特市玉泉区通顺东街(今塞上老街)中段路北(离耶稣教堂不远)的一家名为瑞昌号的钟表修理店,修理我家已经停摆的北极星牌挂钟。这是一家父子店(父亲郭瑞,儿子郭志强),爷儿俩热情地接待我们。经过检查郭瑞老师傅说,这挂钟没有大毛病,擦擦油泥就行。

我仔细观察这一不大的钟表修理店,两个工作台就占去一半儿的空间。一进门有一个取暖的火炉。在靠墙的两只木桌上摆满了座钟、马蹄表,还有外国产的八音匣子自鸣钟呢。在一只玻璃柜内摆放的是各种式样的手表和怀表。两个工作台上靠外的三面儿及顶端,都安装了玻璃,上面挂的、放的都是待修和修好待取的手表、怀表、马蹄表(闹钟)。再看三面儿墙壁之上,挂满了各种式样的挂钟。我们进来不一会儿,正好是上午10点整,只听见挂钟、座钟还有自鸣钟,就好像比赛似的齐声鸣响,仔细听发出的声音又各不相同。

由于服务态度好、守信誉、保证质量、收费合理,这家父子钟表修理店,不仅被玉泉区评为先进,而且被评为市级先进个体户。

当时已经59岁的郭瑞师傅,小时候向一位不甚出名的张师傅学习修表技术,由于刻苦钻研,15岁便能为顾客修理钟表。"师傅领进门,修行在个人"这句老话说得再准确不过了。还有"教会徒弟,饿死师傅",我也有切身体会。学艺全靠自己下苦功夫,掌握各种表和各个零部件的性能是最主要的。几十年来,他为顾客修理过苏联出产的歌咕牌链条挂钟,德国出产的双箭牌、宝星牌挂钟,瑞士出产的五音钟、八音钟、天闻钟,英国出产的狮牌钟,日本出产的马登球、象登球牌挂钟、座钟。还有外国出产的金壳儿、银壳儿手表和怀表,如瑞士产的劳力士牌、欧美茄

315

牌等手表,大八件(直径约 8 厘米)、小八件(直径约 5 厘米)等怀表。

郭志强和墙上的挂钟

英国出产的狮牌座钟,好像是把座钟镶在一个木制的亭堂之中,在左右两面各有两根儿圆形立柱支撑着亭堂,在亭堂顶端的上方中间画有一只狮子。小郭师傅告诉我,这只狮牌儿座钟是 100 年前生产的。

郭瑞师傅还修理过公私合营烟台钟表厂生产的宝字牌挂钟和座钟,宝字被五角星包在中间,到现在已有近 60 个年头了。我让郭师傅修理的北极星牌挂钟,就是山东烟台木钟厂所产的。

郭瑞师傅还修理过上海钟表厂生产的福字牌,呼和浩特木钟厂生产的山丹花牌挂钟和座钟,天津钟表厂生产的手表等。

一些老式样儿的钟表出了毛病,您只要找到郭瑞师傅,他会千方百计地让这些"古董"准确地为您报时。

家住回民区的一位爱好收藏老钟表的顾客,用自行车驮着一只约 3 尺高的双箭牌五音挂钟,慕名找到郭师傅的瑞昌号修表店。经过认真检查,原来是主齿轮中的 5 个牙子被打断了，郭师傅采用手工焊接开齿，又经过擦洗油泥，使这只"老古董"又"复活"了。这位张姓顾客十分满意，后来又拿来几只不能工作的老钟表让郭师傅修理，经过郭师傅那双巧手的整修，钟表都精神地走动起来。

顾客来郭师傅这儿给表拨快慢、拨油丝、上指针等都不收费，收费时也很合理。一位顾客的上海牌坤手表，把表门子摔破了，她向一家钟表修理店打听价格，配一个要 2.5 元。来找郭师傅给配上后，只收了 1.2 元。一位顾客的手表停了，怎么上发条也不走动。一家钟表修理门市部的师傅看后，说是摆尖子断了，国产摆类子 1 件 7 元，进口件 14 元。经过郭师傅检查，说摆尖子没断不需要换，这位顾客只花了 8 元的擦油泥费，手表又走了起来。

来郭师傅这儿修理钟表的，不仅有市区的，郊区的顾客也不少，多为回头客或是老顾客介绍来的。有一位家住西水磨村的王姓顾客前来取修好的座钟。他说他们那儿的村民修理钟表都来找郭师傅，他和他儿子的修表手艺。

郭志强工作照

2014 年 3 月的一天，我又去郭师傅的钟表修理店作进一步的采访。只见郭师傅的儿子郭志强一个人在专注地修理一只手表。得知老郭师傅已于 2010 年 9 月 23 日病逝，终年 81 岁。

郭志强受父亲的熏陶，从小就喜爱钟表，而且十几岁就会修理马蹄表。平时，不会就学，不懂就问，再加上父亲的精心点拨，进步很快。经过几十年的实践，他也成了一位修理各种钟表的把式。就在我和小郭师傅交谈时，一位西菜园的顾客，拿着一只进口自动手表前来向他请教，小郭师傅告诉他这是一只仿品，你必须戴着它才走动。把时间等都调正后，让顾客再戴上一段时间，出了毛病再修理。

郭志强也和他父亲一样，十分喜爱收购老钟表，他收藏有手摇留声机（亦称话匣子）、木纹老唱片、老照相机等。爱好收藏的一些人士，也乐意前来和他们交流经验，交换、购买或让他们修理"老古董"。

据有关史料记载，1930 年前后，在归绥市众多的工商业中，有一种称作修理业，全市共有 20 多家，以修理钟表眼镜为业，在归化城（旧城）有 18 家，在绥远城（新城）和火车站各有 1 家。比较著名的主要分布在旧城的大什字北、大南街，如精丽眼镜铺、天成斋钟表铺，还有荣文号、德兴斋、聚宝斋、义珍号、义生号。其资本额最多者约 100 元，最少者约 20 元。其每年营业数最多者约 900 元，最少者约 50 元。全行业资本额约 1040 元。全行业每年营业数约 5600 元。

（原载《呼和浩特晚报》1988 年 10 月 18 日 2 版，发表时署名纪新〈本书作者笔名〉。收录本书时改动了标题，增补了内容。）

栽扫帚把式白金锁

笤帚、扫帚是人们离不开的日用品。住平房时,床上或炕上以及家中和院中的地面儿十分干净,一是人勤快,再就是笤帚、扫帚的功劳。住楼房时,就是用墩布墩地面儿之前,也得用扫帚先打扫干净。

从前,我遇过的问题,相信您也碰到过——买回一把龙须扫帚,没用多长时间脱把儿了,再买一把新的又脱把儿了,眼前放着一把龙须还很长的烂扫帚,真叫人心里不痛快! 后来,我采访到一位栽扫帚的把式——白金锁。之后,我没再因为扫帚烦心过。

这位白师傅是山西省崞县(今原平市)人。12 岁时,在老家跟一位远方亲戚学习栽扫帚,这位亲戚栽扫帚的技艺远近闻名。白金锁从小就勤快,这位亲戚师傅很喜欢他,便把技艺毫无保留地传给徒弟,白金锁也下苦功夫学艺。在外行看来,扫帚不就是龙须、铁箍、木把儿这三件东西吗? 可是,都是师傅栽的扫帚,为什么有的就脱把儿呢? 通过师傅的讲解和指点,加上自己仔细琢磨,白金锁逐渐地把"脱把儿"这一难题解决了。

他 20 岁时从老家来到归绥市,先是在八里庄村给人家当长工,有了时间也给村民们栽扫帚。后来,进了城先住在旧城的寿阳巷,后迁到红火热闹的大召前街南头的路西一个两间大的临街房,专门制作、加工各种扫帚。

白师傅有句口头禅——"保来回"。他和顾客们说好,哪怕用到还有一少半儿龙须脱把儿了,就给你换一把新的,一文不收。他还有一个与众不同的做法,就是顾客拿上已磨得快没有龙须的木把儿、铁箍,他给你新栽一把扫帚,只收龙须费和加工费。于是,"买白金锁的扫帚花钱少又能用住"的名声,不用专门做广告,很快就传开了。

就在我采访白师傅时,家住东菜园的张大娘,手中拿着扫帚把儿和小铁箍,来找白师傅。这位张大娘和他很熟。她告诉我:"老白栽的扫帚真好用,我这扫帚用了快一年了,磨成个圪嘟子(方言,拳头或拳状物),费了很大劲儿才把龙须圪节从铁环里弄下去。"这是顾客对白师傅技艺的肯定。

白师傅告诉我,来找他栽扫帚的顾客,除了近处的大召前街一带、史家巷、文庙街、南柴火市街外,还有远离大召前街的新城、呼钢一带的,城郊辛辛板村、西菜园、东菜园、二道河子村、西水磨村的家庭用户。对于每一位顾客,他做到了质量好、交货快、收费合理,值得信赖。批量用户仅学校就有土默特、南柴火市街(后改称民族实验小学)、南茶坊、公义店街、大南街头道巷以及西菜园、西水磨村的小学校。还有玉泉区公安分局、长和廊公安派出所、喇嘛庙大召、汉传佛教寺院观音庙、呼和浩特市地毯厂、市粮食加工厂等单位。他们不仅使用小型的龙须扫帚,还使用较大型的枳机扫帚。还有不少街道清扫员也专找白师傅定做枳机扫帚。

白师傅告诉我:"住家户拿上木把儿、铁箍,就是来料加工。单位一般是用完一批买一批,也有细心的管家把木把儿、铁箍收拾在一起拿来加工的。还有的用户不注意保养,使用过后的扫帚随便乱扔,经常日晒、雨淋受潮湿,没用多长时间,扫帚脱把儿了。有的不在乎再买一把,也有的觉得扔掉怪可惜,来找我,我给续上些龙须后,就能继续使用,一文不收,告诉他们怎样保养扫帚。"

他还说,家家户户离不开扫帚,每天要使用,如果用不了多久就坏了,这就给用户添了麻烦,人们常说若要公道打过颠倒。再说,人家花钱买你栽的扫帚用不住,就这一槌子买卖再也不来了,栽扫帚的地方有的是。所以,不能光顾挣钱而失掉信誉,断了主顾。白师傅言行一致,赢得了顾客的信任。

1981年,呼和浩特市地毯厂从南柴火市街迁到石羊桥东路,它的原址变成了袜厂。袜厂有一些职工不在玉泉区居住,可是常来找白师傅加工扫帚,原来是为邻居捎办的,义务宣传的作用是不小的。有时,一些顾客带的钱不够,或者是换衣服忘了带钱,白师傅二话不说让把扫帚拿走。他常说:"现在人们的觉悟高了,没有人来白拿扫帚,他们是不会坑我这个老汉的。"

白师傅的两个儿子,都学会了制作扫帚的技艺,一有空儿就回家来帮助父亲干活儿。父亲就告诫他俩,做营生就要实打实,决不能因为你们凑合,把主顾给我顶走,信誉是最要紧的,拿多少钱也是买不来的。

　　尽管白金锁师傅上年纪了,但对待质量仍然是一丝不苟。有时身体不舒服,宁肯停工或是少做一些活儿,让用户多等几天,也绝不马虎凑合。

　　一些用户不仅让他栽扫帚,还要求他制作笤帚,白师傅不好意思推托,全都满足他们的要求。他制作的龙须笤帚也同样好用。他年轻时在老家就会用黍子穗儿制作笤帚,就是俗话说的"伏"笤帚。

面人赵

20 世纪 50 年代,呼和浩特最早兴建的喇嘛庙——大召,不像今天这样每日对外开放,它的山门平时是不开的。那么怎样进大召呢?得从大召东仓的西小门儿或是大召西仓的东小门儿进去。在大召的山门前,有一丁姓钉鞋匠和他的女儿,在此给人钉鞋,技术不错。也给召内看护山门。在山门前,还有一位捏江米面人儿的师傅,他的名字叫赵连珠,祖籍山东省。这两位师傅一个山西人、一个山东人,和睦相处,各耍各的手艺。

赵连珠家境贫寒,12 岁那年父母亲忍痛把他送到离家乡 400 多里的济南府(今济南市),学习捏面人儿的技艺。他的师傅叫文景升,是小连珠母亲的远方亲戚,此人捏江米面人儿的技艺很高,远近闻名。连珠从小就聪明,他牢记母亲的嘱咐,学艺十分刻苦。他仔细观察师傅的操作,认真揣摩面人儿的身段、面部表情和颜色的运用。再加上师傅的点拨,进步很快。到 15 岁出徒时,在 5 个师兄弟当中,他是最出色的一个。后来,离开师傅独自到江湖中闯荡,一个十五六岁的孩子,遇到的困难可想而知。他先到南京、北京、天津等大城市耍手艺,开阔了眼界,增长了见识。后来,到包头、萨拉齐(萨县)一带捏江米人儿。22 岁时来到归绥市。每日到红火热闹的大召山门前,制作出售江米面儿人。由于他的技术娴熟,很快就远近闻名,人称"面人赵"。

不久,经人介绍他和什拉门更村的一位姑娘结为夫妻,家住通顺东街靠东头路北的一个小院中。对面的小巷,可通到穿行店巷、长安店巷、长和廊巷、大范家巷。呼和浩特成了赵连珠师傅的第二故乡。

彩色江米面人儿,有小巧玲珑、色调丰富、造型别致等特点;不仅吸引儿童,也为成年人所喜爱。中华人民共和国成立前,一些商号、店铺,还专门定制面人儿,如有的糕点铺还把各种式样的面人儿,摆放在橱窗内吸引顾客。一些官宦人家遇有红白喜事、庆寿、小孩过满月、百岁等,都要定制江米面人儿。赵连珠来到归绥后,常以古庙大召内天王殿中木刻彩绘的多闻(手握法器宝伞)、广目(一只手托宝塔,另一只手拿蛇)、持国(手弹琵琶)、增长(手持宝剑)四大天王形象为准,取吉祥如意、长命百岁之意。还有以我国古代演义小说,民间传说和神话故事中的形象为主。"面人赵"捏的江米面人,一般身高为2—3寸,最大的(特殊需要)身高为1尺。

经典名著《三国演义》里的"长坂坡"一折中的面人儿最多,各种形象有二十几个。从头戴到战袍,从脸谱到所用兵器,和戏剧舞台上的演员造型一模一样。平时制作的单个形象,有寿星老、孙悟空、猪八戒、关云长、武松、鲁智深、二郎神杨戬、哪吒等等。孩子们最喜欢的就是《西游记》中神通广大的孙悟空了。"面人赵"告诉我,一天曾捏过100个孙大圣。

赵连珠师傅制作的反映现代题材的面人也不少。比如解放初期取缔反动会道门一贯道时,他制作过"害人的一贯道"面人;抗美援朝战争时,他创作了"杜鲁门交枪"面人;在开展禁烟禁毒运动时,他创作了骨瘦如柴、面色苍白、脑袋耷拉的大烟鬼形象的面人儿。其他还有反映地方民族特点的面人儿。

"面人赵"曾应邀为内蒙古建筑学校制作了一个身着蒙古袍、头缠纱巾的女牧民形象的面人儿,只见她手提奶桶,站在膘肥体壮的奶牛旁边。草地上爬着一个小孩儿。还有三个男牧民形象的面人儿,一个在拉四胡,一个在拉马头琴伴奏,还有一个翩翩起舞。这是一幅多么生动的草原庆丰图啊!

赵连珠师傅对于传统戏剧中的人物形象是相当熟悉。他能制作的剧目就有70多部,顾客可以随便点戏,比如《二进宫》《三娘教子》《四进士》《武松打虎》《贵妃醉酒》《哪吒闹海》《杨门女将》《花木兰》等等。只见他的双手不停地动作,不一会儿"捏出"一出戏,你看那面人儿的面部表情、衣着打扮、手中所拿器物各不相同,个个栩栩如生。

制作江米面人儿的原料,是江米面、白面、明矾。以红、黄、蓝、白、黑等7种染料为主色,根据需要可以调制成20多种深浅颜色。所使用的工具是:小剪子,用以制作手、脚等;小刀,用以破竹子、木棍儿,制作大刀、长矛等;牛角拨子,用以开五官等;像哪吒所用的风火轮,还得加细铜丝。经过"面人赵"那灵巧双手的精雕细刻,面人儿们个个活灵活现,光彩照人。

（原载《呼和浩特晚报》1984 年 12 月 6 日 3 版,发表时署名梁二喜〈本书作者笔名〉。收录本书时增补了内容。）

五种资料辑录

2005 年,我到呼和浩特市档案局(馆)查阅有关档案资料时,发现了几十年前(最近的 1949 年,最远的 1960 年)归绥市商务会组织、各行业公会(35 个)、小商联合会组织及各种市场(19 个)、下乡小商贩等档案资料。我认为这些商业资料十分珍贵,便记载了下来。转眼,时间又过去了 9 年(到 2014 年)。我愿把这只有 3 千多字的 5 种档案资料汇集到一起,予以披露,以飨读者。

归绥市商会组织表　民国三十四年八月

职别	会长	副会长	常务委员	常务委员	常务委员	常务委员	常务委员	秘书	文书股长	股员	股员	总务股长	股员	股员	股员	股员		会计股长	股员
姓名	阎瑛	郭永茂	张静儒	韩席珍	张杰臣	刘炳忱	徐镒斋	元怡如	张奎聚	董文郁	刘镒	卢秉颖	吴成山	胡陞	王万宝	金玉山	刘海山	贾忠	曹明
年龄	46	56	56	50	36	63	61	44	42	43	23	34	44	37	43	61	32	59	63
籍贯	归绥市	归绥市	山西忻县	河北冀州市	山西崞县	河北新安	托克托县	天津	归绥市	山西忻县	归绥市	河北河涧	归绥市	归绥市	归绥市	奉天沈阳	河北滦县	晋北大同	晋北大同
所在商号	福顺厚	广兴泰	聚恒长	士宝斋	和记货庄	泰隆商店	镒生泉												
住所	杨家巷20号	民市北街21号	小南街18号	北门里38号	大召西夹道4号	北门里103号	南柴火市26号	小召后街15号	县署东马号巷3号	小召半道街79号	梁山街13号	大兴泰巷16号	薰皮坊巷5号	九龙湾5号	丁茶馆巷7号	三官庙街32号	小召半道街7号	小召三道巷19号	小召后街30号
备考																			

职务	姓名	年龄	籍贯	地址
股员	赵克俭	50	山西忻县	义丰店巷5号
股员	董安仁	59	山西祁县	圪料街40号
收款员	赵子云	47	归绥市	太管巷11号
收款员	乔广泰	62	山西代县	美人桥街30号
收款员	李如剑	58	归绥市	丁茶馆街3号
收款员	张如存	37	归绥市	南楼巷2号
收款员	杜炳	46	晋北大同	乃莫齐召4号
收款员	韩选卿	54	晋北大同	圪料街40号
调查股长	詹锡升	46	河北徐水县	棋盘街7号
股员	吴懋	41	晋北大同	小召后街25号
股员	马玉书	40	晋北大同	东苟家滩5号
股员	张毓珠	43	山西祁县	杨家巷文庙内
股员	樊学海	25	归绥市	周纸坊巷4号

归绥市各行业公会统计表　民国三十四年九月十五日

公会名称	公会会长姓名	公会所在地
绸布杂货业公会	张杰臣	小东街65号和记货庄
鞋帽洋广货业公会	刘炳忱	小东街63号泰隆商店
客货业公会	索贵荣	兴隆巷31号永兴和
中西药业公会	赵燕宾	大南街80号永合堂
五金公会陶瓷苇席山货业	李题元	民市南街46号盛兴时
成衣业公会	石辅卿	财神庙巷3号永增玉
茶叶业公会	卢芝	大南街19号厚昌茶庄
自动自转车业公会	孙界三	大南街85号宝源车行
钟表照相业公会	张则明	北门里77号亨得利
南纸印刷业公会	韩席珍	北门里71号士宝斋
染业公会	侯子仲	大南街泰和泉头道巷34号
澡堂业公会	韩令闻	北门里21号云华池
猪肉业公会	赵青元	王家巷11号福义长
杂营业公会	宁宽亮	石头巷1号福合长
运输业公会	张文斋	圪料街29号明德栈
阿片配给人联络所	温德忠	东鞋袜巷4号苏香阁
粮业公会	赵尔录	小召前街68号大德店
饮食店业公会	李珠	西顺城街66号
牛羊肉业公会	白子贤	晋阳楼巷7号

公会名称	负责人	地址
服装业公会		
生皮业公会	杜珍	太管巷 德和生
皮毛牲畜业公会	张廷玺	通道街 德丰祥
油业公会	朱耀丽	民市北街
烧酒业公会	徐镒斋	礼拜寺巷14号 镒生泉
毛制品业公会	赵鸿鸣	小北街41号 赵记工厂
皮革制品业公会	张书绅	北门里96号 大东鞋店
砖瓦石灰合作社	王明远	牛桥街64号
木器制造业公会	金贵章	三官庙内 德盛和
首饰业公会	杨九成	大南街2号 宝华楼
煅冶铸物业公会	乔英	小召半道街 德和炉
理发业公会	李得胜	席力图召内 聚盛堂
酿造业公会	武世芳	民市南街46号 复兴泉
米面业公会	梅子荣	牛桥街二公馆巷 万生庆
旅店业公会	刘棲桐	财神庙巷3号 中西旅店
人力车公会	宋世俊	

归绥市小商联合会改选后委员分工　1953年7月30日

组宣委员会委员：
张有德　李世华　赵会全　罗志　赵明
云二子　宋捷臣　赵午寅

调解委员会委员：
牛德胜　马玉　程兆祥　高仲义　张树楠

财经委员会委员：
刘凤玺　吕振芳　阎国珍

副主任委员：
牛得胜　刘凤玺

主任委员：
石先德

委员名单：
石先德　高仲义　赵会全　张树楠
牛得胜　马玉　宋捷臣　赵午寅
刘凤玺　阎国珍　云二子
程兆祥　李世华　张有德
吕振芳　罗誌　赵明

归绥市小商联合会委员及市场正副主任姓名表　1953 年 7 月 30 日

市场别	纸烟市场	山货市场	饮食市场	百货市场	铜铁市场	铜铁市场	通顺东街市场	通顺西街市场	民市北街市场	小召市场	通顺西街市场	通顺西街市场	通顺西街市场	民市北街市场	民市北街市场	民市北街市场	小召市场	小召市场	小召市场
姓名	石先德	刘凤玺	程兆祥	吕振芳	高仲义	牛得胜	谷恒林	杨健民	张树楠	阎国珍	杨健民	刘德泽	于计海	秦聚财	张树楠	郝明	李树瀛	阎国珍	王玺
职别	主任委员	副主任委员	副主任委员	委员	委员	委员	委员	委员	委员	委员	市场主任	市场副主任	市场副主任	市场副主任	市场副主任	市场副主任	市场副主任	市场副主任	市场副主任
年龄	51	35	47	42	29	57	37	33	52	43	33	53	35	40	52	44	48	43	34
籍贯	山西代县	归绥市	河北蔚县	河北深泽	归绥市	丰镇	河北宁晋	河北望都	归绥市	山西左云	河北望都	河北曲阳	山西忻县	山西大同	归绥县	归绥市	山西朔县	山西左云	山西左云
现住址	棋盘街6号	大召前68号	长和廊13号	棋盘街6号	家庙巷1号	大召前荣升元巷4号	三官庙街21号	西尚义街14号	东尚义街27号	小召前街124号	西尚义街14号	通顺街68号	东五十家街24号	乃莫齐召4号	东尚义街27号	民市北街24号	小召二道巷13号	小召前街124号	小召前街16号
经营行业	纸烟	菜籽	镟匠	五金	钉鞋	铜匠	胶带	杂货	杂营	米面	杂货	估衣	杂营	杂营	杂营	杂营	杂货	米面	杂货

市场	姓名	职务	年龄	籍贯	住址	行业
庆凯市场	张有德	市场主任	23	山西介休	东马道巷12号	修表
庆凯市场	高树声	市场副主任	51	归绥市	北门外38号	钉鞋
庆凯市场	刘寿	市场副主任	55	归绥市	县署后明星巷7号	煤炭
饮食市场	李世华	市场主任	40	归绥市	西成店巷13号	饮食
饮食市场	董鸿亮	市场副主任	40	归绥市	小范家巷7号	镟匠
饮食市场	郭凤岐	市场副主任	33	山东桓台	大召东仓1号	食品
山货市场	赵午寅	市场主任	40	山西崞县	西成店巷14号	杂货
山货市场	郭伟	市场副主任	37	归绥市	永光店巷2号	食油
山货市场	樊文祥	市场副主任	36	山西崞县	大召西仓7号	山货
铜铁市场	王鸿英	市场主任	50	山西平顺	大召西仓3号	铜铁
铜铁市场	高仲义	市场副主任	29	归绥市	家庙巷1号	钉鞋
铜铁市场	刘成文	市场主任	23	河南浚县	大召前街39号	铜铁
通顺东街市场	杨清荣	市场副主任	47	山西大同	西尚义街1号	估衣
通顺东街市场	谷恒林	市场副主任	37	河北宁晋	三官庙街21号	胶带
通顺东街市场	狄璋	市场副主任	54	山西大同	通顺街69号	估衣
新城市场	王寓	委员	32	山西代县	江南馆巷甲1号	百货
二份子联营社	宋捷臣	市场主任	37	河北蓟县	武川县二份子镇	联营
街头	杨明	委员	56	归绥市	史家巷10号	煤炭
游动	赵会全	委员	45	归绥市	隆茂巷5号	挑贩卖菜
百货市场	陈万通	市场主任	33	河北蛟河	三贤庙巷5号	棉布

市场	姓名	职务	年龄	籍贯	住址	经营商品
百货市场	黄耀斌	市场副主任	25	河北定县	大召东夹道29号	棉布
百货市场	王建业	市场副主任	32	河北束鹿	新生街7号	百货
纸烟市场	石先德	市场副主任	51	山西代县	棋盘街6号	纸烟
纸烟市场	孙殿仁	市场副主任	39	山西大同	东尚义街2号	纸烟
大西街市场	刘金铎	市场主任	28	河北顺平县	翠花宫巷1号	文具
大西街市场	王祺	市场副主任	56	山西左云	四眼井巷29号	文具
礼拜寺巷市场	马玉	市场主任	42	归绥市	宽巷子3号	柴草
礼拜寺巷市场	任子明	市场副主任	42	归绥市	坟园巷3号	米面
礼拜寺巷市场	王焕章	市场主任	53	山西代县	水渠巷25号	理发
新城市场	罗志	市场副主任	49	归绥市	建设厅街1号	杂货
新城市场	许得胜	市场副主任	51	归绥市	柴火铺后巷15号	钉鞋
新城挑贩	马凤岐	市场副主任	37	河北徐水	二营小巷2号	醋酱
车站市场	杨志仁	市场主任	51	山东濮县	中山里84号	杂货
车站市场	罗永善	市场副主任	41	归绥市	四合店巷4号	杂货
提吼市场	赵纯	市场副主任	45	归绥市	三官庙街8号	提吼
提吼市场	李福	市场副主任	54	归绥市	太和居巷3号	提吼
提吼市场	蔡永福	市场副主任	31	归绥市	东尚义街19号	提吼

呼和浩特市小商联所属下乡小贩登记表　1956年

姓名	曹来栓	周志成	赵清海	刘春	杨永臣	曹寿春	张春林	秦满洞	郭芳诚	戎焕彬	朱华臣	李五林	王玉树	杨介卿	卢有喜	张庆新	贾永录
住址	西成店巷16号	大召西夹道24号	大召东夹道24号	大召前街23号	西成店巷12号	大召西仓甲19号	玉泉巷10号	大召前街21号	大召前街91号	大召前街99号	西成店巷6号	大召东仓14号	西成店巷16号	大召西仓20号	南楼巷14号	大召东夹道甲16号	大召西仓3号
从业人数	1	1	1	1	1	1	1	1	1	1	1	1	1	1	1	1	1
资金（元）	20	180	150	70	50	150	25	20	250	30	50	50	50	70	500	150	200
家庭人口	3	2	2	7	5	2	7	6	5	3	6	3	3	3	10	8	1
有劳力	2	1	1	6	4	1	6	5	4	1	5	2	2	2	2	4	1
无劳力	1	1	1	1	1	1	1	1	1	2	1	1	1	1	8	4	
经营项目	鸡蛋	照相	照相	收猪鬃	杂货	杂货	针线	杂货	杂货	杂货	杂货	杂货	杂货	杂货	水果	百货	百货

第四辑 餐饮数珍

惠丰轩饭馆

麦香村饭庄

凤林阁饭庄和凤麟阁饭馆

德顺源茶馆

庆荣源茶馆

万胜永酱牛肉铺

任香圃创办的福兴园酱园子

按回族习俗经营的广合益酱园

惠丰轩饭馆

一

说到归化城的饭馆,在清代的康熙、乾隆时期就已经有之。最早的饭馆是叫"大戏馆子",就是在戏院里摆设筵席。达官显贵、商贾士绅一面在餐桌上推杯换盏,一面观看戏台上的演出,这是一种别具一格的进餐方式。

在已有 434 年历史(到 2014 年)的喇嘛庙——大召(无量寺)内,有一幅塞上名画《康熙帝私访月明楼》(复制品,原绢画被收藏内蒙古博物馆),就是本土画家韩葆纯先生(家住宁武巷)所作,其构图与取材,都摄取了本地有名的大戏馆子造型特点与场景色调,并且塑造了神态与服饰各异的人物 110 个。

据说,归化城著名的大戏馆子有 3 家:一是小西街东口与宁武巷北口的拐角处的普庆园;二是坐落在小东街土默特辅国公府旁边,由嘉乐会馆改成的宴美园;三是大西街路南由公庆园改成的同和园。还有会仙楼、晋阳楼、金谷园也是大戏馆子的说法。贾勋先生著文称,他在大西街的旧居,就是清代乾嘉时期归化城中有名的大戏馆子之一的双和园。这家戏馆与当年的宴美园、同和园齐名,但历史更长。他小时候看到的双和园,早已变成了一家张姓和胡姓联办的同心漆铺。"遗憾的是,这座古老的清代遗构,在 1954 年被祖父拆除了,不然它会在一定的历史意义上,见证大西街近三百年的历史存在与归绥曾经的繁华。"

大戏馆子除戏台外都有二层楼。比如宴美园,在楼上、楼下共设 120 张八仙桌,一次能容纳 700 多位顾客。

进入民国时期,大戏馆子已没有了酒席,改为只唱戏设茶座的梨园业了,比如大观茶园、同乐茶园等。

后来的饭馆，虽然从规模上看不如大戏馆子，但设置讲究，环境典雅，名师上灶，饭菜精美，出入的食客多为官商巨贾等上流社会的人士。颇负盛名的饭馆要数坐落在棋盘街的荣生元，三官庙街的旺春元和大南街的锦福居三家，以及后来的麦香村、凤林阁等也属较有名气的饭馆。由于它们包办酒席，各有自己名贵的菜肴，所以被人们誉为上等饭馆，又称"细馆子"，也叫"小班馆子"。

还有称作"二细馆子"，或"大班馆子"的一类饭馆，它们经营的花色品种与小班馆子略同，但其规模、接待食客的格调，就次于小班馆子。当时的著名饭馆，有坐落在小召半道街路西靠北头的惠丰轩，大西街路南由双和园改成的福义元，以及后来大北街路西的天香饭馆，新城南街路东中段儿的长生元饭馆等。它们以家常便饭为主，也设酒席，但不多。人们还形象地称这种饭馆为"葫芦馆子"。

再就是普通饭馆，它们不制作高贵菜肴，也没有特色食品，除一般的牛羊猪肉菜外，主要出售荞面饸饹。饸饹是一种能够及时而大量制作的面食，边煮边卖，食客虽多但无需久等，为城乡劳动人民所喜爱。这种普通饭馆由于方便利索，人多时没有座位蹲下吃也可以，人们又管这种饭馆叫作"圪就馆子"。

还有经营单一品种的饭馆，如饺子馆、包子铺、莜面馆、面食馆等。这类馆子在旧城和新城星罗棋布，随处可见。虽然都以面食为主，但花样繁多，有剔鱼子、刀削面、大把儿拉面、小把儿拉面、圪团儿、片汤、荞面饸饹，仅莜面的品种除饸饹外，还有搓鱼鱼、推窝窝等。在调制上还分素汤、打卤、三鲜、肉丝、炸酱、煎猪肉臊子等。在烹制上还有焖、烩、炒、拌等，品种繁多，口味各异，是一种大众化的饮食。此外，还有专营饼食的馆子，如馅饼、合子、焖饼、烩饼、炒饼等。

归化城的清真饭馆，也很有名，如旧城西顺城街口的北古丰轩、大南街头道巷口的南古丰轩，北门外路东的庆三源(后改为同和轩)等，饭菜都颇具回族特色。

另外，茶馆也有出售包子、烧卖、油旋(糖油旋、素油旋、肉油旋)、锅盔(糖锅盔、肉锅盔)，也有卖面条的；一般都制作油糖干货，也称作茶点，只是花色品种上有的多有的少。这种馆子经营独特，只卖一堂，每日早上开市，下午就收市了。较有名气的茶馆首推大西街路南的德顺源。它的规模之大、用人之多、效益之高，在当时的归化城里是首屈一指的。

二

现在我们介绍归化城的名老饭馆——惠丰轩。惠丰轩属于"二细馆子",也叫"大班馆子"。始建于清代康熙年间,它的前身是义忠轩饭馆。

乾隆初年修建绥远城(俗称新城)时,要求在城中鼓楼内的顶端镶嵌一块白色的八卦石,这使众多师傅十分为难,没有敢于接受这一任务的。领工的官吏也为此事犯愁。就在这时,一位名叫郭万子的师傅承包了这一工程。一天,就在众工友吃中午饭休息时,郭万子带领着徒弟们,把这一大型八卦石镶嵌完毕。当天下午领工的官吏到此察看,十分满意,高兴地问郭师傅:"我要赏赐你,你想要些什么?"郭万子说:"我什么也不要。"这位官吏当时就做出决定,等城池竣工后,将所用的锹、斧头和麻绳之类的工具,全部送给郭万子作为赏赐。郭万子从此发了财。

惠丰轩饭馆　王东亮摄

就在绥远城竣工不久,义忠轩饭馆的股东要抽回股金,饭馆面临歇业。家住八拜村的一位乌姓财主垫财三股(约合七千吊制钱),郭万子垫财一股(约合两千多吊)接收了义忠轩饭馆,并更名为惠丰轩。

进入民国年间,这里仍然是惠丰轩饭馆。

1983 年,我有幸采访到惠丰轩学徒马福老师傅。据他回忆,民国九年(1920年)时,惠丰轩用半年的时间盖起了二层楼。在这之前,惠丰轩共有南、北、西三个客堂,称作"三股头的营生",满堂时可容纳 200 多位顾客同时就餐。当时,有堂倌(服务员)12 人,灶上的(菜案、烹调)9 人,面案上的 8 人,蒸锅 1 人,顶生意的掌柜、账房先生和跑腿的 6 人,全部从业人员是 36 人。

后来,增加了楼上的客堂,成了"四股头的营生",从业人员达到 75 名左右,可容纳 300 多位顾客同时就餐。

马老师傅对我说,惠丰轩有比较严格的铺规"六不准":不准乱说乱道,不准懒惰偷吃,不准歪戴帽子,不准敞胸露怀,不准顶撞顾客,更不准得罪穿皮袄的"财神"(到此就餐者多为近郊的富户)。违者便解雇不用,即使有人说情也不准再回饭馆工作。

为了取信于顾客,这家饭馆除每年农历的正月拉幌子(停业)外,还有与众不同的停业避暑的规定,即每年数伏天停止营业 1 个月,因为热天肉类等食品容易馊。

惠丰轩饭馆从每年的冬至到立春期间,在每天黎明前卖一次早市(一般的饭馆早晨是不营业的),制作出售一种称作"八宝头脑"的食品。这种食品是把榨过黄酒的新鲜糟粕用井花凉水淘洗,直到淘成炼乳的色质。每一小碗算作一份儿,在每碗中放置肥山羊肉(不用绵羊肉)两块儿鲜藕两片儿、土默特旗毕克齐出产的长山药,另加毕克齐产的大葱花、白葡萄、炒鸡蛋薄饼切块儿、炸熟的用白面粉制成的小疙瘩等,然后用糟乳煮热出售,取名"八宝头脑"。这种食品虽有浓郁的酒香,却没有强烈的酒精,多吃几份儿也不会让食客酒醉。所以,不饮酒的老年人,往往喜欢前来品尝八宝头脑。据着老们相传,这是清代初年大儒傅青主(傅山)根据中医学理论发明的养老秘方。在清朝年间,只有山西阳曲县(今太原市)的清和元饭馆独家制作出售这种"头脑"。另外,就是归化城的惠丰轩、双和园两家饭馆制作出售的"头脑"最出名。这种食品与明代朝廷赐殿前将军甲士们的"头脑酒"是根本不同的两种东西。

这种"头脑"的制作方法并不简单。它必须用当天的新鲜黄酒糟,隔一日就不能用了。由于用热水淘酒糟淘不出洁白带浓香的乳状汁来(热水淘出的是黑青色的浊汁),所以必须用井里的凉水。每日淘洗都在夜间操作,到鸡叫前必须一切就绪。数九寒天,工人们也照样得用井花凉水操作 3 个小时以上,也没有任何劳动保护用品,相当艰苦。吃"八宝头脑"的人只知道称赞味道鲜美又养人,却很少有人注意它是如何制作的,更不知道工人师傅付出了多少。这种食品具有温中祛寒、助气活血等功能。在当时流传着这样的赞语:"五明头(黎明前)吃上'头脑'过蜈蚣坝,省不得(不觉得)冻。""八宝头脑"成了惠丰轩一道独特的看家早餐。

这家饭馆制作出售的过油肉也色香味俱佳。盛到盘子里的肉都是"杏干儿色",吃到嘴里鲜嫩味美。顾客对惠丰轩加上豆腐的回勺过油肉很是称赞。这道菜端到顾客面前时,好像还在火上一样,仍然能看到开锅的状态。

另一种远近闻名的食品是"鸳鸯火烧"(不用擀面杖而是用手揉制的馅饼)。每盘10张算一份儿,甜馅和肉馅各5张,所以叫鸳鸯火烧。由于经济实惠,很受食客欢迎。

此外,这家饭馆制作出售的黄焖鸡、炒杂各(用料是羊心、肚子、腮帮子、蹄筋等,不用肝、肺)、炖吊子(是猪大肠的拐弯处)、烤方子、烤乳猪(没断奶的小猪)、挂炉烤鸭等,制作精细、味道鲜美,都很有特色。家住绥远城的不少顾客,不惜跑远路也要到这里就餐。

惠丰轩虽然不是"小班馆子",但在抗战胜利后的1947年,时任绥远省主席董其武,曾指定在惠丰轩饭馆摆设过一次大型宴席,招待军政人员,可见其名不虚传。

这家饭馆从业人员的工资,一般的师傅每月工资有3至4元的不等;徒弟是管(吃)饭没工钱。堂倌和厨师工资最高。马福师傅对我说,那时,有些顾客为了显示富有,就餐后还要额外再给堂倌点儿钱,称作"小费"(也叫小账)。有的时候,这种小费能超过工资。堂倌挨打受气的事是时有发生,按照铺规只能逆来顺受。

先后在惠丰轩饭馆献过艺的名厨师、烹调师傅有谢宽、杨丙午、耿三毛、王双全、蔡福田;菜案师傅有彭四宝、白来宝等。名堂倌有董命子、王生财、刘掌胜、刘全喜、马福等,他们对待顾客是热情周到。那时候饭馆的结算方法也是顾客先就餐后算账,由于算账准、快,有的堂倌被人们誉为"一口清"。刘全喜(郊区北奎素村人,系刘掌胜之子)叫菜声音洪亮、口齿清楚,被誉为"童子音",如:"咳——五寸过油肉(民国十年前饭馆盛菜也是用碗,有小、中、大、海碗之分;后改用盘盛,有五寸、七寸、尺盘之分),鸳鸯火烧五盘,苜蓿汤(鸡蛋汤)四碗相随。"有时一次多达几十样,叫完一遍还要重复一次(行话称这为"珍珠倒卷帘"),菜名、规格、数量是分毫不差。这位刘师傅不识字,他的账就在脑子里,是死背硬记。这种功夫是今天的服务员无法相比的。

据马福师傅回忆:那时候的营业额,有时一天能达到几百银圆,到晚上结账时,账房先生用当时的计算器——算盘,刘全喜师傅用口算(也叫心算),结果总不差分毫。马福是刘全喜的徒弟,由于刻苦钻研,学到了师傅热情接待顾客、眼快腿勤、算账准快的技艺,在饮食行业中也很有名气。马福由于年龄小(14岁学徒),经常用右胳膊托木制条盘上楼(以面条为例,一次可装20碗,约30斤重),又没有换肩的习惯,到30岁那年,出现了明显的左肩低右肩高,导致了肩膀畸形。

1983年,我到马福师傅家中采访时,这位八旬老人身体硬朗,记忆力很强。马师傅告诉我,虽然新中国成立后有公费医疗,但年轻时落下的这种畸形肩膀,已经无法矫正了。

惠丰轩饭馆于1949年7月14日歇业。同年9月19日绥远省和平解放。归绥市解放不久,马福等师傅曾多次找掌柜的和业主要求复工,业主不答应。后经人民法院裁定,业主给每位工人发了3个月的解雇费。随后,成立了由马福(服务员)任组长,冀锦义(服务员)、杜存拴(厨师)任副组长的生产自救小组,于1951年农历腊月十二在原址重新开业,取名公益轩,从业人员18名。

据从小在小召三道巷长大的崔继周(崔镜炉的后人)回忆,1952年上半年,著名晋剧演员康翠玲(1960年被评为呼和浩特市晋剧十大演员之首)的结婚仪式就是在公益轩饭馆举行的。康翠玲没戴凤冠霞帔,而是身着新式样的婚纱,坐的是陈大力(山东人,会武艺,开过德胜镖局)的四轮大马轿车子——车棚的外面是金黄色,四周都是玻璃,十分气派。

1956年,公益轩饭馆走上了公私合营的道路,隶属于呼和浩特市饮食总店,改任马福为主任,冀锦义、杜存拴为副主任。后来,招收徒工,职工人数增加。

1976年,上级主管部门将这里的职工调往中山西路路北的青城餐厅(在工人文化宫隔壁)等饭馆,公益轩饭馆停业营业。后来,这里成了延安旅社。

(原载《呼和浩特史料》第四集第399—403页。中共呼和浩特市委党史资料征集办公室、呼和浩特市地方志编修办公室编,1984年4月版。发表时署名记水〈本书作者笔名〉。收录本书时增补了内容。)

麦香村饭庄

当年的麦香村饭庄也叫麦香村酒楼,坐落在归绥市旧城繁华的大南街南段的路东,和广合益酱园、老三顺布鞋店等名字号隔街相望。20世纪80年代,由于加宽街道,其占地面积只留下当年的后半部分。这家饭庄是1921年农历九月二十一开业,也有建于1929前后的说法。在麦香村开业前一年或两年的农历正月,坐落在大南街的宝和兴杂货铺掌柜的姜明善(山西忻州人),宴请国民党绥远省党部的潘秀仁(字箴三)、贾联魁(字级三)、赵允义(字宜斋)等。酒足饭饱之后,潘秀仁人等十分赞赏这里的菜炒得味道鲜美。姜明善便介绍起炒菜师傅杨丙午来,说他是归化城一家很有名气的老饭馆荣生园的小小(徒弟)。为了吃喝享受更方便,潘秀仁等人在闲聊中,便提出集资开办一家饭馆,上灶的(掌勺烹调)就让杨丙午担任,另外再寻找些好把式。另传,杨丙午祖籍山西忻州,来归化城后,家住朱亥村,贾联魁家住老丈窑子村。两人相距不远,有邻村之谊,这也是杨丙午去麦香村的一个原因。

这次闲聊后,即由贾联魁(绥远省党部庶务股长)在国民党绥远省党部、归绥市党部和归绥县党部的党魁、党棍中,按50块(银圆)一股,共集资3000银圆。租赁本地大烟土(鸦片)贩子褚有珍的房产,改建成既有楼房又有平房,既有大客堂又有单间雅座的饭庄。先占用房屋20多间,后来又增加了小南院(系席力图召西仓的房产)正房和西房各3间,北小院7间左右,使楼面、门面显得高大、有排场,饭庄取名麦香村。呼和浩特市文联原副主席贾勋先生回忆,他的伯祖父是麦香村饭庄的股东之一(据说,翟家花园主人翟凤林亦是股东之一)。在他儿时的印象中,麦香村在建筑风格上具有半古曲半现代交融的韵味。尤其是那古朴的金字招牌十分诱人。黑底金字招牌上的"麦香村"三个字,有"颜筋柳骨"之风,为这家饭庄增添了清雅的风采。书写"麦香村"三个字的书法高手名叫韩渐逵(字子敬),曾经是《王若飞在狱中》一书里所指的那位"绥远模范监狱"的典狱长。贾勋先生认为,若不以人废字,还是应该记住他的书法艺术的。

归绥名厨杨丙午先生
(见《印象青城》)

麦香村的从业人员 50 多名,先后由杨丙午、姜明善等担任经理。1947 年前后,由于资方信不过杨丙午、姜明善等人,便把他们解雇(杨、姜去了绥远省政府社会处开设的"社会食堂",杨丙午仍然是上灶师傅)。亦说,由于国民党军政人员来麦香村吃喝赊欠严重,杨丙午无法忍受,辞去经理一职离开了麦香村。接任经理的是旗下营镇的齐国瑞。这家饭庄开业后,名气很大。当时的食客中流传着这样的赞美句:"灶上头(指烹调师傅)的丙午子(杨丙午,又名杨成林,曾被誉为"灶"王),堂里头(指服务员,就是堂倌)的根九子(罗志诚),绝啦!"一些老顾客来麦香村就餐,要先到后厨看杨丙午在不在,如不在就不吃了。

在清朝年间,归化城大盛魁、元盛德、天义德三大旅蒙商号等跨国商旅,曾经在大漠南北创造出辉煌的业绩,其中包括因为经济的繁荣所拉动的餐饮业,更是步入了一个令人惊叹的历史性发展阶段。

仅在乾隆年间,归化城的几家高级酒楼,已经闻名于塞北,名播京华了。像荣生园、旺春园、锦福居以及既能看戏又能喝酒吃饭的大戏馆子宴美园、同和园、普庆园等。它的影响之大,就连清代皇宫御膳房的司灶潘起师傅也出塞来到归化城传授技艺。由他烹制的蝴蝶海参、八卦鱼肚、凤尾鱼翅、绣球干贝、罗汉大虾、蜜汁山药、芙蓉燕菜等宫廷佳肴美味,不仅大大增添了本地招牌菜的数量,同时在饮食文化的层面上,进一步提升了青城的品位。而距今已有近百年历史的麦香村,正是继承了这一优良的烹调传统,所以,得天独厚地成为绥远最具代表性的餐饮名店。

1936 年,观音大寺(有倒座观音寺之称)设坛传三坛大戒,归绥市及外埠商界赞助者达 270 多家,其中就包括麦香村饭庄。

贾勋先生撰文回忆,60多年前,曾有过几次跟随祖母到麦香村饭庄宴饮的机会。记忆最深的大多是甜味性的菜点。比如,糖蘸羊尾(也叫酿羊尾)、拔丝山药(长山药)、糖醋里脊以及冰糖莲子加京糕的果汁汤等。这些菜肴都是小孩子最爱吃的东西。说到糖蘸羊尾,像一团白花花的棉花糖,吃起来似乎有甜淡的、近乎肉香的美味,又有滑滑爽爽、入口就化的快感。说起这道甜食是怎样烹制出来的,特别是"羊尾"这两个字,曾让他生出很多遐想。后来,他在台湾人唐鲁孙先生撰写的一篇文章中惊喜地发现,上边提到的羊尾,并不是绵羊的尾巴,而是把鸡蛋清经过特殊的处理之后,油炸而成。这一菜点原是北京西来顺拿手的清真菜,清朝末年就有,它的菜名叫作"炸假羊尾",而且还有包玫瑰豆沙馅的"炸假羊尾"。不知道麦香村饭庄的师傅是怎么把它学到手的。麦香村之所以是麦香村,是因为他们在烹调技艺上,博采众家之长,从而在青城餐饮文化史上留下自己风采独具的一页。

有一位60年前就在麦香村当堂倌的杨英拴师傅,他曾和贾勋先生谈起,当年麦香村制作销售的烤鸭,是十分考究的。那时的烤鸭是要经过选鸭、选料、填料的工序。在慈灯寺(就是五塔寺)南,有一片水滩。一户卢姓人家在这里饲养鸭子,人称"卢鸭子"。麦香村的师傅经常来这里挑选合格的鸭子,运到饭庄内,由一位姓龚的师傅在南小院饲养。填鸭是十分关键的一道工序,它要在一个特别的专用木笼里喂养一个多月,这只木笼,绝对不容鸭子有站立活动的自由。每次填喂时,把预先备好的高粱面团和高粱颗粒,搓成条捋住鸭子的嗉囊,一点儿一点儿地填进去。为了达到皮酥里嫩的效果,填鸭师傅还须运用大头针先把白条鸭的皮挑起来晾干,在烤制时,还要在吊炉的上方准备好杏木烧好的荤油,如此的精工细作,最终才能把一只高标准的烤鸭端到食客面前。

最近,我从一位"卢鸭子"的后人处了解到,卢家饲养的鸭子也供应至北京全聚德烤鸭店。

名厨师杨丙午,从小在荣生园饭馆学徒,做些洗碗、剥葱、倒泔水(污水)、磨刀、杀鸡、褪毛、扫地等打杂营生。由于他是个有心人,平时就注意观察师傅们的操作,"偷"了不少烹调技艺;后经师傅指点和他亲自实践,掌握了各种菜肴的煎烤烹炸、爆熘烧扒,包括用猴头、银耳、燕窝、海参、鱼翅、鱼肚、海米等山珍海味制作的菜肴,都受到顾客的赞赏。

杨丙午制作的色、香、形、味俱佳的菜肴,除了水晶肘子、过油肉外,就以熘黄菜而言,是用鸡蛋黄,配以香油、咸盐、味素等佐料制成,盛在深底盘内用小勺食用,吃到嘴里不用嚼便化了,而且薄厚一致、火色一致,就像烙的一张饼似的。顾客一看便引起了食欲,这就是俗话说的"看好吃香"。据杨丙午之子杨培业回忆,这道菜是他父亲的师傅患稀屎痨(痢疾)卧床不起,为感谢徒弟的精心侍候,在弥留之际传给他的。而艺不到家者做的这道菜,需要顾客大嚼大咽,那就成了摊黄菜了。烩乌鱼蛋汤是一种汤菜,盛在深底儿盘内食用但不是汤。这道菜也是他的绝艺,蛋片儿一片一片地都漂在汤菜的上面。苜蓿汤真像撒上苜蓿似的,全浮在上面,根本找不到块鸡蛋。这位杨丙午师傅,能制作百种以上的高级名菜。

中华人民共和国成立后,时任中共中央宣传部部长陆定来内蒙古视察工作,曾到麦香村就餐,品尝杨丙午制作的菜肴。餐后,走进后厨和满手油渍的杨师傅握手,夸赞他的烹调技艺,令杨丙午十分感动。

1963年,著名京剧表演艺术家李万春随内蒙古京剧团赴宁夏回族自治区演出前,曾和他的夫人李砚秀、三弟李庆春、长子李小春等全家十几口人到麦香村饭庄指名点杨丙午师傅制作的熘海参(葱烧海参不加酱油)等菜肴。演出结束后返回呼和浩特,又前来品尝杨师傅制作的拿手菜。另外,还让把做好的熘海参等打包,要拿到北京去让亲朋品尝。

先后在麦香村饭庄献艺的名把式还有:上灶师傅彭四宝(曾在名老饭馆惠丰轩工作过)、王奎、马全福、张九龄(杨丙午徒弟)、张连庆、杨金富;菜案师傅何补银、秦双元、崔庆庆等。

麦香村饭庄制作的名菜很多,如红扒鱼翅、糖醋鱿鱼卷儿、烧全家福(都是海味)、烤方子(猪肉制)等。

饼铛名手庞变生、陈发元制作的一窝丝,鲜香利口。做法是把和好的面像制作手撑面一样,蘸上素油或香油撑好后一盘绕,放进饼铛烘烤,熟了出饼铛时在上面撒白糖。炉饼,是使用烤完"方子肉"的油精制而成的一种饼,这种饼香酥可口、别具风味。麦香村饭庄制作的饼类,从家常饼到一窝丝、炉饼等,多达几十种。

这里也制作出售一种不使用擀面杖,而是用手工捏制的馅饼,每盘10张,甜馅、肉馅各5张,称作"鸳鸯火烧"。

麦香村的铺面宽大,楼上设有10个桌面,楼下大部分是雅座。楼上的客堂及楼下的雅座,可容纳200多名顾客,当年这是很有规模的饭庄。为了招徕顾客,这家饭庄的餐桌上都有苫布,顾客坐的凳子有凳套,还备有用漂白布制成的餐巾,称作"饭单"。顾客就餐时,可用饭单将胸部至双膝围住,以免弄脏衣服。餐具也很讲究,盘碟碗都是景德镇的细瓷器,筷子全都是乌木的。还备有纸花(就餐前擦碗筷碟等)、牙签儿以及洒有花露水的手巾把儿等。为使顾客解酒,这里还备有用干净碎冰块儿、白糖、切成碎块儿的水果等拌成冷食,盛在有沿儿的大盘内,取名"冰盘"。这些,在今天已经很常见了。

这里出售的黄酒(亦称"代酒"),不是从缸坊(制酒作坊)进货,而是麦香村的制酒把式李三丑、王大娃等人制作的,由于含酒精量低,民间又有"代酒养人"的说法,所以此酒很受顾客欢迎。

贾勋先生至今还记得当年麦香村在中秋节期间的商肆气氛。除了在门前搭建临时售货平台,并出售特制的高档提江套饼外,还别具新意地布置了中秋之夜的特色街景:在楼门两侧悬挂起一对儿古色古香的大型宫灯,宫灯中又设计了走马灯的光影效果,在灯光的晃动之下,《虎牢关三英战吕布》和《孙悟空三盗芭蕉扇》的皮影式人物形象,或是剑戟翻飞,或是腾云驾雾,情景十分动人,而且还旋转不停。孩童和成年人的身临其境,仿佛都被带进这演绎的历史故事中去了。

麦香村除在饭庄里接待顾客外,还承办各种外出宴会,称作"外上"。即按双方预先定好的菜单,由饭庄备料,到时厨师、堂倌等带上炊具、餐具到达指定地点。相传,曾任绥西镇守使、土默特旗总管的满泰(字子舒)娶儿媳妇时,便是请麦香村的把式,在旧城小东街大观园内摆满堂席。曾任绥远省民政厅长兼省会公安局局长的袁庆曾兄弟为其母大办丧事时,也是请麦香村的师傅前去办的酒席。

麦香村饭庄广告
张景植提供

堂倌可说是饭馆的门面,他们的态度如何、菜肴介绍得如何,账算得准不准、快不快,都是影响生意好坏的重要因素。成为一名好堂倌是很不容易的,他要具备眼观六路、耳听八方、手脚麻利、左右逢源的本领。前面提到的麦香村的名堂倌根九子(罗志诚),13岁从和林县来到归化城,经人作保介绍到坐落在旧城北门里路东的聚锦楼饭馆学习跑堂的技艺。他17岁那年麦香村开业,硬是把他从聚锦楼撬走。他一只胳膊能端热菜七八盘,冷盘儿可端十几盘,汤不外溢,菜不掉地。向后厨叫菜的声音洪亮,口齿清楚。顾客吃完饭算账时,他会分厘不差地在心中计算清楚,被誉为"一口清"。对待顾客,不论是熟客还是生客一律笑脸迎送。熟客一到,不用问便把菜叫上了;遇有生客一眼便能看出是来吃饭的,是来摆谱的,还是来白吃的,他会因人而异地进行安排和应对。可是,在旧社会尽管他有随机应变的本领,仍然躲不过挨打受气的时候。

这位根九师傅,后来到小什字南头路东的凤林阁饭庄任挂名儿的副经理。20世纪50年代初,凤林阁歇业。他和王登川、刘振业等十几名工人师傅,又集资600元在旧城大西街路北,即德兴源茶馆斜对面开设了一家饭馆,取名凤麟阁,也有人管它叫小凤林阁,从业人员20名左右,根九师傅任经理。1956年公私合营后,根九师傅被调到呼和浩特市饮食总店,担任业务股股长。

先后在麦香村饭庄工作过的堂倌把式,还有高二柱、崔双鱼、郭毛子、刘五子、傅汝楫、刘振富等。

麦香村每年农历腊月初十左右停止营业(称作拉幌子),准备过春节,直到第二年的二月初三前后才恢复营业。那时候的工人师傅、学徒,每年要过三个关口,即正月十五、五月初五、八月十五日。每个节日一过的第二天,掌柜的认为不好的从业人员,便把名字写在水牌上(木制的牌子,用毛笔书写)挂到柜房门外,就是解雇不用了,没有名字的继续留用。人们按这三个节日所吃的特制食品,起了这样三个名字,它们是滚蛋元宵(正月十五)、滚蛋粽子(五月初五)、滚蛋月饼(八月十五)。每到这三个节日,虽然都要改善伙食,但是工人们却是提心吊胆。

当年的麦香村,工人师傅最高月工资是三元,最低的是一元。徒弟是管(吃)饭没工钱,一年到头给点儿"馈送",平时还能得到顾客额外给的小费。

1950年,麦香村由于偷漏国税被罚款(以小米折合)。后来,由于拖欠工人工资,麦香村的工会主席乔炎英等人向归绥市人民法院提起诉讼,经过法院的郑凯同志调解,在归绥和北京、天津的股东,共向麦香村交回近万元;除补发拖欠工人的工资外,还余下几千元。1951年后半年至1954年9月,工人们组成生产自救小组,由杨廷瑗任主任,乔炎英任副主任,继续经营麦香村。1954年9月,麦香村由绥远省人民政府供销合作社经管,合作社的负责人由办公厅行政处处长任建斌兼任。

1956 年,14 岁的席力图召第十一世呼图克图(即活佛)卡尔文·扎木苏被迎回席力图召并举行呼图克图坐床仪式。,中午在麦香村饭庄举行了盛大的宴会。

其后,呼和浩特市饮食烟酒专卖公司成立,麦香村归该公司领导,改名为呼和浩特市第一食堂,派刘春江任经理,从业人员 40 多名。1961 年至 1964 年,除麦香村原址外,又在大南街二道巷东口开设了一家麦香村小餐部,客堂 6 间左右,有小院,从业人员 20 名左右,主任是李生。"文革"期间,曾改名为工农食堂,后来又恢复了麦香村的字号。

现在,还有后起的麦香村新店,一家在大北街,一家在大召古庙西侧,它们的店容店貌,可谓富丽堂皇。不过,这毕竟只是些仿古建筑。在店风店训上,该新店借鉴麦香村老店的历史经验,让今天的食客在这里同样尝到老呼和浩特市最高烹调水平的菜肴。贾勋先生还为麦香村新店拟就了一副对联送给新店经理,对联是:"四海珍蔬罗鼎鼐,千邨细麦荐馨香"(其中的"细麦"一词,出自杜甫的诗句)。他还从台湾绥远同乡会编辑的《绥远文献》中,发现了一幅一位伊先生在麦香村婚宴时的老照片,并附有文字记述,说是婚礼定在绥远境内历史悠久、风格独特的百年老店——麦香村饭庄举行。这里以山珍海味、四时名菜为主,烤、熘、爆、炒、炸、蒸、焖、煎、烩,无一不精。婚宴先上京点心、五香瓜籽、什锦喜糖,然后上四个大件菜和四个座底菜(就是早年俗称的八大件),并上八个小件菜。顺序是上了一个大件,接着再上两个小件,这就叫作"一领二"的酒席。其中,糖醋鱿鱼卷儿、红烧海参和烩乌鱼蛋汤,在北京、天津的饭馆里,也没有这"绥包两地的三绝"。关于这幅照片,伊莉女士说:"据我姑姥姥说,这张照片是在麦香村东厅子的门口,请豫芳照相馆的师傅,用三叶式快门照相机拍摄的。"由此可见,作为麦香村主体建筑之一的东大厅(它还与有廊柱的过亭相衔接),不仅在这四合院格局中是一大亮点,而且更为重要的是,它的存在,从建筑学的意义上互证了民国初年绥远地区餐饮业的发展,也可以看作是绥远名城文化的一个小小的佐证。因而,从一定意义上说它具有了某种文物价值、历史价值与审美价值,可惜今天已无迹可寻了。

最近,笔者联系到年近七旬的伊莉女士,见到了这一幅老照片的原件,向她了解到一些和人民政协有关的人物,都是本土文教界名人。结婚者是她父亲伊锦文(内蒙古大学图书馆首任馆长,自治区人大代表、政协常委),母亲任淑贞。

贾勋先生还听一位友人告诉他,在 1934 年农历十一月三日,蒋介石和他的夫人宋美龄专程来绥远巡视,绥远省主席傅作义将这次的欢迎宴会特意选在塞外第一名楼——麦香村。

在麦香村内拍摄的老结婚照　伊莉提供

中国人传统的高档宴会,历来讲究"一席之间,水陆珍馐纷陈,多至数十品"。然而,蒋介石却提出要品尝有本地风味特色的菜肴。于是,麦香村的师傅们就为他们端上了开笼便香气扑鼻的后山莜面。除了凉拌的调味品外,还上了时鲜的菜蔬。蒋介石夫妇品尝之后,深深地感到与江南的风味大不相同。

(原载《呼和浩特史料》第六集第 397—401 页,中共呼和浩特市委党史资料征集办公室、呼和浩特地方志编修办公室编,1985 年 6 月版。署名邹仿籁〈本书作者笔名〉。收录本书时增补了内容。)

凤林阁饭庄和凤麟阁饭馆

1932 年,坐落在归绥市旧城小南街北头路东的天生长烟土店歇业(1983 年前后,玉泉区人民武装部在此办公,占用了其旧址的一部分。后来,蔬菜公司也曾在这里办公)。由和林格尔县的阎凤鸣、山西省祁县的阎纪宏、阎寿山(被人们称作"仁阎王")和托克托县的翟耀安等 20 多名商人集资 3000 元左右(银圆),有人说还有军队入股,资金约有万元以上,接收此地开办饭馆,取名"凤林阁"。这个字号的由来,据说是取了阎凤鸣的一个"凤"字。亦有另一种说法,在股东中有名气很大的翟家花园(今植物园)的主人翟凤林,在其名字中取了"凤林"两字。在门前的廊柱上有一副楹联,上联儿为"闻香下马",下联儿为"知味停车"。

凤林阁门市上的掌柜是山西省忻州人杨悟本;厨师傅王双全和堂倌(服务员)罗志诚(乳名根九子),前者是本地人(曾在归化城名老饭馆惠丰轩任烹调师傅),后者是和林格尔县人(曾在麦香村饭庄任堂倌),都是挂名儿的副经理。凤林阁从业人员最多时达到 80 名。

相传,凤林阁的业主和掌柜的,为了做好品牌和多赚钱,在开张前曾广聘归绥的名厨师和名堂倌前来献艺(有遴选留用之意)。为了使顾客经常光顾,曾发出请柬给当时的军、政、商界,请他们在开张那天前来品尝佳肴美味,以作宣传。这一招很灵,为以后让这些人来包席、举办宴会打下了基础。

那时,这里是个四合大院,客堂间架大,院落宽敞。不仅自种各种花草,还租赁盆花作装饰,招徕顾客。东大厅客堂是古香古色、磨砖对缝的砖瓦二层楼,十分气派,楼前有闪出的门廊,亦称抱厦子,是双开门,可容纳 200 名顾客;北屋、南屋以及一进门洞的北屋客堂,又可容纳顾客 180 名左右。由于客堂宽敞,一些大型宴会以及包席常在这里举行。当时一些军政领导、各大商号资本家等达官贵人、富商豪绅经常在凤林阁开办酒席。

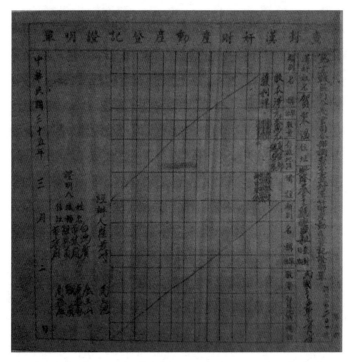

查封汉奸贺秉温财产动产登记证明单　（见《印象青城》）

凤林阁资金雄厚,原料充足,其海味直接从天津的庆丰恒、祥和义海味店进货,春天发货,冬天结账。相传,在抗战胜利后的 1947 年,当时任绥远省主席的董其武将军,就曾在此设过宴席。这家饭馆对待前来吃家常便饭的顾客,尽管为数不多,同样热情接待。

灶上头的把式有:归化城很负盛名的荣生园饭馆的徒弟李福(城郊大台什村人),是菜案的领作;王双全(曾任荣生园饭馆的掌勺厨师)、侯云(乳名润虎)都是本地人,是烹调上灶的领作。这些厨师的技艺,虽然比不上麦香村饭庄的杨丙午,但也是名列前茅的。后来成为呼和浩特市特二级厨师的吴明,于 1938 年进凤林阁帮灶。

由于大型宴会经常在此举行,这里的厨师们便大胆改革,他们不使用京勺炒菜,而是用大锅煎炒烹炸各种菜肴,一次可以出 30 多个同样的菜,包括银耳、燕窝、鱼翅、鱼肚、鲍鱼、猴头、口蘑、熊掌等。按照常规想象，大锅炒菜一定比京勺炒的逊色，其实不然，由于佐料配制精细，火候掌握得当，烹调出来的菜肴同样是色、香、味、形俱佳，可谓独树一帜。那时候，下饭馆的大都是"吃嘴头"的阔人，极为挑剔，但来凤林阁就餐者挑刺儿的不多。段显贵、刘永祥、贺涛、张桂芝这些日伪警察、汉奸、特务，到了哪家饭馆、茶馆都是白吃、白喝，借机寻衅滋事，这些人当然不在此列。那时候，归绥市饭馆、茶馆的堂倌，几乎没有没挨过他们打骂的。

凤林阁做事快当麻利是出了名的，这和厨师们大胆改革、合理安排是分不开的。遇有大型宴会时，头一天便配制各种菜料，到第二天什么也不误。

凤林阁出售的砂锅面，制作精细，味美适口。银丝花卷儿，更是其他饭馆所没有的。银丝花卷儿的制作方法，是把抻好的细丝白面，加胡油、盐等佐料，用很薄的面片儿一裹，切开后笼蒸，很受顾客欢迎。这是面案师傅李满仓的杰作。饼铛上的产品——擦酥合子、肉锅奎等，也是配料得当，别具风味。

接待顾客热情和蔼、面面俱到的罗志诚，叫菜声音洪亮、口齿清楚，算账既准确又快当。当年，罗志诚在麦香村饭庄工作时，被顾客们赞誉道："灶上头的丙午子（掌勺上灶炒菜，即杨丙午），堂里头的根九子，绝啦！"

20世纪50年代初，凤林阁饭庄歇业。罗志诚、王登川、刘振业等十几名工人又开办了一家饭馆，取名凤麟阁（有别于原凤林阁，也有人管它叫小凤林阁）。凤麟阁地址是庆凯区大西街5号（位置在大西街路北，即德兴源名茶馆斜对面）。

这家饭馆有两个客堂，可容纳80名顾客。后来，又增加了吴明（城郊大台什村人）师傅烹调菜肴；原麦香村饭庄的名把式庞变生和顾玉龙分别任面案师傅和饼铛师傅。堂倌除原聚锦楼饭馆的高徒崔万祥外，又增加了原天兴元饭馆的徒弟高子元。

凤麟阁开业后，以饭菜质量好、经济实惠、服务态度热情周到取信于顾客。对前来吃高级菜肴和家常便饭的顾客，凤麟阁同样看待。人们夸赞，凤麟阁出售的素面，也是有滋有味儿的。

1956年，这家饭馆走上了公私合营的道路，仍然沿用凤麟阁的字号，罗志诚任主任。不久，罗志诚被调到呼和浩特市饮食总店工作，担任业务股长。饭馆主任的职务由史全谱（面案师傅）接任。

1959年前后，这家饭馆的女职工占了大多数，将凤麟阁更名为三八食堂。

三八食堂继承了老店风，早开市，晚收市，服务态度热情周到。饭菜不仅大众

凤林阁饭庄　（见《青城风物过眼录》）

凤林阁股票　（见《印象青城》）

凤林阁饭庄广告　张景植提供

化,而且花样多,经济实惠。三八食堂制作出售的肉丝汆汤面、炒饼、烩饼、小笼包子、水饺、家常饼、混合火锅等,很受顾客欢迎。后来,三八食堂又进行改革,建成了明堂明灶。各种菜肴、面食是如何制作的,顾客一目了然,就餐者接踵而来。连近郊巧报等地的菜农,都不惜跑远路,前来三八食堂吃实在饭。这家食堂曾多次被评为呼和浩特市餐饮行业的先进单位,并受到表彰奖励。

1971 年 10 月,三八食堂迁至钢铁大街。主任李清梅为面案师傅,她制作技艺精湛,曾在呼和浩特市和锡林郭勒盟的同行中交流表演,受到称赞。另一位主任彭永禄(公私合营前任大召前街路东新民轩茶馆会计)。有职工 25 名左右。1982 年,该食堂被撤销,职工被分配到其他饭馆。

(原载《呼和浩特晚报》1983 年 10 月 29 日 3 版,发表时署名赵梁〈本书作者笔名〉。收录本书时改动了标题,增补了内容。)

德顺源茶馆

在归化城享有"塞北烧卖第一家"之誉的德顺源茶馆(亦有德顺源烧卖馆之称),坐落在大西街路南的靠东,著名的大戏馆子同和园是它的西邻。据说,早在清末民初,德顺源便以堪称塞上一绝的烧卖、名点,蜚声绥西,并延誉京华了。德顺源茶馆的前身是晋三元,这家晋三元是山西人开设的糕点老店,也是一家远近闻名的点心铺。相传,当年慈禧随父亲惠征宦居归化城时,就十分喜爱晋三元制作的风味小吃——刀切。这家点心铺还出售各种规格的蜡烛。

另有一种说法是,1931年前后,晋三元糕点铺歇业,有的糕点师傅留下来,加入了已更名为德顺源的茶馆。这和上面所谈的时间相差二十年。何者为是,有待考证。

德顺源茶馆的从业人员最多时达到50多人,最少时也未下过30人,它是中华人民共和国成立前归绥市众多茶馆中人数较多的一家。据贾勋先生回忆:这是一座坐南朝北,极其高大的古典式建筑。从它那斑斑驳驳的漆柱上,人们可以想象出它美丽的沧桑。门额上的"德顺源"三个字,虽然颜色有点暗黄,但还是葆有王羲之行楷书体的中和之美。在宅门前的高台阶上,还有长年列肆的王琪书摊和赵氏茶叶小卖处。

德顺源茶馆门前摆书摊,在归化城所有茶馆中是绝无仅有的。我记得在大召前街路东的中段儿(财神庙巷西口往北)有一家新民轩茶馆,在它门前(无台阶)的北头有宋姓河北人,南头有史姓本地人各摆一小摊儿,销售小包的砖茶(5分钱1包),还出售各种牌子的香烟。在玉泉井台稍南路西的庆春源茶馆、在通顺东街(今塞上老街)靠西头路北的义顺斋茶馆,在它们门前的台阶之上,连卖茶叶的小摊儿都没有。

茶馆内供茶客吃喝的地方称作客堂。一进门的前堂分为两片儿,东房西房的客堂又叫东西雅座,里边的桌椅都是用紫色油漆涂刷的,桌面都用白布铺垫。为了吸引茶客,在两间进深的西厅下,特设了一个火炕专席,地下有地炉取暖。贾勋先生儿时曾经多次随祖父光顾这里。

堂倌们(服务员)的分工明确,有专门为茶客拿茶具的,称作"撒碗的";有专为茶客提壶续水的,称作"开水的";还有专为茶客递茶点、端烧卖、算账的,称作"跑堂的"(有的茶馆称作主角儿堂倌)。栏柜上的账房先生专门收款或登记茶客的记账折子,另有一名盯堂拨座的。

那时候的付款方式是,茶客先吃喝,不付钱,吃喝完后由跑堂的服务员按盘(木制红油漆放油糖干货即茶点)、碟(盛放烧卖)数量计算,算毕把钱数喊出去,如:"咳——一座一块六毛三,到柜!"即由茶客自己到柜台前付款。也有喊出后,由盯堂拨座的前去收款的。还有老茶客是吃喝完不付款,拿着折子到柜台由先生记账,到时结算。盯堂拨座的还有另一个任务,就是注意观察面生的茶客,以防把盘碟装走或悄悄扔掉,少付或不付茶点费。

这家茶馆也是用煤泥烧火,用细嘴儿铜壶滚水。使用的茶具有玲珑扣碗、小茶盅、瓷壶、茶碗。杨俊业是开水师傅,但他也是一位堂里头的全能把式,给茶客倒水时,只见他将铜壶高高举起,水正好倒入扣碗内,而且是分三股水才倒满,水不外溅,茶不外溢,此招被茶客们誉为"凤凰三点头"。还有一手绝招儿是,正在用左手执壶倒水,忽然换成了右手,被誉为"鹦哥倒架"。这些倒水功夫在同行和茶客中传为佳话。

这里的茶点以品种繁多、制作精细而闻名,著名的茶点(糕点)制作师傅有史九德、李万全、温永财等。用烘炉制作的刀切、大小桃酥(亦称破酥)、麻炉弯儿、糖蹄儿、咸仁、小槽子糕等多达30种。用白炉制作的玫瑰饼、翻毛饼、莲花饼、提江饼、马蹄酥、蛋卷儿、江米条等有十几种。茶点的馅儿有甜咸、有荤素,仅甜馅儿就有红白糖的、枣泥的、什锦的、豆沙的;还有用牛羊油和面制作的肉油旋儿、糖油旋儿、素油旋儿,趁热吃是味美适口。

德顺源制作的茶点,不仅在茶馆内供应茶客食用,而且在大西街另外开设了一个三间门脸儿的栏柜,专门出售各式各样的茶点(糕点),和茶馆不同的是昼夜营业。1983年,我采访德兴源茶馆的温永财主任,他是1940年进德顺源当学徒。

据他回忆,有一次,他为一位外地来的顾客称了5斤茶点,每样一块儿不带重复的。这位顾客十分满意,"早就听说德顺源的点心花色品种齐全,真是名不虚传"。

这里制作出售的烧卖,做馅儿所用的羔羊是选自内蒙古大草原。这种羊肉既无腥味儿,也无异味儿,肥美鲜嫩。做馅儿时是剔除筋皮,留取精肉,使用土默特旗毕克齐所产的大葱,配上胡麻油拌馅儿。擀烧卖皮儿的行话叫"捣皮子",捣皮子使用的不叫擀面杖,而叫"烧卖槌子",质材最佳者是枣木或杏木,是由镟木师傅精心镟制而成的,它是由椭圆形镟木槌和横穿其心的活动轴辊组合而成,这种工具分大小两种。捣皮子的营生,是由制作烧卖的师傅和堂倌在头一天的下午完成的,以便第二天一早包馅出售,只见师傅们各施槌下功夫,左旋右转在面粉的飞扬中,不一会儿就捣出一摞又一摞雪白整齐、状似荷叶的烧卖皮子。

由于用料讲究,调味拌馅儿精到,烧卖蒸熟出笼香味满堂。只见这烧卖皮薄如蝉翼,柔韧不破,用筷子提起来是垂垂如细囊,放在碟子里是团团似小饼,晶莹剔透,有的人也管烧卖叫"玻璃饺子"。吃到嘴里是味道鲜美,润而不腻。

著名烧卖师傅陈大礼、张维维、李凤山、陈洪喜等,都曾在这家名茶馆献过艺。那时候各道工序如切葱、切羊肉,都是手工操作。相传,陈大礼师傅切肉馅时,是在肉下垫一块儿包花布(有均匀细小的网眼儿),只见他飞快地切起来,肉馅切好后,用下面的包花布把肉馅兜起来,倒入拌馅儿盆里,肉碎而包花布完整不破。真乃绝技!

20世纪70年代末,德兴源茶馆的烧卖师傅李明久,被选调到首都北京的民族饭店工作,专门制作烧卖。我去采访他母亲时,她十分高兴地对我说:"孩子已在北京结婚成家,他还经常带北京的媳妇回来看望我。"

德顺源茶馆的烧卖和茶点远近闻名,它还以名泉、名饮取信于茶客。这家茶馆没有大召前茶馆紧挨玉泉井的优势,但长年坚持用马拉车装上特制的大木桶,从归化城名水井海窟(今清泉街)、玉泉井、四眼井等处往茶馆运水。有几位专管供水的伙计,经常通宵达旦不离井台。如果舍远求近,以手压洋井取水的话,那些老茶客一品尝便知真假。用贾勋先生的话说,这种不欺世的职业操守,于今想来,似还有一定的借鉴意义。

据温永财主任回忆,中华人民共和国成立前到德顺源来的茶客很多,其中财主、少爷、军官、住衙门的,是这里的常客。他们来时,有的带着笼装的小鸟,有的骑着马或坐着轿车子,有的还带着不三不四的女人。这些人吃喝完,有的记账,有的给现钱,有的却是扬长而去,掌柜的也不敢问,怕挨打,更怕给茶馆惹来大祸。那时,有一个住衙门的,茶馆里专门为他准备了一套扣碗,不准别人动。他来喝茶,堂倌给他倒水时,不准从正面倒,从侧面倒,并用手挡着,怕堂倌的身子脏了他的衣服。

日本人侵占归绥时期有一个名叫段显贵的警察,经常到德顺源茶馆白吃白喝,还挑刺儿寻事,许多堂倌都被他打骂过,每次打完人扬长而去,掌柜的还得拿上礼品上门去赔礼道歉!这个段显贵人称"段阎王"。据说,日本无条件投降后,他被傅作义的部队以汉奸罪拉到陶卜气火车站附近处决。

德顺源的工人师傅,终年辛勤劳累,报酬却很微薄。要手艺的工人每月得到的工钱是6块(银圆)左右,驻柜的学徒是管饭没工钱,只是按季给点儿小小的"馈送"。有的干了3个月只给了3毛(角)钱。还有的甚至是分文不给就打发(辞退)了。工人们的伙食,是以粗粮为主,每逢农历的初一、十五和过年过节,才能吃上白面。他们最怕的是过正月初五、五月端午、八月十五。每到这时,掌柜们为了度过茶馆业务的淡季,就要停止营业减人。恢复营业后,掌柜的用谁,谁就回到柜上(茶馆),没通知的人便失业了。

德顺源茶馆于1949年更名为德兴源,1956年走上了公私合营的道路。"文革"中,曾改名为大西街烧卖馆。后来又恢复了传统名称德兴源。

今天仍然有用"德顺源""德兴源"命名的茶馆或烧卖馆。

(原载《呼和浩特史料》第二集第425—427页,中共呼和浩特市委党史资料征集办公室,呼和浩特市地方志编修办公室编,1983年6月版。发表时署名赵兴〈本书作者笔名〉。收录本书时增补了内容。)

庆荣源茶馆

　　相传庆荣源茶馆开业于清朝年间,坐落在今天呼和浩特市玉泉区大召前街路西的玉泉井旁。清咸丰四年(1854年)重修大召前玉泉井碑记中有这样的记载:"……向尝走通都过大邑,从未见若此泉之其性轻而清,其味甘而美。故不曰井泥不食,而曰水泉必香。由是茶坊、酒肆、油局、烟行,以及各街铺户、大小人家群相争取。孰意斯年届节春令,忽然倾颓坍塌……欲舍旧而图新,改弦而易辙,体经营缔造,上下周围尽皆以石层磊而砌,以灰作浆而灌,总期立千秋永固之基,为万古不朽之业。爰作俚言,以记垂远云耳。今将经理募化人等开列于左:大同县儒学生员何之衢薰沐撰文,雁门茹解村业儒崔美壁薰沐敬书。募化人:新协成泉李光林、郝天赐,新同成号马博,宏庆源李占元、牛温,协和世黄庭宪,袈裟喇嘛依力图,副大喇嘛六十八,信泰永王龙原。总管人:大喇嘛达旺宿恒,圪速贵章格,泥尔把七老气。木工天成森,石工刘石铺,泥工郭永膺,油工杨茂。"

　　碑记中提到的宏庆源,是否就是现在的庆荣源,有待进一步考证。但是,在160年前,这里就有了茶坊则是可以肯定的。

　　到了清代末年和民国初年,这里仍然是一家茶馆,只是字号变成了荣美源。股东是毕克齐人曹三老小,他自任掌柜的。该茶馆制作、销售白面猪肉馅包子和茶水,还有荞面饸饹。由于泡茶用的是泉味清甘、喝多了也不会胀肚的玉泉井水,住在旧城的茶客,不惜跑远路前来喝"御水",有的人一喝就是几个钟头,称作"坐茶馆",也叫"喝空(音 kòng)茶"。

　　1930年左右,荣美源的业务不大景气,股东想抽股。旧城北门外路东的茶馆同和轩(即早年的庆三元)的股东兼掌柜的费万喜,得知这一消息后,便找人说合接收了荣美源。费万喜拿出 2000 银圆,家住新城的养驼户郭老五垫财 1500 银圆;委派同和轩制作烧卖、油套的把式王连财(汉族)前去执领当掌柜的。费氏接收后,将荣美源的字号改成了庆春源。从此,这里变汉族茶馆为回族风味的茶馆。在茶馆门外高高挂出的木制市招上,绘有彩色的汤瓶壶和花边图案,在它的左右,各有四块方形角对角挂起,下有蓝色穗子的木牌,上面写着制作销售食品的名称。制作销售的食品比荣美源时增加了不少,除供应玉泉井水泡茶外,减少了包子、饸饹,增加了归化城的风味食品烧卖,这种食品说来极其平常,而名声却不小。清朝年间,北京前门外粮食店、煤市街等处都有制作烧卖的饭馆,所悬市招上往往标出"归化城烧卖"字样,借作号召。辛亥革命后,这些市招仍照旧悬挂。因此归化城的烧卖,可谓"名播京师"了。

夏秋季节,早晨五点半左右开市,冬春季节是六点左右开市,下午只卖空茶和油糖干货。后来,又恢复了制作包子,只是中午出售。那时,除了蒸烧卖、烙油糖干货(月饼、油旋等)的灶火外,还有一道火,设在客堂的挨墙处。炉口上放着为顾客倒水的铜壶。这种炉灶烧的是毕克齐附近老虎沟、小沟子等小煤窑生产的无烟煤,和上烧土制成的煤膏子。烧卖的笼蒸工作很辛苦,那时候全靠人工手拉风箱助火,一锅蒸十五六屉(木制笼屉,一屉约放烧卖 70 个)。并不是一次就蒸这么多屉,而是先蒸 5 屉,五六成熟时,又端来 5 屉放在下面挨锅处,将原来的 5 屉放在上面,以此循环,熟了的端走出售。师傅们把这种做法叫作"雀儿顶蛋"。这是一种眼疾手快的营生,稍不留意就会被蒸气熰着。

1937 年 10 月归绥沦陷。翌年上半年,几乎每天早晨六点到八点,在玉泉的泉眼井南的马路上,准停着两辆日本侵略者的军车。干什么呢?原来是抓人拉到麻花板兵营和新城东门外的飞机场去当劳工。农历二月的一天,日伪军硬说庆春源茶馆窝藏了劳工,不由分说便要把茶馆里的人全部抓走,好说歹说只留下一个名字叫陈孝良的保管看门,其他人全被拉到旧城北门里大厅巷的"劳工所"。

1945 年,股东费万喜的两个儿子先后抽股,次子费廷廉抽走 1500 银圆,长子费廷俊抽走 500 银圆,郭老五也将 1500 银圆抽走。本地人高德荣垫财 500 银圆入股,老掌柜的王连财东抓西借垫财 1500 银圆。那时候的字号,变更股东就要更改店名。王连财尽管重新入股,但原来就在庆春源,算是老股东;高德荣是新股东,所以,茶馆更名时,只将"春"字换成了高德荣的"荣"字,称作庆荣源。

1945 年前后,这家茶馆的客堂大小共四片儿:西堂的地上放 9 张桌子,炕上有 2 个小方桌,可容 88 名顾客。中堂的地上放 2 张桌子,炕上放 3 个小方桌;前堂 17 张桌子;中、前两堂可容纳 154 名顾客。小柜房的炕上放 1 个小方桌,可容顾客 3 名。全部客满称作"混堂",可容纳近 250 名顾客。

庆春源茶馆(已拆除)

来这家茶馆的顾客,有财主、商号掌柜的、少爷、上层人物,也有市民、小商、菜农和农村富户等。常到庆荣源小柜房喝茶吃茶点的顾客,他们吃喝完后,大都是不付现钱,由茶馆先生记账,这种小账本叫"折子",到时候由茶馆掌柜前去取钱。也有"上了门不敢叫、街上头见了不敢要"的顾客和寻茬闹事、打骂茶馆人员的顾客,虽然是少数,但偶尔发生事端后,掌柜们怕给茶馆带来麻烦,还得拿上礼物上门赔礼。

1950 年,由于庆荣源代销面粉偷漏税,高德荣和王连财受到处罚。庆荣源茶馆由王连财的侄儿王琛执掌。

1953 年清理玉泉井的泉眼井,这些工作是由当时归绥市饮食行业工会茶馆分会主席、庆荣源茶馆主角儿堂倌刘有其和荣升源茶馆的杨润组织的,雇城东南双树村的打井师傅王双宝,使用两个木头滑车清理的,清出泥沙近 100 排子车。

先后在庆荣源茶馆献艺的把式有:制作烧卖的师傅陈贵明、王根拴、杜润孩、赵有茂(乳名五子)等。制作油旋儿的师傅王三娃、周士忠等。制作包子的师傅陈虎旦、郭根心等。郭师傅制作的包子是带汤儿的,人称"竹皮儿包子"。他用的起面发酵时间短,干面垫得多,汤渗不到面里。不少顾客是先喝茶吃点儿油糖干货,专等卖完烧卖后,吃郭根心的竹皮儿包子。制作糕点的师傅是武根、斗二子、马元(回族)、朱明奎、李嵩山等。李师傅能做七十二样儿酥、八十二样儿糕。主角儿堂倌刘有其、秦山、王华、贾玉林,帮角儿堂倌刘拴柱、赵良海、郝福根、刘茂等。

这家茶馆制作销售的茶点刀切、小槽子糕(原料是白面、鸡蛋、白糖、素油,加桂花、瓜子仁、青红丝、香油)、破酥、黄油焙子、麻饼、小油套等十分出名。大油旋儿也受到顾客的欢迎。顾客用白焙子夹上烧卖吃,熟食品夹熟食品,称作"蛤蟆含蛋"。

那时,顾客所吃食品都由主角儿堂倌端上餐桌。烧卖是用笨瓷碟子盛,每碟儿盛4个,堂倌把式一次可端十三四碟儿。烧卖、碟子不掉地,碟子、烧卖互不挤压。盛茶点的是紫红色油漆过的木盘儿或玻璃盘儿。顾客是先吃喝,后由堂倌按盘、碟算账。油糖干货中的糖蹄儿、刀切、破酥、小槽子糕、麻饼、芙蓉饼、长寿糕、绿豆糕吃不了可以剩下,由顾客带走。

还需要提及的是担"御水"的二宝(姓名不详),他的打水技术很高。玉泉井的水,是从井筒靠下方的南端往里流,水流量并不大。二宝能把提水的斗子(柳条编制)挂在流水口下,不一会儿就是满满一斗子水。据说,后来二宝离开庆荣源,到城南济终社(全称山西旅绥济终社,是1926年春由山西旅绥同乡会捐款创办,发起人是山西籍商人孔昭德等,后改为火葬场)工作。

据刘有其师傅回忆:到1956年公私合营时,这家茶馆资产4000元左右。资方代表王连财任主任,公方代表刘有其任副主任。"文革"期间,庆荣源更名为"大召前烧卖馆"。后来,这里仍然是家茶馆,又恢复了庆荣源的名称,一直到大召区块改造迁往他处。

早年,在玉泉井木头庙的南端,是一片开阔马路,正好是路西庆荣源茶馆和路东信德永酱园的门前。在这里停放的是茶客们乘坐的畜力轿车子,农村富户骑的马或毛驴,自行车为数非常少。中华人民共和国成立后,随着社会的进步,经济的发展,生活水平的提高,在庆荣源门前停放的,是一大片各种模样的自行车,还有摩托车、小汽车、电动车。

(原载《呼和浩特晚报》1982年11月6日3版,发表时署名赵兴〈本书作者笔名〉。收录本书时改动了标题,增补了内容。)

万胜永酱牛肉铺

我曾是呼和浩特市晚报社、广播电台的通讯员,多次被评为优秀通讯员。1982 年 8 月的一天,《呼和浩特晚报》的主任甄可君老师(市政协第六、七两届委员,本市知名文化人,作家、编辑。)交给我一个任务,采写回族刘家开设的万胜永酱牛肉铺。

当时,万胜永的原址已变成酱牛肉加工车间。后来,我找到了刘玉、刘富老兄弟俩,还采访到刘富之子刘凤岐。脱稿后,经过甄老师的修改和润色,以《香飘半街的万胜永酱牛肉》为标题,刊登在《呼和浩特晚报》第 3 版"青城话古"专栏。

万胜永距今已有近 150 年的历史,它以制作销售酱牛肉而闻名塞外和京津各地。在老年人当中,更有"万胜永的酱牛肉香飘半道街"的赞誉。

从万胜永第三代传人刘玉、刘富时得知,他们的曾祖父刘万禄(回族),祖籍河北省沧州,清朝年间,由于家乡闹灾荒,无法生存,刘万禄带上儿子刘宽从老家逃荒来到归化城谋生。起初,是向大中型屠户批发点牛羊肉或下水(牛羊的内脏),用手推独轮木车推着沿街叫卖。多少有点儿积蓄,就租了两间土平房,在归化城定居了下来。

他们的曾祖父与祖父,勤俭持家,吃苦耐劳,一点儿一点儿地积攒,家业慢慢地兴旺起来。后来,刘宽带着独生子刘国梁继续经营牛羊肉的买卖。由于买卖的发展和积攒的增加,刘宽在旧城大北街九龙湾东口的稍南,租赁了坐西向东的两间铺面,约 40 平方米,从此结束了推车沿街叫卖的生涯。刘宽是个有心人,为了永远纪念祖先刘万禄,也为了祈望买卖兴胜盛,全家平安幸福,铺面的字号就以刘万禄的"万"字开头,起名为万胜永。并请了一位老书法家,书写了金字牌匾,悬挂在铺面的正上方。凡见过这块金字牌匾的人,都称赞其书法精美。可惜被毁于"文化大革命"中的破四旧的浪潮中。

由行商变为坐商之后,刘宽、刘国梁父子的牛羊肉买卖越做越兴盛。不久,将租赁的两间铺面和里间儿全部买下。后来,又将租住的吕祖庙街路北的里外院的房产一齐买下。前院住家,中院屠宰加工,后院圈养牛羊。

起初,万胜永只销售生牛羊肉。为了保证质量,他们平时即使多花点钱,也要选购中上等的菜牛和糟牛,秋冬季节则专门选购膘肥体壮的绵羊。如一时没有糟牛,也将膘情较差的菜牛购进,经过一段时间的育肥,加工后送门市部销售。万胜永的牛羊肉售价比其他肉铺略高些,但销售得却很快。不久,刘宽父子学习了北京和沧州老家酱牛肉的制作方法,开始制作销售新产品——酱牛肉。经过不断地总结经验和教训,万胜永的酱牛肉色、香、味俱佳,当时不少人认为,质量超过了沧州和北京的酱牛肉。

民国初年,刘玉、刘富二兄弟相继出生,一家三代仍然以祖传技艺制作销售酱牛肉为主。刘玉二兄弟十几岁的时候,就成为父亲的左膀右臂,拿轻扛重,随父学艺。他们的经营方式,是手工作坊带门市,全家老小一齐上阵。父亲掌管全盘,兄弟二人在门市上轮流站柜台。起五更,睡半夜,忙不过来时请亲戚来帮忙,有时也雇用临时工。

万胜永的第三代传人刘玉、刘富兄弟二人,事业心很强。他们轮流回老家沧州,或者到北京观摩学习名字号酱牛肉的特点,并到处打听制作工艺。由于是本家至亲,所以,他们探听到了产品的工艺流程,掌握了北京、沧州酱牛肉的最大特点——肉质里外都显酱黄色,原因是用黄酱作为原料,比例是 100 斤生牛肉用 3 斤黄酱。二兄弟取经回来之后,他们并没有照葫芦画瓢,而是认真琢磨,大胆革新。首先是改黄酱为黑酱。他们选用坐落在旧城大西街路南一人巷(可通到大南街的二道巷)靠北头路东的复兴锦酱园(山西人开办,称作西路班儿)制作的味道纯正的头等黑酱,经过反复试验,确定使用黑酱,其比例是 100 斤生牛肉,用黑酱 1 斤。其他主料、副料、煮肉工艺基本相同,略有改动。结果万胜永的酱牛肉色、香、味更胜一筹。其肉质里外都是光亮的紫红色。其次是改进了佐料的进货渠道。1930 年前后,刘家父子又接受从北京(当时称北平)来归绥客商的建议,从北京崇文门喜鹊胡同潘姓人家开设的协盛仁肉料庄,选购煮酱牛肉的佐料。这一改进使酱牛肉的味道更加鲜美,质量又有了新的提高。

　　万胜永的酱牛肉,历经三代,已有上百年的历史,盛名经久不衰,其主要原因就是"认真"二字,细说的话就是选料精细,操作一丝不苟。

　　万胜永酱牛肉的主要佐料是药材,即肉桂、紫叩仁、砂仁、进口玉桂、草果、丁香、毕拔、高良姜、白芷。辅料是大料、花椒、桂皮、黑酱、咸盐。不用小茴香、干姜之类的调味品,这就是其酱牛肉与众不同之处。以煮100斤生牛肉为例:用肉桂3钱、玉桂3钱、砂仁2钱、草果2钱、紫叩仁2钱、毕拔1钱、白芷1钱、丁香1钱、高良姜1钱,将上述主料研成细面儿。大料3两、花椒1两5钱、桂皮3两、黑酱1斤,咸盐适量。

　　万胜永煮酱牛肉的大锅灶,特意设在门市的外间屋。这样即能看护店铺、下夜,又能煮肉,省工省时,不误早市买卖。熟酱牛肉一上案,香味儿不仅飘满门市内,开门后大街上也是肉香味儿。紫红色的酱牛肉,油光锃亮,顾客看得见,闻得到,便想品尝一饱口福。有的顾客买上热白焙子,把酱牛肉切成小片儿夹在焙子里,就是一顿可口的早餐,老乡们管这种焙子夹肉叫作"蛤蟆含蛋"。大饭馆也来万胜永批发酱牛肉,或做拼盘儿,或拌凉菜,是宴席上不可缺少的。

　　万胜永酱牛肉,完全选用糟牛或中上等菜牛的瘦肉,尤其是后座及牛腿部位。一概不用肥肉,因为肥肉容易化油,出肉率差。带油的凉牛肉一般不受欢迎。熟肉出锅前,要将肉汤上的浮油完全撇净,否则出锅后的酱牛肉挂上汤油,就会遮盖酱牛肉的光亮颜色。

　　万胜永的酱牛肉名扬青城内外后,他们又认真研究增加了一个酱味儿烧鸡的新品种,选用本地出产的肥壮家鸡制作。酱味儿烧鸡不同于熏鸡,其特点是既有酱牛肉的香味儿,又有烧鸡本身的香味儿。这种酱味儿烧鸡,遍体也是紫红色,光亮又超过了酱牛肉许多,而且表皮酥脆,肉质鲜嫩,给买卖越做越旺的万胜永锦上添花。这种酱味儿烧鸡一上市,销售量大大胜过专门制作销售熏鸡的店铺。

　　万胜永是否存有一锅陈汤呢?是这样的,在煮肉期间,煮酱牛肉是专用汤,每天酱牛肉出锅后,要用笊篱从锅内捞出血沫子、调料末儿,再煮肉时,需要添水、加佐料,新旧交替、循环不断,这就是广为流传的那锅陈汤。夏天煮肉汤暂时不用,要适量加盐,隔几天煮沸一次,既使汤不坏也无有邪味儿。由于刘师傅一家已经吃透了操作要领,所以,肉越煮越好,万胜永的名声也越传越远。

　　在刘师傅一家几代经营万胜永的时候,还有十几家个体回民酱牛肉铺或肉摊儿,虽然各有千秋,但都不及万胜永门庭若市。人们夸赞万胜永的酱牛肉是"肉烂乎而不软,味道鲜美而不腻"。

百年老店万胜永在旧社会走过了坎坷不平的道路,受反动派统治者的欺压凌辱自不必说,达官贵人吃肉不给钱的事也常有发生。

1937 年,日本侵略者侵占归绥后,归绥的肉源极其困难,回民屠宰行多数改了行。日伪政权曾诱迫万胜永进"厚和市肉业组合"(日伪统治时把归绥市改名厚和豪特)。刘国梁却宁愿关门,不肯为日本人效命,他家被迫改行,卖了 8 年焙子,有时也兼营冷食、水果、食品杂货。日本无条件投降后,刘家才又恢复经营酱牛肉。但也存在着三愁:没有肉源,卖不出肉,养不了家。全家人靠辛苦经营,勉强维持生活。

中华人民共和国成立后,归绥市各级党政领导十分关心老字号万胜永的恢复工作。当时的阮慕韩市长和食品公司的领导多次动员已经改行的刘玉、刘富兄弟,重回食品公司,恢复生产本地名吃——酱牛肉。

为了保持和发展呼和浩特市万胜永酱牛肉的传统风味食品,市委领导亲自解决煮肉佐料问题。市食品公司的领导还派刘玉到北京的月盛斋,进一步学习京味儿酱牛肉的操作工艺技术。1979 年,组织上为解决刘家的困难,将刘富的长子刘凤岐从宁夏回族自治区调回呼和浩特市顶替父业。在万胜永原来的老地方,建成市食品公司国营回民商店酱牛肉加工车间,安排工人 10 名,刘家的第四代传人刘凤岐,是这个车间的负责人。1982 年,我去采访刘凤岐时,他告诉我,每天平均加工生牛肉 350 斤左右,出熟肉 170 多斤,遇到节假日增产一倍,风味不减当年。后来,刘凤岐的儿子刘旭中学毕业后,市食品公司也将他安排在清真肉食部工作。这样呼和浩特市地区制作清真酱牛肉的工艺技术后继有人了。

今天,在回民区宽巷子食品一条街路北的靠西头,仍然有以老字号万胜永命名的清真肉食店,制作销售传统的酱牛肉。它就是万胜永的第五代传人刘旭开设的。

(发表于《呼和浩特晚报》,1982 年 9 月 30 日 3 版,署名赵梁〈本书作者笔名〉。收录本书时改动了标题,增补了内容。)

任香圃创办的福兴园酱园子

旧时制作、销售醋酱之类食品的作坊或店铺,称作酱园子。20世纪40年代至50年代初中期,归绥(今呼和浩特市)的酱园子,制作兼销售的名家并不多,福兴园规模挺大,是一家既批发又零售的酱园子。

福兴园坐落在旧城大御史巷(后更名玉石巷)中段路东。如今年过七旬的老人大约都有记忆,当年附近的少年,喜欢把那大院当作捉迷藏的去处。

院子够大,足有四分之一足球场。迎人矗立的是照壁,上书楷体斗方"福"字。照壁后呈四合院格局,正北一溜平瓦房,居中的是柜房。醋、酱油、豆腐作坊分布在北面和东面。西南角是库房,门口卧着任掌柜小儿子的朋友——一条大黄狗,他给它起名"四眼儿",因为那只大黄狗的额上有两片眼一样的黑毛。院子当中布满了瓮、缸、坛子。这些瓮和通常口小腹大的瓮不同,其高三尺余,口径约三尺,腹大底小,用来盛放酱菜之类的腌制食品,上面扣着陶制的大盖。还有上釉的缸,高四尺余,口径半尺,缸盖也是上釉的,缸盖和缸沿穿起上锁,用来盛放酿好的醋、酱油。还有高约半尺、口径一尺余、上下宽窄一致的坛子,夏天酿制的酱豆腐(亦称腐乳)装在这些坛子里,密封后发酵,至腊月批发供应商家,少量的柜上出售。当院照壁南侧是一个长宽六尺、高三四尺的砖砌大池,是熏豆腐干的设施。

福兴园开业于民国十九年(1940年)春,九股合资。这九股持有者(旧称"财东")是:韩守智、戴文祥、傅子成、陈德山、王运隆、齐华堂、张永恒、王金山、任连芬,经理任香圃,会计李兴枝。鼎盛时员工三五十人。

这家酱园子创办时,从资金筹集、设备购置到延请师傅,都是任香圃先生一人操办。

任香圃,名连芳,字香圃,以字行。祖籍山西汾阳任家庄,光绪二十一年(1895 年)生于山西右玉(属朔平府)。私塾二年后辍学,先后在山西寿阳、清源徐沟(今合并为清徐)的杂货店学徒。28岁"闯关东",在黑龙江佳木斯一家山西人开设的福顺园酱园子,先打杂喂猪、种园子、磨香油;后来跑街(亦称上街、搞业务)、要账,34 岁开始参与分红(旧称"顶生意")。其间 17 年,修炼得不怕苦累,又通晓酱园子的一套营销和工艺。民国二十八年(1939 年)他回右玉探望妻儿和奉为生父的叔

任香圃便装照

父,后因"满洲国护照"过期,不得返佳木斯,翌年"走西口"来到归绥,开始谋划新的生计。

当年归绥的酱园子有所谓东路帮班和西路帮班之说,前者指京津冀人士,后者指山西人士。福兴园是纯粹的西路帮班,掌柜任香圃是山西人,他延请的师傅孙根正是山西榆次人,而且酿制器具多由山西太原运来,连照壁上的斗方,也是山西现代文化名人、书法家常赞春的手笔,那是任香圃亲往榆次常家庄园当面求来的。

福兴园生产的食品种类不少:醋、酱油、酱砖(多售予旅蒙商)、豆腐、豆腐干、酱豆腐(又称腐乳)、酱菜(一种腌菜)、八宝菜(一种杂有多种块状的腌菜食品);此外还有不冠"酱"字的食品——挂面和只在腊月和正月制作、出售的元宵。

福兴园俨然是一个具体而微的食品厂,而称誉归绥的是它的熏豆腐干和酱豆腐,用现今的话,就是品牌。

熏豆腐干(另外一种是卤豆腐干)在特制的方形砖砌池子里制作。池子中间平置一张铁丝网,底部铺松木锯末。将压制且切好的豆腐干一块挨一块地摆在网上,而后点燃锯末,加盖密封;适时掀盖,翻豆腐干熏烤另一面,再次加盖密封,适时掀盖。当焦黄鲜亮,香味扑鼻时,就可以出炉啦。这样的熏豆腐干,制作方法原始,但是真正的纯天然,今天已经随同它舌尖上的味道一起消失了。

酱豆腐的制作较为复杂,复杂在它的配方——当年是秘不示人的。时值夏季,店员们(时称伙计)一人面前放着一个坛子,他们把压制好的豆腐干和配好的曲霉一层隔一层地码在坛子里,最后漫以黄酒,加盖密封。历夏秋发酵到腊月即

可批发供应店铺,或将坛子里的酱豆腐装在特制的口小腹大、高约半尺的陶罐里出售,直至第二年夏天新制,周而复始,源源不断。福兴园的酱豆腐口感极佳,保质期长久,在当年的归绥很有名气。酱豆腐的制作配方独特,是任香圃在佳木斯时学到手的,其配方的曲霉都是真材实料,黄酒也是山西特产。如今,腐乳生产的流程和工艺早已现代化了,更有几种品牌销行全国,但老呼市人还是念念不忘福兴园的酱豆腐——那朱砂般的颜色,那醉人的酒香,那夹之不碎、食之醇和松软的酱豆腐。

坚持近十年的福兴园,终因股东经营上的分歧撤资,于1949年倒闭。福兴园的经理任香圃会同赵连城、李兴枝、王万山、孙根正、陈大魁,每人以21匹布之价集资,盘下福兴园的铺底,另立和记酱园子,众人推举任香圃为经理。店址移至小南街中段路东,前店后厂。其规模已非昔比,经营三年后,因资本拮据,于1952年第三次重组,取名福兴久。福兴久五人既是合股人(每股旧币250万元),同时也是劳动者,这五人是任香圃、任连芬兄弟,陈礼、陈大魁父子,任香圃内兄李兴枝,任香圃仍为经理。

1953年"三反五反"运动中,福兴久被评为"守法户"。

1956年夏,社会主义三大改造中,福兴久并入呼和浩特市酿造厂(厂址三里营),福兴久成为国有企业。

(根据任香圃之子任贵先生口述整理,任贵系呼和浩特职业学院退休教授。)

按回族习俗经营的广合益酱园

古人说:"开门七件事,柴米油盐酱醋茶。"酱和醋列入"七事",足见是人们生活中不可缺少的必需品。据说,归化城最早的酿造商号,是清代光绪三年(1865年)由河北宛县人康振民在小召三道巷开设的"康果居",是一家生产醋、酱油和酱的酿造作坊。到1936年,归绥市成立了酱醋公会,属商务会管辖。当时有酿造商号65家,酿造业有了自己的行业组织,得到长足发展。

自西汉史游的《急就篇》,到明朝李时珍的《本草纲目》、清朝李化楠的《醒园录》,甚至延续到20世纪50年代,在两千多年的历史长河中,醋、酱油和酱生产的传统工艺没有多少实质性的变化,原料利用率低,生产周期长,劳动强度大,制约了它的发展。酿造业俗称烧锅业,原料以粮食为主,以土法生产较多。大体可供本地食用,少量运往山东、天津等地。

归绥市远近闻名的一家最大的酿造商号是广合益酱园,俗称"东路班儿"的字号。

1914年,从天津来了一位张万中师傅,领着十几名工人,在旧城大南街的路西落脚。据关岩林回忆,这块地方和大观剧院的产权,都是他们关家的。

经过建车间、买设备、进原料,张万中师傅开始制作甜面酱、豆瓣酱、黄酱、黑酱、辣子酱和比黑酱味儿更浓、颜色更重的酱膏子,以及各种腌制酱菜、酱油、醋、露酒、酱豆腐等。到1917年时,各项工作已经准备就绪,5间门脸儿的广合益酱园正式开业,经理高俊岭,河北枣强人。

广合益开张后,生意十分红火。先后又开设了4家联号,都叫广合益酱园。这4家,一家坐落在回族居民比较集中的旧城北门外(人称"北头起"),路东同和轩茶馆(即早年的庆三元)北面,经理温汉三(河北万全人);一家坐落在大什字儿紧挨馥兰斋(顺记)糕点铺,经理赵继文(天津双口人);还有一家坐落在大西街最西头,经理巩继山(河北南宫人);第4家坐落在大召西夹道(大召的西仓门往西),坐南朝北和德余泉货庄隔街相望,经理郑尧卿(山西盂县人,呼和浩特市工商业联合会第一届至第三届主任、市政协第一届至第三届常委郑允命之父)。

1921年前后,总号和分号5家广合益总计有从业人员150名左右。坐落在大南街路西的广合益,被称作归绥老号。它的前面是门市栏柜,后面是作坊,也叫前店后厂。作坊里的酿造师傅,就是从天津来的全能把式张万中。

有一块书写着"广合益"的竖匾,现藏"呼和浩特市新世纪收藏社"。

据1921年进广合益学徒的李观旺和巩志平回忆,广合益酱园的总号在天津的"上市儿坟地"。在天津的小王庄、鱼市儿、南市儿、元纬路等地,都有它的分号。另外,在昔日包头市的前街、张家口市的桥东和桥西、大同市的北门里等地,也都有它的分号。包括当时称作归绥市的5家广合益在内,他们的股东,都是天津人王作辑。

广合益酱园腌制咸菜不用本地出产的吉盐,而是用海盐(天津芦台出产)。还有外地运来的龙须菜、莲菜(藕),以及杏仁、核桃仁、花生米等,其余芥菜、芋头、黄瓜、地梨儿、莴苣、豆角儿、红萝卜是本地土产。

制作酱咸菜的方法,是将腌制了1年的咸菜,按照工艺制作要求,用各种小型刀具,分别切、刮成条、丝、方等形状后,用长筒形布袋装好(每袋约20斤),放入甜面酱缸内,经过半个月的酱制,便成为酱菜,有八宝菜、麒麟菜、酱瓜子、酱萝卜、酱芋头等30多个花色品种。

广合益竖匾

(见《回族史料》第九辑)

这家酱园制作出售的各种酱菜以及酱油、醋、酱等,全部采用手工和依靠天然晒制,而且从不马虎从事。以制作酱油为例,原料的配比是本地出产的黄豆占70%,面粉占30%,使用海盐12斤。黄豆选颗粒大、杂质少、油脂重的,咸盐全部使用从天津运来的海盐。甚至使用的燃料,也要火力猛而又耐燃烧的东炭(山西大同出产)。

按照传统的做法酿造酱油,是将黄豆煮熟,加入白面搅拌,经过20天的发酵后才下入缸内,按比例兑进海盐水泡渍。在一年中最热的数伏天日晒,一边靠日晒,一边翻搅,直到全部晒透。泡渍时间对头一年,待泡透后才能取油。豆子熟透了,鲜味儿才能全部出来,色泽和味道都是自然发酵后产生的,所以质量上乘,是纯天然食品。

制作酱油和酱所使用的真菌——曲霉,也是广合益的师傅们制作的。每年清明节到中秋节,是制作各种酱的时节。这期间,在广合益的作坊里,每天要蒸500—1000斤的方砖形"馒头"。这种馒头不发酵,即俗称的"死面馒头",每块7寸见方,重约3斤。经过笼蒸后,码到有火墙的房子内烘烤,烤到规定的时间便成了曲霉,也叫作"坯子"。

广合益酱园使用的菜瓮,都是用陶土烧制而成的。最大的容量是500斤,中号的可盛300斤,小号的可盛200斤。当年,广合益拥有各种规格的菜瓮约3000个,大部分是唐山出产的,也有山西烧制的;使用的铁锅,最大的可盛水2000斤左右,小锅的容量也可盛水200斤。

广合益酱园虽然是汉族人开办的字号,但是,为了多做买卖多赚钱,多数联号都雇有回族店员,各号员工都集体起伙,也是按照清真习俗进料制作,为的是让回族顾客放心购买。

广合益酱园制作销售的酱油类品种有:酱油精、酱油母、秋油、单套、双套等。价格最高的每斤4角(旧币),便宜的每斤5分。

这家酱园在门市上出售的酱咸菜、酱油、醋,既有散装的,也有玻璃瓶装的。除了销售本作坊制作的各种酱以及咸菜、酱油、酱豆腐、醋、露酒(含有果汁或花香味儿的酒)、挂面之外,还销售从天津运来的海盐以及桶装小磨香油(每桶28斤)和芝麻酱(每桶33斤左右)出售。此外,还代销归绥当时不多见的海参、海蜇、虾米、鱿鱼、乌鱼蛋、燕菜、玉兰片(晒干的白色嫩竹笋片)、木耳、口蘑、银耳等山珍海味。

从1940年起,除大南街的老号外,其他4家联号都增加了各式新鲜蔬菜的销售业务,扩大了经营范围。

酱园的销售旺季是春节前和中秋节前后。平时每天都开门营业,只是到了除夕停止营业。但是在停业期间,只要顾客买货,值班的店员也开门营业。

广合益的利润是二分利,它的宗旨是薄利多销。哪怕有顾客只买二分钱的醋和一分钱的酱油,也照样热情接待。

广合益酱园首开送货上门的先河。对于本地饭馆、商铺等购买数量较大的顾主,由广合益的业务人员前往联系,定好所买物品后填写购货清单,再派人用车子推着送货上门。旗下营、卓资山、毕克齐、察素齐、武川县、四子王旗、和林格尔县、托克托县、清水河县等地的商贩,前来成批购货,定好货后也由广合益派人用车送往旅店。对于购买数量较小的顾客,则派人挑着担子送去。交易方法是,送货上门经核对货单,并与货物相符,便算账收款。另外,还有批发业务,主要对象多是年年连续交易的老顾客,大部分属于赊销业务。

广合益酱园的铺规很严,不经过天津总号的批准,任何工作人员不准带家眷。由于广合益是俗称"东路班儿"的商号,它的从业人员大部分是河北人,所以明文规定:学徒期间 3 年探家 1 次(为期 1 个月),学满手(出徒)后 1 年探家 1 次(为期 1 个月),往返路费由广合益报销。如果在工作中发现偷盗、贪污等不规行为,便开除出店,再不能入柜(店铺)工作。

广合益酱园的工资形式,不管是作坊里的工人,还是门市栏柜上的店员,均按每月 5 元、7 元、12 元三个等级发放;有一段时间,是以小米代工资,同样是三个等级,按每月 70 斤、120 斤、300 斤发放。

那时候的工作时间,每天不下 12 个小时。作坊里烧火、煮豆子、翻酱缸、码曲霉坯子等都是繁重的劳动,消耗大量的体力,而且是在没有任何劳动保护用品、营养补助和防暑降温的条件下工作。

到了 1950 年,归绥市的 5 家广合益酱园全部停止营业。

最近,我采访到 92 岁高龄的白贵轩阿訇。据白阿訇回忆,当年旧城北门外广合益的市招除黑底金字的横匾外,还挂有汤瓶壶牌,上书"回回"二字,没有阿文。作坊里的酿造师傅是从张家口来的回族王师傅(名不详)。1950 年,由于股东听信谣将股抽走,5 家广合益全部停业。那位王师傅没有回老家,就在"北头起"走街串巷卖起了醋、酱油。广合益的铺底,由山西盂县杜姓四兄弟接收,取名益隆号,仍然是一家酱园。1956 年,杜家老二和老四走上了公私合营的道路。

白阿訇告诉笔者,1953 年,他在通道街和合桥附近的路东称作小桥子的地方,租房开设了一个家庭杂货铺,取名裕丰号。1956 年公私合营时的资本是 480

元。合营后,白阿訇被分配到益隆号酱园任副主任。

在大召广场拓展前,大召西夹道广合益酱园旧址,仍然是一家酱菜门市部,店名是横书的黑底金字的"广合益"木制牌匾。但它和老广合益酱园毫无关系,是家住大召前街往南史家巷路西的刘三融(山西原平人)开设。

(原载《呼和浩特史料》第七集第 404—407 页。中共呼和浩特市委党史资料征集办公室、呼和浩特市地方志编修办公室编,1986 年元月版。收录本书时增补了内容。)

第五辑　杏林采薇

蒙药铺三大家

　　从清朝到民国时期,本地有三家经营蒙药的中药铺,它们是坐落在小召半道街(早年有火烧了半道街之说)靠北头路西的永合堂和北门外的广源恒、永春堂中药铺。这几家中药铺,既经营中药也经营蒙药,蒙药占20%左右。

　　永合堂中药铺的门口,有石头座的通天招牌,上书"永合堂"。横匾的黑底金字是"永合药店"。相传,在清代康熙三十六年(1697年)崇福寺(小召)建成不久,永合堂便在它的附近破土动工,地基的高度和小召相同,比后来的马路低了约1.5米,人们买药得走下台阶才能进入药铺,故有"圪洞子药铺"之称。永合堂距今已有310多个年头了。药铺是三间门脸儿,有暗楼,后面是里外三个院子,作为药库、制药作坊等。在它的南面儿是一条不长的死胡同,因有永合堂的后门,所以取名永合堂巷。在小巷的路南有归化城八小召之一的广福寺(喇嘛庙)。

永合堂广告一　(见《印象青城》)

永合堂广告二　见《印象青城》

1982年,我采访了永合堂当年的学徒乔居正、阎月武、王维荣等。据他们回忆,最早投资开设永合堂药铺的股东,是山西大同人开设的大兴粮店。到了清代光绪年间,归化城旅蒙商三大号之一的大盛魁经理李舜廷,为永合堂投资并改组,使其实力更加雄厚,声誉越发增强。后来,李舜廷的儿子李联佩是主要股东。到1956年公私合营,历任经理是祁明来、宋继贞、李儒英、孟生文、王如山、王杰、申世岐、李希珍、曹寿山。

永合堂药铺,后来因制作和销售海马种玉丸和参茸三肾丸而驰名全国各地,由药铺变成药庄堆栈。这里生产的搜风顺气丸也很有名,一些人舍近求远也要买圪洞了药铺的这种成药。永合堂还代售山西太谷广升誉的定坤丹和龟灵集。每丸定坤丹在1937年以前的定价是5元现洋,可获二成利润,用者必须到圪洞子栏柜去买,才认为是真货。包头发展成为水旱码头之后,永合堂在它的前街路北(先在路南),开设了一座三间门脸儿的永合堂分号,从业人员十几名(都是从归绥调去的)。据说包头的永合堂,亦执包头药铺、药房的牛耳。

1937年,山西寿阳人王如山掌柜的,从永合堂出来,领了祁县乔家大德粮店和天亨永钱庄的本钱,在旧城大南街开设了永龄堂中药铺。相继有个外号叫"杨疯子"的祁县掌柜的杨昌隆和孟锦章,也从永合堂出来,靠人缘众家集股投资,在大北街开设了永和堂中药铺。这家药铺到1952年以后衰败,推让给几个伙计经营,改名为广德堂药铺。

到1956年公私合营时,永合堂共有资金21100元。

清乾隆二十六年(1761年)由杀虎关分支出归化关,在归化城内先后设立了收税大厅和皮市与"驼桥"以后,原先"山西帮"做暗房子(无门市栏柜)生意的广字号中药庄,也在城中修盖起了门市栏柜。最早是广仁号,其次是广亨号和广生号,称为"三大广字号"药庄。后来,广亨号的大同籍掌柜的刘鹤龄出来,开设了广源恒。和"三大广字号"一起称为"四大广字号",其大宗药材主要是向旅蒙商批发运往外蒙、新疆。广亨号的资本为四大广字号之冠,自己组织有往外蒙和新疆运货的驼队。其后,广亨号的二、三掌柜的大同人李玺和平定州人张映昌,反对大掌柜的胡载之和财东消极保守,两个人出来用五千两本钱,在大南街开设了和合堂药铺。

广生号出来的人,在旧城北门外的羊岗子开设了春林药房。

广源恒的财主兼当家掌柜的,在光绪年间,由刘鹤龄传给儿子刘健,由于在外蒙丢账而导致欠祁州药钱,为了还钱把所置的栏柜和仓库卖掉,部分移到旧城北门外的羊岗子。原在北门里路西的地址,先是改成"小班儿馆子"荣生元,后又改成祥源通绸缎庄,中华人民共和国成立后移至呼和浩特市百货第一门市部。它的库房占用亚细亚煤油公司,就是后来的电影院街西口路北的旅店。1930年左右,广源恒的经理是刘循,从业人员从二十多名减到十几人。到1947年时,只剩下刘景泉一人打理药铺。后来,有从大北街永和堂药铺出来的人与广源恒合作,重新改组开设了永春堂药庄,兼售蒙药,并制作蒙药丸散。后来牧区来的蒙医大夫,将蒙药的业务继承下来。经理齐有先(大同人),从业人员6名。直到1956年成为公私合营。

蒙药约有1000种。永合堂、广源恒、永春堂三家药铺里经营的常用药500多种,其中又分为多用药300多种,少用药200多种。常用药当中,蒙医专用的药占30%,其他是中蒙医兼用药。三家药铺所售的蒙药,都是自家炮制的,采用火制、水制和水火共制三种方法。不经过炮制的称作生药,占半数以上,比如川乌、草乌等。

蒙药除在门市上销售外,还销往四子王旗、达尔罕茂明安联合旗、多伦县以及新疆等地。远销的成批蒙药,全靠旅蒙商行驼运。销往外地的蒙药,都用白麻纸包装,按药性划为 24 种、36 种等分别包装,外面用汉文、藏文两种文字标写药名。

(原载《呼和浩特史料》第 1 集第 364—366 页,中共呼和浩特市委党史资料征集办公室、呼和浩特市地方志编修办公室编,1983 年元月版。署名赵梁〈本书作者笔名〉。收录本书时改动了标题,增补了内容。)

德泰玉中药店

早年的药行,以规模论分为三种类型,小规模的称药铺,中等规模的称药房,大规模的称药庄或药店。据史料记载,清代康熙后期和雍正年间(1702—1735年)这一阶段,归化城的药行也随着其他行业兴旺起来。首先是在小召半道街由山西大同人开设的大兴粮店投资开设了永合堂药铺(圪洞子药铺),接着是河南武安(民国二年始属河北)的大财主徐家在圪料街投资开设了元泰和中药庄,号称"方百万"的河南武安县佰延村方家,在今天的大召前街投资开设了归化城实力相当雄厚的中药店德泰玉,人们说,这位"方百万"是威震大半个中国的药材商。他的药店从东北一带的"广"字号药店,一直开到西北宁夏的德泰永。

1954 年时,德泰玉中药店位于玉泉区大召前街 46 号,这一年为它作保的商号,是坐落在民生中路 41 号的永龄堂药店,资本总额 25877 元,经理郭大有;坐落在兴盛街(由圪料街更名)10 号的元泰和中药庄,资本总额 23590 元,经理张瑞亭。

德泰玉中药店的门面比较气派,磨砖对缝有二层楼高。该店于 20 世纪 20 年代末建起,原来的店铺在一场大火中毁坏。当时,担任掌柜的河北武安人李油然,请求总号投入部分资金,他在当地自筹了少量资金,才盖起这个店铺。靠北是门市栏柜亦称前柜,销售中草药、中成药即丸散膏丹,里边有柜房。南面是临街的砖瓦大门院,可通行大车。院内有加工制作草药、成药、饮片等的车间(旧称作坊)、库房、厨房、厕所,共有房屋 40 间左右。在门市外有石头底座的通天招牌,上书"本号自办川广云贵地道生熟药材批发兼理零售"。在清代,德泰玉不是通过旅蒙商往外蒙成批售药,而是在库伦(今蒙古国乌兰巴托)设有自己的分号,发展恰

381

克图等地的生意。由于外蒙经历几次事变和边境封锁的原因,归化城"三大号"先后倒闭,唯独德泰玉没有亏老本。德泰玉在萨拉齐也设有分号,还成批向甘肃、宁夏等地出售药品。

德泰玉药店　王东亮摄

据该药房掌柜的张杰先生(山西左云县人)回忆,清代光绪二十六年(1900年)以前,归化城最驰名的中医是"砂锅子王先生"和"展包儿李先生"。"砂锅王"系山西寿阳人,是大南街永龄堂药铺王如山掌柜的父亲,因为行医发了财,成为德泰玉中药店的房东。"砂锅王"非常胆大,敢加大药方剂量,故得用砂锅煎药(药壶装不下),据说有一两副药即可把病治好,故而得名"砂锅王"。"展包儿李"系大同人,是和合堂药铺李玺掌柜的哥哥,他开设的药铺(铺名不详),于民国初年歇业。"展包儿李"除了善于诊脉开药方外,更精于针灸,把针包儿展开即可手到病除,遂有"展包儿李"的美称。

京绥铁路于1921年修成后,东来的"河北帮"各行各业便开始占据归绥旧城的大北街和大南街。在大北街先后出现了南山堂、济仁堂等五家"京药庄",他们非常注意"广而告之",把珍贵药材都用锦匣放入玻璃橱窗。他们卖中药汤剂不是混包在一起,而是每一味药都包成小包,并附印有图形和主治功能的小票,然后再包成大包出售,还捎带一个竹圈儿纱布过滤器(俗称药淋子)。这种做法固然复杂烦琐,但对服药的患者很有益处,这对今天的药业管理不失借鉴意义。由此可见"京药庄"的势不可挡,使得那些山西、河南的老药铺和药庄,感到后来居上者的咄咄逼人,于是,其他药庄开始注意了修理门面,并改进经营做法,把混包抓药改为分包另装的小包抓药,也附上了每个品种的图案小票和药淋子。但是,归化城最早开设的药铺同泰永(据说有 300 年的历史)直到公私合营,它的门面依然如故。

根据张纯华(山西定襄县人,曾在德余泉货庄工作 10 年)和兰素梅(兰银余的重孙女)回忆:德余泉货庄的股东、大掌柜的兰银余晚年常在柜台前的长条凳上闲坐。一天,有一位云游道士来德余泉化缘,站栏柜的店伙给了点儿钱后,兰银余嫌少让多给些,道士便问这位老人家是谁,店伙说,这是我们大掌柜的。道士表示感谢后,让他拿来纸和笔,随手写下几味中草药和用量后告诉他,这是专治小儿四六中风(脐风,发病多在出生后四至六天)的秘方,可到药铺去抓药,其中一味叫"养养虫"的,扁豆大小,烫死虫后晒干和草药一块儿磨碎,包成小包即可。道士说罢告辞。他们后来打听到,原来崞县(今山西原平市)老家就有这种虫子,便让乡亲们收集,付钱买回后,将养养虫和药方交德泰玉中药店加工成面儿剂。德余泉货庄分文不收施舍给患儿治病,治一个好一个,人们口口相传前来索取。

1998 年时,爱好收藏的代林先生,在一个旧书摊上偶尔买到一本保存完好的老账本儿。摊主要价不菲,且以为逮了个"大头",而代先生明知被"宰",却心甘情愿,独享其乐。

这一老账本,就是 1935 年德泰玉在"冬会"上的银洋流水账。中国药材行有"天下药聚祁州"之说(祁州是今天河北省安国市)。现在的安国市依然是全国最大的药材集散之地。早年,每年都有两次所谓的"春会"和"冬会",那时各地药材商齐集祁州,举行交易会,进行药材的买卖。据说,"春会"是为纪念中国的药王孙思邈而举办的,时间是农历的四月二十八;"冬会"的举办时间是农历的九月。

德泰玉中药店,平常记账用的是大麻纸,只有到了"春会"和"冬会"交易时,为了携带方便,就另外购买较小的账本。代先生收藏的这个账本儿,就是德泰玉中药店参加"冬会"时使用的流水账本。这一账本儿有宽没长,从右面线装,从左面翻开使用的典型的旧式样的账簿。

这本距今(2014年)79年前的账本儿,确实是人们领略当时的工商业者敬业精神的物证,也使我们对著名的德泰玉中药店有了进一步的了解。

该药店不仅是当时全药行也是全市的资产大户,它在解放前给"中央绥远省国医分馆"存放的工作经费有银币一千元左右。"五反"运动中,该药店职工群众检举揭发,促使其经理认识到这笔款应该归还人民政权。在运动结束前,德泰玉中药店副经理宋凤鸣将这笔款亲自拿出来,全部归还给国库人民银行。

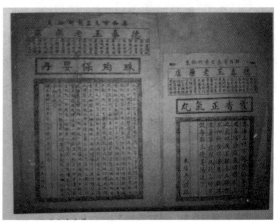

德泰玉广告

"五反"运动后,劳资双方积极性都提高了。1953年,全市首先在国药行业中签订了劳资合同,由市劳动局、市总工会协助,为实现公私合营奠定了基础。1954年实行"四马分肥",这是根据自治区人民委员会关于私营企业盈余分配指示精神进行的。首先在国药行业中的德泰玉、永龄堂、济仁堂进行试点,按照实际纯益计算盈

德泰玉与天津广平制药厂发货信笺
(见《印象青城》)

余。国药业中有16户是劳资户,总的盈余数为71152元,占全市私营商业总盈余额(136.513元)的52.12%。各户均遵照"四马分肥"的原则比例,对公积金、公益金、劳方、资方作了分配。

到公私合营时,德泰玉的资金占呼和浩特市全药行的1/3。这个时候,全药

行的定股资金占全市定股资金的 1/5,可见药行积蓄了多么大的经济力量。

公私合营以后,国药总店制药加工厂(大唐药业公司前身)集中生产中成药等,分拨门市部销售。当时的生产配方,是根据各户多年来有效验的传统方,经总店召集各户有经验的老药工审核修改而成的,原德泰玉中药店副经理宋凤鸣就是其中的一员老药工。国药总店和医药公司合署办公后,按照上级的指示精神,开展了试种中药材的活动,在郊区大台什村租地 100 亩搞试验。到年末,引种成功 60 个品种,从此结束了本地不种药材的历史。国药总店还编写出一本种植手册资料,向中华人民共和国成立 10 周年献礼。这一工作,宋凤鸣也参与了其中。这些工作的领导者,就是公私合营(1956 年)后担任市国药总店经理,1959 年与市医药公司合并后,专门从事中药工作的张杰先生。

1959 年 6 月 25 日,国务院正式颁布了《关于统一计量制度的命令》,并发出《关于统一计量制度和进一步开展计量工作的补充通知》。规定以公制为中国基本计量制度,并保留人民习惯使用的市制,确定改十六两制为十两制,即十两为一市斤,二市斤等于一公斤。在此命令执行前,以十六两为一斤时,中草药常用处方量的写法是:

中草药常用处方量写法

五分=	一钱=	一钱半=	二钱=
三钱=	四钱=	五钱=	六钱=
八钱=	一两=	二两=	三两=
四两=	五两=	十两=	一斤=

使用测定草药重量的器具叫戥子。构造和原理跟杆称相同,盛草药的部分是一个小盘子(用铜制成),最大单位是两,小到分或厘。

(原载《呼和浩特文艺》2011 年第 2 期第 81—83 页。收录本书时改动了标题,增补了内容。)

共和医院与何氏父子

何清杰创设共和医院

共和医院的原址在玉泉区大召前街靠南头的路东（原建筑已不存在，今呼和浩特市西郊民情博览园内有其仿制建筑）。该医院占地约 1000 平方米，由南北两座砖瓦院落组成。在两个青砖砌成的门楼上方，均有引人注目的"共和医院"四个大字，相传是中国近代民主革命的伟大先行者——孙中山先生手书。北院的房屋布局是正房 7 间、东房 6 间、西房 6 间；南院是正房 7 间、东房 3 间、西房 2 间、南房 7 间。两院房屋共计 38 间。它于 1917 年建成，是本土首家由中国人开办的小型西医医院，设病床近 20 张。共和医院开诊后，西医西药遂逐步得到推广和应用。这家医院比天主教比利时圣母圣心会开设的私立公教医院要早开诊 6 年。

共和医院的创办者，是天津市郊何庄人何清杰（字秉如），他生于清光绪十四年（1888 年），毕业于北京军医学校，先后在山东地方部队、陆军第五师任军医长。后又在山西旧军队中任军医。1917 年，辞去旧军队军医职务，来到归绥旧城住在友人周保久开设的西医诊疗所，谋求职业。就在这时，归化城旅蒙商"三大号"之一的大盛魁的总会计因故自杀未遂，伤势严重，在生命垂危之际，经何清杰大夫手术抢救，很快痊愈。从此，他认识了该商号的经理段履庄。经一个时期的交往之后，段履庄对何大夫高超的医术以及力图改变本地区乃至我国西北地区医疗卫生状况的抱负，十分称赞和赏识，为实现何清杰的愿望，他资助了 10000 多元的资金。有了资金，何大夫就选在"旧城"最繁华热闹的商业区——大召前街，动工建成了当时规模较大、设备较好、医疗技术较高的西医医院。

共和医院　王东亮摄

何秉如大夫把自己创办的医院取名共和医院,是有其时代意义的。那时候,我国正处在军阀混战、复辟派与"共和派"斗争十分激烈的时期,他毅然决定把他所办的医院命名为"共和医院",借以抒发他拥护"共和"的心愿。

在动荡年代艰难经营

共和医院开诊后,何清杰于 1920 年在共和医院后院(南院)办起了"私立归绥医学传习所",旨在培养医疗技术人才,他自任所长。在经费十分困难的情况下,他节衣缩食,从医院收入中挤出一些钱,作为办学资金,购置了教学用的桌凳,编印了当时国内较为先进的医学课本。西医讲习班办了 3 期,每期 3 年,吸收了120 余名具有初级医学知识、有志于西医学科的青年参加学习。课程有内科、外科、妇科、小儿科等。学员一律免收学费。师资除何大夫亲自授课外,还聘请了名牌医科大学毕业生杨文治(又名杨郅堂,山西稷山人,1924 年在"旧城"小东街 70号开办私立塞北医院。中华人民共和国成立后是呼和浩特市政协第一届至第四届委员)、李绍泉等轮流授课。与此同时,何清杰还开办了一期有 30 名学员的助产士班。

1937 年 10 月,日本侵略者占领归绥。何清杰准备撤退到抗日后方兰州参加军队,为抗日将士实施战地救护。途经包头市时,他心脏病发作,住在好友陈继遵大夫开办的西北医院。康复后返回归绥市(已被日伪改成厚和豪特市),继续艰难地经营他所创办的共和医院。

共和医院创始人何秉如
见《印象青城》

据当时共和医院医学传习所学员叶之溥(山西代县人)回忆,和他同时参加学习的学员,他能记起的有史德川、张秀、史原茂、阎耀、孙化斗、张子和、张良弼(又名张硕如,河北盐山人)等。叶老清楚地记得,张良弼于 1930 在小东街(后迁到东寺巷 13 号)开办过私立协和医院。共和医院的一位姓黄的助产师(女,名不详,年龄 35 岁左右),被日本侵略者以"通共"的罪名逮捕。1940 年,有人悄悄告诉何清杰大夫,日本人要陷害他,何大夫立即起身回天津躲避。一天,共和医院收到何大夫的来信指名让叶之溥带上妇产科医疗器械速到天津,叶老如约在天津老龙头火车站下车,后乘坐人力车(当地人称"胶皮")到了马场道,与何大夫重逢,并准备就地开办诊疗所。后来接到家里来信,说风声已过,他们又返回归绥。

中华人民共和国成立后,叶之溥一直在呼和浩特市卫生局工作。从 1953 年 7 月 31 日起,先后任市卫生局医政科副科长、医疗预防科科长、地段保健科科长。曾被评为卫生局机关、市卫生系统的模范工作者。1983 年 7 月,国家民委、人事部、中国科学技术协会鉴于叶之溥同志在少数民族地区长期从事科技工作,特授予荣誉证书。叶老对我说:"所有这些都是在共和医院医学传习所打下的基础。"

另据南国栋回忆:"1942 年,我 8 岁,随母亲由原籍丰镇来到归绥市看望我三姨。我三姨 26 岁守寡,经人介绍嫁给共和医院院长何秉如。何秉如天津人,大个子,头发多少有些白,说话时鼻音重。那时候,除当地的公教医院外,就数共和医院的规模大了。共和医院设有内科、外科、耳鼻喉科。除院长外,还有六七个医生。何秉如院长擅长外科手术。有一次,我看见 4 个农民用门扇抬进一个 50 多岁的妇女。她的一条小腿被大车压断,骨头茬儿扎到皮肤外,鲜血淋淋。何秉如扒开这一妇女的眼睛一看,当即说:'治得晚了!'这个妇女被抬走没多远就没气了。又有一次,御泉井台上两个担水人因为汲水打架,一个被扁担钩将头颅打开一个窟窿。被打者手捂着头,跑进共和医院。医生们将他领进手术室。经检查,没有伤着脑子。何院长给他止住血后,又用注射器从颅腔内往外抽血。那时候,日本侵略者在市内开设大型赌场,给当地人民带来了灾难,一些人因为赌博导致妻离子散;在街上赌徒明抢暗偷,人们不得安宁。有一天半夜里,有人敲共和医院大门,医生们出去问:'干什么的?'大门外有人说:'我老婆喝上洋烟(毒品)啦,请何院长去看看!'医

共和医院半张广告
张景植提供

生们到后院叫醒何院长,此时,拉洋车的老常(共和医院的雇工)也穿好衣服把洋车上的两盏大铜灯点着了。我和我母亲在共和医院住了六七天,遇到晚上敲门的事儿有三四次,不是喝上洋烟,就是寻死用刀抹脖子或是上吊的,这都是因为赌博引起的事儿。何大夫总是耐心地救治病人。"

1948 年春,何秉如因心脏病复发,与世长辞,终年 60 岁。

年过八旬的陈继遵、叶之潨说:"何大夫抱负远大,济世救人,医技高超,医德高尚,是医务界的楷模。"

何秀安继承父业接办共和医院

何清杰病故后,其子何秀安继承父业。何秀安 1917 年出生于天津市河北黄纬路仁田西里 4 号。21 岁前,在归绥、天津市读书到高中毕业,23 岁中国大学生物系二年肄业,赴东京日本大学医学科就读至 28 岁。回国后,在沈阳郑氏医院(亦说寿民医院)儿科工作,到 31 岁回归绥市任共和医院院长。

中华人民共和国成立后,何秀安受归绥人民政府委托,在共和医院开办戒烟(毒品)所,兼任所长到35岁,期间,主管全市戒烟和性病防治的技术工作。他大力宣传党和国家的政策,以自己所掌握的专业知识,向人们解释吸食鸦片及性病的危害,在共和医院有限的条件下,何秀安用医学手段挽救了数以千计的吸食鸦片成瘾者和性病患者的生命,为扫除旧社会遗留下来的腐朽风习、净化社会环境做出了贡献。1953年结束了共和医院的经营,他将医院的诊疗设备无偿转交给呼和浩特市玉泉区的医疗机构;自己则接受政府邀请,到市立医院(今呼和浩特市第一医院)内科工作,任主治医师、主任医师。工作期间,先后到山东医学院附属医院、内蒙古中医进修班进修。

共和医院院长何秀安
(见《印象青城》)

市医院内科主任任上的开创性医例

从1957年开始,何秀安担任市医院内科主任。在设备落后、条件有限的情况下,他在内蒙古地区首次开展了肝脏穿刺术并用于临床实践;在内蒙古地区首次将心导管术用于动物实验并获成功,为心导管技术用于人体的医疗实践提供了必要的技术准备和理论准备。20世纪70年代后期,长期从事西医工作的他,开始钻研我国传统医学知识,走中西医结合的道路,将中西医结合的理论用于慢性胃炎、肾病浮肿症的辨症施治,尤其对呼吸系统的研究,具有开创性的意义。他开展了气管炎1号、气管炎2号,灵芝丸药对于慢性支气管炎疗效的研究。他撰写了许多科研论文,受到内蒙古医学界的普遍重视和好评。作为一名医务界的高级知识分子,他在工作中精益求精,医术高超但不循旧保守,极为重视医疗队伍的培养教育,对青年医生循循善诱,努力做到"传、帮、带"。"文革"结束后,他在年事已高的情况下,多次带队到呼和浩特市基层巡回医疗,在农村对常见疾病进行有针对性的研究和诊疗活动。不仅如此,在巡诊的同时,还在市郊的农村举办内科训练班,培养乡村医师,为当时还处于"缺医少药"的农村培养了一批专业人才。他曾赴郊区(今赛罕区)白塔、土默特左旗毕克齐等地区下乡巡回医疗、培训基层医生、协助卫生院工作及有关疾病普查和科研工作,担任队长。因工作出色而受到表彰奖励。

何秀安能阅读、笔译日文和英文的医学书籍。他对普内科及有关技术得心应手,擅长治疗呼吸系统、泌尿系统疾病,曾多次参加协作组研究呼吸病及中草药的治疗观察研究工作。他常运用中西医结合治疗和研究疾病。

何秀安是一位勤勉敬业、忠于本职工作的医务工作者。"文革"结束后,他任呼和浩特市人大代表、人大常务委员、人大常委会副主任。虽然职务不断变化,但他还是全力做好本职工作,率领全科室同志,圆满完成日常工作,悉心诊疗、热情待人,深受同事和患者的爱戴。

他对于呼和浩特市人大的工作,一丝不苟,认真履行自己的职责。他是无党派人士,政治热情很高,积极参加历次呼和浩特市人民代表大会,联系群众,坚持向市人大常委会反映基层的情况,为党和政府的工作建言献策,为促进人大工作和民主法制建设做出了贡献。1990 年,他因病去世,终年 74 岁。何秀安夫人王法好,内科大夫,于 2009 年病逝,终年 82 岁。他们的四个孩子中,有两个从事医务工作。

(原载《内蒙古文史资料》第 69 辑第 104—111 页,内蒙古自治区政协文史资料委员会编,2011 年 5 月版。收录本书时改动了标题,增补了内容。)

"神医"田秉澍

　　我的父亲和田秉澍大夫原来就认识。那是 1959 年腊月二十,父亲因肺心病发作,咳嗽气短、吐痰不止。我用自行车推着,到坐落在旧城大南街二道巷路北的玉泉区医院第二门诊部找田大夫诊治。我记得,诊完脉,田大夫对我父亲说:"老伙计,没有事儿,过大年的接神炮肯定能听到。"服药后,父亲的病情有缓。正月初八,我又陪父亲去找田大夫,经过检查,田大夫又对我父亲说:"老伙计,正月十五元宵节的炮声一定能听到。"正月十七,操劳一生的父亲与世长辞,享年 69 岁。

　　中医高手田秉澍先生,通过诊脉、听诊就能诊断出一名患者的病情,我十分佩服他高超的医术,故而称他为"神医"。

　　这位田大夫于清代光绪二十七年(1901 年)出生在山西省大同县的倍加造村,从小就受到良好的中医学熏陶。14 岁时,他到大同市有名的德仁堂中药铺学徒,熟读了《医宗金鉴》《内经知要》《伤寒论》《本草备要》等中医药学典籍。17 岁跟随其叔祖田子达进一步深造。这位田子达老先生乃大同名医,近处或远处的病人络绎不绝。田秉澍刻苦学习,叔祖对他十分喜爱,把自己的医技全部传给了这一田家的后代。

　　21 岁时,他不舍地离开长辈,回故乡悬壶行医,边出诊、边采药、边研读医药经典,并大量收集民间偏方、验方,医技渐至成熟。1931 年,迫于生计,田大夫出走口外到了包头,在同仁永中药庄挂牌行医。当时的包头人称水旱码头,但是大批的贫苦人民却是衣不蔽体、食不果腹,患伤寒病的超过七成。一般的大夫多是用药不对症,患者服药后往往不效。田大夫认真研究后,结合田子达叔祖所传,采用刘河涧表里双解法,初患此病者往往可一剂而愈,他的名声迅速在民间传开。

"七七事变"后,1937年10月16日,日本侵略者占领包头。从此,包头地区的中医卫生事业日渐萧条。1943年夏天,田大夫携家眷返回故乡。回原籍后,他广行义诊,动员全家老少上山采药,为穷苦大众免费治病,并继续收集民间偏方、验方。当时,山西雁北一带流行"羊毛疔"霍乱症,田大夫先用三棱针挑扎,后施以自己创制的"救逆定中散",手到病除。他的美名传遍邻近各县,求医者不计其数。

解放战争时期,大同县人民政府驻在聚乐堡村,离倍加造村有30多里,大同县为国民党统治下,田大夫的家乡倍加造村是拉锯战地带。1946年农历二月的一天,大同县人民政府的工作人员用战马接他去聚乐堡村为伤病员治病,两天时间,他义务治疗伤病员30多人。此后,每隔几天接田大夫去一次,一直到这年的秋季。进入冬季后,县人民政府转移,驻到桑干河南岸,方才失去联系。这期间,田大夫所储存的两千多斤草药几乎用尽。

新中国成立初期,田大夫应归绥市名中医刘济民的邀请,于1950年冬天举家迁入归绥,在旧城定居。从此,以他高超的医技,为塞外青城的各族患者服务,解除病痛。

归绥市人民政府十分重视中医队伍的成长,为提高中医的现代医学基础知识,举办了全市首届中医进修班。该进修班共有学员60多名,其中有擅长内科、妇科的,如刘济民、田秉澍等;有擅长骨科、针灸的,如李枝(呼和浩特市政协第一、第二届委员,第三届常务委员)、郝明德等。进修班每日下午、晚间授课,班主任由市卫生局副局长王存万担任。师资就地取材,有舒兆勋(满族,市政协第一、第二、第三届常务委员,第四届委员)、王品成、崔寿山(市政协第五届常务委员)、杜勤书、续如山等医师。教授课程设有生理、病理、解剖、诊断、药理等课目。

为体现党和人民政府对农民的关怀,进修班全体学员于毕业前后,分组赴本市郊区巡回医疗。每周一次,诊断、针灸、正骨均免费。田大夫这一巡回医疗小组,还有郝明德、刘珍、简官儒大夫。他们巡回在郊区府兴营子村一带,优先为军、烈属看病,依次访贫问苦,为那些在旧社会受尽摧残而身残难动的老年人,送医送药上门,受到村民们的热烈欢迎和称赞。

1953年,田秉澍大夫在怀仁堂药庄挂牌行医,就是人称的坐堂先生,并取得了中央卫生部颁发的中医师证书。这家怀仁堂的全称是怀仁堂京药庄,俗称"河北帮",亦称"东路帮",是河北省定州(县)谢家开设的济仁堂京药庄的分号,济仁堂京药庄于 1924 年在旧城大北街路东开设,经理是谢介卿名老中医的三儿子谢德祯。

1954 年 4 月,田大夫放弃优厚的经济收入,与刘济民、于存仁、任重远、范玉碧等医师成立了大西街联合诊疗所(地址在大西街靠西头的路北),带头走集体化的道路。田大夫任副所长。

20 世纪 50 年代中期,国家卫生部门为解决中医后继乏人的问题,提倡老中医带徒弟,所带之徒分专职和兼职两种,1956 年,田大夫与 4 名医务人员签订了师徒合同。市卫生局于同年举办了第一届中医徒弟培训学习班。参加学习班的,还有长期自学中医而未取得行医证书的,其中有些是 1951 年参加中医进修班而未被录取者。这届学习班以中医理论学习为主课,学制暂定一年,班部教室设在旧城太管巷(原名太谷巷)。田大夫主讲内科杂病,讲授内容包括:表症与里症的关系及其辨症施治;水肿病的辨症施治;中风病的辨症施治;痰与瘀症浅识。

田秉澍大夫在讲授课程中,以中医理论指导临床实践,通过自己多年的临床经验,来验证中医理论的科学性。比如对"美尼尔氏综合征"的病症,他讲道:"这种病症的特点是表症的症候不明显,为里症的临床表现而掩饰,医者往往疏忽治表而一味治里,服药后每多无效。《内经》曰:'风为百病之长,善行而数变''伤于风者上先受之'。风邪常与其他外邪相因致病,此症表邪多为风热或风寒化热,治以散风热为主,平其逆上之势,病症缓和时随症加减用药,方可除去病痛。"

这一届徒弟学习班,由于授课教师口传心授,辛勤培养,全体学员都获得了系统的中医理论知识,并能出色地运用在医疗实践中。这批学员毕业后,充实了呼和浩特市的中医队伍。为造就新中国成立后的本地区第二代中医,田秉澍大夫呕心沥血,把自己独到的医疗技艺毫无保留地传授给了这些后继之人。

1959 年,田大夫到坐落在旧城大南街二道巷路北的玉泉区医院第二门诊部担任主任。国庆节时,玉泉区举办中华人民共和国成立十周年成就展览,田大夫的部分医案展出,受到医务界的一致好评。在二门诊部应诊时,由于他诊断准确、疗效卓著,患者日益增多。一个时期内,呼和浩特市新旧两城的干部、群众,土默特旗、托克托县、市郊以及外县的患者云集就医,每天的门诊量达 100 余人次。虽然有纪森、梁凌云(后来在内蒙古大学医疗所工作)二医师做助手,仍然满足不了广大患者的要求,许多患者往往等了半天也看不上病。这样,就形成了半夜三更排队等候挂号的现象。后来实行了预约挂号,最多预约期竟达一个星期。为保证田大夫的健康,以及让重症患者优先受到他的诊治,田大夫被调任住院部主任,并管理中医病房和中医研究室,研究课题为肾病、中风病。同时,由郝康祥、李景云两位老中医作为助手,整理田大夫的临床医案。

1962 年,刘少奇同志提出教育要两条腿走路的方针,即全日制中学和半工半读式的职业教育并重。经过各方面的大力支持和支援,呼和浩特市旧城民办职业学校成立,校长由巴静山(蒙古族,呼和浩特市政协第六届委员,受到市政府表彰的少数民族教育工作者)担任。校址设在已下马的第六幼儿园。最先开设的是中医班和正骨班,各招收学员 40 名。学员多为近两届的高中毕业生,也有学过中医的徒弟。学生实习场所设在通顺街的诊疗所。主讲教师由中医专家田秉澍和正骨专家李枝担任。任课教师还有田大夫的长子田丰(先在通顺东街路北的人民防治院、玉泉区中医院工作任中医,后被调到内蒙古中蒙医院任中医师)、李枝大夫的儿子李秉文(曾任呼和浩特市二轻医院副院长,被聘为市政协第五、六、七、八届委员)、藉世衡、谢德固、于存仁等医师,教材采用高等中医院校的课本。

田大夫治学注重务实而不务空名,徒弟学习班以课堂讲授为主,重视"一读二背三临症"的方法,要求学生利用早自习或业余时间背诵《伤寒论》条文,《药性歌括四百味》《汤头歌诀》《脉诀》《内经知要》等中医启蒙读物及其医学基础知识,并定期考试、默写。学生们也孜孜不倦、锲而不舍地学习功课。为了解决学生的临症问题,学校特在本校设立了门诊部,让学生侍诊,识别药材,实际操作炮炙技能,以便加深了学生对理论课的理解。比如,在中药课中,田丰老师讲五灵脂可治儿枕痛,但学生对"儿枕痛"一词的理解甚是肤浅。一次田秉澍大夫出门诊,有一位产后腹痛的妇女就诊。他当即对侍诊的学生讲:"产后腹痛又称儿枕痛。因产妇脏腑风冷、气血凝滞、恶露不尽,小腹有块而痛,你们摸摸便知。"学生在他的指导下触诊,在患者小腹似觉有枕头一块,立刻茅塞顿开,对"儿枕痛"完全理解了。

后来,这批学生成了各地医疗单位的中坚力量。比如:湖北省十堰市医院的冯江亭,呼铁局中医院的张凯,呼和浩特市医院的李淑贞、陈文涛,回民区医院的蔡凤岐等。如今,年已七旬的蔡凤岐中医师,仍在某医药店坐堂,为病患者服务,解除病痛。

田大夫在内科杂病诸方面造诣颇深,妇科尤其突出,对"傅青主(傅山)妇科"的研究更有成就。田大夫多年来治疗不孕症远近闻名,内蒙古自治区及外省不孕者常远道而来,治愈者不计其数。他综合傅氏不孕症医理与7个种子方剂,结合自己的临床经验,揉合为一方,取名"补肾调经种玉汤",治不育症,效果显著。本地的楚某,结婚18年未孕;山西省保德县中学老师刘某,结婚6年未孕,经西医诊治无效,田大夫用"补肾调经种玉汤"调治两个月后怀孕。

　　田大夫治病辨症求因、思维敏捷、用药精练、法度严谨、疗效神速,往往在两三副药内,就可获得满意的疗效。比如:1962年7月,内蒙古师范学院的张永昌,发病3日,头晕目眩,耳鸣严重,平卧不能睁眼,某医院诊断为"美尼尔氏综合征",曾用西药镇静剂输液,病势如前。邀请田大夫会诊,用药一付后即微汗,可坐起谈话。服药两副后,病症皆无。再如呼和浩特市的尹某,平素体格健康,一个月前左下肢出现数个小红疹,奇痒,搔之皮肤溃烂,用西药消炎剂后溃烂漫散,无脓,稍疼,奇痒更甚。用中药凉血解毒剂不愈,并用荆芥、防风、升麻、连翘、黄檗、甘草组成一方,田大夫诊断其为风热浸淫肌表,而为痤痱,搔之感染而溃烂面扩大,必先疏风散疮治表。诊断结果服上方三副而愈。

　　田大夫从不自视高明,延误患者,一些慢性病若在短期内疗效不著,他则实事求是,劝患者另求高明。为此,很受患者称赞和同仁的信赖。他常说:"辨症如相,用药如将。用药如用兵,必须集中优势,速战速决。如不能速取疗效,是我运筹无方,劝君另找良医为妥。"

　　由于田秉澍大夫德高望重,医道高明,同行及其家属患病,多请他诊治。中医元老王子良(是有名的儒医,早年在通顺东街开设益元药房行医,处方稳健,很受归绥老一代地方士绅的推崇)晚年行动不便,每患小恙,必请田大夫往诊;著名针灸名家郝明德患痿症,步履维艰,经田大夫多方治疗后,基本可以自理生活;老中医乔佐君中风不语,田大夫开闭固脱,力挽生肌;刘济民大夫的女儿,黄惠卿大夫的妻子,李枝大夫的侄儿……许多同行的家属生病,都找田大夫诊治。同行们常开玩笑说:"田老辛苦辛苦吧,您是我们的保健医了。"

　　田大夫向来反对"文人相轻""同行多忌"的恶劣作风,提倡"文人相亲""同行相敬"的道德风尚。他从不说人的短处,而是学人的长处。市内的同行,可说是没有一个和他合不来的。他曾对其子田丰说过:"我治肝阳上亢,疗效不如任重远大夫(晚年曾在旧城三官庙街自家院内为人治病),我留意他开的药方,见其善用生赭石,我向他学习,后遇同样的病人便吸收过来,加以应用,每收良效。活到老学到老嘛! 你刘济民大伯善用补剂,药量轻,效稳妥,法度严,有耐心,一些慢性病往往数易其方,直到病愈才罢手,我不如他也。黄惠卿大夫天资聪颖,集思广益,善于学习,是中医界不可多得的人才。"

韩积功大夫熟读仲景学说,惯用经方,向田大夫求教如何提高临床疗效。田大夫推心置腹,以诚相待,详细解答,毫不保守。他说:"依愚主观拙见,治病要辨症论治,不能只重视经方而忽视时方。推崇仲景学说是至关重要的,《金匮》《伤寒论》两书,理法详备,为方书之祖,是临床治疗的楷模。但下遵历代名家流派也是必要的,应博采金元四大家的寒凉、攻下、温阳、滋阴诸法及明清温热病的治法,治众长于一炉,以补仲景所未备,理法方药的思路自然开阔,临床疗效势必提高。"韩大夫听后心悦诚服。

田大夫与同行相亲相敬,茶余饭后,总有同行登门,切磋医技。他性情豁达、善于辞令、谈吐风趣、学识渊博。一席之谈,常引得大家捧腹大笑,但对门人及子女的教育却异常严格,一丝不苟。其子田丰从 14 岁开始在父亲的教导下学习中医,田大夫令其利用早、晚时间背诵医籍,限期完成,每周末检查一次,若有怠惰,必受谴责。在田丰侍诊、抄方时,父亲一再教导:"作为一名医生,对待病患者的态度一定要温和,要关心和同情病人,诊断要周详,用药须胆大心细,这是我们田氏的家风,尔要继续。"田丰曾和我说过,他从小就十分喜爱体育,但是由父亲亲传医技,他也愿意。经过权衡,还是学了医。

田秉澍大夫兢兢业业,救死扶伤,决心把自己的才智全部贡献给人民。然而,受到"文化大革命"的影响,他一生的学术成果和医案未及付梓。田大夫于 1968 年 3 月 18 日去世,终年只有 67 岁,实乃呼和浩特市中医界的一大损失。

(写于 1979 年。收录本书时参考了宁昶英先生的有关文章,深表感谢。)

名中医黄惠卿一家的医学成就

闻名海内外的中医世家

　　黄惠卿先生是位医道高明的中医师。他于清代光绪三十一年(1905年)出生在河北省定县(今定州市)的黄宫城村。他自幼随舅父(当地名中医)学医,得到真传,五年后出师。日本侵华时,常抓农民当劳工受苦,许多青年被迫逃往他乡谋生。1940年农历三月,黄惠卿来到归绥市。通过考试获得中医证书,准许个人行医。先在旧城北门外的福昌和药铺坐堂行医。有一位男患者,43岁,两个月来小便不利,小腹满坠欲尿不出,甚感痛苦。曾经几位中医诊治,服利尿方药后无效,请黄大夫治疗。他认为属"隆闭症",以利小便为主诊治,也不见效。这位患者又请卢子裔老大夫治疗,服4副汤药显效,再服4副药到病除。为了学习他人之长,小黄大夫登门向卢老大夫请教。卢大夫说:"这位病人属于肾水亏竭,无尿可利,焉能治愈。必须以大剂量补水,使水液充足,其尿自利才好!"真是听君一席话胜读十年书,他茅塞顿开,深受教益,进一步提高了辨症施治的水平。

　　1953年8月,黄大夫让出自己的住房和其他大夫集资,办起了归绥市东顺城街第一联合诊所。他任主任,郎永和任所长。后来,名中医邓占元、邓子厚、冯尽忱加入诊所。邓占元被选为副所长。邓子厚、冯尽忱被派往火车站成立分诊所。1956年,该联合诊所人、财、物并入呼和浩特市医院(市第一医院前身),黄大夫任中医科副主任。

　　"文革"中,黄大夫被关进"牛棚",他积累的资料、书籍被查抄一空。"文革"

后得到平反,又回到市医院中医科工作,并恢复副主任之职。

1979年元月,呼和浩特市中蒙医研究所成立,黄大夫任副所长。不久,晋升为副主任中医师、主任中医师。他在妇女疾病方面积累了丰富的经验,认为妇科疾病在辨症中主要抓一个"血"字,因妇女"生理以血为主,其血属阴,畏寒喜温",多因寒以致血瘀而发生各种月经病。在"论治"方面,常在月经期给予"温经化瘀"之剂内服,疗效甚佳。对妇女平常发生的疾病,要抓住一个"气"字,因妇女情志善郁(爱生气),而气为血之帅,气滞则肝郁,肝郁不舒易伤脾。在"论治"方面,惯以舒肝解郁,使气调达,诸症则速愈。同时,不论气滞或血瘀日久致"虚"者,亦不采用"补"法治疗,而常以舒、调、益、和之法,灵活化裁方剂施治,才能获得"治病求本"的效果。

1982年,他撰写的13万字的《妇科证治验录》一书出版,全国发行,受到中医界的好评。另一著作《诸病医悟要言》,系统地汇集了他几十年治疗杂病的验方。其他30多篇论文,多在省级、国家级医学杂志上发表。

他先后担任呼和浩特市卫生工作者协会副主任、市第一届人民代表大会代表和政府委员、内蒙古自治区第一届人大代表、市政协第五、六届常务委员。1954年,他随人大代表团参加国庆典礼,受到党和国家领导人的接见,并在观礼台上见到了毛主席。

在《内蒙古优秀科技人物及成果》《中国当代中医名人志》等书籍中,都将黄惠卿大夫选入。

1988年,已经72岁的黄大夫退休,除兼任市中蒙医学会名誉理事长和内蒙古医学会名誉常务理事以及市政协老委员联谊会委员外,仍然于每周二、四、六上午出门诊,还到坐落在旧城大召前街南头路东的中医专家门诊部,热情地为病患者服务。我采写了以《众高手荟萃一堂,除病痛余热生辉》为题的新闻稿,在1988年11月22日的《呼和浩特晚报》第一版发表。和黄大夫同时出诊的专家,还有纪世卿、李景明、谢骏仁等市政协的老委员。

黄惠卿大夫先后带徒弟20多名,其中包括他的3个子女。"传于后人"和"广解民间疾苦",是他一生从医的座右铭。他向子女传艺,并不拘泥于"传",而是注重"创"。他常说,传授技艺的关键,是教他们懂得在继承的基础上,如何发扬和创新。黄大夫的子女们在他的教诲下,积极探索,各自都有建树。

黄海波是黄惠卿的大儿子,自幼随父学医,打下了较好的基础。已是中华全国中医男性病学专业委员会委员,日本国男性学科研究会会员,呼和浩特市中医、蒙医、西医男性病学研究会副主任委员。他研制成功的"增精丸",治愈男性不育症在国内居首位。他在多年治疗妇女不孕症的过程中发现,大约有 25%—40% 的患者,病因是由于男子的缘故。因而他提出了"妇女不孕乃经病,经调而无子者,男性之故也"的理论。从此,他对不育症进行研究,发现男性不育多因"肾气精亏、天癸不足"而引起精子异常所致。于是,黄海波筛选具有壮阳、补肾、添精等功效的中草药,配制成丸药,取名"增精丸"。从 1980 年起,他用这种"增精丸"为患者作探索性治疗,90% 以上的患者有了生育能力。1984 年,《大众医学》杂志发表了黄海波的论文,引起国内医学界的关注,50 多家报纸和电台予以报道和转载。国际上有 1000 多家报纸也转载了这一消息,美国中文报纸《中报》,于 1984 年 12 月 1 日和 1985 年 3 月 19 日,均在显著位置全文登载黄海波的论文和他给《中报》的信件。从此,患者接踵而来,一封封求医求药的信件从美国、英国、加拿大、澳大利亚等国家和地区飞来,有时一天就收到几百封信。为了适应患者的需要,呼和浩特市中蒙医研究所开办了以黄海波为主治大夫的男性学科。4 年来,黄海波已经接待从大陆各地专程前来的男性不育患者 8000 多名。同时,对来信求医的 24000 多名海内外患者,有的回信答复,有的还采取邮寄药品等办法,给予具体指导。

1988 年春节前夕,《南洋、星州联合早报》报道了第一批"中国黄氏保健药枕"在新加坡一星期内被抢购一空,第二批将在"缤纷牛车水博览会"上展出销售的消息,这种"率先跨出神州门槛,正式出口到新加坡的'黄氏老人枕'和'黄氏青少年保健枕',对多种疾病具有一定的疗效,包括失眠症"。

这种药枕头,就是由黄惠卿大夫指导他的儿子黄海超研制成功的。

药枕头保健治病延用我国古老中医的"外治法"。早在汉代,名医华佗就在民间行医时推广应用药枕头;唐朝医学家孙思邈编著的《千金方》中,就记载了用蚕屎、废茶叶等装枕头可以明目清心;明代李时珍在《本草纲目》中,记录了用绿豆皮、决明子、菊花等填枕头,可以目明等等。药枕是将中草药的药性气味儿,通过嗅觉、皮肤、经络、穴位而作用于人体的,能促进血液循环,增强新陈代谢。他们潜心研究"外治法"理论,结合人体生长、发育、衰老的生理规律和年龄的病理特点,反复配方验证,于 1985 年研制出"黄氏老年枕",适用于高血压、动脉硬化而引起的头痛眩晕、颈僵肢麻、心悸失眠等症。一位 65 岁的男性职员,常年头痛失眠、血压高、全身乏力、步履不稳,多方治疗效果不佳。使用黄氏药枕两个月后,睡眠良好,头痛症消失,精神好转,血压降低。"黄氏青少年药枕",对青少年脑神经衰弱,记忆力减退,头痛眩晕,目视模糊等症疗效显著。他们还研制出治疗慢性气管炎的平喘镇咳的"药背心儿",治疗骨质增生、风湿性关节炎、腰腿疼痛、麻木的"药褥子",治疗胃病的"护胃兜",治疗妇科病的"调经护宫带"。后来,又研制成功了"黄氏美容药枕""黄氏减肥药褥子""黄氏祛风活络药褥子"等外治保健品。

黄惠卿大夫的女儿黄海清,当时在呼和浩特市纺织职工医院从医。她专攻妇科,并在治疗妇女慢性盆腔炎、子宫肌瘤、输卵管不通,以及妇女不孕症等方面积累了经验。她还在黄老先生的指导下,将具有活血化瘀、舒通经脉作用的妇科中药灌肠剂,改制成使用方便的塞通栓剂。

在黄惠卿大夫的家中,还有一位做了30多年护士工作,对中医学也有一定研究的黄大夫的夫人。她以中药为主,辅助塑料黏合,制成一种"药塑护足袜兜",专治腰腿无力、脚后跟疼痛、干裂等症。经过临床实验,效果十分显著。后来,这种"药塑护足袜兜"获得批准,交厂家批量生产。

(此文系1989年本书作者为中共呼和浩特市委、市政府"对台湾事务办公室"撰写的对台湾广播稿,"对台办"的同志一同采访。收录本书时做了改写并增补了内容。)

娃娃们的守护神——邢志先

提起邢志先,好多人说不认识。然而一说是那位治好无数患病儿童的老专家邢大夫,那可是远近闻名。今年 52 岁(2014 年)的呼和浩特市房产局监察大队副队长、隆昌洋行方老板(方孝恭)的后人方鸥,他儿时患的腮腺炎就是邢大夫给治好的。

邢志先于 1925 年农历十一月出生在山西省繁峙县。15 岁随父母来到日本侵占的"厚和豪特市"(今呼和浩特市),经人介绍随名医刘慎行学习西医。24 岁由岳父资助,在旧城大南街路西开设惠民药房,有员工 5 名。1952 年 12 月 20 日,参加归绥市第三区卫生所工作,后担任防疫股负责人。1953 年随卫生所从剪子巷迁到大召前街。1957 年到旧城西五十家街路北的卫生院工作。1959 年小东街联合医院成立,邢志先担任中心门诊部主任。1963 年,由于西五十家街卫生院不景气,他被调回负责该卫生院。从此,他不仅认真为成年患者医病,而且专攻儿科医疗技术,采用中西医结合的方法为患儿治疗疾病,疗效显著,名声远播市内外。1978 年,由名中医雷占通和邢志先发起,二人先赴包头市取经,回呼和浩特后以大召前街人民防治院为主,合并西五十家街防治院、西兴旺巷(西鞋袜巷)联合诊疗所及通顺街防治院,成立了玉泉区中医院。邢志先担任门诊部主任。他不仅到 60 岁没有退休回家,直到 2014 年已 89 岁高龄的他,仍然在由玉泉区中医院改名的玉泉区兴隆巷长和廊社区卫生服务中心出门诊,日门诊量 70 名。一位患儿的父亲说出了众多患儿家长的心声:"邢老大夫退休不离岗位,是孩子们的福音,我们离不开这位娃娃们的守护神啊!"

"若要公道打过颠倒"是他常说的话。医生也有生病的时候,所以对患者的病痛更感同身受。他经常不能按时下班，医院领导考虑到他年事已高，曾多次提出限量挂号，在征求邢大夫的意见时，他却说"病患者更痛苦，还是不限量为好"。平均每天晚下班半小时左右。由于他的医术远近闻名，所以经常出现夜晚上门求治者或要求出诊者，邢大夫是来者不拒，而且从未向患者要过报酬。

1984年一个冬天的午夜，家住回民区一中后街的张某找到邢大夫家，说他母亲病重请邢大夫出诊。门外不仅刮着风而且下着雪，邢大夫二话没说，穿好衣服带上药箱，骑上自行车前往患者家中，经过诊断治疗，待患者病情稳定后，邢大夫回到家中已经四点半了。回民区义和巷的回族小孩儿丁自强，出生40多天患抽风病，生命垂危，也是半夜邢大夫抢救后治愈。

邢大夫清楚地记得，1957年，家住南茶坊的患儿李瑞通患急病哭闹不止。已经是午夜十二点，邢大夫骑上自行车前往，由于视力差又不熟悉地形，被患儿家大门外横放的水泥电线杆连人带车绊倒，眼镜片儿碰碎不说，还被镜架在左眼眉处划了一口子，他一心惦记患儿，赶快起来用手绢包住伤口，进门忍痛为患儿诊治，然后去内蒙古医院眼科治疗自己的外伤，缝了八针。为了患者，邢大夫身上留下了永远的印记。

邢志先从小遵循老师刘慎行"医贵于精"的教导，努力实践"非仁爱之士不能为医，非聪明达理之士不能为医，非廉洁淳良之士不能为医"的医德标准，严于律己，宽以待人。他不讲究吃喝穿戴，不谋取不义之财，对待病患者是贫而不厌，富而不谄，能治者则精心治疗，不能治者请另就高明，从不欺骗蒙哄。他的治病原则是，能服药治好的病，绝不打针；能打针治好的病，绝不输液。

为了使自己的医术更加精通，邢大夫经常是白天精心为患者医病，夜晚如没有患者上门求治或要求出诊，便认真阅读，博采众家之长，潜心研究偏方验方的疗效，终于医术大进。小儿流行性腮腺炎，是一种常见病，也是一种比较缠手的疾病。经过多年的探索，他研制出一副中草药方剂治疗此病，方中有板蓝根、夏枯草、紫花地丁、赤芍等。经过上百例患儿服用此汤剂观察，服三副药可以治愈，较重的患儿服用六副药可以除病。实现了腮腺炎患者病程缩短，痛苦减轻，节省医药费的初衷。

对于婴幼儿夏秋季腹泻病（痢疾）、急性肺炎、百日咳、急性黄疸型肝炎等疾病，邢大夫采用中西医结合、针药兼施的疗法，绝大部分患儿会很快康复。由于他对待患者耐心细致地检查，准确无误地诊断，对症治疗地用药，50多年来，从未发生过医疗事故和责任事故。

1984年秋天的一个夜晚,家住旧城小南街的张某呕吐后突然出现昏迷,家属请邢大夫出诊。邢大夫拿上药箱急忙前去出诊。经过诊治待患者病情稳定后,他才回家。

邢志先的老伴儿瘫痪在床4年需要他照顾,老伴儿病故后他一个人生活,还患有心脏病。他不仅上班为患者治病不误,而且对业余时间来家诊病或请他出诊的患者,仍然热情接待。经常是白开水就焙子便是一顿饭。生活虽清苦,但他常说:"自己吃不好,睡不好都是小事,只要能为病患者减除病痛,就是我最大的欣慰。"

儿科专家邢志先 (摘自《玉泉文史》第一辑)

早年,邢大夫的门诊室不大,因而诊室内经常被患儿和家长围得水泄不通。每到夏天围得他满身是汗,加之患儿们不断地哭闹,但从未影响过他对患者的诊断。患儿不能诉说病情,所以,邢大夫除了听家长诉说外,通过给患儿量体温、看咽喉、观手指、听前胸后背、按摩腹部等认真细致地检查,然后做出诊断、开出处方。现在的条件好多了,不仅有了宽敞的门诊室,还有了助手,患儿在候诊厅等待,看完一个接一个。我曾向邢大夫提出过一个问题:"您是怎样看待忙和累的?"他说:"患者都是抱着希望而来,我绝不让他们带着失望而去。医生就要为患者着想,病人有问题耐心解答,有思想包袱热情安慰。你的温和态度,也是对病人的一种精神治疗。特别是那些孩子们,每当看到他们的病好了,又露出顽皮的笑脸,我的劳累也就消失了。"这时,只见他慈祥的脸上漾出了笑容。

邢志先大夫是玉泉区政协委员,连续两届被选为玉泉区政协常务委员。1960年以来,他出席过呼和浩特市群英会,荣获过市级劳动模范、为四化建设做贡献先进个人、玉泉区劳动模范、先进政协委员、先进工作者。他的先进事迹,新闻媒体曾予以报道。

一天,《内蒙古晨报》刊登的一则玉泉区中蒙医医院所发的讣告让我惊愕。讣告中说,国家级中医专家学术经验继承指导老师、内蒙古自治区中医专家学术经验继承指导老师、内蒙古自治区首届基层名中医、内蒙古自治区第二批名中医、玉泉区中蒙医医院儿科副主任医师邢志先同志因病医治无效,于2018年8月12日0时50分不幸逝世,享年93岁。

一生扎根民间的一代名医永远地离开了这个世界。

乳房疾病的克星——牛维邦

牛维邦大夫,就是一位治疗妇女乳房疾病的专家,他采用内治、外治、手术、针灸四种方法,为成千上万的妇女解除了病痛,使她们恢复了健康。自从1985年北京科学技术出版社编辑出版的《求医问药指路》一书介绍了牛大夫的医术后,不少患者从祖国四面八方前来求医。

牛维邦,1927年农历九月出生在归绥市的旧城,在祖籍山西省忻县(今忻州市)牛庄村,他的曾祖牛印铁就是一位远近闻名的中医外科大夫。他于清朝咸丰年间迁来归化城,在大召前街一带行医。后来,在腻旦街(后更名为新生街)靠西路北的万顺店巷定居。由于采用中医医术和中草药治疗外科疾病,疗效显著,名声越传越远。他的祖父牛寿山(乳名二娃娃),得到其真传。

牛寿山的儿子牛禄(字先洲),随父学习医技,也得到其真传,是一位医术高明的中医外科大夫,专治疮疖、疙瘩。他于1953年在归绥市三区卫生所工作,任中医师。后来在玉泉区医院工作,任中医外科大夫。

牛维邦从小对祖父和父亲为病人解除病痛的工作十分羡慕,认真刻苦地学习医技,跟随他们配药和制作外用的膏药、散剂等,得到了真传。他曾考入军医学校深造,于1950年毕业。后加入中国人民志愿军,抗美援朝并赴朝鲜。作为随军医师,牛维邦克服困难,积极、认真地为伤病员服务,解除病痛。据他的夫人82岁时(2014年)回忆,丈夫在朝鲜曾立过功。她至今还珍藏着牛维邦荣获的"抗美援朝和平万岁纪念章"一枚,二等功奖章、三等功奖章各一枚。

后来,在归绥市旧城个体行医的中医刘珍、杨瑞、丁一英、针灸大夫潘步添(蒙古族,会武术)、谢耀三、徐炳良(专治头疼、牙痛),还有潘玺(潘步添之子)组织起一个诊疗所,邀请牛维邦加入,并推选他为所长。人们就将这一诊疗所叫作"牛维邦诊所"。该诊所先在席力图召门口往西,属东兴旺巷(早年称东鞋袜巷),是一个四合院儿,有二层楼(后来为玉泉区有线广播站所占)。1967 年迁到对过的西兴旺巷(西鞋袜巷)路北(有楼)原信合牲西药房所在地。后来,该诊所并入坐落在大召前街北头路东的玉泉区中医院。牛维邦大夫除出中医外科

牛维邦在朝鲜平壤留影

门诊外,任住院部主任。邢志先大夫任门诊部主任。

一个人的生命从呱呱坠地的时候开始,他的第一需要,就是吸吮母亲的乳汁。然而,对患上乳房疾病的妇女来说,她们面对啼哭的孩儿又是多么焦急和痛苦啊!

妇女的乳房疾病,通常叫作"奶疮",西医称乳腺炎,中医叫作"乳病",包括乳痈、乳疽、乳癣、乳头撕裂、乳漏等十几种病症。就以"乳痈"而言,又分为"内吹乳痈""外吹乳痈"和"非哺乳期乳痈"三种。牛大夫告诉我们,中医认为这种病以初产妇女多见,由于感受风寒或者是产后血虚,乳头破损,风毒之邪侵入经络引起,还有就是给小孩断奶不适当所致,重者化脓,这属于外因。内因是胎气旺盛,或者是七情所伤,造成气机升降疏泄失常,结肿成痈。不论内因还是外因,都能引起乳汁郁结,乳络闭塞。"乳痈"病症大体可分为三期,得病初期,多数患者乳头破裂,排乳不畅,乳房肿胀疼痛,皮肤微红,或者出现硬块,腋下淋巴结肿大,并伴有怕寒发热,食少体倦,头昏、恶心、胸闷、大便干燥、小便黄少。中期是化脓期,全身寒热不退,疼痛加剧,局部肿块由硬变软,有时出汗、嘴干发苦。第三期是溃破后热退肿消,如果寒热不退,就是已经形成了窜囊,十分痛苦。得了乳房疾病的妇女,不仅失去了为孩子提供乳汁的能力,而且患者本身疼痛难忍,坐卧不安。

牛大夫在几十年的临床实践中,摸索出一套治疗妇女乳房疾病的独特方法,凡是找他求医的患者,只要及时早治,绝大部分是可以痊愈的。据统计,1989 年,

牛大夫共治疗乳房疾病患者 824 例,治愈率达到 95% 以上。

　　牛大夫是一位细心人,他在为患者治疗的过程中,积累了一本一本厚厚的医案,对一些疑难病症的治疗情况,更是记录得清清楚楚。其中有位 31 岁的妇女张凤鸣,家住新城东街 42 号,是一名工人,生小孩三个礼拜后,由于和家里人产生了分歧,间隔不久出现两侧乳房红肿。起初请西医诊治,被诊断为"急性化脓性乳腺炎",虽对症治疗,但效果不佳。经亲戚介绍找到牛维邦大夫治疗时,左侧乳房已形成脓肿两个礼拜,右侧乳房由于脓毒旁窜伤及乳络,形成漏管一个多月,脓水常从开口处流出。两侧乳房用三角儿毛巾兜着,病人面色苍白,表情苦闷,体质明显消瘦。牛大夫诊断后,用他自己配制的"通乳膏"敷乳头患部,乳漏处用"攻漏散 1 号",在上侧采用祖传的三棱火针手术,排出红绿色稠脓约 100 毫升。经过牛大夫一个多月的精心治疗,病症消退,伤口愈合,恢复了健康。全家人看着活泼可爱的小宝宝又在母亲的怀抱里吃奶时的样子,个个高兴得合不拢嘴。

　　牛大夫治疗乳房疾病的奇特技艺,真是名不虚传。他的三棱火针治病很不一般,这种三棱针,长短如同火柴棍儿,用银子打制而成。只见牛大夫右手拿针,用酒精灯将其烧红后,按病灶的深浅度迅速直刺或横刺,然后顺着针眼儿往外排脓液。采用这种祖传的治疗方法,对深层处积聚的脓液和邪毒能够在早期引出,防止病灶演变,对组织破坏小,针眼儿愈合快,不留后遗症。

　　一位在内蒙古大学留学的日本姑娘,毕业后留校任教,同一位蒙古族同学结为夫妻,谁知生小孩后不久,就得了乳腺炎,肿块儿逐渐变大,疼得她心慌意乱。经人介绍请牛维邦大夫诊治,结果只吃了六副活血止痛、消肿散结、佐以解毒的中草药,敷了三贴"通乳膏",肿块儿就消失了。这位在呼和浩特安家的外国患者,十分高兴地称赞牛大夫是神医。

　　1990 年,牛维邦大夫已经六十有三,但他并未退休,仍然热心地为病患者解除病痛。为了照顾牛老的身体,他所在的玉泉区中医院规定,每天只在上午出门诊,而且不能超出 20 人。可是,这位急患者之所急的牛大夫,眼看着患者和亲人怀着焦急的心情远道而来,哪能让他们看不到医生呢,有时早已超过了下班时间,还顾不上吃饭,最多时半天医治 50 人次。凡是找牛大夫看过病的患者,无不为他的热忱精神和医德所感动。牛大夫经常告诫患者,乳房病症贵在早期消散,就是"以消为贵,以溃为畏"。溃破后再求医不仅痛苦,而且延长了治愈的时间。

　　像他这样医术高明的大夫自己开个诊疗所,挣些"外快"不成问题,可是他没有这样做，曾经有几位要好的同仁筹办私人诊所，请他参加，而且支付的薪水要比牛大夫现在的收入高出好多倍，都被牛大夫婉言谢绝了。他说，医生治病，以人道精神为主，如果图钱的话，我早就自己开诊所了。

这位牛维邦大夫，不仅是治疗妇女乳房疾病的高手，而且对痈疽、疮疖、瘰疬（俗称老鼠疮）以及皮肤疾病也很内行。1989 年 9 月，台湾的一位黄先生和他的夫人，来呼和浩特看望姐姐和弟弟时，慕名请牛大夫为他夫人治疗已患了几年的"阴虚血燥型湿疹"，经内服九副清热解毒、滋阴生津、补气养血的中草药汤剂，外用"撒灵膏"后已基本痊愈。为巩固疗效，在动身回台湾之前，又请牛大夫开了三副汤药带走。

在大型专家画册《共和国专家成就博览》中，有介绍牛维邦大夫的事迹。我摘录一部分，以飨读者。

牛维邦，主任中医师，中共党员。从医 50 余载，一直从事临床科研工作，医术精湛，经验丰富，颇具威望，在学术上主张应用与机理研究并重，坚持以中西医结合为指导，应用现代科学方法力求阐明中医理论实质，在外科病诊治中，注重内外治结合特别是乳房疾病，富有独特的学术见解和诊治方法，研制出牛氏去腐生肌散 1—2 号、灵药 1—4 号、攻漏散 1—2 号、桑术膏、生用橡皮膏、生肌红灵膏等，应用于妇女乳房疾病、结核病、皮肤病等疗效显著。他积极培养医学人才，其中牛和平、牛利平、牛惠平主治医师为学术继承人。并整理出中医外科独特的学术见解及诊治经验，外用药配制方法成册。

自治区和呼和浩特市新闻媒体多次以专辑进行报道，被授予"中国优秀中医""优秀共产党员""中国名医"等称号。

牛维邦业绩已载入《求医问药指路》《中国中医名人录》《中华国医导医指南》《中华劳模大典》《中国当代医药界名人录》《国魂——跨世纪中华兴国精英大典》《中国专家大辞典》等史册。

在《博览》中提到的牛维邦大夫的三位学术继承人，是他的三个儿子。长子牛和平，从小随父学习医技，得到真传。后在玉泉区中医院任中医外科医师。牛和平的儿子牛海峰也在卫生服务中心的中医外科上班，随父学习祖传医技。牛维邦大夫的次子牛利平在玉泉区红十字医院工作，任副主任中医师，他的儿子牛海涛正在辽宁锦州医学院读大三。三子牛惠平是西菜园社区卫生服务中心的中医全科主治医师，他的儿子牛文甫从内蒙古医科大学毕业后，也随父在卫生服务中心工作。

采用中医术和中草药治疗外科疾病的牛氏一家,在呼和浩特市已经是六代相传了。

（此文系 1990 年本书作者为中共呼和浩特市委、市政府"对台湾事务办公室"撰写的对台湾广播稿,"对台办"的杨勇和笔者一同采访并摄影。收录本书时增补了内容。）

王一贴膏药

在早年归绥市旧城大召市场内的东夹道,有一家远近闻名的老字号——王一贴膏药店。今天的大召市场和往年的大召市场,已经不可同日而语。在古庙大召的路南,即九久街,就有一家坐南向北的王一贴膏药店。另外,在中山西路西头的路南(旧城北门公交站附近),也有一家取名王一贴大药房的。这两家膏药店的开设者,都是当年王一贴老字号的正宗传人。

王一贴膏药商标　王学敏、王学普提供

411

据王家人相传,他们的祖先河北固安人王尚德,于清代康熙十三年(1674年)到京城在大栅栏开设王一贴膏药店。一说在北京延续了五代,一说延续了三代,到王恩鸿这一代时,听人们说西口外归化城的钱好挣,便于清代光绪三十年(1904年)农历八月,亦说是清代宣统三年(1911年)农历八月十七日,全家迁到了归化城。先租房住在大召西夹道的54号院,位置在靠北头路西的无名小巷内。在家熬制好膏药后,到归化城最红火热闹的大召东仓摆摊儿销售。膏药名称是"王一贴虎骨追风膏"。

后来,王恩鸿将一处院落买下,并于1924年在大召东夹道路南的7号,开设了王一贴膏药店,前店后作坊,摆摊儿变成了坐商。

1954年,王一贴膏药店的药材购进金额为910元,销售金额是2830元(零售为主)。

王一贴膏药店　王东亮摄

到1955年时,王一贴膏药店共有资金3510元。王恩鸿(68岁)任经理,长子王凤呈(20岁)、次子王麒呈(18岁)任副经理。自家制作、销售虎骨追风膏,不雇用外人。"王一贴"也属于"京药帮",各方面都与山西帮(比如永合堂、永龄堂、广德堂等)、河南(武安)帮(如归化城首家中药铺同泰永、元泰和、德泰玉)等不相同。"京药帮"非常注重产品的包装,珍贵药材都用锦匣放入玻璃橱窗里边。这家"王一贴"更显特殊,在门市上的玻璃墙橱之内,摆放的是老虎、穿山甲、小棕熊、大型龟甲等标本,这在归化城或是绥远城内也是独一无二的。在门脸儿外两旁的高处,悬挂着好像整张和半张膏药的市招。新旧两城及城郊和外地的腰腿疼等病患者,前来购买膏药的不少。

王一贴虎骨追风膏,是用虎骨、熊掌、穿山甲、乌蛇及四十多味中草药配伍熬制而成,具有舒筋活血、追风散寒、消炎止痛等功效。由于疗效显著,经口碑相传,逐渐成为远近闻名的名牌产品。王凤呈、王麒呈哥儿俩得到了真传,加上刻苦钻研,精心制作,从1980年10月开始,王一帖虎骨追风膏经过批准领到了营业执照,王家在旧城北门外的集贸市场内,摆设了两个膏药摊儿,销售王一贴虎骨追风膏。不到两年的时间,除呼和浩特地区外,我见到了他们收到的来自从北京、天津、山西、青海、甘肃、河北、湖北、江苏、福建、辽宁、吉林、黑龙江等地的患者寄来的表扬信、感谢信和要求邮购追风膏药的信件约500封。他们当中有工人、农民、干部、军人,还有学生,各行各业,男女老少都有。

王麒呈向我介绍,有一位12岁的托克托县的小姑娘,膝盖疼痛已经三四年,住医院也未治好。使用两贴虎骨追风膏后,又活蹦乱跳了。1980年11月12日,呼和浩特市人民政府的干部孟昭潄,买了4贴膏药治疗腰腿疼。第二年春季一天的早上,王麒呈还未到旧城北门外摆摊儿,这位老孟打听到他的家,上门又购买了11贴,说是给疗养院的病友代买的。

他们制作、销售膏药,不单是为了挣钱,更重要的是治病救人。1981年春天,王麒呈因为缺几味药,宁肯停业一个多月 ,也不欺哄患者。

盲人纸盒厂一位张师傅,颧骨处长了一个疮,好几年流脓水,动了手术也未痊愈。之后到王家求治。王麒呈立即给他熬制膏药,定做了两贴小膏药。两星期后,患者又到王家,一看疮没有了,已痊愈。为了巩固疗效,又买了一贴,高高兴兴地走了。

后来,王凤呈在旧城大南街南头的路西,老字号三元成府庄的北端开设了王一贴膏药店。王麒呈在老地方大召东夹道,重新开张膏药店。哥儿俩的家,都住在小南街的63号大院,都是平房。至今,我还保存有34年(1980年)前采访他们时,给我的印有王恩鸿头像的装膏药的纸袋儿和介绍虎骨追风膏的广告单。

前面提到的坐落在大召前九久街的王一贴膏药店,是王一贴膏药在呼和浩特市的第二代传人王凤呈的孩子所开设。坐落在中山西路的王一贴大药房,是王麒呈的孩子开设。这老哥儿俩的孩子,是王一贴在呼和浩特市的第三代传人。

王一贴膏药在呼和浩特市已有 110 年(到 2014 年)的历史。

现在,我向读者朋友介绍王一贴膏药在呼和浩特市的首创者——王恩鸿先生的有关故事。

这位王恩鸿不仅有制作膏药的高超技艺,而且还是一位驯鸟的好把式。顾客一进入他开的膏药店,便会听到从屋子上方传来的"好膏药——王一贴的好膏药"的声音,这并不是店主人做广告,也不是播放的录音。您抬头一看明白了,原来是悬挂在高处笼子里或是拴在鸟架子上的八哥儿发出的人声。当您听了王恩鸿本人的声音后才发现,"好膏药"的叫声和王恩鸿的声音,真是像极了,甚至连"咳嗽"的声响,也和留着长胡须的王恩鸿的"沙音"一个样。

这类鸟也很爱模仿孩子们的声音。我和王恩鸿的三儿子王德呈(可惜英年早逝,只有 30 岁左右)是儿时的同学。孩子们到王家去找王德呈玩耍或是写作业时,挂在他家院子里的这类鸟也爱凑热闹儿,跟着孩子们喊了起来:"王德呈——王德呈。"发出的声响,是孩子们的此地口音。

王恩鸿的儿子和孙子,都没有把他驯鸟的本事学到手。

2008 年,自治区文物局表示,把麦香村、王一贴等商业老字号列入内蒙古自治区新型重点级文物普查范围和保护单位,保护和创新并举,让具有悠久历史文化的老字号"老有所为"。

(原载《老年世界》2014 年第 14 期第 29—30 页,内蒙古老年大学函授部编。收录本书时增补了内容。)

第六辑　文苑纪历

昔日梨园行

清代初年的诗人王循在《归化城》一诗中写道："小部梨园同上国,千家闹市入丰年。"意思是归化城各类戏班的活跃程度同京城等大城市差不多,集市上的热闹景象是因为农牧业丰收。这两句诗,形象地反映了归化城演艺业的盛况。

据考证,清康熙以来,归化城中所演唱的戏剧,有北路梆子、中路梆子、徽剧、京剧、评剧、河北梆子、蒲剧和秦腔等。至于农村,长期以来流行着由山西雁门关北的岑后川秧歌转化成的土默川秧歌和岑后川的小戏道情与耍孩儿,以及在土默川沿着黄河地带形成的二人台。在诸多剧种中,我只是粗浅地了解到其中的北路梆子、中路梆子和二人台三种,最近,又了解到一点儿土默川大秧歌的资料,经过参考书籍,查对资料,走访老演员、耆老、戏迷和有关单位,写成此文。

戏 班

大约成书于清光绪年间的公案演义小说、无名氏所写《刘大人私访归化城》中,说协办大学士山东诸城人刘统勋,于乾隆二十四年(1759年),到归化城查办绥远城将军保德私伐乌拉山林木一案时,曾在大西街听见大云班唱戏。大云班应为归化城最早的一个戏班名称。

北路梆子别名晋腔、山陕梆子、大戏、上路调。中路梆子别名晋剧、山西梆子、下路调。"听罢南梆听北梆,慷慨激昂不寻常"(郭沫若赞语)。

过去都是老艺人们"领戏",外行很难管理好"戏子",故有"买卖人种不了地,'凉胡子'领不了戏""宁领千军,不领一班"的说法。西口(归化城)的戏班和东口(张家口)以及山西府南的戏班一样,分为三种类型:字号班、娃娃班,还有字号班中带娃娃的戏班。字号班在归化城历史较长久的是光绪年间便出了名的吉升班和长胜班。

归化城从来没有设立过科班,而是艺人为了防老而"买娃娃"或"写娃娃"带徒弟,买下的娃娃就成了自己的螟蛉子,必须负责养老送终,学成后用"谢师"三年期间的工资酬报老师。这种娃娃班生活非常艰苦,要求特别严格。"二八怪"的娃娃班名叫"贵贵班",因打出了卢三红、董万年、老福义而驰名归化城。卢三红与董万年是和林格尔恼木齐村人,他们是亲兄弟,随母亲由卢家改嫁到董家,卢万年姓了董,卢三红归宗认祖仍然姓卢(亦说是隔山兄弟)。董万年工青衣(亦说工花脸),常跟卢三红配戏,他的表演不亚于三盏灯裴俊山和两股风(本名不详),可惜英年早逝。这卢三红以扮演诸葛亮最为擅长,在民间有"三班拼一班顶不住卢三红的《天水关》"的称誉。卢三红的道白清晰,演唱字正腔圆、高亢激越,做派稳重老练。他的拿手戏是《天水关》《出祁山》《空城计》等,他表演的孔明,有的智中潜勇,有的则勇中显智。在"挥泪斩马谡"的一段演唱中,卢三红声情并茂,多次博得喝彩之声。

卢三红于民国初年才从乡镇进入归化城演出。1932年前后,已经老态龙钟驼了背,但仍和花女子李桂林在大观园献艺。老戏迷回忆:你闭上眼一听,卢三红的唱腔真够味道,仍发着高昂的"童子音"。有专家评论,金兰红和卢三红以后,归化城北路梆子的须生就后继无人,已经成了绝响。

著名鼓乐艺人三白子张文亮,小时候进卢三红戏班学艺,由于受不了打骂改学吹奏。成名后,在红白喜事的事宴中,用他那大号唢呐模仿卢三红音调吹奏《天水关》《出祁山》《哭灵堂》等,你闭上眼仔细听,真是活脱脱儿。已离开舞台的卢三红,每遇三白子模仿他的音调唱(吹)大戏时,便得意地对人们说:"你们听,又是我三子捉(学)我的调哩!"

有一次卢三红表演《凤凰山》,上高桌时跌倒了,台下发出哄笑的倒彩,但他不慌不忙地把板一叫,唱出了"年老了,力气衰,不想掉下拜将台,二次我再把将台上,定要收住他小姜维",结果把场面挽回。多少年后戏迷们谈起,都佩服卢三红的随机应变才能。

"老狗头"的娃娃班,教师是蒲州人五秃红,打出了金锁子、根换子和三子三个高徒。其中的金锁子出生于萨拉齐厅章圪台村,祖籍山西定襄,官名张玉玺(艺名狮子黑），是在东西两口唱红还到了太原"府十县"和京、津等地献艺的名伶。此外还有天顺班等娃娃班。

既是字号班又是娃娃班的混合班，在西口最典型的是侯攀龙的班子。此外，还有狞眉三子班等。

吉升班和长胜班组成后，红极一时，其原因是归化城的手工业、商业相当繁荣。据《归绥识略》记载，当时的各种行社就有120多个。大体上可分为商业、手工业、街道、农业和各地来这里的客籍同乡会五种类型的行社。如银钱行叫宝丰社，旅蒙通事行叫集锦社，粮店行叫聚锦社，陆陈行叫福虎社，饮食行叫仙翁社等。手工业中，木匠行叫鲁班社，纸匠行叫公义社，银匠行叫银炉社，毛毡毯行叫旃檀社，靴匠行叫义和社，又叫靴匠社。归化城当年最讲究吃喝，单是厨师和跑堂的堂倌，还有饭馆掌勺的定福社，商号做饭的协意社，店家做饭的诚敬社和烧卖匠以及各茶馆堂倌们的合义社等。凡有一种手艺行就有一个社。同乡会中，有山西的忻州社、祁县社、崞县社、太谷社，大同的云中社等。还有陕西的陕西社，直隶的蔚州社，北京的京都社等等。在客籍同乡会社中，山西的就有近3/4，其中还有两县合为一社的，如应浑社（应州即后来的应县和浑源）、汾孝社（汾阳和孝义）等。这些行社分别寄设在全城的许多神庙里。

戏　台

三国时的关羽是蒲州（今山西运城一带）人，所以山西商人最崇拜关公，他们走到哪里都要建立关帝庙，作为山西会馆，由于山西庄的资本雄厚，好多地方的商务会也设在关帝庙内。小东街的关帝庙、小北街的十王庙、长胜街东口北去的三官庙（后该巷被称作三官庙街），是归化城汉族人所建最早的古庙，都建于清代顺治年间。在十王庙重修碑文中有毁于康熙六年（1667年）大地震的记录。此外，还有观音庙、龙王庙、圣母庙、禹王庙、药王庙等。有了庙宇便建起"乐楼"（戏台），来酬神唱戏。从建筑形式上看，乐楼一般分四种类型：歇山顶式、卷棚式、卷棚歇山顶式和硬山式。即使没有固定的乐楼，也有可以活动的木台，在庙前或街头临时搭起，为演戏剧提供了很大的方便。

市郊白塔村，因邻近辽代白塔而得名。白塔村戏台砖木结构，坐南朝北，为本地僧人化缘布施聚资修建。戏台前部为抱厦式，后部为硬山式，戏台上方双层圆木重叠与立柱交合,梁架连为整体。台左右两侧饰以木雕龙头。台顶至地面约8米,盖筒瓦。戏台有梁架4副,露明柱10根。表演区通面宽7.5米,进深6米。台口伸出呈凸形,高2.5米。后台面积11.2平方米。前后台之间用砖壁和木隔扇分开,戏台正面左右两侧有半圆形耳窗。台基高1米,上部用长方形青石条砌面,下部用卵石铺底,观戏区平坦、开阔,由北向南依地形倾斜。1996年,白塔村委会在原地重建了一座比旧戏台高大的新戏台。

呼和浩特市原郊区甲兰板古戏台(见《中国戏曲志·内蒙古卷》)

1985年,在庙台后室发现粉墙题壁多处,记载着自清代光绪二十年(1894年)起20余个本地及外埠戏班的活动情况。上面列着班主、会首、演员、伙夫等及负责管理场面、衣箱者百余人的姓名,50余出上演剧目及艺人题写的诗句、告白等。记载着清光绪二十年(1894年)九月十三日山陕梆子义胜和戏班为庙台打台开光的情况。题壁记载多为山陕梆子班社,民国以来山西北路梆子班社及京剧、评剧、梆子班社的演出活动也有记载。

清泉寺戏台,建在清水河县北堡乡口子上村明代长城内边和外边的交汇处。据清泉寺碑文载,戏台"建于明代,清光绪十三年五眼井堡所辖村民募捐钱文重修"。戏台与相邻的五眼井堡同建于明崇祯十年(1637年)，后因在戏台前的山坡上兴建了一座清泉寺，故称清泉寺戏台。清泉寺戏台修筑在丫角山山麓的北坡上，丫角山海拔1806米，是清水河县最高的山峰。戏台坐北向南，为砖、木、石结构，由台基、台面、台顶等部分组成。戏台高8米、台口高3.5米。宽8米，进深7米，台基高1.5米。台顶为硬山式，台脊用30块雕砖砌制单檐，青色筒瓦盖顶，前后各有49行，由上而下弧线形分布，形成凹曲巧妙的台顶，这种"反宇向阳"的古建筑结构有利于观众的听觉和与视觉。台里设6根金柱，台口处排列着4根，内有2根支撑着戏台大梁。台内有木制隔扇一副，将戏台分为前后两部分，两边靠墙处设出将、入相门，隔扇上面是空心花格，下面是实心裙板，板上彩绘花鸟、动物图案，至今清晰可辨。台面用石板铺砌，经过数百年使用，依然平整光滑。台口处的踢脚由8根石雕小柱、衔接7块石板组成。石柱高0.5米，上雕雄狮、白菜、八宝灯等。台基用经过凿刻的条石砌筑。戏台前原有观戏平台，现遗迹不太明显，整个戏台构筑风格自然、简洁、浑然一体，构成一座古朴雄伟的古代建筑。

白塔村戏台　薛红军摄

至今这座戏台每年农历的正月十五、四月初八、五月十三及农闲季节都有演出，剧团有的来自山西省的偏关、平鲁、大同、左云、朔县和邻近旗县。剧种有晋剧、道情、大秧歌、二人台等。

清水河县清泉寺戏台　胡汉光摄

当时的归化城所唱之戏绝不是别的剧种,必定是早期的山西北路梆子。在三官庙和十王庙的大院里有好几个庙,建有两座戏台唱对台戏。

每座神庙里少则有两三个社,多则有四五个社不等。每个社每年至少演一次戏(三天),比较富余的社多至两三次(六到九天)。第一天的戏叫"起唱"(亦称起日子戏),第二天叫"正唱"(正日子戏),第三天叫"末唱"(末日子戏)。舞台上的对联正好对此做了说明:

　　爱听则听爱看则看听看自取两便,

　　说好就好说歹就歹好歹要唱三日。

各行社的社戏表演有固定时间的,也有不固定时间的,轮到哪一行唱戏时,这一行业便码工放假。这些社戏都是在乐楼或临时搭建的戏台上表演,既没有观众座位,又不围不堵,不收费用,任人站立观看。还有两副戏台对联说的是:

台上人台下人台上台下人看人，

讲今人比古人今人古人人劝人。

文成武就全榜题名虚威武，

男婚女嫁洞房花烛假风流。

社戏演出时间从农历正月初四开始，便在各神庙川流不息地演到农历十月上旬天冷为止。再加上农村、城郊的谢雨、酬神等各种庙会，就使戏班更加繁忙了。

班　主

王泰和创建大观剧院　王泰和（1893年—1961年），又名王槐、字茂三，山西忻县（今忻州市）忻口镇人。幼年家贫，9岁时父亲王心宽去世。曾在家乡读过数年私塾。大哥王谦和早年赴外蒙古经商，逢变乱客死异乡。二哥王中和少年时走西口，后落足归化城。1919年，王泰和与忻口村民数人也随后落籍，先后在杂货铺、商行、粮栈学徒当店员。

1923年前后，他参加了远方叔父王禄经营的大戏馆子宴美园（亦说王禄先前是同和园戏班班主）。王泰和为人精明，豪爽善交。说一口

王泰和

（见《中国戏曲志·内蒙古卷》）

家乡话，幽默风趣，韵味儿醇厚，深受八方观众欢迎，初露经营剧院的才干。后来，经常辗转于东（张家口）、西（归绥）两口之间，邀角儿演出，有时还凭借个人信誉赊购绸缎，为戏班添置行头衣箱。因其与商界、梨园界等交往甚密，深得归绥商务会会长孔存富（晋籍商人）的赏识。后由孔存富出面协助，王泰和多方筹资承租宴美园，从天津聘请名师设计，将园子翻建成凸式舞台，分楼上楼下座的新式剧场。剧场于1927年落成，特请名绅书写"大观剧院"匾额，为归绥梨园界之盛事。

之后，王泰和竭尽全力经营剧院，自养文武场和底包艺人，并奔走于晋、冀、京、绥等地招揽名角儿、名班前来演出。每当剧院不景气时，债主接踵上门，衣食等物也被索取抵债，实属常事。虽几经绝境，屡遭挫折，但仍不改初衷。外地戏

班、艺人来剧院演出时,每有难处他总是慷慨相助。一次,五月鲜刘明山困于归绥,王泰和邀其住在家中,待之如同手足。为此,狮子黑张玉玺、夺庆旦李子健、花女子李桂林、三女红宋玉芬等诸多名伶纷至沓来,观众云集,大观剧园在华北一带声名大振。

1937年10月归绥沦陷,大观剧院被日本侵略者强占。次年,一官员在大观剧院前遇刺身亡,王泰和因系班主,受到牵连,连夜越墙出逃,辗转于北平、张家口和晋北一带,以贩卖旧戏装谋生。抗日战争胜利后重返归绥,继续经营大观剧院。

中华人民共和国成立后,王泰和因染有吸毒嗜好,被劳动教养,不久保外就医,回到原籍。劳教期满后,重返归绥。此时,大观剧院租期已满,他也于1952年告别了苦心经营近30年之久的梨园行。在与关姓房主办理交接手续时,他嘱咐家人,不要计较个人投资本息,处世要宽容大度。随之,将分得的剧场内桌椅等捐给文化部门。1956年,到呼和浩特市玉泉区民政福利企业工作,任营业员。

史志专家刘映元先生说,大观剧院班主是忻州人王泰和,园主是新城的满族人关姓,箱主是大同人魏殿臣。王泰和领了一辈子戏,结果欠下不少债,而关姓和魏姓却都置有产业。所以,班主是徒有虚名而没有实惠,不如园主和箱主坐享其成。

1961年王泰和病逝,时值国家经济困难时期,家属未发讣告,丧事从简。一些艺人闻讯,专程赶来为之送葬。事后,各地发来唁电唁函者甚多。

亢西成创建茂盛戏班 亢西成(1892—1952年),归绥前巧儿报村人,因排行第二,人称"亢二",知其大名者不多。亢二生于名门之家,其父兄均在归绥政界担任要职。早年,他在归绥谋事。因喜好戏剧,于20世纪30年代初购置戏箱,招揽各地北路梆子演员,在大召前街路东财神庙巷创立茂盛戏班。

随后,亢二率戏班踏遍土默川村镇,影响甚广。为提高演出质量,常不惜重金聘请名角儿。其为人仗义,无论演出是盈是亏,从不拖欠包银,在梨园界享有盛誉。他曾聘水上漂王玉山、花女子李桂林、十七生陈宝山、名丑孟长荣等名伶,为繁荣、发展归绥戏曲艺术贡献殊多。

李军先生曾于1985年到哈素村采访,被村民称为"先生"的鲁继光(73岁)告诉他,民国三十六年(1947年)农历三月二十七日,绥远茂盛班在哈素唱戏,早场是《富贵图》,午场是《大团圆》,晚场是宋玉芬的《困雪山》。当地群众中曾经有首顺口溜流传:

> 茂盛戏剧社,经理亢西成,
>
> 三月二十七,来唱哈素村,
>
> 正旦花女子,名誉震绥东,
>
> 更有宋玉芬,须生第一人。

三女红宋玉芬加入茂盛班据说是 1935 年,是从大观园王泰和戏班"撬"来的。宋玉芬来后,茂盛班可谓蒸蒸日上,在绥远轰动了十几年。李先生还在庙台屏风的一块木板上,发现了 1947 年农历三月二十八日茂盛班演出题记,这是迄今最完整,也是茂盛班在归绥地区"失势"前的记录。

题记内容是:

"绥远 茂盛班 班主 亢西成"

"茂盛班演艺人员曹正中、三娃黑、筱桂凤、陈艳芬、宋玉芬、花女子、燕彩云、筱桂花、筱梅梅、陈宝山、韩有福、陈雨亭、孟昌荣"

"文场 高步清、金贵、增寿、流成、二堂"

"武场 赵生法、马发才、刘三娃、柱柱、四娃子"

"箱官 来宽、存根、红大头、大秃"

"火房 王娃、老崔、老虫"

"茶壶 大神云"

"跑打 聂殿元"

从题记中可以看出当年茂盛班的实力,13 位主要演员中女伶有 7 位。筱梅梅(亢金锐)当年只有 12 岁。

好的戏班讲究要有四梁四柱。头路角儿称作"梁",二路角儿称作"柱"。细分的话是头路青衣、胡子生、花脸、小旦,为"四梁",头路小生、三花脸和二套胡子生、二套花脸,为"四柱"。

文场和武场通称场面。武场包括司鼓(俗称打板的,武场总指挥)、大锣(马锣)、铙钹(镲)、手锣(小锣)、梆子及大小堂鼓、铰子、小镲、碰钟、狗娃子等打击乐器。文场包括胡呼(俗称拉胡呼的,也叫晋胡,文场总指挥)、二弦、三弦、四股弦

(称为四大件)及唢呐、笛子。

箱官即管理戏箱者,一副戏箱包括八只箱子。称作大衣箱的管两只箱子,是几个箱官中的箱头。二衣箱、三衣箱各管两只箱子。还有头戴箱(含化妆彩箱、包头匣等)、杂衣箱(含旗包、把箱等)。

茶壶亦称跟壶的。茶汤壶是戏班须臾不能离开的东西。戏班每到一处(台口),开戏时洗脸、化妆要用水,戏班内几十号人要喝水。茶汤壶个儿挺大,直径二尺多、高达三尺,是用红铜、黄铜或白锡制成。壶上有哨子,水开时哨子就响。

伙(火)房即戏班里的后勤部门。称作大伙房的是厨师,面案、掌勺都是他的事。二伙房是大伙房的帮手,夜里有戏,二伙房负责照看下处(即演职员休息的地方)。三伙房管的事最杂,倒台时他是打前站的,帮大伙房、二伙房干杂活,戏班内有人触犯班规,问公事时,取绳子房梁上吊人,也是他的事。还有一个伙食头,就是伙食管理员。

跑打的是承事老板的传达员,又是戏班与社首的联系人。他的主要任务是拜客、与社首(行社头儿)打交道、代表戏班向庙上要犒台、要赏钱等。

岳四女创建席片戏园　岳四女(1896—1959年),女,归绥八拜乡羊盖板村人。幼年时家贫,17岁嫁与徐家沙梁村乡绅徐德昌为妻。徐德昌出身于富贵人家,徐氏夫妇于1931年购置戏箱,赴山西大同、五台等地招揽北路梆子名角儿,组建季节性班社,在归绥城乡演出。

岳四女
(见《中国戏曲志·内蒙古卷》)

1934年,徐氏夫妻变卖林产,在归绥旧城南财神庙巷建席片戏园(亦说是民国初年徐家沙梁大地主徐福安所建南戏园子)。徐德昌病殁后,岳四女遂典当家产,和在包头开赌局的故交白子风合作,继任戏班班主,活动于归绥、包头两地。

岳四女与戏班里的艺人关系密切,不论名角儿还是龙套均能善待。每逢雨雪等无法出台演出时,宁可典当借贷也要如约发放包银。外地戏班来归绥路经岳家时必落脚,岳四女一概茶饭相待。她古道热肠,向来为归绥梨园行所赞誉,常以"四寡妇"昵称。

也有认为岳四女厉害、可恶的说法。

据北路梆子名家十七生陈宝山回忆,民国二十四年(1935年)正月,他随老师鱼儿生魏林、师娘二女子宋翠芬来到归绥,住进四寡妇戏班。天热时到农村巡回演出,天冷了到财神庙戏院演出。这年九月,四寡妇戏班在旗下营散了班。陈宝山和他三哥、弟弟加入了亢二戏班。

1946年,岳四女因病戏班歇业,后随白子风迁居北平。1959年病故。

剧场变迁和演出社团

大戏馆子 天寒地冻,各神庙的野台子戏均停止活动,于是便到大戏馆子中演出。据说归化城有3家戏馆,一是小西街与宁武巷口的拐角处的普庆园;二是坐落在小东街上默特辅国公府旁边,由嘉乐会馆改成的宴美园;三是大西街路南由公庆园改成的同和园。据贾勋先生撰文回忆,他家的旧居就是清代乾隆、嘉庆时期归化城大西街路南有名的大戏馆子双和园。它与宴美园、同和园齐名,但历史更长。宴美园由忻州人王禄(民国时归绥领戏班主王泰和的叔父)经营,同和园由本城人陈二挠开设。这几个大戏馆子最初的营业方式,并不是每天演戏,而是季节性的。每年约有三个半月的生意,平时则以卖黄酒、出赁饮食器具为职业。

开演前一个月,戏馆即派人到各大商号、衙门、公馆等处包揽预订酒席,逐日安排,直到农历腊月二十三日祭灶封戏箱为止。这些戏馆分楼上楼下两层,可以摆一百多张饭桌,让顾客一边吃饭一边看戏,看戏不花钱。清末民初时,归化城有一位家住宁武巷北口路东的画家韩葆纯(山西文水人,自号塞外山樵),画过一幅《康熙帝私访月明楼》的绢图,图中有形态各异的人物110位,现珍藏在内蒙古博物馆,大召内也有展出其复制品。其取材据说就是临摹当时归化城的"大戏馆子"。大戏馆子的文化娱乐形式,一直延续到清朝末年。辛亥革命后建立中华民国,常有持枪的士兵白吃饭白看戏,所以,只好改变营业方式,即售票演出,这样观众一年四季均可在戏园内看戏。一度将饭座改为茶座,因此宴美园和同和园被叫成宴美茶园和同和茶园。后来,又将宴美茶园改为大观园,同和茶园改为同乐园。

大观剧院 1927年,山西忻县忻口人王泰和向满旗政府官吏关姓王爷的后人关多仁租赁了大观园,租期为25年。1938年,曾改名为协进电影院,以放电影为主。内容多为20世纪30年代影星周曼华、李丽华主演的《十三妹》《天子第一号》等无声电影,有时也演戏。1946年,又改为社会电影院,曾放映过一些进步影片,如《一江春水向东流》《八千里路云和月》等。1948年,在财神庙巷南戏园子演出的金玉玺(康翠玲的母亲)戏班,应王泰和之邀来此园演出晋剧,随之又恢复为大观园。

1934年冬,绥远省主席傅作义在归绥举行蒙汉联欢大会,从北平邀来魏连芬等演员在大观园演出京剧。

大观剧院园主、经理臧桂兰,
副经理关贻秀夫妇　关岩林提供

中华人民共和国成立后,市晋剧二团(前身是新绥剧社、新蒙实验晋剧团)长期在此演出。团长金玉玺,副团长白银成、康翠玲、三女红宋玉芬、十七生陈宝山。1962年,由贾勋先生改编的晋剧传统戏《三蹉寒桥》在大观剧院演出,任翠凤主演。京梆子武生白俊英和他的好几个徒弟,直到解放后仍然给大观园充当武打班底。

在贯彻《婚姻法》,取缔一贯道、"肃反镇反""三反五反"等运动中,各家剧社演出新戏宣传,抗美援朝时举行义演,将全部收入上缴中国抗美援朝总会绥远省分会,支援抗美援朝斗争。

据有关资料统计,1950年,原大观园、民众、同乐、共和四个剧场有职工57名,全年演出936场,观众达 611000 人次,售票收入116031 元。到 1961 年,年演出1597场,观众1173031人次,收入490468元。1965年以后,因停演传统戏,上座率和收入大减。1965年,四剧场收入由1961年的490468元降到275651元。

归绥市一解放，上述四家剧场是由专业剧团固定演出占用，而且是剧场和剧团合为一体的专业文化机构。1954 年，剧团改为民营公助的实验剧团后，和剧场分设，剧场成了文化设施单独存在。1955 年，建立了由市文教局领导的剧场管委会，管理剧院（场）和巡回演出。由文教局艺术科科长丁绍先兼任主任，云林河、杨再山任副主任。1959 年，由郭贵任主任。1960 年剧管会被撤销，成立了市巡回演出办公室。1970 年成立影院公司，领导管理剧院工作。1979 年改称演出办。1983 年演出办被撤销，戏剧巡演工作由市文化局艺术科管理。

1950 年大观剧院呈文
张景植提供

京剧四大名旦之一的荀慧生曾在大观园演出荀派名剧《红娘》。评剧四大名旦之一的喜彩莲曾举办过她的"戏曲独唱演唱会"，还客串了不少京剧、河北梆子及京韵大鼓、河南坠子等精彩的曲段。

1971 年，大观剧院因系危险建筑而拆除。

同乐剧院　1922 年，民众教育馆馆长陈志仁组织进步青年在同和园演出过新剧（时称文明戏）《孔雀东南飞》。抗战时期，民众教育馆所辖的九一八纪念堂为配合抗日宣传，邀请著名音乐家吕骥、刘良模，戏剧家崔嵬、陈波儿来此演出。章叶频组建的漠南剧社也在此园演出过新话剧《父归》《青春悲哀》等。同时，也放映过《一江春水向东流》等进步影片。

中华人民共和国成立后，这里仍然是剧场，取名同乐剧院，也叫同乐影剧院。总建筑面积 800 平方米，建筑质量及设备较差。维修后将观众厅的条木长凳改为条木座椅。由史桂山等 27 家股东投资 16200 元经营，其中有 14 家不从业。

1950 年 5 月，绥远省军区文工团在此剧院演出京剧和新歌剧，连演三个月，场场满座。

1951年,由旧城朝阳巷文艺宣传队与三和茶园的从业艺人合并,成立了红旗剧社,在此剧院演出了许多宣传党的方针政策的剧目。如《宝山参军》《一贯害人道》《小二黑结婚》《柳树井》等。主要演员有张慧娟、成以仁、米淑珍、李华、成靖山、范成等。这些演员虽然不是以演唱二人台为主,但是后来都改唱二人台,并取得了一定的成就。1952年冬,该剧社与财神庙巷的民艺剧社合并。

蹦蹦戏剧团曾长期在此剧院演出,剧目有《马寡妇开店》《枪毙小老妈》《万花船》等。名角儿有金灵芝、美香玉、鸿艳樵等。

河北"旅绥同乡会"和火车站的铁路工人职员,曾租赁同和园,以玩儿票的姿态表演过京剧。这家剧院直到1960年,接待了近20个不同艺术形式的剧种。

清代乾隆年间,演唱北路梆子的大云戏班在同和园演出过。这在手抄本《刘统勋私访归化城》一书里,已经找到了印证。光绪初年,以元元红、金镶玉为代表的两个北路梆子戏班相继到京城,"并且得到慈禧皇太后的赏识,常到宫内供俸"。据老戏迷们回忆,元元红等名角儿也曾在同和园演出,元元红和以后出现的十三红孙培亭、千二红(因其年薪一千二百吊,故名千二红)、金兰红、五月鲜、夺庆旦、水上漂、花女子、卢山红、说书红、盖天红、狮子黑、三女红、程玉英、十七生等都在此剧院献过艺。还需要提及的就是北路梆子名家贾桂林(艺名小电灯),她是一位起于"北路",终于"北路"的名宿代表。而花女子、水上漂、三女红、十六红冯金泉则是由"北路"经过适应性改造,转唱"中路"的晋剧名宿。贾桂林于1956年首次在同乐剧院亮相时,就掀起一股"小电灯热"。1958年秋天,她二次来同乐院献艺。她的拿手好戏《金水桥》《王宝钏》受到戏迷们的高度称赞,一些路远的戏迷就是背上铺盖连夜排队也要买到贾桂林的戏票的。1981年,山西省为贾桂林从艺50年举办纪念活动,呼和浩特市的晋剧名家康翠玲和贾勋先生等前往祝贺,还观摩了她的舞台艺术影片《金水桥》。

曾给"小电灯"拉胡呼的忻州南关人"五魔鬼",姓王,乳名蘑菇。由于他拉胡呼颇有魔力,戏迷们便取了王蘑菇之谐音,叫他"五魔鬼",并夸赞"五魔鬼的二胡会说话"。他也曾是水上漂、小十三旦郭占鳌、二奴旦(十三旦的师傅)的琴师。为"小电灯"操琴时,每出戏给他补贴一块钱。他和"小电灯"配合十分默契,每当演唱到高潮时刻,只听"嘣"的一声响,他故意弄断一根丝弦,用留下的一股弦子仍能自如地伴奏。每到这时,台下便响起雷鸣般的掌声和喝彩声。

同乐剧院因年久失修,于 1962 年拆除。

南戏园子 民国初年,在大召前街财神庙巷的费公祠和财神庙南端建起一座戏园,据说是徐家沙梁村的大地主徐福安投资兴建的。戏园取名叫财神庙剧院,因其坐落在归化城南端,人们也管它叫"南戏园子"。建筑面积约 600 平方米,系土木结构的简易剧场。观众席用长条木板钉桩而成,可容观众 600 名。剧场开业时,以演山西北路梆子为主。

呼和浩特市政协文史委员会前主任田雨和先生曾回忆,他 7 岁时(1939 年),母亲领他到财神庙剧场买过彩票。本地的彩票是日本入侵后才出现的。由日本人及汉奸出头,纠集一些地痞,包上一班戏,占据一个戏园子,以唱戏作为招徕人的手段,大搞卖彩票的赌博活动。也有一些穷人想"打彩碰运气"。有些大门不出、二门不迈的妇女,不敢抛头露面到戏园买彩票,就向专卖黑号的人买。她们为此花光了所有的贴己钱,甚至卖掉心爱的镯子、戒指、耳环、衣料等物。当中彩号码揭晓后,许多人一声长叹,从头顶凉到了脚心。总的说,哭的人多,笑的人少。

就在这一年,由五月鲜刘明山、小狮子黑张庆云、小金丑康培元三人领班,名曰三庆园戏班,在张家口演出,戏演得很红火。一个叫郭英书的人,原是东三省的土匪头子,勾结了日本翻译,强行包下了三庆园戏班,他的靠山很硬,无人敢惹,将戏班调到归绥,在财神庙剧场搞卖彩票活动,讲好管接管送。最后,郭英书等人挣足了钱,把戏班扔下不管了。用刘明山的话说,"旧社会吃'张口饭'受人欺负的事多着哩"。

1947 年春节刚过,归绥的戏班班主刘玉文去山西大同请演员,金玉玺带着 17 岁的女儿康翠玲和弟弟妹妹,与李凤仙、武彩凤、李贵、丁祥等艺人,随刘玉文来到归绥,在财神庙剧场演出。康翠玲演的第一场开锣戏是《狐狸缘》。

1950 年 11 月,由田文、武俊卿、褚淑瑞、刘月娥(后三人不从业)合资 11185 元经营财神庙剧场,更名为共和剧院。当时,在戏迷中有"共和剧院是狼虎把门"一说,原因是检票员郎德胜姓郎,阎士德乳名三老虎。1951 年农历正月,田文从农村请来了郭满满(丑角儿,亦称滚边儿的)、秦有年(旦角儿,亦称抹粉的)等艺人,成立了归绥市第一个二人台职业剧团——民艺剧社。剧院选郭五毛担任社长。

1952 年冬,红旗剧社和民艺剧社合并,名称仍然是民艺剧社。1955 年夏,民艺剧社与和平剧社合并成为和平剧团。除演出二人台传统剧外,也上演一些移植

或创作的戏剧,如《陈三与五娘》等。1956 年,内蒙古前进实验剧团交呼和浩特市后更名为呼和浩特市民间歌剧一团。和平剧团更名为呼和浩特市民间歌剧二团。

党和政府派到剧团工作的新文艺工作者,先后有郭贵、袁述、姚士英、吕烈(曾任团长、市文联副主席、市政协第五、第六届委员)、李野、董舒、张伟、苗文琦、于瑞卿、白文奇、王彦彪(曾任副团长、歌曲《小青马》的作者,市政协第五、六届常务委员)等。

南戏园经理田文
田四毛提供

1958 年,歌剧一团、二团合并为呼和浩特市民间歌剧总团,有演职员 140 多人。为纪念这次大合并,在财神庙大院内合影留念,还在共和剧院内摆宴席庆贺。这一年,该剧团赴北京演出时,受到周总理、贺龙副总理等党和国家领导人的亲切接见,并合影留念。还应邀为中共八届二中全会演出了二人台传统剧目《打金钱》《走西口》《挑菜》《借冠子》等。文艺界领导周杨、田汉、老舍、吕骥等均观看了演出,并题词留念。

1959 年,根据上级指示,剧团抽调作曲张春溪,演员郝秀珍、赵挨壮(色楞道尔基)、乔玉莲、张奎等,由副团长田全贵带队支援了包头市歌剧团;抽调演员张桂桃、马兰心、小兰兰、秦根海、刘克、秦有年等,由团长任万宝带队支援了山西大同市歌剧团;抽调演员乔金梁、张德海等支援了河北省张家口市歌剧团。

同年,经群众推选并报呼和浩特市文化局批准,选出了艺术水平较高的"十大演员",他们是顾晓青、亢文彬(曾任副团长、导演,市政协第四届、第七届委员)、王素珍(板板)、刘全、常润兰、韩世五、张慧娟、米淑珍、巩启荣、张占全。

1961 年春,内蒙古电影制片厂摄制二人台舞台戏剧艺术片,恩和森任导演。其中有二人台表演艺术家、一代宗师刘银威和内蒙古第一代二人台职业女演员班玉莲(当时因声带肥厚已不能唱,由任粉珍配唱)主演的传统剧目《走西口》,著名演员韩世五、乔玉莲、成以仁主演的《卖碗》。

呼和浩特市民间歌剧团于"文革"中期(1970—1973 年)更名为呼和浩特市文工团,除赴外地巡回演出外,一直在人民剧场和拆除前的共和剧院演出。

1972 年,呼和浩特市各个剧团整编,为数不少的演职员改行转业。比如歌剧十大演员之一的巩启荣被分到舞台工作队,制作芭蕾鞋;王素珍(板板)、米淑贞被调到服务行业当了售货员;"吹塌天"张挨宾和"拉塌地"周治家被调到工厂下夜。晋剧十大演员之一的赵金瑞被调到人民公园(今青城公园)西门卖门票收门票。

1980—1981年,是外地剧团来我县最多的一年。其中有呼市二人台团,主演康(亢)文斌(彬),剧目有《双巧配》《走西口》《小二黑结婚》(见河北省张北县剧场大事记)。亢文彬先生曾和我说,就是在张北县演出期间,被煤烟熏晕过。

先后在南戏园子演唱山西北路和中路梆子的名角儿有喜儿生、飞来凤、十六红(焦玉生,亦说是武占元)、鸡毛丑、一杆旗、卢三红、金兰红赵雨亭、花女子李桂林、狮子黑张玉玺、盖天红王步云、五月鲜刘明山、满庆常兴业、夺庆旦李子健、水上漂王玉山、小十二红刘宝山、六月鲜刘玉山、九岁红崔德旺、筱金喜郭秀云、凤凰旦王治安、八岁红常艳春、筱桂香、筱桂桃杨丹卿、十一生郭凤英、六岁红、牛玉英、半架红、玉眼儿黑、李树琴、张振兴、于金红、苏玉兰、鱼儿生魏林、二女子宋翠芬、十七生陈宝山、康翠玲之母金玉玺、康翠玲、武彩凤、大眼儿生王廷弼、自来丑赵申酉、锁柱黑李锁柱、锁柱黑之女李凤仙、方月英等。

曾有陕西秦腔剧团、大同耍孩儿剧团、张家口市曲艺团等在共和剧院演出。剧院内外有出售瓜子、纸烟、水果糖块等的食品杂货摊儿。

1964年,共和剧院因年久失修拆除。

民众剧院 坐落在古庙大召的路南。这块地方的沿革要比共和剧院复杂一些。据《归绥县志》记载,1934年,由官方投资在这里兴建了一个商场,取名"绥远商场"。据说,商场外的"绥远商场"4个大字,是时任绥远省主席傅作义题写。它是全城兴建最早的一个大型商场。日本侵略者占领归绥后,责令商场停业,将此处改成所谓的俱乐部,内设公开的赌场。1939年,日伪协进会在商场南端搭起一个简易小舞台,叫作协进电影院放映电影。1945年改称庆和大戏院,可容观众400多人,除供戏班演戏外,继续放映电影。1948年改名为大光明电影院。1949年10月15日,又改成大光明影剧院,经理高宝生,影剧院内的从业人员

民众剧院经理林何

15 名。

1950 年 4 月,这里改称民众剧院,也叫民众戏院,建筑面积约 500 平方米,资金总额 17755 元。

民众剧院有东、西、北楼的观众席,包括楼下可容观众 700 人。先后有山西北路、中路梆子的名角儿说书红高文翰和他的弟子盖天红王步云。王步云是忻州子洪口磨子村人,本村人称他"磨子红",有天刚音的嗓子,传世唱片有《哭灵》《下河东》《斩子》,曾和兰兰丁巧云灌制过《四郎探母》唱片。还有一声雷杜占魁、卢三红、董万年、牛桂英(戏曲电影《打金枝》中国母沈后的扮演者)、十二红(女)、六岁红(女)、五月鲜刘明山和他的兄弟水上漂王玉山,十六红武占元、王云楼等也在此演出过。

民众剧院副经理云招才
亲属提供

1950 年 10 月,任翠凤、凤凰旦王治安、杨胜鹏等结束了在大召山门里席片戏园的演出,加入了由七班主组成的共和戏班儿,进入民众剧院演出。和他们同台献艺的名角儿有三女红宋玉芬、燕彩云、武仙梅、赵金瑞、吕玉梅、王云楼、郝胜魁、高素梅、王艳梅等。后来成立了由艺人民主管理的醒民剧社,王治安任社长,任翠凤任副社长。增加的演员有苏玉兰、十六红冯金泉、八岁红常艳春、小五丑曹正中、京剧武打演员苏景荣等。

醒民剧社演职员、剧场人员的工资,最初实行的是"死分儿活开",后改为"死分儿死开"即固定工资。集体起伙,每人每天 5 毛钱的标准。每人发单衣和棉衣各 1 套。

呼和浩特市晋剧一团(前身是醒民剧社、永新实验晋剧团)长期在民众剧院演出。团长凤凰旦王治安,副团长任翠凤、杨胜鹏、小五丑曹正中,政治指导员刘三占。

1959 年,晋剧一团、二团合并,重新组建晋剧总团和分团。总团由康翠玲任团长,任翠凤等任副团长。以演出传统晋剧为主。

1960 年,晋剧总团赴山西、陕西、河北、宁夏等地巡回演出。这次巡回演出达半年之久,受到各地观众的欢迎。为向各地观众介绍演员阵容,剧团印发了十位演员的艺术生涯以及他们的剧照和便装照片。这十位演员(亦称十大演员)是:康翠玲工小旦,任翠凤工青衣,三女红宋玉芬工须生,苏玉兰工青衣,杨胜鹏工花脸,八岁红常艳春工须生,金艳楼王静卿工小生,小梅梅亢金锐工小旦,筱金瑞赵金瑞工文武小生,刘俊美工刀马旦。亦说其他主要演员也印有便装照和剧照。

同年,国家投资 5.79 万元,翻建民众剧院。据修表的郭瑞师傅回忆,这次施工还摔死 1 名工人。

这一年,内蒙古自治区党委宣传部部长胡昭衡提出搞一次以晋剧为母体的新剧种——内蒙梆子的实验。呼和浩特晋剧团成立了以刘三占为主任委员,作曲邓孝明、小梅梅亢金锐、郭玉林(郭英俊)为副主任委员的改革委员会。选定现代戏《春雷激浪》、传统戏《望娘滩》和几个小折子戏实验。乐器增加了木琴、扬琴、曼陀林、手风琴、大小提琴等。以木琴代替鼓板,以小板胡取代大板胡。声腔吸收了秦腔的旋律,乐曲融合了蒙古族民歌和内蒙古民间音乐。表演吸收了川剧特技(在《望娘滩》一剧中的变脸、摆龙等)和具有时代气息的现代化舞蹈。由于缺乏正确的理论指导和反复的艺术实践,这一实验在中途停止。

据有关档案记载,1947 年 3 月 1 日成立的归绥市梨园公会,是由大观(园)、庆和(即民众剧院)、永乐(即同乐园)三家戏园(可能为四家,还有南戏园)组成。

包头市北路梆子剧团(舍命红邓友山主演)、丰镇北路梆子剧团(二毛眼儿王秀梅主演)等曾在民众剧院演出。市民艺剧社也曾在此演出。

1970 年,市晋剧总团和青年晋剧团合并为呼和浩特市晋剧团。

1971 年,大召西夹道的向阳电影院拆除,放映设备及工作人员(经理张洪涛)迁入民众剧院,从此,民众剧院"寿终正寝",剧院更名为向阳电影院。有工作人员 23 名,观众席位 796 个,年放映电影近 2000 场。

1997 年,向阳电影院(原民众剧院)因年久失修而被拆除。

2008 年,在玉泉区五塔寺广场西侧重建向阳电影院,后将名称改为"塞北影乐宫"。

民乐剧院 坐落在大召西夹道靠南头的路西,早年,此处是龙泉澡堂。1952 年 3 月,人称奎大先生的云润和(蒙古族,土默特旗人)请工匠把原来池塘这块地方改成戏台,栽木桩钉条板成为观众席,变成了简易剧场,可容纳观众 700 人。由于剧场内柱子太多(约 50 根),人们管它叫"树林戏园子"。从城南沟子板村(亦说是城西土默特旗沟子板升村)请来了既会唱蒙古曲儿又会表演二人台的杨润成(旦角儿)、卢掌(丑角儿,玩霸王鞭娴熟)、云福成(蒙古族,哨枚)、王交其(蒙古族,拉四胡)、云三毛(蒙古族,打扬琴)、云伊勒更(蒙古族,弹三弦)等,表演二人台传统戏。

1953 年 4 月,人民政府为了扶持地方戏,取消了班主制,由艺人推选出正、副社长,成立了和平剧社。1954 年,和平剧社由土默特旗文化馆移交归绥市文教局管理。社长云凤林(31 岁,蒙古族,土默特旗人)、副社长计计(又名赵耀升,31岁,蒙古族,和林人)、田全贵(乳名二奔娄,38 岁,本地人)。

1955 年元月,剧社和剧场分开经营。剧场取名民乐剧院,坐落在当时的玉泉区大召西夹道 69号。建筑面积约 600 平方米,可容观众 600 人。由高星耀、索木腾(蒙古族,不从业)合资 10430 元经营。

民乐剧院经理高星耀
高森德提供

同年 3 月,内蒙古文化局和呼和浩特市文教局派工作组,到"民艺""和平"两剧社帮助整顿。4月份,和平剧社排练公演了现代歌剧《走上新路》。民艺剧社排练公演了现代歌剧《李二嫂改嫁》。5月中旬,市文教局决定将两剧社合并,取名呼和浩特市和平剧团,有演职员 87 名。

1956 年元月 26 日,和平剧团转为国营单位,更名为呼和浩特市民间歌剧二团,一直在民乐剧院演出。3 月,将民乐剧院建成专门放映电影的和平电影院,观众席 920 个。市文化局任命赵耀升为经理,白天铭为副经理,从业人员 13 名。5 月 1 日晚 7 点,举办了首场电影招待会,放映了国产古装戏剧影片《天仙配》。"文革"中,曾将和平电影院更名为反修电影院、向阳电影院。

1971 年,向阳电影院(原民乐剧院)因系危险建筑而被拆除。

(原载《内蒙古文史资料》第 70 辑第 196—220 页,内蒙古自治区政协文史资料委员会编,2011 年 12 月版。收录本书时改动了标题,增补了内容。)

归化城民间器乐队——鼓班

归化城鼓班,是对塞外青城鼓乐演奏组织的总称。他们吹奏的艺术风格,具有极浓厚的地方色彩,故有"此地鼓班"的称呼。它是别具一格的、独立的鼓乐演奏艺术流派。

相传,归化城鼓班在清代康熙年间形成,距今已有三百多年的历史。归化城鼓班所供奉的祖师,是永乐皇帝——明成祖朱棣。

鼓乐艺人的来源,约有以下几种:一是专业鼓乐艺人(包括演员),他们因为种种原因离开戏班,散落在民间;二是僧侣鼓乐在民间广泛流传,一些音乐爱好者学会演奏技艺,并在民间经常演奏;三是历代驻屯归化城的边防军中的军乐手流散在民间;四是外地的一些民间艺人千里迢迢漂泊到塞外……这些艺人长期在归化城吹奏献艺,取长补短,渐渐地自愿结成团体,后经几代艺人长期琢磨,刻意求工的创新,就出现了塞外青城人民群众所喜闻的吹奏艺术流派——归化城鼓班。

鼓班的字号名称

从清末民国直至中华人民共和国成立前,本地鼓班有十几家,大部分有白底黑字的木制招牌,也有自己没有招牌而与"六合铺"(俗称杠房铺)合在一起的。它们是:

一、猱狮班(字号不详):地址在旧城北门里大厅巷(土默特都统衙门附近)。约在清咸丰二年(1852年)前后成班。班主猱狮子(乳名,姓名不详),本地人,是个鼓乐爱好者。该班有艺人10名左右,名手有北村的五十五(姓名不详,在他爷爷 55 岁时出生所取的乳名),吹奏唢呐的技艺很高。当时,这家鼓班还为各级官吏出巡吹奏迎送曲,每年领取一定的饷银,有半官办的性质。

二、东伍盛:地址在旧城小召(崇福寺)头道巷,约在清同治元年(1862 年)前后成班。班主顺喜子(乳名),本地人,他也是个鼓乐爱好者,很善于拉引和组织,该班最盛时期有 20 余人。名手三楞子,城东五路村人(还有说他是后山的老家),是归化城鼓乐界的把式之一,有许多吹奏艺人和爱好者拜在他的名下潜心学艺。还有名手焕焕,托克托县人;补蝉子,城西南大有庄人,他俩的吹奏技艺也都不错。后来,很有名气的鼓乐艺人二毛(曹志文)、三白子(张文亮)也先后在此鼓班演奏过。

三、西伍盛:地址在旧城小召头道巷。约在清同治元年(1862 的)前后成班。班主三小子(与顺喜子是弟兄),本地人,是有名的司鼓艺人,他对晋剧和鼓乐界司鼓技艺的融合和创新做出了贡献。这个鼓班的主要名手有:二毛、补蝉子、根栓子等。

奇怪的是东伍盛坐落在西头,而西伍盛却坐落在东头,其原因有待进一步考证。

四、秃毛班(与六合铺合伙,字号不详):地址先在旧城后迁至新城北街。在清同治元年(1862 年)前后成班。班主秃毛,旧城人,名手有二毛等。这家六合铺,出赁婚丧嫁娶用具,如花轿、抬棺椁的杠等。

五、义盛:地址在旧城大召(无量寺)西夹道路东。在清光绪十八年(1892 年)前后成班。班主狗娃子(乳名,姓名不详),本地人,司鼓技艺不错。此鼓班是继承他伯父(鼓乐艺人)的产业。遇有红白喜事,临时请艺人前去吹奏;由于收费低,贫苦人家雇用者多。

六、双盛:地址在旧城大召西夹道路西最北头。1921 年前后成班。班主羊换子姓张,本地人,也是当时塞外青城鼓乐界的把式之一。归化城的鼓乐名手,多在此鼓班演奏过。

七、昌盛:地址先在旧城大西街,后迁到大召西夹道路东最北头。1933 年前成班。班主二毛大名曹志文,山西忻县(今忻州市)人,也是鼓乐界的把式之一。该鼓班的主要成员有:富财子,本地人,原在戏班是小旦演员,后因坏了嗓子参加鼓班,此人的司鼓技艺很高,对戏剧曲子很有研究;还有托克托县的三白子;山西代县的园园,吹笙的技艺精湛;老兰套,城东南八拜村人;老燕,哈拉更村人;本地人金狗子等。

八、二娃班(字号不祥):地址先在旧城后迁到新城北街。1933年成班。班主二娃子,旧城人,也是鼓乐界名艺人三楞子的徒弟,吹奏技艺很不错。遇有红白喜事,临时请艺人前去演奏。

九、合彦班(系庄户班,无字号):地址在旧城东沙梁。1937年前成班。班主乳名合彦,本地人,合彦并不会吹奏,但是很勤快,平时由合彦带领鼓班人员,挖土坯卖,给有钱人家担水、抹房、买炭等。合彦的儿子猫小子吹奏技艺学得不错。主要成员还有:三白子,山西应县三兄弟,张健、张四、张七。

十、八小子班(与六合铺"双盛 成"合伙):地址在旧城大西街。1937年前成班(早年此处就是个鼓轿房,鼓乐界把式三楞子和徒弟二毛、二娃子等,曾在此班演奏过)。班主八小子,本地人,他就是个好把式,唢呐吹奏技艺不错。该班有艺人6名左右。

十一、根拴班(字号不详):地址在旧城西五十家街路南。1937年后成班。班主根拴子,本地大台什村人,本身就是个善吹唢呐的把式,有艺人6名左右。

十二、张健班(与六合铺合伙。字号不详):地址在旧城北门外庆凯街。1937年以后成班。班主张健,山西应县人,是个兄弟三人的鼓班,遇有红白喜事,临时请艺人。

十三、德盛:地址在旧城大召西夹道路东。1944年成班。班主三白子大名张文亮,托克托县古城乡南园子村人。先后在此鼓班吹奏的艺人有:土默特左旗的蒙古族艺人老运子,吹奏唢呐的技艺娴熟;山西忻县南关(今忻州市)的"五魔鬼"(本名王蘑菇),拉胡琴颇有魔力,此人拉二胡的绝招很多,有"五魔鬼的二胡会说话"的赞语。曾为晋剧四大名旦之一的水上漂(二明旦,王玉山),小十三旦(郭占鳌)及其师傅二奴旦(姓名不详)和山西北路梆子名演员贾桂林(艺名小电灯,山西大同人,忻州地区北路梆子剧团名演员)伴奏二胡。相传,当贾桂林演唱到高潮时,只听"砰"的一声响,"五魔鬼"故意弄断一根儿丝弦,只用剩下的一根儿弦仍能惟妙惟肖地继续伴奏,这时,台下鸦雀无声,静听的观众为他们珠联璧合的表演,爆以热烈的掌声和喝彩声;山西代县武远来吹笙的技艺精湛(曾在呼和浩特市晋剧团工作);本地毛道营子村的任德刚,善奏上路调(山西北路梆子)二胡,后改下路调(山西中路梆子),曾在内蒙古艺术学校任教;司鼓名艺人:武川县的二娃子、本地的金狗子、云二娃(蒙古族);还有代县的赵秉文、老燕、钱树、钱槐、姓庞的(名不详);本地的高小子北路梆子拉得很好(指二胡);吹奏唢呐的有有(乳名),是三白子的徒弟,吹奏技艺学得不错。三白子也是鼓乐界的把式之一。

十四、有有班(系家庭鼓班):地址在旧城大召西夹道路东。1946年成班。班主有有,大名赵明,山西代县人。这一家庭鼓班的成员及分工是:有有的父亲拉胡琴,有有的弟弟二有子司锣,九九吹笙,虎虎拍镲,他本人吹奏唢呐;另请云二娃司鼓。

从上面的介绍,可以看出后来归化城的鼓班,多集中在红火热闹的大召西夹道。

鼓班艺人的艰辛生活

旧社会,民间鼓班艺人,被称为"鼓匠""吹鼓手",地位十分低下,属下九流,甚至有"王八戏子""吹鼓手"的蔑称。他们虽然技艺精湛,但多被人瞧不起,社会地位只比乞丐强一点儿。举办各种事宴时,院落的旮旯处、牲畜棚圈是鼓乐艺人演奏的地方,冬季,临时给生个木柴火或炭火了事。天气多么冷,他们吃饭也在院子里,不允许进屋。人家满酒猜拳,正是他们卖劲儿演奏之时。晚上走不了也不能住正房,临时腾间屋子是艺人们的住处。

每年除夕夜,艺人们便结伴分头到各商号、有钱人家去吹打"接神",事后有的给钱,有的给馒头、炸糕、肉菜等,艺人们便以此作为准备年节的食品。

吹奏艺人出身贫苦,幼年丧父或父母双亡,无人依养的占很大比例。从小拜师学艺,经过千锤百炼,刻苦钻研,吹奏技艺高超并被鼓班雇去的艺人,像二毛、三白子等,每月可赚四元钱(这是最高工资),还有两元五角或两元的,大多数没有工资,只是遇有事宴混个饱肚,得几角赏钱。

民间吹奏艺人,有些人是残疾人,如早年的鼓乐把式三楞子、德盛班的老运子都是盲人,双盛班的二娃子是位稍能通路的半盲人,等等。

鼓班艺人由于娶妻成家者极少,所以都在鼓班吃住。各家鼓班都有火炕,也有餐具,但是只管烧的(做饭或取暖),不管饭不管穿戴。热天有的艺人(技艺不错的)跟了戏班,有的给有钱人家拉煤、打杂,有的在没有事宴时,白天外出沿门乞讨,晚上回鼓班睡觉。大部分艺人无铺无盖,到了冬天睡觉时把袖口、裤口一捆,半头砖上把帽子一垫,好一点儿的铺块烂羊皮。遇有事宴方可饱餐几顿,就这样饥一顿饱一顿,不少人吃坏了胃。"小洋瘫"焕焕和王拴子(和林格尔县人)、老眼子(凉城县人)因冻饿死去时,都只有50岁左右。死后用席子或剪开的草袋子一裹,抬到了史家巷南的孤魂滩。鼓班艺人为别人出殡时吹吹打打、抬棺木,而自己死后连只"狗碰头"的薄皮棺材都没有。另外,还有因吹炸了肺吐血身亡的艺人,如张羊换(50来岁)、猫小子(不到26岁)、银全子等。

鼓乐艺术是一种集体演奏形式,司鼓和吹奏,锣铙钹和笙管等,必须互相配合。一个好鼓班,需要具备几种技艺:一是善吹唢呐,不会吹奏唢呐就不是个好鼓乐手。富裕一点儿的鼓班,主要乐器成双成对,如两把唢呐,"主角儿"称作"挑尖子的","配角儿"称作"捏下音儿的"。二是在善吹唢呐的基础上,又精于司鼓、二胡、枚(笛子)、笙、管、锣、铙、钹等,称作"全手匠人",并要学会多种鼓班曲子、二人台曲子、晋剧整本戏。对归化城地区的婚丧嫁娶和节日习俗,还要十分熟悉。三是玩艺儿多,功夫深。举凡唇功、胸功、丹田功、气功、手臂功、手指功,都要经过几年、十几年的苦练才能达到"六功"精湛,艺高曲全功夫深,出神入化的境界。就以手臂功而言,艺人们叫"寻冻功",越冷越出去练,到了"三九、四九冻烂碓臼"的时节,更是天天不间断,还用雪洗手,并且不允许戴手套。

有钱人家的红白喜事,有的要同时请两班鼓乐班子,显示富有。鼓乐艺人便要展开竞赛,长达几个小时的演奏,艺人们真受不了。相传,南台什村的名艺人银全子,就是在南村和二毛对台演奏时,吹炸了肺,吐血而亡的,只有40多岁。

归化城鼓班的活动,除参加婚丧嫁娶礼仪的吹奏外,还参加每年农历正月间的民间文娱活动,如耍狮子、踩高跷、小车会、舞龙灯、抬阁、担阁等的演奏。每到正月十五时,由大召前街道的兴旺社操办,请鼓班到享有"九边第一泉"美称的玉泉井台之上,吹奏红火一天,以求泉水旺盛。清朝年间,鼓乐艺人还参加官吏出巡时的迎送演奏;一些官府、商号、官宦人家宴请宾客,也要请鼓班去演奏。

鼓班的演奏曲调

归化城鼓班,现在流传下来的演奏曲调,有如下几类:

一、婚庆曲:大体可分为,迎花轿进门时的《小拜门》《大水罗音》《小水罗音》《喜临门》,拜堂时的《朝天子》《拜场》《喜相逢》,新娘新郎拜席时的《得胜令》《扇子计》《打金枝》《打樱桃》等曲牌。

二、丧葬曲:《哭黄天》《苦伶仃》《圪浅浅》《柳青娘》《哭灵堂》《小哭坟》《苦相思》等曲牌。

三、秧歌、小曲:归化城鼓班的秧歌、小曲儿,除上面提到的之外,还有以下的拿手曲目,《鬼拉腿》《顶灯》《柳摇金》《四公主》《南天门》以及《牧牛》《八板》《推碌碡》《西江月》《走西口》等曲牌。

四、戏曲:《算粮登殿》《断桥》《乾坤带》《金水桥》《杀庙》《二进宫》《明公断》《取成都》等近二十出。

往往一曲吹奏下来,长达三四个小时,可谓"乐声悠悠入耳,锣鼓点点传神"。

归化城鼓班的另一特色是,一支曲牌可以随着活动的不同,场合的变化,曲调也可以随时变化。艺人们说:"曲不拿人调拿人。"除本调外,还有凡调、甲调、小工调、四字调、六字调、梅花调(也统称三大调四小

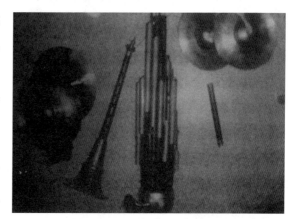

鼓班部分乐器　张然明提供

调)。在鼓乐界,还有"七调管子,八调笙"的说法。笙、管、唢呐等都是采用古老的"工尺谱",即合、四、一)上、尺、工、凡、六、五、乙,相当于简谱的 5、6、7、1、2、3、4、5、6、7。

鼓班的几位把式

三楞子,早年是五路村的著名鼓乐艺人,经常在上四村(美岱儿村、黑沙兔村、太平庄村、新庄子村),下三村(五路村、添密梁村、讨号板升村)一带演奏。后来,被邀请进了城。他的吹奏技艺特色是善于在鼓乐吹奏中,巧妙地吸取民间秧歌、小曲儿等,融合了归化城鼓班的传统曲调,丰富了这个艺术形式的内容。像唢呐吹奏的几曲拿手好戏:《小拜门》《拜场》《朝天子》《喜相逢》《苦伶仃》《喜临门》。秧歌:《顶灯》《小哭坟》《柳摇金》《牧牛》等富于地方色彩的吹奏曲,有的就是经过他革新创造并流传下来的。

张羊换,最擅长吹奏唢呐,他刻苦钻研、心灵手巧;吹奏的特色表现在功夫深、玩艺儿多、音法好等方面。他吹奏的《得胜令》《朝天子》《喜相逢》《将军令》《扇子计》《麦穗黄》《青天歌》《劝君碑》《西江月》《大水罗音》《小水罗音》等曲牌最拿手。

二毛(曹志文),自幼父母双亡,10岁左右在五路村学习鼓乐。他学艺刻苦肯钻研,造诣深;继承和发扬了名师三楞子的绝艺,他的精湛技艺远近闻名,上门拜师学艺者不少。

鼓乐把式曹志文(二毛)

曹秀英提供

1934年时,下三村的农圃社——三和渠,从城里大观剧院(班主山西忻县人王泰和)请来了演唱晋剧下路调的张家口名伶阎三官的戏班,在五路村演唱《困雪山》,同时,也请来了二毛鼓班。

头台戏演唱完休息时,由二毛的鼓班接台,几支鼓乐曲子吹过后,只听二毛的唢呐调音一转,也"唱"(吹)开了阎三官的《困雪山》,由于一字一板的音调和阎三官一模一样,台下的喝彩声响成了一片。二毛的调子惊动了正准备吃饭的阎三官,他放下筷子出门一听,吃了一惊。当天的夜场戏散后,二和渠的主事人摆酒席谢把式,只见阎三官斟满一杯酒,来到曹志文(二毛)的面前说:"我从口里(指内地)到口外,还没见过像你这样有本事的人,曹老帅傅,我敬你一杯!"从这段对话,我们可以想见当时的动人场面。

鼓乐把式张文亮(三白子)

张然明提供

中华人民共和国成立后,二毛曾在剧团工作。1982年病故,终年76岁。

二毛和三白子用唢呐、管子、口嚼子吹奏的晋剧《打金枝》《金刚庙》《打宫门》《金水桥》《取成都》《算粮登殿》等剧目,生旦净末丑各种角色,都能演奏出特色来,被誉为"神吹手"。

三白子(张文亮),由于家贫,8岁进归化城演唱晋剧上路调的卢三红戏班学戏。11 岁时,因为挨不行打,回托克托县古城老家当小长工。后来流落到清水河县的白金鼓班学艺。18 岁进清水河县三官庙当和尚。20 岁来归绥(呼和浩特市旧称)探望父亲,再没回三官庙。不久,参加了合彦鼓班,从事鼓乐演奏工作。

由于他住过戏班,学过寺庙音乐,又经师学习过鼓乐,可谓多经广见,门类齐全,加之刻苦钻研,名声越来越大。他不仅擅长吹奏唢呐、管、笙、枚(笛子)等,而且对鼓、锣、饶、钹等打击乐也很精通。据老年人们回忆,"三白子的《苦伶仃》,吹得是忽塌塌的。"后来,鼓乐曲子、秧歌、二人台曲子不太时兴了,讲究吹奏整本大套的山西梆子(晋剧),这更是他的拿手好戏。当时的戏剧爱好者,有这样的说法:"三班(指戏班)拼一班,也顶不住(比不上)卢三红的《天水关》。"三白子模仿卢三红音调,吹奏的《天水关》《出祁山》《哭灵堂》,模仿董万年(和林格尔县恼木齐村人,和卢三是亲兄弟,随母亲由卢家改嫁到董家,姓了董)音调,吹奏的《鸡架山》《劈殿》《明公断》等,闭上眼睛仔细听,真是活脱脱儿,戏迷们赞不绝口。那时,已经离开了舞台 70 多岁的卢三红,每遇到三白子模仿他的声调唱(吹)大戏时,便得意地对人们说:"你们听,又是我'三子'(三白子)捉(学)我的调哩!"当时,还有一位二庆旦(艺名),唱腔十分优美,戏迷们夸赞道:"听二庆旦的演唱,就如同吃新疆哈密杏干儿,越嚼越香。"三白子、羊换子、二毛这三位鼓乐界"明星",都用那灵巧的唢呐,吹奏出二庆旦的音韵。三白子用唢呐、管子、口嗫子等模仿呼和浩特市晋剧名家任翠凤演唱的"银屏公主",苏玉兰演唱的"国母沈后",康翠玲演唱的"金枝女",杨胜鹏演唱的"包公",可说是分毫不差,惟妙惟肖,逼真动人。

相传,解放初期三白子吹奏的《全世界人民团结紧》《中国人民志愿军战歌》等新歌曲,也非常受人欢迎。

老年人中还有这样的传说:由于家庭闹意见等原因,女方想不开寻短见死亡,娘家提出的首要条件便是,如若请不来二毛或者三白子的鼓班,就不能打发死人!这也能说明人们对这两位"明星"的信任程度。

三白子曾十分感慨地告诉我,归化城鼓班,有几百年的历史,在人们的心目中又有一定的影响,流传到现在的吹奏技艺和曲调又很多。但是,随着老鼓匠们的逐渐离开人间,这种鼓乐技艺基本失传。有许多较大较难的鼓乐曲子,比如《七调凡采茶》《大花道子》《小花道子》《将军令》等,现在会吹奏的人已经不多了!

三白子曾在呼和浩特市晋剧团、武川县晋剧团工作,担任武场伴奏。后曾在内蒙古艺术学校(今内蒙古艺术学院前身)任教,为学生教授晋剧打击乐课程。

1993 年 7 月因病去世,终年 80 岁。

(原载《内蒙古文史资料》第 68 辑第 163—173 页,内蒙古政协文史资料委员会编,2010 年 12 月版。收录本书时改动了标题,增补了内容。)

土默川大秧歌兴衰记

大秧歌源于晋北盛于晋中

土默川大秧歌是山西移民从口里带到口外的，所以，溯其渊源须从山西的大秧歌谈起。

大秧歌是起源于晋北朔县和繁峙一带的古老剧种。开始叫作秧歌，为了区别于街头人们所扭的秧歌舞和高跷、旱船、小车的社火秧歌，故改称为大秧歌。据老艺人们相传，在唐末五代时，被北汉统治的现今晋北地区，农民中就有了多种多样唱法的秧歌，共有七十二调，后来受了元曲的影响，才由田野和街头走上了舞台。山西不仅有大秧歌，还有"道情""耍孩儿"（据说已有六百多年的历史）等小戏。史志专家刘映元先生说，只有山西上党地区的襄垣秧歌跟大秧歌非常类似、接近。可见明清时，山西的许多县都有过大秧歌，如襄垣秧歌、壶关秧歌、沁源秧歌、祁太秧歌、繁峙秧歌、朔县秧歌、广灵秧歌等。由于秦腔从陕西过河，发展成蒲州梆子、上党梆子、北路梆子和以后的中路梆子，大秧歌被排挤到偏僻边远的乡村，变成了不能跟大戏竞赛的小戏了。

全国各个剧种的艺人，多是供奉唐玄宗李隆基为祖师爷，唯独道情艺人供奉八洞神仙为祖师，大秧歌艺人却是供奉天官、地官、水官所谓三官大帝为祖师。在归化城就有三官庙，后来将它所在地叫作三官庙街。"文化大革命"期间，将此巷改成了不伦不类的"三关街"，老百姓不买账，仍然管它叫"三官庙街"。我们可以看出，其他剧种都发端于城市，道情出于庵观寺院，而大秧歌则是来自农村。大秧歌除了职业戏班,在山西朔县、繁峙、山阴等县的各个村庄,过去都有大秧歌业余剧团。他们都是在冬天农闲时排练,到春节以后的元宵节表演。朔县一带的业余剧团则是在农历正月十五前后,村村都打"土滩儿",装起身子(化装)在街上表演。据说大秧歌艺人供奉三官大帝为祖师,亦是从这种"胡闹三官"而缘起。大秧歌在朔县一带的农村是根深蒂固的,过去的男人们,差不多都参加过这种剧团。

大秧歌在乐器上有横笛伴奏,猛一听好像山西北路梆子,其实它有自己独特的板眼韵调。大秧歌和北路梆子互相影响,秦腔和蒲剧由山陕梆子形成北路梆子也受了大秧歌的许多影响。因此,北路梆子艺人和大秧歌艺人,都可以互相改唱,只是北路梆子用"蒲白",大秧歌的道白可以用本地话。刘映元先生说过,现在山西梆子(包括中路北路)唱黑头戏的名艺人张家口市晋剧一团的金铃黑郭寿山和包头晋剧团的三娃黑白云,就是出身于当年萨拉齐章圪台村土旗蒙古族转转所领的大秧歌戏班。大秧歌三分之一以上的剧目,是由晋剧搬来的。自己的传统剧目,现在由山西省文化局整理出来的有 70 多个。里边包括从列国伍员(伍子胥)的《过江》,到明朝王景隆的《关王庙》和何文秀的《三复生》等本戏和出戏。我国各朝各代在民间流传的故事,过去多能在大秧歌里边看到。

在大秧歌的传统剧目中,充满了代表农民思想感情的主题。《水浒》戏在全部剧目中所占的比重很大,并且丰富多彩,有在其他剧种里看不到的《刘唐下书》《李逵搬母》《雷横打柳》等剧目。在《宋江杀楼》一剧中,阎婆惜有很长一段快板,剧中人物增加了唐牛儿和名叫冯商的衙役两个角色。《雷横打柳》本戏中有好几出出戏。此外还有有关刘秀的《李大开店》、姜维的《安安送米》、郭威的《草场》和《乌玉带》以及《王宝钏搬窑》《秦雪梅教子》等一些在别的剧种里不常演的剧目。

晋省大秧歌流派

晋中秧歌 晋中秧歌起源于山西太谷、祁县,被称作祁太秧歌,流行于平遥、介休、榆次、寿阳、清徐(早年是清源、徐沟两县)、交城、文水一带。它的形成是民间自然哼唱的小调,后经艺人收集改编成为地方小戏的曲调。它以农村生活故事、民间习俗、传闻逸事等为题材,真实地反映人民的生活,具有浓厚的乡土气息,所以深受群众喜爱,形成了它独特的戏曲风格。这一秧歌表现的内容十分丰富,戏曲题材也很广泛,剧目从清代末期至今有 300 多个。

榆次市秧歌剧团成立于 1955 年。该团名角儿云集,阵容强大,曾到太原、阳泉、榆次专署各县及吕梁地区巡回演出。当时的著名演员有:俊卿旦、盖东关、盖汾阳、盖平遥、蛤蟆丑、疙瘩丑、照明弹、有有旦、英花丑、顶要命等。演出剧目有《算账》《送樱桃》《借女冲喜》《小姑贤》《小姑不贤》《卖高低》《割田》《偷南瓜》《四保儿上工》《踢拧灯》《卖豆腐》《绣花灯》等。乐队伴奏由只有武场的演出形式,逐步走向有文场完美的正规演出,一改秧歌以前小剧目的传统,并且移植整本现代戏,如《李二嫂改嫁》《朝阳沟》《李双双》《三换肩》等,均受到观众的赞扬与好评。

"文化大革命"期间,秧歌剧团分为"狂飙""红艺"两大派。当时,榆次县晋剧团大部分是狂飙派,分了一个演出团,仍叫榆次县晋剧团。秧歌剧团大部分也是狂飙派,分了一个演出团,仍叫榆次县秧歌剧团。而秧歌剧团与晋剧团的一小部分红艺派合在了一起,组成了一个演出团,叫作榆次县秧歌晋剧团,以风搅雪的形式演出。

1969 年 3 月,秧歌剧团狂飙派与晋中地区晋剧团一部分狂飙派合在一起,以风搅雪的形式,到内蒙古呼和浩特市演出。建制上完全依靠晋中晋剧团,榆次县秧歌剧团对外也就不存在了。

1958 年,盖平遥(邱金兰,曾任秧歌剧团副团长),在山西省文艺调演中主演的《偷南瓜》一剧,荣获特等奖。1982 年马宝莲曾参加山西省中青年演员评比,主演《我就爱他》一剧,荣获二级优秀演员奖;1987 年参加晋中地区"振兴杯"自创剧目调演,表演的《来福相亲》荣获主角儿一等奖;曾被评为市级三八红旗手,知识分子拔尖人才。

1980—1988 年,是二次恢复秧歌剧团的最辉煌时期。1994 年该剧团解散,演员一部分参加榆次市晋剧团,一部分自谋生路。

襄垣秧歌 又称武乡秧歌或襄武秧歌,流行于山西省晋东南地区武乡县、襄垣县一带。在发展中受梆子剧种的影响,唱腔分慢板、快板、数板,行当比较齐全,传统剧目有《土地堂》等。抗日战争时期成立"襄垣县农村秧歌剧团",曾演出《换脑筋》《送夫上前线》等新秧歌戏。

襄垣秧歌的起源无文字记载,据流传的唱词考证,约于明末清初由夯歌演变而成。清代咸丰年间(1851—1861 年),民间秧歌艺人田维等人组织自乐班、同乐会等半职业秧歌班社,将《刘芳舍子》《小姑不贤》《摘豆角》《闹洞房》等剧目搬上舞台,成为地方戏曲剧种之一。

光绪十五年(1889 年),由襄垣县上良村秧歌艺人王福锁牵头,组织襄垣西营、城底、上良、下良、白杨岭、韩唐、店上、源头、果沟和武乡县的上合、下合、北漳、监漳、陌峪等 18 个村的自乐班,成立了第一个秧歌职业班社,取名"十八村秧歌班",排练演出了大型蟒靠戏《河灯会》《富贵图》等。在演出中,出现了在同一出大戏中扮演官吏的演唱梆子,演民众的唱秧歌,演花脸的(不包括小花脸)唱梆子,扮演生旦角色的唱秧歌,这种"风搅雪"的秧歌与上党梆子交错演唱的形式。

民国初年是班社林立,秧歌剧大兴的时期。当时著名的班社有:襄垣县公款局出钱,豪绅经营的官办秧歌改良班,还有天义班、三元班、天成班、富乐意、悦意班等;武乡县有:鸣凤班、鸣胜班、永乐义、庆荣班、元乐义等;屯留县有:安乐现等;长子县有:安乐义等。

襄武秧歌有传统剧目 130 多个。襄垣县官办的改良班曾经排练演出过《戒烟》(指鸦片烟)《禁赌》《吸金丹》《一元钱》《夜爱镜》等时装秧歌戏。在此期间,第一代女演员(当时称坤角儿或坤伶)李雪娥、路小梅母女同时登上秧歌舞台表演。

晋北秧歌　起源于山西省朔县(今朔州),故称作朔县秧歌,亦称大秧歌、梆纽子,流行于山西北部。此秧歌约形成于清代,与繁峙秧歌近似。唱腔是联曲板腔的混合体。伴奏乐器发展到以硬弦胡呼、锡笛、二弦、三弦、月琴为主。曲调包括"十字韵""大韵""红板""苦十字"等 70 多种。代表剧目有《王二小赶集》等,主要剧目有《周文送母》《五塔山当长工》《金灯》《何文秀算卦》《七虎子聘姑娘》等。

在朔县有一位在塞外很有名气的秧歌艺人周元,他于 1923 年出生在今朔州市朔城区里磨町村。由于家境贫寒没念过几天书,12 岁随父亲周万山学习踢秧歌(民间舞蹈),14 岁拜名艺人常海为师,在李林村跟戏班学习演唱朔县秧歌,主工须生,师傅见他天资聪明、仪表堂堂,尤其是他那副天生的金嗓子,的确是块演唱秧歌的好料,师傅便倾其所有培养爱徒。经过三个年头的磨炼,这周元把秧歌戏中须生的表演程式、演唱的剧目等,几乎全部学到了肚子里。最终登台亮相,深受当地观众特别是秧歌迷们的欢迎和称赞。

后来,周元到了口外,无以为生就卖了兰花,这兰花是晋北一带栽种的一种旱烟。在当年的土默川上有个叫作朱儿沟的地方也盛产类似的旱烟,名叫小兰花。

有一天赶场子,周元把兰花卖到了正在村里唱外台子戏的戏场里,恰逢演唱的是大秧歌《走山》,周元边卖兰花边看戏。他本来是里行,就和观众们对演员的表演评头论足,他对扮演老曹福的演员并不满意,就说道:"你看他那两下子,也敢上台,心烦的能让人吐下!"有个买了兰花的好事者,当下就在戏场里高声嚷开了:"哎——,这儿有个卖兰花的,嫌唱曹福的不行,要闯台呀,大家欢迎不?""好!好!"叫好声和起哄声此起彼伏,不由分说,周元被人们拥到了台上。这周元早就演唱过这出戏,嗓子也早就痒痒了,只见他并不化装,就摆开架势演唱起来,一亮嗓子就一声"嗨",便声震戏台,竟把古老戏台顶梁上多年积下的尘土震的扑簌簌地往下掉! 周元把老曹福过雪山时的那种步履艰难,不畏险阻的神情,把一位义仆的忠勇淳厚的性格,表演得十分感人,台下的掌声和喝彩声不断,于是周元一举成名。从此以后,周元的名字被口外秧歌戏迷所送的兰花红艺名取代,成为一位活跃于晋绥一带秧歌戏的当红名角儿。

1956 年,朔县大秧歌剧团成立,周元成了正式演员而且是主要演员,同时也是创建剧团者之一。

由于周元的名声,不论是前期的业余班社还是后来的职业剧团,只要有兰花红登台,上座率就高,票价也高。他对秧歌剧有很大的贡献和不少的创新,形成了兰花派。早在二十世纪五六十年代,山西、内蒙古、陕西的省级广播电台就有兰花红周元的唱段录音播放。在晋北一带兰花红周元的名字家喻户晓,无人不知。

1958 年,周元随山西省代表团晋京参加调演,受到周恩来总理的亲切接见。

兰花红的唱功、做功、扮相都达到了炉火纯青、无可挑剔的地步,他的胡子功(即髯口功)更是被晋剧胡生大王丁果仙誉为中国戏剧界空前绝后的绝活儿。

"文化大革命"期间,文艺界首当其冲遭受冲击。作为大秧歌名艺人的周元,也无例外受到影响,不得不忍痛离开心爱的大秧歌舞台返回家乡,做烧盐、放牛的营生。

周元生性活泼,对任何事都看得开,想得通,他在村里的人缘不错,大人小孩都愿意和他亲近。在参加生产队劳动之余,他为村里的业余秧歌剧团排练了当时的革命样板戏《红灯记》《沙家浜》和《白毛女》,并扮演这些戏中的主角儿李玉和、郭建光和杨白劳,给乡亲们带来了欢乐。

1978 年,朔县恢复了演出古装戏后,周元又回到了阔别十多年的大秧歌剧团,继续扮演主要角色。当时,人们对禁锢多年的古装戏解禁渴望已久,在朔县召开的三级干部会上,大秧歌剧团演出了名剧《十五贯》,周元扮演主要角色况钟,他把这一人物表演得是惟妙惟肖,他的金嗓子又重新回荡在群情激奋之中。在以后的金色岁月里,他不仅向广大群众奉献自己的艺术才华,而且精心培育古老的朔县大秧歌的传人。

就在1978年周元参加山西省戏剧调演时,他被评为国家一级演员,并被选为山西省戏剧家协会会员。

2000年,这位享誉晋北、内蒙古、陕西的朔县大秧歌的著名表演艺术家兰花红周元先生因病与世长辞,终年77岁。

晋北大秧歌和双墙子秧歌的渊源关系

有一种说法是,清乾隆、嘉庆年间,山西朔县的晋北大秧歌(和繁峙大秧歌、广灵大秧歌并称晋北三大秧歌)传到了今天内蒙古的西部地区,流行于当时称作口外七厅中的归化城厅(今呼和浩特市的发祥地玉泉区一带)、托克托厅(今托克托县)和曾隶属于山西朔平府的宁远厅(今凉城县),逐步演变成了土默川大秧歌。

关于托克托县远近闻名的双墙子秧歌,在《托克托文史资料》第六辑中有记载,现在结合我了解到的一些资料来介绍。

随着大批内地移民的北上,把大秧歌的表演剧目和艺术也带到了塞外。因此,大秧歌是移民派生出的文化产物之一,托克托县受之影响最深。

清末民初,秧歌的表演活动已遍及托克托县城乡。每年正月十五元宵节时,秧歌表演作为重头戏,城乡男女老幼均要上场扭一扭,一时间成为时尚。

秧歌又分为文、武秧歌两种:文秧歌表演的代表剧目是《老罕王进京》《渔翁戏海蚌》《货郎》《划旱船》等;武秧歌表演的代表剧目是《三打祝家庄》《打渔杀家》《孙悟空大闹老鼠精》《武松醉打蒋门神》《打焦赞》等。

托克托县城乡秧歌表演最著名的是双墙子秧歌,亦称双墙秧歌。这双墙子指的是双墙村,由双墙村(在西北)和前双墙村(在东南)组成,位于河口村东北,双河镇南。双墙秧歌的表演风格、形式、人物造型等方面,与山西秧歌、陕西秧歌艺术完全一致,尤能凸显陕北风格。由于双墙村开展秧歌表演活动比其他地方早,又受到内地艺人的专门传授,所以秧歌表演艺术精湛,远近闻名,后被民间称之为"双墙子秧歌",自成体系,并在县境内更加广泛地开展起来。

据从小学习双墙秧歌的双墙村老人朱贵儿回忆,这种民俗活动是从托县河口传到双墙村的,清末民初时是鼎盛时期。以武术、文戏为主,扮相以戏剧角色为主,道具是真刀真枪,演出的有 30 多出戏,比较有名的有《踢鼓子》(山西朔县叫踢秧歌)、《渔翁戏海蚌》《三打祝家庄》等。双墙秧歌以武功为基础,最早是李姓家庭传承发展的。

双墙秧歌的现代传人是周林宝、赵宽、李乐小等。周林宝、赵宽是同龄人,双墙秧歌的台柱子演员。他们二人一是演生角儿,一是演旦角儿,表演技艺精彩超群,曾积极配合托县文化部门为双墙秧歌的抢救、扶植做了大量工作。李乐小是周林宝的徒弟,亦是双墙秧歌的当代老艺人,武秧歌的优秀传人。他主演的《打焦赞》《快活林》《三打祝家庄》等剧目脍炙人口。他精心育传授艺,为双墙秧歌的发展做出了积极的贡献。

双墙秧歌的表演至 20 世纪 90 年代没有更大的创新,表演艺术基本维持现状,还停留在过去的水平上。据说,"文革"前,双墙秧歌有剧目 200 多个,可惜到目前流传下来的很少且不完整。

双墙秧歌没有成立过剧团,也没有登上舞台表演过,只是年节时在街头表演,是广大群众参加的类似社火的活动,比如和文社火活动项目相同的《渔翁戏海蚌》《划旱船》。但是,武秧歌表演的剧目有的和大秧歌是相同的,比如充满代表农民思想主题的《水浒》戏剧目中的《三打祝家庄》《武松醉打蒋门神》等。

为了说明双墙秧歌与武社火的不同,我们来做个比较。归化城的民谣有"小召后的秧歌凭浪嘞,淌不浪(亦说是不塔气)的秧歌凭唱嘞,海窟上的秧歌凭棒嘞,南茶坊的秧歌凭晃嘞",这是归化城秧歌的写照。

以当时海窟村(今玉泉区清泉街)的武社火为例,有金骡、金马、霸小等 10 位武术健儿号称"十大弟兄"表演的各种套路为最好。他们一年四季苦练,刀枪剑戟十八般兵器无一不能,且各有绝技。有几位还会打查拳、花拳等。另有单打、对打、空手夺花枪等。这种武社火(亦称武秧歌)与双墙武秧歌完全不同。双墙武秧歌表演的有些剧目,倒是和山西大秧歌、土默川大秧歌有相同之处。

2007 年,双墙秧歌被内蒙古自治区列为首批非物质文化遗产名录。

据 2015 年 3 月 5 日《呼和浩特日报》载:3 月 3 日,在河南省鹤壁市举行的第三届中国社火艺术节暨第十二届中国民间文艺"山花奖"评奖活动中,由自治区文联选送,托县文联、县乌兰牧骑、县音乐舞蹈戏剧家协会、县民间艺术家协会组织排练的托克托社火双墙秧歌《老罕王进京》，经过重重角逐，最终获得了第三届中国社火艺术节金奖。

土默川大秧歌

清嘉庆以后，在土默川出现了庙宇多戏班少的情况，山西北路梆子供不应求，雁门关北的秧歌、道情、耍孩儿戏班便在土默川活跃起来。为了红火热闹，即便没有戏班演出，亦要请上鼓匠班，在戏台上吹打三天。因为土默川的汉族农民，多来自太原府北和忻代二州五县及雁门关北，而大同岭后川的大秧歌也是太原府北的关南地方小戏，很为当地的汉族农民喜闻乐见。于是在没钱请大戏和大秧歌戏班的情况下，好多村庄自己购买简单的行头，雇用大秧歌老艺人当教师，也成立起秧歌班子。比如归化城近郊的不塔气、淌不浪、塔布板升，城东的太平庄、五路村，以及城西察素齐镇南边的章圪台儿都以秧歌戏班著称。后来，当地的蒙古族青年亦参加演出，还出了不少如蒙古有有、蒙古亥亥、蒙古壮壮等驰名的把式。这种秧歌班子，采用岭后川秧歌的七十二调，道白全是当地的口语，在说呱嘴时增添了不少土默川的事物，这样便把岭后川秧歌转变为特别具有阴山风格和黑河泥土气味的"土默川大秧歌"了。

清朝不禁赌博，为了使唱戏能往来招人，不少掏宝的"白花"和游荡子弟，竟当上了领大秧歌的班主，村社给弄些米面，不出戏资也给演唱，因为赌博的收入可以弥补白唱的损失，故大秧歌在土默川进一步盛行起来。

同治末年到光绪初年，有一王姓祁县买卖人，从归化城跑到新疆古城子（后设治奇台县）成立了有数十辆汽车的天元成商号。他在古城子组织成立了山西会馆，并给关帝庙盖起一座在30里外便可以瞭见的春秋楼。新的"西庄"在归化城跟集锦社分了家，另组织起"新疆社"。在古城子的山西会馆中，亦有了归化城的古丰社。在古城子的街上，出现了跟归化城小召半道街北头路西同名的"会（惠）丰轩"饭馆，以及同义园、鹤鸣斋（归化城回汉口味的饭馆）。听说一家唱北路梆子的戏班也由归化城跑到了古城子。民国初年落户"上四村"太平庄的祁县人陈德亮，曾在古城子担任山西会馆的会长，把五路村寿阳人开的三义昌刘家的一个唱秧歌的艺人叫去，为古丰社组织了土默川大秧歌戏班。

前面提到的塔布板升村，大部分村民的祖籍是山西省的崞县（今原平市）、寿阳县等地,他们来此地定居以祖坟的排列推算,最长的已有十一代。因此,大秧歌在呼和浩特市地区存在了至少有二三百年的历史。

土默川大秧歌的由来大体上可分为:早期称作"秧歌",取意于"日央之歌",是从"跑圈子秧歌"(襄垣秧歌是由夯歌演变而成)的基础上发展过来的。所表演的内容多以家长里短为主。中期的秧歌摆脱了单一的演唱形式向戏曲靠拢,唱腔、人物扮相、服装、道具都有了一定的规范和要求,从现实生活中取材,自编自演,内容丰富了很多。鼎盛时期即进入民国以后,秧歌达到了成熟阶段,有了一整套的曲牌、曲调和自己的独特风格。演员阵容由过去的三五人互相串场、顶替(二人台中有所谓"抹帽儿戏",刘银威在《小寡妇上坟》中,一人扮演9个不同性别、不同年龄、不同性格的角色),发展到成龙配套,行当齐全,能够移植、改编其他剧种的大型剧目,比如《九件衣》《火焰驹》等。这时,人们在秧歌前面加了一个"大"字,来区别以往的秧歌,之后便称为"大秧歌"了。

中华人民共和国成立后,大秧歌由本村自娱自乐发展到外村演出,凡有节日都要活动。1953年,归绥市郊区人民政府举办过农民文艺会演,一些著名的大秧歌艺人参加了演出,并获得了奖励。

大秧歌大量地吸收呼和浩特地区的民间曲调,行腔稳健婉转,极具塞外山野风味。唱腔分为头性、二性、三性、滚白、尖板、倒板、垛板等,还有一个特殊的腔调叫作"训调"。打击乐器有鼓板,堂鼓、大锣、小锣、钹、铙钹、水镲、大铙、小铙等。文场乐器除了板胡、二胡、三弦外,还增加了笛子、笙、唢呐等。唱词道白系晋绥方言,十分通俗。丑角儿在演出中即兴发挥,增加了一些与剧情无关的台词,引人发笑,用当地土语和俗语插科打诨,为演出助兴。演出剧目有小戏《刘二姐逛会》《纺棉花》《二女争房》《下画》《借冠子》《顶灯》等;大型剧目有《九件衣》《三疑计》《金灯》《月明楼》《取高平》《三劝》等。还移植过《夺印》《智取威虎山》《沙家浜》等现代戏。

有一出《月明楼》的大秧歌,其中一段台词:"修铁道线杆栽,推倒大清袁世凯。袁世凯本是个大总统,站口修在绥远城。拉了赌,断了戏,绥远出了些印花税,嘎勒达要裁蒙古队,财政府出来丈了地。"从侧面反映了民国初年官府欺压百姓,民不聊生的现状,具有深刻的社会意义。

土默川大秧歌的兴衰

中华人民共和国成立后,大秧歌没有专业的班社,在农村有业余秧歌班子。对大秧歌的剧目、传统音乐、唱腔等,有关部门也没有进行过专门的收集、整理。有些艺人多加入了晋剧、二人台专业班社、剧团演出。因此,大秧歌在呼和浩特地区偶有演出活动,但没有得到发展和继承。而大秧歌的一些传统剧目被加工后成为二人台演出的保留剧目,比如《借冠子》这出戏,几十年来久演不衰。巧儿报家亢文彬扮演的王嫂子,任粉珍扮演的四姐,成了家喻户晓的人物。

据贾勋先生回忆,他曾在旧城大西街路南的同乐园多次观看过土默川大秧歌的专业性表演。归化城早期的大秧歌,正是在吸收山西各地秧歌艺术的过程中,把曲牌体的唱腔"训调",发展成了更为成熟的板腔体艺术。大秧歌是北路梆子、中路梆子、二人台剧种的"老大哥"。

民国年间,山西省朔县有个新乐剧团,就是一个秧歌剧团。在主角儿演员中有一位艺名梅梅旦的任广禄。这一秧歌剧团经常在归绥(呼和浩特旧称)附近演出。

1962 年,呼和浩特市北郊塔布板升村的大秧歌剧团,由王岳主演的《白蛇传》参加了呼和浩特市群众文艺会演,还获得了奖励。当时贾勋先生在市文化局工作,担任了这次会演节目的评委。

在王岳先生 75 岁那年,贾先生前去拜访过他,当时村里还有十多位男女演员和一个阵容比较大的乐队。他评价这位王岳先生风采依然,谈吐不俗。王岳还让贾先生观看了由他扮演赵匡胤的《千里送京娘》的录像。他说,即使在"文革"中,他们还排练表演过由贾勋、孙书祥两位老师编写的现代剧《风雪夜》,并请呼和浩特市晋剧团的名演员李长礼作为他们的导演。

关于大秧歌的剧目,贾勋先生回忆,有《何文秀》《劈殿》《千里送京娘》《白蛇传》等。新中国成立以后,大秧歌移植过昆曲的《十五贯》和豫剧《唐知县审诰命》等优秀剧目。有一位著名的大秧歌演员韩三,在民间流传有"宁愿一黑夜不睡觉,也不能误了韩三的《三上轿》"之说。这出《三上轿》,是一部河南豫剧的经典剧目,为豫剧大王陈素贞所创,原本是没有剧情的胡唱八唱,叫作送客戏。1929 年被陈素贞加工整理后,一经演出轰动了中原。后来,豫剧大师崔兰田主演此剧,仍然引起了巨大的轰动效应。此后,该剧被越剧、评剧、秦腔、黄梅戏、沪剧、河北梆子(直隶梆子、京梆子)、晋剧、蒲剧、川剧、平调、泗州戏、淮剧等众多剧种移植演出。

《三上轿》讲述的是明朝万历年间,纨绔子弟张炳仁看到同窗李同的妻子崔氏美丽动人,便心生歹意,设下毒计,害死李同并迫使崔氏与自己成婚。无可奈何的崔氏在衣服内带了把利刃上了花轿,因为舍不得与公婆、爱子分别,竟然几次上轿又几次下轿,过了好久才悲痛地离开了家。最终在洞房之夜,这位崔氏刺死了仇人张炳仁,为丈夫报了仇,自己也自刎而亡。

土默川大秧歌的名角儿,早年有白海纳(姓名不详),后来有筱四红、筱宝红、十三旦(姓名不详)、李连魁等。贾勋先生高度评价使用假嗓子演唱的须生演员,在唱腔上突显了北方戏剧高亢、激越的艺术特色,加之粗犷的表演,地方化的道白,更让观众在横笛、板胡、大锣等的音乐伴奏中,得到一种亲切而又有特殊韵味儿的精神享受。贾勋先生认为,在新中国成立以前,大秧歌这一剧种一直限制女演员登台,是十分不明智的。

据有关史料记载,在大秧歌的昌盛年代,仅土默川平原上,就有专业戏班30多个,在前面提到的塔布板升村,就是一个名副其实的大秧歌之乡。

归化城东远郊"下三村"的首村五路村肥富,为了得到更好的艺术享受,不怕花钱也要请成本大套的山西北路梆子,不断地到村里演大戏,也请秧歌、道情、耍孩儿等小戏班,本村就有秧歌剧团,故有"五路没样,想起就唱"之说。

五路村秧歌剧团的演出活动,是在农历腊月初三集中到村里的大庙排练,每天由"龙王社"(仅会首就有24家)供应一顿夜饭,从正月初五起装上身子(化装)"跑街"(在街头表演),到了元宵节前后登台演出三天(正月十四、十五、十六)结束。直到1961年,五路村还留有两顶大秧歌戏箱。

光绪年间,是山西北路梆子的鼎盛时期,在归化城出现的著名把式中有一位十三红孙培亭。他曾在侯攀龙戏班中献艺,使这一不景气的戏班在归化城一举出名。在《斩黄袍》一剧中,十三红扮演宋太祖赵匡胤,这出戏一连演唱了几十天,观众特别是戏迷们是百看不厌。此剧轰动了归化城,就连土默川的乡下人,也捉起十三红的调唱开了《斩黄袍》。

后来,十三红偷偷地离开了归化城,侯攀龙曾到张家口、北京等地寻找未果,只得从原路返回。当行至古丰州城的白塔(万部华严经塔)附近时,突然在刮起的黄风中听到十三红在唱戏，走近一看原来是个耕地的年轻人，拄着拐子正学十三红的《斩黄袍》。这一青年名叫丁毛小，在五路村参加过秧歌剧团，特别崇拜十三红。侯攀龙当天就住在五路村，说服了丁毛小的家长，留下二十多两安家银子，把五路村秧歌剧团里的班头兰二黄等四五个年轻人，都带进了归化城。经过承事老板的导演，没多久便贴出《斩黄袍》的戏报，人们一看是假十三红，但听了唱腔非常过瘾，风靡一时，因此戏迷们给丁毛小起了"五路红"的艺名。

这位五路红丁毛小等跟随侯攀龙的戏班到萨拉齐城、包头镇演出，后来到了宁夏府北面的定远营，成为阿拉善王府的剧团。

据有关史料记载，慈禧的父亲惠征，是在清代道光二十九年(1849年)七月至咸丰二年(1852年)正月，被任命为归绥兵备道道尹的。当时的慈禧年仅15岁，对大秧歌十分喜爱，这在一些野史书籍中有记载。贾勋先生说，慈禧在归化城期间，正处于少女时代，而在青城的舞台上，所能见到的地方戏，自然非秧歌莫属了。久而久之，她当然会爱上这一古韵绵长的剧种了，之后虽贵为太后，权倾一时，也没有忘记这一少年时看过的"家乡戏"了。

刘映元先生在1983年说过，日伪统治期间，广大农村的生产遭受破坏，农民的生活陷入饥寒交迫的境地。因此所有演唱北路梆子的艺人全跑进城镇谋生。由于他们比不过从东口(张家口)来的艺人和张家口黄德胜科班出来的学生，便都改唱了中路梆子。同时农村村社的会首怕唱戏生事，流传了二百多年的土默川大秧歌也在这一时期停演。

日本无条件投降后，紧接着就是解放战争，数以百计的土默川大秧歌班都未恢复，老的演员穷病缠身，年轻人不爱学习，故中华人民共和国成立后土默川大秧歌亦未抢救，这个剧种基本失传了。

贾勋先生曾撰文来呼吁社会有关部门，关注这一古老民间戏曲艺术的濒危状态，他相信，当年各族人民喜欢的土默川大秧歌不会成为绝响。

注：日央。在内蒙古西部方言中，有"日央、老央、央货、日央货"之类的说法，犹"滑稽可笑"之义。由于说笑耽误正事，又引申为"磨蹭拖拉"之义。例如：早年在开戏前打完三通鼓后，垫场的是一个歪戴帽、斜披衣、鼻子上抹块白的丑角儿，这个日央货车轱辘般絮烦地唱了起来，真叫人听得心烦。西部谚语中还有"我在这儿克凉的勒，你却在那儿日央的勒"。

（该文写于 2014 年，收录本书时改动了标题，增补了内容。"昔日梨园行""梨园撷英""土默川大秧歌兴衰记"曾以"梨园回眸"为题，自 2012 年第一期起连载于《呼和浩特文艺》。内容中含未载入本书的呼和浩特市晋剧十大演员、呼和浩特市歌剧十大演员。）

从和平剧社、和平剧团到和平电影院

在介绍这二个"和平"之前,先介绍一下这块儿地方的沿革。从 1937 年到 1948 年,在归绥旧城大召西夹道靠南头的路西,紧挨国栋车马大店的,是河北定兴人李华兄弟开设的龙泉澡堂。坐落在大西街的海泉澡堂和小南街的惠泉澡堂,也都是定兴人开设的。1949 年 6 月,这里成了陈姓本地人开设的德盛旅店,1951 年 2 月 15 日,因为违法被吊销了营业执照。

不久,河北人吴仲才开了荣升旅店。1952 年 3 月,人称奎大先生(云润和,土默特旗人,蒙古族)请工匠将原来池塘这块地方改成了戏台,栽木桩钉条板成了观众席,变成了简易剧场,可容纳观众 700 人。由于剧场内柱子太多(约 50 根),人们管它叫"树林戏园子"。从城南沟子板申村,亦说是从城西的沟子板申村(今土默特左旗兵州亥乡沟子板申村)请来了既会唱蒙古曲儿,又会表演二人台传统戏的杨润成(嗓音好,演旦角儿人称抹粉的)、卢掌(好说笑,嗓音较差,演丑角儿人称滚边儿的,霸土鞭玩得娴熟)、云福成(吹枚叫哨枚的,蒙古族)、王交其(拉四胡的,蒙古族)、云三毛(打扬琴,蒙古族)、云伊勒更(弹三弦的,蒙古族)。他们表演的《走西口》《下山》《打后套》和带霸王鞭的戏《打金钱》《挂红灯》《打连城》等都非常拿手。还有从财神庙巷民艺剧社过来的秦有年(城郊打儿架村人,旦角儿)、田全贵(百什户村人,丑角儿)等。这些艺人汇集在一起,以树林戏园子作为下脚处,组成以奎大为首的玩艺儿班子,演唱二人台传统剧目。他们是班主制,没有戏班名称。上演的剧目比较单调,叫作"三打"(打金钱、打连城、打樱桃)"一放"(小放牛)两水"刮"(水刮坝口子、水刮西包头),还捎"害娃娃"(剧名《怀胎》)。演员阵容也参差不齐,又由于大召前以凤凰旦王治安、任翠凤为正副社长演唱晋剧的"醒民剧社"吸引走了观众,不久,这个玩艺儿班子垮了。

和平剧社

1953 年 4 月戏曲改革中,取消了班主制,由艺人推选出正副社长,成立了和平剧社。社长云凤林(土默特旗人,蒙古族),副社长计计(又名赵耀升,和林人,蒙古族,分管业务)、田全贵(乳名二奔娄,分管剧务,1959 年被调入包头市民间歌剧团),人事股长乔金梁(土默特旗人,1959 年被调入张家口市歌剧团),剧务股长秦有年(1959 年被调入大同市歌剧团),副股长赵广治(土默特旗人),导演张奎(兴和人,1959 年被调入包头市民间歌剧团),会计张健(土默特旗人),外交云纳生(乳名状元子,本地人,蒙古族),保管员李恒荣(本地人)。

和平剧社成立后,社长和社员同甘共苦,奋发努力,很快有了起色。后来,剧场因危险建筑予以翻修。剧社在大召西仓搭戏台,钉观众席,用席片儿围起来卖票演出,人们管它叫"席片儿戏园"。剧场修葺后又恢复演出。为了适应剧种改革发展的需要,在原有 11 名演员的基础上,又招收了 30 多名青年演职人员,如王素珍(板板)、张美莲、郝秀珍、岳淑珍(干叶叶)、贺华、岳秀梅等。无论在唱腔、表演以及扮相方面,这些演员都很受观众欢迎。2008 年,我采访到已经 75 岁的著名演员岳秀梅,她向我回忆起当年从艺的经过。1953 年,她在托克托县中学念初中三年级,再有 3 个月就毕业。这时,县文化馆通知学校,让岳秀梅参加在归绥市(呼和浩特市旧称)举办的"民间艺人学习会",半年后进绥远省前进实验剧团,由于家里人不同意没有去成。1954 年初,她到归绥市大召前街路东的财神庙巷民艺剧社找班主田文没有找到;又到大召西夹道和平剧社见到了副社长田全贵,田全贵满口答应,从此岳秀梅加入了和平剧社,成为演员。从 6 月 10 日起,导演决定让她和贺华配戏,表演传统戏《打樱桃》。

这位贺华是萨拉齐人,当年 24 岁,生性活泼、好说笑,表演中串话连篇,顺口溜不断。岳秀梅扮相秀气、举止文雅、嗓音好。二人配合默契,表演精彩,剧场内的掌声和喝彩声不断,岳秀梅、贺华成了远近闻名的人物。不久后,从只演日场,改为日夜两场都有演《打樱桃》,连演 40 天,场场满座。小小的西夹道,在剧场开戏前和散戏后,真有点儿拥挤了。戏迷们还编了这样的顺口溜:"岳秀梅人小嘴真巧,打樱桃唱得真地道!"后来,岳秀梅觉得身体不适,仗着年轻,吃点儿药、打些止疼针,继续演出。有时导演让郝秀珍和贺华表演《打樱桃》,或让郝秀珍和岳秀梅表演,观众都不买账,就要看岳秀梅和贺华表演的《打樱桃》。岳秀梅还参加了《茶瓶计》《簪锁计》等大型歌剧的演出。到了1957年的下半年,岳秀梅的身体终于坚持不住了,经医院大夫检查诊断,岳秀梅患了腰椎结核等疾病,不得不忍痛离开心爱的舞台。她于1959年被调入内蒙古艺术学校任教;1979年7月被调入内蒙古二人台艺术

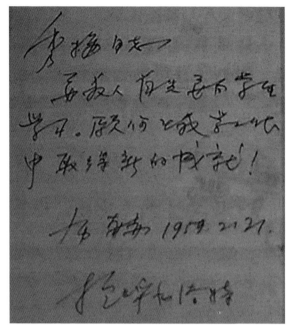

布赫为岳秀梅题词　岳秀梅提供

团。岳秀梅告诉我,她的晚年生活美满幸福,爱人魏兰峰,1954年毕业于湖北省武汉财经大学,后支援边疆建设来到内蒙古,在冶金厅工作,养女是天津南开大学的毕业生,现在广州市工作。她说自己每日都坚持去公园活动锻炼身体。有时,还要给戏迷们唱上一段娱乐。

　　岳秀梅老师于2014年因病与世长辞,终年81岁。

　　和平剧社先后赴武东县(后撤销)的西河子、圐圙兔,四子王旗的乌兰花、乌兰淖尔(后大滩),和林县的公喇嘛村、新店子、舍必崖,集宁附近的玫瑰营子、关村、黄茂营子等村镇演出。还赴乌拉特前旗的哈彦胡洞、西庙子、大佘太等地演出。除演出二人台传统剧目外,还演出了

岳秀梅(左)、索燕《借冠子》剧照

岳秀梅提供

《老财钻炕洞》,反映游击队战斗生活的歌剧《火烧饮牛沟》,在包头市新新剧院,演出了由郝秀珍主演的歌剧《离婚与复婚》,连演十三场,场场满座。

和平剧社返回呼和浩特市后整社期间,剧社的杨秀梅、韩金良、张德海、张美莲、乔金梁、王素珍先后在呼和浩特宾馆,为中央首长和内蒙古自治区领导表演了二人台传统戏《刘海砍樵》《小放牛》《打金钱》。排练演出了由孙书祥编剧,蒿菩导演,常润兰、王素珍、宇文成、赵广治等主演的歌剧《秀兰挑女婿》;蒿菩编导,岳秀梅、岳淑珍、石聚秀、郝秀珍主演的古装歌剧《簪锁计》《陈三与五娘》;由内蒙古文化局的李小梅导演,张美莲、王素珍、岳淑珍、宇文成等主演的移植歌剧《茶瓶计》。

1954年4月,和平剧社由土默特旗文化馆移交呼和浩特市文教局管理。交接仪式在旧城北门外的市文化馆举行,市文教局的马庆馀、孙书祥出席,47名演职员参加了交接仪式。

归市文教局管理后,剧社领导没有变动,演职员的工资形式是"死分儿活工资",根据演出收入,按每人的分数开工资,正副社长都是13分,郝秀珍14分,岳淑珍、王素珍10分,贺华9分,秦有年、张德海、张奎8分,宇文成、赵广治7分,张美莲6分,其他演职员4到6分不等。

那一年,在剧社决定赴包头市演出时,贺华不辞而别。副社长计计去萨拉齐威俊村贺华家找,贺华不在家,留下话说是去了包头市东河区新新大街的新新剧院演出。第二天中午,计计和贺华在新新剧院相会。贺华解释不辞而别的原因,是给岳秀梅定了15分,只给他定了9分。经过剧社领导和同仁做工作,贺华留下参加演出。

1955年元月,剧社和剧场分开经营。剧场取名"民乐剧院",由高星耀、索木腾(蒙古族,不从业)合资10430元。从业人员11名,即经理高星耀,会计张健,售票员李恒荣、孟德善(蒙古族),检票员宝音乌力吉(蒙古族)、云纳生(蒙古族),对号云万才(蒙古族)、刘占元、史有才,烧锅炉都生福,为观众看自行车的是李心宽。

同年3月,由内蒙古文化局李野、李小梅、张澍和呼和浩特市文教局的马庆馀、孙书祥、丁绍先组成工作组,到和平剧社和大召前街财神庙巷共和剧院演出的民艺剧社帮助整顿达一个月。4月份,和平剧社排练公演了由上述六位集体编导,田全贵、秦有年、赵广治、张奎、王素珍、岳淑珍主演的现代剧《走上新路》。民艺剧社排练公演了由沈沉、李曦导演,李雨田编曲的现代剧《李二嫂改嫁》,主演李华、史萍、成以仁、亢文彬、成静山等。

1955 年 5 月中旬一天的下午，按照市文教局的通知，民艺剧社全体演职员到和平剧社（民乐剧院）开会，市文教局马庆馀宣布两社合并的决定。合并后取名"呼和浩特市和平剧团"，团长、副团长云凤林、计计、田全贵，艺委会主任郝秀珍，剧务股正副股长秦有年、赵广治，总务股长计计（兼），人事股长张奎。全体演职人员 87 名。关于这段历史，戏迷们有这样逗趣的说法：财神庙民艺剧社演了个《李二嫂改嫁》，一下"嫁给"了和平剧社；西夹道和平剧社演了个《走上新路》，一下抖起来了，把民艺剧社合并，成了和平剧团。

和平剧团成立后，先后或全团或分成两个演出队，赴卓资山、和林、集宁、丰镇等地演出。期间，内蒙古自治区文艺会演在呼和浩特市举行，和平剧团李华、成静山、赵广治主演的反特小戏《雷雨夜》获奖，李华荣获二等奖；史萍、张慧娟、索燕主演的《金凤树开花》获奖，史萍、张慧娟荣获二等奖，索燕荣获三等奖。

同年 10 月，计计申请去山西口泉煤矿演出，但市文化局担心剧团会被困在外省，最初没有同意。之后计计介绍情况后方才拿到了演出证。这是呼和浩特市二人台剧团首次跨省演出。10 月 23 日第一天的夜场戏是《茶瓶计》，戏票全部售完。演出结束后，观众无一人退场，原因是所演的《茶瓶计》里没有包公！经过当地有关部门同志上台解释才退了场。风波停息，观众退场，大同市文化局、口泉文化馆及有关方面负责人和剧团

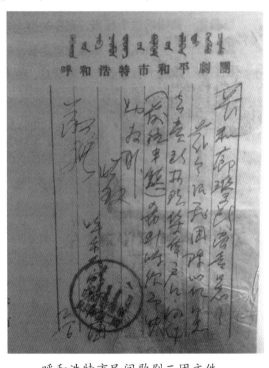

呼和浩特市民间歌剧二团文件
张景植提供

演职员见了面，表示歉意，这时已是午夜 1 点多了。第二天的戏报上仍然是《茶瓶计》，并附上剧中无包公这一角色的说明。结果，口泉观众看惯了这个没有包公的《茶瓶计》，演出半个月场场满座。

返回呼和浩特市不久,呼和浩特市第一个和第二个农业生产合作社麻花板、碱滩儿村高级社成立时,和平剧团和其他文艺团体都前去祝贺。

1956年1月26日,和平剧团转为国营单位,更名为呼和浩特市民间歌剧二团,剧团领导没有变动。1957年,平地泉行政区歌剧团下马,部分演职员参加了呼和浩特市民间歌剧二团。2月10日,在大观剧院召开歌剧二团全体大会,市文化局长包德力在会上宣布了市文化局的决定,任命云凤林为民间歌剧二团团长,田全贵、吕烈为副团长,白文奇为政治指导员。会后,文化局有关负责人马庆余、孙书祥、丁绍先等和计计谈了话,还召集剧团股长、队长以上干部开会做工作。3月份,剧团准备外出,计计去包头市西北剧院做好提前工作,演出时间为1个月。在包头演出期间,计计接到呼和浩特市文化局的调令返回文化局报到。

和平电影院

计计回呼和浩特后,接受了由他负责筹建大召西夹道电影院的任务。市文化局拨款3000元,经过翻盖后,将民乐剧院建成专门放映电影的和平电影院。它是呼和浩特市继人民电影院(绥远饭店旧址)、工人文化宫("九·一八"纪念堂旧址)后,和新城露天电影院(在关帝庙街)并列第三的电影院。观众席可容纳920人。市文化局任命计计为经理,白天铭为副经理,放映员李子明、毕义、张桂清(从人民电影院调来),售票员高星耀、李恒荣、史玉芬,会计张健,场务组组长云纳生,组员云万才、宝音乌力吉、史玉才、刘桂枝,跑片员(骑自行车接递影片)都生福。5月1日晚7点,举办了首场电影招待会,放映了国产古装剧影片《天仙配》。人们看惯了晋剧、二人台,对电影的兴趣不浓,电影院的上座率不高。为了减少开支,将李恒荣、云万才又调回歌剧团,史玉芬支援了新建的乌兰恰特剧院。

从6月份开始,电影院经理和业务人员,分组深入下去组织观众。组织对象范围是旧城大什字以南的17所小学、3所中学、22家工厂企业、43个居民委员会以及西菜园、巧儿报、小黑河等村。1965年3月放映电影《雷锋》时,四中、六中、七中的学生走上街头进行宣传,工作人员还在街头放映雷锋幻灯片做宣传。他们还用排子车,将居住在龙王庙巷、长和廊、通顺街、大御史巷的上年纪、行动不便的观众接到影院观看。

和平电影院还聘请辖区内17位同志组成影评组,笔者也算其中之一。不定期出版手刻油印的《电影与观众》,1962 年到 1963 年出版了 15 期,内容包括电影常识、影片介绍、影评故事等。还请各小学的颜金山(东尚义街小学)、高其民(土默特小学)、张福应(石头巷小学)等美术老师,为影院绘制较大型的电影宣传画,并请第七中学的王钰老师做影评讲座。

"文革"开始前,和平电影院的从业人员:经理计计,会计兼售票高星耀、售票刘桂枝、放映员李子明、吴乃章、白静(回族)、罗兆先,场务组(包括检票、对号、清场、跑片子)组长云纳生,组员秦运喜、郄一萍、段秀英(罗兆先之妻)、孟淑华、宣传张献瑞。

这位张献瑞祖籍山西忻县(今忻州市),1957 年上半年任呼和浩特市第四中学学生会宣传部长,开始与和平电影院打交道,为师生们看电影包场等。1960 年 3 月,进入市电影发行放映公司经理办公室工作,当时的经理是潘贵祥(湖南湘潭人)。1962 年 5 月,电影公司安排张献瑞到和平电影院搞业务和宣传工作。1965 年 6 月被调回电影公司搞电影宣传业务。1988 年 4 月,担任呼和浩特市电影发行放映公司业务副经理,1993 年 11 月任经理。1984 年,当选为呼和浩特市电影戏剧家协会主席,内蒙古电影家协会副主席;市政协第八届、九届委员。

张献瑞回忆,那时候放映的有国产影片《夜半歌声》、印度影片《流浪者》、巴基斯坦影片《叛逆》、埃及黑白电影《忠诚》等。

和平电影院曾经失火,原因是胶片存在质量问题,放映员操作不当。虽经灭火抢救,仍将机房和放映机烧毁,所幸未造成人员伤亡。经坐落在四眼井巷的工程队(市建筑公司的前身)维修后,得以继续放映。

和平电影院的长条木椅是 1959 年更换成单人座折叠椅的,可容纳观众 840 名。1961

赵耀升工作证 赵九九提供

年将影院门面改成二层楼,有了前厅及对称的办公室和售票室,门前地面铺上了大方砖。和平电影院一直是呼和浩特市电影发行放映系统的先进单位,在自治区、呼和浩特市召开的先进代表大会上受到过表彰奖励。1966 年"文化大革命"开始,由于极"左"思潮的影响,当时有一些人认为和平电影院中的"和平"二字革命气氛不浓,改名为"反修电影院"。

1971年,电影院再次改名为"向阳电影院"。改名不久,由于影院系危险建筑而被拆除。重建后,这里成了旧城区电影院职工家属宿舍。同年,向阳电影院的23名从业人员(经理张洪涛)以及放映设备等,迁入古庙大召对面的原民众剧院。到此民众剧院"寿终正寝"。向阳电影院迁入后,将东开的剧院门改为向北开的大门,和大召山门隔街相望。观众座位796个,年放映电影近两千场。1997年初,向阳电影院因年久失修而被拆除。2008年又有了向阳电影院的消息,呼和浩特市电影发行放映公司在玉泉区五塔寺广场西侧重建向阳电影院,只是将名称改为"塞北影乐宫"。

反修电影院门票　见《印象青城》

1961年以前,在各家电影院的大厅内,悬挂着苏联的22个电影明星的照片。1962年,在周恩来总理的提议下,由我国四大电影制片厂拟定人选,总理亲自审核,最后由文化部统一确定出22个电影明星。在那个废止好莱坞明星制,强调集体力量的年代,出现如此突出个人作用的现象,确也是个奇迹。

22位明星最后确定为上海电影制片厂赵丹、白杨、张瑞芳、上官云珠、孙道临、秦怡、王丹凤,北京电影制片厂谢添、崔嵬、陈强、张平、于蓝、于洋、谢芳,长春电影制片厂李亚林、张圆、庞学勤、金迪,八一电影制片厂田华、王心刚、王晓棠,上海戏剧学院实验话剧团的祝希娟(后进入上海电影制片厂)。他们的大幅照片,在1961年底全部以标准照冲洗放大。1962年初取代苏联的22个大明星,在全国各地电影院里悬挂,成为那个时代一道独特的风景,也为中国电影长了志气。

(原载《内蒙古史志》2011年第3期第44—49页,内蒙古自治区地方志办公室《内蒙古史志》编辑部编。收录本书时增补了内容。)

呼和浩特放电影之始

老旧城人一定记得电影院街的人民电影院,它就是始建于 1926 年的民乐社。民乐社系民间文艺场所,位置是旧城北门里的西马道巷,这一带曾叫过民乐社街。

1934 年,国民党绥远省政府将民乐社改建成一家饭店。这家饭店是当时绥远省首屈一指的高层建筑、一流饭店。占地面积与民乐社相同,两侧是二层木结构,中间是较大的餐厅。两侧的楼上为旅店,内设近百张床位,房间分等级;下层是浴池和理发馆;中间的餐厅设高级雅座、宴会厅,白天出售中西餐,晚上撤去餐桌放映电影,可以容纳观众 300 余人。这就是呼和浩特市放电影之始。

还有一处放电影的是 1935 年已经建成的纪念堂,这座纪念堂就坐落在现今工人文化宫原址。当时一个俄国人在这里放映电影,可容纳观众 900 人左右。

1937 年 10 月 14 日,归绥沦陷,在日本策划下,伪蒙古联盟自治政府于 28 日在归绥成立,同时改归绥市为厚和豪特市。绥远饭店遂改建成厚和医院,"九·一八"纪念堂被占,改为"公会堂"。

1938 年,在小东街早年称作宴美园,后改称大观剧院的不远处,有一个山西王姓人开办了一家小大铅印局。就在这一年,王家购买了一台英国产的 33 毫米电影放映机,商标是一只雄鸡头。放映机买回后,王家托人从天津聘请陈德瑞师傅来归绥,在大观园内安装并开始放映电影。电影机没有马达,得靠人工手摇,银幕上出现的人物动作忽快忽慢,使得观众们就一个感觉——头晕眼花;而且是单机放映,换胶片时还得停机开灯,因此观众越来越少。到后来,不得不改成先演戏剧,然后放映电影。

1939 年,陈德瑞返回天津老家。在大观园卖糖葫芦的李德良,对放映电影很感兴趣,一有空儿便帮助陈德瑞的徒弟王明摇机、擦机器、倒胶片,成了王明的助手。

1940年(亦说是1943年),厚和医院迁走,再次复建为文化机构,取名协进电影院,经过整修后满座可容纳观众800人。王明随电影放映机来到协进电影院,他收的第一个徒弟是吴尚志。日本投降后,协进电影院更名为西北影院,不久又改名叫新生堂,仍然放映电影。中华人民共和国成立后,曾叫人民影剧院,既演出戏剧,有时也放映电影。1950年4月11日正式恢复放映电影,放映的第一部电影是东北电影制片厂拍摄的故事片《归队》。1952年、1954年两次大修后,更名为人民电影院,第一任经理周树钧(后任呼和浩特市群众艺术馆馆长),聂德俊也曾担任经理。直至1953年,人民电影院是归绥市唯一的一家电影院。

1957年,人民电影院观众座位更换成折叠椅。1975年,市财政拨款22.3万元对电影院进行改建。竣工后的建筑面积是844.76平方米,观众座位楼上303个,楼下813个,共计1116个,比原来增加216个座位,并安装了暖气,取代了原来用于取暖的4个大火炉。1985年,市财政又拨款10万元,更换了观众座椅,更新了放映机、锅炉房等。当时有工作人员32名,设机务、场务、宣传、组织4个组。年放映电影2200场,收入18.8万元。成为全市设备齐全、环境宜人的电影院之一。

王明是中国电影协会会员。到62岁时(1984年),已经培养徒弟80多名,有来自电影院的,也有来自工厂、农村和牧区的。

至于放映的影片,1935年(亦说1939年)以前是黑白无声片,如男女主角分别由王引和袁美蓉扮演的《逃亡》、胡蝶主演的《姊妹花》、神话故事片《济公斗法》等,票价为大洋三角。绥远饭店在演出中还出售清茶,每杯壹角,按当时人们的生活水平,这是十足的贵族化生活方式,一般劳苦大众是消费不起的。后来,有了有声电影。"九·一八"纪念堂由于座位多,加之为了竞争,票价为大洋壹角。先后放映过所谓"有声巨片",如《渔光曲》《大路》《迷途的羔羊》《小姨》等。当《渔光曲》上映时,一些中小学曾以每人六分的票价包场。大观园上映的第一部黑白有声电影,是古装武打片《火烧红莲寺》。日伪统治时,协进电影院上映的第一部有声影片,是《西游记》中的一折《盘丝洞》。

(原载《呼和浩特晚报》1984年12月4日第3版,发表时署名赵梁〈本书作者笔名〉。收录本书时增补了内容。)

老戏院、老戏报及其他

老影剧院知多少

在四百多年前建成的呼和浩特市第一座喇嘛庙大召内有一幅绘画,称作《康熙帝私访月明楼》。此画的作者是生于清道光二十七年(1847年),故于民国六年(1917年)的本土画家韩葆纯先生,自号"塞外山樵",家住归化城宁武巷北头路东的三进砖瓦院落。这幅绢画是他礼赠大召当家喇嘛的补壁之作,描绘康熙皇帝私访归化城的传说故事。绢画长1.3米,宽3.5米,画中有各种人物一百一十个,衣冠打扮各不相同,人物表情生动形象,再现了清代归化城大戏馆子的面貌。只见月明楼内的上方悬挂着各式灯笼,装饰华丽气派,二楼的戏台之上正在演唱大戏。

《康熙帝私访月明楼绢画》 (见《中国戏曲志·内蒙古卷》)

喝酒、饮茶、看戏者身着长袍马褂者居多。康熙皇帝玄烨身穿红色长袍,在一层大堂里进退两难,身旁是堂倌刘三正仗义执言,要用一年的工钱替客人付账。月明楼的店主安三泰是一恶霸,康熙的一顿饭强要八两三钱银子,不给就要剥衣服,扣坐骑。你看那安三泰撸胳膊挽袖子,露出了凶相。几个恶奴,有的袒胸露臂,正欲大打出手;有的怒目攘拳,跃跃欲试。食客们有的拦挡恶奴,进行劝阻;有的不知就里,露出惊异的目光;有的在一起谈兴正浓,并不知道这儿的突发事件……这幅绢画真实地反映了康熙年间归化城的民间风俗。有人说这幅画大有《清明上河图》的风范,是一件不可多得的艺术珍品,一直受到青睐。

大观剧院平面图
见《中国戏曲志·内蒙古卷》

民众剧院
见《中国戏曲志·内蒙古卷》

和月明楼相同的既可以让食客边吃饭边看戏的大戏馆子宴美园,就是后来的大观园,同和园就是同乐园。还有只演戏的民众剧院、南戏园子共和剧院、民乐剧院。上述5家剧院,除共和剧院外都放映过电影。大观园曾更名为协进电影院、社会电影院;同和园曾叫同乐影剧院;民众剧院之前曾叫协进电影院、大光明电影院、大光明影剧院;民乐剧院于1956年3月改建成专门放映电影的和平电影院,"文化大革命"中更名为反修电影院、向阳电影院。共和剧院虽未放映过电影,但在财神庙的戏台也称乐楼之上放映过幻灯。何谓幻灯?就是利用强光和透镜的装置,映射在白幕或白色墙壁之上的图画和文字。当时是清代光绪十三年(1887年),新教(又称耶稣教,是基督教的主要教派之一)传入归化城。最初,英国传教士杰克·乔治,中文名字叫华国祥,在旧城北门外今回民区水渠巷租赁永丰号商铺院内的房屋建立耶稣堂,并常在大召前玉泉井往南路东财神庙巷的财神庙乐楼之上放映幻灯片,任人免费观看,目的就是宣传耶稣教义,劝人入教。

据有关部门统计,1950年大观、同乐、民众、共和四剧院共有职工57名,全年演出936场,观众达61100人次,售票收入116031元。1961年,共演出1597场,观众1173031人次,收入490468元。1965年以后,由于停演传统戏,上座率和收入大减,四剧场收入由1961年的490468元降为275651元。

人民电影院

人民电影院 坐落在旧城电影院街,始建于民国十五年(1926年),名称是民乐社,是民间文艺场所,因此这一带称作民乐社街。民国二十年(1931年),将其改建为二层楼房,更名为绥远饭店。归绥沦陷后,日本人将绥远饭店改建成厚和医院。民国三十二年(1943年),这里又成了文化机构,叫作协进电影院。1945年日本投降后,更名为西北电影院,第二年改称新生堂,仍然放映电影。1949年9月绥远和平解放,改成人民影剧院,除演出戏剧,有时也放映电影。

中华人民共和国成立后,1950年4月11日正式恢复放映电影,是归绥解放后的第一家电影院。第一任经理周树钧。中华人民共和国成立后放映的第一部电影是东北电影制片厂拍摄的故事片《归队》。1952年重修了地板和楼座。1954年7月再次大修后,改称人民电影院,专放电影。1957年更换成折叠椅。

人民电影院电影票
张献瑞提供

1974年6月起经过为时一年的改建,该影院建筑面积845平方米,观众席1116个,其中楼上303个,楼下813个,比原来增加216个座位。去撤了冬季取暖所用的4个大火炉,安装了暖气管道。

1985年更换座椅、更新放映机和锅炉房等。当时有工作人员32名,设机务、场务、宣传、组织四个组。年放映电影2200场,收入18.8万元。

人民电影院是呼和浩特市创建最早,也是直至1953年全市唯一的一家电影院。

工人文化宫 坐落在中山西路141号。关于始建年代有两种说法,一是民国二十年(1931年)十月,"九·一八"事变后,绥远省反日救国会利用没收日货的5万余银圆,建成钢筋混凝土结构的"九·一八"纪念堂。

另一说法是民国二十三年(1934年)始建。原是傅作义(民国二十年八月任绥远省政府主席)为抗日雪耻所建的

"九·一八"纪念堂(今工人文化宫)
见《青城老照片》

工人文化宫　见《呼和浩特与中国电影》

"九·一八"纪念堂,后改称中山堂。民国三十四年(1945年)遭日军飞机轰炸后,仅剩断壁残垣。1950年,归绥市工人义务劳动,在原址建起一处露天剧场。1951年,市政府投资重建剧场,命名为工人文化宫。文化宫为砖混结构,坐北朝南。前楼为二层,包括前厅、观众休息厅、回廊、办公室和放映机机房等,面积1200平方米,舞台台口高7米,宽14米,进深13米。前台设乐池,后台设化妆室等。楼上楼下共有座席一千多个。1977年又进行重建,前楼增至三层,有一种说法是面积改造成6000多平方米。2009年12月,重新扩建成立新港国际影城,拥有10个豪华放映厅是市内第一流甲级影剧院。

乌兰恰特 亦称红色剧场,1953年7月31日始建,12月底竣工。该剧场白墙红瓦,正面呈三层建筑的格局,八个六角形窗口,十八根红色廊柱和十层台阶。前厅内有回廊,左右侧厅供观众休息。池座面积4483平方米,座位482个,楼上座位799个,可容观众1281位。舞台进深17米,台口宽12米,高20米。舞台两侧各有一个副台,上场门副台91平方米,下场门副台156平方米。舞台前的乐池75米,后面有化妆室4间、浴池2间。剧场内还有大、小贵宾室各一个,场内顶面灯共89组。

老乌兰恰特 (见《中国戏曲志·内蒙古卷》)

乌兰恰特建成后,曾有几次维修改造。1984年8月,是改建装修规模最大的一次,不仅更新了灯光控制、音响和吊灯设备,还将楼下的硬座折叠椅换成了沙发椅,将场内三面一顶全部换成了石膏制吸音板,使之更符合现代化剧场的要求了。

1954 年 2 月 1 日举行乌兰恰特落成典礼,自治区人民政府副主席杨植霖讲话时说:"乌兰恰特的开幕,是我区建设事业中的一件大事,同时也是我区文化工作上的一件大喜事。乌兰恰特的建立,为发展我区民族形式的剧场艺术提供了有利条件。"

1954 年 7 月 27 日至 8 月 4 日,内蒙古自治区第一届人民代表大会在乌兰恰特召开。会上,代表们讨论了中华人民共和国宪法草案,选举乌兰夫、苏谦益、傅作义、奎璧、王铎等 13 人为全国人大代表。

乌兰恰特招待券 (见《呼和浩特与中国电影》)

从 1954 年 12 月 3 日起,中国京剧团在乌兰恰特连演 33 场京剧。

1955 年 10 月 1 日至 20 日,内蒙古自治区第一届民族民间音乐、舞蹈、戏剧观摩演出大会在乌兰恰特举行。

1960 年 5 月 24 日至 28 日,中国戏曲学校应届毕业生在乌兰恰特演出。5 天演出场场爆满。他们中的鲍启瑜、林承云等,后来进入了内蒙古京剧团,成了剧团的骨干。

1962 年 6 月 5 日,著名京剧表演艺术家李万春的剧团从西藏调至内蒙古。经过短暂的排练,于 6 月 12 日在乌兰恰特首次以内蒙古京剧团的名称,向内蒙古

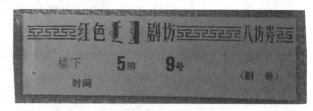

红色剧场入场券 (见《印象青城》)

人民做汇报演出。上演的剧目,有李万春的拿手戏《古城会》,李万春之弟李庆春和李万春之子李小春合演的《三岔口》,还有李万春夫人李砚秀和著名演员赵玉民合演的《桑园会》等。乌兰夫等党政领导观看了演出,演出结束后接见了全体演职员。名角儿名戏,给观众留下了美好的记忆。

乌兰恰特曾接待过朝鲜、蒙古国、阿塞拜疆等国家的艺术团体演出；国内京剧、评剧、豫剧、曲剧、河北梆子、晋剧、越剧等的表演艺术家，还有不少歌唱家、音乐家、指挥家、舞蹈家都曾在这里演出过。

2003年随着新华广场的扩建，乌兰恰特被拆掉。2007年内蒙古自治区成立六十周年庆典之际，新华东街建成了一座规模宏伟、设施先进的现代化乌兰恰特。

露天电影院 坐落在新城关帝庙街，有顶棚并不露天，观众席是木条凳。此影院和旧城大召西夹道路西的和平电影院并列排在人民电影院、工人文化宫之后，属于全市建立较早的电影院。

人民剧场 该剧院坐落在中山西路，最初是呼和浩特市商业工会建成的内部礼堂，供开会等使用。1956年始建，1957年竣工，坐北向南，砖木结构，建筑面积1932平方米。观众厅深30米，有座席1050个，左侧是休息厅。1959年，市政府决定将商业礼堂交市文化局，作为专业剧场使用。文化局接管后更名为人民剧场，1959年至1960年先后投资13万多元建起了后楼，增加了设备，安装了暖气。1970年安装了松花江牌电影放映机，从此，兼放电影。人民剧场前楼为两层，设有前厅、售票处、办公室、放映机机房等。舞台通宽12米，台口高6米，进深9米。前台设有乐池，后台设化妆室。呼和浩特市晋剧团、民间歌剧团经常在此演出，呼和浩特市的戏剧会演也在此举行，也有外地的艺术团体来此献艺。

人民剧场 （见《印象青城》）

内蒙古电影宫　坐落在新城西街路南,于 1957 年 11 月 30 日建成,是内蒙古自治区成立十周年的献礼项目之一。建筑面积 2582 平方米,观众席位一千多个。1959 年改成宽银幕,是自治区唯一使用进口设备——当时最先进的德国产蔡氏电影放映机的电影宫。1963 年 10 月 1 日成为自治区首家数码立体声电影院。放映的第一部影片,是 20 世纪 60 年代初中国第一部宽银幕立体声彩色电影,由中苏(联)合拍的《风从东方来》,观众须戴上影院配备的专用眼镜观看。

电影宫　(见《印象青城》)

我记得,在电影宫观看过国产影片《魔术师的奇遇》,主演是被选为全国 22 个电影明星的陈强和韩非。

1966 年更名为东方红电影院,1978 年恢复电影宫。曾经使用过黑龙江、松花江牌放映机。

东方红电影院入场券

(见《呼和浩特与中国电影》)

职工由 1957 年的 11 名增长到 1984 年的 30 多名,其中有从克洛布并入的人员。

东风电影院　坐落在新城东门外东风路,该影剧院是内蒙古电机变压器厂,也有人管它叫综合电机厂建成的内部礼堂。始建于 1958 年,建筑面积 3000 平方米,观众席 1065 个。

1983 年由呼和浩特市电影发行放映公司管理后,更名为东风电影院。此名的由来是,在"文化大革命"中将新城区更名为东风区,并且坐落在东风路,故名东风电影院。

红旗电影院 于 1958 年 7 月 1 日建成。还有一种说法,是 1959 年由呼市财政拨款 8 万元动工,仅用了一个月就建成此电影院,是"大跃进"时建成的产物,给国家做出了相当大的贡献。建筑面积 595 平方米,观众席从 816 个改为 800 个。职工由 1958 年的 8 名增长到 1984 年底的 28 名。

1996 年城区改造,将红旗电影院改建成红旗电影城,内含 3 个电影放映厅。

郊区电影院 坐落在大学西路南,该影院是 1960 年 10 月由郊区人民政府建成的郊区礼堂,供郊区范围内开会等使用,建筑面积

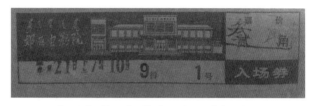

郊区电影院电影票 张献瑞提供

612 平方米,观众席 800 个。1978 年改建成郊区电影院。

新闻电影院 坐落在新城西街路北,最早的名称叫克洛布(是蒙古语,汉译就是小剧场),由内蒙古文化局管辖。1962 年交呼和浩特市电影发行放映公司后,更名为新闻电影院,顾名思义是一家专门放映新闻纪录片的电影院。

另一种说法是,1963 年由内蒙古军区后勤部移交新城区人民政府使用。建筑面积 788 平方米,观众席 400 个,有舞台、化妆室、电影放映机机房。人们也管这里叫小剧场。1979 年,新城区政府将小剧场下放给区文化馆管理,这里成了新城区放映电影、文艺演出、比赛、集会的主要场所。1986 年,在文化馆、小剧场旧址新建了一座 7 层商业文化大楼,取名百灵商厦。1987 年 9 月建成后,其中有三个楼层为新城区文化中心。

工农兵电影院 亦称新钢影剧院,坐落在海拉尔西路。始建于 1962 年,属内蒙古公安厅劳改部门管理,名称是钢联俱乐部。建筑

工农兵影剧院电影票 张献瑞提供

面积约 2000 平方米,砖木结构,观众席 1217 个。"文化大革命"期间交呼和浩特市革命委员会管辖。1978 年,由呼和浩特市电影发行放映公司管理后,更名为工

农兵影剧院。

华建礼堂 坐落在公园南路,始建于 1968 年,次年落成,是内蒙古华建一公司工会领导管理的职工俱乐部。据说,该礼堂是用内蒙古歌舞团排练厅拆除后的建筑材料建成,具体位置就在华建一公司西侧。观众席 1252 个。1974 年,以华建礼堂的名称对外开放,有职工 17 名,成为即可演戏又可放映电影的两用场所,仅电影年放映 600 多场。

铁路工人文化宫 坐落在锡林北路,是 1977 年由呼和浩特铁路局所建,建筑面积 1850 平方米,亦是一家影剧院。剧院的前楼为三层,包括前厅、休息厅、会议厅、舞厅、台球厅、电影放映机房等。舞台为镜框式,台面通宽 12 米,台口高 8 米,进深 19 米。台面至吊杆顶部 26 米。装吊杆 36 副,共 5 道幕。舞台前左右两侧为耳光楼,顶光、面光设施齐备。左侧设副台 1 处,面积 110 平方米,北边与副台相接处为贵宾休息室。台前设乐池。后台有大化妆室两个,小化妆室一个及洗脸间、厕所。观众厅分楼上楼下两层,共有座席 1124 个,是市内第一流甲级影剧院。自治区举办的戏剧会演、调演经常在此举行,自治区内外戏曲剧团也常在这里演出。

铁路工人文化宫 (见《中国戏曲志·内蒙古卷》)

内蒙古军区礼堂 坐落在新城区麻花板升村南端,由军区政治部文化处领导管理,供军区内部使用。1978 年 4 月 1 日,亦说是 1984 年 4 月 1 日,改为对外演戏、放映电影的专业影剧院。建筑面积 1938 平方米,有观众席 1400 个。亦是市内第一流的甲级影剧院。

新华电影院 坐落在光明路南端,是由呼和浩特市运输公司建起的内部礼堂,有观众席 1000 个左右。1978 年,运输公司和内蒙古自治区电影发行放映公司联合将此礼堂改建成专门放映电影的场所,更名为新华电影院。

内蒙古农管局礼堂 该礼堂建在乌兰察布东路农管局大院内,是农管系统供内部使用的场所,观众席 1060 个,亦说是 1200 个。1981 年 9 月 25 日对外开放,成为影剧院。

农管局大院的前身是内蒙古电影学校,归内蒙古电影发行放映公司管理,主要培养电影接班人。只招收过一届学生,250 人左右。后将此地批给生产建设兵团,就是农管局的前身。

内蒙古党委礼堂 坐落在内蒙古党委西侧,属内部礼堂,有观众席 1010 个。1978 年 6 月 1 日对外开放,成为影剧院。

呼铁地区俱乐部 坐落在铁道北中山里一带,始建于 1958 年,建筑面积 1684 平方米,20 世纪 70 年代对外开放,有观众席 793 个,成为影剧院。

桥靠影剧院 坐落在新城南门外,属桥靠村乡镇企业所有。1979 年始建,1981 年 3 月 6 日落成。建筑面积 1200 平方米,砖混结构,未建成影剧院前是较为开阔的广场。前楼共两层,一楼为前厅、售票处,二楼为放映机机房、办公室等。舞台为镜框式,台面通宽 11 米,台口高 6 米,进深 14.5 米。后台有简易化妆室,舞台上设人工吊杆 6 道,灯光、音响设施较为齐全,可供大中型专业剧团演出。观众厅长 30 米、宽 20.5 米,设置钢木折叠式座椅 1028 个。

这家影剧院,是内蒙古自治区较早的由农民在城市近郊自建、自管、自营的大型文化娱乐场所。除放映电影外,也常接待自治区、本市及外地戏曲剧团演出。该电影院临近几所高校,当时在呼和浩特很有名气。2003 年 7 月,桥靠村整体搬迁至桥华世纪村,故桥靠电影院被拆除。

桥靠影剧院 （见《中国戏曲志·内蒙古卷》）

内蒙古电影制片厂标准放映厅 坐落在兴安南路路西电影制片厂院内,铁路医院在它的西头。这一标准放映厅内的银幕,是自治区内规格最大的。20 世纪 80 年代建成后对外开放,有观众席 500 个。

呼和浩特市电影发行放映公司放映厅 1988 年对外开放,有观众席 200 个。

在 20 多家老影剧院中,先后有电影宫、内蒙古电影制片厂标准放映厅、乌兰恰

标准放映厅 （见《印象青城》）

特和铁路工人文化宫具备了放映立体声电影的功能。

20 世纪 60 年代,电影迷中流传有这样的顺口溜:中国的电影是新闻简报,阿尔巴尼亚的电影是莫名其妙,朝鲜的电影是哭哭笑笑,罗马尼亚的电影是搂搂抱抱。

老戏报及其他

一、坐落在旧城小东街路北的大观剧院的老戏报

这家剧院是由嘉乐会馆、宴美园(大戏馆子)演变而来。

由于老戏报涉及山西梆子(北路、中路)、河北梆子、评剧、京剧等剧种,早年对它们是何称呼,应作个简单的交代。

清光绪年间(中叶),山西中路梆子名角儿十三旦侯俊山、小元元红郭宝臣、十三红孙培亭、一千红王喜云、飞来凤(姓名不详,北路梆子青衣)等,均擅长两梆双栖表演,既能演唱山西梆子,也能演唱河北梆子。

河北梆子是由山陕梆子演变而来的剧种之一,早期称作直隶梆子,又叫京梆子。大约形成于清道光年间,盛行于光绪年间。

评剧形成于清末民初,有东西两路之分。西路评剧主要是以西路莲花落和北京蹦蹦戏为基础,吸收了梆黄的艺术营养后,形成了西路评剧。东路评剧是以东路莲花落与东北的蹦蹦戏相结合,经过冀东地区莲花落艺人们的改进,发展成为唐山落子、奉天落子几个阶段,最后形成了东路评剧。

京剧是由皮黄组成,皮为西皮,黄为二黄。西皮是由西秦腔经过汉中到湖北襄阳,形成了襄阳调,在襄阳民歌和地方语言的影响下,形成了西皮(楚调)。弋阳腔进化为四平调与湖北一带黄州民歌结合,形成了四平二黄(徽调)。皮黄同台后由湖北传入安徽。安徽班进京,也就是楚徽调在北京地方语言的影响下演变成了京剧。

我们要谈的老戏报及有关珍贵资料,有的是年逾九旬的李雨田先生珍藏的,也有呼和浩特广播电视台记者、节目主持人张景植搜集的。我要感谢这一老一少二位先生。

先看这一张,是民国二十四年(1935年)七月十一日京梆子戏班在大观戏院演出的戏

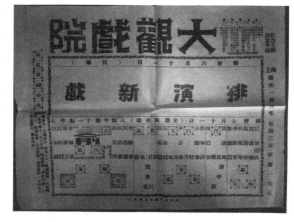

报(均为繁体字)。在戏报右上方,是绥远省新生活运动促进会制定的新生活准则。

另有,绥远小大铅印局承印(位置在大观园门外的西侧)及铅印局自己的广告。

日场排演新戏不演出。夜场晚八点半开演十一点半止。票价楼池座一律三毛,包厢三元,两廊座一毛五(分)。演员既有梆黄两栖,也有京梆子名角儿。

共演唱五出戏,《红梅阁》由孟加田、贾尽卿等6位主演;《错中错》由贾尽卿、任凤兰、张德春(梆黄两栖的彩旦、文丑演员)主演;《送金郎》由白牡丹(艺名)、王月如(京梆子花旦)等7位主演;《贫(平)贵别窑》由丽湘君、俞鸿岩主演;压轴戏是《徐策跑城》,由俞鸿岩、张淑良等10位演员主演。

史志专家刘映元先生在30年前说过,民国初年京梆子的名演员,轰动西口的,继海棠花后为筱香玲。之后是梁春楼和梁艳楼姐妹、张菊花,还有艺名盖连仲的毛和平和姚德宝的关公戏,亦给人们留下很好的印象。再后来,京梆子已无戏班,可是武生白俊英(亦是京剧武生)和他的好几个徒弟,直到新中国成立仍然给大观园充当武打班底。

另一张戏报是三合一的内容:

(一)《十五贯》戏报,上端是浙江昆苏剧团整理古典名剧,往下是十五贯(字大),原著清代朱素臣,改编霍世昌,执行导演白英臣。最下端写着内蒙古呼和浩特市晋剧二团演出(前身是新绥剧社、新蒙实验晋剧团,长期在大观剧院演出)。字迹全是红色的。

我曾见到从小在大观园附近长大的晋剧爱好者李艺先生,他忆起呼市晋剧二团的《十五贯》,曾到北京演出,受到京剧界的好评。李艺先生对郭玉林扮演的娄阿鼠表演的赞赏有加,还说内蒙古的娄阿鼠虽和我们不是一个剧种,但他的演技超过了北京的娄阿鼠。

(二)是半张戏报,能看到剧院(缺大观二字)、小东街、星期日,票价早场六百元、晚场壹仟八(旧币,同6分和1角8分)加捐在内。

中间从上往下是正工老生宋玉芬(三女红),右边是花彩小旦和一个玲字(是康翠玲);下一排从右往左,半个筱字和桥字(是筱桂桥,青衣名家,后调到山西省阳泉市新声晋剧团)、马素卿、康翠莲、丁祥、王廷弼;下二排是半个陈字和山字(是十七生陈宝山)筱桂亭、谷全福、丁义、王玉喜、袁成喜;下三排缺一个夜字,

场七点至十点半;最下端是
"算粮"二字(是算粮登殿),
《罗成大破孟州》,上面是七
本,下面是新排唐朝佳剧文
武代打五彩灯光布景。应
该是新绥剧社演出的半张
戏报。根据戏报内有宋玉
芬和票价推测,此半张戏报
的时间在 1952 年至 1953
年间。

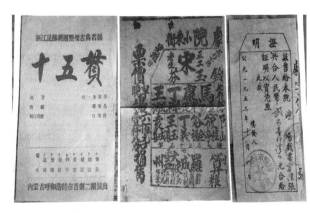

(三)是 1953 年 11 月 30 日归绥市醒民剧社(在大召前街)开的一张证明,兹
售给本院(民众剧院)晚场戏票(看不清张数)共合人民币贰万壹仟陆佰元(旧币,
同 2.16 元)合给证明以资凭(凭)照,有剧社图章。

另有不是戏报但十分珍贵
的 1954 年新绥剧社学习小组
名单。全社演职人员(含剧场
人员)98 名分成 6 个小组,副组
长均由住社戏改干部担任。1
组组长陈宝山(十七生),副组
长李晨征,记录常砚章,共 18
名;2 组组长康翠玲,副组长白
英臣,记录周润身,共 16 名;3
组组长亢金锐(小梅梅),副组
长李小梅,记录施斌,共 17 名;
4 组组长李明,副组长唐玉林,
记录史观政,共 17 名;5 组组长
赵锦,副组长李雨田,记录邹宗

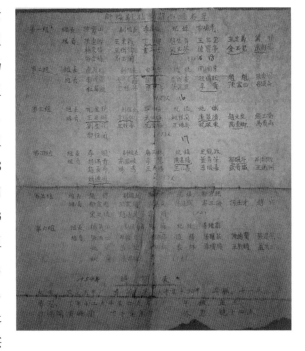

樵,共 12 名;6 组组长杨再山,副组长张曙,记录李钟玉,共 18 名。

在分组名单下方,是解放初期新绥剧社演职人员不同于常人又鲜为人知的作
息时间表:起床,早七点半。学习,早八点至十点半。早饭,十一点。学习,中午十

二点至下午四点半。午饭,下午五点。晚场开演时间,晚七点半。休息,晚十二点。

下一张戏报,由于字迹(红色繁体)很小,笔者把能看清的记录下来。

新蒙实验晋剧团 1955 年 2 月演出《西厢记》。原著:元代,王实甫。整理:曾士先、陶然、李晨征。导演:李晨征;副导演:白英臣、白文奇、陈云山。舞台设计:李文源(特邀)。舞台监督:陈宝山(十七生)。音乐指挥:武培祥、李雨田。

共十三场,只能看清惊艳、借厢、请宴、佳期、拷红。

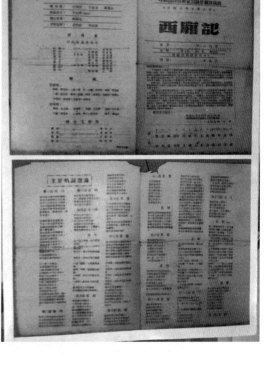

另一张是 1959 年呼市晋剧团(一、二团合并)演出《七堂会审》的戏报,字迹红色,非常清晰。剧本改编:呼市晋剧团。执行导演:籍连陞、曹正中(小五丑);副导演:武培祥、杨胜鹏、郭英俊(亦名郭玉林)、王成德(任翠凤丈夫)。音乐配曲:李海明、祁顺、祁用彬、董五娃、郭如福。

剧情介绍:明神宗时,天官黄玉太专横不法,嫉贤妒士,依官势笼络爪牙,纵子黄元和家奴等,在四川一带横行作恶,鱼肉乡里。一日,黄元出游,见卖茶女宋丹花貌美,欲占作妾,恰适与刚和宋订婚之市井好汉陈白玉相遇,陈良言相劝不听,以致动武。事后,黄元买通成都县令张银山,将陈拘捕公庭屈加刑罚。黄元仍不甘心,又在大街辱陈,抢女并杀女母茶婆。陈白玉目睹夺妻杀母之仇恨,激怒之下将黄元击毙当街,陈挺身到县衙自首,被张银山羁押南狱。宋丹花胸怀母仇夫怨,越狱状告黄玉太父子等四人,知府王平受理之案,调集人证,秉公处理了这案官司,事被黄太玉得悉怒不可遏,欲借子仇加害王平。经过七堂会审,全案人证揭露了天官黄玉太父子等四人的罪恶真相。最后作恶者一一被治罪,正义者取得胜利。

此剧系晋剧传统剧目之一，原剧分前后两部，前部原名《献弓图》，后部原名《七堂会》，前后部总称为《清官断》。这次修改本定名为《七堂会审》。

《七堂会审》一剧，除在小东街大观剧院演出外，也在大召前街的民众剧院演唱过。1960 年，呼市晋剧团赴山西、陕西、河北、宁夏等地巡回演出达半年之久，《七堂会审》是必演剧目之一，同样受到观众特别是戏迷们的好评。

二、坐落在中山西路路北人民剧场的老戏报

这一剧场是由呼和浩特市商业工会所建内部礼堂演变而来。

这是 1977 年呼市晋剧团在人民剧场演出六场讽刺喜剧《白卷先生》的戏报。编剧：辽宁省人民艺术剧院，改编：周桓。场序，故事发生在我国东北某省，第一场时间：1973 年夏天，地点：宁远城考场。第二场时间：距前一场一星期左右，地点：省教育局会议室。第三场时间：前场一个月后，地点：欺天岭农学院工作队办公室。第四场时间：三天以后，地点：欺天岭农学院党委书记办公室。第五场：一年后，又是一个夏天，地点：欺天岭农学院校园。第六场时间：1976 年 10 月 13 日，地点：同前场。

导演：侯远喜、解世军、王如会。作曲：郭如福。美术：祁志锐。

戏报上有"开幕前的话"。

演员表(以出场先后为序)：仲心明(农学院讲师)——康翠玲、陈改梅(AB角)，白进学(农学院学生)——梁美云、郎素华，李根厚(农学院学生)——侯改桃、段素玲，向进军(农学院学生)——张爱琴、张月梅，刘铁生(白卷先生)——赵广仁、吴强、吴笑敏（先为省教育局局长后为农学院工作队队长）——陈艳秋、任翠凤、老孙头（先在省教育局后调农学院的工人）——张进香、段有有，朱学仁（农学院学生）——关玉勃、李华（农学院学生）——马文山、江远信（省委书记）——候远喜、解世军、柳成田（省委

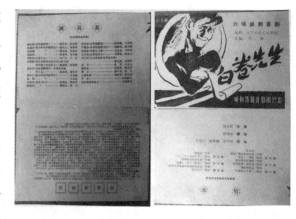

书记）籍连陞、程玉、肖汉起（农学院教授）——杨明增、牛正明，卢望东（农学院党委书记）——杨胜鹏、奚大雄，张敬祖（刘铁生父亲）——王如会、刘作杰。还有农学院学生、秘书、服务员、警卫、工作人员等。

三、坐落在大西街中段路南的同乐剧院的老戏报

曾叫过公庆园、同和园、同和茶园、源茂茶园、玉华舞台等，是由清代的大戏馆子演变而来。共有 7 张这家剧院的老戏报，都是繁体字。

第一张上端是归绥同和茶园，十二点半开演至下午四点止，能看清的票价是每位铜圆 35 枚，双包厢 4 元，小包厢 2 元。开演时间只有六月初二，不知何年。共演唱七出戏，《丑配》由百岁丑主演；《战北原》由十四红、长命黑主演；《桑园会》由朱少贵、李筱仙主演；《玉堂春》由双桂红、双桂林、双桂仙主演；《紫霞宫》由李翠仙、张国宝等 4 人主演；《查关》由海棠花、张品香、张国宝主演；《战长沙》这出压轴戏，由石顺林、刘胜连、朱少贵等 7 位主演，在戏名两旁注明"三国志"、恩收黄忠。

往下是晚演（场），晚八点至十二点止，票价是大包厢大洋 3 元，池座每位铜圆 40 枚，楼上 50 枚。

共演唱六出戏，《对银杯》由一杆旗主演；《南天门》由朱少贵、双桂红主演；《举鼎观画》由樊春亭、双桂林、荣月舫主演；《採花砸涧》由李翠仙、张国

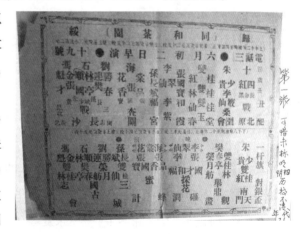

才、李和福主演;《蜜蜂计》由海棠花、张品香、张国宝主演;《古城会》这出压轴戏,由刘胜连、石顺林、孙长斌等8位主演,在戏名上方有"三国志"字样。

刘映元先生说过,民国二年(1913年)秋天,大青山哈拉沁沟的洪水,把归绥新城(绥远城)四面包围,绥远城将军张绍曾上北城墙磕头许愿,水下去以后,从北京搬来了海棠花的京梆子,在南街塔台为鼓楼弥罗阁上的神像演唱,自此呼和浩特始有河北梆子演出,并第一次看见女人唱戏的"坤角儿"。

因戏报上无年份记载,不能断定海棠花的京梆子戏班,就是这一年也在归绥的旧城(归化城)献艺。

戏报中的名角儿朱少贵和民国初年在张家口献艺的京剧名胡生朱绍贵,"绍"和"少"同音字不同,若是同一人,那就是梆黄两下锅,亦称风搅雪、一锅煮。但是,还有一杆旗主演《对银杯》。在《梨园九九图》里有大碗肉、一条鱼、人参娃娃、一杆旗,都是光绪年间山西梆子的名把式。民国十年(1921年),这位一杆旗仍未年老色衰,便能倾倒观众,小孩们都唱着"一杆旗站一站,叫我姐姐出来看一看"的儿歌和童谣(刘映元先生语)。这样的话,戏报上的这个戏班,用今天的叫法,就是河北梆子、京剧、山西梆子三下锅了。

第二张仍是上述戏班的戏报,重复者不录。时间是六月二十五日,早场共演唱六出戏,《芦花计》由一杆旗、一千红王喜云主演;《桑园会》由李筱仙、朱少贵主演;《双吊孝》由双桂林、双桂红、双桂仙主演;《鱼肠剑》由樊春亭、冯金魁主演;《一

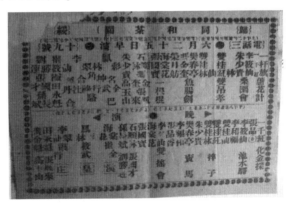

根棍》由海棠花、荣月舫、张国宝主演;《绿牡丹骆巴合》这出压轴戏,是由凤彩林、李翠仙、朱少贵等12位主演,另注明名坤角儿合演全武行。

晚场共演唱六出戏,《化金採》由一千红王喜云主演;《池水驿》由张品香、李筱仙、李和福主演;《摔子》由双桂仙、双桂红、双桂林主演;《卖马》由樊春亭、朱少贵、李和福主演;《双摇会》由海棠花、李筱仙等4位主演;《溪皇庄》这出压轴戏,是由海棠花、凤彩林、崔筱霞等12位主演并注明全武行。

戏报中的一杆旗和一千红王喜云,都是山西梆子的名角儿。在清光绪年间

（中叶），不论是山西还是称作东口的张家口和称作西口的归化城，演唱山西北路、中路梆子的名角儿，均系常年包银，此谓包银制，不似京城的以日开戏份子。当时，每角儿每年的包银，最多不过一千余两，所以称作伶人的名角儿中就出现了艺名为千二红、一千红、九百黑、八百黑、七百黑金喜静等。

第三张仍然是海棠花这一京梆子戏班的戏报。演出时间是七月初八，早场共演唱七出戏，《醉写》由十四红主演；《雷风（峰）塔》由李筱仙、毛旦生主演；《摔子》由朱少贵、双桂仙、双桂红、双桂林主演；《空城计》由樊春亭、双桂林主演；《杀狗》

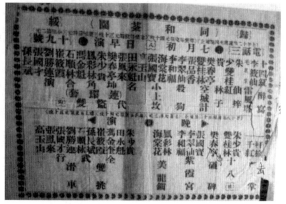

由李翠仙、张品香、李和福主演；《小上坟》由海棠花、张国宝主演；《连环套》这出压轴戏，是由凤彩林、崔筱霞、张凤来等12位主演，还注明代盗双钩，名坤角儿合演。

晚场共演唱六出戏，《击掌》由一杆旗、一千红主演；《十八扯》由朱少贵、双桂林主演；《碰碑》由樊春亭主演；《紫霞宫》由李翠仙、张国宝、李和福主演；《美龙镇》由海棠花、凤彩林主演；《双挑滑车》这出压轴戏，是由朱少贵、田永魁、冯金魁等9位主演，还注明全武行。

戏报中仍有一杆旗、一千红，还有十四红（14岁成名的须生演员），都是山西梆子名角儿。

其中的《十八扯》这出戏，据《五十年前张垣剧界》记载，张家口在光绪中叶，可以说绝对听不见二黄，只有十三旦同秃丑，有时唱一出《十八扯》，唱几句似是而非的二黄，那已经是绝唱了。老十三旦侯俊山是演唱山西中路梆子的，在京城献艺时被列为京伶八杰之一。秃丑是同治初年山西榆次聂店王亚元所创建四喜科班的学员，出科之后常配十三旦演唱《十八扯》等戏。戏报中的朱少贵、双桂林是否也是一旦一丑或反串表演不得而知。

第四张戏报与上述三张不同之处，没有了海棠花，增加了不少名角儿；开设在归化城大西街路南同和茶园；最下端是归化议事厅巷大光石印局承印。

到了民国二年（1913年），归化城和绥远城合并，设归绥县。1945年日本投降后,改称归绥市。这张戏报应是清朝末年,也就是民国二年(1913年)以前的。

演出时间是九月十七日,早场上午11点开至下午4点止。票价是楼上铜圆40枚,池子(座)35枚,包厢大洋3元。

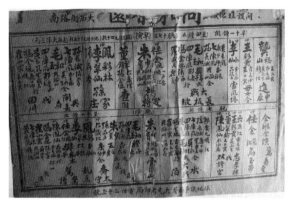

共演唱八出戏,《进中原》由龚福山、王云露等5位主演;《母女会》由王彩露、自来仲、王云露主演;《雷风(峰)塔》由李筱仙、李长福、六枝叶主演;《大战长坂坡》由毛和玉、樊春亭、四阵风、七阵风等14位主演,注明全武行;《杨家将》由朱少贵、任金凤、任金红、一声雷等9位主演;《查关》由董翠玲、六岁红、冯金魁主演;《孙家庄》由李翠仙、凤彩林、张品香主演;《大闹嘉兴府代回川》这出压轴戏,由毛和玉、黄长凤、崔小霞、顺江等16位主演,注明全武行。

晚场戏晚七点开,十一点止。

共演唱六出戏,《万寿堂》注明全班合演;《乌玉带》由任金凤、任金红主演;《忠孝牌代双夸官》由六岁红、王彩霞、水仙花、陈凤仙等8位主演;《大战水泊》注明全武行,由四阵风、七阵风、冯金魁、罗盛来等16位主演;《云朦山》由朱少

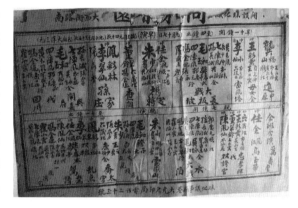

贵、龚福山、李长福、王云露主演;《乔太守乱点鸳鸯谱》注明全本、文武代打、见头见尾、一夜演完,这出压轴戏是由凤彩林、六岁红、陈凤仙、朱少贵、晁炳晨、侉子丑等27位主演。

在上述的名角儿中,一声雷杜占魁是晋剧净角儿,亦称花脸,六岁红(姓名不详)是晋剧坤角儿。六岁成名,她和一声雷曾随晋剧戏班在大召前街的民众剧院献过艺。至于侉子丑,旧城人称河北、山东人为"侉子",民间有"山东侉子修头不修爪子"的说法。如果是京梆子(河北梆子)或皮黄(京剧)戏班,不可能出现侉子

的称谓,侉子丑也是晋剧名丑。

晋剧界有用艺名编成的戏谚,如"来了一阵风,吹熄一盏灯;来了云遮月,遮住月亮生;来了捞鱼鹳,吃了一条鱼;来了两股风,吹熄两盏灯;露出满天星,熬到天明亮"。在上述戏报中既有四阵风又有七阵风,和晋剧的一股风、两股风叫法不一,我不敢肯定也是晋剧名角儿。

第五张戏报的内容与上述四张不同。上端是源茂茶园,归绥市大西街,星期三,大减价,新生活准则。

时间是国(阳)历一月十六日,旧历(阴历亦称农历)十二月十二日(根据万年历,是民国二十四年即 1935 年)。早场排演新戏。晚场,晚七点开,十一点半止。票价,楼池一律现洋二毛,包厢现洋二元。

共演唱五出戏,《黄鹤楼》由狗狗生、宝玉生、十一红陈宝林、毛旦丑(亦称毛旦儿)、金全红、蛤蟆丑主演;《鸡架山》由狮子黑张玉玺、十六红武占元、七百黑金喜静、九岁旦、蛤蟆丑主演;《大登殿》由金兰花、十一红、小十三旦郭占鳌、活动心、金二旦等 10 位主演;《洞房》由筱玉磬、福长生、九岁旦、小十三旦、金二旦主演;《翠屏山》注明准代杀山盘刀,这出压轴戏是由花女子李桂林、王金凤、月月红、福长生等 7 位主演。

这是一张 80 年前演唱山西梆子的戏报。花女子是舞台上的多面手,红黑生旦都很出众;王金凤是在丰镇唱过京梆子的李盛泰,改唱山西北路梆子后,培养出(当时叫打出)的明坤角儿,还有韩金凤;十六红武占元是和金兰红赵雨亭、花女子配戏的一流好角儿;十一红陈宝林道白清晰,唱功字正腔圆,做派稳重老练,民国初年曾和小昌黑谢天宝、狮子黑张玉玺在东口的小兴院任领戏班主;关于狮子黑,刘映元先生说过,他在东西两口唱红到了太原府十县,便是给中路梆子净角儿立祖的老狮子黑张玉玺;小十三旦人生的俊俏,扮戏相当活亮;狗狗生姓温,卓资山人,从小在东口学艺,后被抢到山西大同,又拜一冬生为师,出师后又到东口,与夺庆旦李子健配戏。班主王泰和邀请夺庆旦并带他来到归绥献艺,他的穷生戏最拿手。

关于蛤蟆丑,有一位叫王振基的,太谷人,主工丑角儿。他个头高朴实,脸型长高鼻子,因其长得有趣,人们见了就想笑,戏迷送艺名蛤蟆丑。他 14 岁学习秧歌,后成为山西榆次、太谷、祁县一带的著名秧歌艺人。后来,不少秧歌艺人加入晋剧或二人台戏班,这位蛤蟆丑是否也是这样,待考。

第六张戏报是第五张后五天即阳历一月二十一日，阴历十二月十七日的戏报。早场排演新戏。晚场晚7点开11点止。共演唱四出戏，《斩子》由月月红、十一红、杨中五、福义黑等7位主演；《小放牛》由金兰花、筱玉磬主演；《大报仇》由卢三红、狮子黑、福长生、金二

旦、活动心等9位主演；《六月雪》注明全本准代团圆，这出压轴戏是由花女子、十六红、王金凤、狮子黑、狗狗生、蛤蟆丑、小上海等13位主演。

戏报最下端，是小东街光华石印局承印。

上面仍然是演唱山西梆子戏班的戏报。增加了被誉为"三班并一班，也顶不住卢三红的《天水关》"中的卢三红，他是归化城南代州窑子二八怪娃娃班名叫贵贵班培养出的名把式。卢三红以演三国戏的诸葛亮最擅长。民国初年才进归化城献艺。

第七张是在玉华舞台演出的戏报，在上端是快看好戏，大西街同和园，请驾早临，盖无客票，请君多多原谅。另有北平大栅栏，三庆戏园，玉顺评戏社偕座。

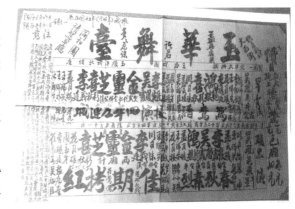

演出时间阳历六月二十九日，阴历五月十一，星期一。早场十二点半开，下午四点半止，晚场晚七点半开，十一点止。

票价，白天楼池二角，楼底（廊座）一毛，包厢三元；晚上楼池三角，楼底二毛，包厢四元（角与毛相同）。

早场共演唱三出戏，《井台会》由吴凤英主演；《鸳鸯谱》由鸿艳樵、喜彩秋、李观廷、明月珠、花月楼、崔万春等13位主演；《左连城》注明文武代打，全体公演四本，这出压轴戏是由金灵芝、吴凤霞、喜彩秋、李筱霞、李义廷、盖云楼、卢树山等

18位主演。

晚场共演唱三出戏,《东斗星》由吴凤英主演;《春秋素烈》注明全体艺员合演全本,是由吴凤霞、李筱霞、鸿艳樵、盖月楼、张仲三等13位主演;《西厢记》注明现排新戏,全体合演,文武代打,佳期拷红,这出压轴戏是由金灵芝、李义廷、喜彩秋、明月珠、盖云楼、崔万春等15位主演。

这是一张民国二十五年(1936年)玉顺评剧社从北平(京)来归绥在同和园(当时称玉华舞台)演出的老戏报。

据有关史料记载,早年,称作莲花落艺人在演出时,是用一把京梆子胡琴伴奏,还有帮唱者打着一对儿大竹板和一串儿小竹板。表演者为一旦一丑一小生。小旦头戴齐眉穗,包头花巾,上衣是绦子绣边的清代紧身衫,下身围着绣花裙子,脚穿绣花布鞋。生角头戴桥梁巾,身穿道袍。丑角儿头戴蓝毡帽,身穿蓝布查衣,下围白腰包,脚穿白袜子,圆口皂鞋。表演时以扇子、手帕和舞霸王鞭等作为道具,边唱边舞。演出节目多为民间小调和秧歌,有时也表演一些戏曲故事的片段。可以看出和二人台有很多相似之处。

民国二十一年(1932年),在东口(张家口)庆丰戏院演出评剧的主要演员,有我们这张戏报上的金灵芝、李义廷、崔万春(小生)、明月珠(杨玉春)、盖云楼(小生)、喜彩秋(小旦、小生)、盖月楼、吴凤霞(花衫)、李筱霞(旦角儿)、卢树山共10位。在聚贤楼的评剧主要演员中有赵丽蓉、赵艳蓉、赵雅蓉(姐仨全是旦角儿),她们的哥哥亦是说弟弟赵连喜是丑角儿。这两座戏院相距不远,在激烈的竞争中,聚贤楼被挤垮,大部分演员投入了庆丰,使庆丰戏院名伶济济一堂,阵容整齐。尤为显赫的是金灵芝,她主演的《杜十娘》《可怜芸香》《可怜秋香》都十分受欢迎。其中的杜十娘更受到报界的好评,说她是庆丰的台柱子,驰名关东,超等坤伶等。以芙蓉花(是赵丽蓉的师傅之一,另一位是马金贵)为主的复盛剧社加上庆丰园的金灵芝、赵凤宝等,使评剧在张家口红极一时。

记者、节目主持人张景植找到的资料是,金灵芝本名李桂芝,于清光绪三十三年(1907年)出生在河北(当时称直隶)的献县,从小在辽宁沈阳复盛剧社学习奉天落子,她学艺刻苦,嗓音好,表演细腻,扮演的人物是惟妙惟肖。成名后曾在北京、张家口、归绥、包头等地献艺,深受观众好评。艺名金灵芝的李桂芝,这位评剧表演艺术家不幸于民国三十年(1941年)与世长辞,终年只有34岁。据说,民国三十六年(1947年)冬,金灵芝回到了天津后,患了精神病,乞食于大街,不久死在马路旁。鼓师刘振武回忆,她死得非常可怜,蓬头散发,牙关紧咬,惨不忍睹。

戏报中的崔万春,是评剧、京剧小生,他是评剧《枪毙杨小脚》的编剧和导演。曾经和关玉峰(文丑)组织演员排演连台本戏《火烧红莲寺》共 8 本、《西游记》24 本、《狸猫换太子》12 本、《左连城告状》8 本、《封神榜》8 本等。

贾勋先生说,直到 1960 年,同乐剧院接待了近 20 个不同艺术形式的剧种。

四、坐落在古庙大召路南民众剧院的老戏报

在谈民众剧院的老戏报之前,先回顾此剧院的沿革。民众剧院的前身,是民国二十三年(1934 年)官方投资建成的绥远商场,在当时是兴建最早,规模最大的商场。日本侵略者占领归绥后,将商场强改成俱乐部,内设公开的赌场。民国二十八年(1939 年),日伪"协进会"在商场南搭起了小舞台放映电影,取名"协进电影院"。民国三十四年(1945 年)日本无条件投降。此处改名庆和大戏院,可容观众 400 多人,既演戏也放映电影。民国三十七年(1948 年),更名为大光明电影院。1949 年 10 月 15 日,易名为大光明影剧院,经理高宝生(山西太原人,51 岁),工作人员 15 人。1950 年 4 月 26 日,改称民众剧院,也叫民众戏院,由大召喇嘛云林何、云招才(因大召内还有一位年长的喇嘛也叫招才,故称这位小招才)任正副经理。当时是三区(玉泉区前身)大召前街 23 号,建筑面积约 500 平方米,观众席有东西北楼和楼下,可容观众 700 人左右。资金总额 17755 元。剧院工作人员 15 名。1961 年市财政拨款 5.79 万元进行翻建。1971 年,向阳电影院被拆除,放映设备和工作人员(经理张洪涛)被迁入民众剧院,从此民众剧院寿终正寝,更名为向阳电影院。将东开的剧院门改为向北开的南门。工作人员 23 名,观众席796 个,年放映电影 2000 场。1997 年初,向阳电影院被拆除。2008 年,在五塔寺

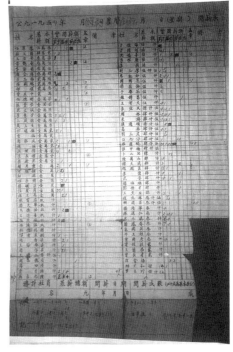

广场西侧重建向阳电影院,占地面积 4100 平方米,名称改为塞北影乐宫。

据有关资料记载,归绥一解放,旧城内的大观园、同乐园、民众、共和、民乐剧

院为专业剧团固定演出而被占用，是剧院和剧团合为一体的专业文化机构。1954年（或1955年），剧团改为民营公助的实验剧团后和剧院分设，剧院成了文化设施单独存在。同年，成立了由文教局领导的呼市剧场管理委员会，专管剧院（场）和巡回演出。市文教局艺术科科长丁绍先兼任主任，云林何、杨再山任副主任。1959年，改由郭贵任主任。1960年剧管会撤出，戏剧巡回演出工作由市文化局艺术科管理。

1950年10月，任翠凤、王治安、杨胜鹏等结束了在大召山门里席片儿戏园的演出活动，加入七班主自由组成的共和班儿，进入民众剧院演出。这一戏班儿的名称先后叫过醒民剧社、永新实验晋剧团、市晋剧一团。1959年4月，一团和康翠玲的二团合并，组建成呼市晋剧总团和分团。

醒民剧社给演职员和剧场工作人员的工资，最初是"死分儿活开"，就是按给每个人定下的分儿数，到时按照演出收入多少开工资。后改为"死分儿死开"，就是按给每个人定下的日工资额开工资。集体起伙，每人每天5毛钱的标准。一年给每人发单衣和棉衣各一套。有一份儿1954年醒民剧社的开薪表，就是前面谈到的"死分儿死开"，虽然不是老戏报，但这份儿63年前（到2017年）的工资表是十分珍贵的。

民众剧院的老戏报，一张是（繁体字）浅黄地色，红字，红巾字图案边儿。最上端是呼和浩特市永新实验晋剧团，二次修改重排，参加内蒙古会演节目。中间是竖着写的秦香莲（字大），右侧是竖写的九月廿八、廿九晚场上演。往下是主要演员，秦香莲——任翠凤（A角）、苏玉兰（B角），陈士美——常艳春、武文斌，王延龄——王治安、冯金泉，韩祺——武仙梅、赵金瑞，包拯——杨胜鹏，皇姑——杨桂珍，国太——李金婵。最下端是大召前民众戏院。

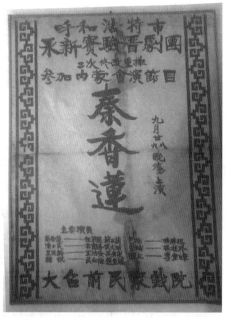

戏报中只有9月28日和29日，不知是何年，我采访任翠凤老师时得知是1954年的戏报。

《秦香莲》一剧参加 1955 年内蒙古自治区民族民间音乐舞蹈戏剧观摩演出大会。荣获作品一等奖、优秀演出奖、舞台美术奖,武培祥获音乐设计三等奖,李海明获司鼓二等奖,祁运宾获三弦二等奖,任翠凤(扮秦香莲)获演员一等奖,王治安(王延龄)获演员一等奖,杨胜鹏(包拯)获演员二等奖,常艳春(陈士美)获演员二等奖,武仙梅(韩祺)、李金婵(国太)、杨桂珍(皇姑)、曹正中(中军)均获得演员三等奖。

另一张戏报像是写在一张大红纸上,字是蘸黑墨汁书写,不太好认。上端横写大召前民众剧院,左边竖着写特告,驰名塞北刀马小旦,筱桂兰(字大)参加本社即日登台。下面是按次购票,对号入座。右边竖写归绥市醒民剧社(字大)。中间在大召前民众剧院大字下,是剧社演员名单,能看清的演员

有任翠凤、苏玉兰、常艳春、王治安、赵金瑞、吕玉梅、杨胜鹏、曹正中、苏景荣、武文斌、李秀芳、周彩成、赵月霞、李长礼、杨文华等 48 人。

民国三十六年(1947 年)三月一日,归绥市梨园公会成立,会址在旧城圪料街 30 号。这一公会是由大观园、同和园、庆和大戏院、共和剧院四家戏院经理及全体演职员组成。它的宗旨是革除社会恶习,倡导优良风尚,协助政府开展社会教育。首任理事长刘玉文,常务理事亢西成(共和剧院经理)、魏殿臣,理事赵殿臣、刘玉山(大观园外交经理)、孔德寿(同和园外交经理)、张宝善(大观园管票经理)、赵恒(庆和大戏园管票经理)、王玉山(晋剧四大名旦之一、庆和大戏园演员)、候补理事魏云楼(大观园演员)、苏玉兰(庆和大戏园演员,新中国成立后被评为呼市晋剧十大演员之一)、王月霞(庆和大戏园演员),常务监事李富存(庆和大戏园经理),监事王树贵(同和园演员)、白永(三娃黑,同和园演员),候补监事王茂山(大观园演员)。梨园公会共有会员 158 人,会费由各家戏园抽款。

五、坐落在大召前街玉泉井南路东财神庙巷路南共和剧院的老戏报

曾叫财神庙剧场、财盛茶园,因其建在归化城南亦称南戏园子、共和戏园。归

绥市第一个二人台职业剧团——民艺剧社,在此剧院演出多年。

这家戏院共有两张戏报。

第一张是张家口(东口)玉胜戏班演出山西中路梆子的老戏报,上端是财盛茶园,归绥市财神庙玉胜班,另有新生活准则十一条。

演出时间是旧历(阴历)五月二十六,国历(阳历)六月二十六日,星期三。日场十二点半开,下午四点半止,夜场晚八点半开,十一点半止。票价,白天一律一毛五,夜场一律二毛手巾包在外。另有紧要声明,告白诸君得知,敝园自本月十五日起(后面看不清)。

日场共演唱三出戏,《牧虎关》由月亮黑、武金棠、根根生、郭子明、小福子、北平丑主演;《六月雪》由侯玉香、阎三官、六月鲜、有春红、孟长荣等 15 位主演;《拾黄金》亦称"拾万金",注明神商烦演,与众特别,大有可观,望驾早临。这出压轴戏确实与众不同,是由李筱香主演。按平时演出安排,《拾黄金》应为首出戏,《六月雪》才是压轴戏。

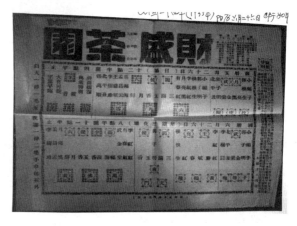

夜场共演唱四出戏,《子母袍》由武金棠、郭子明、北平丑、小福子、李树珍主演;《黄鹤楼》由王胜斌、有春红、李红红、根根生主演;《南天门》由阎三官、侯玉香、郭子明主演;《万福衣》(亦称万福宝衣)这出压轴戏,是由李筱香、侯玉香、高福海、六月鲜、月亮黑、孟长荣等 10 位主演。

戏报最下端是归绥小大铅印局承印。

这是一张民国二十四年(1935 年)的老戏报,已有 80 多年的历史。

在上述名角儿中,武金棠是男角儿青衣兼演刀马旦;孟长荣是张家口黄德胜科班出身的名丑,和凤凰旦王治安、小马武黑杨胜鹏是师兄弟;高福海是齐白生的高徒;侯玉香是青衣兼演小旦,她是十里香的高徒;阎三官亦名阎月,是小金钟刘玉的高徒,名胡子生;月亮黑杜喜圣,乳名二庆和,山西太谷人,科班出身,花旦改工花脸,嗓音洪亮,戏路子宽,马武黑赵科甲是他的外甥,小狮子黑张庆云是他的高徒;六月鲜刘玉山,是晋剧四大名旦之一的五月鲜刘明山的四弟,先演旦角儿,坤角儿多了后改演文武小生;至于北平丑,是北平人演唱晋剧,还是东口人耍丑,用京腔道白,笔者不敢肯定。

第二张是 1955 年的戏报,比前一张整整小了 20 岁。这一戏报共印了 5 版,均为繁体字。

封面上下是蓝色工字边儿,上端是呼和浩特市民艺剧社(美术字体、红色)演出;荣获华东区戏曲观摩演出大会剧本一等奖(蓝色);《李二嫂改嫁》(字大、红色);原著:王安有,改编:刘梅村、刘奇英;导演:沈沉、李曦;编曲配曲:李雨田(均为蓝色);演出时间:自五月廿一日起;地点:共和剧院。

第一版内容同封面,只增加了财神庙巷和用钢笔书写的"1955、5—7 月 30 日"。

第二版是剧情说明。1947年,鲁中南解放区的某农村,李二嫂是一个青年寡妇,她 17 岁时,由于家庭贫困,被卖给李家做媳妇。第二年她的丈夫病逝,只剩下她和外号叫作"天不怕"的婆婆,这"天不怕"对二嫂是整天指桑骂槐,百般束缚,二嫂就在这样痛苦的生活中过了三年。共产党来了,李二嫂参加了妇委会、识字班,接受了党的教育,思想觉悟得到提高,为了争取自由,争取自己美好的将来,她已经不甘心忍受这样的虐待和折磨。同时,她在劳动中已经爱上了本村青年张小六。但是由于受到旧礼教的残余影响,和担心群众的舆论,未敢开口。

张小六是一个翻身农民,自小受苦。中华人民共和国成立后分了土地,是民兵中的积极分子,论劳动也是数一数二的好手。虽然已经是 23 岁,可还没有结婚。他和二嫂同在一个互助组里,经常帮助李家下坡田种地,二嫂也经常帮他家缝缝补补,照顾张小六年老的母亲,两个人在劳动中建立起深厚的感情,可是他也存在一些顾虑,没敢把自己心里的话吐露出来。为了支援前线,张小六第一个报名去抬担架,就在临走的晚上,二人经过思想斗争,刚想把问题谈出,却被暗地里监视的"天不怕"的婆婆给破坏了,二人只好匆匆分别了。

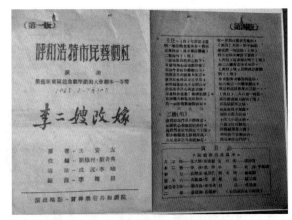

"天不怕"的婆婆担心二嫂改嫁,所以想出种种法子进行破坏。她趁着小六走后,一方面欺骗小六的母亲张大娘,说好了一个30多岁的地主家的老闺女给小六做媳妇,同时又让本族的一个二流子李七,到二嫂娘家去散播谣言。二嫂的母亲听到后,来到李家追问究竟,听到了识字班队员小青的解释,明白了真相;这时张大娘经过了妇女主任的教育,也找"天不怕"的婆婆要求退掉那门亲事。

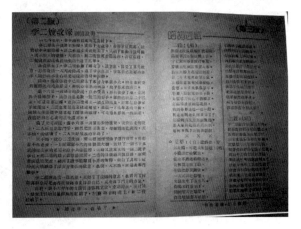

李二嫂经过这一场风波,更坚定了改嫁的意志,也看到了村干部和全村老乡都在积极地支持着自己,更增强了斗争的力量。终于,张小六半年的支前任务胜利完成,立功归来,在村主任、妇女主任和村里群众的帮助下,在庆功会的晚上,和二嫂结婚了。

第三版是唱词选辑。

第四版的下方是演员表,注明以出场现(先)后为序和全体演员通力演出。"天不怕"由亢文彬、吴虎兰扮演,李二嫂由李华、史萍扮演,李七由成靖山、成以仁扮演,张小六由马凤鸣、范成扮演,妇委会主任由杨秀梅、李玉英扮演,二哥由康靖乐、岳祯祥扮演,张大娘由李俊贤扮演,小青由史萍、丁桂莲扮演,刘大娘由张桂卿扮演,老头由杨二铁扮演,村主任由郭登贵扮演。

我们摘几段唱词和读者共飨。

妇女主任:(白)可谁说不是啊,咱庄的老老少少,背地里提起你来,谁不为你难过! 二妹妹呀! (唱)二妹妹你且把愁心放下,有几句知心话细对你拉;现如今新社会婚姻自主,要愿意另改嫁无人笑话。求解放也得靠自己争取,前怕狼后怕虎不是办法。你要是有决心愿意改嫁,不要怕你婆婆无理扒瞎。有困难大伙儿帮你解决,找一个好对象离开她家。

二嫂(唱)悲切切出门来不辨西东,腿发软心发酸难把路行。关着门在家中祸从天上降,顺水船偏遇上暴雨狂风,六兄弟你在外怎么知道,我一片热心肠就要落空,(夹白)大娘,你不知道俺就差一句话啦!(唱)我不如和大娘说了实话,(夹白)这怎能说呀?(唱)俺二人虽有意却未说清。(夹白)咳,这叫我怎么办啊?(唱)今日盼明日等为的是你,怕只怕这一回亲事难成。我这里思前想后心如刀绞……(夹白)二人只差一句话,为什么当面不讲明(唱)畏畏缩缩不大胆,羞羞答答不出声。怨你思想太封建,不把主任话来听。只要她能帮助我,你想破坏万不能;哪怕你千方和百计,我要和你来斗争。

在二版、三版的下端有"请批评、指导。保持肃静,禁止吸烟"等字样。

在戏报里的名角儿中,李华是剧社、剧团的台柱子,她主演过《徐家沙梁》《龙凤锁》《方四姐》等歌剧。1955 年,她和成靖山、赵广治表演的反特小戏《雷雨夜》参加了内蒙古自治区首届音乐舞蹈戏剧会演,李华荣获二等奖。

史萍于 2015 年 5 月病故(85 岁)。她和张慧娟、索燕表演的《金凤树开花》参加自治区会演,史萍、张慧娟荣获二等奖,索燕荣获三等奖。

六、民乐剧院的老戏报

坐落在大召西夹道靠南头的路西,紧挨国栋车马大店。简单回顾此剧院的沿革,民国二十六年(1937 年)至民国三十七年(1948 年),这里是河北定兴人李华兄弟二人开设的龙泉澡堂。后来,这里先后成了德胜旅店、荣升旅店。1952 年 3 月,人称奎大先生的请工匠将这里建成简易剧场,可容观众 700 人。由于剧场内大约有柱子 50 根,人们管它叫"树林戏园子"。请来二人台演员、乐队人员杨润成、卢掌、云福成、王交其、云三毛、云伊勒更、秦友年、田全贵等,演唱二人台传统剧目。1953 年 4 月,政府为了扶持地方戏,取消了班主制,由群众选出正副社长成立了"和平剧社"。1954 年,该剧社由土旗文化馆移交呼市文教局管理,社长云凤林、副社长计计(赵耀升)、田全贵。1955年元月,剧社和剧场分开经营。剧场取名"民乐剧院",当时位于玉泉区大召西夹道69号,建筑面积约600平方米,可容观众600人。股东、经理是高星耀,从业人员11人。同年5月中旬,市文教局决定将和平剧社与在财神庙巷共和剧院演出的民艺剧社合并,取名"和平剧团",演职人员87名。1956年元月26日,和平剧团转为国营单位,更名为"呼和浩特市民间歌剧二团",一直在民乐剧院演出。后来,将民乐剧院改建成专门放映电影的和平电影院,经理计计(赵耀升),副经理白天铭,从业人员13人。首场是电影招待会,放映的是古装戏剧影片《天仙配》。

　　从上述内容可以看出,和平剧社、和平剧团、歌剧二团一直都在民乐剧院演出。我没有搜集到当年的戏报,但从在民乐剧院和贺华配戏演出《打樱桃》一炮走红的岳秀梅老师赠我的一张照片中,可以看出端倪。这一照片是岳秀梅在民乐剧院门前的单人照,只见她身穿剧团统一发的棉衣棉裤、头戴棉帽,还系着皮腰带。在剧场门上方悬挂着毛主席像,还有一副对联,右边一联是"巩固国防必须努力生产",左一联看不清。在门前两旁竖着两块黑底白字的木板儿,左一块儿上写"四月十六日,晚场,《小放牛》《秀兰挑女婿》"。右一块儿上写"四月十七日,早场,《摘石榴》《秀兰挑女婿》"。这两块儿木板儿不能算戏报,只可算作广告牌。但是,可以看出这出多人台歌剧《秀兰挑女婿》早场也演,晚场也演,说明观众喜欢看此剧。

　　这出戏由孙书祥改编,蒿菩导演,王素珍、常润兰、宇文成、赵广治等主演,连演一个月是天天爆满,受到观众特别是戏迷们的好评。参演的王素珍(板板)、常润兰是后来评选出的呼市歌剧十大演员。

　　岳秀梅和贺华合演的《打樱桃》,受到观众的好评,在戏迷中有这样的顺口溜:"岳秀梅人小(个子不高)嘴真巧,打樱桃唱得真地道。"先是每日只演一场,应观众的要求改为每日两场都有《打樱桃》。由于演出劳累,岳秀梅觉得身体不适,吃点儿药、打点儿针,继续坚持演出。有时导演安排郝秀珍和贺华合演,或是让岳秀梅和郝秀珍合演,观众都不买账,就要看岳秀梅和贺华合演。到 1957 年下半年,岳秀梅终于坚持不住了,经医院大夫检查诊断是患了腰椎结核等疾病,不得不忍痛离开心爱的艺术舞台。1959 年,岳秀梅被调到内蒙古艺术学校(内蒙古艺术学院前身)任教。时任内蒙古文化局副局长、党组书记的布赫为岳秀梅题词留念,内容是"秀梅同志,要教人首先要向学生学习。愿你在教学工作中取得新的成就!布赫 1959 年 2 月 21 日于呼和浩特"。

小人儿书摊

2010 年 6 月的一天，我去呼和浩特文艺杂志社送稿。呼和浩特市文联原副主席、作家协会主席尚静波老师和我谈起了小人儿书出租摊，1982 年我采访过旧城小召前街的小人儿书摊主"金胳膊"金贵，他说应该将这一书摊文化记载下来留给后人。一席谈，唤起了我的回忆，激发了我整理旧稿的兴致。

小人儿书屋(摊儿)给我们留下了难以磨灭的印象，也在呼和浩特市的文化史上留下了印迹。如今，年过花甲的呼和浩特市人，谁不记得儿时在小人儿书屋(摊儿)租看小人儿书的情景?

小人书亦称"连环画"，因为图文并茂、词句简单易懂，能开阔知识，曾经给了读者们无限启迪和遐想。可以说，小人儿书是那几代人童年、少年时的最爱，他们是看小人儿书长大的。小人儿书把二十世纪五十年代、六十年代、七十年代绘画领域美学发展到了极致。这点从现存的连环画的封面和绘画内容可见一斑。当时，作者把许多古代和现代著名文学作品、历史故事、英雄人物故事都绘制成连环画，而且惟妙惟肖，非常传神。今天，在收藏者手中，名家的连环绘画作品和品相好的小人儿书已经炒到了一本动辄几百、上千元甚至更贵，说明人们已经普遍认可这些连环画的艺术价值。

呼和浩特市的小人书摊

在屋内或摊儿前两三尺高的长条木凳上，年龄相仿的小读者，个个聚精会神，他们被书中的动人情节所感染，有大笑的、微笑的、愤怒的、愁容满面的……偶尔也能看到眼神儿不定者，是想趁屋（摊儿）主不留意，和小朋友换着看，就是花一本书的钱看两本小人儿书。在读者当中，不全是小朋友，还有大朋友呢，有带着老花镜的古稀老人，有抱着孩子的妇女，有下班后的工人师傅，有解放军战士。那时候看小人儿书大概和现如今"刷微博"差不多吧，是一种社会文化现象。

1949 年前后，在旧城大西街路南最有名的德顺源茶馆（以烧卖、茶点闻名遐迩）门前，有一个王琪书摊儿。据诗人、戏剧家贾勋先生撰文回忆，王先生以出租为主的图书，有比较厚重的，或分函的线装书，也有品相好的图书。绝大部分是属于比较大众化的武侠类和公案类小说，也有《三国演义》《西

小人儿书摊 （见《印象青城》）

游记》《水浒传》《东周列国志》《封神演义》等古典名著。另外，也有一些所谓"鸳鸯蝴蝶派"的言情小说，如《啼笑姻缘》《秋海棠》等，这分明是一个小型图书馆啦。

贾勋先生称道的这位书摊儿主王琪，一口山西大同（或左云县）口音，中等偏高的身材，在略黄的面颊上，深陷了几道皱纹。一到冬天，便见他穿起了白茬皮衣皮裤。引人注意的是他皮袄的领口处，还缀着一颗圆球形的铜纽扣，衬着镶裹的黑边，显得素净洒脱。王先生说话时很轻很慢，连取书的动作慢慢让人看着着急，他好像永远也学不会商人中那种常见的拉客热情。偶尔也见他同一些老年顾客，眉飞色舞地议论起三国的某个人物，好像也在发思古之幽情，感慨起"两表酬三顾，一对足千秋"的诸葛亮的晚年命运。刚解放时，每天一本书的租赁价格是一百元，相当于现在的一分硬币。有一次，为了节省租金，贾勋先生竟用一整天的时间看完了厚厚的一本《封神演义》。

中华人民共和国成立后，除了王琪老先生的书摊儿外，在旧城又相继出现了刘芳书摊儿，这个书摊在大西街路北，与王琪书摊儿相距四百多米。此外，还有张季明书屋，在呼和浩特市最早兴建的喇嘛庙——大召的东仓，具体位置在东北角喇嘛印务处南，一间约 25 平方米的简易小屋，一家三口经营。金贵书屋在小召半道街，先在靠北头的路东，后在路西。与王琪书摊儿不同，他们专营小人儿书的出

租业务。这些书摊中,最值得一提的,便是金贵书摊。

书摊的起落

1982 年 9 月末,我采访金贵小人儿书摊儿。书摊儿在小召前街路西 158 号门前,墙上挂着 9 个普通木制镜框,里边贴满了小人儿书封面,每个封面都有编号。在几条低而长的木凳上,坐着三十几位男女小读者和成年人。在装满小人儿书的两只木箱子旁边,坐着一位年近六旬,留着分头的人,看上去很精神。我眼神不好,走到他身旁时才发现他是位残疾人,只有一只胳膊,他就是摊儿主金贵。从 1962 年开始,在小召前街路东的一家店经营小人儿书租赁业务,到 1966 年,他已拥有各种小人儿书 2800 多本。"文化大革命"开始,这些他精心侍弄的、心爱的小人儿书,全部被造反派当作"毒草"烧毁了。我记得,大召东仓小人儿书屋的主人张季明,"文革"一开始,也遭受同样的厄运,小人儿书倒霉,他更倒霉,他的照片脸部露着,周围全被墨汁涂成了黑色,被贴在小人书屋的门上。金贵第二次领到营业执照是 1980 年。这一次他购进了 400 多本小人儿书。到 1982 年 9 月末,已达到 1800 多本。其中,现代题材的占 75%,包括故事、反特、战斗、电影四类。仅描写儿童、少年和科幻内容的,就有 500 多本,古代题材的占 25%,整套的就有《三国演义》(全套是 48 本)、《水浒传》《岳飞传》《李自成》等。那时候出小人儿书不像现在一整套书一起出,而是画家一边绘,编辑部一边出,一年出一本,如《杨家将》《岳飞传》《红楼梦》《西游记》《三国演义》等都是这样,好多年一套书才能出齐。

为了便于读者观看,金贵下了不少功夫。首先是购进小人书。金贵每周三和周六的上午都要到几家新华书店去查目录、看作者、仔细阅读内容提要,而后决定购买与否。前提是适合少年儿童的口味,对他们有吸引力,这样才能使孩子们在红火热闹的同时受到教育。有时满载而归,有时却一无所获。还要方便读者。新书购回后,先将封面取下贴在镜框里,也有的是粘在横挂的长条纸上,作为广告便于读者选择租赁。然后,用牛皮纸把去了封面的新书包好。小人儿书都要统一编号,书写在广告封面和牛皮纸封面。还有一本总目录,上面既有书名也有编号。书摊儿不像书屋,可以全天营业。书摊在热天时,下午 1 点到晚上 7 点营业,星期日(那时候,孩子们周六照常上课)和学校放暑假期间全天营业。冷天,最多营业

4 小时。也可夜间租赁。就租赁价格来说，最初的价格是视小人书的薄厚，有一百元(相当于一分硬币)一本的，也有一百元租两本的，交一百元拿一本书，另给一张小纸片儿，可用此纸片儿再看一本。1980 年以后，是二分钱租赁一本小人书。小小书摊也得加强管理，防止互换和丢失。平时自不必说，若逢节假日，几条长木凳上能挤坐近百名读者。摊主稍不留意，就会出现有的读者互相交换，达到少花钱多看书的目的。小人儿书丢失也是难免的，这就是张季明一家三口齐上阵的原因。1982 年，我采访金贵时得知，他的书丢失情况从 1980 年的 60 本左右降至 1982 年 9 个月丢 27 本，当然，这和读书人的素质提高是分不开的。

关于成套的小人儿书，如《三国演义》全套 48 本，金贵先后在呼和浩特市的书店买到 32 本，为凑齐剩下的 16 本，他让亲朋好友帮忙寻找，出差的亲友在广西桂林市买到 11 本，在伊克昭盟工作的儿子又买到最后 5 本，凑齐这套《三国演义》之后，他是心花怒放。还有根据外国电影出的《基度山恩仇记》全套 6 本，他用了近三年(1980 年 7 月到 1982 年 4 月)时间才买齐。他的存书号码，是按进书前后的顺序编排的。上述这 6 本的编号相差太远，读者租赁找起来十分麻烦。金贵便将其他不成套的单个儿书顶上，使这 6 本的书号连在一起。

小人儿书的人物和故事，既有中国的，也有外国的；既有古典的，也有现代的；既有戏曲的，也有电影的。为了适应小读者，武侠、神怪之类的或抗日战争、解放战争内容的居多。贾勋先生和我说过，他少年时是个武侠迷，看了《十二金钱镖》《胜英金刀会七义》《峨眉大侠》等武侠小人儿书，曾和两位要好的同学相约，要去镖局拜师学武。小人儿书的魅力真是一时无两。

金贵告诉我，在他的读者中，中小学生占 80%，成年人占 20%。除去附近的小读者外，还有远离小召前街的十八中学和住在回民区的中学生，在节假日骑自行车前来观赏小人儿书。当我问及收入情况，他说，淡旺季平均，每月可收入 60 元左右，最高可达 70 多元，除去税金、管理费、个体工商会费外，可余 50 多元，还不包括购进新书和包装用牛皮纸等费用。

金贵家住小召前街永合堂圪洞子药铺南的永合堂巷。我随他进屋，首先映入眼帘的是四个带玻璃的图书架，里面排列整齐的放满小人儿书。最大的书架有 8 个隔层，可装小人儿书 640 本。

时到如今，虽然已经过去了 35 个年头，但我还清楚地记得，金贵曾说过，准备跑一跑有关部门，解决一间房屋，尽快恢复"文革"前夜间出赁小人儿书的业务，把小人儿书摊儿尽快搬进小人儿书屋。

后来，小召前街改造，我与金贵便断了联系，也不知他现在可好，但这位被称为"金胳膊"的小人儿书摊主，给我留下的印象是永远不会磨灭的。

小人书的发展及著名画家

其实，小人儿书的历史源远流长，是由古代单幅故事画逐渐发展起来的，我国现存最早的连环画是湖南长沙马王堆一号汉墓漆棺上的时属西汉的连环画《土伯吃蛇》《羊骑鹤》，可以说这是中国连环画的最早雏形。

小人儿书虽然有其独立的艺术性，但是在过去却不能登大雅之堂，而是被视为市井的通俗读物。近代文学巨匠鲁迅看到了通俗易懂的连环画巨大的文化普及作用，他认为，图画叙事都有因缘，小人儿书能做到"只靠图像悟到文字的内容"，不但可以成为艺术，还能坐在"艺术之宫"里。

中华人民共和国成立之初，在民众文化水平普遍较低，识字有限的情况下，毛泽东主席曾经专门指示当时的中宣部副部长、文化部副部长周扬："连环画不仅小孩看，大人也看，文盲看，有知识的人也看，你们是不是搞一个出版社，出版一批新连环画。"根据这一新的文化需要应运而生的上海人民美术出版社专门设立了连环画创作室，规模巨大，人才济济。在这里工作的就有著名连环画家，中国美术学院教授贺友直。他从20世纪50年代就开始从事美术创作，完成近百部连环画作品，可以说他是中国连环画的泰斗。他将中国传统绘画中的线描技法淋漓尽致地运用到连环画创作之中，是一位将难登大雅之堂的"小人儿书"升华为"传世之作"的艺术大师。贺友直的连环画代表作有《山乡巨变》《连升三级》《十五贯》《小二黑结婚》《朝阳沟》《李双双》等，承载了几代人集体记忆，伴随了几代国人的成长。他的形象和作品人物被制成砖铺在法国国家连环画和图像中心的广场上，成为唯一获得该荣誉的中国画家。

在名画家中，年高九十的颜梅华目前是中国连环画画坛上仅存的一员宿将。他是中国早期连环画画坛上的一个响当当的人物。

20世纪40年代，二十岁出头的颜梅华在上海连环画业界已声名鹊起，名列连环画"四小名旦"。他所绘连环画多为侠士、镖客、英雄、豪杰题材，为许多读者喜爱。据说，赵忠祥就是他众多崇拜者之一。冯骥才小时候迷得更痴，还一度想起名"冯梅华"。

颜梅华曾拜连环画"四大名旦"之一陈光镒为师,十六岁时便为当时私人出版商绘了第一本连环画,从此走上职业画家的道路。中华人民共和国成立后,他成为上海连环画的主力创作者之一。有一段时间提倡画苏联题材,出版社指名颜梅华和贺友直合作画《未开垦的处女地》《卓娅和舒拉》。颜梅华说:"我与贺友直的合作,一般是他画初稿,我打精稿,主要是勾画人物,然后给他补景,很默契。"

颜梅华前后共创作了数百本连环画。《马头琴》《误入白虎堂》等一时广为流传,而《风云初记》在目前市场上单本收藏价一直居高不下。至20世纪80年代初,颜梅华完成了他退休前的最后一本连环画《黄巢起义》。令人惊异的是,二十年后,颜梅华又创作了连环画《武松》。他早年就有绘制一本《武松》连环画的心愿,数十年来时时萦绕在心间。一本《武松》,画得酣畅淋漓、侠气豪放,人物呼之欲出。颜梅华将其"古典英雄豪杰"的情怀推向了一个新的境界,也为自己与连环画近六十年的不解之缘画上了一个完美的句号。

二十世纪五六十年代的连环画画家们以创作作风严谨、扎实而著称,这也成为今天许多"连迷"们追捧和收藏这一时期连环画的主要原因之一。新连环画开拓者之一的顾炳鑫之子回忆说:"父亲在画《渡江侦察记》中的刘四姐时,常让母亲做写生模特,尤其是那幅刘四姐贴着卡车,举枪往后射击的动作,就是让母亲在家一手抓着书橱、一手举枪,倾斜着身子,父亲画下速写再创作到画面上。为了成功塑造燕子飞跃的动作,父亲在长江边学会了撑着竹竿飞跃上船。"

顾炳鑫是新中国连环画黄金时期最具有代表性的画家之一,他以流畅灵动的线描勾勒了他的艺术人生。

另一位著名连环画家华三川出生于浙江镇海的一个贫穷之家,没有什么文化的母亲见小华三川爱画画,便托人介绍他去拜师,希望他学得一门手艺,日后能养活自己。1960年,华三川进入上海少儿出版社,创作了第一本连环画册《七桂芝》,由此一发而不可收,至1985年封笔之作《明珠》为止,他创作作品上百,佳作迭现。

华三川早期作品多采用钢笔画画法,这种形式最早见诸西方书刊插图。华三川娴熟而富有创意的技法备受连环画界的肯定与赞扬,《青年近卫军》《项链》等作品为其中代表。到了20世纪60年代,华三川创作的工笔重彩《白毛女》一出手自是不凡,轰动了连环画画坛。他在绘画手法上采用了中国传统的线描,间用钢笔,使明暗关系,线与点的配合更加完美,人物神态千变万化,构图奇谲美妙,无不令人叹服。连环画《白毛女》一出版,便得到了全国同行与广大群众的一致好评。

据说,在"文革"期间,上海文艺界某位领导要华三川依照样板戏芭蕾舞《白毛女》,去画用脚尖蹦蹦跳跳的"白毛女"。他说,我只会画中国土生土长的白毛女,只有她们才能得到人民群众的认可和欣赏。一个性情汉子,跃然而出。

华三川以其勤奋和脍炙人口的作品获得连环画画坛的尊重。他说:"我画连环画所用稿纸摞在一起,比我的身高还要高出几倍。"此言无虚。20世纪50年代,连环画画界除了"南顾北刘"(顾炳鑫、刘继卣)之称外,还有"南华北杨"之说,指的是华三川和北京的职业连环画画家杨逸麟,他们各领风骚于大江南北。

华三川也赢得了大量的"粉丝"。据说,有位读者童年时是华三川的铁杆,听说华三川有本钢笔画的连环画《大虎和二虎》,在一老大爷的小人儿书摊觅到,一口气连看了三遍,被第21页所绘画面深深吸引,再也无法控制自己,把这一页撕了下来……在后四十年中,他一直有种负罪感。一天,他在一家连环画的旧书店橱窗里无意间发现赫然摆放着一本《大虎和二虎》,以定价的上百倍价格买下了这珍贵的一本连环画。他怀着对童年深情而甜蜜的追忆,对小人儿书摊大爷的歉意以及对华三川的深深敬意,临摹了第21页,并在下面恭恭敬敬写下:向华三川先生敬礼!

到20世纪80年代,连环画出版空前活跃,发展到了高峰。每年出版连环画达2000余种,近10亿册,30册一套的《水浒传》就曾累计出版300万册。许多连环画版本被翻译成多种语言在很多国家出版,如《鸡毛信》《孔雀东南飞》《东郭先生》等,在国际上具有重要影响。

在电视尚未普及的年代,连环画以其便宜、方便、内容生动的优势陪伴了几代人的成长,其润物无声的教育功能也得到了后世的普遍肯定。图文并茂、老少皆宜、雅俗共赏的连环画,在物质匮乏、精神娱乐活动单一的年代,犹如一朵奇葩开放在艺术的百花园中,传承着中华民族五千年的文明历史。

马头琴研制大师——张纯华

在搜集、采访关于呼和浩特市旧城大召市场文史资料时,我有幸和 87 岁高龄的张纯华老先生认识。采访中我意外地发现,面前这位精神矍铄、思维清晰、非常健谈的耄耋老人,竟是一位使蒙古族乐器马头琴从草原深处走向全国走向世界的"马头琴研制大师"。

张纯华曾为中国乐器协会

作者采访张纯华 张景植摄

会员、中国乐器改革制作学会理事、中国北京乐器协会特邀会员、中国马头琴学会理事,内蒙古民间文艺家协会会员、中国民族弦乐学会会员,内蒙古自治区第五届政协委员。谈到这一大堆头衔,老先生显得十分淡然,可是说起与马头琴的不解之缘,他却像打开了话匣子,滔滔不绝地与我攀谈起来。

创办本地最早的琴行

张纯华于 1922 年生于山西省定襄县,祖上是为官的。父亲年轻时在农村老家是教书先生,母亲也识文断字。在他 3 岁的时候,母亲生下弟弟不久得病而亡;5 岁时,父亲也撒手人寰;之后他的祖母也与世长辞。9 岁的张纯华靠隔壁老奶奶和乡亲们资助,进入当地的国民小学读书,终因生活窘困而辍学。

1936 年,14 岁的张纯华因生活无着落,不得不背井离乡,加入到走西口的队伍里,长途跋涉徒步走了半个月,来到了绥远省归绥市(今内蒙古呼和浩特市)投奔叔伯大爷。经人介绍、作保,在旧城一家颇有名气的老字号德余泉货庄当了小伙计(学徒),给掌柜的提茶壶、倒夜壶(尿壶)。到 1946 年离开德余泉的这段时间,他住在一个大杂院,院里有一位山西老乡,平日里特别爱拉板胡,他常常听得如醉如痴。有一天,这位老乡要搬走,知道张纯华喜欢音乐,就把板胡送给了他。他如获珍宝,"每天一有功夫就瞎圪锯"。他说,他喜欢音乐是缘于儿时在山西老家常听山西梆子,伴奏乐器奏出的旋律在脑海里挥之不去。他凭着对板胡的喜爱和悟性,不久竟也学会了拉板胡。有一年,张纯华捡到了一把不知是谁丢失的口琴。他用水冲洗后,鼓捣着把残缺的簧片修好。破口琴横在唇间居然也能吹出简单的旋律,单纯清丽的音色给他灰色的少年生活带来一缕春风。渐渐地,他对乐器的兴趣越来越高,后来还学会了吹笛子。在清贫凄苦的岁月里,张纯华最大的乐趣就是用手中的板胡、笛子、口琴诉说着心中的哀怨与喜悦。

也许正是因为喜欢音乐,张纯华才在众多行业当中选择了销售乐器、修理乐器、制作乐器。后来酷爱乐器的他还凭借着钻劲儿和灵气儿,自己摸索着学会了修理脚踏风琴和手风琴。1948 年,张纯华在繁华热闹的旧城北门里大什字西南拐角儿租赁了一个两层楼(民生中路 65 号,隔壁是家金银首饰店),开起了和声文艺工业社,买卖北京、上海、天津、广州等地生产的民族乐器。这不仅是本地第一家,也是绥远省最早的琴行了。在销售多种民族乐器的同时,又在二楼开辟了修理乐器和制作山西板胡、内蒙古高音四胡、马头琴的作坊。他成了最早从事内蒙古高音四胡的研究和制作人。他的业务范围覆盖到了西边的包头和东边的山西大同。就在这一年,他曾想自己动手研制脚踏风琴。当时的簧片多产自日本、德国,价格十分昂贵。后来,在中华人民共和国成立初期,才有了国产簧片。他买来国产簧片之后开始动手制作,无奈风琴需要机械化程度很高的机器,仅靠自己的一双手,就有些力不从心了,故制作脚踏风琴的愿望没能实现。

中华人民共和国成立前后,张纯华已经是归绥有名的乐器修理人了,人称"大个张"。由于会修理脚踏风琴,他的足迹遍及绥晋以及其他各省。

1951 年底,内蒙古歌舞团因演出需要,慕名向张纯华求助,要求为其制作高音四胡。经过仔细研究,反复试验,张纯华不久便制作出了成品,一举获得成功。

中华人民共和国成立后,他由个体劳动者走上了合作化道路。1954 年,因为他有制作乐器的经验,便被任命为呼和浩特手工业生产联社民族乐器部主任。1958 年任市民族乐器厂技术副厂长,1978 年先后担任市二轻科研所负责人和二轻情报站副站长。

对传统马头琴改进创新

关于张纯华改进创新马头琴的卓著功勋,还得从头说起。那是中华人民共和国建立初期,中央人民政府接待外宾,特邀内蒙古著名民间艺人、潮儿(即原始马头琴)演奏大师色拉西在北京中南海为国家领导人和外宾演奏了一首马头琴曲《朱色烈》,毛泽东主席听后非常喜欢,就问身边的乌兰夫:"这是什么乐器?"乌兰夫告诉毛主席它叫马头琴,是蒙古族人民喜爱的乐器。毛主席点点头说:"声音很好听,可惜音域太小,前排的人能听到,后面的人听不见,回去以后好好改进一下。"第二天,乌兰夫便指示有关部门要专门开展马头琴的研制工作。

张纯华向笔者介绍道:传统马头琴的前身是"潮儿",四个边框是用木板做的,前、后两面用皮子包扎而成,琴颈是笔直的,琴弦用马尾,顶端没有马头。这种琴只是在蒙古包里,蒙古族牧民用于自娱自乐。它受天气变化影响很大,气候干燥时,拉起来噪音很大,天气潮湿时,则发不出声音来,而且音域很窄。历史上从来没有专业制作马头琴的人,都是拉琴者自制,因此历来马头琴没有统一的规格,它的名称、造型、原料、音色等都有所不同。

乌兰夫的秘书开始先找到北京个体制琴作坊里的师傅制作了马头琴,先后制作了几把都没有成功。后来,有关人士建议还是让内蒙古的制作师傅对马头琴进行研制改革。在乌兰夫的高度重视下,内蒙古自治区文化局很快就组建了马头琴研制小组,张纯华被专门抽调到组里负责马头琴的改革与创新工作。从那时候起,张纯华和他的搭档马头琴演奏家桑都仍便开始了漫长而艰辛的马头琴研制工作,两人一合作就是十几年,一直到桑都仍去世。他们俩一个擅长制作,一个精通音乐,配合起来非常默契。当回忆起与桑都仍一起奋斗的那段岁月,老先生依然十分动容,他说:"那些日子里,我离不开他,他也离不开我。没有我们俩的默契合作,马头琴研制无论如何是不会那么快的。"

那段时间,张纯华和桑都仍全身心地投入研制马头琴,几乎到了废寝忘食的程度,数不清做了多少把琴,试验了多少种材料,仅蒙面材料就试用过牛皮、羊皮、马皮、蟒皮、驴皮等,结果都不理想。张纯华背着琴坐着火车硬板儿跑了无数趟北京乐器制作中心,他往返于呼和浩特与北京、天津、上海、苏州、广州之间拜师求教,为了向国内顶级的京胡制作大师洪广源和小提琴制作大师徐费学习制琴技术,他东上北京、南下广州。他说:"单单北京的洪广源先生家里少说也跑过上百次。因为京剧艺术大师梅兰芳和马连良的琴师用得都是自制的琴,他们有一手制琴的绝活。那个时代的手艺人都很保守,独门绝技更是不肯外传,我得一次次地磨,一点点地学呀。我的诚意感动了他,后来我们成了要好的朋友。"

为了研制出真正现代意义上的马头琴,张纯华还潜心苦读,下功夫提高自身的理论修养。他先后自学了木材学、声学、音学和乐理等,从中获益。经过十多年的反复试验,张纯华用色木做共鸣箱的背板和框板,梧桐木或云杉木做面板,并将原来开在框板上的出音孔移植到面板上。过去马头琴琴弓较短,且是红柳等材料制作的弓杆,张纯华就与马头琴大师桑都仍共同研究,将其改为有弹力的木料,并使琴弓的长度加长。传统马头琴的弦轴是木制的,容易受空气湿度变化的影响,稳定性很差,极易跑调,张纯华就想出来用机械弦轴代替传统木弦轴。1953 年,他到北京找有关单位加工机械轴,将其安装在马头琴上后,具有了很好的稳定性,彻底解决了音不准、不稳的跑调问题。他还将原来的直琴杆改为有弯度的琴颈,在琴顶端雕饰一个精致的马头,使琴的造型更加富有了形象的艺术感和浓郁的民族风格。传统的马头琴不仅音量小,而且音域窄。改用梧桐木或云杉木作腹板,而背板、侧板、琴杆一律采用枫木后,大大扩展了音域;同时,将音孔由侧面改为正面,在腹板内增加了音梁和音柱,这样低音、中音和高音就一下子完全展示出来了。传统的琴弦是用马尾制成的,由于马尾丝粗细不均匀,拉出来的声音不但发闷,而且杂音很重。改用尼纶单丝作丝弦,不但音质纯净,音色柔美,而且具有了很强的穿透力。老式的弓,长度最多不超过 60 厘米,很难拉出高难度的旋律。将它改为 80 厘米,再增加一个可调节式"尾裤"以后,演奏任何难度的曲子就都不在话下了。如今,马头琴的造型、制作材料和音色基本上相近,这些都是张纯华首创的,凝聚了他半个世纪的心血和智慧。

1962 年,经过张纯华十余年的改革创新,新一代马头琴基本研制定型,到 20 世纪 70 年代末,张纯华和他的助手基本创建了现代马头琴的型制、规格以及各项制作工艺。经中国乐器协会、北京乐器协会专家、学者和马头琴演奏大师鉴定,现在的马头琴造型美观,音域较宽,音量扩大,声音柔和、浑厚、明亮、有力度、穿透力强,音质纯净、清晰、音色悠扬,保留了传统马头琴的独有特色。

张纯华制作的马头琴反响极佳。1957年的一天,乌兰夫接待外宾,在乌兰恰特举行欢迎晚会,马头琴演奏大师桑都仍用张纯华研制的马头琴独奏了一曲,受到一致好评。不久,《工人日报》《民族画报》和多家电台相继对张纯华的事迹进行了报道。

1983年,国家民委、国家劳动人事部、中国科协表彰了他在少数民族地区科技工作方面做出的突出贡献,并为他颁发了荣誉证书。

1984年6月的一天,内蒙古自治区政府办公厅通知张纯华,国家副主席乌兰夫要在北京接见他。他和马头琴演奏大师齐·宝力高在一位自治区政府副秘书长陪同下,赴首都北京。在北京,乌兰夫对张纯华几十年来为马头琴改革和创新所做出的不懈努力和所取得的突破性成果给予充分的肯定,勉励他要再接再厉,再立新功,

张纯华和齐·宝力高　（见《印象青城》）

并为他的新型马头琴题了字。张纯华至今仍记得乌兰夫当时说的话:"一个艺术家或是一种乐器,只有得到人民的承认和喜爱,才有生命力。"齐·宝力高为乌兰夫演奏了马头琴,临别时,张纯华将这把他一手制作的马头琴赠送给乌兰夫作为纪念。

退休后续写"马头琴情缘"

就在这一年,已经退休的张纯华在呼和浩特市赛罕区成立了自己的马头琴研制工作室,带领儿女继续为马头琴艺术事业服务。87岁高龄的张纯华老先生身板结实,豁达开朗。虽然眼神不济、腿脚也不甚利索,可他仍一如既往地制作马头琴,蒙面板、调音等重要工序他还是自己动手。在他的影响下,他的儿女们都热爱

音乐。曾经在内蒙古电子仪器厂当高级工程师的大儿子和在内蒙古歌舞团拉小提琴的二儿子一直都是他的得力助手,他们都会制作马头琴。与此同时,他还亲手培养了不少马头琴制作师。老人高兴地对我说:"我后继有人了。"

50多年来,张纯华亲手制作、改进的马头琴有上千件,其制品不仅在全国各地销售,还远销到美、德、法、日、加拿大等国,许多作品被演奏家专用或被收藏家珍藏。张纯华的科研成果被载入国家级乐器学专著《中华乐器大典》中。为了宣传内蒙古,传播蒙古族音乐,很多马头琴是老人无偿赠送马头琴演奏家和爱好者。张老指着一张挂在墙上的彩色照片对我说:"这个孩子叫孔祥智,是呼和浩特籍的广州小朋友。他就是用我赠送他的大号马头琴,在2008年2月16日香港第二届国际青少年艺术节上演奏了一曲《草原晨曲》,从而一举夺得了金奖。"说话间,老人家的脸上充满了骄傲和自豪。

2002年中央电视台一、二、四套节目对他进行了联合采访并播出了三集专题节目,生动讲述了他长达半个世纪的"马头琴情缘"。

2005年8月16日晚,为纪念反法西斯战争胜利60周年,来自内蒙古的"野马"马头琴乐团带着张纯华制作的马头琴在奥地利维也纳金色大厅举行了专场音乐会。悠扬、激越的马头琴声第一次回响在世界音乐之都的金色大厅。在场的每一位观众都为之震撼,都被悠扬的旋律所征服。一阵又一阵暴风雨般的掌声经久不息。当载誉归来的马头琴演奏大师齐·宝力高向张纯华描述这次演出盛况时,老人激动不已,热泪盈眶……

2005年9月19日,张纯华被内蒙古自治区民间文艺家协会授予"自治区首批民间工艺大师"荣誉称号。在命名大会上,他手捧着荣誉证书激动地说:"我老了,我手中的这点技术国家重视了,可以传承下去了。"

张纯华老人思维清晰、谈吐爽快,记忆力十分好,全然不像一个87岁的老人。谈起半个多世纪以来与北京老一辈的乐器制作大师洪广源、戴洪祥与老乐器学家关肇元等交往的事来,老人就像述说昨天的事情一样。他自豪地说:"我在北京的老朋友很多啊。"老人深情地回忆起,当年向提琴制作大师戴洪祥学习乐器制作技术的情景。如今这些昔日的老朋友先后故去了,老人的语气明显地低沉下来。

谈起马头琴,老人转忧为喜,"过去没有几个人会拉的马头琴,现在居然普及得如此之好,成了热门乐器"。他介绍道,"很多汉族、蒙古族和其他少数民族的青少年开始学习马头琴,内蒙古大学艺术学院、吉林省等许多大学和艺术院校都设有马头琴本科,也有的日本青年不远万里来内蒙古学习马头琴"。据悉,过去内蒙古一年制作不了多少马头琴,现在仅呼和浩特市就有十几家专门制作马头琴的厂家。这些制作马头琴的人,大多是张纯华的徒弟、徒孙辈儿,这些厂家生产的马头琴主要以张纯华设计的式样为主。张老认为,马头琴的惊人发展速度与这些年内蒙古的一大批优秀作曲家和演奏家的努力分不开。如今的马头琴已可以采用独奏、重奏、合奏、钢琴伴奏、交响乐协奏等多种演奏形式,把传统民族艺术与现代艺术表现形式完美地结合在一起。在中央电视台举办的民乐大赛上,"东方神骏"马头琴乐团以他们精彩的演技,获得了非传统组合第一名。马头琴的艺术表现力和影响力又得到了极大的提升。马头琴正以它动人的表现,受到世人的瞩目。

2008 年 8 月 8 日,齐·宝力高率领 86 名马头琴弟子和内蒙古大学艺术学院的 40 名舞蹈演员,共同在万众瞩目的北京奥运会开幕前,演绎了《万马奔腾》,用天籁般的演奏,让"鸟巢"的观众领略了草原民族文化的独特魅力。

马头琴已把蒙古族音乐推向了世界,这其中融进了张纯华老人一生为马头琴做出的贡献。

马头琴研制大师张纯华先生因病于 2012 年 6 月 18 日与世长辞,终年 91 岁。

(原载《内蒙古文史资料》第 66 辑第 32—39 页,内蒙古政协文史资料委员会编,2009 年 12 月版。收录本书时增补了内容。)

地毯名艺人郑根心及其杰作《松鹤延年》

　　1958 的 6 月 1 日,呼和浩特市国营地毯厂在旧城的南柴火市街 23 号成立。它的前身早年是聚丰粮店,中华人民共和国成立后是军属毛织厂、国营毛织三厂。之前没有一个原来的工人会织地毯的。地毯厂便派员到包头、土默特特别旗(1969 年元月正式分设土默特左旗和土默特右旗)及呼和浩特市城区、郊区、旗县寻访失业、改行的织地毯师傅。

　　郑根心师傅就是在这一年从土默特右旗的水涧沟门乡板申气村来到呼和浩特市地毯厂工作的,当时已 43 岁。我也是这年入厂的第一批徒工。

　　郑师傅小时候上过私塾,他十分好学,受到先生的好评。因生活所迫,12 岁时不得不进入私人开办的地毯作坊当学徒。学徒期间,他给师傅打下手、干杂活儿,随着时间的推移,他用心观察师傅们的操作,上机梁编织地毯后,从未因出现差错受到师傅的打骂。快要出徒和谢师的一年当中,他忙里偷闲悄悄地记录了一些要领和诀窍。出徒后,在众师兄弟中他是一位佼佼者,成为掌握技术比较全面的一位师傅。

　　进入市地毯厂后,由于郑根心在众师傅中是位有文化的地毯工人,不久便被选拔为脱产的大组长、代班长。他所在的车间叫"青年车间",是全厂最大的车间,人们管它称作"大车间"。该车间共分为 4 个组,每组有编织地毯的木机梁 9 付,工人 36 名。车间内未设车间主任,郑师傅和另三位师傅既有分工,又有合作,负责全车间(144 名工人)的技术指导和行政管理工作。

　　后来,我也被抽出来到大车间搞计划统计工作,也就是给郑师傅他们打下手。和郑师傅一块儿工作之后,受他的熏陶使我在各方面都有了进步,渐渐地懂得了认认真真做人、踏踏实实工作的道理,为今后成为地毯厂的工作骨干,打下了基础。后来,郑师傅被调到技术科专抓全厂的质量工作,兼搞地毯图案审查。我也被调到厂部搞计划统计工作,担任了生产科长、厂办公室主任。虽然不在一个部门工作,但我在工作时间或业余时间便和郑师傅交谈,向他学习。他得知我家凉房漏雨时,便利用星期天,和我和泥把屋顶抹好。

1973年,地毯厂为了向生产的深度和广度进军,选派58岁的郑师傅带队(共7位老师傅)赴坐落在上海市曹宝路的上海地毯厂,学习编织艺术挂毯的技艺。郑师傅说,那真正是老马学蹿!师傅们克服了语言不通、水土不服、蚊虫叮咬后成疮等困难,提前上班,推后下班,还利用休息时间到公园认真观察亭台楼阁、飞禽走兽的形态及其一举一动。在上海师傅的指导下,共学习了三个半月,编织了《长城》《十七孔桥》两块风景艺术挂毯。

回厂后,师傅们制作了6块风景体裁的艺术挂毯。《呼和浩特晚报》记者赵勇刚曾为我拍摄,背景就是郑师傅他们编织的《上海西郊公园天鹅湖》,毯面上有形态各异的十几只天鹅。若不告诉您,您一定认为这是在公园里实景拍摄的,由此可见师傅们高超的技艺。

1974年,厂部研究决定由郑师傅编织根据古代寓言故事绘制的《松鹤延年》人物艺术挂毯。此风景艺术挂毯难做,尤其是带人物而且是古代人物。为了给国家多创外汇,编织出为国争光的产品来,郑师傅说:"我大胆地挑起了这副重担!"

这块人物艺术挂毯宽3英尺,长5.5英尺,厚度2英分,码数120道,使用7支纱编织。各种彩线用了330多种,1套彩线由深到浅最少的7个色,最多的14个色。这块人物艺术挂毯全部编织而成,郑师傅的双手要不停起落2376000次(行业术语称作拴了2376000个头)。如果把这些毛纱变成单根儿连起来量的话,有80多里长。

这块艺术挂毯的图案,由手拄拐杖的寿星老,双手抱着大寿桃的仙童,还有仙鹤、蝙蝠、山、水等组成。

寿星老和仙童的面部表情,包括胡须、头发和他们的手,是这件作品的精华和关键。此外,这块挂毯是立纤维出图案,难度高,也具有其特点,它既像油画那样色调丰富,又像刺绣那样细腻逼真,工艺要求极高。

平时,郑师傅除了认真观察图案的大小稿外,还经常与绘图、染纱师傅碰头、探讨。利用工作间隙到厂外,仔细观察老年人的面部、抬头纹、胡须。有时干脆对着镜子观察自已胡须的深浅度和光线投影。还到厂办托儿所,观察孩子们的面部表情、脸颊红润的面积、双眼间的距离。为了更真实地再现仙童双手抱寿桃的姿态,就仔细观察小孩儿抱大篮球时的动作。此外,还到图书馆、新华书店翻阅了大量的有关人物的彩图、画报,以及小人儿书。

以寿星老的胡须而言,是上部发白,下部发青,也就是受光面儿发浅,反面儿发暗。既不能全部垂直,又不能都向左右散开,要展现出上下左右均匀自然,像是刚用梳子梳理过,根根见肉,飘洒前胸。在胡须的末端,还要隐隐约约地显露出寿星老扎的绿腰带。

为了真实而且自然地再现仙童的眼神、鼻孔、嘴唇、牙齿,在编织第一块挂毯时,郑师傅曾反复地对照图案和孩童,前后修改过 20 多次。

单是仙鹤的眼睛就使用了白、蓝、黑、灰、红等 7 种彩线。毯面儿上的天空,看上去是蓝色的;实际呢,是由深、浅蓝色,白色等 20 多种彩线交织而成。

每编织 1 平方英尺挂毯,郑师傅的双手要不停地起落 14400 次。刚开始编织时,是按照常规一道一道地操作,这样可避免经常出现编织数天后一对照图案发现很不自然,一返工就是把这些已织好的彩线拆除,使毯面儿上出现一个坑,既费工又费料。经过仔细琢磨,他采取集中力量打歼灭战的方法,先编织人物,后编织景物等。由于刻苦认真地学习和妥善地安排时间,随着技艺的熟练和提高,编织第二块比第一块缩短了近两个月。

《松鹤延年》人物艺术挂毯,除了它的上下左右四个边框是用一种颜色的毛纱编织外,其他的毯面儿都是根据图案要求,以劈杂花色毛纱编织的。

郑师傅就住在工厂大门外的职工宿舍,所以,他的工作时间每天都在 12 小时以上,星期日(当时是周休日一天)也不休息。由于注意力高度集中,晚上做梦也是寿星、仙童、蝙蝠、仙鹤。

作者夫妇在挂毯前留影　马智涛摄

对于《松鹤延年》这件作品,郑师傅除自己仔细寻找毛病和不足外,还请师傅们进行评论。他自己认为,寿星老的双手虽然经过多次修改,但还是一只较瘦,另一只显胖;仙鹤的腿稍短了一些。这是在今后制作时应加倍注意的地方。

后来,北京土畜产进出口公司(坐落在朝阳门外)将一块《松鹤延年》人物艺术挂毯收购。听说他们出售的价格很高。曾向呼和浩特市地毯厂发来订货单,要求制作10块。可惜由于各种原因厂方未签此合同。

郑师傅在担任大组长、代班长的岗位上,认真向青年工人传授技艺,指导技术,并在狠抓产品质量方面下功夫。在每天的上班前,郑师傅已把每个机梁上的地毯质量全部检查了一遍,并作详细记录。上班后把出现的问题分别告知本人,并指出原因和解决的办法。他不怕闲言碎语,不论青年还是老工人都一样对待。此外,他还对经纬线、色毛纱的支数、捻度,对图案的规格、布局等都进行检查、登记,发现问题及时与有关工序、部门联系纠正。十年来,郑师傅共记了8开大的工作笔记11本,约40万字。

为了尽快掌握编织圆形地毯的技艺,厂部派郑师傅带领13位中老年师傅,于1979年3月赴天津地毯二厂学习取经。就在他们外出学习期间,厂部收到了内蒙古二轻工业局转发国家轻工业部《关于做好参加全国工艺美术艺人、创作设计人员代表大会准备工作》的文件。呼和浩特市地毯厂对此十分重视,厂党支部专门召开会议,经过研究决定由郑根心师傅带着《松鹤延年》艺术挂毯出席这次会议。同时决定由我去天津地毯二厂和郑师傅一块儿介绍《松鹤延年》艺术挂毯的规格、内容、创作设计、艺术特色等。另外,还要准备郑师傅的大会发言稿,主要谈技艺成就和特色以及创作经验等。

1979年8月,郑师傅带着他的作品《松鹤延年》人物艺术挂毯,出席了在北京召开的"全国工艺美术艺人创作设计人员代表大会",并在会上发了言。《松鹤延年》作品和其他代表的作品在陶然亭公园展出。大会结束时,党和国家领导人华国锋、李先念等亲切地接见了与会代表并和他们合影留念。这是郑根心师傅的光荣,也是呼和浩特市地毯厂的光荣,全体地毯工人的光荣!

1975年,内蒙古土畜产公司和内蒙古二轻工业局联合举办了"内蒙古自治区地毯图案培训班"。郑师傅参加了这次培训班,也毫无保留地讲解了"暗八宝""四灵"等古老的三蓝地毯图案。同时,郑师傅对其他师傅讲解的地毯图案来源、名称、特点、用色等,都认真地做了记录,回厂后及时向绘图车间人员作了介绍。

1979年10月,郑师傅参加了"全国90道(码数)机(机器纺毛纱)拉(拉绞编织,还有抽绞编织)洗(水洗成品出口地毯)"栽绒地毯质量评比会。他对50块参评地毯的图案、织工、平工、片剪、洗毯、修整等评比情况,都认真做了记录。有的技术难题还向与会同仁请教取经。

回厂后,向全厂推广天津地毯三厂图案配色、编织等技术过硬的全面工序以及山东青岛、河南信阳、北京地毯厂在图案配色、片剪等方面的经验。郑师傅还将发现的问题梳成辫子,自问自答并拿出解决的措施,向全厂职工讲解。通过实践,使全厂的产品质量向前迈进了一大步。

后来,听说郑师傅回到老家欢度晚年。1989年郑师傅来呼和浩特市,我们见过一面,吃了一顿饭。这也是我们相见的最后一面。

最近,为了把这位技艺高超、人品高尚的地毯名艺人郑根心师傅的生平事迹,整理出来留给后人,我走访了他的女婿睢玉福,得知郑师傅已于2005年5月与世长辞,终年90岁。

(原载《呼和浩特晚报》1982年3月27日3版,发表时署名继性。收录本书时改动了标题,增补了内容。)

丹青妙手——梁通

在民国年间的归绥市(呼和浩特市旧称),有一位丹青妙手——梁通。他于清代同治四年(1865年)七月出生在山西大同的南关,卒于1937年农历五月,终年72岁。

清代光绪七年(1881年),16岁的梁通走西口来到归化城,经人作保进入大同人开办的细皮毛庄三盛玉学习做生意,后来专搞销售业务,经常往来于京津、苏杭等地。他从小酷爱绘画,所以非常注意观赏古迹名胜,收集名人字画。有功夫就展纸执笔画起来,为后来的创作打下了基础。

皮毛作坊歇业后,他即在家中作画。他的绘画作品以国画为主。擅长山水人物、翎毛花卉、飞禽走兽等。以《红楼梦》《聊斋》中的人物画尤佳。他绘画认真、细腻。出自他手的仕女画,头发与头纱层次分明,实感很强。所用的作画颜料,全部是石色(矿物色),经过精心调配,画面上的颜色经久不褪。中华人民共和国成立后,曾有人将他绘制的已经很脏的布画,用温水加肥皂液洗涤,画面如新,一点色也未褪。

1983年,我采访到居住在五塔寺后街的梁通的侄儿梁正义、梁正才和侄女梁凤英。据他们回忆,他们的伯父性格沉稳、寡言少语。他有两个女儿,还抱养一男孩,都已先后去世。

小时候,梁正义曾随伯父在中秋节前,应邀为当时的钱行(庄)通盛源、法中庸刻制西瓜灯。梁通在西瓜上画好图案后,由梁正义用小刀照着图案刻制,刻好后挖去瓜瓤,在里边点燃蜡烛,真正的西瓜灯便制成了,图案以花卉居多。由于图案别致,刻工精细,吸引不少游人前来观赏。梁正义还听说,伯父曾应邀在5丈长的白布上画过一只斑斓猛虎，人们交口称赞。

他们还记得，每到端午节和春节时，他们家便要挂出伯父绘制的两幅轴子画。在一幅宽6尺、长3尺的画面儿上，画着"钟馗送妹"（或"钟馗嫁妹"）的传说。钟馗之妹眉清目秀，稳坐在四轮车内，前有小鬼拉车，后有小鬼推车。钟馗头带双翅黑帽，身着黑袍，脚蹬乌靴，骑着高大的皂灰色马走在四轮车后边，十分威武。另有提灯笼、打旗敲锣的小鬼各两个，在四轮车前鸣锣开道，那小鬼有蓝色的、有白色的，面目狰狞体态古怪。

另一幅画2尺宽、4尺长，画面上只有钟馗一个形象。他端坐在靠背椅上，用扇子挡着半个脸，面前是供桌，上面的盘内盛放着鲜桃供品。只见那钟馗目光炯炯，虎虎生威，气势非凡，栩栩如生。

上述两幅画，是梁通的杰作。为什么要画钟馗呢？梁通向家人解释：相传，钟馗是唐代的武生，他考武举未中，死后托梦给唐明皇，决心消灭天下妖孽。唐明皇醒后，即命画工吴道子（名道玄，有画圣之称）创作钟馗的形象。民间崇尚钟馗已有上千年的历史。就是因为他光明磊落，疾恶如仇，伸张正义，驱邪除祟。将这种绘画挂在家中，主要是为了避邪。

梁通曾为邻居、好友赵老汉（名不详）绘制过一幅宽6尺、长3尺欢度新春佳节的年画。内容丰富，人物众多而不乱，个个形象呼之欲出：有准备过年刷房子的，蒸馒头、炸糕、包饺子的，给孩子们换新衣服的；也有节日已到，儿童们点燃鞭炮和二踢脚的，有拢旺火的，还有拜年的……真实地再现了民间欢度传统年节

梁通绘图制成的下山虎地毯
张仲美提供

时的喜庆情景。孩子们围在这幅年画前嬉戏，指着画上的人物，说这个放炮的像他，那个穿花袄捂住双耳的像你……把赵老汉乐得前仰后合。到年节时，梁通还为左邻右舍绘制窗花。那时候，绝大部分人家都是住土木或砖木结构的平房，门

窗都是木制的,除镶几块儿玻璃外,都是木窗棂子。到春节前打扫完家后,用新白麻纸糊窗子,然后贴窗花。在街头和一些商铺,都有卖年画、钉画的图钉、窗花、白麻纸、各色纸、刷家的白土子的。

梁通见侄女梁凤英聪明伶俐,曾打算将自己的绘画技艺传给她,但由于重男轻女的思想作怪,凤英的父母没有答应。

梁通的家住在旧城大召前街南口过什字儿的史家巷,为了清静地作画,他成了附近倒坐观音寺(山门和佛殿都是坐南朝北)、南茶坊老爷庙(关帝庙)的常客,即使在家中作画,他那间屋子谁也不让进去。他的作品,都是作为礼品赠送商号、上层机构及友人。每当一幅画绘制成功,梁通便认真地在画的下方,盖上那枚刻有梁通字样二寸见方的戳记。寺庙内也有他的不少作品,比如十八罗汉等。

1913 年,萨拉齐县的同盟会员、包头镇北山刘宝窑子村人王定圻(字屏章)创办《归绥日报》,社址在旧城大南街路东。《归绥日报》设有画刊,曾聘请梁通绘画。他把归化城和绥远城(即旧城和新城)当天发生的新闻绘成图画,刊印出来,很受读者欢迎。后来,《归绥日报》停刊,但由梁通作画的画刊改称《通俗画报》继续发行。据享有内蒙古西部活字典美誉的刘映元先生生前回忆,梁通的写生画,可与受人称赞的本土画家韩葆纯的写生画媲美。

1930 年,梁通已经 65 岁,从这一年开始,他应邀为地毯作坊绘制地毯图案,不过,只是给大有恒地毯作坊(全归绥规模最大的厂家)、孤儿院地毯车间两家作画。绘图价格以平方尺计算,每绘一平方尺的价格和地毯师傅编织一平方尺的工钱相同。刚开始,是画在纸上,后来是画在漂白布上,全部着色。有时按规格画全图;由于

梁通绘图制成的五蝠捧寿地毯
张仲美提供

地毯图案大部分有上下和左右对称的特点,所以,有时也画二分之一或四分之一,价格仍然按全图计算。用他绘制的五牡丹、五龙、喜鹊登梅、飞鸣宿石、公鸣富贵(雄鸡牡丹)、绶带鸟、下山虎、秦大夫养马、猫蝶富贵等图案编织成的地毯,在当

时销售很快,有的图案在后来的地毯工厂中一直生产,很受顾客欢迎。

他的名声越来越大,官宦们经常向他索要画卷,作为奢侈品传来传去,可惜一张也没有保存下来,就是挂在自家的画卷也无影无踪了,而他绘制的地毯图案,却流传至今。1964 年,呼和浩特市地毯艺人张仲美(当年大有恒地毯作坊的学徒,后来,曾担任呼和浩特市地毯厂技术副厂长,市政协第五届委员)到首都北京开会,在北京特种工艺美术品公司的古旧地毯当中,发现产于归绥的图案为数不少,其中的一部分图案,就是出自归绥著名的画家梁通之手。

我手头存有张仲美师傅送我的由梁通绘图、地毯工人编织的地毯照片,上有五牡丹、五蝠捧寿、下山虎等。

(原载《呼和浩特晚报》1982 年 5 月 27 日 3 版,发表时署名继性。收录本书时改动了标题,增补了内容。)

跋

20 世纪 70 年代末迄今四十余年来,我林林总总撰写了一些关于呼和浩特旧迹的文字,现在辑录成书献与读者,其中有散见于报刊的旧文,也有积稿疏理而成的新作,并将其归类分辑,赋以辑名。

因篇幅所限,"梨园撷英"一辑未入书,内容含:《梨园九九图》诠释、民国年间的晋剧名角儿十九位、二人台名角儿九位、呼和浩特市晋剧十大演员、呼和浩特市歌剧十大演员及照片 89 帧等,留待以后出版。

本书各题非成于一时,故所述人、事、物,常有"互见"的情形,本意是出于读者和文史工作者阅读和查检之便,也就罔顾行文的繁简了。

在校改本书文稿的过程中,许多令我感动、感慨的往事浮现在眼前。我愿意写出来,与读者朋友分享。

那是 1984 年初春的一个上午,我和文史专家刘映元先生(1991 年 11 月 28 日病故)到旧城小召二道巷采访老戏班班主刘玉文先生(1947 年归绥市梨园公会成立,刘玉文担任首届理事长)。刘玉文家的小院不大,有三间正房。寒暄后,我忙着往火炉里加炭,摘护窗,放门帘,给刘玉文先生的老伴儿点烟。刘玉文先生刚打开话匣子还没说几句,炕上的刘老太开了腔:"就你知道,你甚也知道! 看你寡呀不寡!"刘老先生再没说一句话。我和刘映元先生空手而回。我们不怪刘老太,20 世纪 80 年代初人们心有余悸,我们能理解刘先生的老伴儿三缄其口的隐痛。可我还是不死心,过了 20 多天,我和刘映元先生说:"这次我先去。"那是星期天的上午,我刚到刘家院门口,一位挑着一担空桶的妇女问我:"找谁呀?"我说:"找刘老先生。"她的话让我大吃一惊:"老伴儿在嘞,灰猴一只啦! 老汉打发出圪'一七'

啦!"刘玉文先生带着归绥梨园界好多"三亲"(亲历、亲见、亲闻)史料去了另一个世界!我在怅惘、遗憾之余,悟得"抢救"的真义,加紧了采访的步伐。

2016年7月25日,我联系到刘玉文先生之子刘润堂(当时76岁,曾任呼和浩特市第六中学副校长),得知刘玉文先生祖籍凉城县,其父是36岁时随在凉城演出的晋剧戏班(班主刘太和)来到归绥的,从此步入梨园行,后成为领戏班主。1984年4月去世,终年87岁。

政协文史资料强调"三亲",我的这些文章多是他人"口述"的实录与整理。记者们有一句行话:稿件是跑来的。此话不假。有一次我骑自行车到新华广场观礼台(今不存)后一家小饭馆采访归绥著名的堂倌罗志诚先生。本地昔日在民间流行一个歇后语:"灶上头的丙午子,堂里头的根九子——绝啦!"这根九子就是罗志诚的乳名。那天,我们从天抹黑一直聊到10时许,突然狂风暴雨交加。他留我住下,我说老婆有病,孩子尚幼,放心不下。他见挽留不住,给我披上他的雨衣放行了。我在雨中急驰,不巧车胎漏了气,只好推着破带车穿过大北街、大南街、西兴旺巷(原名西鞋袜巷)、大召东夹道、大召前街进入史家巷南头,从西拐到观音南街回家。3个孩子都已熟睡,妻子正在心焦地等我。尽管吃了点苦,但收获颇丰。第二天,我又充实了两家名饭庄的翔实资料,写成了麦香村饭庄和凤林阁饭庄以及罗志诚任经理的凤麟阁饭馆。

有些稿子就是这样"跑"来的,它们跟我一样"经风雨见世面"。不过,对于异地被采访者的口述资料,我就只能依知情人提供的线索来电话追踪了。根据张占全老师(二人台演员、导演,1957年平地泉行政区民间歌剧团撤销后和韩世五、米淑珍、李德山等一起来呼和浩特市)提供的十分翔实的口述,我电话联系到移居广州的呼和浩特市歌剧十大演员之一的常润兰。她在手机里向我讲述了1978年和张占全在老乌兰恰特主演歌剧《南方来信》的盛况及2006年3月12日参加中央电视台"星光大道"竞赛获得周冠军的经历。这就是我写作《呼和浩特市歌剧十大演员常润兰》《呼和浩特市歌剧十大演员张占全》时的一段故事。

口述人的记忆,难免有不确之处,有时还须证以史料。我在写作时,参考过的有《内蒙古文史资料》《呼和浩特史料》《呼和浩特文史资料》《玉泉区志》《回民区志》《新城区志》《土默特文史资料》《玉泉文史》《呼和浩特回族史料》《新城区文史资料》《托克托文史》《土默特沿革》《中国戏曲志·内蒙古卷》《内蒙古戏曲资料汇编》《晋剧百年史话》《河北戏曲资料汇编》《张家口文史资料》《榆次戏曲史料》《二人台通要》《梨园大师水上漂》等,还有内蒙古大学艺术学院(今内蒙古艺术学院)、呼和浩特市艺术学校送我的校史资料。

我对历史和历史人物怀有敬畏感,我不能肆意虚构,我力争每篇"三亲"文章接近史实,还原真相。

行文至此,我忆及一件因我的文章而引起的"争鸣"。1984 年 12 月 4 日,《呼和浩特晚报》"青城话古"专栏发表了我写的《我市放电影之始》,这是我根据职业放映员王明先生口述写成的,标题是我加的。17 日、18 日,署名草央、从众的两位先生提出了异议。草央先生指出,我市放电影之始应当是 1935 年至 1936 年,他幼时随同大人到"九一八国耻纪念堂"(20 世纪 50 年代中期在原址建起工人文化宫)看过无声电影《逃亡》。这就比"之始"早了四五年;而从众先生认为,"之始"应在 1934 年,他记得当年在旧城西马道巷已建起了绥远饭店(1952 年、1957 年两次修葺竣工后改称"人民电影院"),晚上将餐桌撤走卖票放映电影,这就比"之始"早了六年。王明、草央、从众诸位的回忆都没有错,错在我囿于见闻的误判"之始",我过于武断了。

我在写作过程中,得到过许多人的帮助和支持;没有这种帮助和支持,我不可能把文史资料的采写整理持续下去。他们之中,有无私无偿地提供从不示人的召庙文献的大召住持赵九九先生(蒙古族);向我约稿并登载拙作的《呼和浩特文艺》特邀编辑、作家王再平先生(于 2014 年 7 月病故);《内蒙古文史资料》的主编刘建禄先生(内蒙古政协文史委主任);编辑王峰峰先生(蒙古族);还有自治区档案馆、呼和浩特市档案馆及一些报社、电台的编辑,恕不一一署名言谢了。至于为我提供有关人事线索和口述的当事人,可以拉出一长串名单,有地毯行业的张仲美,毡制品行的张林、唐天元,中药行的张杰、刘景泉、乔居正,粮店行的赵国华,制毛笔行的张清祺,饮食行的刘有其、彭永录、罗志诚、田如意、温永财、马福,鼓乐行的张文亮,蒙古靴业的郭良业、吴永祥,佛教界的王庆(蒙古族)、计计(赵耀升,蒙古族)、于四子(满族)、然刚(满族),修表行的郭瑞,酱园行的李观旺,酱牛肉行的刘玉(回族),软硬山货杂货行的郑维周,乐器行的张纯华,演艺界的计计、蔡凤歧(晋剧爱好者,中医)、亢金锐、陈宝山、张占全,评书行的袁金和,医疗界的雷占通、侯耀宗等等。还有为我提供珍贵的老照片、老戏报、老广告等资料。在本书编撰过程中,《中国戏曲志·内蒙古卷》《呼和浩特市文物古迹便览》《青城老照片》《呼和浩特与电影》《印象青城》《玉泉藏集》等图书提供了珍贵的素材。

上面所述说明，我的文章是集体的记忆，我只不过是一个记录者而已。

在本书辑录成册的过程中，呼和浩特职业学院任贵教授审阅全书文稿；市文联原副主席、市作协名誉主席尚静波（满族）为拙著作序。此外，笔者在文章中多次引用市文联原副主席贾勋先生发表于报刊的文史随笔，吸纳文艺评论家李蕙芳先生对本书内容、编排的建议。在此，谨对上述诸位表示由衷的谢意！笔者在文章中也多次引用刘映元先生的著述（均见《西口菊部旧闻》），先生去世有年，在此谨深切怀念这位文史界的老前辈！

内蒙古人民出版社领导对地方历史文化的重视、支持和责任编辑的辛勤付出，使拙著得以正式出版，在此表示深切的感谢！

本书所述必有不确之处，期望读者朋友不吝赐教。

2020 年 11 月